테크놀로지

테크놀로지

고대에서 현대까지 철학적 답변의 역사

문종만 지음

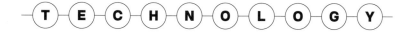

마농지

오래전에 돌아가신 어머니 영전에,
저에게 주신 큰 사랑에 비하면
보잘것없는 이 책을 늦게나마 바칩니다.

차례

4장
—
**근대의
테크닉**

표와 그림

일러두기

1. 논문은 「 」로, 단행본과 정기간행물은 『 』로 묶었다.
2. 외국어 고유명사 표기는 국립국어원 외래어 표기법을 기준으로 하였으나, 다르게 쓰여 굳어진 경우는 그 용례를 따랐다.
3. 주석과 참고문헌에서 국내 출간 도서의 서지 사항 표기는 해당 도서의 방식을 따랐다.

테크놀로지의 속살을 읽다

두 가지 사건

모든 것에는 역사가 있다. 내가 이 책을 쓰게 된 것도 마찬가지다. 2016년에 일어난 두 가지 사건이 직접적인 계기였다. 첫 번째 사건은 2016년 초엽 하나의 용어가 한국 사회를 강타하면서 시작됐다. 바로 4차 산업혁명이라는 용어였다. 매년 초 스위스의 휴양도시 다보스에서는 세계경제포럼World Economic Forum이 열리는데 2016년 핵심 의제가 '4차 산업혁명의 이해'였다. 이 어딘가 익숙하면서도 낯선 용어의 출현에 한국 사회의 대응은 예상을 크게 벗어나지 않았다. 유행을 좇는 데 민감한 한국 사회는 적당히 글로벌하고, 상당히 돈 냄새가 나며, 분명히 기술적인 이 용어를 선점하느라 여념이 없었다. 마치 시간 이동을 통해 새로운 세계에 불쑥 진입하기라도 하듯 우리는 갑자기 4차 산업혁명의 시대에 살기 시작했고, 곳곳에서 4차 산업혁명이 우리의 미래라는 선언이 잇따랐다. 급기야 정부까지 나서 대통령 직속 4차산업혁명위원회를 꾸리고 오랜만에 열린 국민 대통합의 장에서 주도권을 잡느라 분주했다.

당연히 학계도 덩달아 흥성거렸다. 어느 순간 4차 산업혁명을 주제로 학술대회가 줄지어 열렸으며 이 용어가 표제어로 들어간 수많은 연구 프로젝트가 진행됐다. 이러한 열기에 힘입어 관련 도서들도 잇달아 출간되어 대중의 관심을 끌어모았다. 당시 내가 몸담은 연구소에서도 이 주제를 중요하게 다루며 4차 산업혁명의 의미와 파장을 두고 열띤 토론과 연구를 진행하기도 했다. 그렇지만 이러한 학계의 관심과 노력에도 불구하고, 4차 산업혁명의 실상은 좀처럼 드러나지 않고 모호한 채로 남아 있었다. 미국의 경우 아예 이 용어 자체를 알지 못하는 학자들이 허다했으며, 개념 정의도 연구자별로 제각각이었다. 사정이 이렇다 보니 4차 산업혁명에 선제적으로 대응하려면 어디에 초점을 맞춰 무엇을 해야 할지 의견만 분분했다. 학계의 전체 분위기는 알맹이 없는 중구난방에 가까웠다.

원래 4차 산업혁명은 2011년 독일에서 유럽 제조업의 생산성을 높이는 방안으로 시작됐다. 이것이 2016년 세계경제포럼의 핵심 의제로 재부상한 것이다. 공교롭게도 이 시점은 2008년 미국의 글로벌 금융위기로 인해 세계 경제와 금융 시스템이 무너졌으나 대안이 보이지 않아 위기가 심화하던 때였다. 세계적인 차원에서 새로운 타개책이 절실하게 요구되었고, 이 요구에 금융을 대신해 테크놀로지가 선택된 것이었다. 이런 배경을 고려한다면 2016년 세계경제포럼의 선언은 첨단 테크놀로지를 중심으로 새로운 경제사회적 재편의 이정표를 세운 상징적 사건으로 볼 수 있다. 이렇듯 다분히 정치적이고 이데올로기적인 측면이 강한 4차 산업혁명의 도래는 한국 사회에서 별다른 비판이나 성찰 없이 일사천리로 기정사실화됐다.

두 번째 사건은 2016년 3월에 있었던 알파고와 이세돌 9단의 바둑 대국이다. 이 인간과 기계의 한판 승부라는 세기의 대결에 전 세계의 이목이 쏠렸다. 이미 바둑보다 더 단순한 체스 게임에서는 기계가 승리를 거둔 후라 이 대국은 인간과 기계의 최후 대결 같은 분위기를 자아냈고 대중의 흥분과 열기가 최고조로 달아올랐다. 애초 예상은 이세돌 9단의 낙승이었다. 가로와 세로 각 19줄, 19×19, 총 361개의 교차점으로 이루어진 바둑판에는 10^{170}이라는 천문학적인 경우의 수가 존재한다. 아무리 성능이 좋은 컴퓨터라도 이 모든 경우의 수를 계산해 최적값을 찾기가 쉽지 않을뿐더러 바둑 기사의 직관이 중요해서 인공지능이 이길 수 없다는 평가가 지배적이었다. 하지만 결과는 달랐으니 알파고가 4국 중 3국에서 승리했다. 기대는 일순간에 실망감으로 변했고 곳곳에서 탄식이 흘러나왔다. 특히 한국에서는 기계에 대한 복수를 다짐하는 동심이 발동해 초등학교에 바둑 교실이 우후죽순처럼 늘어나는 기현상이 나타나기도 했다.

인간의 능력에 대한 일종의 '도장 깨기' 성격이 짙은 알파고의 압도적 승리는 세 가지 핵심 요소의 결합을 통해 가능했다. 첫째는 주로 이미지와 영상 분야에서 사용하는 컨볼루션신경망Convolutional Neural Network 테크놀로지다. 머신러닝 모델 중 하나인 이 테크놀로지는 검은 돌과 흰 돌이 놓인 바둑판 전체를 하나의 이미지로 인식하고 그 속에서 특징을 추출하는 데 효과적이다. 다음은 몬테카를로 방법Monte carelo method이다. 이는 일종의 계산 알고리즘으로 문제에 포함된 변수들로부터 무작위 추출을 반복 수행함으로써 확률 분포를 예측하는 기법이다. 바둑 기사가 착수를 할 때 선택 가능한 경우의 수를 탐색 트리로 구조화하고, 수많은 무작위 시뮬레이션으로 착수의 득실을 추론해 승률이 가장 높은 착수를 결정한다. 마지막으로 엄청난 양의 데이터셋Data-set 이 있다. 이 데이터셋은 주로 저작권에 저촉되지 않는 1950-60년대 일본 프로 바둑 기사들의 기보棋譜에 알파고와 알파고 사이의 대국 기보가 추가된 것이다.

결국 알파고의 성공 비결은 어마어마한 양의 데이터를 몇 가지 계산 알고리즘과 테크놀로지를 동원해 아주 빠른 속도로 연산 처리할 수 있는, 바둑에 최적화된 시스템 구축에 있었다. 수많은 데이터에 기반한 알파고의 기본 원리는 확률, 통계, 계산이다. 인공지능 알파고는 인간의 지능 중 일부를 극단적인 방식으로 강화함으로써 소기의 목적을 달성할 수 있었다. 이런 인공지능의 특성은 2023년을 휩쓴 챗GPT에서도 확인할 수 있다. 챗GPT는 어려운 이론이나 고도의 알고리즘을 바탕으로 개발된 것이 아니라 인간의 주의attention를 모방한 기존의 머신러닝 모델을 극단적으로 확장한 것이다. 구글이 제작한 다른 모델과 비교했을 때 오픈AI가 제작한 챗GPT의 성능이 월등한 이유는 실제 현실에서 언어 능력을 구현하기 위해 사람이 직접 수작업한 차별화된 엔지니어링 역량과 대량의 텍스트 데이터를 확보했기 때문이다. 따라서 챗GPT는 인공지능의 혁신을 불러올 새로운 테크놀로지라기보다는 상업적 도구라는 의미가 더 크다. 인공지능 분야에서 인간의 언어에 특화된 챗GPT는 처음으로 커다란 수익을 내는 성공 모델인 것이다.

서구 역사에서 기계와 기계적 세계관이 사회적으로 확산하는 과정에서 나타난 뚜렷한 현상은 인간성이 파괴되고 인간이 하찮은 물건처럼 취급되는 것이었다. 기계가 득세하려면 인간은 그만큼 쪼그라들어야 한다. 테크놀로지와 기계를 중심으로 사회가 돌아간다는 것은 기계의 리듬과 패턴에 맞게 인간의 삶을 강제 조정한다는 뜻이고, 당연히 이 과정에서 숱한 사회문제가 불거져 나왔다. 따라서 인공지능의 능력을 과대평가하지는 않더라도 인공지능의 발달이 현재 어떤 역사적 국면에 놓여 있는지를 유심히 따져보는 것은 매우 중요하다. 그렇게 하지 않으면 어느 순간 우리는 알파고와 이세돌의 대국에서 누구도 주목하지 않았던 한 사람, 즉 알파고의 결정에 따라 착수를 했던 이세돌 상대 대국자의 처지가 될지 모를 일이다.

두 사건을 목도하면서 한 가지 물음이 나의 뇌리를 떠나지 않았다. '한국 사회에서 과연 테크놀로지에 대한 사유가 존재했는가?' 대략 1960년대부터 한국은 서구의 발전 모델을 전적으로 수용해 눈부신 경제성장을 이루었다. 그 결과 2023년 현재 전 세계에서도 손꼽히는 디지털 강국으로 인정받고 있다. 그렇지만 한국에서 테크놀로지에 대한 사유는 존재하지 않았다 해도 과언이 아니다. 민주주의와 산업화의 모순에 대한 반성적 사유는 존재했지만 과학과 테크놀로지는 아예 반성적 사유의 대상 자체가 아니었다. 서구식 발전과 근대화를 우상 숭배하듯 추종하던 상황에서 과학과 테크놀로지는 경제 발전과 선진화의 핵심 원동력이었지 결코 사유와 성찰의 대상은 아니었다. 나는 한국 사회의 과학과 테크놀로지에 대한 사유 부재가 4차 산업혁명과 인공지능 같은 첨단 테크놀로지를 무비판적으로 수용하게 된 근본 원인이라고 생각한다. 재치 있는 입담가의 면모를 보이는 기술철학자 랭던 위너Langdon

Winner가 지적했듯이, 한국 사회는 우리 삶의 조건을 끊임없이 재구성하는 테크놀로지를 마치 몽유병 환자처럼 무비판적이고 무의식적으로 받아들이고 있지 않은가.

기술적 표류

오늘날 테크놀로지는 인류의 불가피한 운명이자 미래다. 전 지구적으로 테크놀로지는 시간과 공간을 통해 모든 힘을 한데 끌어모으고 모든 작용의 동인을 창출하는 중심이 되고 있다. 인류의 모든 희망과 기대는 물론이거니와 절망과 공포마저도 테크놀로지라는 단 한 점으로 갈마들고 있다. 이런 전례 없는 세계적 흐름을 추동하는 것이 바로 자본권력과 테크놀로지의 강력한 결합이다. 이른바 '가팜GAFAM', 즉 구글Google, 아마존Amazon, 페이스북Facebook, 애플Apple, 마이크로소프트Micro-soft라는 빅테크 공룡 기업들과 'NBIC 테크놀로지 융합', 즉 나노테크놀로지Nanotechnology, 바이오테크놀로지Biotechnology, 정보통신 테크놀로지Information Technology, 인지과학Cognitive science이 융합하여 모든 것을 변화의 물결 속으로 몰아넣고 있다. 그 결과 인류의 운명과 미래도 예측 불가능한 불확실성 속에서 부유하고 있다.

1차 세계대전 종전 이후 현상학의 창시자 에드문트 후설Edmund Husserl은 현대 유럽의 위기를 이중의 위기로 진단했다. 하나는 학문의 위기였고, 다른 하나는 인간성의 위기였다. 그런데 20세기 이후 일어난 학문적 패러다임의 근본 전환은 이런 이중의 위기를 극복하기 위한 새로운 변곡점이라고 보기 어렵다. 오히려 다양한 측면에서 위기를 심화하고 있다. 20세기를 전환점으로 고전역학에서 양자역학으로의 이행,

평형열역학에서 비평형열역학으로의 이행과 복잡성 과학의 부상, 그리고 새로운 생명 원리에 기초한 사이버네틱스 이론을 비롯한 체계이론의 등장은 세계관의 무게중심을 '단순성'에서 '복잡성'으로 옮겨 놓았다. 이제 우리는 계산 가능성·선형성·결정성을 특징으로 하는 고전역학의 세계가 아니라 예측 불가능성·비선형성·비결정성을 특징으로 하는 양자역학의 세계에서 살게 됐다. 그뿐만 아니라 학문적 패러다임의 전환과 맞물려 1960년대에 시작된 포스트모더니즘 운동은 근대적 의미의 이성적 주체로 간주되던 인간을 해체해버렸다. 그 여파로 오늘날에는 '인간-아님', '비인간', '반反인간', '포스트휴먼', '트랜스휴먼' 등 인간을 새롭게 규정하는 다양한 표상과 담론이 전 세계적으로 어지럽게 중첩되며 확산되고 있다.

이러한 이중의 위기 심화와 연결된 새로운 디지털 환경 속에서 현대사회는 새로운 질서로 나아가는 길을 찾지 못한 채 긴장과 동요 속에서 부침을 거듭하고 있다. 그리고 이런 요동의 한복판을 가로질러 테크놀로지가 대안으로 부상했다. 무한한 기술 진보에 대한 믿음과 테크놀로지의 가시적 효과가 현대사회의 혼란과 공허를 메우고 있는 실정이다. 이것이 NBIC 테크놀로지 융합과 최첨단 테크놀로지가 제시하는 청사진이 인류의 마지막 희망처럼 도드라져 보이는 이유일 것이다. 현재 인류는 위너가 언급한 '기술적 표류', 즉 기술 혁신의 속도가 너무 빠르고 범위도 확산하는 바람에 뜻하지 않게 대양에서 표류하는 상황에 직면해 있는 것이다.

만약 현재와 같은 추세가 지속된다면 머지않아 필연적 인과성이라는 단일 원리에 입각해 점점 더 고도화되고 자율성과 독자성이 증가

일로에 있는 테크놀로지의 위용 앞에서 인간의 정신적, 윤리적 삶의 가치는 점점 더 벼랑 끝으로 몰리게 될 것이다. 구글이라는 '포털portal', 즉 '문'을 통해 들어간 월드와이드웹의 세계가 세계 자체가 되고, 인공지능의 능력이 어떤 측면에서는 인간의 지능을 훌쩍 넘어서며, 테크놀로지가 인간의 욕망 충족의 유일한 출구가 되는 상황에서 대다수 인간은 광대한 사이버 연결망의 접속점에 불과한 존재로 전락할지 모른다.

이런 맥락에서 역사학자 유발 하라리Yuval Noah Harari가 『호모 데우스』에서 예견한 인간의 미래는 의미심장하다. 이 책에서 하라리는 가까운 미래에 인간이 '호모 사피엔스', 즉 '지혜로운 인간'이 아닌 '호모 데우스', 즉 '신적 인간'이 되리라고 전망한다. 이 새로운 신적 존재는 자연스럽게 새로운 종교를 탄생시킬 텐데, 이를 그는 '데이터교Dataism'라고 이름 붙였다. 생명공학, 인공지능, 컴퓨터공학의 결합으로 탄생한 이 신흥 종교는 인간의 지혜보다 무한한 데이터, 알고리즘, 인공지능을 더 믿고 숭배한다. 무한한 데이터에 대한 숭배가 무한한 믿음을 약속한다. 이 신흥 종교에서 인간은 하나의 데이터 처리 단위가 되고 역사는 전체 데이터 시스템의 효율을 높이고 확장하는 과정이 된다. 이 전체 데이터 시스템은 개별 인간들이 스스로 업로드한 생각, 행동, 신체 정보를 바탕으로 인간을 속속들이 파악할 수 있는 우주적 규모의 신과 같은 존재로 성장 전화한다. 그렇지만 하라리에 따르면 데이터교가 지배하는 인간의 미래는 결코 장밋빛이 아니며 지극히 디스토피아적이다. 어느 단계를 넘어서면 기계가 자의식을 갖고 인간을 언제든지 제거 가능한 부품처럼 대하게 될지도 모르기 때문이다. 인간이 다른 동물들에게 행했던 모든 일을 거꾸로 인간이 고스란히 당하게 될 것이다.

문화와 역사 속 테크놀로지

현재 인류가 직면한 위기를 심도 있게 이해하기 위해서는 당장 문제가 되는 기술적, 사회적 현상들에 대한 즉각적인 대응과 해결책을 마련하는 데 안주해서는 결코 안 된다. 나무를 보고 숲을 보지 못한다는 속담이 있듯이, 이런 근시안적이고 대증요법 같은 관점과 태도는 자칫 잘못하면 현실에 철저히 매몰되는 결과를 낳을 수 있다. 근원적으로 서구 문명에서 발원했고 17세기 이후 400년 이상 지속된 오늘날 위기의 본질은 서양의 철학적 사유와 테크놀로지가 걸어온 역사적 과정을 전체적으로 조명함으로써 비로소 근본 원인과 심층을 파악할 수 있을 것이다. 헤겔G. W. F. Hegel은 한 시대 모든 인간의 활동을 지배하고 추동하는 결정적인 관심사가 철학을 통해서 개념적으로 파악된다고 말했다. 그의 말처럼 해당 시대를 개념적으로 파악하는 것이 철학이라면, 시대 변화에 따라 철학과 테크놀로지가 어떻게 관계 맺었는지를 살펴봄으로써 테크놀로지의 의미 변동을 이해할 수 있을 것이다. 이처럼 역사적이고 거시적인 관점을 통해서만 현재 문제가 되는 테크놀로지의 세계를 꿰뚫고 들어갈 수 있을 것이다.

에른스트 카시러Ernst Cassirer[1]의 문화철학과 루이스 멈퍼드Lewis

---

[1] 유대계 독일 철학자. 1874년 브로츠와프 태생으로 1930년대에 나치의 박해를 피해 미국으로 망명했고 1945년 사망했다. 마르부르크 신칸트학파에서 시작해 칸트의 비판철학의 방법을 인간의 모든 문화 형식에 확대 적용함으로써 문화철학을 확립했다. 그의 문화철학은 '인간이란 무엇인가'라는 인간학적 물음에 대한 대답이기도 하다. 인간의 문화를 상징의 차원으로 이해하고 언어, 신화, 종교, 예술, 기술과 같이 인간 정신이 표현된 구체적 형식인 상징형식에 주목했다. 인간은 상징형식을 통해 자아를 구성하고 자기의식을 완성해간다. 그래서 상징형식에는 인간 정신의 형상화 방식과 그 방향이 포함된다. 카시러는 이런 관점을 증명하고자 역사에서 한 시대의 정점이 되는 문화적 표현에 관심을 기울였다. 카시러 사유의 밑바탕에는 인간이 '이성적 동물'이 아니라 '상징적 동물'이라는 관

Mumford[2]의 기술철학은 역사와 문화 속에서 테크놀로지를 이해하는 포괄적인 틀을 제공한다. 카시러와 멈퍼드는 기술을 정신의 일부이자 문화의 구성 요소 중 하나로 이해했을 뿐만 아니라 인간을 일종의 문화적 동물, 즉 상징적 동물로 정의했다. 이런 문화적 접근법은 인간이 만든 모든 문화적 구성 요소, 즉 신화·종교·언어·예술·기술·과학 등은 모두 상징체계이며, 인간의 인간다움은 상징체계들의 전체 체계, 즉 문화 속에서만 구현되고 이해될 수 있다고 전제한다. 문화적 접근법에 따르면 인간이란 자신의 다양한 문화적 활동과 성과를 벗어나서는 결코 이해될 수 없는 존재다. 따라서 문화적 접근법의 자장 안에서 기술에 대한 물음은 인간에 대한 물음과 근원적으로 서로 다르지 않다.

이 책의 목적은 카시러와 멈퍼드의 철학을 바탕으로 기술을 하나의 의미체계로 규정하고, 문화적 접근법에 기초해 서구 유럽의 기술 이해 방식의 변동을 다룸으로써 현대 문명이 봉착한 위기의 본질적 의미를 드러내는 것이다. 이를 통해 여전히 기술결정론에 입각해 테크놀로지의 문제를 기술적 측면에서만 접근하고 테크놀로지가 초래한 문제들을 더 많은 테크놀로지로 해결할 수 있다는 관념이 득세하는 현실의 심

점이 깔려 있다. 대표작 『상징형식의 철학』은 문화철학의 근간을 이룬다.

2 미국의 기술철학자이자 도시계획가. 1895년 뉴욕 퀸스의 빈민가에서 미혼모의 아들로 태어나 1990년 눈감을 때까지 뉴욕 근교 시골에서 연구와 집필 활동에 매진했다. 특정 학문에 안주하기보다는 철학, 역사, 도시계획, 심리학, 생물학, 사회학, 건축, 문예비평 등 다양한 학문 분야를 섭렵하며 자신만의 독특한 사상을 거침없이 펼쳤다. 1922년 작 『유토피아 이야기』를 시작으로 주로 기계, 도시, 인간의 문제를 심도 있게 다루었다. 주저 『기술과 문명』, 『기계의 신화』에서는 문명의 관점에서 기술의 역사를 통합적이고 체계적으로 기술했으며 거대기계와 거대도시로 대표되는 기계문명을 날카롭게 비판한 것으로 유명하다. 가장 비인간적인 20세기에 더 인간적이고 유기적인 새로운 시대를 전망했던 멈퍼드는 '마지막 위대한 휴머니스트'라고 불렸으며, '앎과 삶이 완전히 일치하는 삶'을 살았다.

각성을 폭로하고, 위기 극복을 위한 대안의 방향성을 제시할 것이다.

이 책의 구성

이 책은 다섯 장으로 구성되어 있다. 1장은 기술의 어원과 정의, 그리고 기술철학의 세대교체를 포함한 기술의 지형학을 살펴보고 다양한 유형의 기술에 대한 접근법을 검토한 후 카시러와 멈퍼드의 철학에 기초한 문화적 접근법을 정립한다. 그리고 문화적 접근법의 네 가지 근본 조건으로 상징형식의 보편성, 기술의 기원인 신화와 우주론, 기술의 진화, 기술 이해의 다양성을 제시하며, 이를 통해 서구 유럽의 역사에서 나타난 네 가지 기술 이해 방식, 즉 고대 그리스의 테크네technē, 중세의 아르스ars, 근대의 테크닉techinc, 현대의 테크놀로지technology를 구분한다.

2장은 고대 그리스의 테크네의 의미와 헬레니즘-로마 시대의 테크네에서 아르스로의 이행을 다룬다. 먼저 우주·폴리스·인간에 대한 통합적 사유와 신적 세계와 인간의 세계 구분과 같은 고대 그리스의 일반적 사유 구조에 자리 잡은 테크네의 의미를 다각도로 검토할 것이다. 다음으로 플라톤과 아리스토텔레스의 철학에 나타난 테크네의 의미, 의미 기준, 분류 체계를 분석한다. 마지막으로 헬레니즘-로마 시대에 테크네의 의미가 분화하고 아르스라는 통합 개념이 형성된 과정을 설명하고 역사적 의미를 살펴본다.

3장은 중세 아르스의 개념과 르네상스 시기의 아르스에서 테크닉으로의 이행 과정을 다룬다. 우선 기독교와 신비주의의 결합으로 생긴 상징주의라는 중세의 독특한 근본정신, 12세기 이후 학문의 발전, 아리스토텔레스 철학이 유입된 가운데 형성된 아르스의 의미를 다양한 측면에서 살펴본다. 그리고 이런 특성이 잘 드러난 사례로 중세의 초월적 미학, 스콜라철학과 고딕건축의 동시 발생이라는 사건을 분석한다. 그 다음으로 아르스에서 테크닉으로 이행하는 과정에서 나타난 무한 개념의 변화와 르네상스 시기 문화운동의 역사적 의미를 검토한다.

4장은 근대의 기계적 세계관 확립과 산업혁명에 기초한 기계문명의 형성 과정, 아르스가 순수예술과 공예로 분리되는 과정에서 나타난 테크닉 개념의 다양한 의미 변화를 다룬다. 그리고 일반적으로 1세대 기술철학자로 불리는 마르틴 하이데거Martin Heidegger의 '몰아세움Ge-stell' 개념과 멈퍼드의 '거대기계Megamachine' 개념을 중심으로 두 철학자의 기계문명과 그 작동 원리에 대한 비판적 통찰을 살펴본다.

5장은 20세기 이후 학문적 패러다임의 근본적인 전환 속에서 대두된 현대 테크놀로지의 본질적 특성과 의미를 다룬다. 즉 양자역학, 비평형열역학, 사이버네틱스를 포함한 체계이론의 등장이라는 학문적 패러다임의 변화를 토대로 현대 테크놀로지의 의미와 기능을 살펴본다. 그다음으로 체계이론을 수용한 기술철학자 자크 엘륄Jacques Ellul과 질베르 시몽동Gilbert Simondon의 논의를 의미 생성 차원에서 비판적으로 고찰한다.

1장

기술이란 무엇인가

1. 기술의 지형학

이상한 개념

오늘날 테크놀로지는 과학과 더불어 현대사회의 물질문화를 대변하는 보편적 개념이다. 하지만 테크놀로지의 의미는 현대성을 이해하는 데 도움이 되기는커녕 오히려 혼란을 가중하고 있다. 테크놀로지의 사전적 정의는 두 가지다. 하나는 과학 이론을 적용하여 사물을 인간 생활에 유용하도록 가공하는 수단, 즉 응용과학이다. 그리고 다른 하나는 사물을 잘 다루는 방법이나 능력이다. 문제는 응용과학이든 사물을 잘 다루는 솜씨든 이것이 현재 전 지구적 차원에서 점점 더 동질화·자동화되면서 기술체계 자체의 내적 자율성과 독자성이 폭증하고 있는 테크놀로지의 특성을 포착하는 데 적절하지 않다는 점이다. 이런 상황은 실제로 테크놀로지에 대한 더욱 심층적이고 다각적인 이해를 요청하고 있다.

우선 현대의 테크놀로지 개념은 근본적으로 어원과 조화를 이루지 못한다. 어원학적 형태에서 테크놀로지는 그리스어 '테크네techne'와 '로고스logos'의 결합어다. 로고스와 연관성이 있는 '-올로지ology'라는 접미사를 통해 우리는 테크놀로지가 로고스, 곧 학문이나 과학과 긴밀히 연결돼 있다는 사실을 알 수 있다. 즉 테크놀로지는 테크네의 과학이나 학문을 의미한다. 따라서 테크놀로지의 적절한 번역어는 '기술'이 아니라 '기술학'이나 '기술 담론' 혹은 '기술공학'이 적절하다. 이런 사정에도 불구하고 오늘날 테크놀로지는 학문적 원리나 관념과는 동떨어져 거의 전적으로 물질적인 실천이나 사물에 초점이 맞춰져 이해되고 있다.

게다가 '생태학ecology'에서 어근 '에코eco'가 천연의 자연, 즉 생명 공동체를 지칭하듯이 학문 영역에서 '-올로지'라는 접미사와 결합된 어근은 통상 연구 대상이나 범위를 가리킨다. 하지만 테크놀로지의 어근 '텍tek-, 테크tech-'는 대상이 불명확하다. 적어도 고유한 연구 대상으로서의 테크놀로지의 의미는 영어권에서는 거의 사라졌다고 볼 수 있다. 테크놀로지의 개념적 이해에서 나타나는 곤란함을 기술사가 에릭 샤츠버그Eric Schatzberg는 다음과 같이 표현한다.

테크놀로지는 안정된 실체가 아니다. 이것은 학자들이 정확한 정의를 통해 드러낼 수 있는 본질이 없다. 그뿐만 아니라 현생인류의 초기 확산과 달리 이 개념은 단일한 기원에서 비롯돼 학자들의 세계 전체로 퍼져 나간 것도 아니다. 테크놀로지는 다층적 담론을 가로지르는 뒤틀린 계보학genealogy의 결과로 생긴 부모가 불분명한 사생아다. 어떤 학문적 방법도

이 용어를 소유할 수는 없다.[1]

아리스토텔레스는 『수사학』에서 테크놀로지의 그리스어에 해당하는 '테크놀로기안technologian'이라는 단어를 문법에서 '체계적 분류와 처리'라는 제한된 의미로 사용했다.[2] 하지만 그 후 이 단어는 키케로Cicero가 편지에서 아주 불분명한 의미로 한 번 사용했을 뿐 대략 1600년 동안 전혀 사용된 적이 없는 사어死語였다. 그러다가 16세기 초 근대 교과서의 전형을 완성한 철학자 페트뤼 라무스Petrus Ramus에 의해 부활했으며, 의미 역시 아리스토텔레스가 사용했던 것과 크게 다르지 않았다.[3]

테크놀로기안과 달리 오랫동안 서구 유럽에서 사용된 기술의 어원은 그리스어 '테크네'이다. 이 말의 라틴어 번역어가 '아르스ars'이고 여기서 영어 '아트art'가 파생돼 나왔다. 고대 그리스의 테크네와, 로마 시대와 중세는 물론 근대 초기까지 서구 유럽에서 광범위하게 사용된 아르스는 인간의 지혜로운 활동과 다양한 능력을 두루 가리키는 포괄적인 통합 개념이었다. 목공예, 시, 구두 만들기, 의술, 조각, 말 조련술 등 다양한 일이 테크네/아르스 개념의 범주에 포함됐다. 사실상 이 두 개념은 어떤 대상의 한 가지 부류가 아니라 무엇을 만들고 행할 수 있

---

1 Eric Schatzberg, *Technology*, The University of Chicago Press, 2018, p. 14.

2 Wolfgang Schadewaldt, "The Greek Concepts of Nature and Technique", *Philosophy of Technology: The Technological Condition*, Robert C. Scharff·Val Dusek (eds.), Wiley Blackwell, 2014, p. 31. 로버트 샤프와 밸 듀섹에 따르면 '테크놀로기안'은 『수사학』에서 세 번 등장한다 (1354b17, 1354b26, 1356a11).

3 Ronald Tulley, "Is There Techne in My Logos?", *The International Journal of Technology*, Vol. 4, 2008.

는 인간의 능력을 일컫는 말이었다.[4]

호메로스Homeros 시대가 시작될 무렵 이미 테크네는 서로 다른 네 가지 의미로 사용된 것으로 보인다. 구체적으로 말하면 "목재로 배를 만드는 장인의 '솜씨', 아레스의 강력함도 견뎌내는 금속을 벼리는 헤파이스토스의 '능력', 자유자재로 자신의 몸을 변형할 수 있는 프로테우스의 '교활함', 아가멤논을 살해할 계획을 세우는 아이기스토스의 '책략'이나 '술수'"다.[5] 이렇게 테크네가 장인의 솜씨뿐만 아니라 교활함, 책략, 술수와 같이 넓은 뜻으로 사용된 이유는 고대 그리스의 시인들이 테크네를 약자가 강자를 이기기 위해 사용하는 일종의 지혜로 이해했기 때문이다.[6] 이와 관련된 이야기는 그리스 신화에 종종 등장하는데, 프로메테우스가 제우스를 속이고 인간에게 불과 기술적 지혜를 훔쳐다 준 장면이나 대장장이의 신 헤파이스토스가 눈에 보이지 않는 그물로 아내 아프로디테와 바람을 피운 전쟁의 신 아레스에게 복수하는 장면 등이 대표적이다.

인도-유럽 어족의 어근 '텍'에서 유래한 테크네는 원래 목재 혹은 목재를 이리저리 짜 맞춰 구조물이나 형상물을 만드는 인간의 활동을 의미했다.[7] 이 점에서 테크네는 집 짓기와 깊은 연관성이 있었던 것으로 보이는데, 목수를 뜻하는 그리스어 '텍톤tektōn'이 테크네의 파생명사라는

---

4 래리 쉬너, 『예술의 탄생』, 김정란 옮김, 들녘, 2007, 38-39쪽.

5 David Roochnik, *Of Art and Wisdom: Plato's Understanding of Techne*, The Pennsylvania State University Press, 1996, p. 18.

6 Roochnik, 1996, pp. 23-24.

7 Tom Angier, *Technē in Aristotle's Ethics: Crafting the Moral Life*, Continuum International Publishing Group, 2010, p. 3.

사실이 이를 뒷받침한다. 기술철학자 칼 미첨Carl Mitcham은 테크네와 집 짓기의 관계를 다양한 고대 언어와 연관 지으며 구체적으로 설명한다. 그에 따르면 어근 '텍'은 '형태를 짓다', '건설하다'를 뜻하는 산스크리트어 '탁사티taksati', '결합하다' 혹은 '세우다'를 뜻하는 히타이트어 '탁스takkss', '건설하다'를 의미하는 라틴어 '텍세레texere', '덮다'에서 '지붕을 얹다'의 의 미로 확대된 라틴어 '테게레tegere'와 관련이 있다.[8] 이에 더해 '짜다', '엮다' 와 같은 직물 짜기의 은유에서 나온 '텍스트text' 개념도 테크네와 동일한 어근에서 파생된 것으로 테크네의 기본 의미를 확인시켜준다.[9]

역사시대 이래 공동체의 삶의 방식이 차츰 안정되면서 인구가 늘 고 노동 분업이 확대되는 급격한 사회 변동이 발생했을 때 공동체 전체 의 필요에 부합하는 큰 건조물의 축조는 더 이상 개인이나 가족의 몫이 아니게 되었을 것이다. 이 중요한 임무는 자연스럽게 전문적인 목수 집 단에게 맡겨졌을 텐데, 이런 목공 일에서 점차 테크네의 여러 가지 의 미가 분화돼 나왔을 것으로 추측된다.

테크네의 어원적 의미는 흔히 '자연'으로 번역되는 상대 개념인 '피 시스physis'와 비교할 때 더욱 분명하게 드러난다. 고대 그리스인들은 신 의 세계와 인간의 세계를 명료하게 구별했듯이, 생성과 관련해서도 '신 적 만듦'을 뜻하는 피시스와 '인간적 만듦'을 의미하는 테크네(인위)를 분 명히 구분했기 때문이다. 여러 조건에서 테크네는 자연에 의존할 수밖 에 없었지만 최종적으로 인습이나 습관이라는 인위人爲에 포함되는 까닭

---

8 Carl Mitcham, *Thinking through Technology*, The University of Chicago, 1994, pp. 117-118.
9 김상환, 「데리다의 텍스트」, 『철학사상』 제27권, 2008, 91-121쪽.

에 고대 그리스인들의 사유에서 이 용어는 상당히 복잡한 개념이었다.

피시스의 기본 뜻은 '낳다', '생성하다', '성장하다' 등이다.[10] 인식 대상을 지칭하는 현상pheomenon이라는 단어와 마찬가지로 불이나 빛을 뜻하는 어근 '피phy'에서 나온 파생명사인 피시스는 '빛 속에서 드러나는 것'을 의미했다.[11] 처음으로 이 개념을 보편적으로 정의하려 했던 아리스토텔레스는 피시스를 장소, 크기, 질이라는 측면에서 운동과 정지의 원리를 자신 안에 갖고 있는 것으로 규정했다.[12] 따라서 피시스에서 비롯된 모든 것은 운동의 원리를 내장하기 때문에 자기 활동적 성격을 띠었다. 그리고 이런 속성은 자연적 과정뿐만 아니라 결과물에도 동일하게 적용됐다. 씨앗뿐만 아니라 싹을 틔우는 힘도, 본질과 원인뿐만 아니라 물질적인 사물도 피시스였다.[13]

로마인들은 그리스어 피시스를 라틴어 '나투라natura'로 번역해 이어받았다. 대부분의 서양 언어에서 커다란 형태 변화 없이 수용된 나투라는 원뜻이 '네발 달린 짐승 암컷의 자궁'으로 식물의 생장을 도모하는 농업과 밀접하게 관련된 말이었다.[14] 그리고 피시스의 이중적 의미를 그대로 계승한 나투라는 자연물을 산출하는 생성의 원인과 가시적인 사물 세계 전체라는 이중적 의미로 이해됐다. 아리스토텔레스가 제

---

10 Schadewaldt, 2014, p. 29.

11 김율, 『서양 고대 미학사 강의』, 한길사, 2010, 60쪽.

12 Aristotle, *Physics*, W. D. Ross (trans.), Oxford University Press, 1936, p. 348.

13 아리스토텔레스는 『형이상학』에서 자연을 ①생성 ②운동의 원인 ③질료라는 뜻의 본성 ④형상이라는 뜻의 본성 ⑤자기 안에 운동의 원리를 가지고 있는 개별적 실체 혹은 자연물 등으로 규정한다. 아리스토텔레스, 『형이상학 1』, 조대호 옮김, 나남, 2012a, 190쪽 각주.

14 Schadewaldt, 2014, p. 25.

시한 피시스의 이중적 의미는 나투라 개념을 거쳐 중세의 '능산적 자연 natura naturans'과 '소산적 자연natura naturata'의 구분으로 이어졌으며, 자연에 대한 근대적 개념 체계의 이분화에도 큰 영향을 미쳤다.[15]

이러한 '테크네'와 '테크놀로기안'의 서로 다른 역사적 변동에서 볼 수 있듯이, 서구 유럽에서 기술은 복잡하고 다양한 의미 변화를 거치면서 발전해왔다. 이 책은 정신사적 맥락에서 서양의 철학적 사유와 기술이 맺어온 관계를 고찰함으로써 기술의 본질을 해명하기 위해 기술의 의미 변동을 통시적으로 톺아보려 한다. 이를 위해 기본적으로 일반 범주로서의 기술과 기술의 다양한 이해 방식을 구분할 것이다.

일반 범주로서의 기술이란 인간이 물리적 세계를 변형하는 데 사용하는 모든 유형의 제작 및 대상적 실천을 가리킨다. 이에 반해 기술의 이해 방식이란 문화나 시대에 따라 독특하고 상이한 방식으로 나타나는 기술의 본질적인 특성을 뜻한다. 흔히 인류학과 역사학의 연구 결과를 토대로 오늘날에는 모든 문화에서 기술은 동일하며 단 하나의 유형만 존재한다는 관념이 통용되고 있다. 이 경우 인간의 역사는 정확히 기술의 역사와 일치한다. 하지만 철학적 사유의 대상으로서 기술은 인류학과 역사학이 바라보는 보편적, 일반적 개념이 아니라 상대적, 반성적 개념이다. 기술은 우선 철학의 반성적 사유를 통해 가시화될 때만 철학적 주제로 대상화되기 때문이다. 이에 이 책은 서구 유럽에서 나타

---

15 자연의 이중적 의미 구분은 르네상스 시대 이후 근대에도 유지된다. 자연은 한편으로는 가시적인 사물 전체를 의미했고 다른 한편으로는 사물 전체를 산출하는 힘을 뜻했다. 정신을 통해서만 인지할 수 있는 산출하는 힘은 사물 전체의 본질, 즉 능산적 자연이었다. 계몽주의 시대가 자연을 능산적 자연의 의미로 바라봤다면 현대에는 통상 자연을 가시적인 사물 전체의 의미로 이해한다. 자연의 이중적 의미에서 비롯된 이해의 차이는 이후 자연과 기술의 관계에 대한 해석의 차이를 낳았다.

난 서로 다른 기술의 이해 방식을 원문을 그대로 살려 네 가지로 제시할 것이다. 고대 그리스의 '테크네', 중세의 '아르스', 근대의 '테크닉',[16] 현대의 '테크놀로지'다.

이러한 방식으로 기술의 이해 방식을 구분하는 데는 두 가지 이유가 있다. 첫째, 서구 유럽의 역사에서 나타난 네 가지 기술 이해 방식의 고유한 의미와 특성을 분명히 드러내기 위해서다. 물론 기술의 의미 변동은 다양한 계기들이 공존하면서 끊임없이 상호 작용하는 역동적 과정이다. 그럼에도 불구하고 개별 문화적 단계는 해당 문화에 걸맞은 고유한 기술의 본질을 드러내기 마련이다. 이 점을 분명히 함으로써 기술의 다양한 의미가 한데 뭉뚱그려져 생기는 의미상의 혼동을 최소화할 것이다.

둘째, 오늘날 전 세계적으로 기술의 동질화 및 획일화가 급속도로 확산되면서 기술은 오직 테크놀로지라는 한 가지 유형만이 존재한다고 보는 그릇된 관념을 교정하기 위해서다. 일반적으로 1세대 기술철학자로 분류되는 하이데거, 멈퍼드, 엘륄은 전근대적 기술과 근대적 기술 혹은 테크닉과 테크놀로지를 구분한다. 기본적으로 테크닉은 다수의 의미를 포괄하는 개념인 데 반해 테크놀로지는 테크닉의 의미 중에서 인과적 단일성과 효율성이라는 측면만이 극단적으로 강화된 개념으로 볼 수 있다. 이러한 그릇된 관념을 교정함으로써 이 책은 한편으로는 현대 테크놀로지의 본질적 특성을 폭로하여 이것의 위험성을 비판적으로 사

---

16 이 책에서는 동의어 관계인 프랑스어 '테크니크technique', 독일어 '테히니크Technik', 영어 '테크닉technic'을 서술상의 편의를 위해 '테크닉'으로 통일해서 표기했다.

유하고, 다른 한편으로는 기술의 다수성을 복원하여 기술과 다른 문화적 요소들의 관계 속에서 새로운 발견의 가능성을 열어놓을 것이다.

기술의 아포리아

일반적으로 무엇을 정의한다는 것은 대상의 가장 본질적인 속성을 언어를 매개로 정식화하는 일이다. 정의의 유형은 두 가지다. 하나는 새로운 용어의 의미를 처음으로 규정하는 것이고, 다른 하나는 이전에 어떤 의미로 정의됐던 용어가 어떻게 이해돼왔는지를 확인하고 설명하는 것이다. 전자가 의미의 새로운 부여라면 후자는 의미의 새로운 발견이다. 기술의 정의는 후자에 속한다. 역사적으로 기술은 시대와 문화에 따라 서로 다른 의미를 띠고 변모해왔기 때문이다.

그렇다면 오늘날 통용되고 있는 기술의 정의와 관련된 담론은 어떠한가? 한마디로 '아포리아aporia'다. 오늘날 테크놀로지라는 단어가 상기시키는 일차 이미지는 아마도 정보통신 테크놀로지의 영역에서 나왔을 가능성이 크다. 그래서 대중은 테크놀로지를 다양한 첨단 디지털 기계와 장치들의 최신 혁신을 통칭하는 용어 정도로 인식하고 있다. 심지어 학계에서도 테크놀로지 개념은 모호하거나 상호 모순된 의미로 사용되기 일쑤다. 앞서 살펴봤듯이, 가장 일반적인 테크놀로지의 정의는 산업에서 실용적 목적을 위해 사용되는 과학적 지식의 응용, 즉 응용과학이다. 이 경우 테크놀로지란 원자폭탄이나 트랜지스터처럼 이전의 과학적 발견이나 과학적 이론의 성과에 의존하는 구성물이나 인공물이 된다.

그러나 이러한 정의는 기껏해야 그 범위가 응용과학으로서의 테크놀로지에 대한 논의가 시작된 19세기 중반 이후라는 상대적으로 짧은 시기에 한정될 뿐이며, 더욱이 맨해튼 프로젝트Manhattan Project라고 불린 원자폭탄 개발 프로젝트가 성공을 거둔 20세기 중반 이후에야 주요 의미로 굳어진 것이다. 따라서 시대착오적 오류를 거론하지 않더라도 19세기 이전에는 응용과학으로서의 테크놀로지라는 개념은 아예 존재하지도 않았다.

이와 달리 일군의 학자들은 테크놀로지를 응용과학으로 보는 관점의 협소함을 비판하면서 이것을 인간의 모든 제작과 행위 과정에 따라붙는 방법의 총합으로 규정한다.[17] 이러한 주장은 사회학자 막스 베버Max Weber의 '테크닉Technik'에 대한 정의를 수용한 것인데, 『경제와 사회』에서 베버는 테크닉을 "합리적인 행위에 수반되는 수단의 총체"로 정의한다.[18] 20세기를 대표하는 사회학자 탤컷 파슨스Talcott Parsons도 베버와 마찬가지로 특정한 목적 달성을 위해서 최상의 방법을 선택하는, 가장 단순한 목적-수단 관계에 기초한 모든 행위를 '기술적technological'이라고 본다.[19] 테크닉은 물질적인 세계뿐만 아니라 인간이 이 세계에서 행동하고 살아가는 법적, 윤리적, 사회적 환경도 형성한다. 이때 합리

---

17 Paul Forman, "The Primacy of Science in Modernity, of Technology in Postmodernity, and of Ideology in the History of Technology," *History and Technology*, Vol. 23, No. 1/2, 2007, pp. 1-15.

18 막스 베버, 『경제와 사회』, 박성환 옮김, 문학과지성사, 1997, 197쪽.

19 Talcot Parsons, "Some Reflections on The Nature and Significance of Economics", *The Quarterly Journal of Economics*, Vol. 48, Issue 3, 1934, pp. 511-545.

적인 목적-수단 관계로 연결된 테크닉은 어떤 행동과 실천은 허용하지만 다른 실천들은 어렵게 하거나 아예 불가능하게 만든다.

베버나 파슨스의 입장과 달리 새롭게 출현한 디지털 시대의 특성을 분석했던 사회학자 마누엘 카스텔Manuel Castells은 테크놀로지를 응용과학으로 규정한다. 정보통신 테크놀로지를 비롯한 자연과학 분야의 비약적 발전을 매개로 빠르게 확산된 전 지구적 차원의 테크놀로지 폭증이라는 전대미문의 현상을 분석하면서 카스텔은 테크놀로지를 "재현 가능한 방식으로 일하는 방식을 구체화하는 과학적 지식의 이용"이라고 정의한다.[20] 이 경우 다양한 방식으로 인간의 정신적 능력을 증폭시킴으로써 인간의 삶을 근본적으로 변화시키는 모든 것이 테크놀로지의 영역에 포함된다. 실제로 카스텔은 정보통신 테크놀로지의 범주에 극소전자공학, 컴퓨팅, 원격 통신, 방송, 광전자공학, 유전공학 등 다양한 학문 영역에서 사용되는 테크놀로지 일체를 포함했다.

또한 경제학에서 테크놀로지는 상당히 모호한 개념으로 여겨진다. 이는 현대사회에서 경제와 테크놀로지가 떼어놓을 수 없는 관계이며, 과거와 달리 현재의 경제 활동이 기술 진보와 긴밀하게 연결돼 있다는 점을 고려하면 이례적이다. 주류 경제학인 신고전파 경제학의 대표적 성장 이론인 솔로 모델Solow model에서는 테크놀로지를 단지 경제 성장의 외생 변수로 고려할 뿐, 이 용어의 기원은 설명하지 않는다.

이에 경제학자 폴 로머Paul Romer는 1980년대에 테크놀로지를 경제 성장의 외생 변수가 아니라 내생 변수로 포함하는 '내생적 성장 이론

---

20 마누엘 카스텔, 『네트워크 사회의 도래』, 김묵한·박행웅·오은주 옮김, 한울아카데미, 2003, 55쪽.

endogenous growth theory'을 제시한다.[21] 신고전파 경제학과 마찬가지로 경제 행위 전반에 초점을 맞춘 로머의 내생적 성장 이론은 이론적으로 경제성장률과 기술 진보율의 비례 관계를 전제함으로써 기술혁신을 생산성 증가의 주요 요인으로 자리매김하는 데 기여했다.

그러나 R&D 효과에 대한 지나친 강조와 경제성장과 기술 진보가 동일한 비율로 발전한다는 로머의 기본 가정에 대한 의문이 경제학 내부에서 제기되면서 지금까지도 경제학에서 테크놀로지와 관련된 논의는 더 나아가지 못하고 답보 상태에 있다. 이러한 상황에서 생산요소의 투입에 따른 극대 산출량을 나타내는 생산함수에서 테크놀로지는 여전히 자본 투입량과 노동 투입량의 상수로 취급되고 있다.[22] 즉 총요소생산성에서 테크놀로지는 '솔로 잔차Solow residual', 즉 노동 투입량과 자본 투입량의 증가로 설명되지 않는 경제성장의 요인으로 간주된다.[23] 결국 경제학에서 테크놀로지는 생산에서 노동과 자본 이외의 모든 요소이거나, 무엇이라고 딱히 규정할 수 없는 잔여물, 즉 잔차殘差에 불과한 것이다.

더 나아가 철학적 사유의 대상으로서의 기술에 대한 정의는 다양할 수밖에 없다. 철학은 의식의 한 형태다. 다른 의식의 형태와 구별되는 철학의 고유성은 대상에 대한 일차적 사유가 아니라 대상을 재사유하는 이차적 사유라는 데 있다. 즉 철학은 대상에 대한 일차적 사유를

21 Paul Romer, "Endogenous Technological Change", *The Journal of Political Economy*, Vol. 98, N. 5, 1999, pp. 71-102.

22 코브-더글러스 생산함수Cobb–Douglas production function, 즉 $Y=AL^{\alpha}K^{\beta}$에서 각 항목은 다음과 같다. Y: 생산량, L: 노동 투입량, K: 자본 투입량, A와 $\alpha \cdot \beta$: 생산 기술로 결정되는 상수.

23 에릭 브린욜프슨 외, 『제2의 기계시대』, 이한음 옮김, 청림출판, 2014, 131쪽.

인식론적, 존재론적, 가치론적 구조에서 재구성하는 메타 이론의 성격을 띤다. 그래서 주로 무전제성에서 출발하고 근원을 탐구하는 철학적 탐구 방법은 사실이나 사료 같은 일차적 대상을 직접 다루는 지질학 혹은 역사학 같은 학문의 탐구 방법과 다를 수밖에 없다.

동일한 맥락에서 철학의 한 분과인 기술철학은 기술적 대상이 아니라 이에 대한 일차적 사유와 태도를 다시 대상으로 삼아 사유하는 이차적 사유다. 아주 짧게 정의하면 기술철학은 기술적 대상에 대한 사유의 사유다. 그러므로 기술철학의 주제로 다루어지는 기술이란 우선 철학적 관점을 통해서 규정되고 가시화된 것이며, 이 조건을 충족할 때만 기술은 철학사의 주제가 될 수 있다.

또한 기술은 상대적, 반성적 개념이다. 우리는 일상적인 경험에서 기술을 다양한 방식으로 표상한다. 어떤 사람은 기술 하면 즉시 기계를, 다른 사람은 능수능란한 손놀림으로 물건을 만들어내는 장인의 솜씨를, 또 다른 사람은 첨단 장비를 동원한 복잡한 수술 과정을 떠올린다. 이렇게 저마다 서로 다른 기술의 상을 떠올리는 것은 기술에 대한 '선先이해'가 서로 다르기 때문이다. 통상 역사적인 기술 관념이 내포된 이러한 선이해는 기술적 표상에 대한 반성이 일어나자마자 일반적 사유의 대상으로 전환된다. 그리고 우리는 기술적 사유의 반성 구조를 따라 직접적인 기술적 대상에서 벗어나 점차 기술적 세계에 있는 인간의 자기 이해라는 일반적인 의미 세계로 진입한다. 여기서 우리는 기술의 정의나 인간과 기술의 관계에 대한 근본 물음을 제기하고, 이를 다시 기술을 매개로 한 인간과 세계의 관계에 대한 물음으로 확장한다. 이로써 기술은 인식론, 철학적 인간학, 역사철학, 미학 등의 다양한 영역으로 사유의 지평을 넓혀간다. 그러므로 기술철학적 논의에서 기술을 두고 다수의 정의가 제시되는 것은 놀라운 일이 아니다. 이러한 기술의 다양한 정의를 미첨은 다음과 같이 정리한다.

- 감각 운동적인 솜씨들(파이블먼Feibleman)
- 응용과학(번지Bunge)
- 합리적인 효율적 행위(엘륄Ellul, 1954) 혹은 기술적 효율성 추구(스콜리모프스키Skolimowski, 1966)
- 생존 전략(슈펭글러Spengler), 환경을 주조하는 수단(야스퍼스Jaspers, 1949) 혹은 인간의 필요를 충족하기 위한 환경의 통제(카펜터Carpenter, 1974)
- 사회적으로 설정된 목적을 위한 수단(자비Jarvie)
- 권력의 추구(멈퍼드Mumford, 1967)
- 실천적 임무에 과학적 지식이나 다른 조직된 지식의 체계적 적용(존 케네스 갤브레이스John Kenneth Galbraith) 혹은 테크닉의 지식(네이선 로센버그Nathan Rosenberg)
- 노동자의 형상을 실현하는 수단(윙거Jünger) 혹은 초자연적 자아 개념(오르테가Ortega)
- 자기 주도적 구원救援(브링크만Brinkmann, 1946)
- 초월적 형식의 발명과 물질적 실현(데사우어Dessauer, 1927, 1956)
- 탈은폐의 한 방식(하이데거Heidegger, 1954)[24]

---

24 Mitcham, 1994, p. 153.

기술철학의 늦은 출현

기술철학은 기술을 둘러싼 다양한 문제를 다루는 철학의 한 갈래다. 장 이브 고피Jean-Yves Goffi는 서양철학의 다른 분과들처럼 기술철학의 기원을 플라톤에서 찾는다. 그는 플라톤의 대화편에 등장하는 기술에 대한 사유를 기술에 대한 평가, 기술의 인간학, 기술의 존재론으로 구분하면서, 기술철학의 논의에서 공존하는 이 세 가지 영역의 물음이 현대의 기술철학자들에게도 유사하게 제기된다고 주장한다.[25] 그럼에도 불구하고 기술은 18세기 중반 이후 산업혁명의 발흥과 맞물려 물리적 기계가 폭발적으로 증가하는 '현상으로서의 기술' 자체가 문제시된 이후에야 철학에 사유의 자리를 내주었다고 볼 수 있다. 이렇게 비교적 늦은 시기에 기술이 철학적 사유의 대상에 포함된 것과 관련해서 기술철학자 돈 아이디Don Ihde는 오랫동안 기술을 과학의 수단이나 도구로 간주하거나 기술보다 과학의 우위를 인정하는 철학적 전통이 지배적이었기 때문이라고 평가하고, 이를 '플라톤주의 선호philosophical preference for platonism'라고 부른다. 그에 따르면 이성을 강조하고 감각 지각을 경시하는 관념론의 전통이 실질적으로 약화된 19세기 후반에야 기술은 철학적 사유의 대상 목록에 겨우 이름을 올릴 수 있었다.[26]

기술철학자 에른스트 카프Ernst Kapp는 『기술철학의 개요: 새로운 관점에서 본 문화 생성사』에서 처음으로 기술철학이라는 단어를 책 제

---

25 장 이브 고피, 『기술철학: 테크노월드 속의 도구적 인간』, 황수영 옮김, 한길사, 2003, 47-60쪽.
26 돈 아이디, 『기술철학』, 김성동 옮김, 철학과현실사, 1998, 17-36쪽.

목에 사용했다. 1877년에 출간된 이 기술철학의 고전에서 카프는 테크닉을 도구에 한정해 논의하는 전통적 관점을 비판하면서 테크닉이 인간의 절대적인 자기생산이자 자기표현이라는 새로운 주장을 펼친다. 여기서 그의 기술철학은 '기관-투사Organ Projection'라는 핵심 개념으로 집약된다.[27] 그에 따르면 모든 테크닉은 신체 기관의 연장이다. 즉 인간의 기관을 외부 세계에 투사함으로써 연장된 것이다. 신체 기관은 신체적 기능을 파악하는 렌즈이자 외부 세계로 투사함으로써 인간의 자기 인식뿐만 아니라 문화 세계 전체를 구성하는 원천이다. 문화 세계의 건립을 위한 최초의 청사진이 바로 인간의 신체인 것이다. 신체 기관은 도구와 기계의 원형이자 여러 사회제도는 물론 국가의 토대를 형성하는 근본 원리로 작용한다. 이렇듯 카프는 인간이 특정한 목적을 달성하기 위해 도구를 제작하는 의식적 차원 이면에 놓인 기관-투사라는 무의식적 차원을 발견함으로써 테크닉을 체계적인 철학적 탐구의 대상으로 정초할 수 있었다.

특히 카프는 다양한 신체 기관 중에서도 손을 모든 도구의 원형으로 강조한다. "강한 의미에서 손은 삼중의 결정 기관이다. 첫째, 손은 인간의 선천적 도구다. 둘째, 손은 모든 기계적 도구의 원형적 이미지다. 셋째, 손은 도구라는 물질적 잔상殘像의 생산에 실제적으로 관여

---

27 카프는 기관이라는 개념을 다음과 같이 규정한다. "그리스어 오르가논organon은 첫째 신체의 기관, 둘째 신체의 잔상인 도구, 셋째 도구를 사용해 다듬은 목재를 뜻한다. 독일어에서 'organ'과 'tool'은 어느 정도 교체 가능한 용어로 쓰인다. 예를 들어 최소한 생리학의 영역에서는 호흡기관이나 호흡 장치라고 지칭하는 것에 차이가 없지만 기계학의 영역에서는 배타적으로 도구tool라는 단어를 사용한다. 더 정확한 정의는 생리학에서는 기관이, 기술에서는 도구가 될 것이다." Ernst Kapp, *Elements of A Philosophy of Technology*, Lauren K. Wolfe (trans.), The University of Minnesota Press, 2018, p. 35.

하기에, 아리스토텔레스의 말을 빌리자면, '기관 중의 기관tool of tools'이다."[28] 망치, 도끼, 칼, 톱, 집게, 곡괭이, 호미 같은 다양한 형태의 도구는 손이 연장된 것으로 다양한 손의 힘을 표현하거나 강화한 것이다. 손가락은 바늘로, 손바닥은 그릇으로, 팔은 도끼로 연장되고, 잇달아 순차적으로 다양한 전문 직종에 필요한 각종 도구와 장치로, 그리고 산업적 기계뿐만 아니라 과학 분야에서 사용되는 기구와 장치 등 온갖 종류의 인공물로 연장된다.

이러한 기관-투사 개념은 상당히 복잡한 상품을 생산하는 근대 산업에서는 간과되기 쉽지만 카프의 원리적 차원의 접근은 전근대 산업과 근대 산업의 기능적 동일성을 확보하는 데 일정한 성과를 보인다. 예를 들어 치아 중 어금니의 투사로 볼 수 있는 가장 원시적인 형태의 맷돌과 거대한 규모의 근대식 제분기는 기능 면에서는 차이가 없다. 윗돌과 아랫돌이 맞물려 돌아가면서 곡물을 가는 맷돌의 원리는 소재가 돌에서 철로 바뀌든 규모가 몇십 배 더 커지든 다를 것이 없기 때문이다. 비근한 예로 인간의 복잡한 신경계는 현대의 전신 네트워크로, 인간의 순환계는 철도 체계로 연장된다.

그뿐만 아니라 카프는 연장된 도구를 매개로 인간은 세계와 관계를 맺고 이 과정에서 자기 자신을 발견하게 된다고 주장한다. 가장 초보적인 수준에서 도구를 사용하더라도 이는 인간이 자신의 신체적 구조와 정신적 구조를 이해하는 과정이다. 신체적 구조와 정신적 구조가 맞물려 순환하는 이중적 과정의 구조적 특징에 대해서 카프는 이렇게

---

28 Kapp, 2018, p. 35.

말한다.

최초의 원시적 도구들은 물질을 분리하고 결합하는 인간 손의 힘과 솜씨를 향상시키는 데 쓰였다. (…) 인간 손의 구조와 인간의 정신적 행위 양자는 인간, 즉 자기 자신을 무의식적으로 찾아내고 의식적으로 발견한다. 이는 두 가지 방식으로 일어난다. 한편으로 가장 폭넓은 의미에서 감각적 활동을 강화하는 수단으로 이해할 수 있는 모든 도구는 사물의 직접적이고 인공적인 지각을 넘어서 독특한 가능성을 열어놓는다. 다른 한편으로 지적 활동과 손동작이 결합된 산물로서 도구는 근본적이고 직접적으로 인간 존재와 연계된다. 인간은 자신의 손이 창조한 자신의 존재, 물질 속에 스며들어 있는 재현의 세계, 자기 내부의 거울 혹은 잔상에서 발견되는 자신의 일부를 바라보면서 자기 자신을 발견한다."[29]

카프에 따르면 인간은 자신이 만든 도구와 각종 인공물을 매개로 자신의 신체적 구조뿐만 아니라 정신적 구조를 이해하는 방법을 터득한다. 따라서 카프에게는 새로운 도구나 기계 장치의 발명 자체가 새로운 진보의 출현을 의미한다. 발명은 외부 세계의 변형이자 지배인 동시에 필연적으로 인간의 정신적 확장을 수반하는 계기이기 때문이다. 이러한 순환적 매개 작용을 바탕으로 인간의 물질적, 정신적 삶의 측면은 점진적으로 확대되고 종국에는 문화 세계 전체의 확립으로 나아가게 된다.

---

29 Kapp, 2018, p. 24.

그러나 기관-투사의 원리를 바탕으로 모든 테크닉과 사회문화의 발달을 구명하려는 카프의 기술철학은 두 가지 문제점을 드러낸다. 첫 번째는 테크닉을 신체 기관에 특권을 부여하는 방식으로 부분적으로 이해한다는 점이다. 이와 관련해서 멈퍼드는 서로 연관성이 깊은 도구를 자연 지배를 위한 신체의 확장으로 보는 카프의 입장과 인간을 도구적 동물, 곧 '호모 파베르Homo faber'로 보는 입장을 두 가지 이유에서 비판한다. 하나는, 앙리 베르그송Henri Bergson을 위시한 현대 철학자들이 인간을 도구적 동물로 규정하게 된 까닭은 이들이 은연중에 가시적이고 물질적인 것을 중시하는 근대적 사고방식에 물들었기 때문이라는 것이다. 다른 하나는, 이들이 인간의 다양한 신체 기관의 여러 기능이 아니라 과도하게 손의 기능에만 주목했기 때문이라는 것이다.[30] 멈퍼드의 관점에서 보면, 오늘날 박물관에 전시된 각종 석기류, 무기류, 건축 구조물 같은 물질적 유물을 중심으로 인간의 본질을 이해하려는 근대의 협소한 사고방식으로 인해 부지불식간에 물질적 성과의 원천인 정신적 활동을 망각한 것이다.

카시러는 카프의 기관-투사의 원리에 이미 테크닉의 자연 인식과 지배 방식을 넘어서는 의미를 생성하는 정신적 기능이 내포돼 있다고 강조한다. 이러한 강조점의 차이는 카프의 기술철학과 카시러의 문화철학을 구분하는 기준이 된다. "기술의 철학(카프의 철학)이 직접적이고 간접적인 감각적-신체적 기관들, 즉 인간이 그것에 의해 외부 세계에 자신의 특정한 형태와 각인을 부여하는 기관들과 관계한다면, 상징형

---

30 Lewis Mumford, *The Myth of the Machine I*, A Harvest/HBJ Book, 1966, p. 8.

식의 철학은 정신적 표현 기능들 전체에 대해서 묻는다. 상징형식의 철학은 이러한 정신적 표현 기능들에서 존재의 모사나 복사를 보는 것이 아니라 형성 작용의 방향과 방식을 본다. 즉 지배를 위한 '기관들'이 아니라 의미 부여를 위한 기관을 보는 것이다."[31]

카시러에 따르면 정신의 본질적 기능은 외부 세계를 단순히 모사하거나 내부 세계를 외부 세계로 투사하는 것이 아니라 '내부'와 '외부', '자아'와 '세계', '주관'과 '객관' 사이의 경계를 설정함으로써 두 세계의 영역을 정립하는 것이다. 이러한 경계 설정은 순수한 관찰이 아니라 행위를 통해서 이루어지는데, 행위는 현상을 정신으로 조직하는 출발점이기 때문이다. 행위를 통해 비로소 자아의 세계와 사물의 세계가 구분되고 이 경계는 시간이 지날수록 점점 더 분명해진다. 이 과정에서 도구의 기술적 측면과 정신적 측면은 항시 상호작용하면서 양쪽을 동시에 강화하는 방향으로 공진화한다. "도구의 기계적인 기능에는 순수하게 정신적인 어떤 기능이 대응하며, 이러한 정신적인 기능은 도구의 기계적인 기능으로부터 발전할 뿐만 아니라 이것을 처음부터 규정하며 서로 떼려야 뗄 수 없는 상관관계를 갖는다."[32]

객관적 세계의 확립이라는 정신의 근본 기능에서 볼 때, 테크닉을 포함한 문화 세계의 구성 영역들은 인간의 정신적 힘에 의해서 능동적으로 구성된 특정한 의미의 세계들로 이해할 수 있다. 기본적으로 문화는 인간의 정신적 활동을 전제하며, 그 내용은 생성의 근본 형식과 분

31 에른스트 카시러, 『상징형식의 철학 제2권: 신화적 사유』, 박찬국 옮김, 아카넷, 2014, 449쪽.
32 카시러, 2014, 446쪽.

리할 수 없기에 개별 문화 영역들은 정신이 자신을 개시하고 객관적 세계를 형성하는 일정한 방향성을 갖는다. 이에 카시러는 신화·종교·언어·예술·과학과 같은 문화 영역이 존재로부터 생성된 상을 반영하는 단순한 거울이 아니라 독자적 광원光源들임을 강조한다. "도구를 만들고 작품을 만드는 것에 의해서만 인간이 자신의 신체와 사지의 구조를 이해하는 것을 배우게 되는 것처럼, 그는 자신의 정신적인 형성물인 언어와 신화 그리고 예술로부터 자신을 가늠하는 객관적인 척도를 얻게 되며 이러한 척도에 의해 그는 자신을 독자적인 구조構造 법칙을 갖는 하나의 자립적 우주로서 파악하게 된다."[33]

결국 카시러는 테크닉을 문화라는 전체 지평 속에서 조망하는 동시에 테크닉과 다른 문화 영역들의 관계를 고려할 때만 테크닉의 기술철학적 의미가 분명히 드러난다는 사실을 보여준다. 이러한 관계론적 관점은 카프가 내놓은 기술철학의 일면성과 부분성을 보완하는 효과가 있다. 따라서 테크닉을 제대로 이해하는 철학적 방법은 기관-투사를 통한 자연의 지배 방식과 자기의식의 순환 구조만이 아니라 문화라는 전체 틀 속에서 테크닉과 다른 문화 영역들의 관계를 보다 구체적으로 파악하는 것이다.

두 번째로, 카프의 기술철학은 단선적인 테크닉의 발전 논리를 제시한다는 한계를 가진다. 기관-투사에서 시작된 순차적인 테크닉의 확장에 초점을 두는 카프의 관점에서는 전근대적 기술과 근대적 기술의 근본적 차이를 구분하는 일은 무의미하다. 테크닉의 발전은 이미 무의

---

33 카시러, 2014, 452쪽.

식적으로 신체 구조에 각인된 요소들의 순차적 발현에 불과하기 때문이다. 따라서 19세기 철도와 전신의 눈부신 발전과 전기의 보급으로 하나의 복잡한 네트워크로 성장한 복잡한 기술체계는 특정한 역사적 국면에 새롭게 출현한 것이라기보다는 이미 결정돼 있던 진보의 결과가 자연스럽게 외화된 것이다.

기술철학의 세대교체: 경험적 전회

기술의 지형학은 복잡다단하다. 이러한 복잡성과 기술 이해의 어려움을 두고 학자들은 곧잘 그럴듯한 표현을 만들어내곤 한다. '기술은 도처에 있으며 동시에 아무 곳에도 없다.' 기술은 도처에 있다는 말의 의미는 현대인의 삶을 흘낏 보기만 해도 알 수 있다. 간단한 젓가락질에서 마치 분신처럼 현대인의 삶에 밀착돼 있는 스마트폰에 이르기까지, 명상에서 복잡한 철학 이론에 이르기까지 기술은 인간의 온갖 행위뿐 아니라 다양한 사물에 스며들어 있다. 이처럼 기술의 사실성과 편재성遍在性은 자명하다. 본능이 없는 동물의 삶을 상상하기 힘든 것처럼 기술이 없는 인간의 삶을 상상할 수 없다. 더더욱 위너가 '기술적 몽유병 technological somnambulism'이라고 불렀듯이, 현대인은 자신의 삶의 조건을 끊임없이 재구성하는 테크놀로지를 마치 몽유병 환자처럼 무의식적으로 받아들이고 있다.[34]

---

34 랭던 위너, 『길을 묻는 테크놀로지』, 손화철 옮김, 도서출판 CIR, 2010, 15-16쪽.

그렇다면 기술은 아무 곳에도 없다는 말은 무엇을 의미하는가? 물론 이 말은 기술에 대한 단순한 부주의나 무관심을 의미하지는 않는다. 역사적으로 이 말의 기원을 추적하다 보면 우리는 19세기에 서구 유럽을 중심으로 확립된 진정한 기술공포증technophobia과 만나게 된다. 19세기 서구 유럽의 문화적 심층은 17세기에 확립된 뉴턴의 고전역학과 기계적 세계관의 사회적 확산, 물리적 기계의 폭발적인 증가로 말미암아 그 색조가 근본적으로 바뀌었다. 소스타인 베블런Thorstein Veblen은 이처럼 19세기 서구에서 나타난 문화 세계에 대한 기계의 강력한 전면적 침투를 '기계 과정machine process'이라고 명명했다.[35] 19세기 내내 이 기계 과정은 서구 문화의 구석구석까지 맹렬히 퍼져 나갔으며 급기야 이 문화 세계의 실질적인 운명을 좌우하기에 이르렀다.

> 기계는 그것을 사용하는 사람의 주인이 됐고 사람들의 삶이 녹아들어 있는 문화 공동체의 운명을 결정짓는 결정권자가 됐다. 그래서 근대적 삶에서 기계의 지적, 영성적 훈육은 광범위한 영역에 걸쳐 영향을 미쳤다. 삶을 강제하는 기계는 공동체의 극히 일부만을 제외하고 인구의 대부분을 파편화했고, 몇 가지 점에서 모든 계급의 일상생활을 제약했다. (…) 기계의 편재성과 그것의 정신적 부산물은 다른 시대의 문화와 대조를 이루는 오늘날 서구 문화의 명백한 특성이다.[36]

---

35 Thorstein Veblen, *The Theory of Business Enterprise*, Augustus M. Kelley Publishers, 1904, pp. 5-19. 기계 과정은 기계보다 훨씬 넓은 영역을 포괄한다. 기계 장치와 기계적 방법을 새로이 도입하는 산업 분야에서는 단순히 기계 장치로 분류될 수 없는 수많은 사회문화적 요소가 연결되기 마련이다. 이런 다양한 계기를 하나로 통합하는 것이 기계 과정이다.

36 Veblen, 1904, pp. 322-324.

19세기 서구 유럽의 정신세계와 사회문화적 삶에 미친 기계 과정의 지배적인 영향력을 고려할 때 시그프리드 기디언Siegfried Gideon이 '완전한 기계화full mechanization'의 시대로 규정한 20세기 초반의 상황은 새로운 현상의 출현이라기보다는 기계 과정의 완성으로 볼 수 있다.[37]

그렇다면 이 기계 과정에 대한 문화 세계의 대응은 어떠했는가? 시몽동은 문화 자체가 기술에 대항하기 위한 방어 시스템으로 구축됐다고 말한다.[38] 기계에 대한 숭배와 혐오의 극단을 오가는 가운데 문화는 사회 곳곳으로 침투해 들어오는 기계를 낯선 것으로 낙인찍고 문화 세계의 경계 밖으로 밀어내는 데 분주했다. 즉 19세기 이래 기계의 전폭적인 수혈을 받으며 성장에 성장을 거듭했던 서구 유럽의 문화는 기계를 평가절하하고 신경질적으로 문화 세계 밖으로 밀어내는 데 열중했다. 아이러니하게도 테크놀로지와 기계의 영향력이 사회적으로 확대돼 문화 세계를 잠식할수록 테크놀로지와 기계의 존재 가치와 의미가 사라지는 기이한 현상이 나타났다. 이것이 바로 기술은 아무 곳에도 없다는 말의 참된 의미다. 오랫동안 테크놀로지는 구조 없는 세계에 방치된 문화 세계의 이방인이었던 것이다.

이러한 맥락에서 현대사회에서 여러 형태로 표출되는 '문화중심주의'와 '기술만능주의'의 첨예한 충돌은 문화의 불균형과 자기 소외에서 비롯된 뒤틀린 착종의 결과일 뿐이다. 이를 시몽동은 다음과 같이 설명한다.

---

37 Siegfried Gideon, *Mechanization takes command*, Oxford University Press, 1948, pp. 40-44.

38 질베르 시몽동, 『기술적 대상들의 존재 양식에 대하여』, 김재희 옮김, 그린비, 2011, 9쪽.

문화는 균형 잡혀 있지 않다. 왜냐하면 문화는 미학적 대상들과 같은 어떤 대상들은 인정하고 그들에게는 의미작용들의 세계에 속하는 시민권을 부여하는 반면, 다른 대상들, 특히 기술적 대상들은 단지 사용과 유용한 기능만을 지녔지 의미작용들은 지니지 않은, 구조 없는 세계 속으로 밀어 넣어버리기 때문이다. 불완전한 문화가 현저하게 드러내는 이런 방어적인 거부 앞에서, 기술적 대상들을 인식하고 그들의 의미작용을 감지하는 인간들은 미학적 대상이나 신성한 대상의 지위 외에 현실적으로 높이 평가받는 유일한 지위를 기술적 대상에다 부여하면서 자신들의 판단을 정당화하고자 한다. 이로부터 기계에 대한 우상숭배에 불과한, 그리고 이 우상숭배를 통한 동일시를 수단으로 무제약적인 능력을 얻고자 하는 테크노크라트[기술관료]의 열망에 지나지 않는 과도한 기술만능주의가 탄생한다."[39]

기술철학은 테크닉의 폐해가 본격적으로 나타나고 이를 의식하기 시작한 20세기에 구체적으로 논의된 학문 영역이다. 특히 테크닉에 대한 철학적 사유가 본격화된 것은 일반적으로 고전적 기술철학자 혹은 1세대 기술철학자로 꼽히는 하이데거, 멈퍼드, 엘륄 등이 왕성히 활동했던 1920-30년대였다. 많은 차이가 있지만 이 철학자들의 공통점은 17세기 이후 서구 유럽을 중심으로 형성된 과학혁명에 기초한 기계적 세계관과 기계문명에 대한 날카로운 비판적 통찰이다. 그중에서도 하이데거의 '몰아세움(닦달)Ge-stell' 개념과 멈퍼드의 '거대기계' 개념은 기

---

39 시몽동, 2011, 10-11쪽.

계문명의 구조와 작동 원리에 대한 가장 탁월한 분석을 담고 있다. 두 개념 모두 계산 가능성·유용성·효율성이라는 척도와 사회 전체에 대한 전방위적이고 총체적인 통제를 목적으로 인간을 포함한 모든 것을 기계적 메커니즘에 종속시키는 기계문명의 작동 방식을 적나라하게 폭로한다. 1차 세계대전이라는 세계사적 재앙을 몸소 체험한 1세대 기술철학자들은 이러한 재앙의 원인을 심도 있게 파헤치는 과정에서 테크닉의 본질에 근본 질문을 던졌고, 이를 통해 거대한 기계 체계에서 벗어날 수 있는 대안의 방향성을 제시하는 데 골몰했다.

1세대와 달리 2세대 기술철학자들은 현대 테크놀로지의 폭주가 전면화하면서 사회적 딜레마들이 수면 위로 떠오르던 1970년 전후 북미 철학계를 중심으로 형성됐다. 물론 2세대 기술철학자들의 주요 관심사는 서로 달랐다. 그럼에도 이들을 하나로 묶어주는 두 가지 공통분모가 있었다. 하나는 1세대 기술철학자들이 제기했던 테크닉의 본질에 대한 추상적·형이상학적 논의와 단절한 것이다. 2세대 학자 중 '사회구성주의'를 주장한 앤드루 핀버그Andrew Feenberg는 기술철학의 세대교체의 의미를 이렇게 말한다. "나는 기술을 프랑크푸르트학파의 '도구적 합리성'이나 하이데거주의자들의 '닦달' 같은 비사회적 범주로 간주하는 기술철학의 오래된 전통과 단절하고 기술의 본질이 갖고 있는 기술 시스템의 사회적 차원을 강조할 것이다."[40]

다른 하나는 2세대 기술철학자들이 다양한 기술적 현상에 대한 보다 구체적이고 실증적인 탐구로 선회한 것이다. 이러한 기술철학의 방

---

40 앤드류 핀버그, 『기술을 의심하다』, 김병윤 옮김, 당대, 2018, 64쪽.

향 전환을 이들은 '경험적 전회empirical turn'라고 불렀다.[41] '경험적'이라는 말에서 알 수 있듯이, 2세대 학자들은 무엇보다도 현대 테크놀로지의 구체성과 물질성을 보다 민감하게 다루는 데 열중했다.[42] 이들의 궁극적 목적은 현대 테크놀로지라는 '블랙박스'를 여는 데 있었다.

그러나 1950-60년대에 봇물처럼 터져 나온 새로운 기술적 현상에 즉각적으로 대응에 나선 2세대 기술철학자들은 1세대 학자들이 화두로 삼았던 기술의 본질에 대한 물음을 일정하게 회피했을 뿐, 관련 문제를 극복한 것은 아니었다. 경험적 전회라는 방향성에서 알 수 있듯이, 구체적이고 실증적인 기술적 경험에 대한 분석과 탐구는 현대사회에서 테크놀로지가 물리적으로 어떻게 작동하고 사회적으로 어떻게 사용되는가를 둘러싼 경험적 이해의 폭을 넓혀주었다.

그러나 이러한 방식의 테크놀로지에 대한 체계화는 테크놀로지를 둘러싼 사회문화적 환경을 그대로 둔 채 내부에서만 해결책을 찾는 오류를 반복할 가능성이 크다. 어떤 기술적 사실은 필연적으로 그 사실 자체의 차원을 넘어 동시 교차되는 과거와 미래의 지평과 그런 사실을 한정하는 보편적 계기들을 통해서만 제대로 이해할 수 있다. 그렇기에 하나의 기술적 사실에 대한 해석은 사실 자체를 세계와 체계적으로 관계 맺는 하나의 요소로 파악하는 형이상학적 측면을 반드시 전제할 수밖에 없다. 이러한 경험적 사실의 근본 조건은 '기술이란 무엇인가'라는 본질적 질문을 계속해서 다시 제기하기 마련이다.

41　Hans Achterhius (ed.), *American Philosophy of Technology: The Empirical Turn*, Robert P. Crease (trans.), Indiana University Press, 1999, pp. 6-8.

42　Don Ihde et al., *Chasing Technoscience*, Indiana University Press, 2003, p. 2.

2. 기술에 대한 다양한 접근법

　　현대 산업사회에서 유행하는 기술에 대한 관점은 기술의 진보를 사회변동의 핵심 원인으로 간주하는 기술결정론technological determinism이다. 이는 일단 발명된 기술은 막을 수 없으며 만족할 줄 모르는 기술적 요구에 맞춰 사회가 재형성된다고 보는 이론이다. 기술결정론의 가장 큰 문제점은 기술을 문화나 사회에서 분리할 수 없는 것으로 보지 않고, 독립적이고 자체 결정적인 것으로 본다는 점이다.

　　이 책은 이런 기술결정론적 관점을 거부하고 이와는 다른 시각에서 기술을 바라보는 다양한 접근법을 검토할 것이다. 기술철학자 미첨과 로버트 매키Robert Mackey는 기술의 세 가지 접근법, 즉 인식론적 접근법, 사회학적 접근법, 인간학적 접근법을 구분한다.[43] 이 책은 이 세 가

43　Carl Mitcham·Robert Mackey, *Philosophy and Technology: Readings in the Philosophical Problems of Technology*, Free Press, 1972, pp. 1-7.

지 접근법을 검토한 후 대안으로 문화적 접근법을 제시할 것이다.

인식론적 접근법

인식론적 접근법에서 기술은 지식의 형식이다. 19세기 중반 이후 응용과학 담론이 확산되면서 과학은 이론이고 테크놀로지는 실천이라는 이분 구도가 자리를 잡아갔다. 이러한 구도에서 모든 테크놀로지는 과학적 이론과 발견의 응용이었다. 모든 종류의 엔진은 열역학 이론의 응용이고, 핵무기와 핵발전소는 핵물리학 이론의 응용이었다. 하지만 오늘날 가장 일반적인, 응용과학이라는 테크놀로지의 정의는 과학과 테크놀로지의 관계를 위계적이고 불균등하게 구조화하는 데 일조했다. 이러한 상황에서 한 무리의 기술철학자들은 테크놀로지를 인식론적으로 분석함으로써 테크놀로지의 구조를 보다 명확히 해명하는 데 관심을 집중했다. 이들은 인식론적 분석을 통해 테크놀로지를 정확히 이해한 후에 구조적 비판을 수행하는 것이 합당하다고 생각한다.

기술철학자 마리오 번지Mario Bunge는 테크놀로지를 응용과학으로 본다. 그렇더라도 테크놀로지를 과학에 전적으로 종속된 단순한 수단이나 도구로 간주하는 일반적인 관념을 테크놀로지의 이론적 측면을 분석함으로써 교정하고자 한다. 과학과 테크놀로지를 서로 대비하여 고찰함으로써 양자의 관계에서 테크놀로지의 독자성을 드러내는 것이다. 먼저 번지에 따르면 현대 테크놀로지는 단순한 응용 도구가 아니라 순수과학처럼 이론을 갖추고 있다. 통상 이론은 두 가지 측면에서 행위와 관련된다. 하나는 이론이 행위의 대상에 대한 일정한 지식을 제공하는 것이고, 다른 하나는 기계의 조작이나 사용에 선행하는 결정 단계에서 행위와 연결되는 것이다. 이를 바탕으로 번지는 기술적 이론을 '실재적 이론substantive theories'과 '조작적 이론operative theories'으로 구분한다.[44] 여기서 실재적 이론은 유체역학을 응용한 비행 이론처럼 근본적으로 과학 이론의 응용이기 때문에 과학 이론을 전제로 한다. 반면에 조작적 이론은 비행기의 최적 항로를 탐색해 결정하는 계량의사결정 이론처럼 처음부터 인간과 기계 복합체의 작동에 개입하는 과학적 방법의 응용으로 볼 수 있다.

그다음으로 번지는 법칙 중심의 과학과 규칙 중심의 테크놀로지를 명료하게 구별한다. 과학의 관심사가 '무엇인지를 아는' 데 있다면 테크놀로지는 '어떻게 하는지를 아는' 데에 집중한다. 과학의 임무는 세계에 대한 객관적 법칙을 발견하고 이를 통해 실재 세계를 설명하고 미래를 예측하는 것이다. 따라서 궁극적으로 참과 거짓이라는 진릿값을 추구하는 과학의 특징은 기술적記述的이다. 이에 반해 테크놀로지의 임무는 대상적 실천을 이끄는 규칙을 알고 이를 적극적으로 활용하는 데 있다. 그렇기에 효율성을 추구하는 테크놀로지의 특징은 지시적이다.

그렇다면 이러한 과학과 테크놀로지의 차이는 어디에서 기원하는가? 번지는 과학자와 기술자의 목표 설정이 서로 다르기 때문이라고 본다. 과학자는 왕성한 지적 호기심에서 세계의 원인이 무엇인지를 알기

44　Mario Bunge, "Technology as Applied Science", *Technology and Culture*, Vol. 7, No. 3, 1966, pp. 329-347.

위해서 연구에 몰두한다. 반면에 기술자는 세계를 변혁하고 개조하는데 모든 관심을 집중하는 경향이 있다. 이론적 성향이 짙은 과학자의 목표가 순수하고 참된 지식의 획득이라면 능동적 실천가로서 기술자의 목표는 자신의 분야에서의 통달과 행위의 완성이다. 이러한 고찰을 통해 번지는 기술적 이론의 의미와 과학과 테크놀로지 사이의 차이를 구명함으로써 테크놀로지를 이해할 수 있는 새로운 인식론적 토대를 놓는 데 일정하게 공헌했다. 그렇지만 이러한 시도가 테크놀로지를 응용 과학으로 정의하는 현대의 통념을 벗어난 것은 아니었다.

번지와 달리 제임스 파이블먼James Feibleman과 헨리크 스콜리모프스키Henryk Skolimowski는 인식론적으로 기술의 영역이 과학의 영역보다 더 넓다고 본다. 파이블먼은 18세기 이후 기술의 근본 토대가 공예craft에서 과학으로 이행함으로써 순수과학의 응용이 활성화됐고 여기서 기술이 중요한 역할을 했다고 평가한다.[45] 그는 일차적으로 목적에 부합하는 지식을 추구하는 순수과학과 실천에 우선순위를 두는 테크놀로지를 구분한다. 그리고 순수과학 이론의 적용을 제외한 재료의 구체적인 선택에서 온갖 종류의 하드웨어 창안에 이르는 광범위한 영역에 걸친 기술적 실천의 중요성을 강조한다. 이 경우 테크놀로지는 과학의 경계를 넘어서는 더욱 넓은 영역에서 중요한 가치를 창출하는 원천으로 작용한다.

스콜리모프스키 또한 기술에 기반한 지식의 구조와 원리를 밝힘

45　James Feibleman, "Pure Science, Applied Science, Technology, Engineering: An Attempt at Definitions", *Technology and Culture*, Vol. 2, No. 4, 1961, pp. 305-317.

으로써 포괄적인 기술철학의 토대를 구축하려고 한다. 이때 테크놀로지는 지식의 형식이므로 가장 중요한 것은 모든 인간 지식의 타당성, 조건, 본성을 탐구하는 것, 곧 인식론이다. 이를 통해 스콜리모프스키는 테크놀로지를 사회학에 포함하는 기술적 철학technological philosophy이 아니라 인식-논리적 영역에 포섭하는 기술철학philosophy of technology의 확립을 추구하며, 여기서 핵심은 기술적 과정에 대한 분석이다.[46] 그에 따르면 과학은 주어진 실재를 탐구하는 반면에 테크놀로지는 인간의 디자인에 따라 실재를 창조한다. 시간이 지날수록 테크놀로지는 점점 더 많은 사물을 생산하고 더 흥미로운 이미지를 창출하며 더 효율적인 방식을 강구함으로써 발전해간다. 이러한 기술적 과정을 스콜리모프스키는 지속성, 신뢰성, 감각성, 기능 수행의 속도, 그리고 이 네 가지 특성의 조합이라는 다섯 가지 기준으로 분석함으로써 기술철학을 원리에 입각해 해명하고자 했다.

한편 현상학적 방법에 기초해 테크놀로지를 분석한 아이디는 테크놀로지의 인식론적 조건보다는 인간과 테크놀로지의 관계에 더 주목했다. 그는 흔히 통용되는 '테크놀로지는 중립적이다'라는 명제를 부정하면서 논의를 시작한다. 테크놀로지는 필연적으로 인간의 경험에 여러 가지 변형을 일으키기에 본질적으로 비중립적인 성격을 띠며 더 강한 의미에서 실존적이기 때문이다. 이에 따라 아이디는 인간과 테크놀로지의 전형적인 세 가지 관계, 즉 체현 관계embodiment relation, 해석 관계

46　Henryk Skolimowski, "The Structure of Thinking in Technology", *Technology and Culture*, Vol. 7, No. 3, 1966, pp. 371-383.

hermeneutic relation, 배경 관계background relation를 제시한다.[47]

체현 관계란 테크놀로지가 인간 신체의 기능 확장에 기여하는 관계다. 예를 들어 천체망원경으로 달을 관측하는 경우를 생각해보자. 이때 천체망원경은 단순히 관측에 필요한 외적 도구가 아니라 관찰자와 한 몸이 돼 확장되는 신체 일부, 즉 '유사-자아'로 변형된다. 그리고 관찰자는 시각 경험이 비약적으로 확장되고 강화되는 동시에 다른 감각 경험들은 축소되고 간과되는 것을 감지한다. 다시 말해 천체망원경이라는 테크놀로지의 매개를 통해 인간의 경험에서는 확장 작용과 축소 작용이 동시에 발생한다. 이를 아이디는 감각상의 확장과 축소sensory-extension-reduction의 관계라고 불렀다.[48] 확장과 축소는 곧 변형을 의미한다. 이렇듯 체현된 테크놀로지를 매개로 한 경험은 항상 일정한 변형을 수반하기 때문에 결코 순수하지도 투명하지도 않다. 테크놀로지를 매개로 한 세계에 대한 인간의 경험은 부단히 변형되고 이를 통해 인간의 실존적 의미도 일정하게 굴절된다. 이러한 지속적인 변형의 과정은 여러 과학 실험뿐만 아니라 운전을 하거나 스마트폰을 사용하는 것과 같은 일상생활에서도 동일한 방식으로 일어난다.

가장 원초적인 인간과 테크놀로지의 관계로 볼 수 있는 체현 관계와 달리 해석 관계는 기술이 해석을 요구하는 텍스트를 제공할 때 성립한다. 이 경우 테크놀로지와 세계가 어느 정도 차단되기 때문에 테크놀로지는 텍스트처럼 일정한 해석이 필요하다. 예를 들어 전자현미경으

---

47 아이디, 1998, 39-59쪽.

48 아이디, 1998, 49쪽.

로 미시세계의 원자 구조를 탐색하는 경우를 생각해보자. 먼저 아주 작은 입자를 향해 전자현미경에서 특정한 전파를 쏘면 이에 입자가 반응하면서 특정한 물리적 신호가 산출된다. 이 신호를 전자현미경이 수신해 컴퓨터의 정보처리 과정을 거친 후 그 결과 값을 인간이 판독할 수 있도록 모니터에 띄운다. 이때 화면을 채운 이미지들은 테크놀로지를 매개로 재구성된 일종의 미시세계의 텍스트로 볼 수 있다. 이처럼 전자현미경이라는 테크놀로지를 통하지 않고서는 인간이 미시세계에 접근하는 것 자체가 불가능하기 때문에 세계에 대한 지식 획득 과정에서 어떤 테크놀로지를 사용하는가의 문제는 직접적 조건이 된다. 그러므로 사용된 테크놀로지나 기계에 따라 텍스트가 달라질 수 있으므로 테크놀로지는 세계를 매우 불투명하게 드러내거나 차단할 수 있고 세계를 특정한 방식의 주제화된 상태로 경험하게 하기도 한다. 이로써 해석의 문제는 새로운 테크놀로지가 발명될 때마다 인간과 기술의 관계에서 중요한 요소로 떠오른다.

마지막으로 배경 관계란 테크놀로지가 마치 배경처럼 은폐된 상태에서 인간의 경험에 영향을 미치는 것을 의미한다. 이러한 배경 관계는 오늘날 사회가 점점 더 복잡해지고 기술적으로 고도화함에 따라 인간이 살아가는 세계가 마치 대기권처럼 '기술권technosphere'이 된 상태를 가리킨다고 볼 수 있다. 이 경우 테크놀로지는 신체의 연장에 기초한 체현 관계나 세계의 이해에 기초한 해석 관계가 아니라 기술권이라는 일종의 장場으로 인간과 관계를 맺는다. 이 기술권이라는 장 속에서 인간은 다양한 유형의 기계와 직접 관계를 맺지 않더라도 이를 배경으로 자신의 삶을 영위해간다. 이러한 현상은 완벽한 유비쿼터스 사회에 대한 미래 전망에서처럼 기술적 사회화가 심화할수록 더 확대될 것으로 보인다. 이처럼 인간과 테크놀로지의 관계에 대한 세 가지 현상학적, 인식론적 분석에서 아이디는 인간이 테크놀로지를 통해 세계를 다양하게 경험하는 현상을 보여줌으로써 점점 더 고도화하는 기술 시대에 인간과 테크놀로지의 관계에 대한 새로운 이해를 제공한다.

테크놀로지에 대한 인식론적 접근을 시도하는 철학자들은 모두 무엇보다 테크놀로지에 대한 인식론적 이해가 선행돼야 한다는 점을 강조한다. 이들은 테크놀로지에 대한 인식론적 분석이 구체적이고 정확하게 확립된 이후에야 그에 대한 가치 평가 및 규범적 접근이 가능하다고 생각한다. 그렇지 않으면 제대로 알지도 못한 채 근거 없는 비판을 앞세우거나 테크놀로지의 본질에 대한 막연하고 추상적인 이해에 갇혀 진전된 논의로 나아가지 못할 수 있다는 것이다.

인식론적 접근법은 긍정적인 측면이 있지만 두 가지 한계를 가진다. 가장 큰 문제점은 역사성의 부재다. 주로 과학과 테크놀로지의 관계에 초점을 맞춘 인식론적 탐구는 불가피하게 19세기 이후의 상황에 집중함으로써 과학과 테크놀로지가 걸어온 더 넓은 역사적, 문화적 지평을 공란으로 남긴다. 이런 연유로 이 접근법은 전근대적 기술과 근대적 기술을 구분하지 않을뿐더러 오늘날 폭주하는 테크놀로지의 역사적인 성장 전화를 포착하는 데도 약점을 보인다.

두 번째로 인식론적 접근법은 기술적 지식의 형성 과정에서 다양한 계기로 연관되는 사회적, 문화적 맥락을 상대적으로 경시하는 문제점을 드러낸다. 기술적 지식의 형성 과정에서 사회적, 문화적 맥락은 정보의 교환과 변형이라는 피드백 메커니즘을 통해 끊임없이 관여하기 마련이다. 이런 지식과 기술의 동역학적 메커니즘을 두고 베블런은 모든 사회는 지식을 활용하는 특정한 유형의 지식기술 체계를 구축해왔다고 강조하며 이를 '공동체의 무형자산intangible assets of the community'이라고 불렀다.[49] 베블런에 따르면 기술적 활동은 아주 초보적인 단계라 해도 공동체의 지식 일반의 형태와 수준에 조응할 수밖에 없다. 이는 고도로 산업화된 현대사회에서도 마찬가지다. 그러므로 지식과 기술의 역동적인 관계를 이해하기 위해서는 기술을 인식론이라는 한정된 영역이 아니라 전체적인 사회문화적 연관 속에서 파악하는 것이 중요하다.

사회학적 접근법

사회학적 접근법은 기술이 단순한 도구나 생산수단이 아니라 더 강력한 사회적 영향력을 갖고 있다는 사실을 전제한다. 이 접근법은 베버의 근대 자본주의 분석에 뿌리를 두고 있다. 근대 자본주의의 발전 동학을 다루면서 베버는 서구의 근대적 합리화 과정을 목적-합리적 행위의 제도화 과정과 동일시한다. 여기서 '합리화'란 '탈주술화', 즉 더 이상 마술적 힘에 의존하지 않고 모든 일을 기술적 수단과 계산을 통해서

---

49 베블런은 공동체의 무형의 기술적 장비라는 공동의 지식 축적의 성장과 활용의 역사 전체를 물질문명의 역사로 이해한다. 이러한 공동체의 무형자산이란 구성원들이 생계 수단으로 삼는 물질적 발명품들과 그것들의 활용에 묻어들어 있는 수단과 방법에 관한 일체의 지식을 뜻한다. 즉 여기에는 도구, 각종 용기, 운반 시설, 원자재, 건물, 하수도 등은 물론 토지뿐 아니라 유용한 광물, 식물, 동물 모두가 포함된다. 베블런에 따르면, 인간의 삶은 공동체의 지식 형식을 통해서만 영위될 수 있고 공동체 전체의 연속성, 일관성, 응집성을 보장하는 것은 전적으로 공동체의 지식 활용과 사유 습관에 달려 있다. 소스타인 베블런, 『자본의 본성에 관하여 외』 홍기빈 옮김, 책세상, 2009, 15-22쪽.

처리하는 합리적 태도를 의미한다. 그에 따르면 자본주의는 합리화 과정을 통해 불가피하게 통제와 계산이 점증하는 궤적을 따라 발전하는데, 이 과정에서 '테크닉'은 합리적 행위에 수반되는 수단의 총체로 기능한다. 그리고 최고의 합리성을 지닌 테크닉이란 과학적 사고를 지향하며 필요한 수단을 사용하는 것이다.[50] 그렇지만 테크닉에 대한 베버의 정의는 구체적인 테크닉의 유형과 효율성을 입증하는 경험적 토대를 마련하지 못하면 상당히 모호한 상태로 남아 있을 수밖에 없다. 베버도 이 점을 정확히 알고 있었다.

구체적으로 '기술'이라고 여겨지는 것은 유동적이다. 어떤 구체적인 행위의 궁극적인 의미는 행위의 전체적인 연관 속에 놓이면 '기술적인' 성격을 띨 수 있다. 즉 보다 포괄적이고 전체적인 연관이라는 의미에서는 수단일 수 있다. (…) 따라서 이러한 의미에서의 기술은 모든 행위에 그리고 온갖 행위에 존재한다. 기도祈禱 기술, 금욕 기술, 사유 기술과 연구 기술, 기억 기술, 교육 기술, 정치적 또는 교권제적 지배의 기술, 행정 기술, 성적 사랑의 기술, 전쟁 기술, 음악적 기술(예컨대 명인), 조각가나 화가의 기술, 법률적 기술 등. 그리고 이 모든 기술은 지극히 다양한 정도의 합리성을 띤 능력을 지니고 있다.[51]

목적과 수단의 합리적 관계에서 베버는 어떤 목적을 달성하려는

---

50 베버, 1997, 197쪽.
51 베버, 1997, 197-198쪽.

동기가 생긴 행위자가 어떤 수단을 합리적으로 선택하는지 밝힘으로써 상호주관적 소통이 가능한 진술이 확보되리라 봤다. 이 경우에 목적합리성 개념은 결국 행위 자체에 포섭될 수밖에 없다. 이러한 내적 동기에서 촉발된 목적-합리적 행위에 대한 베버의 관점은 분명 문화의 발전에서 개인의 행위 유형을 파악하는 데는 유용할 것이다. 특히 진화론의 전제를 수용하지 않았던 베버의 행위이론은 근대 자본주의의 발전 분석에는 안성맞춤이다. 그럼에도 불구하고 베버의 이론은 근대 자본주의의 성장기를 제외한 다른 역사적 시기에 등장한 기술을 이해하는 데는 허점이 있다.

사회학적 접근법의 대표 사상가로 미첨과 매키는 엘륄을 꼽았다. 엘륄의 기술철학적 사유는 베버의 관점을 수용한 기술사회technological society 분석에서 체계이론의 영향을 받은 기술체계systéme technique 분석으로 무게중심이 옮겨 갔다. 여기서는 엘륄의 기술사회 분석만을 간략하게 살펴본다. 기술사회 분석에서 엘륄의 출발점은 테크닉과 테크놀로지의 구분이다. "내가 사용할 때 테크닉technique이라는 용어는 기계들, 기술 담론technology 혹은 목표를 달성하는 이런저런 절차를 의미하지 않는다. 기술사회에서 테크닉은 인간의 모든 활동 영역에서(주어진 발전 단계에서) 합리적으로 도달할 수 있고 절대적인 효율을 가지는 방법들의 총체다. 이런 특성은 새로운 것이다."[52] 이러한 테크닉의 정의에 기초해 엘륄은 절대적 효율성으로 무장한 현대 기술사회의 본질적 특성을 비

---

52 Jacuques Ellul, *The Technological society*, John Wilkinson (trans.), Vintage Books, 1964, p. xxv.

판한다. 합리성과 효율성이라는 기준으로 작동하는 기술사회는 행위의 독점화를 극단적으로 추구한다. 어떤 인간 행위도 테크닉의 중재, 조정, 통제를 거치지 않고서는 수행이 불가능하기 때문이다. 행위의 독점화와 직접 관련된 테크닉의 본질적 특성을 엘륄은 기술사회를 지탱하는 법칙으로 본다.[53]

2세대 기술철학자 중에서 핀버그와 위너는 테크놀로지와 사회의 관계를 주요 논제로 다룬다. '사회구성주의'를 주장하는 핀버그와 테크놀로지의 정치적, 자율적 측면을 강조하는 위너는 여러 측면에서 철학적 관점의 차이를 보인다. 그렇지만 두 철학자는 테크놀로지에 대한 이해의 중심을 인식론적 차원에서 사회정치적 차원으로 옮겨 놓았다는 공통점이 있다.

핀버그의 기술철학은 테크놀로지와 사회의 '공동 건설co-construction'로 압축될 수 있다.[54] 기술결정론이나 경제결정론을 거부하면서 핀버그는 산업사회의 새로운 기술적 디자인을 정치적으로 실현할 수 있다고 본다. 이러한 주장의 배경에는 1960년대 후반 서구 유럽의 정치 지형을 근본적으로 뒤흔들었던 지각변동이 놓여 있다. 1960년대 서구 유럽에서는 대중이 전문가 집단에 자신들의 문제와 미래를 맡기던 관행이 일순간 멈추고 온갖 사회적 권위를 혁명적으로 전복하는 소위 68혁명이 분출했다. 이 혁명으로 말미암아 기술 관료적 이상은 무너지고 유럽 사회는 신좌파 운동의 소용돌이 속으로 빨려 들어갔다. 그리고 이러한 흐

---

53 자크 엘륄, 『기술의 역사』, 박광덕 옮김, 한울, 1996, 438쪽.

54 Andrew Feenberg, *Between Reason and Experience*, The MIT Press, 2010, preface.

름은 미국에서 무의미한 베트남 전쟁에 반대하는 대규모 반전평화운동으로 확산됐다.

　이 과정에서 전 세계를 뒤흔든 신좌파 운동은 낭만주의적 과잉과 기술 관료적 잔재 사이에서 갈팡질팡했고 그사이 사회의 위기는 점점 더 심화됐다. 이러한 상황에서 핀버그는 기술 관료적 입장과 신좌파의 낭만주의적 과잉에서 자유로운 제3의 길을 모색했다. 핵심은 테크놀로지의 양가성이었다. 이는 기술적 진보와 사회적 권력 배분 사이에는 고정된 상호 관계가 존재하지는 않는다는 것을 의미한다.[55] 이를 바탕으로 핀버그는 두 가지 원칙을 제시하는데, 하나는 정치권력적 위계의 존속이고 다른 하나는 민주적 합리화다.[56]

　핀버그에 따르면 20세기 들어 새로운 테크놀로지의 폭증으로 나타난 괄목할 만한 기술 변화는 한편으로는 기존의 권력 위계를 침식하고 새로운 사회적 필요를 제기했지만 다른 한편으로는 대부분의 선진 자본주의 국가에서 권력의 상내적 안정화를 가져왔다. 이처럼 두 가시 현상이 교차하는 가운데 핀버그는 기술 관료주의의 우울한 결론에서 벗어날 수 있는 민주적 합리화의 길을 능동적으로 모색했다. 그는 지금은 테크놀로지의 리듬과 요구에 종속돼 있는 사람들이 미래에는 민주적 합리화를 통해 테크놀로지를 통제하고 그것의 진화를 결정하리라고 내다보았다. 환경운동, 노동운동, 그리고 다양한 사회운동의 발전으로 기술적 의사결정에 대한 폭넓은 공적 참여를 요구하는 목소리가 높아

55　핀버그, 2018, 148쪽.

56　핀버그, 2018, 147-149쪽.

지고 이러한 사회운동이 추구하는 구조 개혁의 요구가 미래의 기술 프로그램에 체계적으로 반영될 것이기 때문이다. 바로 이 과정이 테크놀로지와 사회의 공동 건설이다.

그러나 핀버그의 주장이 현실적으로 의미 있으려면, 즉 점진적으로 민주적 합리화의 영역이 사회적으로 확대되기 위해서는 여러 유형의 사회운동의 합리성이 미리 확보돼야만 한다는 문제가 있다. 핀버그는 이에 충분한 근거를 내놓지 못했다. 그뿐만 아니라 이 과정에서 테크놀로지가 어떤 방식으로 관여하는지도 불분명한 채로 남아 있다.

다음으로 위너는 오늘날 테크놀로지와 정치의 관계에서 드러나는 특징적인 기술적 현상들을 주로 다룬다. 일차적으로 위너에게 테크놀로지는 '삶의 형식forms of life'이다.[57] 루트비히 비트겐슈타인Ludwig Wittgenstein의 후기 언어철학에서 차용한 이 개념을 통해 위너는 테크놀로지가 도구, 장치, 구체적인 개별 기술, 시스템 등의 도구적 특성으로 인간 일상생활의 일부로 녹아 들어가 한데 얽혀 있는 상태를 표현한다. 여기서 테크놀로지는 인간의 삶의 조건을 끊임없이 변경시키는 일종의 행동 양식이 된다. 테크놀로지에 의해 일상생활에서 발생한 대부분의 변화는 이전 행동 양식들의 변경을 의미하며 이는 새로운 행동 양식의 수립을 가리킬 것이다.[58] 이렇게 테크놀로지를 삶의 형식으로 보는 관점에서 테크놀로지는 결코 선험적으로 중립적일 수 없다. 기술적 구조에는 이미 권력, 권위, 자유 및 정의의 조건이 각인돼 있기 때문이다.

---

57 위너, 2010, 16-20쪽.

58 위너, 2010, 18쪽.

위너에 앞서 멈퍼드는 테크놀로지와 권력 지향적인 정치의 관계를 심도 있게 다루었다. 그는 신석기시대부터 현대에 이르기까지 서로 대립하면서도 계속 상호작용한 테크닉의 두 가지 하위 범주를 제시한다. 하나는 체계 중심적이고 강력한 힘을 동반하지만 내적으로 불안정한 상태를 드러내는 '권위적 테크닉authoritarian technics'이고, 다른 하나는 상대적으로 약하지만 인간 중심적이고 풍부하며 안정된 상태로 지속되는 '민주적 테크닉democratic technics'이다.[59]

위너는 멈퍼드의 권위적 테크닉과 민주적 테크닉의 구분에 착안해 기술이 적용되는 대상들의 배치 방식, 즉 테크놀로지가 특정한 형식으로 권력을 구현하는 방식에 주목한다. 위너는 어떤 경우에는 인공물이 정치적이라는 사실, 즉 테크놀로지가 정치적일 수 있다는 사실을 이해하는 것이 현대 기술 지배 사회의 핵심 문제를 해결하는 관건이라고 본다. 겉으로 보기에 중립적인 것에도 이미 기술적 배치라는 정치권력의 힘이 작용할 수 있기 때문이다. 위너에 따르면, 모든 테크놀로지가 그렇지는 않더라도 대규모 기술 시스템이나 특정한 테크놀로지는 정치권력과 충분히 내통할 수 있다. 이를 위너는 '본래적으로 정치적인 테크놀로지'라고 부른다. 위너에게 정치는 어떤 조직에서 권력과 권위를 행사하는 활동만이 아니라 권력의 배치 문제도 포함한다.[60]

본래적으로 정치적인 테크놀로지의 사례로 위너는 1950년대 뉴욕주에서 백인 상류층을 위해 새롭게 조성된 부촌 롱아일랜드 지역에 건

---

59 Lewis Mumford, "Authoritarian and Democratic Technics", *Technology and Culture*, Vol. 5, No. 1, Winter, 1964, pp. 1-8.

60 위너, 2010, 31-32쪽.

설된 고가도로를 든다. 이 고가도로를 포함해 당시 도시건설 계획을 주도한 인물은 위너와 같은 이유로 멈퍼드도 신랄하게 비판했던 로버트 모지스Robert Moses였다. 당시 뉴욕주 공공건설 책임자였던 모지스는 롱 아일랜드로 진입하는 고가도로의 높이를 버스가 지나갈 수 없을 정도로 낮게 건설함으로써 자동차가 없는 저소득층이나 유색인종의 출입을 원천 봉쇄하는 효과를 노렸다. 고가도로는 모지스의 정치적 기획이 그대로 투사된 기술적 건조물이었다.

그러나 사회학적 접근법은 서로 연결된 두 가지 문제점을 드러낸다. 첫째는 인식론적 접근법의 문제와 겹치는 역사성의 부재다. 1세대 기술철학자들은 인간의 편의를 위해 만들었던 테크놀로지가 더 이상 인간의 목적을 위한 수단이나 도구로 존재하는 게 아니라 오히려 인간을 기계에 종속시키고 더 나아가 체계의 효율성을 위한 수단으로 전락시켜버리는 전례 없는 상황을 목도하고 이를 비판했다. 이 과정에서 1세대 학자들은 기술이란 도대체 무엇이며, 인간과 기술의 새로운 관계가 어떻게 정립돼야 하는가라는 문제를 동시에 제기했다. 그리고 이를 해명하기 위해 테크닉과 테크놀로지를 구분하고 기술의 의미 변화를 역사적으로 이해하기 위해 노력했다. 이에 반해 사회학적 접근법을 채택한 철학자들은 역사적 측면의 문제들보다는 당장 대책을 세워야 할 기술 현상에 몰입하는 경향을 보인다. 더욱이 이들은 현대 테크놀로지가 예측하지 못한 결과를 낳더라도 인간이 적절히 대응해 통제할 수 있다고 보면서 너무나 쉽게 낙관주의적 전망에 경도되는 경향이 있다.

둘째로 사회학적 접근법은 개별 테크놀로지와 구체적인 기술적 현상을 비판하고 대안 마련에 몰입함으로써 현대 테크놀로지가 인간의 삶을 어떻게 바꿔왔으며 또 어떤 방향으로 변화시키고 있는지를 둘러싼 철학적 성찰을 경시하는 경향이 있다. 경험적 전회라는 사회학적 경향은 숲을 보지 못하고 나무에 집착함으로써 개별 사안에 매몰될 위험성이 크다.[61] 이 접근법에서 기술철학적 사유는 개별화, 협소화되는 경향에서 자유로울 수 없다.

인간학적 접근법

미첨과 매키는 인간학적 접근법의 대표 사상가로 멈퍼드를 든다. 멈퍼드는 '인간person'의 어원은 '가면'을 뜻하는 라틴어 '페르소나persona'에서 유래했으며 현대의 통념과 달리 인간이 발명한 최초의 발명품은 물질적 도구가 아니라 바로 인간 자신이라고 강조한다. 따라서 그에게 기술에 대한 물음은 인간에 대한 물음과 다르지 않고, 거꾸로 인간에 대한 물음은 기술에 대한 물음이기도 하다.

멈퍼드에 따르면 최초의 인간이 가장 열심히 살피고 변화시키고 싶어 한 것은 도구가 향하는 외부 세계가 아니라 자신의 꿈, 언어, 몸이었다. 원시인들에게 꿈은 매혹적인 신비의 원천이었고, 언어와 몸은 가장 접근하기 쉽고 항상 매혹적이면서도 변화가 가능한 대상이었다. 오늘날까지도 남아 있는 원시공동체 사회의 수많은 원시 언어뿐만 아니라 원시인들의 기괴한 몸치장과 신체 변형은 이를 입증하는 구체적인

---

61 손화철, 『호모 파베르의 미래』, 아카넷, 2020, 172-173쪽.

사례들이다. 원시인들은 시술 과정의 고통과 감염의 위험을 무릅쓰면서까지 신체를 변형하는데, 여기서 멈퍼드는 직접적인 생존과는 무관한 자기통제와 자기완성이라는 인간의 뿌리 깊은 성향을 발견했다. "자신을 둘러싼 환경에 대한 원시인들의 최초 공격은 자기 몸에 대한 공격이었고 마술적 통제를 하려는 첫 번째 시도의 대상 역시 자기 자신이었다. 이런 가혹한 조건에서도 삶은 별로 고되지 않다는 듯이 원시인은 기괴한 몸단장의 시련을 통해 자신을 더욱 단련했다. 장식이든 시술이든 이런 관행은 생존에 아무런 직접 기여도 하지 않았다."[62]

이렇듯 인간이 동물 상태에서 벗어나는 해방의 첫걸음을 내디딜 수 있었던 것은 과학적, 실증주의적 사고방식으로 무장한 현대인들은 쉽게 배제하는 요소들 덕분이었다. 즉 지적 우월감으로 우쭐대는 근대의 과학적 사고에서는 가차 없이 거부되는 의례, 춤, 토템, 터부, 종교, 주술 등이 인간화 과정의 핵심이었다. 이런 문화적 요소들을 바탕으로 자신을 둘러싼 환경과 부단히 상호작용함으로써 끊임없이 외부 세계를 내면화하고 동시에 내부 세계를 외면화하는 인간은 역사의 지평에서 자기 변형의 과정을 지속적으로 걸어왔다. 인간은 역사 속에서 특정한 인간형을 스스로 만들고 이에 걸맞은 세계를 창조하는 존재였다. 『인간의 전환』에서 멈퍼드는 동물에서 인간으로의 이행에서 시작해 원초인Archaic Man, 문명인Civilized Man, 기축인Axial Man, 구세계인Old World Man, 신세계인New World Man, 후사인Post-Historic Man으로 나아가는 인간 변형의 역사를 묘사하고 있다.

---

62 Mumford, 1966, p. 110.

이러한 인간의 역사적 변형을 멈퍼드는 테크닉과 예술art이라는 두 가지 인간 본성의 역동적인 이중 운동으로 설명한다. 인간 본성의 두 가지 성향인 테크닉과 예술은 인간의 초유기적인 욕구와 바람을 충족하기 위한 형성적 측면이다. 처음부터 인간 본성의 차원에서 떼어놓을 수 없이 통합된 테크닉과 예술은 기능적 측면에서 서로 다른 방향성을 갖는 인간의 역사적 변형의 원동력이다. 예술은 인간 개성의 가장 완전한 측면을 표현하는 테크닉의 일부이고 반대로 테크닉은 더 완전한 기계적 과정을 수행하기 위해 인간성의 많은 부분을 배제한 예술의 표명이다.[63] 테크닉이 인간의 목적을 실현하기 위해 외부 환경을 통제하고 조정하는 객관적 기능과 활동이라면 예술은 인간 개성의 영역을 확장하려는 내적 필요에 대응하는 주관적 기능과 활동이다. "처음부터 인간의 삶에는 프로메테우스적인 것과 오르페우스적인 것, 기술적인 것과 예술적인 것, 건설적인 것과 표현적인 것이라는 두 가지 측면이 있었다. 앞의 것은 주로 환경과의 투쟁이고 뒤의 것은 자신의 본성을 이상적으로 표현하고 향유하는 것이다."[64]

이런 테크닉과 예술을 매개함으로써 문화 세계 전체를 형성하는 것이 바로 상징이다. 이 테크닉, 예술, 상징의 삼각관계는 지각 수준에서 사회적 수준에 이르기까지 다층적인 의미 복합체를 창출함으로써 인간이 사회와 문화를 형성하는 일련의 과정을 결정해왔다. 인간과 환경이 끊임없이 상호작용하는 가운데 상징은 시간과 공간의 한계를 초

---

63 Lewis Mumford, *Art and Technics*, Columbia University Press, 1952, p. 21.
64 루이스 멈퍼드, 『인간의 전환』, 박홍규 옮김, 텍스트, 2011, 38쪽.

월해 인간의 집단 경험을 확장하고 삶을 고양한 중요한 계기였다. 따라서 상징은 인간의 인간화는 물론 인간과 문화 세계 전체를 이해하는 열쇠였다.

> 인간 사회의 세 가지 본질적 특성인 의사소통, 교감, 협력은 모두 동일한 의미, 기능, 가치가 부여된 공통 상징의 수용에 전적으로 의존한다. 상징이 없더라도 공동 거주는 가능했을지 모른다. 이 경우 원시적 협력은 눈에 보이는 대상과 짧은 순간에 한정돼 이루어졌을 뿐이고 더 나아간 진전은 없었을 것이다. 따라서 사회에서 인간화의 심화는 경험을 상징으로, 상징을 삶의 경험으로 바꾸는 인간의 능력에 달려 있다. (⋯) 상징은 경험의 한갓 대체물이 아니라 경험을 강화하고 그 영역을 확대하는 수단이다. 따라서 의례, 예술, 시, 극, 음악, 춤, 철학, 과학, 신화, 종교는 모두 일용할 양식만큼이나 인간에게 본질적인 의미가 있다. 인간의 진정한 삶은 직접적으로 먹고사는 생존 활동뿐만 아니라 일의 과정과 그것의 최종 생산물 및 완성에 의미를 부여하는 상징 활동에서 찾을 수 있다.[65]

이처럼 상징적 표현들과 그에 아주 예민하게 반응하는 인간의 본질적 특성은 인간 세계와 동물 세계를 구분 짓는 기준이었다. 만약 상징이 없었다면 인간은 다른 동물들처럼 즉자적인 감각과 욕구의 세계에 전적으로 종속돼 살아갔을 것이다. 인간은 상대적으로 짧은 과거에 속박된 채 불가항력으로 흘러가는 미래 앞에서 속수무책이었을 것

---

65 Lewis Mumford, *The Condition of Man*, A Harvest/HBJ Book, 1944, pp. 9-10.

이다. 하지만 상징으로 말미암아 인간은 가까스로 무질서와 혼란 한복판에서 빠져나와 비로소 자신 앞에 질서 있는 객관적 세계를 건립할 수 있었다. 그래서 멈퍼드는 도구를 사용하는 호모 파베르의 능력보다 상징과 언어를 창조하고 활용하는 호모 심볼리쿠스Homo Symbolicus의 능력을 더 근원적인 요소로 보고 강조했다.

『예술과 기술』에서 멈퍼드는 현대 문명의 위기를 초래한 원인을 인류 역사 대부분의 시기에 인간 삶의 통합성을 유지했던 테크닉과 예술이 분리돼 파편화한 상태에서 찾는다. 그에 따르면 테크닉과 예술 사이의 깊은 간극은 한편으로는 현대인이 기계의 신화를 맹목적으로 추종하고 다른 한편으로는 예술의 가치를 상실하는 결과를 낳았다. 전방위적인 기계화의 확장으로 인해 인간 삶의 전 영역에서 인간성이 심각하게 왜곡되고 침해됐으며, 예술은 인간 개성의 확장이라는 본연의 역할을 하지 못한 채 위축되고 뒤틀려버린 것이다. 이에 멈퍼드는 현대 문명의 위기를 극복할 수 있는 대안으로 테크닉과 예술의 새로운 조화와 균형을 제시한다. 테크닉을 사회문화적으로 통제하고 예술 본연의 기능에 활기를 불어넣음으로써 새로운 차원의 통합 가능성을 대안으로 제시한 것이다.

이러한 멈퍼드의 주장은 테크닉에 대한 주지주의적, 실증주의적 이해가 팽배해 있던 상황에서 참신한 충격을 주었다. 그리고 이를 통해 테크닉의 본질에 대한 철학적 질문이 다시 제기될 수 있었다. 멈퍼드는 테크닉을 인간 정신의 일부이자 문화의 구성 요소로 이해하는 문화적, 유기체적 관점을 견지함으로써 테크닉과 테크놀로지를 구분하고 테크닉을 더 포괄적인 역사적 시각에서 바라보는 길을 열었다. 멈퍼드의 기술철학은 흔히 메타바시스metabasis의 오류[66]라는 비판을 넘어서 테크닉과 예술의 동근원성과 양자의 이중 운동을 바탕으로 인간의 변형을 설명함으로써 새로운 차원에서 문화의 심층을 이해하는 관점을 제공했다.

그러나 멈퍼드는 일반 대중을 대상으로 글을 썼고,『예술과 기술』을 제외한 다른 주요 저서에서는 테크닉이 아닌 기계를 중심 주제로 다루었다. 테크닉과 예술의 이중 운동과 문화의 관계를 더 심도 있게 분석하기보다는 기계문명의 발전 과정에서 나타나는 역사적 사례 분석에 치중한 것이다. 따라서 이런 공백을 보완하고 테크닉을 제대로 이해하기 위해서는 테크닉과 예술의 관계를 문화 세계라는 더 큰 틀에서 재구성할 필요가 있다. 다시 말해 기술의 본성과 변동을 제대로 이해하기 위해서는 인간의 정신적 활동성과 문화 세계의 근본적인 연관 관계를 총체적으로 해명해야 한다.

문화적 접근법

문화적 접근법의 밑절미에는 인간을 일종의 문화적 동물, 즉 상징적 동물로 이해하는 관념이 깔려 있다. 이렇게 인간을 이성적 동물이 아니라 상징적 동물로 규정하는 것은 인간이 자신의 동물적 천성이나 본능을 극복하는 것이 아니라 변형시킨다는 것을 의미한다. 인간이 동

---

66 논증 과정에서 당연히 문제로 삼아야 할 개념이나 대상을 취급하지 않고, 다른 유나 다른 영역에 속하는 개념을 다루는 논리학적 오류.

물과 구분되는 것은 인간에게서 동물적 본능이 사라졌기 때문이 아니라 동물과는 달리 간접적으로 표현된다는 데 있다.

인간이 본능을 간접적으로 표현할 수밖에 없는 이유는 다른 어떤 동물보다 미성숙한 상태로 태어나기 때문이다. 다른 동물에 비해 갓난아이는 가장 오랫동안 부모의 극진한 보살핌을 받을 때만 생존할 수 있으며 인간의 뇌는 완전히 성장하는 데만 20년 넘게 걸린다. 이런 조건은 인간의 욕구 충족이 어떤 문화적 환경에 노출되느냐에 따라 천양지차일 수 있다는 사실을 함축한다. 멈퍼드와 카시러, 두 철학자의 공통된 인식의 밑바탕에는 인간이란 상징을 매개로 자신이 만든 문화 세계 속에서만 온전히 살아갈 수 있으며 이런 조건을 벗어나서는 결코 이해될 수 없는 존재라는 통찰이 깔려 있다.

이 책은 멈퍼드의 기술철학과 카시러의 문화철학에 기초한 기술 이해 방식을 문화적 접근법이라고 규정한다. 문화적 접근법은 기술에 대해 일종의 관계론적 관점을 취한다. 관계론적 관점의 가장 중요한 점은 시간 안에서 생각한다는 것인데, 이는 정확히 상대주의가 아닌 관계주의다. 관계주의는 어떤 대상에 대한 가장 참된 기술은 그것이 속한 전체의 다른 부분들과 어떤 관계를 맺고 있는지를 구체화하는 것이라고 본다. 이때 인간 활동이 발명한 어떤 것의 진리는 시간 안에 있으면서도 객관적인 사태로 이해할 수 있다.

문화적 접근법은 서구 유럽의 정신사를 전체적으로 조망하면서 테크닉과 다른 문화적 요소들이 맺어온 내적 연관성 및 상호 역동적 변화의 계기들을 총체적으로 파악하려 한다. 이를 통해 기술이 단지 물질적인 실천이나 사물이 아니라 하나의 의미체계라는 사실이 드러날 것이다. 총체성, 역사성, 관계성은 기술의 본질을 기능과 의미의 차원에서 이해할 수 있게 해주는 요체다.

3. 카시러의 문화철학과 테크닉

문화철학의 두 가지 원리

카시러의 문화철학의 근본 원리는 두 가지다. 첫째는 인간의 자기 인식 문제다. 카시러의 문화철학은 인간의 본성을 실체가 아니라 기능으로 이해하는 데서 출발한다.[67] 여기서 인간 본성의 기능적 이해란 인간이 형이상학적 사변을 통해 구성된 실체나 경험적 관찰의 누적으로 확인된 본능을 통해서 설명될 수 없는 존재라는 사실을 함축한다. 그에 따르면 인간은 오직 인간 정신의 고유한 기능과 그 결과물인 문화 세계를 총체적으로 고찰함으로써 이해할 수 있다. 즉 인간이란 정신의 근본 기능을 통해 형성된 문화 세계의 영역, 곧 언어·신화·종교·예술·과학 등의 상징체계들에서만 인간적인 삶을 유지할 수 있고 제대로 이해될

---

67 카시러, 2008, 126쪽.

수 있는 존재다.

　카시러 문화철학의 정수를 오롯이 담은 마지막 저서 『인간이란 무엇인가』는 철학적 탐구의 최고 목표로서 '인간의 자기 인식' 문제를 환기하는 데서 시작해 '인간의 점진적 자기해방의 과정'인 문화의 의미를 강조하는 것으로 끝맺는다. 이 책의 시작점과 종착점의 관계는 카시러 문화철학의 핵심 과제를 선명하게 보여준다. 여기서 카시러는 인간 본성에 대한 참된 이해에 도달하는 유일한 길로 문화를 전체적으로 이해하는 에움길을 제시하고 있다. 그에 따르면 문화란 "인간의 언어적, 도덕적 활동의 전체"[68]이다. 그리고 신화·종교·언어·예술·과학·기술 등은 인간의 문화적, 도덕적 활동과 점진적 자기해방 과정을 보여주는 다양한 계기이자 특수한 단계가 된다.

　두 번째는 생성의 문제다. 본질적으로 이 문제는 변화와 시간의 문제다. 서양철학사에서 처음으로 변화를 철저히 거부하고 존재와 사유의 동일성을 주장한 이는 파르메니데스Parmenides다.[69] 그의 사유는 '있

68　카시러, 2012, 109쪽.

69　서양철학에서 플라톤이 헤라클레이토스의 생성의 철학과 파르메니데스의 존재의 철학을 대립하는 입장으로 규정한 이래 존재와 생성의 문제는 줄곧 하나의 딜레마였다. 통상 헤라클레이토스는 변화무쌍한 동적 세계를 옹호한 철학자로 알려져 있다. 실재적인 것은 변화 자체이기에 마치 불꽃처럼 모든 것은 외관상 일정한 모양을 갖춘 것처럼 보이더라도 끊임없는 변화 속에 있을 뿐이다. 이런 이유에서 헤라클레이토스는 만물의 근원을 불이라고 했다. "모든 것은 불의 교환물이고 불은 모든 것의 교환물이다." 김인곤 외 옮김, 『소크라테스 이전 철학자들의 단편 선집』, 아카넷, 2005, 246쪽. 변화에 관심을 기울였지만 헤라클레이토스는 누구보다도 먼저 변화의 난점을 간파했다. 모든 변화는 어떤 것의 변화다. 그러므로 다른 것으로 변하는 것은 변하는 동안에도 동일성을 유지해야만 한다. 그렇지 않다면 변화는 변화가 아닐 테고 인식조차 불가능할 것이기 때문이다. 칼 포퍼Karl Popper는 이런 변화의 난점에서 실재와 현상을 구분하는 사유가 움텄다고 주장한다. "사물들은 현상에 있어서는(그리고 우리에게는) 대립물이지만, 진리에 있어서는(그리고 신에게는) 동일물이다." 칼 포퍼, 『추측과 논박 1』, 이한구 옮김, 민음사, 2001, 289쪽. 결국 변화의 난점을 깊이 이해했고 불변하는 로고스와 변화의 긴장 속에서 사유했던 헤라클레이토스는 이미 파르메니데스의 일자一者의

는 것은 있고 있지 않는 것은 없다'라는 경구로 집약된다. 이는 끊임없이 생성 소멸함으로써 이성적 사유의 대상으로 포착되지 않는 모든 감각적 현상은 있지 않는 비존재라는 것이다. 변화와 생성은 헛된 허상일 뿐이다. 있지 않는 것은 말할 수도 사유할 수도 없기 때문이다.[70] 이런 논변을 바탕으로 파르메니데스는 유일하게 참된 실재는 항상 불변하는 일자一者라는 존재의 일원론을 주창한다. 바로 이 순간에 향후 서양철학의 역사에서 지속적으로 지대한 영향을 미친 존재와 사유의 동일성 원리가 확립되었다. 이로써 존재와 생성 사이에는 깊디깊은 대립의 심연이 놓이게 된다.

따라서 우연과 불확실성을 근원적으로 내포하고 있는 시간은 항상 존재와 사유의 동일성을 최고의 사유 법칙으로 추구하는 철학의 입장에서는 달갑지 않은 불청객 같은 존재였다. 이 때문에 현대철학에서 시간이 중심 화두로 부상할 때까지 일반적으로 서양철학의 사유에서 시간은 이성의 대척점에 있는 타자他者로 간주됐다. 카시러의 문화철학의 목표는 존재와 생성의 이원적 대립 관계를 진정한 상관관계로 통일하는 것이었다. 이 과정의 첫 단추로 카시러는 존재와 생성의 이원론을 넘어 현상을 구제하려 했던 플라톤의 철학과 진지하게 대결한다. 비록 분명한 내적 한계가 있을지라도 플라톤의 철학은 존재와 생성을 대립 관계가 아니라 진정한 상관관계로 이해하는 최초의 관점을 제공했기 때문이다.

길을 예비했던 것이다.

70 김인곤 외, 2005, 281쪽.

『상징형식의 철학 제1권: 언어』 서문에서 카시러는 플라톤이 처음으로 존재를 문제로 인식했다고 말한다.[71] 플라톤 이전의 철학에서는 존재의 구조나 체계를 문제 삼은 반면 플라톤은 존재의 개념과 의미를 문제 삼았다는 것이다. 소크라테스 이전 철학자들은 개별 존재자의 다양한 형태 중 하나 혹은 여럿에서 시작해 만물의 근원을 찾고 이를 통해 세계의 전체 구조를 해명하는 데 주력했다. 하지만 이런 시도들은 존재 자체를 정확히 문제로 인식하지 못했기 때문에 존재를 설명하는 데 실패할 수밖에 없었다. '만물은 수數'라고 말한 피타고라스학파든, 세계가 원자와 허공으로 이루어져 있다고 주장한 원자론자든, 만물의 근원을 물이라고 주장한 탈레스를 위시한 자연철학자든 이 점에서는 조금도 다르지 않았다. 이런 상황에서 플라톤은 새로운 전환을 시도했다. 그는 '이데아론'을 통해 존재와 사유의 관계와 사상적 의미를 새롭게 혁신함으로써 존재를 체계적으로 연관 지어 이해하고 설명할 수 있는 틀을 제공했다. 플라톤에 이르러서야 파르메니데스 이래로 그리스 철학에서 존재와 치환할 수 있는 개념으로 사유가 새롭고 보다 깊은 의미를 얻은 것이다. "존재가 문제라는 예리하게 규정된 의미를 얻게 되었을 때에야 비로소 사유는 원리라는 예리하게 규정된 의미와 가치를 얻게 된다."[72]

플라톤의 대화편 중에서 이데아론의 원형이 맨 처음 나타나는 것은『파이돈』이다. 여기서 플라톤은 이데아의 존재 방식과 사물의 존재

---

71 에른스트 카시러, 『상징형식의 철학 제1권: 언어』, 박찬국 옮김, 아카넷, 2011, 24쪽.

72 카시러, 2011, 24쪽.

방식의 근본 차이를 강조한다. 파르메니데스가 존재와 비존재를 예리하게 구분했듯이 플라톤도 이데아의 세계와 현상의 세계, 곧 예지계와 현상계를 양분한다.[73] 사물의 세계는 감각으로 알 수 있는 가시적이고 물질적인 것이자 부단히 변하는 것인 반면에 이데아의 세계는 눈으로는 볼 수 없는 비물질적인 것이자 항시 한결같은 "한 가지 보임새"다.[74] 『파이돈』에서 플라톤은 이데아에 박진迫進하기 위한 방법으로 시각뿐만 아니라 다른 어떤 감각도 추론에 포함하지 않고 사유 자체만을 순수한 상태로 이용하라고 가르친다.[75] 이런 방식으로 파르메니데스가 주장한 존재와 사유의 동일성 원리를 보다 정치하게 규정한다. 이로써 사유는 단순한 이데아의 반영에 머무는 것이 아니라 이데아 자체와 동일한 것이 되고, 이데아의 내적 형식은 사유의 내적 형식을 통해 규정할 수 있다. 그러므로 우리는 오직 언어를 매개로 한 설명을 통해서만 이데아를 드러낼 수 있다. 그것의 가장 간결한 형태가 보통 우리가 정의라고 일컫는 '의미 규정의 형식logos'이다.

더 나아가 플라톤은 이데아를 단순 개념이나 보편자라는 의미 규정에 제한하지 않는다. 그에게 이데아는 존재이자 사유요 실재였다.[76] 카시러는 이데아들의 결합 형태를 바탕으로 이데아와 실재의 관계를

---

73 세계의 이분화는 플라톤 철학에 나타나는 일반적인 인식 구도다. 『국가』에서도 플라톤은 "지성에 의해서[라야] 알 수 있는 부류와 그 영역을 지배하는 것과 가시적 부류와 그 영역을 지배하는 것"으로 예지계와 현상계를 구분한다. 후기 대화편으로 분류되는 『필레보스』와 『티마이오스』에서도 이런 이분화는 그대로 유지된다. 플라톤, 1997, 439쪽.

74 플라톤, 2003, 338쪽.

75 플라톤, 1997, 27쪽.

76 박종현, 『헬라스 사상의 심층』, 서광사, 2001, 204쪽.

설명하는 방식에서 플라톤 철학의 정수를 발견한다. 통상 후기 대화편으로 분류되는 『소피스테스』와 『정치가』에서 플라톤은 이데아들의 결합 형태를 구체적으로 다룬다.

　『소피스테스』에서는 한갓 말다툼일 뿐인 논쟁술에 능한 소피스트들의 참모습을 적나라하게 보여주기 위해 먼저 테크네를 여러 갈래로 나눠가며 분류한 다음 소피스트들의 '여러 가지 보임새'를 결합해 재구성함으로써 이들의 참모습을 인식하는 데 도달한다.[77] 그리고 『정치가』에서는 왕도 정치의 치술을 모직물 생산 과정에서 쓰이는 방적술과 직조술에 빗대 표현한다. 여기서 실을 뽑는 방적술은 분리 공정을, 피륙을 짜는 직조술은 결합 공정을 의미한다. 당연히 이 두 가지 공정을 거칠 때에만 우리는 온전한 모직물을 얻을 수 있다. 이런 기술적 짜임 관계를 비유적으로 활용함으로써 플라톤은 왕도 정치를 추구하는 정치가의 참된 임무를 도출한다.[78] 두 대화편에서 플라톤은 이데아를 여러 측면에서 나누어 살펴본 다음 이를 결합해 인식하는 과정을 보여준다. 이

---

77 『소피스테스』의 목적은 소피스트들의 참모습을 밝히는 것이다. 여기서 플라톤은 먼저 모든 테크네를 '제작술'과 '획득술'로 나누고 후자를 다시 '교환술'과 장악술로 구분한다. 그리고 장악술의 하나인 '낚시술'을 통해 보수를 받고 부유한 젊은이들을 낚는 사냥술에서 소피스트들의 면모를 보여준다. 또한 장악술에서 싸움의 갈래를 나눠가면서 소피스트들의 논쟁술이 말다툼에 지나지 않는다는 점도 드러낸다. 이렇게 여러 갈래로 뻗어가는 이분법적 나눔의 방법을 동원해서 플라톤은 최종적으로 소피스트들의 참모습이 "지자가 아니면서 지자의 흉내를 내는 짓, 논의를 통해 자가당착으로 몰고 가는 짓enantiopoiologikē, [지식은 없이] 의견만 갖고 시치미 떼는 부분, 영상 제작술 가운데서도 말로써 신적인 것이 아닌 인간적인 '닮아 보이는 것'(유사 영상)을 만들어내는 요술을 부리는 짓"이라고 비판한다. 플라톤, 『소피스테스』, 김태경 옮김, 한길사, 2000a, 230쪽.

78 『정치가』에서 플라톤은 구성적 기술 혹은 기술의 짜임 관계를 바탕으로 왕도적 치술을 설명한다. 먼저 테크네를 나쁜 것들을 가능한 한 제거하고 적합하고 쓸모 있는 것들을 한데 모아서 어떠한 한 가지 힘(기능)과 형태(특성)를 갖는 것으로 규정한다. 그런 다음 치술을 직조술에 빗대 정치가의 임무에 대한 자신의 주장을 펼친다. 플라톤, 『정치가』, 김태경 옮김, 한길사, 2000b, 224-231쪽.

것이 변증술dialektikē의 절차인 나눔diairesis과 결합Koinōnia의 원리다.[79] 이러한 방식을 통해 이데아는 한 가지 보임새가 아니라 기능과 관련된 여러 가지 보임새가 하나로 결합된 방식, 즉 '이데아들의 엮음'으로 인식된다.

이와 같이 이데아들의 결합 양식을 구체적으로 예시함으로써 플라톤은 파르메니데스가 비존재의 세계로 부정한 생성의 세계를 포괄하려고 한다.[80] 이를 위해 플라톤은 실재에 대한 두 가지 상반된 견해, 즉 감각을 통해 지각된 것만을 인정하는 물질주의적 시각과 지성에 의해 파악된 형상만을 인정하는 비물질주의적 시각을 논박하고 존재와 생성의 가교로서 힘dynamis 개념을 제시한다.[81] 플라톤은 물질적인 것이든 비물질적인 것이든 존재하는 것에 본질적으로 항시 수반된 것을 힘이라고 규정한다. 그러므로 힘이 있는 상태는 능동적으로 작용하거나 수동적으로 작용을 받으며 아주 미약할망정 영향을 미치기도 하는 것으로, 모든 작용을 규정하는 징표가 된다. 인간은 몸의 감각을 통해 생성

---

79 플라톤 철학의 가장 중요한 특징 중 하나인 변증술은 최대한 논리적인 엄밀성에 따라 사유를 전개하는 방법 체계다. 변증술은 진리를 인식하기 위해서 순수하고 올바르게 철학하는 방법인데, 이는 이데아 내지 형상의 나눔과 결합을 분별할 줄 아는 것이다. 플라톤, 2000a, 188쪽.

80 박종현은 헬라스어 'to mē on'에 대한 해석을 바탕으로 플라톤이 파르메니데스와 다른 방향으로 나아갈 수 있었다고 주장한다. 그에 따르면, 파르메니데스는 '…이지 않은 것'이라는 의미로 고대 헬라스에서 보통 쓰이고 있던 to mē on을 '전적으로 있지 않은 것'으로만 해석함으로써 생성의 세계를 근원적으로 부정하게 됐다는 것이다. 이에 플라톤은 to mē on을 '…이지 않은 것'으로서 '있는 것to on'이라는 점을 입증하고 한발 더 나아가 "있지(…이지) 않은 것'은 그 밖의 다른 유들 가운데 하나의 유로서, 모든 '있는(…인) 것들'에 흩어져 있는 것"임을 밝힌다. 플라톤, 2000a, 206쪽.

81 『소피스테스』에서 플라톤은 상반된 두 견해를 신들과 거인족의 싸움에 빗대 표현한다. 신들은 지성을 통해서 알 수 있는 비물질적 형상들만을 존재로 보는 시각을, 거인족은 감각되는 것만을 존재로 인정하는 시각을 대변한다. 플라톤, 2000a, 163-164쪽.

의 세계와 관계하는 동시에 혼의 추론을 통해 참된 존재의 세계와 관계한다. 이 양방향의 '관계 맺음'이 바로 힘이다. 이런 맥락에서 실재의 세계는 존재와 생성뿐만 아니라 정지와 운동, 그리고 운동하지 않는 것과 운동하기 시작한 것이 모두 공존하는 세계다. 결국 플라톤은 존재와 생성의 문제를 예지계 차원으로 상승시켜 생성에 새로운 의미를 부여함으로써 양자의 진정한 상관관계를 회복하려 했던 것이다. 이런 시도를 카시러는 '존재로의 생성'이라는 개념으로 규정하고 평가한다. "생성은 이제 더 이상 감성적인 지각의 영역에만 속하지 않고 오히려 예지적인 영역으로, 순수한 존재의 영역으로 나아가기 때문이다. '발생'은 더는 단순히 비규정성을 의미하지 않고, 오히려 규정으로 나아가는 길을 의미한다. 즉 '존재로의 생성'이다. 이제 이데아의 왕국도 다시는 엄격하게 분리된 영역으로서 나타나지 않고 오히려 존재의 총체를 충족시키고 고무시킨다."[82]

그러나 카시러는 예지계와 현상계를 날카롭게 구분한 플라톤의 이분 구도에서는 궁극적으로 생성의 세계, 곧 현상의 구제는 근본적인 한계에 봉착할 수밖에 없다고 본다. 플라톤이 아무리 예지계에서 생성의 왕국을 건립하고 자연 자체에서 로고스를 추구할지라도 자연 안에서 우리에게 항상 일어나는 것은 로고스의 상이자 비유일 뿐이기 때문이다. 이때 생성의 영역은 여전히 엄밀한 학문적 인식에서 거부당한 채 상상이나 망상으로 남게 될 것이다.[83] 플라톤의 이데아론에 대한 카시

---

82 에른스트 카시러, 『괴테와 플라톤』, 추정희 옮김, 부북스, 2016, 43-44쪽.
83 카시러, 2016, 14-15쪽.

러의 비판은 이미 칸트의 저작에서 발견됐다. 『순수이성비판』 서문에서 칸트는 이데아론에 대한 비판을 이렇게 개진한다.

> 경쾌한 비둘기는 공중에서 자유롭게 공기를 헤치고 날면서 공기의 저항을 느낄 때, 공기가 없는 공간에서는 훨씬 더 잘 날 줄로 생각할 수도 있겠다. 이와 마찬가지로, 플라톤은 감성 세계가 지성에게 그렇게 다양한 장애물을 놓는다는 이유로 감성 세계를 떠나 관념의 날개에 의탁해서 피안의 세계로, 곧 순수 지성의 허공으로 감히 날아들어 갔다. 이때 그는 이러한 그의 노력으로는, 그가 말하자면 거기에 의지해서 그 지점에서 지성을 작동시키기 위해서 그의 힘을 쓸 수 있는 토대인 버팀목을 전혀 가지고 있지 못하기 때문에, 아무런 길도 열지 못하리라는 것을 알아채지 못했다. 그러나 사변 속에서 가능한 한 빨리 자신의 건축물을 완성해 놓고는 그 후에 가서야 비로소 그 기초가 잘 놓였는지 어떤지를 조사하는 것은 인간 이성의 흔한 운명이다.[84]

칸트의 관점에서 감성계를 벗어나 "순수 지성의 허공"으로 비상한 이성은 어떤 의미에서 무용지물인지라 경험은 오리무중에 빠지게 된다. 플라톤의 이데아는 "물자체의 원형들이지 범주처럼 가능한 경험의 열쇠"[85]는 아니기 때문이다. 플라톤과 달리 칸트는 순수 개념의 힘을 바탕으로 예지계를 건설하는 능력을 인간 이성의 몫으로 맡기지 않았을

---

84 임마누엘 칸트, 『순수이성비판 1』, 백종현 옮김, 아카넷, 2006, 205-206쪽.

85 Immanuel Kant, *Critique of Pure Reason*, Marcus Weigelt (trans.), Penguin Books, 2007, p. 298.

뿐더러 그렇게 할 수 있는 권리도 인정하지 않았다. 순수 개념의 힘은 경험 세계 밖으로 인간의 관심을 인도하는 것이 아니라 경험 자체로 이끌어야 한다. 그렇게 함으로써 경험 자체의 논리 구조와 법칙, 그리고 경험을 가능하게 하는 조건과 원리를 해명하는 데 기여함이 마땅하다. 그런데 경험 자체를 탐구하기 위해서는 무엇보다 먼저 이성의 기능과 활동 영역을 분명히 구분해야 한다. 경험적 대상의 본질을 가능한 한 확실히 규정하려면 이성 자체의 기능과 활동을 비판적으로 이해하고 인식해야 하기 때문이다.

이러한 칸트의 '코페르니쿠스적 전회kopernikanische Wende'로 말미암아 철학의 무게중심은 결정적으로 인식의 기능에 대한 이해와 탐구로 옮겨졌다. 이를 통해 인식의 내적 연관성과 체계적 상호 의존성을 탐색하고 인식 범위를 확정하기 위한 교두보가 마련됐다. 카시러는 자신이 '사유의 혁명'이라고 일컬은 칸트의 문제의식을 '일반적인 체계적 관점'에서 수용함으로써 인식의 범위를 문화 세계 전체의 영역으로 확장한다. 그는 칸트의 관점을 인간 정신이 우주를 전체로 파악하려고 하고 심지어 감지하려고 하는 모든 정신적 형식에 적용한다.[86]

카시러에 따르면 정신의 근본 기능은 두 가지, 즉 '모사하는 힘'과 '형성하는 힘'이다. 카시러는 정신을 단지 대상 모사에 국한해서 이해하는 소박한 실재론자들의 견해를 반박하고 무엇보다 정신의 형성하는 힘에 초점을 맞춘다. 자연스럽게 인식은 정신의 기능을 공유한다. 카시러는 인식을 "특수하고 동시에 그 자체로 명료하고 첨예하게 한정된 원

---

86 에른스트 카시러, 『상징 신화 문화』, 심철민 옮김, 아카넷, 2012, 116쪽.

리가 인도하는 다양한 것들의 형태화 작업Gestaltung"[87]으로 규정한다. 그리고 인식의 본질적인 목표를 "특수한 것을 보편적인 법칙과 질서 형식에 편입하는 것"이라고 본다.[88]

이처럼 인식을 정의하고 목표를 설정함으로써 문화 전체뿐만 아니라 다양한 문화 영역 사이의 관계를 총체적으로 고찰할 수 있는데, 여기서 핵심은 문화 전체의 통일성 파악이다. 정신의 근본 기능에서 산출되는 문화의 다양한 형태화 과정은 문화 전체의 통일성을 참조할 때만 이해할 수 있기 때문이다. 다양한 문화 영역의 근본 형식을 하나의 일관성 있는 질서에 편입하지 못한다면 문화의 요소들은 그저 다양성의 계기로 흩어져버리고 말 것이다. 문화 세계 전체 속에서만 언어·신화·종교·예술·과학·기술 등의 다양한 형성적 힘이 독자성을 잃지 않으면서도 각자의 내적 연관성이 체계적으로 이해될 수 있다. 이처럼 개별 문화 영역들의 독자성을 허용하는 동시에 이것들을 문화라는 전체 속에서 파악하는 방법론적 요청을 카시러는 "순수한 기능적 통일의 요청"[89]이라고 불렀다.

요컨대, '정신적 형식들에 대한 일반 이론'의 정초를 추구하는 카시러의 문화철학은 개별 문화 영역을 문화 세계 전체와의 관계 속에서 규명할 뿐만 아니라 해당 영역에서 작동하는 내재적 관계를 체계적으로 해명하고자 한다. 이를 위해 카시러는 '생성의 원리로의 전환'을 강조한

---

87 카시러, 2011, 31쪽.
88 카시러, 2011, 32쪽.
89 카시러, 2011, 30쪽.

다.[90] 카시러는 칸트의 인식론적 원리를 문화 전체로 확장함으로써 언어·신화·종교·예술·과학·기술과 같은 상징형식 체계들의 통일성과 관계성 그리고 변동을 포착할 수 있는 새로운 문화철학적 기획을 제기한다. 이로써 문화 세계와 이를 구성하는 요소들을 시간의 흐름과 역사 속에서 총체적으로 이해할 수 있는 새로운 길이 열린 것이다. 문화 세계를 통일적으로 이해하는 일에서 생성의 원리가 가지는 중요성에 대해 카시러는 다음과 같이 말한다.

> 우리는 형이상학적으로도, 자연주의적이고 숙명론적인 역사 체계의 방식으로도 이 [문화의] 통일을 정의하거나 설명할 수 없다. 즉 그것은 주어진 것이 아니고 하나의 이념이자 이상이기 때문이다. 그것은 정적인 의미에서 파악되는 것이 아니라 동적인 의미에서 이해되어야 한다. 그것은 산출되지 않으면 안 되며, 이 산출이라는 것 속에 문화의 본질적인 의미와 윤리적인 가치가 존재하는 것이다.[91]

문화철학과 테크닉

1920-30년대 서구 유럽에서 가장 두드러진 현상 중 하나는 새로운 테크닉이 공장의 벽을 넘어 일상생활의 영역으로 아주 빠르게 확산된

---

90   Ernst Cassirer, *Symbol, Technik, Sprache: Aufsätze aus den Jahren 1927-1933*, Hamburg Meiner, 1985, p 43.

91   카시러, 2012, 142쪽.

일이었다. 말이 끄는 운송 수단은 사라졌고 전화와 축음기가 빠르게 보급됐다. 특히 라디오와 같은 몇몇 테크닉은 극적으로 대중의 사적 영역을 파고들었다. 이런 현실을 실제로 목도했을 뿐만 아니라 처음으로 시작된 라디오 교육 프로그램에 강연자로 나섰던 카시러는 현대 문화의 거스를 수 없는 운명으로 '테크닉의 우위Primat der Technik'를 인정했다.[92]

더 나아가 카시러는 지난 한 세기 동안 자신의 근원을 테크닉의 영역에서 찾을 수 있는 실증주의가 발흥하고 기술적 장치들이 비약적으로 성장했건만 여전히 테크닉은 철학적 반성의 주제가 되지 못한 채 사유의 주변부를 맴돌고 있다고 진단한다. 이러한 상태를 벗어나 기술 세계의 중심으로 진입하기 위한 방법으로 카시러는 추상적 사유가 아니라 철학과 테크닉의 양극성을 인정한 채 이를 문화 세계의 일부로 통합하는 것을 제시한다. 이 방법은 테크닉을 단순히 문화의 한 구성 요소로 다른 요소들과 병치하는 것이 아니라 테크닉의 형성 조건과 가능성을 파악함으로써 테크닉을 문화에 유기적으로 통합하는 것을 의미한다. 이런 철학의 임무에 대해서 카시러는 이렇게 강조한다. "철학이 자신의 임무에 진정으로 머무르려면, 즉 철학이 문화의 논리적 앎을 뜻하는 자신의 특권을 유지하려면, 철학은 이론적 지식, 언어, 예술의 '가능성 조건'을 톺아봤듯이 기술적 효율과 기술적 형성의 '가능성 조건'을 톺아봐야 한다. 이 과정에서 철학은 근본적으로 의미 물음을 명확히 한 후에야 존재 물음과 타당성 물음을 던질 수 있다."[93]

---

92 Cassirer, 1985, p. 39.
93 Cassirer, 1985, 43쪽.

1930년에 발표한 『형식과 기술』에서 카시러는 '존재와 지성의 일치'라는 일반 원리에 입각해서 테크닉을 또 다른 유형의 상징형식 체계로 정의한다. 카시러에 따르면 언어·신화·종교·예술·과학 등과 마찬가지로 테크닉도 정신의 형태화 방식을 통해 구체적으로 구성된 문화 영역, 즉 상징체계이다. 테크닉에 대한 카시러의 규정은 일차적으로 그의 문화철학이 협소하게 정신적 문화 형식들에 국한돼 있다는 피상적인 비판[94]을 넘어서 테크닉을 정신의 근본 기능에서 새로이 자리매김하는 것이다.

카시러는 다른 상징형식 체계들과 마찬가지로 테크닉도 단지 주어진 것이 아니라 정신의 형태화 작용을 통해서 끊임없이 새롭게 정립되는 것으로 이해한다. 이렇게 생성의 원리에 기반해 이해할 때 테크닉은 단지 물질적인 것이 아니라 근본적으로 정신의 형성적 힘에 속한다. 따라서 기술적 생산물이 아니라 정신의 활동성에서 나타나는 테크닉의 생성 방식과 법칙성을 이해할 때 우리는 테크닉의 고유한 특성을 온전히 파악할 수 있다. 카시러는 테크닉의 가치를 판단하기에 앞서 모든 기술적 행위를 관통하는 고유한 정신적 원리를 파악한다고 보아 다음과 같이 강조한다.

---

94 김덕영은 게오르크 짐멜Georg Simmel과 카시러를 비교하면서 카시러의 문화철학이 정신적인 문화 형식만을 고려할 뿐 기술과 경제를 비롯한 물질적인 문화 형식은 논외로 하고 있다고 진단한다. 그리고 이런 반쪽짜리 문화 개념으로는 물질문화가 팽배한 자본주의 시대의 문화적 삶을 제대로 분석할 수 없다고 비판한다. 하지만 정신과 물질의 이분법에 근거한 피상적 분석에 기초한 그의 주장은 문화 전체의 내적 구조와 동학을 구명하려는 카시러의 기획을 단편적으로 이해한 것에 불과하다. 김덕영, 『게오르그 짐멜의 모더니티 풍경 11가지』, 도서출판 길, 2007, 199-206쪽.

'존재'와 '당위'의 규정, 곧 테크닉이 무엇인가라는 직관은 테크닉의 가치에 대한 판단에 선행해야 한다. 여기서 확실히 새로운 딜레마가 발생한다. 테크닉의 존재 자체는 다른 무엇이 아니라 활동성에서만 파악하고 설명할 수 있기 때문이다. 테크닉은 기능 속에서만 드러난다. 테크닉은 외부에서 주어진 것에서 존립하는 것이 아니라 표현 자체의 방식과 방향성, 형태화 충동Gestaltungsdrang과 형태화 과정Gestaltungsprozess에서 존립하고 드러난다. 따라서 여기서 존재Sein는 생성Werden과 다르지 않고 형성물Werk은 에너지Energie와 다르지 않다는 사실이 명백해진다.[95]

또한 하나의 상징형식의 체계로서 테크닉은 다른 상징형식 체계들과 마찬가지로 신화와 원시종교의 세계에서 분화돼 나왔다. 신화의 주술적 세계관의 기저에는 어떤 소원과 행위의 연쇄적인 상호작용의 원리가 깔려 있다. 원시인들은 소원과 행위의 연쇄 작용에는 직접적인 힘이 깃들어 있어서 틀림없이 효력이 발생한다고 믿어 의심치 않았다. 따라서 모든 주술 행위는 무언가를 실현하는 힘에 대한 강력한 믿음의 뒷받침을 받았다.

그러나 시간이 지나면서 소원과 목적의 실현 사이에서 일정한 간극이 인지되고 목적의 실현을 위해서는 특정한 중간 수단이 필요하다는 자각이 싹텄다. 바로 이 순간 자연에 대한 주술적, 종교적 관계에서 도구를 사용하는 기술적 관계로 이행하는 과정이 시작됐을 것이다. 물론 이러한 이행이 정확히 어느 시점에 발생했는지는 어느 누구도 알 수

---

95 Cassirer, 1985, pp. 48-49.

없다. 그렇더라도 오늘날까지 남아 있는 원시 부족의 도구 숭배에서 알 수 있듯이, 인류 발전의 초기 단계, 그것도 극히 짧은 기간에 도구는 분명 특정한 정령이 깃든 주술적, 종교적 숭배의 대상이었던 것으로 보인다.[96]

---

96 카시러는 하나의 사례로 에웨족die Eweem의 관습을 든다. 이들은 수확제 의례에서 여전히 도끼, 대패, 톱, 고정쇠 등의 도구와 기구에 희생물을 바치고 대장장이의 망치를 자신들이 숭배하는 강력한 신으로 여긴다. 에른스트 카시러, 『언어와 신화』, 신응철 옮김, 지식을만드는지식, 2015, 106-107쪽.

4. 문화적 접근법의 네 가지 근본 조건

    카시러의 문화철학은 문화라는 보편 개념을 바탕으로 신화·언어·종교·예술·과학·기술 등의 문화 영역들, 즉 상징형식 체계들의 내적 근본 형식과 상호 연관성을 하나의 전체 체계로 탐구하는 철학의 한 갈래다. 아주 간단히 정의하면 문화철학은 상징형식 체계들의 체계다.

    이 책은 멈퍼드의 기술철학과 카시러의 문화철학을 바탕으로 기술에 대한 문화적 접근법의 네 가지 근본 조건을, 다시 말해 상징형식의 보편성·기술의 기원이 되는 신화와 우주론·기술의 진화·기술 이해의 다양성을 제시한다. 서로 긴밀하게 연결된 네 가지 근본 조건은 문화와 역사의 지평에서 기술의 역동적인 의미 변화를 총체적으로 파악하는 시각을 제공할 것이다.

상징형식의 보편성

지각

카시러의 문화철학의 형성 과정에서 지각은 두 가지 측면에서 중요하다. 하나는 자연과학과 문화과학의 구분이고, 다른 하나는 문화철학의 체계다. 두 가지 문제는 문화철학의 전체 얼개에서는 상당 부분 겹친다 해도 각자 문제의식의 출발점은 사뭇 다르다. 이 두 가지 문제는 종국에는 지각과 의미의 문제와 직접 연결된다.

①**자연과학과 문화과학의 구분 문제** 헤겔 사후 형이상학적 관념론은 급격한 몰락의 길로 접어들었다. 프리드리히 니체Friedrich Nietzsche의 "신은 죽었다"라는 일성一聲은 '형이상학으로서의 철학'의 종말을 고하는 상징적 선언이었다. 이런 몰락의 흐름 속에서 19세기 철학은 크게 두 가지가 대립하는 경향으로 나타났는데 자연주의와 역사주의의 대립 혹은 자연과학과 문화과학의 대립이다.[97] 한편으로는 독단적 형이상학과 실증주의와 거리를 두었고 다른 한편으로는 대립하는 두 경향의 통합을 위한 새로운 길을 모색했던 카시러는 신칸트학파 중 서남학파의 영향하에서 지각 문제에 주목하게 된다. 빌헬름 빈델반트Wilhelm Windel-

---

97　비록 실패했지만 철학을 하나의 체계로 통일하려 했던 헤겔의 시도를 카시러는 다음과 같이 평가한다. "헤겔의 체계는 하나의 주도적이고 지배적 관념으로 전 지식을 포괄하고 조직화하려는 위대한 마지막 시도였다. 그러나 헤겔은 그의 목표를 달성할 수 없었다. 왜냐하면 그가 확립하고자 했던 힘의 균형은 그에게 있어서도 한갓 환영에 불과한 것으로 판정나기 때문이다. 헤겔의 철학적 관심과 야망은 '자연Natur'과 '이념Idee'을 조화시키는 일이다. 그러나 결과는 조화 대신 자연을 절대적 이념에 종속시키는 것으로 끝났다." 에른스트 카시러, 『문화과학의 논리』, 박완규 옮김, 도서출판 길, 2007, 138쪽.

band와 하인리히 리케르트Heinrich Rickert가 주축이었던 서남학파의 철학적 목적은 칸트 비판철학의 원리를 바탕으로 삼아 자연과학과 문화과학의 경계를 명료하게 구분함으로써 자연과학과 대비되는 문화과학의 인식론적, 방법론적 토대를 세우는 것이었다. 즉 칸트가 수학적-자연과학에서 일구어낸 성취를 역사학 및 문화과학에서 이루는 것이었다. "만약 사람들이 칸트가 제시한 자연이라는 논리적 개념을 받아들일 경우에는 역사라는 논리적 개념 역시 필요한 것이다."[98]

이러한 목적에서 빈델반트와 리케르트는 먼저 반反형이상학적 흐름 속에서 자연과학과 역사학의 구별 기준을 마련하는 데 집중한다. 『자연과학의 형이상학적 기초 원리』에서 칸트는 참된 과학과 경험과학을 구별하는 기준으로 수학의 포함 여부를 제시한다. 칸트에 따르면 경험의 토대로서 참된 과학은 선험적 인식에 의존하는 순수한 부분을 포함하기 때문이다.[99] 이를 근거로 칸트는 역사학뿐만 아니라 발생적 방법론을 사용하는 생물학과 심리학 등의 학문을 참된 과학의 목록에서 제외했다. 이와 달리 빈델반트는 칸트가 제외한 경험과학의 고유한 권리와 가치를 인정하면서 이를 자신의 학문 체계에 적극적으로 포함하려고 했다. 이를 위해 우선 자연과학의 '법칙-정립적nomothetisch' 성격과 역사학의 '개성-기술적idiographisch' 성격을 구분한다.[100]

---

98 하인리히 리케르트, 『문화과학과 자연과학』, 이상엽 옮김, 책세상, 2004, 117쪽.

99 Immanuel Kant, *Metaphysical Foundations of Natural Science*, Michael Friedman (trans.), Cambridge University Press, 2004, p. 6.

100 밤바흐Bambach는 빈델반트의 『역사학과 자연과학』에서 뽑은 '법칙-정립적' 성격과 '개성-기술적' 성격을 가지는 학문의 구획 기준을 다음과 같이 일목요연하게 제시한다. 신호재, 『정신과학의 철학』, 이학사, 2018, 56쪽.

빈델반트의 제자 리케르트는 보편성을 추구하는 법칙-정립적 학문과 개체성을 추구하는 개성-기술적 학문의 구분을 수용했다. "우리가 현실을 보편적인 것과 관련시켜 고찰할 경우에 현실은 자연이 되고, 우리가 현실을 특수하고 개성적인 것과 관련시켜 고찰할 경우에 현실은 역사가 된다."[101] 하지만 리케르트는 얼핏 성격이 명확해 보이는 두 학문의 경계가 구체적인 탐구에 들어가자마자 곧 모호해진다는 사실을 간파했다. 자연과학에서 제기되는 어떤 문제는 역사적 방법을 통해서만 다룰 수 있을 뿐이고, 역사학의 대상에 자연과학의 탐구 방식을 응용하는 것도 충분히 가능한 일이었기 때문이다. 이런 문제의식에서 문화과학의 타당성을 확립하기 위해 리케르트는 '가치의 체계'를 전면적으로 도입함으로써 빈델반트의 구상을 한 차원 높이 발전시켰다.

우선 리케르트는 통용되던 자연과학과 정신과학의 구분을 자연과학과 문화과학의 구분으로 대체하자고 제안한다. 모든 문화적 현상은 항상 가치를 지닌다. 가치를 지닌 문화적 객체를 리케르트는 재화Güter

[표 1] 법칙-정립적 학문과 개성-기술적 학문의 구획 기준

	법칙-정립적 학문	개성-기술적 학문
1	일반적이고 필연적인 판단	개별적이고 개연적인 판단
2	실재의 불변하는 형식	실재의 유일하고 독특한 내용
3	보편적	특수적
4	(플라톤적 의미의) 이데아, (현대적 의미의) 자연법칙	(아리스토텔레스적 의미의) 발전, 개별적인 존재, 사물, 사건
5	인식론적 목표: [인과적] 법칙	인식론적 목표: 구조 [또는 형태]
6	[추상적] 사유	[구체적] 지각 [또는 직관]
7	법칙에 의한 학	과정과 사건에 관한 학
8	자연과학	역사학
9	[양적 연구]	[질적 연구]

101 리케르트, 2004, 112쪽.

라고 부른다. 이때 문화는 "일반적으로 인정된 가치나, 이런 가치에 의해 확립된 의미 형상을 담고 있고 이런 가치와 관련되어 가꾸어진 실재적 객체의 총체"[102]로 정의된다. 즉 문화란 가치에 의해서 확립된 재화의 총체다. 이런 문화와 가치의 관계를 바탕으로 리케르트는 순수 형식으로서의 '역사적 문화과학'을 주창한다. 여기서 '역사'는 과학적 방법론을, '문화'는 과학의 대상을 가리킨다. 전자가 개성화를 바탕으로 문화객체의 특수성을 다룬다면 후자는 보편적인 문화 가치와 연관된 객체를 다룬다. 역사적 문화과학의 원리에 대해서 리케르트는 다음과 같이 강조한다. "보편적인 것의 관점에서 파악한 현실로서의 자연의 개념이 자연과학을 위해 본질적인 것을 선택하는 원리를 제공하는 것처럼, 문화 개념은 역사적 개념 구성을 위해 본질적인 것을 선택하는 원리를 제공한다. 의미 형상의 실재적 담지자로서 서술 가능한 역사적 개성의 개념은 문화에 담겨 있는 가치에 의해, 그리고 이 가치와의 연관에 의해서야 비로소 구성되는 것이다."[103]

리케르트에 따르면 어떤 역사적 사실의 해석은 필연적으로 보편적 가치와 관련을 맺으며, 이를 통해서만 역사적 지식도 원칙적으로 내적 분류가 가능해진다. 결국 리케르트의 역사적 문화과학의 객관성 및 타당성은 전적으로 가치의 보편타당성에 의존하게 된다. "문화과학의 통일성과 객관성은 우리의 문화 개념의 통일성과 객관성에 의해 제약된다. 그리고 다시 이 문화 개념의 통일성과 객관성은 우리가 평가하는

---

102 리케르트, 2004, 68쪽.
103 리케르트, 2004, 153쪽.

가치의 통일성과 객관성에 의해 제약된다."[104]

　그러나 역사적 문화과학의 타당성을 입증하기 위해 가치의 보편 타당성을 전제하는 리케르트의 주장은 중요한 허점이 있다. 카시러는 리케르트가 보편타당한 가치 체계에 어떻게 도달할 수 있는지, 그리고 그 타당성을 어떻게 입증할 수 있는지 답할 수 없으리라고 단언한다. 그가 보편타당한 가치 체계의 근거를 역사학 자체에서 찾는다면 순환 논증의 오류에 빠질 테고, 가치 체계를 스스로 구성하고자 한다면 형이 상학적 가정이 필연적으로 요구될 수밖에 없을 것이기 때문이다. 특히 후자의 경우에 리케르트는 스스로 내동댕이쳤던 형이상학적 전제를 은 근슬쩍 뒷문으로 다시 들여오는 꼴이 되고 말 것이다. 이에 카시러는 일반적인 개념 구분의 추상화, 즉 순수한 개념 형식의 분석에만 치우친 빈델반트와 리케르트의 인식론적 접근으로는 자연과학과 문화과학의 구분을 충분히 해명할 수 없다고 보고 대안으로 더욱 근원적인 원리 차 원에서 자연과학과 문화과학의 종차를 파악할 수 있는 '지각'의 현상학 으로 연구의 초점을 옮겨 놓는다.

　카시러의 문화철학에서 지각은 자연과학과 문화과학의 종차를 해 명하는 열쇠요, 문화철학의 체계 형성에 밑돌이 되는 아르키메데스 점 이다. 의식 현상의 가장 원초적인 기층으로서 지각은 근원적으로 이중 적이다. 지각에는 심층에서부터 아주 농밀하게 얽혀 있어 결코 분리할 수 없지만 그렇다고 서로 환원되지도 않는 객관적 대상 연관, 곧 '자아 의 극'과 '대상의 극'의 연관이 존재한다. 이 연관을 카시러는 두 가지 지

104　리케르트, 2004, 237쪽.

향으로 표현했는데, 바로 '너 지향Richtung auf das Du'과 '그것 지향Richtung auf das Es'이다.[105] 이는 마르틴 부버Martin Buber가 인간과 세계가 맺는 근원적인 관계로 '나-너 관계'와 '나-그것 관계'를 구분한 바와 일맥상통한다.[106] 세계는 너 지향에서 '우리 자신과 같은 것'으로 나타나고, 그것 지향에서 '시공간 안에서 일어나는 사건들의 전체'로 드러난다. 두 경우 모두 주체와는 다른 타자성이 포함돼 있는데 이를 통해 지각은 '표정Ausdruck-지각'과 '사물Ding-지각'으로 나뉘고 의식에 현상할 때 전자는 '사람세계Welt von Personen'를, 후자는 '사물세계Dingwelt'를 형성한다.[107] 더 나아가 카시러는 표정-지각과 사물-지각이라는 두 가지 유형의 지각에서 후자보다 전자에 더 우위를 부여한다.[108]

> 지각의 현상으로 깊이 들어가면 우리는 생의 지각이 단순한 사물의 지각에 의해서 고갈되지 않고, '너thou'의 지각이 단순한 '그것It'의 경험으로 사라져버리거나 가장 복잡한 개념적 사유를 통해서조차 환원되지 않는다는 사실을 깨닫게 된다. 순전히 발생적 관점에서조차 지각의 두 가지 형태 중 하나에 우위성을 부여하는 것이 이상해 보이지 않는다. 우리가 점점 더 지각의 근원으로 파고들어 갈수록 '그것'의 형태보다 '너'의 형태의

---

105 카시러, 2007, 146쪽.

106 신응철은 『문화과학의 논리』와 이보다 19년 일찍 출간된 부버의 『나와 너』의 기본 관점이 유사하다고 보고 이를 토대로 부버의 '나-너 관계'의 모델을 카시러가 지각의 현상학과 더 나아가 문화철학의 영역으로 확대했다고 주장한다. 신응철, "두 문화—문화과학과 자연과학 그리고 인간: 카시러와 부버의 논의를 중심으로", 『Trans-Humanities』8(2), 2015, 41-66쪽.

107 카시러, 2007, 146-147쪽.

108 카시러, 2007, 147쪽.

우위성이 더 분명해진다. 더욱더 명확하게 순수한 표정 성격이 사실 성격이나 사물 성격보다 우위를 차지하게 된다. 본질적으로 표정의 이해가 사물의 지식에 앞선다.[109]

이러한 '표정-지각'이 가장 현저히 나타나는 영역은 신화적 세계다. 자연을 일반 법칙에 따라 결정되는 사물들의 존재 질서라고 규정할 경우 신화적 세계에는 이런 유형의 자연은 존재하지 않는다. 엄밀한 의미에서 신화적 세계에는 아예 '사물세계'가 없다. 이 세계의 밑바탕에는 이성이나 사고가 아니라 감정과 정서가 깔려 있다. 신화에 등장하는 모든 것은 사랑과 증오, 희망과 경외, 기쁨과 공포 같은 정감을 통해 부단히 변용되고 새로운 신화적 형식으로 재탄생한다. 신화적 세계에서 나타나는 가장 원초적인 현상을 카시러는 종교학자 헤르만 우제너Hermann Usener의 '순간 신momentary deity' 개념으로 이해한다. 종교적 표상 형태를 연구한 우제너는 신 개념의 진화에서 세 가지 주요 국면, 즉 '순간 신', '특수 신special gods', '인격 신personal gods'을 구분한다.[110] 여기서 마지막에 자리 잡은 인격 신에 도달하기 전 단계가 특수 신이고 가장 원초적인 단계가 순간 신이다. 자발적인 감정에서 촉발되는 순간 신은 "특정한 체험의 순간에, 더욱이 그것이 덮쳐들고 속박해버리는 특정한 사람

---

109 Ernst Cassirer, *The Philosophy of Symbolic Forms, Vol. 3: The Phenomenology of Knowledge*, Yale University Press, 1965, pp. 62-63.

110 카시러는 정신의 근본 힘을 이해하기 위해 신화, 언어, 종교의 내적 연관성을 면밀히 탐색한다. 이 과정에서 우제너의 신화학은 중요한 하나의 계기였다. 우제너의 신화학의 목표는 신화적 표상 작용의 필연성과 법칙성을 드러내고 이를 통해 민족 종교의 신화적 형성물뿐 아니라 일신론적 종교의 표상 형식도 이해할 수 있게 하는 것이었다. 카시러, 2014, 69쪽.

에게만, 지금 여기에서만 실재하는 것"이다.[111] 한순간 생겼다가 덧없이 사라지는 심적 이미지인 순간 신의 국면을 통과하고 특수 신의 국면에 이르면 근본 변화가 일어난다. 이 단계에서 분출된 감정은 감정 자체가 아니라 상像으로 탈바꿈된 감정이 되고, 이전까지 희미하고 모호하던 수동적 상태에서 벗어나 주기성과 척도를 가지는 능동적 상태로 전환된다. 이처럼 정신문화의 근본 형식들은 신화적 의식과 사유에서 기원을 찾을 수 있다. "정신문화의 근본 형식 중 처음부터 자립적인 존재와 명료하게 한정된 고유의 형태를 갖는 것은 결코 없으며, 각각은 신화의 어떤 형태 안에 위장되거나 감싸인 채로 나타나기 때문이다."[112]

　카시러에 따르면 철학은 물론 과학도 신화적 세계와 대립하면서 점차 떨어져 나왔다. 철학과 과학은 신화적 세계에서 지배적인 표정-지각의 고유한 성질을 배제함으로써 독자적 세계를 확립할 수 있었다. 존재에 대한 물음이 가장 근원적인 문제임을 자각하는 순간부터 철학은 비존재의 영역인 신화의 세계를 밀어내기 시작했고, 과학은 두려움, 친절함, 기쁨, 믿음직함 등과 같은 표정-지각의 성질을 일차적으로 색깔, 소리 등과 같은 감각 성질로 환원한 다음 이들을 다시 양으로 환원시킴으로써 신화의 세계를 완벽하게 배제하는 데 성공한다. 특히 표정-지각의 세계를 철저히 배제한 후자는 양적으로 인식할 수 있는 것만이 객관적 실재라고 주장하기에 이른다. 이런 물리주의에 입각한 주장에 대해 카시러는 표정-지각과 사물-지각을 구분해 사물-지각에만 국한돼 있는

111　카시러, 2015, 34쪽.
112　카시러, 2014, 13쪽.

자연과학의 협소한 인식의 한계를 비판적으로 드러낼 뿐만 아니라 사물-지각에 대한 표정-지각의 우위를 제시함으로써 자연과학과 문화과학의 차이를 넘어서 실재를 이해하는 새로운 가능성을 열어놓고 있다.

②**문화철학의 체계 문제** 카시러는 대학 시절부터 문화철학의 체계 문제와 관련된 지각에 관심을 기울였다.[113] 구체적으로 말하면 현대 수학 사상에서 주목을 받고 있던 군群 이론과 지각의 관계에 주목한 것이다. 카시러는 수학과 물리학뿐만 아니라 인식론에서도 중요한 군 개념이 부당하게 무시되고 있음을 지적하면서 이 개념이 인식 일반에서 어떤 의미를 갖는지를 탐문한다.

수학자 마리우스 숍후스 리Marius Sophus Lie와 펠릭스 클라인Felix Klein은 군 개념을 "임의의 두 연산 a와 b의 조합으로부터 c가 도출되고, 이 c도 그 연산의 총체에 속하는 그러한 각각의 연산 a, b, c, …의 총계"로 정의한다.[114] 여기서 중요한 것은 각 요소의 성질이 아니라 요소 사이의 연산 및 조작이다. 일종의 닫힌 집합으로서 군이란 연산이 진행될 때 해당 집합에 속한 단일 연산으로 결과가 얻어지는 집합이기 때문이다. 카시러는 전문적인 수학적 논의 대신에 공간 문제, 즉 기하학의 문제를 중심으로 군 개념과 지각의 문제에 접근했다.

19세기 초반 비유클리드 기하학이 발견되기 전까지 공간의 구조

---

113 카시러는 「군群 개념과 지각 이론에 관한 고찰」이라는 논문에서 개인적 사항에 대해 언급하는 것을 이해해주기를 바라며 수학의 군 개념과 지각의 관계에 대한 자신의 생각이 대학 시절부터 이어진 주제임을 밝힌다. 카시러, 2012, 401-403쪽.

114 군 개념은 F(…)로 공식화된다. 군은 일종의 '닫힌 집합'이고 이 특성을 '군의 특성'이라고 한다. 카시러, 2012, 406쪽.

에 대한 연구는 전적으로 유클리드 기하학의 몫이었다. 유클리드 기하학에서 공간은 무한성, 균질성, 무한 분절성이 특징인 절대적인 것으로 간주됐다. 하지만 비유클리드 기하학의 발견으로 상황은 달라졌다. 뉴턴의 고전역학이 확립된 이래로 탄탄하게 유지됐던 절대적인 기하학적 공간론이 무너지고, 논리적으로 동일한 타당성을 가지는 여러 가지 기하학적 공간론의 가능성이 열렸다. 이제 누구도 논리적, 수학적으로 합당한 여러 가지 기하학 중에서 특정한 하나의 기하학이 더 참되다고 주장할 수 없는 상황이 된 것이다. 이 변화의 의미를 앙리 푸앵카레Henri Poincaré는 다음과 같이 언급한다.

> 기하학의 대상은 어떤 특수한 '군'의 연구인데, 군의 일반적인 개념은 우리의 지성 내에 적어도 잠재적으로는 선재한다. 이는 감성의 형태가 아니라 오성의 형태로서 우리에게 복종을 강요하는 것이다. 단지 우리는 가능한 모든 군 가운데 자연현상을 수치화할 척도로 쓰일 것을 선택해야 할 뿐이다. 경험은 선택을 강요하지 않고 안내한다. 경험을 통해서 어떤 기하학이 가장 참인지는 알 수 없지만, 가장 편리한 것이 무엇인지는 알 수 있다.[115]

카시러는 푸앵카레와 마찬가지로 기하학이 단순히 공간이라는 형이상학적 대상이나 경험적 대상을 기술하는 것이 아니라 인식론적 차원에서 경험을 조직하는 사고의 양상이라는 점에 동의한다.[116] 이를 바

---

115 앙리 푸앵카레, 『과학과 가설』, 이정우·이규원 옮김, 에피스테메, 2014, 93쪽.

탕으로 카시러는 변환군에 초점을 맞춘 클라인의 기하학 이론을 토대로 유클리드 기하학에 포함된 최초의 추상화에서 더 나아가 고차원적인 여러 유형의 기하학적 추상화를 다룬다. 그 결과 진리를 담지한 유일무이한 하나의 기하학은 존재하지 않으며 기하학 체계의 총체성만이 존재할 뿐이라는 결론에 이른다. "새로운 변환군의 도입은 공간적 형태들 간의 관계를 완전히 새롭게 방향 짓고 해석하는 것을 항상 포함하고 있다. 그리고 이들 다양한 해석 양상이 다양한 유형의 기하학 체계에 의해 표현되는 것이다. 따라서 현대의 군 이론은 어떠한 기하학 체계의 진리를 부정하는 것이 결코 아니다. 그러나 그것은 어떤 하나의 체계도 최종적인 것이라는 주장에 지나지 않는다고 단언한다. 가능한 기하학 체계의 총체만이 진정으로 최종적인 것이다."[117]

이와 같이 카시러는 공간에 대한 수학적 문제와 인식 일반의 문제를 잇는 매개로 군 개념을 사용함으로써 지각 현상을 변환군과 불변량이라는 두 가지 측면의 통합 과정으로 이해하는 실마리를 얻는다. 이는 기하학의 일반화에 대한 클라인의 방식, 즉 다양한 요소를 군이 변형되

---

116 과학사에서 규약주의conventionalism의 대표자인 푸앵카레는 기하학의 공리가 선험적 종합 판단이나 사실이 아니라 규약이라고 주장한다. 푸앵카레, 2014, 71쪽. 푸앵카레와 카시러의 관계에 대해서 프란체스카 비아졸리Francesca Biagioli는 다음과 같이 말한다. "카시러와 푸앵카레는 군 개념이 수학의 일반 원리와 기하학과 경험 사이 매개 문제에 대한 가능한 해결책을 제공한다는 데 생각을 같이한다. 하지만 한편으로는 데데킨트Richard Dedekind와 클라인의 논리주의적 전통에, 다른 한편으로는 코헨의 가르침에 의존했던 카시러는 다른 이유에서 군 개념의 선험성을 옹호했다. 수학적 상징의 기원에 대한 푸앵카레의 재구성이 공간 연속체의 지형학적 직관과 측정의 개념 사이의 날카로운 구분으로 나아간 반면에 카시러는 기하학적 가정들의 분류를 위한 일반 관점을 찾았다. 군 개념은 가장 적합한 후보로 보였다. 공간 정의를 위한 출발점으로서 셀 수 없는 크기의 가정 때문이 아니라 그것이 클라인이 제안한 계량기하학의 기초의 분류를 제공했기 때문이다." Francesca Biagioli, *Space, Number, and Geometry from Helmholtz to Cassirer*, Springer, 2016, p. 184.

117 카시러, 2012, 418쪽.

는 가운데서도 불변하는 특성과 연관 지어 연구하는 방식과 일맥상통한다.[118] 카시러에 따르면 지각은 단순히 외부 자극을 수동적으로 받아들이는 과정이 아니라 능동적으로 선택하는 과정이다. 따라서 지각에서 발견되는 특징적인 연산과 조작은 기하학은 물론 과학과 같은 더 높은 수준의 추상화 과정에서도 동일하게 나타난다. 정도의 차이가 있을 뿐 각각의 추상화 단계에서 인간은 독특한 객관적 세계를 창조하는데, 이 정신적 특성화의 가장 기초 단계가 바로 지각인 것이다. 지각과 객관적 세계의 관계를 카시러는 다음과 같이 언급한다. "통상의 감각 지각에서조차 만일 그것이 각각의 감각 소요를 일정한 군 아래에 포괄할 수 없다면, 그리고 이 군에 관해 '불변량'을 정할 수 없다면, 그 과제—객관적 세계를 만들어낸다는 과제—를 실제로 달성할 수 없을 것이다. 이 점에서 감각 지각은 과학에서와 기하학의 지식에서 정점에 이르면서 완성되는 일반적인 과정의 기초적인 첫 단계이다. 이 둘 어느 경우에서도, 규모는 다르지만 동일하게 특징적인 연산 내지 조작이 발견되는 것이다."[119]

지각의 능동적 작용을 잘 보여주는 사례로 카시러는 게슈탈트 심리학의 실험 결과를 제시한다. 게슈탈트 심리학은 단순한 사실에서 출발해 전체와 부분의 관계를 전체주의holism의 관점에서 다루는데, 전체는 결코 부분의 합이 아니다. 오히려 각 부분은 어떤 내적 연관에 의해서 하나로 통합된 전체일 뿐이다. 그러므로 게슈탈트Gestalt로 불리는 전

---

118 카시러, 2012, 412-413쪽.
119 카시러, 2012, 426쪽.

체로서의 지각의 장은 부분들의 단순한 병치나 모자이크가 아니며 일정한 질적 특성을 포함하는 통합적 현상으로 이해할 수 있다. 그리고 이런 질적 특성과 관련된 것으로 카시러가 주목한 개념이 바로 '지각항상성perceptual constancy'이다. 지각항상성은 물리적 조건이 상당히 바뀌더라도 인간이 주변 대상을 이전과 동일한 크기, 형태, 색으로 지각하는 경향을 뜻한다.[120] 이를 통해 인간은 망막에 비치는 상이 수시로 변하더라도 세계를 항상 일관되게 지각할 수 있다. 우리는 이질적인 다양한 감각 속에서 지각을 통해 항상 어떤 선택을 한다. 이때 어떤 측면은 다른 것보다 더 중요한데, 이처럼 우세한 특성은 객관적 의미를 결정하는 기준으로 작용한다. 지각 작용의 핵심은 외부 세계를 단순히 수동적으로 받아들이는 데 있는 것이 아니라 선택적이고 능동적으로 건설하는 데 있다.

게슈탈트 심리학자 크리스티안 폰 에렌펠스Christian von Ehrenfels는 이런 지각의 질적 특성을 여러 가지 사례를 들어 제시한다. "선율은, 그것을 구성하는 음들이 모두 동일한 상관관계를 갖도록 바뀐다면 실질적으로는 변화가 없게 된다. 또 공간 도형은 다른 장소나 다른 척도에서 제시되어도 동일한 비율로 제시된다면 광학적으로는 대체로 동일한 채로 있다."[121] 이러한 관찰 결과를 토대로 카시러는 구성 요소가 바뀌더라도 동일한 상태로 남아 있는 것을 군 개념의 불변량으로 이해할 수 있다고 생각한다. 에렌펠스의 사례에서 확인했듯이, 선율 자체는 결코

---

120 사물이 망막에 비치는 상이 바뀌더라도 그것이 일정하게 지각되는 현상인 '지각항상성'에는 '크기의 항상성', '형태 항상성', '방향 항상성', '위치 항상성'이 있다. 카시러, 2012, 424쪽.

121 카시러, 2012, 422-423쪽.

다양한 음의 집합이나 기계적 결합만으로는 설명할 수 없기 때문이다. 이처럼 카시러의 관점에서 군 개념은 다양한 계기를 통합적으로 포섭해 전체성 속에서 이해할 수 있는 원리를 제공한다. 이런 원리는 지각의 영역에서부터 다양한 문화의 영역에 이르기까지 각자 독자성을 가지며 문화라는 전체 틀에서 내적 연관성과 체계성을 이루는 인간의 정신적 활동의 본성을 해명하려는 문화철학적 기획과 맞닿아 있다.

③**지각과 의미**　지각과 의미와 관련해서 카시러는 경험론적 감각주의의 근본 경향과 칸트 철학의 문제점을 비판적으로 다룬다. 우선 경험론적 감각주의는 지각의 발생을 해명함으로써 지각의 본질뿐 아니라 의식 활동 전체를 이해할 수 있다는 가정에 기초한다. 물론 감각주의는 지각이 의미의 계기를 포함한다는 사실을 부정하지는 않지만 의미를 개개의 감각적 사실의 결합을 통해 설명할 수 있다고 본다. 비판적 검토에 나선 카시러는 먼저 경험론의 지각 이론을 수용한 에른스트 마흐Ernst Mach의 '감각적 요소일원론'을 향한다.

경험론은 지각 작용의 다층적 복잡성을 고려하지 않은 채 지각을 힘과 생동성을 지니고 외부에서 우리 의식으로 들어오는 자극으로 이해한다. 경험론의 기본 전제를 받아들인 마흐는 세계를 사물들이 아니라 색깔, 소리, 압력, 시간, 공간과 같은 요소로 구성된 것으로 본다. 인간은 경험을 통해 여러 감각 요소의 작용을 탐구하지만 이런 주관의 개입과 무관하게 물질세계에서는 요소들이 부단히 생성되고 상호작용한다. 흔히 우리가 특수한 구조와 특성을 가지는 감각이라고 부르는 것은 감각기관이 진화한 것에 불과하다. 결국 마흐에 따르면 지각이란 개별 요소가 한데 어우러져 어떤 모자이크를 이루고 있는 상태에 지나지 않는다. 동등한 지위를 갖는 각각의 요소는 유사성, 인과성, 인접성 같은 연합 법칙에 따라 한데 모여 있는 집합인 것이다. 이렇듯 지각 현상이란 요소들의 결합이고 단지 익숙함과 명료함에 의해 차이가 나타난다. "사람들이 어떤 종류든 공간적, 시간적 관계에 대한 경험에 상대적으로 더 큰 신뢰를 부여한다. 즉 우리는 그런 경험을 색깔이나 소리, 열 등에 대한 경험보다 더 객관적이고 더 실재적인 것으로 여긴다. 하지만 더 면밀한 눈으로 들여다보면, 우리는 공간과 시간에 대한 감각이 색이나 소리나 냄새에 대한 감각과 동등한 [지위를 갖는] 감각들이라는 사실에 관해 달리 생각할 수가 없다. 차이라면 다만 전자의 부류에 속하는 감각들이 후자 부류의 감각들에 비해 우리에게 한층 더 익숙하고 명료할 뿐이다."[122]

카시러가 보기에 지각을 외부 자극에 대한 단순한 수용이나 여러 감각의 복합체로 간주하는 입장은 첫 단추부터 잘못 끼운 사고방식이다. 이런 감각주의 방식은 결정적으로 의식의 통일성을 구성하는 정신의 근본 기능을 무시하고 이를 개별 감각 요소로 환원하는 문제점이 있다. 이 경우 개별 감각 요소는 주어진 것으로 전제될 수밖에 없는데, 이로써 감각주의는 어떤 의미에서 상징 작용을 보지 못하고, 이로 인해 지각을 보지 못하게 된다.

경험론적 감각주의의 근본 경향이 사물에서 현상으로 향하는 반면에 칸트의 인식 비판은 현상에서 사물로 향한다. 칸트에게 현상은 감

---

122 에른스트 마흐, 『역학의 원리』, 고인석 옮김, 한길사, 2014, 705쪽.

각을 통해 대상과 관계 맺는 "경험적 직관의 무규정적 대상"[123]이다. 그리고 의식과 결합된 현상이 지각이며 의식과 결합되지 않은 현상은 아예 인식의 대상이 될 수 없다. 칸트는 의식이 감각적 요소들의 합성만으로는 설명될 수 없고 결합의 자발성과 사유의 내적 규칙이 필연적으로 요구된다고 주장하며, 이러한 가능한 규칙들을 지성이라는 개념 아래 포괄한다. "우리가, 우리 마음이 어떤 방식으로든 촉발되는 한에서, 표상들을 받아들이는 우리 마음의 수용성을 감성이라고 부르고자 한다면, 이에 반해 표상들을 스스로 산출하는 능력, 바꿔 말해 인식의 자발성은 지성이다. 우리의 자연 본성상, 직관은 감성적일 수밖에 없다. 다시 말해, 직관은 오로지 우리가 대상들에 의해 촉발되는 방식만을 갖는다. 이에 반해 감성적 직관의 대상을 사고하는 능력은 지성이다."[124]

이러한 주장에 대해서 카시러는 칸트가 정신적 자발성의 영역을 지각과 직관의 세계까지 확대했지만 감성을 마음의 수용성으로 간주함으로써 의미와 관계없는 감각이라는 단순한 질료에서 어떻게 의미가 생성되는지를 제대로 설명하지 못한다고 비판한다. 더 나아가 이 문제를 칸트가 지성의 자발성을 통해 해결함으로써 오히려 감각과 의미의 원천적인 결합을 일정하게 왜곡하는 결과를 초래했다고 본다. 이때 '지성'은 '죽어 있는 감각'에 생명을 불어넣고 그것을 의식의 '생명'으로 일깨우는 마술사나 영매靈媒와 같은 것으로 나타나기 때문이다.[125] 이에 카시러는 자신이 '자연적 세계 개념'의 영역이라고 부른 지각과 직관의

---

123 칸트, 2006, 240쪽.

124 칸트, 2006, 274쪽.

125 에른스트 카시러, 『상징형식의 철학 제3권: 인식의 현상학』, 박찬국 옮김, 아카넷, 2019, 381쪽.

세계를 재구성함으로써 칸트의 난점을 보완하고자 한다.

> 초월론적 비판이 만약 대상 인식의 구조를 드러내려고 한다면, 그것은 경험의 저 지적인 '승화물', 즉 이론과학이라는 상부구조에 자신을 한정해서는 안 되고 하부구조인 '감성적' 지각의 세계도 특수한 규정과 분절을 갖는 하나의 구조체로서, 즉 하나의 독자적인 정신적 코스모스로서 이해하는 것을 배워야만 한다.[126]

카시러에 따르면 지각이라는 감각적 경험의 최초 단계는 이미 어떤 의미를 담지하고 있다. 따라서 의식의 어떤 내용도 단순한 현전現前이나 재현再現일 수는 없다. 오히려 모든 감각적 경험에서 두 가지 계기는 항상 통일돼 있다. 모든 현상은 재현전화의 의미에서 기능하고, 모든 재현전화는 의식에 현전하는 것에 결부된다.[127] 이렇게 지각 수준에서 카시러는 이미 구조화돼 있는 의미의 산출을 '상징적 수태symbolic pregnance'라는 개념으로 설명한다. 상징적 수태란 "어떤 지각적 체험이 '감각적' 체험이면서 동시에 특정한 비-직관적 '의미'를 자체 내에 포함하고 이러한 의미를 직접 구체적으로 표현하는 방식"[128]을 의미한다. 수태라는 표현에서 알 수 있듯이, 지각은 사후에 의미 영역으로 인입引入되는 것이 아니라 의미 영역에서 태어난다. 지각은 충만한 현실성과 함께 특정한 의미 속에 현존한다. 이런 방식으로 이미 내적 질서로 구조

---

126 카시러, 2019, 35-36쪽.

127 카시러, 2019, 390쪽.

128 카시러, 2019, 395쪽.

화돼 있는 지각은 특정한 의미 구조에 속한다. 지각 세계의 구성은 풍부하고 다채로운 의미 기능으로 가득 찬 내용을 의식에 제공하고 이를 통해 인간은 경험 세계 전체를 구성할 수 있는 것이다. "현상이 획득하는 '상징적 수태'는 현상에게서 그것의 구체적인 풍요로움을 박탈하지 않는다. 오히려 그러한 '상징적 수태'는 이러한 풍요로움이 단순히 흘러가 버리지 않고 확고하고 자기 완결적인 하나의 형태로 성숙하도록 보장하는 것이다."[129]

카시러는 감각적 경험의 차원에서 어떻게 다양한 의미 세계가 가시적으로 드러나는지를 선 긋기와 색 지각의 사례를 통해 보여준다. 먼저 위아래로 굽이치는 한 줄의 선을 긋고 물끄러미 바라보며 침잠해보자. 이때 우리는 점차 공간적으로 한정된 선의 흐름과 모양에 몰입하면서 뚜렷한 인상학적 특징과 특유의 분위기를 느끼게 된다. 선의 흐름에는 매끄럽게 연결된 것도 있고 갑자기 불쑥 도약하는 것도 있으며 거친 것도 있고 부드러운 것도 있다. 이런 경험에서 우리는 주관의 내적 상태를 한 줄 선이 빚은 공간 형식에 투사함으로써 어떤 감각적 특징을 느끼는 것이 아니라 공간 형식 자체가 자립적 표현으로 말을 걸어오는 것을 느낀다.

그러나 우리가 같은 선을 기하학적 도형이라는 다른 의미로 받아들이는 순간 그것은 기하학적 법칙을 따르는 일반적인 도식으로 탈바꿈한다. 한 줄의 선 속에 개별적 계기로 함께 주어져 있던 것들이 무의미한 것으로 변해 정신의 시야에서 사라져버렸기 때문이다. 마찬가지

---

129 카시러, 2019, 398쪽.

방식으로 우리가 신화적 표지나 미적 장식으로 같은 선을 바라볼 때도 또 다른 감각 경험을 하게 된다. 간단해 보이는 선 긋기 체험 속에는 다양한 의미의 계기가 포함돼 있고, 어떤 한 가지 의미에서 다른 의미로 이행하는 과정을 추적해봄으로써 우리는 특징적인 분화 과정에서 나타나는 의미 변화를 이해할 수 있다. 이런 선 긋기 체험의 사례에서 카시러는 형식의 중요성을 강조한다. "예를 들어, 우리는 순수 표현적인 의미에서 단순한 선을 광학적 구조로 여길 수 있다. 우리가 이 선의 모양과 구조에 몰입할 때, 우리는 그 속에서 뚜렷한 인상적 특징을 파악하게 된다. 특별한 분위기가 순수한 공간적 결정에서 표출된다. 공간 안에서 선의 위와 아래로 내적 유동성, 역동적인 부침, 심리적인 삶과 존재가 포함된다. 여기서 우리는 공간적 형식에 단지 주관적이고 임의적으로 우리의 내적 상태에서 비롯된 의미를 부여하지 않는다. 오히려 형식 자체가 우리에게 살아 있는 총체성, 즉 삶의 독립적인 현현을 부여한다."[130]

　　또 다른 사례로 카시러는 색의 지각을 든다. 표면적으로 색은 동일한 광학적 성질을 띤다. 하지만 색을 빛의 유희라는 단순한 규정으로 파악할지 아니면 대상에 부착된 색으로 볼지에 따라 색은 아주 상이한 가치를 지닌다. 전자의 경우 색은 산란하는 빛의 구조체다. 반면에 후자의 경우 색은 대상을 가시적으로 드러내는 매개체다. 이를 통해 우리는 순수 상태와 현상 방식에서 이미 색은 어떤 질서에 의존해 있다는 사실을 어렵지 않게 알 수 있다.

130　Cassirer, 1965, p. 200.

두 가지 사례를 통해 카시러는 자신의 지각 이론을 이해하는 기초를 제공하고 '상징적 수태'에 의존하는 지각을 포함한 의식 현상에서 나타나는 상징 과정의 의미를 보여준다. 카시러가 보기에 의식이 대상을 어떻게 보든 의식에 의한 감각적 경험은 이미 어떤 구조화된 의미 질서와 의미 구조에 연결돼 있다. 이렇듯 상징 과정은 인간의 모든 의식 활동 중에서 가장 근본적인 작용이다. "상징 과정은 의식을 관통하면서 흐르며, 이렇게 흐르는 가운데 비로소 의식의 다층성과 연관, 즉 그것의 풍부함과 연속성 그리고 항상성을 실현하는 생과 사고의 통일적인 흐름과 같은 것이다."[131]

상징

① **상징 계통** 상징은 짝풀림(분리)과 짝맞춤(결합)의 결합태다. 본질적으로 상징은 분리와 결합의 양태이자 짝을 짓는 정신적 활동이다. 이 점은 상징의 어원에서도 확인된다. "상징의 어원은 그리스어 'symbolon(심볼론)/symballein(심발레인)'에 있다. 여기서 'sym'은 어떤 두 조각을 합친다는 뜻이고, 'bolon/ballein'은 던지거나 맞춘다는 뜻이다."[132] 상징이라는 단어에 들어 있는 '함께 던지다'라는 말은 '추측하다'라는 뜻으로 이해될 법하지만 그리스 시대에 상징이 추측의 의미로 사용된 예는 없다. 종종 약속이나 계약의 뜻으로 사용되기는 했다. 애초에 동맹 관계를 확인할 목적으로 어떤 물건을 반으로 쪼개 나눠 가졌다가 서로

---

131 카시러, 2019, 396쪽.

132 김상환, 「상징과 철학」, 『철학사상』 제16권, 별책 1권 제4호, 2003, 480-511쪽.

맞춰보고 환대하는 행위에서 파생된 상징은 화친 관계의 징표, 즉 부절符節[133]이었다. 이런 맥락에서 아리스토텔레스는 계약적 기호인 명사를 상징이라고 불렀다. "(우리의) 말소리(음성)에 담긴 것은 머리(마음) 속에서 겪은 것에 대한 상징물이며, 글은 다시 말소리에 담긴 것에 대한 상징물이다."[134] 부절과 마찬가지로 말은 사고를, 글은 말을 표현하고 확인하는 표지였다. 의미는 '짝맞춤'이라는 결합의 측면과 '짝풀림'이라는 분리의 측면, 상징의 두 극이 짝을 이루는 순간 발생한다. 모든 상징은 상징에서 출현하고 상징을 매개로 성장한다. 인간의 사유에서 상징은 유사하거나 모순되고 대립되기도 하는 두 가지 요소를 끊임없이 결합해 매개함으로써 의사소통은 물론 인간이 무엇인가를 이해하는 데 직접 관여한다.

　　카시러는 생물학자 야콥 폰 윅스퀼Jakob von Uexküll의 통찰[135]에 힘입

133　예전에 돌, 대나무, 옥 따위로 만들어 신표로 삼던 물건. 주로 사신들이 가지고 다녔다. 둘로 갈라서 하나는 조정에 보관하고 하나는 본인이 가지고 다니면서 신분증으로 사용했다. 국립국어원 표준국어대사전.

134　아리스토텔레스, 『범주론·명제론』, 김진성 역주, 이제이북스, 2005, 119쪽.

135　생물학의 역사에서 윅스퀼의 위치는 독특하다. 19세기 중반 찰스 다윈Charles Darwin의 진화론이 등장하기 전까지 생물학에서는 물리주의와 생기론이 대립하는 양상을 보였다. 기계론을 포함하는 물리주의는 중세의 물활론과 마술적 사고를 대체하는 새로운 이론으로 등장했다. 이 이론은 데카르트가 영혼을 인간의 고유한 속성으로 간주하고 인간 이외의 모든 동물을 일종의 자동기계라고 선언한 순간 시작됐다. 에른스트 마이어Ernst Mayr는 이 순간을 '세계상의 기계화mechanization of the world picture'라고 불렀다. 에른스트 마이어, 『이것이 생물학이다』, 최재천 외 옮김, 바다출판사, 2016, 24-25쪽. 반면에 생기론은 물리주의에 반대하는 모든 입장을 포괄한다. 생기론자들은 공히 물리주의 힘 개념을 거부하고 생명 유기체의 내적 원리로서 '활력Entelechie'이라는 개념을 인정한다. 이 개념을 바탕으로 이들은 생명 현상을 전체적으로 설명하고 궁극적으로 생명이 우주적 목적을 위해 존재한다는 목적론적 세계관을 지지한다. 생명 과정의 설명에서 많은 약점이 있음에도 생기론이 오랫동안 영향력을 유지한 것은 기계론적 환원주의에 대한 비판적 관점과 대안 학문적 효과 때문이었다. 그러나 진화론이 등장하면서 생기론의 우주적 목적론이 자연선택이라는 진화의 메커니즘으로 대체됨으로써 생기론의 중요한 기둥이 무너졌다. 이러한 상황에서 윅스퀼은 어느 쪽에

어 인간과 동물을 질적으로 구별할 뿐만 아니라 인간의 삶 전체를 근본적으로 변형시키는 상징 계통을 발견한다. 카시러는 인간도 다른 동물처럼 기능적으로 수용 계통과 운동 계통을 소유하지만, 상징 계통이라는 새로운 계열을 통해 다른 동물과는 질적으로 확연히 다른 종이 됐다고 주장한다. 의미를 산출하는 상징 계통의 작용으로 인간은 다른 동물의 종보다 더욱 넓은 세계에 살게 됐을 뿐만 아니라 완전히 새로운 차원에서 살게 된 것이다.[136]

윅스퀼의 핵심 개념은 '환경 세계Umwelt'다. 그에 따르면 모든 생명체는 복잡성의 정도가 다를 뿐 환경 세계라는 독자적이고 고유한 체험의 세계를 구성하고 오직 이 속에서만 살아간다. "동물 주체 전부는 가장 완벽하게 그들의 환경에 적합하게 조정된다. 단순한 동물에 단순한 환경 세계가 일치하고, 복잡한 동물에 풍부하게 분절된 환경 세계가 일치한다."[137] 그러므로 자연 속에는 개미의 고유한 환경 세계, 고양이의 고유한 환경 세계 등 무수히 많은 환경 세계가 존재한다. 다양한 생명체의 독특한 생태를 면밀히 관찰한 다음 윅스퀼은 모든 생명체가 자신만의 고유한 환경 세계를 형성하는 과정을 일종의 순환적 도식으로 설명하며 이를 '기능적 원환function-circle'이라고 부른다.

도 속하지 않는 독특한 관점을 제시했다. 물론 큰 틀에서 보자면 윅스퀼의 생물학은 물리주의보다는 생기론에 더 가깝지만 모든 생기론이 전제하는 활력이라는 모호한 개념을 거부한다는 점에서 다르다. 카시러는 윅스퀼이 가시적 세계에 상응하는 비가시적 세계, 즉 '환경 세계'라는 개념을 통해 '생명의 자율성'보다는 '형식의 자율성'을 강조함으로써 생명 현상의 의미론적 토대를 구축하고 구조적 형식을 드러내는 데 기여했다고 평가한다. Ernst Cassirer, *The Problem of Knowledge*, William H. Woglom · Charles W. Hendel (trans.), Yale University Press, 1950, pp. 200-203.

136 카시러, 2008, 55쪽.

137 야콥 폰 윅스퀼, 『동물들의 세계와 인간의 세계』, 정지은 옮김, 도서출판b, 2012, 21쪽.

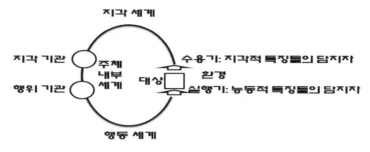

[그림 1] 윅스퀼의 기능적 원환

이 도식에 따르면 모든 동물은 지각의 질서를 구축하는 지각 계통이라는 수용기와 행동의 질서를 구축하는 운동 계통이라는 실행기의 순환 작용을 통해 고유한 환경 세계를 구축한다. "주체가 지각하는 모든 것은 그의 지각 세계가 되고 주체가 행하는 모든 것은 그의 행동 세계가 된다. 행동의 세계와 지각의 세계는 함께 어떤 닫힌 총체성을, 환경을, 체험된 세계를 형성한다."[138] 이런 지각 계통과 운동 계통의 피드백 메커니즘, 즉 기능적 원환을 도식으로 표현하면 그림 1과 같다.

이러한 기능적 원환을 고려할 때 모든 환경 세계는 닫힌 총체성의 완벽한 세계다.[139] 그렇기 때문에 인간은 다른 동물의 환경 세계를 관찰한 다음에 기술記述할 수는 있으나 결코 해명할 수는 없다. 물론 무수히 많은 동물의 환경 세계 사이에서는 지속적으로 상호 교차와 침투가 발생한다. 다양한 생명체가 각자 독특한 환경 세계를 구축하고 공존하는

---

138 윅스퀼, 2012, 11쪽.

139 여기서 완벽하다는 것은 전능함이 아니라 모든 유용한 수단의 올바르고 완전한 작용을 뜻한다. 윅스퀼은 "원리적으로 모든 유기체는 절대적으로 완벽하다"고 주장한다. Jakob von Uexküll, *Theoretical Biology*, D. L. Mackinnon (trans.), Edinburgh Press, 1926, pp. 164-165.

숲속으로 걸어 들어가는 상황을 생각해보자. 내가 숲으로 들어가자마자 바로 전까지 유지됐던 복잡한 환경 세계의 연결망들은 순차적으로 아주 빠르게 변형되며 새롭게 구축되는 환경 세계의 연결망들에 자리를 내준다. 이런 방식으로 환경 세계 전체는 부단히 그리고 새롭게 변형하며 변형에 변형을 거듭한다.

　　그뿐만 아니라 윅스퀼에 따르면 기능적 원환의 작동은 의미의 생성과 직접 연결된다. 기능적 원환의 작동에서 감각기관의 외부 면과 내부 면의 구분은 의미작용의 본질적 특성을 함축한다. 먼저 신체의 외부 면은 외적 세계의 다양한 물리적, 화학적 자극을 거르는 체와 같은 역할을 한다. 이때 무엇보다 중요한 것은 감각기관이 외부 세계 자극을 무매개적이고 수동적으로 받아들이는 것이 아니라 내적으로 이미 존재하는 구조적 형식에 맞춰 능동적으로 받아들인다는 점이다.[140] 한 가지 사례를 들면, 팽팽히 당겨진 두 줄 모양의 청각기관을 소유한 나방은 특정한 고음의 진동에만 반응한다. 그런데 이 고음의 진동은 나방의 천적인 박쥐 울음소리의 진동과 정확히 일치한다. 결국 나방은 천적인 박쥐 울음소리 외에 어떤 소리도 듣지 못하는 것이다.

　　윅스퀼은 개별 생명체의 발달 계획 속에 이미 결정된 형식으로 존재하는 '의미의 규칙'이 있음을 전제함으로써 모든 생명체는 외적 세계

140　어떤 환경 세계로 들어온 모든 유기적, 비유기적 대상은 변형이나 변조를 거쳐 이용 가능한 의미의 담지자가 되거나 완전히 무시된다. 이때 의미의 담지자가 된 대상은 의미의 이용자에게 봉사한다. 예를 들어 들꽃의 줄기는 꽃다발을 만드는 어린아이의 환경 세계에서는 장식의 역할을, 암소의 환경 세계에서는 맛있는 먹거리의 역할을 한다. 의미를 획득하는 일반적인 질서는 동일하더라도 형태를 획득하는 특수한 질서는 다양하다. 또한 의미는 어떤 주체와 관계를 맺는가에 따라 완전히 다를 수 있다. 예를 들어 박쥐의 울음소리는 의미의 담지자가 다른 박쥐인지 아니면 나방인지에 따라 달라진다. 전자의 경우 친구와의 의사소통이지만 후자의 경우 포식자의 존재에 대한 인지일 것이다.

와 직접 관계 맺는 것이 아니라 의미작용을 통해 변형, 변조된 것과 관계 맺는다는 사실을 보여준다.[141] 그렇기에 윅스퀼에게 모든 생명체의 의미를 묻는 것은 최초의 중요성에 대해서 묻는 것이다.[142] 그에게 의미의 규칙은 생물학 전체를 인도하는 지침이고 이를 따름으로써 모든 환경 세계는 전적으로 의미 세계가 된다. 환경 세계 개념과 의미로 구성된 거대한 형이상학적 체계의 특성을 윅스퀼은 다음과 같이 언급한다.

사물들은 공간과 시간이라는 두 차원들 속에서만 배치되어 있지 않다. 세 번째 차원이 거기에 추가되는데, 그것은 환경 세계들의 차원이고 그 안에서 대상들은 언제나 새로운 형태들을 따르면서 재현된다. 수적으로 무한한 환경 세계들은 이 세 번째 차원에서, 자연이 초-시간적이고 공간-초과적인 의미의 교향곡을 연주하는 건반을 제공한다. 우리의 일은 살아 있는 동안 우리의 환경 세계와 함께, 비가시적인 어떤 손이 미끄러지듯 연주하는 그런 경이적인 건반들 속에서 하나의 건반을 구성하는 것이다.[143]

카시러는 상징 계통을 인간과 다른 동물을 근본적으로 구별 짓는 기준으로 간주한다. 물론 인간도 다른 동물처럼 유기적 환경의 한계를 극복할 수는 없다. 그렇지만 본능처럼 굳어진 자극-반응 연쇄라는 행위 패턴에 강하게 결박된 다른 동물과 달리 인간은 자기의 한계를 의식할 수 있으니 바로 이것이 근본적인 차이점이다. "의식함, 즉 앎이 인간에

---

141 윅스퀼, 2012, 183쪽.
142 윅스퀼, 2012, 159쪽.
143 윅스퀼, 2012, 245쪽.

게 허락된 자유의 처음이자 마지막이요, 알파이자 오메가이다. 필연성을 알고 인정함. 이것이 '자연'과 다르게 '정신'이 이룩해내야 할 진정한 자유화(해방)의 과정이다."[144] 이런 인간의 자기 인식 과정을 살피는 가운데 카시러는 상징 계통을 통해서 '생'과 '정신', 즉 '유기적 형식 세계'와 '문화적 형식 세계' 사이의 근원적 연관성을 포착한다. 근원 현상으로서 생의 본질적 특성은 정신으로의 끊임없는 변형, 곧 정신으로의 형태화 작용이다. 이를 통해 인간의 유기적 형식 세계는 부단히 문화적 형식 세계로 변형된다.

② **상징적 변형** 문화 세계를 구성하는 세 가지 '기초 현상'으로 카시러는 '나-현상I-phenomenon', '행위 현상Phenomenon of Action', '일 현상Phenomenon of Work'을 제시한다.[145] 나-현상은 생의 중심이고 행위 현상은 타자에게 작용하는 의지가 담긴 시도다. 그리고 일 현상은 객관적 세계의 형성과 연관된다. 도널드 베린Donald Verene이 밝혔듯이, 세 가지 기초 현상의 구분은 윅스퀼의 세 가지 계통 구분에 상응한다.[146] 즉 나-현상은 수용 계통, 행위 현상은 운동 계통, 일 현상은 객관적 세계를 건립하는

---

144 카시러, 2007, 121쪽.

145 Ernst Cassirer, *The Metaphysics of Symbolic Forms*, Yale University Press, 1996, p 142. 이 미완의 책에서 카시러는 '나-현상', '행위 현상', '일의 현상'에 조응하는 '나의 현상Phenomenon of the I', '너의 현상Phenomenon of the You', '그것의 현상Phenomenon of the It'과 '자아 현상 Phenomenon of the Self', '타자 현상Phenomenon of the Other', '세계 현상Phenomenon of the World'의 구분을 함께 언급한다. 번역어 선택과 관련해 설명을 덧붙이자면, 이 책에서 독일어 'Werk', 영어 'work'는 '일'로 번역했다. 대체할 번역어로 '노동'이나 '제작'이 있지만 두 용어는 일에 비해서 상대적으로 생산 부문에 한정되거나 근대적 의미 맥락으로 협소하게 이해될 수 있어서 제외했다.

146 Jeffrey Andrew Barash (ed.), *The Symbolic Construction of Reality: : The Legacy of Ernst Cassirer*, The University of Chicago Press, 2008, pp. 93-104.

상징 계통에 대응한다. 이처럼 생과 정신의 변증법에 기초할 때 생의 궁극적 사실은 행위를 수반한 정신적 힘에 의해서 형성되며 일 영역에서 문화적 차원으로 고양된다. "일은 '행위'의 목적이다. 하지만 행위 속에서 일은 실현된다. 테크네는 양쪽을 아우른다. 행위가 멈추고 일에서 표현이 발견된다."[147]

이러한 상징 계통의 작용에서 기호sign와 상징symbol의 구분은 중요하다. 카시러는 동물의 신호 및 기호 체계와 인간의 기호 및 상징 체계를 명료히 구별한다. 물론 동물의 행동에도 상당히 복잡한 기호와 신호 체계가 작동한다. 하지만 인간계 고유의 의미를 산출하는 상징은 단순한 신호로 환원될 수 없다. 신호가 물리적 존재 세계의 일부라면 상징은 인간의 의미 세계의 일부다. 따라서 신호의 세계와 상징의 세계는 완전히 다른 두 개의 담화 세계다. "신호는 작동자operators요, 상징은 지시자designators다. 엄밀하게 이해하고 사용할 때조차 신호는 일종의 물질적 혹은 실체적 존재이고 상징은 다만 기능적 가치를 가질 뿐이다."[148]

상징적 변형에 대해 언급하면서 수잰 랭어Suzanne Langer는 동물과 다른 인간의 기호 활용의 의미에 주목한다. 모든 동물은 신호적 자극에 직접 반응한다. 이에 반해 인간은 사물을 지시하거나 표현하는 데 기호를 사용한다. 따라서 인간이 사용하는 낱말은 신호적 의미의 기호와는 다른 것이다. 낱말의 기능은 인간의 감각을 직접 사물을 향하게 하는 것이 아니라 사물에 대해서 이야기하게 하는 데 맞춰져 있다. 이런 기

---

147 Cassirer, 1996, p. 141.

148 Ernst Cassirer, *An Essay on Man*, Yale University Press, 1944, pp. 50-51.

능은 사물이 부재할 때 그것을 떠올리거나 추론할 경우 보다 분명해진다. 이때 기호는 사물의 징후가 아니라 상징이다.[149] 하등동물에서 고등동물로 올라갈수록 동물은 더 복잡한 신호 체계를 소유하며 각자의 환경에 적응해 살아간다. 특히 고등동물에서 나타나는 환경에 순응하고 그것을 변용하는 행동에는 상대적으로 발달된 지성intelligence이 개입한다. 그렇더라도 외부 자극에 '반동reaction'할 뿐인 동물이 지성을 사용하거나 행동하는 것은 현재의 시간과 사건에 붙박여 있다는 특징이 있다. 반대로 외부 자극에 '반응response'하는 인간이 지성을 사용하고 행동하는 것은 과거와 미래라는 시간 차원에서 현재의 시간과 사건을 이해하고 미래를 예측하는 특성을 보인다.[150] 이런 차이를 바탕으로 카시러는 동물은 실제적인 상상력과 지성을 가지는 반면에 오로지 인간만이 새로운 형태, 즉 상징적인 상상력과 지성을 소유한다고 강조한다.[151]

카시러는 상징을 상당히 폭넓은 의미로 정의한다. "상징은 어떠한 종류의 것이든 일반적으로 감성적인 것의 '충만한 의미'가 표현되는 현상들, 즉 어떤 감성적인 것이 존재하면서도 동시에 하나의 의미의 특수화와 구체화, 그것의 현현과 구현으로서 나타나는 현상의 전체."[152] 이런 상징은 문화 세계 전체에서 서로 긴밀하게 연결된 세 가지 특성을 지닌다. 바로 보편성, 매개성, 가변성이다. 이 세 가지 특성은 언어에서

---

149 Susan Langer, *Philosophy in a New Key*, A Mentor Book, 1948, p. 24.

150 카시러는 동물의 행동을 표현할 때는 반동reaction이라는 단어를, 인간의 행동을 표현할 때는 반응response이라는 단어를 사용함으로써 양자의 차이를 구별한다. 카시러, 2008, 58쪽.

151 카시러, 2008, 68쪽.

152 카시러, 2019, 190쪽.

가장 두드러진 현상으로 나타난다. 그래서 카시러는『상징형식의 철학』
1권을 신화 세계 분석이 아니라 언어 세계 분석에 할애한 것이다.

　　언어 세계의 체계성과 전체성을 지탱하는 것은 상징의 보편성과
매개성이다. 개별 낱말에 결속된 관념을 실현하는 상징은 인간이 문화
세계 전체를 구성하는 데 감각보다 더 중요한 핵심이다. 인간의 정신은
세계를 그저 모사하는 데 그치는 것이 아니라 상징을 통해 끊임없이 새
로운 객관적 세계를 창출한다. 동물이 본능에 기초한 주관적 세계에 강
하게 결박된 삶을 살아간다면 인간은 의미로 충만한 객관적 세계를 연
이어 창조하는 삶을 살아간다. 그러므로 언어뿐만 아니라 신화·종교·
예술·과학·기술과 같은 다양한 문화 영역의 존재는 거꾸로 상징의 보
편성과 매개성을 증명하는 것이다.

　　상징의 가변성은 언어의 변천을 포함한 문화 세계의 변동으로 증
명된다. 인간의 정신은 경험을 구성하는 한 가지 요소가 다른 요소에
대해서 믿음, 목적, 정서, 필요 등을 불러일으킬 때 상징적으로 작용한
다. 이 경우 전자는 상징이 되고 후자는 의미가 된다. 상징의 가변성과
관련해서 무엇보다 중요한 점은 우리의 경험에서 두 요소가 자의적으
로 결합할 뿐 일의적으로 결정되는 것이 아니라는 사실이다. 상징 작용
이 일어날 때는 반드시 관계를 맺는 두 요소가 필수적이지만 상황이 바
뀔 때마다 두 요소의 관계는 충분히 달라질 수 있다. 한 가지 예를 든다
면, 시인이 신목神木을 대상으로 시를 지을 때 시인의 입장에서 신목은
상징이 되고 이를 시적으로 형상화한 시어들은 의미가 된다. 하지만 독
자가 이 시를 읽을 때 시어들은 상징이 되고 독자가 느끼는 다양한 감
정은 의미가 된다. 문화의 발전으로 삶의 조건의 변화는 환경 변화를

초래한다. 이때 인간 활동의 경계선이 바뀌고 사라지는 경향이 나타나고 이에 맞물려 언어적 개념들은 본래 의미를 잃고 변형된다. 이런 방식으로 상징은 항시 변한다. 물론 상징은 변화무쌍한 외부 세계를 일정한 형식으로 집약하여 어느 정도 의미를 보존하는 기능도 한다. 그렇지만 결정적으로 상징과 의미 사이에는 필연적 연결 고리가 존재하지 않으므로 상징은 변할 수밖에 없다.

이러한 가변성 때문에 역사적으로 상징은 오류와 남용을 낳는 원천이 되기도 한다. 중세와 근대를 훑어만 보아도 알 수 있듯이, 시대마다 상징체계가 크게 변동했다. 이런 점에서 역사란 인간이 문화 변동으로 생긴 상징의 오류와 남용을 비판적으로 수정하면서 발전시킨 과정으로 이해할 수 있다. 어떤 의미에서 인류의 문화사란 상징체계의 형성과 변동의 역사에 붙여진 또 다른 이름인 것이다.

상징형식

상징과 형식이라는 두 개념이 결합된 형태인 상징형식은 카시러 문화철학의 핵심 개념이다. 상징 개념과 마찬가지로 형식 개념도 역사적으로 오랫동안 다양한 의미로 쓰였기 때문에 일의적 의미로 정의하기가 쉽지 않다. 폴란드의 미학자 브와디스와프 타타르키비츠Władysław Tatarkiewicz가 밝혔듯이 이처럼 의미가 다양해진 이유는 형식을 뜻하는 라틴어 '포르마forma'가 두 개의 그리스어, 곧 시각적 형식으로 사용된 '모르페morphē'와 개념적 형식으로 사용된 '에이도스eidos'를 모두 대체했기 때문이다.[153] 어원학적 맥락에서 형식 개념을 미학사 차원에서 면밀히 추적한 타타르키비츠는 형식의 다섯 가지 의미를 제시하는데, 그중

철학적인 것은 두 가지다.[154] 하나는 아리스토텔레스의 형상形相 개념이고, 다른 하나는 칸트가 창안한 형식 개념이다. 아리스토텔레스의 형상 개념이 질료의 반대말로서 어떤 대상의 개념적 본질이나 실체를 뜻한다면 칸트의 형식 개념은 지각된 대상에 대한 정신의 관여나 기여를 의미한다.

기본적으로 카시러는 칸트의 형식 개념에서 출발한다. 칸트의 관점에서 형식은 감각적 잡다雜多에 일정한 형태를 부여하는 순수 이념적 통일성이다. 이런 칸트의 형식 개념을 바탕으로 카시러는 생과 정신의 통일성이라는 역동적인 상징 과정을 표현하는 개념을 새롭게 주조하는데, 그것이 바로 상징형식이다. 카시러는 상징 과정을 의식을 관통해 흐르며 의식의 다층성과 연결돼 풍부함과 연속성 그리고 항상성을 실현하는 생과 사고의 통일된 흐름으로 규정한다.[155] 이 전체 과정을 매개하는 것이 바로 상징형식이다.

자연 세계와 구별되는 문화 세계는 인간의 정신적 활동과 노동을 통해 형성되고 역사 또한 이와 함께 앞으로 나아간다. 이러한 생과 정신의 통일적 흐름 속에서 정신의 본질적 특성은 '문화적 형식의 세계'로 부단히 변형돼 나아가는 것이다. 언어·신화·종교·예술·과학 등을 통

---

153 W. 타타르키비츠, 『미학의 기본 개념사』, 손효주 옮김, 미술문화, 2017, 267쪽.

154 타타르키비츠는 형식을 다섯 가지 의미로 구분한다. ①부분을 배열하는 것으로서의 형식 ②감각에 주어진 것으로서의 형식 ③대상의 영역 혹은 윤곽으로서의 형식 ④아리스토텔레스가 창안한 대상의 개념적 본질로서의 형식 혹은 형상 ⑤칸트가 창안한 대상에 대한 정신의 기여로서의 형식. 그에 따르면 ①, ②, ③은 미학에서 발생한 개념이며 ④, ⑤는 철학에서 미학으로 유입된 개념이다. 타타르키비츠, 2017, 268-269쪽.

155 카시러, 2019, 396쪽.

해 인간이 진정으로 얻고자 한 것은 자신의 내적 감정, 욕구, 생각, 관념을 표현하고 객관화하는 것이었다. 따라서 인간의 모든 표현은 상징적이다. 카시러는 상징을 충일한 의미가 표현되는 다양한 감성적 현상들의 총체로 정의한다. 이러한 상징의 범위를 포괄하는 상징형식은 구체적인 의미의 표현으로 드러나는 현상 전체에 대한 보편적인 정신의 구조로 이해할 수 있다. 신화의 세계, 언어적 음성 형식의 세계, 정밀한 수학적·자연과학적 인식의 세계, 그리고 예술의 창조적 세계에서 상징형식은 세계를 구성하는 방식이자 이해하는 방식이다. 상징형식은 암시나 비유를 통해 주어진 현실을 지시하는 단순한 형식적 표상이 아니라 각자 일정한 방향성이 있는 고유한 세계를 창조하는 정신적 형식이다.

문화 세계는 근원적으로 인간의 정신적 활동을 전제로 하고, 이것의 내용은 정신적 활동의 근본 형식과 분리될 수 없다. 그러므로 모든 문화적 현상의 의미와 진리는 외적인 것을 통해서 측정할 수 없으며 상징형식의 내적 구조에서 평가의 척도와 기준을 발견해야 한다. 이는 상징형식의 자발적인 발생 법칙을 이해함으로써 가능한 일이다. 따라서 상징형식에 대한 물음은 어떤 형이상학적 근거나 심리적, 사회적 원인이 아니라, 모든 문화적 현상에서 나타나는 차이와 경험적 다양성을 관통하는 정신적 법칙과 원리적 통일성에 대해 묻는 것이다. "어떤 정신적 형식의 독특함을 확실하게 규정하기 위해서 무엇보다도 필요한 것은 그것을 그것에 고유한 척도로 평가하는 것이다. 이러한 형식을 판정하고 그것의 성과를 평가하기 위한 관점은 외부로부터 주어져서는 안 되고 그 형식을 형성하는 활동 자체에 고유한 근본 법칙성에서 취해져야 한다. 아무리 확고한 '형이상학적' 범주도, 다른 곳으로부터 주어진 존재에 대한 규정도 분류도, 그것이 아무리 확실하고 확고하게 근거 지어진 것으로 보일지라도 우리를 이렇게 순수하게 내재적인 출발점에서 시작해야만 한다는 필연성에서 벗어나게 할 수는 없다."[156]

더욱 구체적으로 상징형식 개념의 내적 법칙과 특성을 고찰하기 위해서 우리는 상징형식의 세 가지 측면, 즉 ①근원 현상과 상징형식의 관계 ②정신의 형태화 작용 ③객관화를 위한 분리와 통합의 기능을 살펴봐야 한다.

①근원 현상과 상징형식의 관계 상징형식은 실재라는 근원 현상을 드러낼 뿐만 아니라 숨기는 이중성을 가진다. 즉 상징형식은 근원 현상을 개방하는 동시에 은폐한다. 이러한 상징형식의 이중성에 관해서 카시러는 문화철학의 목표를 설명하면서 다음과 같이 말한다.

언어, 신화, 예술을 '상징형식'이라고 부를 경우, '상징형식'이라는 표현에는 다음과 같은 전제가 포함되어 있는 것처럼 보인다. 그러한 전제란, 언어, 신화, 예술 모두가 정신의 특정한 형태화 방식들로서 현실적인 것이라는 하나의 궁극적인 근원층으로 소급되며 이러한 근원층은 흡사 낯선 매체를 통하듯 그러한 상징형식들을 매개로 하여 보이게 될 뿐이라는 것이다. 현실은 우리에게는 고유한 특색을 갖는 이러한 상징형식들을 매개로 해서만 파악될 수 있는 것처럼 보인다. 그러나 이러한 사실에는 동시에 현실이 이러한 형식들에 의해서 개시되기도 하지만 은폐되기도 한다

---

156 카시러, 2011, 240쪽.

는 점이 포함되어 있다. 정신의 세계에 규정성과 각인, 성격을 부여하는 근본 기능들(언어, 신화, 예술)이 다른 한편으로는 이것[세계에 규정성과 각인 그리고 성격을 부여하는 것]과 동일한 정도로 세계를 굴절시키는 것으로서 나타나며, 그 자체로는 통일적이고 유일한 존재가 '주관'에 의해서 파악되고 동화되자마자 이러한 굴절을 겪게 되는 것으로 나타나는 것이다. 이러한 관점에서 볼 때 상징형식의 철학은 상징형식들 각각에 특수하고 고유한 특정한 굴절을 보여주려고 하는 시도가 된다. 상징형식의 철학은 여러 굴절 매체의 특수한 본성을 인식하려고 하는 것이며, 이러한 매체들 각각의 성격과 구조 법칙을 인식하려고 한다.[157]

이와 같이 근원 현상은 상징형식을 매개로 드러날 뿐만 아니라 다양한 계열로 굴절된다. 따라서 언어·신화·종교·과학·예술 등의 상징형식들은 다양한 방식으로 굴절된 각각의 계기들로 이해할 수 있다. 하지만 일견 상이해 보이는 각각의 상징형식들은 두 가지 공통분모를 가진다. 하나는 기능적 동일성이다. 각각의 상징형식들은 근원 현상으로부터 주어진 세계를 부단히 문화적 형식의 세계로 변형하는 기능을 공유한다. 다른 하나는 상징형식들의 공동의 뿌리다. 개별 상징형식들은 궁극적으로 근원 현상으로 소급되지만 애당초 서로 독립돼 있다고 볼수 없으며 신화라는 공동의 뿌리를 갖는다. "그 어떤 상징형식도 처음부터 분리되어 독립적으로 인정되는 것과 같은 식으로 생기는 것은 아니고, 오히려 그 하나하나가 처음에는 신화라는 공동 모체에서 반드시

---

157 카시러, 2019, 17-18쪽.

떨어져 나와야만 한다. (…) 이론적 의식, 실천적 의식, 심미적 의식, 언어나 도덕의 세계, 공동체나 국가의 기본 형태, 그 모든 것이 본래 신화적, 종교적 개념에 결부돼 있었다."[158]

②**정신의 형태화 작용** 카시러가 처음으로 상징형식 개념을 제목으로 사용한 것은 1923년 발표한 「인문학의 구조 내에서 상징형식 개념」이라는 논문이었다. 여기서 그는 상징형식의 근본 특성을 다음과 같이 밝히고 있다.

> 상징형식은 각각의 정신의 힘으로 이해되어야 하는데, 이 힘에 의해 정신적인 것의 의미 내용이 하나의 구체적이고 감각적인 기호에 연결되고 이 기호에 내적으로 속하게 되는 것이다. 이런 의미에서 언어와 신화적, 종교적 세계 그리고 예술은 각각 하나의 특별한 상징형식으로 나타난다. 왜냐하면 모든 상징형식 속에는 근본 현상이 표현되어 있으며, 근본 현상은 우리의 의식이 외부 세계에 대한 인상을 받아들이는 것에 만족하지 않고 표현이라는 자유로운 작업에 연결시켜 스며들게 하기 때문이다.[159]

기본적으로 상징형식은 근본 현상에서 다양한 갈래로 뻗어 나오는 정신적 힘이요, 정신의 형태화 작용이다. 카시러의 상징형식 개념을 바탕으로 원근법의 변화를 분석한 미술사가 에르빈 파노프스키Erwin

---

158 카시러, 2015, 83쪽.
159 에른스트 카시러, 『인문학의 구조 내에서 상징형식 개념 외』, 오향미 옮김, 책세상, 2002, 21쪽.

1장 기술이란 무엇인가   **127**

Panofsky는 상징형식을 "정신적 의미 내용이 구체적인 감성적 기호와 결부되고, 이 기호에 내면적으로 동화되는 것"[160]으로 정의한다. 이러한 정의에도 불구하고 상징형식 자체를 이해하는 것은 녹록한 일은 아니다. 일단 우리말에서 '얼'과 같은 의미로 이해할 수 있는 정신은 분석하거나 측정할 수 없으므로 사물처럼 명확히 대상화할 수 없다. 이는 정신적 힘인 상징형식도 마찬가지인데, 상징형식은 비가시성을 특징으로 한다. 우리는 일상적인 문화 세계에서 상징형식을 매개로 구성된 결과들만을 눈으로 볼 수 있을 뿐 상징형식 자체는 눈에 보이지 않는다. 이런 연유에서 상징형식은 정신 자체가 아니라 그것의 작용인 정신적 활동에서만 체험하고 파악할 수 있을 뿐이다.

상징형식은 매 순간 문화 세계에서 고유한 형태화를 수행한다. 이미 지각 수준에서부터 통합된 감성과 정신의 계기들은 일련의 근본적인 결합 관계를 매개로 의식 일반의 차원으로 이행한다. 카시러는 이런 근본적인 결합 관계 네 가지를 제시한다. 공간 형식의 계기, 시간 형식의 계기, 사물-속성이라는 존재 규정의 계기, 인과적 계기이다.[161] 이런 근본적인 결합 관계들을 통해 인간은 일정한 방향으로 나아가는 의미의 세계 전체를 구성하게 된다. "개별적으로 존재하는 것의 대상적인 의미는 그것이 공간적, 시간적 질서와 인과의 질서 그리고 사물·속성의 질서 속에 편입됨으로써 규정된다. 이러한 질서 각각에 어떤 식으로 편입되느냐에 따라서 개별적으로 존재하는 것은 어떤 특수한 방향 의

---

160 에르빈 파노프스키, 『상징형식으로서의 원근법』, 심철민 옮김, 도서출판 b, 2014, 27쪽.
161 카시러, 2011, 66쪽.

미, 이를테면 어떤 특정한 목표점을 지시하는 벡터Vektor를 획득하게 된다."[162]

의식의 차원에서 근본적인 결합 관계들로 포섭되는 다양한 계기는 보다 높은 차원의 종합으로 고양되는 복합적인 체계를 구성하는데, 카시러는 이 과정을 헤겔의 형식적 변증법이 아니라 플라톤의 변증술을 모델로 삼아 설명한다. 플라톤의 변증술은 지성의 가장 단순한 활동인 구별과 결합, 곧 나눔과 결합을 통해서 '좋음 자체'라는 최상의 앎에 이르는 전체 과정에 관여한다. 이를 통해 무수히 많은 결합 형식은 최상의 개념으로 체계적으로 통일되고 개별 형식이 일정한 근본 법칙들에 종속된다. 반면에 헤겔의 변증법은 모든 정신적 결합 형식의 전체를 체계적으로 파악하기 위해서 동일한 방법적 원리를 적용한 논리적 통일, 즉 종합적·연역적 논증에 기반한 통일 과정이다. 플라톤이 제시한 길을 따라 카시러는 개별 상징형식 체계의 고유하고 독자적인 특성을 인정하는 한편 이것들 사이의 체계적 연관성과 통일성을 함께 고려하는 다층적이고 복합적인 체계의 형성을 추구한다.

또한 개별 상징형식들은 총체적인 문화 세계의 영역에서 결코 동일한 형태로는 재현되지 않는 계기들이다. 이 상징형식들은 이용하는 수단과 적용하는 척도와 규준이 다르기 때문에 정신과 세계의 근본 관계를 서로 다르게 건립한다. 문화 세계라는 전체에서 각각의 상징형식의 체계들은 한편으로는 서로 모순되면서 배척하지만 다른 한편으로는 조화를 이루고 보완하면서 공동으로 정신적 활동의 통일적 체계를 형

---

162 카시러, 2011, 398쪽.

성해간다. 그리고 이런 상징형식 체계들의 체계라는 전체성 속에서만 개별 상징형식의 체계들도 고유한 가치와 의미를 인정받고 적절히 이해될 수 있다.

③**객관화를 위한 분리와 통합의 기능** 상징형식의 본질적인 기능은 분리와 결합을 통한 객관적 세계의 창조다. 분리 기능을 통해 매 순간 각각의 상징형식들은 자아와 현실, 내부와 외부라는 두 가지 계기를 규정함으로써 서로의 경계를 구분 짓는다. "각 상징형식의 결정적 기능은 자아와 현실 사이의 경계를 이미 결정적으로 확정된 것으로서 전제하는 것이 아니라 이러한 경계 자체를 처음으로 정립하는 데 있으며, 또한 모든 근본 형식이 이러한 경계를 상이하게 정립한다는 데 있다."[163] 다음으로 이런 분리 기능은 결합 기능을 통해 보다 높은 의식의 통일성이라는 대상 인식으로 확장된다.

이 과정에서 상징형식은 감정과 형식, 주관과 객관을 통합함으로써 궁극적으로 전통적인 예지계와 현상계 혹은 정신과 감성의 이원론을 지양한다. 카시러는 능동적이고 자발적인 정신과 수동적이고 육체에 구속된 감성을 이분법적 대립 관계가 아니라 기능적 상관관계로 이해한다. 다양한 문화 현상은 정태성을 띠지 않고 정신의 형태화 작용을 통해 부단히 생성되는 동태적 과정 속에 있다. 이런 통합의 원리와 관련해서 카시러는 감성의 영역에서 인상에 속하는 것과 표현에 속하는 것을 구별한다. 감각적 경험론의 가장 큰 문제점은 감성을 단지 감각

---

163 카시러, 2014, 327쪽.

적 소여라는 한정된 인상의 영역에서만 파악함으로써 감성 자체에 이미 스며들어 있는 정신의 능동적 활동성을 과소평가하는 것이다. 카시러에 따르면 감각의 색채를 띠고 있더라도 감성의 영역에는 이미 어떤 정신의 형태화 작용이 가미돼 있기 마련이다. 개별 상징형식은 저마다 특유한 방식으로 주관성과 객관성의 경계를 확정함으로써 자아와 세계 형성에 직접 관여하는 것이다.

이처럼 상징형식은 모든 표현과 인식의 근본 조건이다. 신화·언어·종교·예술·과학·기술 등의 상징형식 체계들은 정신적 힘의 독특한 형태화가 구현된 것으로 서로 독자적이고 자율적인 체계를 이룬다. 그럼에도 개별 상징형식 체계들은 분리와 결합의 기능을 통해 객관적 세계를 건립하는 공통점을 가진다.

기술의 기원으로서의 신화와 우주론

신화와 철학

서양 사상사에서 철학의 탄생은 결정적인 변곡점이었다. 철학자 카를 야스퍼스Karl Jaspers가 '축의 시대Axial Age'라고 명명한 인류의 영성적, 지적 혁명의 한 축을 형성하는 서양철학은 이성 중심의 합리주의를 표방하며 고대 그리스에서 출현했다.[164] 맨 처음 신화적, 종교적 세계의

---

164 『역사의 기원과 목표』에서 야스퍼스는 기원전 900년부터 기원전 200년 사이에 전 세계 네 지역에서 4대 종교와 철학이 발생한 시기를 '축의 시대'라고 부른다. Karl Jaspers, *The Origin and Goal of History*, Yale University Press, 1953, pp, 1-21. 이 시기에 인도의 힌두교와 불교, 중국의 유교와

토양에서 싹을 틔운 철학은 자신의 기원에서 점차 떨어져 나오면서 비로소 철학 본연의 모습을 갖춰나갈 수 있었다. 이런 점진적 분리의 동인動因은 신에 대한 다른 사유였다. 고대 그리스의 초기 철학자들은 초자연적인 신을 종교적 차원이 아니라 철학적 차원에서 바라봄으로써 종교적 체험에서 느낄 수 있는 신적 특성에 몰입하지 않고 우주의 근본 원리나 질서 같은 신의 보편적 속성을 사유했다. 이를 기반으로 신을 자연화하고 합리성의 대리물로 통합함으로써 신화의 세계와 결정적으로 거리를 둘 수 있었다.

이러한 서양철학의 탄생을 흔히 '뮈토스mythos에서 로고스로의 이행'이라고 부른다. 어원학적으로 '뮈토스'와 '로고스'는 공히 '이야기'나 '말'을 의미했다.[165] 뮈토스는 신들이나 영웅들의 믿음과 복종을 요구하는 장엄하고 권위 있는 말로서 과거에 실제로 일어났던 진실에 대한 말, 곧 진실을 이야기하는 참된 말이었다. 반면에 로고스는 일반 시민들이 당장 해결해야 할 현실적 문제들을 놓고 수단과 방법을 가리지 않고 따지고 묻는 실용적인 말로서 깊이 숙고된 말, 곧 올바른 말이었

도교, 이스라엘의 유일신교, 그리고 서양철학이 출현해 인류 정신사에 비옥한 자양분이 될 위대한 전통이 마련됐다. 카렌 암스트롱Karen Armstrong은 축의 시대 현자들의 공통점을 다음과 같이 설명한다. "중요한 것은 무엇을 믿느냐가 아니라 어떻게 행동하느냐였다. 종교의 핵심은 깊은 수준에서 자신을 바꾸는 행동을 하는 것이었다. 축의 시대 이전에는 제의와 동물 희생이 종교적 탐구의 중심이었다. 오늘날 훌륭한 연극을 경험하는 것처럼 존재의 또 다른 수준으로 안내해주는 신성한 드라마에서 신을 경험한 것이다. 축의 시대 현자들은 이것을 바꾸었다. 여전히 제의의 가치를 인정했지만 거기에 새로운 윤리적 의미를 부여했으며, 정신적 생활의 중심에 도덕성을 갖다 놓았다." 카렌 암스트롱, 『축의 시대』, 정영목 옮김, 교양인, 2010, 서문.

165 카를 알베르트Karl Albert는 오토W. F. Otto의 말을 빌려 뮈토스가 로고스와 원래 같은 말이었음을 강조한다. 칼 알버트, 『플라톤 철학과 헬라스 종교』, 이강서 옮김, 아카넷, 2011, 70-71쪽.

다.[166] 뮈토스를 대표하는 말이 호메로스의 서사시였다면 로고스를 대표하는 말은 폴리스 시민들의 일상 언어였다. 따라서 뮈토스에서 로고스로의 이행이라는 사태는 이야기나 말이 가지는 의미의 근본 변화와 혁신을 함축하고 있다. 고대 그리스의 초기 철학자들은 로고스의 위상을 제고함으로써 무조건 믿음과 복종을 요구하는 권위적인 말을 합리성에 기초한 논리적인 말로 대체했던 것이다.

일각에서는 뮈토스와 로고스의 대립 속에서 철학이 탄생했기 때문에 철학이 비합리적인 신화적 기원에서 거리를 두면 둘수록 합리주의라는 철학의 본령에 더 가까워질 것이라고 주장한다. 하지만 이런 주장은 신화와 철학의 역동적인 관계를 간과한다는 문제가 있다. 일차적으로 신화는 성스러우며 참된 이야기요, 인간에게 모범이 되는 초시간적 이야기다. 이런 점에서 신화는 모든 종교의 토대가 된다. 그리고 신화와 관계를 맺음으로써 모든 행위는 성스러움을 얻는데, 이때 행위는 제의祭儀가 된다. 따라서 사실상 신화와 제의는 같은 것이다. 말로 표현된 제의가 신화라면 행위로 전환된 신화가 제의이기 때문이다. 따라서 인간은 신화를 모방하고 거듭 재현함으로써 성스럽고 참된 존재의 영역으로 들어설 뿐만 아니라 종교적 인간으로 거듭날 수 있다. 종교학자 미르체아 엘리아데Mircea Eliade는 이렇게 설명한다. "종교적 인간은 신들이나 문화 영웅, 신화적 선조를 모방하는 한에서만 자신을 진정한 인간으로 인정한다. 이것은 종교적 인간이, 속된 체험의 차원에서 존재하는 것과는 다른 사람이 되기를 바란다는 것을 의미한다. 종교적 인간은

---

166 박희영, 「그리스철학의 탄생」, 강철웅 외, 『서양고대철학 1』, 도서출판 길, 2013, 47-48쪽.

주어지는 것이 아니다. 그는 신적인 모델에 접근함으로써 자기 자신을 만든다. 이 모델은 이미 말했던 바와 같이, 신의 행위의 역사, 신화 속에 보존되어 있다."[167]

이러한 이행 과정에서 중요한 점은 철학이 신화에서 떨어져 나왔음에도 불구하고 더욱 높은 실재성을 추구하고 참된 존재를 말하려고 하는 신화의 본질적인 측면을 수용했다는 점이다. 신화는 철학적 사유가 존재 전체의 근원에 대해서 묻거나 일상적인 인식의 배후에 있는 더욱 고차원적인 실재에 주목할 때, 철학과 직접 연결된다. 그뿐만 아니라 모든 학문이 자신만의 필수 도구를 가지고 있듯이 철학의 필수 도구는 말, 곧 언어다. 그런데 철학의 언어는 인과적 필연성을 띠는 논리적 언어만은 아니며 논리적인 언어를 포괄하고 이를 적극적으로 넘어서려는 경향을 보인다. 언어로 표현된 모든 명제가 사실성을 입증하기 위해서는 일반적인 형이상학적 요소와 어떤 식으로든 관계를 맺을 수밖에 없기 때문이다. 결국 신화와 합리주의의 변증법적 운동은 서양철학의 역동성을 구성하는 근간으로 자리매김했으며 철학의 탈신화화는 언제나 재신화화를 예비했다.

고대 세계에서 철학이 신화에서 떨어져 나와 점차 독자성을 획득한 과정은 플라톤과 아리스토텔레스에 이르러 일단락됐다. 두 철학자는 신화를 철학의 앞선 형태로 이해하고 신화와 철학의 공통분모를 놀라움, 즉 경이驚異에서 찾았다. 『테아이테토스』에서 플라톤은 경이가 철

---

167 미르치아 엘리아데, 『성과 속』, 이은봉 옮김, 한길사, 1998, 111쪽.

학의 시작이라고 말했으며,[168] 『형이상학』에서 아리스토텔레스도 철학과 신화의 공통 기원으로 놀라움을 언급했다.[169] 특히 플라톤은 신화의 장점과 단점을 정확히 간파했을 뿐만 아니라 신화를 진리를 드러내는 한 가지 설명 방식으로 적극 활용했다. 그는 신화가 한편으로는 '그럴싸한 이야기'라는 허구성을 띠지만 다른 한편으로는 진리를 드러낼 가능성을 가진다고 봤다. 플라톤에게 신화는 절대적으로 참된 이야기는 아닐지라도 진리를 설명할 수 있는 유용한 방편이었다.

플라톤 이후 재신화화의 흐름이 두드러졌던 역사적 국면은 18세기 말 독일 사상가들과 문학가들에 의해서 형성됐다. 대표적으로 독일의 철학자 프리드리히 셸링Friedrich Shelling은 서로 낯설고 이질적인 영역으로 여겨지던 신화와 철학의 통합을 추진했다. 셸링은 당시를 모든 학문 사이의 내적 통일성과 친화성에 대한 생생한 감정이 어느 때보다도 보편적이고 일관되게 조성된 시기로 규정한다.[170] 이러한 인식을 바탕으로 『신화철학』에서 신화를 해석하는 여러 경향을 종합 검토하고 플라톤, 아리스토텔레스, 칸트 등의 철학을 구체적으로 논하면서 보편적인 철학적 사유의 근간으로서 신화의 가치를 해명한다. 18세기 말의 재신화화와 관련해서 엘리아데는 이 현상을 합리주의, 실증주의, 과학주의에 대한 정신문화적 반동으로 이해하는 이들의 관점의 협소함을 비판한다. 엘리아데가 보기에 신화의 심층적인 보편성, 즉 상징, 신화, 이미지가 정신적 삶의 본질을 이룬다는 사실은 특정 시기에만 도드라지는

168 플라톤, 『테아이테토스』, 정준영 옮김, 아카넷, 2022, 62쪽.

169 아리스토텔레스, 2012a, 33-34쪽.

170 프리드리히 W. J. 셸링, 『신화철학 1』, 김윤상·심철민·이신철 옮김, 나남, 2009, 28쪽.

현상이 아니었다. 이는 은폐되고 가치가 하락할망정 결코 근절시킬 수 없는 것이었다.[171]

이처럼 신화적 사유는 절연할 수 없는 철학적 사유의 기원이며 이러한 관계는 신화와 기술의 관계에서도 그대로 적용된다. 카시러는 신화가 기술을 비롯한 다른 상징형식 체계들의 공동의 모체라고 주장한다. 즉 신화는 문화의 원형적 세계다. 이러한 카시러의 관점에서 볼 때, 기술의 기원은 신화이고, 기술의 본질을 제대로 파악하기 위해서는 신화라는 근본 조건에서 출발해야 한다. 따라서 발생론적 차원에서 시원으로 다가갈수록 신화의 주술적 세계와 기술은 분화되지 않은 채 뒤엉켜 있을 것이다. 그러다가 문화 발전의 어떤 단계에서 신화의 주술적 관점이 기술적 관점으로 전환됐을 것이다.

신화 세계의 고유성

신화 세계의 고유성은 '성과 속'이라는 대립 구조, 전체와 부분의 관계, 공간 분할, 시간 분할이라는 특성들에 의해서 확립된다. 먼저 신화 세계를 관통하는 근본 원리는 신성神性이다. 카시러는 신성을 멀면서도 가깝고, 친밀하면서도 범접하기 어려운 '두려움에 떨게 하는 신비'이

---

171 미르치아 엘리아데, 『이미지와 상징』, 이재실 옮김, 까치, 1998, 3쪽. 엘리아데는 신화를 다음과 같이 정의한다. "신화는 신성한 역사를 이야기하며, 원초의 때, 즉 '시원始原'의 신화적인 때에 생겼던 일들을 이야기한다. 바꾸어 말하면 신화는 초자연적인 존재의 행위를 통하여 우주라는 실재의 전체를 말하거나, 하나의 섬, 식물, 특정한 인간 행동, 제도와 같은 부분적인 실재를 말하거나, 그 실재가 어떻게 하여 존재하게 되었는지를 말하고 있다. 그리하여 신화는 항상 '창조'를 설명하며, 어떤 존재가 어떻게 만들어졌는지 존재의 시초를 말하고 있다. 신화는 실제로 일어난 것, 완전히 현현한 것만을 말한다." 미르치아 엘리아데, 『신화와 현실』, 이은봉 옮김, 한길사, 2011, 67쪽.

자 동시에 '매혹적인 신비'로 정의한다.[172] 이런 외경畏敬, 곧 매혹적인 신비이자 두려움의 신비라는 이중 의미에서 '신과 악령', '신성한 것과 금지된 것', '신성과 금기', '성과 속'이라는 근원적으로 대립적인 분할이 발생한다. 이 중에서 특히 성과 속은 신화적 세계 전체의 모든 존재와 사건을 관할하는 신화적 의식을 구분하고 성층 구조를 형성하는 기준이었다. 성聖과 속俗을 의미하는 영어 'sacred'와 'profane'은 라틴어 '사크룸sacrum'과 '프로파눔profanum'에서 유래했다. 로마 시대에 사크룸은 신이나 신의 힘에 속해 있음을, 프로파눔은 성전 앞을 의미했다. 따라서 성과 속은 애초부터 신에게 희생 제물을 바치는 특정한 장소와 관련이 있었다.[173] 이런 대립적인 분할은 가장 원시적인 신화적 형식만이 아니라 최고의 순수 형식에서도 관철된다는 점에서 보편성을 띤다고 볼 수 있다.[174]

카시러는 『상징형식의 철학 제2권: 신화』 전체를 신화적 사유 구조의 분석에 할애한다. 신화적 의식은 신, 영혼, 인격 개념도 없는 전적으로 미분화된 주술적 작용에 대한 직관에서 출발한다.[175] 세계가 특정한 형태를 갖추기 이전의 미분화된 상태, 곧 인간 정신의 초기 단계에 머물러 있던 때 인간에게 세계는 아주 막연하고 모호한 전체로 나타났을 것이다. 이때 인간의 의식은 우제너가 '순간 신'이라고 불렀던, 일순간 생겼다가 곧 덧없이 사라지는 이미지들의 긴장과 이완의 요동 속에

---

172 카시러, 2014, 179쪽.

173 엘리아데, 1998, 21-22쪽.

174 카시러, 2014, 181쪽.

175 카시러, 2014, 55쪽.

있었을 것이다. 이처럼 매 순간 인간의 의식을 덮쳐온 모든 인상, 자극, 원인 모를 희망과 공포에 처음으로 대응한 것이 바로 신화적 형상들이었다. 이런 신화적 형상 세계를 다루는 신화의 현상학에서 카시러의 궁극적 목표는 신화의 고유한 사유 구조를 그대로 드러내는 것이었다. 이 목표를 달성하기 위해서 카시러는 신화의 사유 형식뿐만 아니라 직관 형식과 생활 형식으로 소급해 들어가야 한다고 주장한다. 신화의 가장 낮은 수준에서 가장 높은 수준까지 서로 농밀하게 얽혀 있는 전체성이야말로 신화적 세계의 독특한 완결성을 보여주는 것이기 때문이다.

신화적 세계 인식의 하부구조는 사고가 아니라 생명과 직접 융합된 감정과 정서의 통일성이었다. 즉 신화와 원시종교를 지탱하는 힘은 논리적 규칙이 아니라 생명의 연속성과 통일성에 대한 근본 확신이었다. 변용과 무차별성이 특징인 신화는 자신이 파악하는 모든 것을 존재의 전체성 속으로 가차 없이 용해해버린다. 신화 세계에서 전체와 부분은 동일하다. 전체는 부분에 내재하고, 부분은 곧 전체다. "신화의 세계에서는 모든 현상이 항상 본질적으로 화신Inkarnation이다. 신화에서는 본질이 가능한 다양한 현상 방식들로 배분되고 그러한 현상 방식들의 각각에 본질의 단순한 단편이 포함되어 있지 않고, 본질이 현상 안에 전체로서, 즉 불가분의 파괴될 수 없는 통일체로서 현현한다."[176] 결국 신화적 의식은 하나의 통일적인 정신적 에너지로서 모든 것에 자신의 통일적 에너지를 관철하는 형식이다.

최초에 신화적 의식은 매 순간 육박해 들어오는 직접적인 인상들

---

176 카시러, 2019, 141쪽.

에 압도된 채 완전히 사로잡혀 있었을 것이다. 이 인상들은 상대적인 것이 아니라 절대적인 것이었다. 수많은 인상 중에서 특히 강렬하게 각인된 인상은 일상의 평범한 경험의 계열에서 아주 특별하고 중요한 것으로 부각됐을 것이다. 신화적 의식과 원시종교가 교차되는 이 강조점은 신성을 불러일으키고 초월적 세계로 나아가는 근원 계기였다. 아마도 신화적 의식의 심층으로 가장 강렬하고 생생히 다가왔던 근원적 직관은 무엇보다 빛과 어둠, 밤과 낮의 교체와 대립이었을 것이다. 빛과 어둠, 칠흑 같은 어둠 속에서 일순간 쏟아져 나오는 빛의 강렬함은 신화적 의식 세계 전체를 매료시켰을 것이다. 이 점은 빛과 창조를 연결하는 모든 종교의 창조 설화의 공통된 내용으로 결코 영향력을 잃지 않았던 생생하고 근원적인 인상이었다.

맨 처음 신화적 의식에서 일어난 세계의 분절화는 바로 공간적 구분이었다. 신화적 세계의 분절화는 공간 형식을 통해서 전개되고 곧바로 시간 형식이 겹치면서 병행된다. 이때 첫 번째 분할은 방위의 결정이다.[177] 먼저 태양 궤도에 따라 동과 서를 가르는 기본선이, 그다음으로 남과 북을 직각으로 잇는 또 하나의 기본선이 그어진다. 이로써 세계는 일순간 동서남북 4방위로 나누어진다. 이런 공간 분할과 함께 신화적 의식에서 기본적으로 수●는 고유한 본성과 힘을 지니고 신화적

---

177 막스 야머Max Jammer는 공간과 시간이 운동 개념으로 연결되지만 본질적으로 이질적인 실재이고 공간 범주가 시간 범주보다 선행한다는 것을 언어를 통해 증명한다. "'짧은'이나 '긴'과 같은 시간 한정사는 공간적 개념들을 나타내는 어휘에서 가져온 것이다. 우리는 '그러므로'를 '그곳 후에thereafter'라고 말하며 논리적으로 더 적합한 '그때 후에thenafter'라고 말하지 않는다. '언제나always'는 '모든 시간에at all times'를 뜻한다. 우리는 시간의 '공간', 즉 시간의 '간격interval'에 대해서조차 말한다. '이전에before'는 어원학적으로 '앞에in front of'를 뜻한다." 막스 야머, 『공간 개념』, 이경직 옮김, 나남, 2008, 33쪽.

세계로 들어오는 모든 것에 신비로운 성격을 각인하는 요소로 간주됐다.[178] 이런 방위 결정과 수의 원리에 따라 동서남북 4방위는 신성한 수 4와 통하고 이는 가장 오래된 종교적 상징 중 하나인 십자가 숭배와 연결된다. 더 나아가 4방위가 정해지고 상하 두 세계가 구분되고 세계의 중심인 중앙이 정해짐으로써 가장 기본적인 공간 분할이 완성된다. 수 7에 대한 신성화와 숭배는 이런 공간 분할과 직접 관련이 있다.

이러한 공간 직관을 통해 신화적 의식은 처음으로 객관적 표현을 얻을 수 있었다. 신성이라는 신화적 가치의 준거점에 따라 결정된 방위와 위치는 계절의 순환 같은 자연적 질서뿐만 아니라 사회적 질서를 규정하고 배치하는 가장 기본적인 직관 형식으로 기능했다. 예를 들어 "공기는 북쪽에, 불은 남쪽에, 땅은 동쪽에, 물은 서쪽에 속한다. 북쪽은 겨울의 고향이며, 남쪽은 여름의 고향이고, 동쪽은 가을의 고향이며, 서쪽은 봄의 고향이다. 마찬가지로 인간 사회의 여러 신분과 직업 그리고 일도 동일한 근본 도식에 따라 나뉜다. 전쟁과 전사는 북쪽에, 사냥과 사냥꾼은 서쪽에, 의학과 농업은 남쪽에, 주술과 종교는 동쪽에 속한다. 이러한 분류는 언뜻 낯설고 '기묘한 것'으로 보이지만, 우연히 생긴 것은 아니며 극히 뚜렷하면서도 전형적인 근본 직관의 표현이다."[179] 이런 방식으로 신화적 사유는 지각된 인상과 감각 성질을 끊임없이 공간적 형상과 직관으로 치환함으로써 신화적 공간 형식 안에 신화적 생활 형식 전체를 오롯이 담아낸다. 모든 사물과 사건의 질적 차이는 일정한

---

178 카시러, 2014, 312쪽.
179 카시러, 2014, 194쪽.

공간적 차이를 나타내며 모든 공간적 차이는 일정한 질적 차이를 반영한다.

자연과학적 공간 이론에서 전체와 부분의 관계는 수학적 함수로 결정된다. 전체 공간은 점, 선, 면, 도형이라는 요소들이 일정한 법칙과 규칙에 따라 정해짐으로써 구성된다. 여기서 공간은 점과 선의 연속체다. 3차원 공간에서는 각각의 점에 좌표coordinate에 해당하는 세 개의 수를 부여할 수 있는데, 이를 통해 관계 속에 호환 가능성이 생긴다. 그래서 점이 연속으로 변화하면서 일정한 선이 그어지면 좌표의 값도 연속으로 변한다. 이렇듯 자연과학적 세계의 공간은 수학적으로 표상되는 함수 공간이다. 이 세계에서 공간의 근본 특징은 무한성, 연속성, 동질성이다.

그러나 이런 자연과학적 공간의 특징을 우리의 일상적인 지각 체험에서는 알 수 없다. 일상의 지각은 무한 공간이나 동질적이고 연속인 공간을 결코 알지 못한다. 지각 체험에서 나타나는 공간의 특성은 이방성異方性과 비동질성이다. 이런 지각 체험이 가장 원초적으로 지배되는 신화적 공간 의식에서 나타나는 현저한 특징은 전체와 부분의 동일성이다. 이 총체적 단일성 속에서 신화적 공간은 촘촘하게 상호 연결된 정태적인 구조적 공간을 창출한다.

신화적 공간 분할의 대표적인 사례로 카시러는 토테미즘totemism을 든다.[180] 사회학자 에밀 뒤르켐Émile Durkheim은『종교 생활의 원초적 형

---

180 인류학과 민속학의 각종 사료와 분석에서 확인할 수 있듯이 대부분의 원시 부족에서 토템은 종교, 의식, 생활의 중심이었다. 토템은 상징이자 문장紋章이며 각종 종교적 의례의 핵심이었다. 대부분의 경우 토템은 동물 혹은 식물이었고 그중에서도 동물이 압도적으로 많았다. 고대 종교에서 높

태』에서 토템의 성격과 토템을 매개로 전체 우주가 어떻게 분할되고 통합되는지를 분석한다. 이 책에서 뒤르켐은 토테미즘을 제대로 이해하려면 이것이 하나의 씨족이 많은 동물과 식물 중에서 특정한 하나를 골라 토템으로 숭배하는 원시적 형태라는 단순한 관념을 벗어나야 한다고 주장한다. 그에 따르면, 원시인들은 토템 자체보다 토템의 상징적 이미지를 더 신성시했으며, 씨족과 토템의 관계만이 아니라 더욱 넓은 씨족들과 부족의 관계, 즉 부분과 전체의 관계를 고려할 때만 토테미즘의 본질적 특성을 파악할 수 있다.

뒤르켐은 씨족과 형제 관계로 결합된 일종의 부족 공동체인 '프라트리phratrie'의 구분에 주목한다.[181] 프라트리는 씨족들이 분화돼 나오기 이전 원시적 단일성을 유지했던 더욱 큰 모집단을 뜻한다. 그래서 프레트리의 토템과 각 씨족의 토템은 종속 관계를 형성한다. 프라트리의 토템이 유類라면 씨족의 토템은 종種이다. 이런 위계를 표현하는 종속 관계와 더불어 친화의 감정과 배제의 감정을 근거로 상반되는 사물들을 이분법적으로 분류하는 등위 관계는 토테미즘 분류 체계의 기본 도식을 구성한다. 예를 들어 흰 앵무새는 한쪽 프라트리에, 검은 앵무새는 다른 쪽 프라트리에 집어넣는다. 그리고 각 프라트리에 속한 씨족들은 자신들의 토템과 유사한 사물들을 그 아래에 위계적으로 배속配屬한다. 흰 앵무새와 함께 태양과 대기를, 검은 앵무새와 함께 달을 배속하는

은 지위를 부여받던 해, 달, 별, 천둥과 같은 우주적 현상은 상대적으로 낮은 지위에 있었다. 토템은 하나의 개체가 아니라 종이나 변종이었고 원시인들은 자신을 토템의 이름으로 호명했다. 이는 단순한 이름의 일치가 아니라 본질의 일치를 뜻했다. 원시인들에게 명칭은 한갓 단어나 소리의 조합이 아니라 존재의 일부이자 그 자체로 본질이었기 때문이다.

181   에밀 뒤르켐, 『종교 생활의 원초적 형태』, 노치순·민혜숙 옮김, 민영사, 1992, 162쪽.

식이다. 이런 방식으로 모든 자연적, 우주적 존재는 토템의 체계에 포섭돼 부족의 일부가 된다. 더 중요한 것은 프라트리의 위계-종속 관계와 사물들의 등위 관계로 짜인 체계가 논리적으로 보이면서도 동시에 도덕적이라는 데 있다. 토템은 부족 전체를 조직적으로 통합하고 하나로 고양하는 조직적, 도덕적 힘이었다.[182]

정도의 차이는 있을지라도 뒤르켐은 토테미즘을 다른 종교처럼 모든 자연 대상을 포괄하고 우주에 대한 총체적 표상을 가지는 가장 이른 시기의 참된 종교로 평가한다. 그는 전체적으로 단순한 환상을 구성할 뿐인 정령 숭배와 자연 숭배를 거부하고 가장 철저히 종교를 사회적 차원과 맥락에서 고찰한다. 뒤르켐의 관점에서 보자면 현실을 파악하는 데 사용하는 모든 범주는 선험적 사유의 결과가 아니라 사회적 결합물이다. 이 때문에 원시 부족민들, 씨족, 부족, 토템 등이 결합된 실재성이야말로 통일된 세계 관념과 우주의 구성을 위한 궁극적 근거가 된다. 그에게 실재란 자연이 아니라 사회다. 종교는 자연이 아니라 사회에 뿌리박고 있다.

카시러는 뒤르켐이 사회학적으로 신화와 토테미즘의 형상들을 가장 철저하고 일관되게 설명했다는 점을 인정하면서도 그가 사회적 형식을 직접 주어진 것으로 전제하는 부당한 가정의 오류를 범하고 있다고 비판한다. 뒤르켐이 아무리 종교가 씨족, 부족, 토템의 사회적 결합이라는 사실을 다양한 근거를 들어 주장하더라도 사회는 본래부터 주어진 것이 아니라 정신의 작용을 통해 규정되고 구성된 것이다. 다른

---

182 뒤르켐, 1992, 220쪽.

학자들과 마찬가지로 뒤르켐도 사회적 형식 안에서 이미 신화적, 종교적 형태화의 기능이 작용하고 있다는 사실을 망각하고 있는 것이다. 이에 카시러는 신화적 세계의 참된 깊이를 이해하기 위해서는 고찰의 방향성을 역전해야 한다고 역설한다. "신화적-종교적 의식이 단순히 사회 형식의 사실적 존립으로부터 비롯되는 것이 아니라 오히려 그러한 의식이야말로 사회구조를 성립시키는 조건들 중 하나로서, 즉 공동체 감정과 공동체 생활의 가장 중요한 요인들 중 하나로서 나타난다는 것이다."[183]

이러한 방향 전환을 통해 카시러는 최초의 막연하고 무매개적인 생명 감정에서부터 개인적, 사회적 의식이라는 근본 형식을 발생시키는 정신의 분리 과정에 개입하는 시간에 주목한다. 그는 공간 분할로 형성된 보편적인 신화적 공간에 시간 형식이 결부되는 것을 본질적 의미에서 참된 특수화와 분절화의 시작으로 본다. 신화적 세계의 참된 특수화는 시간 형식에 의해 심층이 열리고 시간적 의미에서 기원이 등장할 때 비로소 이루어지는 것이다.[184]

어원학적으로 시간의 기본 의미는 '자르다'와 '나누다'이다. 이 단어는 고대 그리스어에서 자르다를 뜻하는 '템노temno'와 잘라냄을 뜻하는 '토메tome'에서 유래했다. 그리고 이 말에서부터 시간을 의미하는 라틴어 '템푸스tempus', 영어 '타임time', 프랑스어 '탕temps'이 파생됐다.[185] 또 라틴어 템푸스는 절단이나 교차를 의미하는 '템플룸'의 관념과 연결되

---

183 카시러, 2014, 370쪽.

184 카시러, 2014, 230쪽.

185 알렉산더 데만트, 『시간의 탄생』, 이덕임 옮김, 북라이프, 2018, 21쪽.

며[186] 수 세기counting와도 관련된다. 수학자 토비아스 단치히Tobias Dartzig가 밝히듯이, 원시 공동체 사회에서는 수를 기록할 때 나무에 새긴 눈금이나 조약돌을 이용했다. 이때 '부절에 새기다'를 뜻하는 '탤리tally'는 자르다를 의미하는 라틴어 '탈레아talea'에서, 계산하다를 뜻하는 '캘큘레이트calculate'는 조약돌을 의미하는 라틴어 '칼쿨루스calculus'에서 비롯됐다.[187] 이런 어원을 통해 신화적 의식의 성장 과정에서 단절과 분할의 의미를 지닌 시간의 결정적 중요성을 알 수 있다.

카시러에 따르면 신화적 시간은 생물학적, 우주적 시간이다.[188] 신화적 의식에서 우주적 시간이 본격적으로 형성되기 이전에 신화적 시간은 오랫동안 인간 삶의 리듬과 패턴에 맞는 생물학적 시간이었다. 특히 낮과 밤의 교체, 계절의 순환과 같은 주기적인 자연현상의 변화와 인간의 생활방식을 잇는 생물학적 시간 감각은 인간의 생애주기 개념에 투사됐고 시간의 흐름에 따라 생성 소멸하는 모든 것은 생애주기로 변형돼 이해됐다. 오늘날까지도 세계 곳곳에 남아 있는 계절의 변화 및 절기와 관련된 다양한 민속적 관습, 축제, 의례 등은 이런 생물학적 시간 감각의 분명한 흔적이다.

그러나 신화적 의식이 개별적인 주술적 효과를 넘어서 존재와 사건 전체로 점차 눈을 돌리면서 새로운 전환이 시작됐다. 즉 신화적 의식에서 우주적 시간과 보편적 세계질서에 대한 확신이 움터 나왔다. 물론 신화 속에서 시간은 특수하고 구체적인 사물과 사건의 변화에 따라

---

186 카시러, 2014, 234쪽.

187 토비아스 단치히, 『수, 과학의 언어』, 권혜승 옮김, 한승, 2008, 32-33쪽.

188 카시러, 2014, 317쪽.

파악될 수밖에 없을지라도 순수하게 이념적인 차원의 계기를 품고 있었다. 이는 영원永遠이라는 개념과 깊이 연관돼 있다. 고대사학자 알렉산더 데만트Alexander Demandt는 영원 개념이 라틴어 '아이움aevum'과 연관돼 있고 시대를 가리키는 '아이타스aetas'와 '영원한'이라는 형용사 '아이테르누스aeternus'와도 관련이 있으며 '항상'이란 뜻의 그리스어 '아이에이aiei'와 '아이온aion'과도 연결된다고 말한다.[189] 이처럼 영원이 '언제나' 혹은 '항상'이라는 말과 동의어라면, 이 시간성은 사건 전체의 진행과 규칙을 읽는 불변의 척도가 된다. 신화적 시간은 역사적 시간과 엄연히 구분된다. 역사학에서 역사 이전과 이후를 나누는 기준은 역사적 기록의 출현이다. 따라서 역사 이전의 시간이란 인간의 탄생에 앞선 시점을 모두 통칭할 따름이다. 반면에 신화적 시간은 절대적 과거다. 이는 본질적으로 분리 불가능한 동일한 시간이다. 아무리 지속적인 것으로 보일지라도 신화적 시간은 끝이 시작이고 시작이 끝인 영원이다. 영원은 가장 길면서도 동시에 가장 짧은 시간이다. 이 영원성에서 우주적 시간질서라는 관념이 움터 나온다. 주기성 중심의 생물학적 시간에서 불변의 질서 중심의 우주적 시간으로 나아가는 이행에 대해서 카시러는 다음과 같이 말한다.

이제 사유는 모든 직접적인 존재와 삶에서 느껴지는 리듬 및 주기성으로부터 벗어나 모든 존재와 생성을 지배하는 보편적 운명의 질서로서의 시간 질서의 이념으로 고양되는 것이다. 이렇게 운명으로 파악됨으로써 신

---

189 데만트, 2018, 599-600쪽.

화적 시간은 참으로 우주적인 힘Potenz이 된다. 즉 신화적 시간은 인간뿐 아니라 악령이나 신도 구속하는 힘이 되는 것이다.[190]

따라서 신화 세계는 항상 우주론을 동반한다. 기원에 대한 신화적 서술은 우주 창조를 전제로 한다. 창조의 탁월한 사례로 드는 우주 탄생 자체가 모든 창조의 모델이다. 또한 모든 신화는 상징을 통해 표현되는데, 상징은 우주적 구조와 인간의 존재론적 구조의 관계를 드러내는 데 가장 적합하다. 우주론은 '나'라는 존재와 다른 모든 존재를 포괄하는 환경 세계라는 실재 세계를 그리는 가장 폭넓고 일반적인 도식이다. 이러한 우주론적 구상의 밑절미에는 나의 존재가 우연한 사태가 아니라 무수히 많은 연결 요소의 관계와 총합을 통해서만 이해되고 또 그럴 수밖에 없다는 근본 관념이 깔려 있다. 우주와 인간 존재의 관계에 대해서 천체물리학자 피터 콜스Peter Coles는 이렇게 말한다.

우주론에 관해서는, 존재하는 모든 것이 주제가 될 수 있다. 우주는 몹시 거대하거나 아주 자그마한 천문학적 크기를 가진 별들과 은하 무리를 비롯하여, 기본 입자들로 이뤄진 미시적 세계를 두루 포함한 존재의 체계로

---

190 카시러는 이런 보편적 운명의 질서로서의 시간 질서가 역사적으로 가장 체계적이고 정합적인 형태로 발전한 것이 점성술astrology이라고 말한다. 카시러, 2014, 245쪽. 점성술의 세계에서 우주적 질서뿐만 아니라 개인사를 포함한 모든 사건은 이미 예정돼 있다. 애당초 모든 사건은 각인된 형태로 존재하며 그저 시간 속에서 전개될 뿐이다. 그러므로 점성술의 세계관에서 개개인은 미리 정해진 운명의 길을 따라 자신의 삶을 살아간다. 동일한 맥락에서 모든 생성은 창조나 발생이 아니라 항존恒存이다. "점성술에서는 세계 안의 모든 사건, 즉 모든 새로운 형성과 발생은 근본적으로 단지 가상에 불과하다. 이것들에서 표현되는 것과 그것들의 배후에 놓인 것은 미리 정해져 있는 운명이며, 개별적인 시간 계기들을 관통하면서 자신을 관철하는 동일한 형태의 존재 규정이다." 카시러, 2014, 198쪽.

구성돼 있다. 이러한 존재의 경계들 사이에, 각자의 고유한 물질과 힘을 포함하고 있는 복잡한 체계의 구조와 형태가 놓여 있다. 그리고 이들 존재의 한가운데 우리들 인간이 서 있다.[191]

이렇듯 우주론은 단지 상상력의 소산이 아니라 실재이자 사실이다. 아무리 인간이 우주론을 거부해도 우주론이라는 가장 일반적인 가치 체계에서 결코 벗어날 수 없다. 인간이 가치 체계를 반영하는 언어의 세계를 벗어날 수 없다면 우주론은 인간의 선택지로 남아 있을 수밖에 없기 때문이다. 마찬가지 이유에서 기술도 그것의 기원인 신화와 우주론의 영향에서 자유로울 수 없다. 오히려 기술의 본질적 의미는 신화 및 우주론과의 관계 속에서 더욱 분명히 드러날 것이다. 따라서 철학적 사유의 대상으로서 기술은 해당 기술이 출현한 문화적 고유성을 구성하는 가장 큰 성좌星座, 즉 우주론과의 관계에서 탐구돼야 하고, 그럴 때 기술의 본성은 제대로 파악될 수 있다.

기술의 진화

진화는 끊임없이 변하는 세계 속에서 일정한 방향성과 패턴을 보이며 진행되는 특징적인 변화를 의미한다. 어떤 경우이든 진화는 고정이 아니라 변화를 내포한다. 보통 진화라는 용어는 협의로 생명체의 진

---

191 피터 코올즈, 『우주론이란 무엇인가』, 송형석 옮김, 동문선, 2003, 5쪽.

화에서 쓰이지만 천체의 진화, 지형의 진화, 지질 구조의 진화 등 무기적 자연현상뿐만 아니라 사회의 진화, 음식의 진화 같은 다양한 사회현상에도 적용할 수 있다. 물론 자연적 세계의 진화와 사회문화적 세계의 진화는 서로 다른 양태를 보인다. 기본적으로 사회문화적 세계의 진화에 속하는 기술의 진화는 해당 문화 속에서 일정한 방향성과 패턴을 보이는 변화 과정으로 규정할 수 있다.

카시러와 시몽동은 기술 진화를 생성의 원리를 바탕으로 문화라는 전체의 변동 속에서 이해하는 포괄적인 관점을 제시한다. 기술 진화를 이해하는 방법은 시간 속에서 기술과 관련된 인접한 가능성을 탐색하는 것이다. 카시러는 생성의 원리와 정신의 형태화 작용이라는 일반 원리를 바탕으로 문화 세계의 전체적인 체계 변동의 한 계기로 기술 진화를 파악한다. 시몽동도 적응이 아니라 발생론적 생성의 원리를 바탕으로 기술 진화를 설명한다. 두 철학자의 기술 진화에 대한 해석은 문화와 기술의 공진화를 이해하는 데 도움이 될 것이다.

카시러: 공동의 모체

카시러는 생성의 원리와 정신의 일반 원리에 입각해 문화 세계 전체와 신화·언어·종교·예술·과학·기술 등의 상징형식 체계들의 역동적인 공진화를 설명한다. 이때 신화는 다른 상징형식 체계들의 공동의 모체요, 문화의 원형적 세계다. 개별 상징형식 체계들은 신화라는 공동의 모체에서 점진적으로 해방되면서 한편으로는 각자의 독자성과 자율성을 강화하는 방향으로 발전하고, 다른 한편으로는 끊임없이 충돌하고 상호작용하면서 문화라는 복잡하고 다층적인 그물망을 구성하며 변동한다. 이를 시간 차원에서 조망한다면, 시원으로 소급해 들어갈수록 신화·종교·언어·예술·기술 등은 서로 구분할 수 없을 정도로 한데 얽혀 있는 통일체를 이루었을 것이다.

카시러에 따르면 이렇게 미분화된 통일체 상태에서 개별 상징형식 체계들은 정신의 진화에 따라 세 가지 방향으로 서서히 분리된다. 이러한 분리는 일종의 정신의 '위기krima/crisis'를 표현한다. 그리스어로 나누다, 판단하다, 싸우다 등을 뜻하는 동사 '크리노krino'에서 파생된 명사인 위기는 '분리'와 '결합'이라는 정신의 보편적인 기능과 연결된다.[192] 즉 위기는 객관적 세계의 형성을 향한 분리의 기능이 작용하는 국면이다. 이를 통해 신화에서 점차 분리된 종교는 감정의 통일 영역, 즉 생명의 보편적 가치와 근원적 동일성에 대한 독자적 영역을, 언어는 사고의 통일 영역, 즉 이름과 사물, 이미지와 대상의 일치에 대한 독자적 영역을, 예술은 직관의 통일 영역, 즉 생생한 형상들의 독자적 영역을 점진적으로 새롭게 열어갔다.

먼저 신화와 종교는 생명이라는 근원 현상에서 아주 단단히 결속돼 있었다. 모든 문명권에서 발견된다는 사실에서 알 수 있듯이, 신화는 종교의 발전 방향을 결정짓는 정신적 맹아들을 품은 잠재 종교였다. 신화는 우주와 자연에 대한 해석을 그럴듯한 이야기 형식으로 바꿔 상징적으로 표현한다. 모든 종교는 이런 신화의 독특한 세계 이해를 심화하는 동시에 신화 속의 참된 내용을 종교적 제의와 의식을 통해 일상생활의 규율과 규칙으로 내면화하여 교리와 의식이라는 정형화된 종교

---

192 라인하르트 코젤렉, 『코젤렉의 개념사 사전 11: 위기』, 원석영 옮김, 푸른역사, 2019, 16쪽.

체계를 확립했다.

물론 종교가 신화에서 분리돼 나왔더라도 생명의 근원성이라는 근본 원리에서 종교는 결코 신화에서 완전히 벗어날 수는 없다. 그렇지만 신화와 종교의 형식은 같지 않다. 어원학적으로 종교를 의미하는 라틴어 '렐리기오religio'는 '다시 선택하다'를 뜻하는 '렐레게레relegere'에 뿌리를 두고 있다.[193] 이런 맥락에서 종교의 본질은 '정신적으로 다시 태어남'을 의미하는데, 이는 입문자가 종교의식에 참여함으로써 영적 깨달음을 얻고 새로이 태어나는 상태를 강조한 것이다. 그러므로 신화적 의식의 세계에서 종교적 의식의 세계로 도약하는 결정적 단계는 '자아'라는 새로운 개념이 출현한 시점과 맞물려 있다. 인간이 신화의 주술적 세계에서 벗어나 종교적 인간으로 재탄생하기 위해서는 주관과 객관, 자아와 현실의 분리라는 단계를 반드시 거쳐야 했던 것이다. 다시 말해 신화적 의식에서 종교적 의식이 분화된 시점은 '영혼'이라는 신화적 개념에서 점차 자아라는 새로운 범주, 곧 '인격'과 '인격성'의 관념이 움터 나오는 과정과 궤를 같이한다.

두 번째 갈래로서 신화와 언어는 원래 '근원적인 비유radical metaphor'로 결합돼 있다. 근원적인 비유는 사상적 내용과 이름의 일치라는 협소한 의미가 아니라 본질적으로 무언가를 매개로 체험을 다른 범주로 변형하는 것을 의미한다.[194] 근원적인 비유의 대표 사례로 카시러는 모든 신화적 우주론에서 나타나는 '말'의 신화적 구체화를 든다. 이때 말

---

193 박희영, 「종교란 무엇인가?—고대 신화와 의식에 대한 분석을 중심으로」, 『서양고전학연구』 13, 1999, 301-332쪽.

194 카시러, 2015, 149-173쪽.

은 단순한 관습적 상징이 아니라 신화적 의식 속에서 모든 존재와 행위가 생겨나는 근원적 힘으로 작용한다. 이런 조건에서 신화와 언어 사이에는 끊임없이 새로운 생명력과 풍부함이 넘쳐나고 상호 상승 작용이 생겨난다. 이렇게 동일한 정신 활동에서 생긴 상징적 표상을 공유했던 신화와 언어는 점차 서로 다른 두 줄기로 갈라진다. 처음부터 언어에는 신화와 공유하는 감정의 통일이라는 힘뿐만 아니라 논리적 힘이라는 또 다른 힘이 존재했다. 이 논리적 힘은 정신의 진화 과정에서 점차 단순한 개념을 지시하는 기호의 지위를 획득하게 됐고, 이를 통해 결정적으로 언어는 신화적 의식에서 해방될 수 있었다. 이로써 언어는 직접 체험의 충일함과 풍부함을 희생함으로써 개념과 판단의 표현으로서의 사상의 도구라는 독특한 지위를 획득할 수 있었다.

더 나아가 카시러에 따르면 마지막으로 이런 언어의 논리적 힘에서부터 점진적으로 과학이 분리된다. 일반적으로 언어에서 이름은 다의적 의미를 가진다. 반면 과학에서 기호는 일의적 의미를 가진다. 언어가 이름의 다의성에 만족한다면 과학은 기호의 일의성을 추구한다. 이런 이유에서 언어의 개념적 보편성은 과학의 법칙적 보편성과 동일하지는 않다. 더욱이 발달 과정에서 과학은 경험적 사물의 세계에서 점점 멀어져 과학적 세계 전체를 체계적으로 구성한다. 이렇듯 과학은 높은 수준으로 구성된 추상의 산물이다. 과학은 직접 주어진 감각적 사물의 모사가 아니라 추상적 사유를 기반으로 구성된 일련의 기호체계요, 상징체계다.

카시러는 자연과학 분야에서 누구보다 먼저 상징체계의 중요성을 간파한 물리학자 하인리히 헤르츠Heinrich Hertz의 통찰을 높이 평가한다. 경험주의자였던 헤르츠는 물리 이론에서 사용되는 모든 관념이 구체적인 관찰을 통해서 확증돼야 한다는 것을 조금도 의심하지 않았다. 그렇더라도 헤르츠가 직접 관찰만으로 단순하고 확실한 규칙들을 발견하리라 생각한 것은 아니다. 물리학은 현상들의 필연적 연결에 대한 합리적 설명을 추구한다. 헤르츠에게 물리학의 근본 개념들은 높은 수준의 복잡한 지적 과정의 표현이다. 이런 인식에서 헤르츠는 뉴턴 역학에서 내적 관성 및 외적 인과관계 모두에 영향을 미치는 속성으로 간주되는 '힘force'이라는 형이상학적 개념을 배제하고 시간, 공간, 질량이라는 세 가지 독립적인 근본 개념들을 총체적으로 연관 지음으로써 물리학을 새롭게 확립하고자 한다.[195]

과학의 사유 구조에서는 보편과 특수 혹은 원리와 요소들의 기능적 관계가 중요하다. 이 경우 개념은 한 무리의 개체를 일정한 하나의 계열로 질서 지우는 원리를 통해 형성된다. 추론이 주어진 사실의 단순한 집합이 아니듯이 경험적 법칙도 주어진 것의 단순한 연결이 아니다. 따라서 모든 사실은 가설의 성격을 띤 법칙을 통해 과학적 확실성을 확보하게 된다. 푸앵카레가 밝히듯이, 과학적 가설은 자유로운 지성의 활동이 만들어낸 일종의 정의나 규약이고, 여기서 무엇보다 중요한 것은 사물이나 사실 자체가 아니라 사실들 사이의 관계와 법칙이다. 그리고 이런 방식으로 과학은 엄밀성을 획득하게 된다.[196] 푸앵카레의 주장은 물리학의 근본 특성을 사실과 법칙의 기능적 연관 관계로 보는 헤르츠

195　Heinrich Hertz, *The Principles of mechanics*, D. E. Johns · J. T. Walley (trans.), Dover Publication Inc., 1956.

196　푸앵카레, 2014, 10-11쪽.

의 견해와 맞닿아 있다.

이처럼 과학은 언어의 논리적 힘을 새로운 방향으로 구조화함으로써 언어에서 분리돼 나왔다. 언어의 사용에서 무의식적으로 실행된 논리적 과정을 과학은 아주 의식적이고 조직적인 방식으로 수행했다. 그리하여 인간 정신의 발달 과정에서 최후의 단계로서 가장 눈에 띄는 성공을 거둘 수 있었다. 고대 그리스에서 맹아 형태로 등장했던 최초의 과학적 개념들은 르네상스 시기와 17세기를 거치면서 재발견돼 근대 과학의 승리를 낳았으며 이 결과는 오늘날에도 영향력을 잃지 않고 있다.

마지막으로 신화에서 떨어져 나온 한 갈래는 예술이다. 생생한 이미지의 차원에서 신화와 근원적으로 통합돼 있던 예술은 자아의 성장과 함께 점진적으로 신화에서 분리돼 나왔다. 예술의 궁극적 목표는 직관의 통찰을 통해 인간의 감정을 근원적으로 이해하는 것이다. 다양한 유형이 있지만 예술은 가상의 형식으로 인간의 감정과 정서를 표현하는 활동으로 정의할 수 있다. 그런데 엄밀한 의미에서 모든 예술이 표현하는 것은 예술가 자신의 즉각적인 감정이나 정서가 아니라 그가 이해하는 감정이나 정서이다. 다시 말해 예술가가 표현하는 것은 감각에 대한 자신의 통찰, 신체적이고 정서적인 체험에 대한 심상心像이다. 따라서 내면적 본질, 즉 주관적 실재를 객관적으로 표출하는 예술은 현실의 재생이나 모방이 아니라 현실의 발견이다.[197]

인간의 감각적, 정서적 생명의 본질을 일정한 표현 형식으로 드러

---

197 카시러, 2008, 249쪽.

내는 예술은 긴장과 이완, 균형과 불균형, 일관성 있는 리듬, 불안전하면서도 연속적인 통일성과 같은 생명의 흐름을 역동적 이미지들로 표현한다. 시, 음악, 조각, 회화, 무용 같은 모든 예술은 이처럼 생생한 이미지들이다. 예를 들어 이미 선사시대에 고등 예술로 발달했던 무용은 생명력 넘치는 정령들이 가득한 신화 세계에 살았던 최초의 인류가 정령들의 이미지를 본떠 여러 형식으로 표현한 것으로서 인간성을 최초로 객관적으로 보여준 사례다.[198]

파노프스키는 예술적 사유의 기원으로 플라톤의 이론보다 아리스토텔레스의 형상질료설에 주목한다.[199] 아리스토텔레스는 예지계와 현상계를 구분한 플라톤의 사유를 형상과 질료의 종합적 상호작용으로 대체한다. 그의 관점에서 자연적인 것이든 인간적인 것이든 모든 만듦은 형상과 질료의 결합이다. 즉 모든 만듦은 질료에 특정한 형상이 덧붙으며 생성된다. 특히 아리스토텔레스는 본성을 통해 생성되는 자연적인 것과 인위적으로 만들어지는 제작적인 것을 구분하고, 후자의 경우 형상은 영혼 안에 있다고 언급한다.[200]

기술은 만듦이라는 차원에서 예술과 연결된다. 현대인은 대개 예술은 창작의 영역에 속하고 기술은 제작의 영역에 속하는 것으로 본다. 하지만 고대와 중세의 사고방식에서 양자는 다른 것이 아니었다. 다만 도구의 사용은 기술이 신화 세계에서 분리돼 나오는 데 중요한 조건이었다. 도구를 사용한 최초의 인류는 그것을 단순한 인공물이 아니라 인

---

198 수잔 랭거, 『예술이란 무엇인가』, 박용숙 옮김, 문예출판사, 1984, 7-20쪽.

199 에르빈 파노프스키, 『파노프스키의 이데아』, 마순자 옮김, 예경, 2005, 23-24쪽.

200 아리스토텔레스, 2012a, 294쪽.

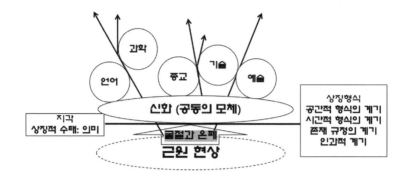

[그림 2] 카시러의 문화철학에서 지각의 구조와 상징형식 체계들의 진화

간이 복종하고 숭배하는 신이나 다이몬으로 간주했다.[201] 하지만 시간이 지나면서 인간은 자신의 목적을 실현하기 위해서는 중간 수단이 필요함을 자각했을 것이다. 바로 이 순간에 도구를 사용하는 기술이 신화적, 종교적 세계에 통합돼 있던 주술에서 분리되기 시작했다.

문화철학 전체의 맥락에서 기술을 포함한 상징형식 체계들의 진화를 그림으로 표현하면 그림 2와 같다.

시몽동: 마술적 단일성

시몽동은 『기술적 대상들의 존재 양식에 대하여』의 3부 '기술성의 본질'에서 기술의 사변적 역사를 인간과 세계의 관계 맺음이라는 발생론적 생성의 차원에서 설명한다.[202] 여기서 발생이란 "퍼텐셜로 풍부하고

201 카시러, 2015, 106-107쪽.

202 시몽동, 2011, 307-343쪽.

단일성 그 이상이며 내적 양립 불가능성을 감춘 채 원초적으로 과포화돼 있는 실재에서 양립 가능성이 발견되고 구조의 출현으로 인한 해解를 얻어 하나의 시스템이 생성되는 것"[203]을 의미한다. 이런 원리를 바탕으로 진화를 논할 때 시몽동은 세 가지 조건을 고려한다.

첫 번째는 진화를 적응 개념이 아니라 발생적 생성의 개념으로 이해하는 것이다. 두 번째는 물리학에서 말하는 위상 관계rapport de phase를 중심으로 발생적 진화를 설명하는 것이다. 여기서 위상 관계란 각 점에 근방계가 주어져 있는 점집합의 공간에서 평행을 이루는 점을 중심으로 다수의 위상들이 존재하고 저마다 위상들의 시스템 안에서 상호 관계를 맺는 방식을 의미한다.[204] 마지막으로 세 번째는 발생적 진화에서 형태이론의 안정성 개념이 아니라 준안정성 개념을 전제하는 것이다.

이러한 조건에서 시몽동은 카시러와 마찬가지로 모든 발생론적 생성의 근원, 즉 신화적 세계인 '마술적 단일성'에서 논의를 시작한다. 마술적 단일성은 인간과 세계가 하나의 생명으로 뒤엉켜 있는 근원적 우주로서 전-기술적이고 전-종교적인 단계다. 다시 말해 마술적 단일성이란 모든 존재 양식의 발생에 앞서 특화된 장소와 순간을 새겨 넣은 공간과 시간의 망상 구조로서 모양figure과 바탕fond으로 이루어진 첫 번째 우주의 짜임새이자 구조화다. 이렇게 처음으로 발생한 우주를 시몽동은 실재성이 거주하는 산봉우리나 대협곡 같은 요충지 개념을 동원해 묘사하고 있다. "마술적 우주는 조직들 중에서 가장 원초적이고 가

---

203 시몽동, 2011, 221쪽.

204 시몽동, 2011, 227쪽.

장 생산적인 것을 따라서, 즉 특권화된 장소들과 특권화된 순간들로 세계의 망상網狀이라는 조직을 짜면서 구조화된다. 특권화된 한 장소, 어떤 능력을 지니고 있는 한 장소, 이는 그것이 경계 짓고 있는 영역의 모든 힘과 효력을 그 안으로 끌어모으는 바로 그런 장소다."[205]

시몽동에 따르면 기술은 마술적 단일성에서 최초로 갈라져 나갈 때 종교와 한 쌍으로 출현했다. 인간과 세계의 본원적 관계 맺음이라는 존재 양식의 두 위상인 기술과 종교는 마술적 단일성에서 동시에 분기했다. 마술적 우주에 부착돼 있던 모양과 바탕이 서로 대립해 양분되면서 대상적 위상에 해당하는 기술은 모양의 특성을, 주체적 위상에 해당하는 종교는 바탕의 특성을 보존하게 된다. 이때 모양은 잘게 쪼개짐의 방식으로 파편화되고 바탕은 넓게 퍼짐의 방식으로 보편화된다. "기술들의 모양 도식들이 그들의 세계 내 부착으로부터 해방되어 대상화되면서 연장이나 도구에 고정되는 것과 마찬가지로, 기술성에 의한 모양들의 유동화가 사용 가능하게 만든 바탕의 질들은 주체들에게 고정된다. 인간과 세계 사이의 매개자인 기술적 대상의 출현을 이끈 기술적 대상화는 그 대응물로 종교적 주체화를 갖는다."[206]

그러나 내용 면에서 단일성을 척도로 삼았을 때 기술보다는 종교의 위상이 더 높다. 단일성보다 열등한 지위의 내용을 수용한 기술은 세분화되고 다양화된다. 즉 기술은 단일성의 수준 아래에 머물면서 요소적인 것을 표현한다. 시몽동에 따르면 기술성은 대상의 구체화 정도

---

205 시몽동, 2011, 236쪽.

206 시몽동, 2011, 248쪽.

를 의미한다. 여기서 구체화란 기술적 대상들이 내적 공명과 외부 환경과 상호작용하는 가운데 추상적 형태에서 구체적 형태로 이행하는 것을 의미한다. 그러므로 구체화란 정합성이 부족한 구성 요소들의 조합과 기능의 작동이 상호 협력하면서 구조적 단일성으로 수렴되는 것이다.[207] 예를 들어 장인이 하나의 보검寶劍을 만들 때 여러 가지 재료와 도구를 사용하는 다양한 작업을 수행하는데, 이런 기술적 앙상블이 작동한 결과물이 바로 기술성이다. 그런데 이 작업 과정에서 장인은 다양한 도구들의 연합 환경이 된다. 모든 도구를 능란하게 다루는 장인은 신체적 활동으로 일의 분배와 조절 작용을 보장하는 것이다.

그뿐만 아니라 구체화의 정도에서 기술성은 요소 수준, 개체 수준, 앙상블 수준으로 나뉜다. 이런 기술성의 분류에서 요소의 적극적 특성이 중요하다. 기술성이 가장 순수하고 자유로운 상태로 존재하는 것이 요소이기 때문이다. 그러므로 요소 수준의 기술성은 가장 순수한 방식으로 보존되는 구체화로서 기술적 실재를 새로운 단계로 전달하는 역량이 된다. 이와 달리 개체 수준과 앙상블 수준의 기술성은 조합 상태에 있다. 기술성의 보관자는 개체 수준에서는 연합 환경이고, 앙상블 수준에서는 상호 소통 범위다.[208]

이에 반해 종교는 본성상 총체성에 대한 요구를 표현한다. 모양과 분리돼 있고 힘, 능력, 영향, 질과 같은 바탕의 적극적 특성을 보존하고 있는 종교는 궁극적으로 총체성을 보편화한다. "마술적 사유 안에서 세

---

207 시몽동, 2011, 110쪽.

208 시몽동, 2011, 111쪽.

계에 연결되어 있던 바탕들, 따라서 마술적 우주의 구조화 자체에 의해 제한되어 있던 바탕들은, 종교적 사유 안에서는 시간적인 한계와 마찬가지로 공간적인 한계도 없는 하나의 궁극-바탕이 된다."[209]

또한 시몽동에 따르면 미학, 곧 예술은 원초적인 마술적 단일성에서 종교와 기술이 분기할 때 양자를 매개하는 것으로 출현했다. 엄밀한 의미에서 미학적 사유는 또 하나의 위상을 차지하는 것은 아니고 총체성의 기능을 유지하면서 마술적 단일성을 환기하는 일종의 경향성이다. 즉 미학적 사유는 하나의 위상이 아니라, 마술적 존재 양식의 단일성이 분기된 것을 지속적으로 환기하는 것이고, 미래의 단일성을 추구하는 경향이다.[210] 이런 이유에서 미학적 사유는 대립적 위상의 사유가 고립되는 지점에서 유비적 관계를 통해 단일성을 재구성함으로써 여러 사유를 총체적으로 포괄한다. 미학은 사유의 세계 통합 운동이라고 할 수 있다.[211] 대상도 아니고 주체도 아닌 미학적 사유는 기술과 종교 사이에 머물면서 기술을 수단으로 활용해 바탕의 질을 구체화함으로써 미학적 실재, 인간과 세계의 새로운 매개, 인간과 세계 사이의 중간 세계를 창조한다. 이런 기술, 종교, 미학의 상호 기능적 관계에 대해서 시몽동은 다음과 같이 언급한다.

기술적 사유가 도식들, 즉 바탕의 실재가 없는 모양의 요소들로 이루어지고, 종교적 사유가 모양의 구조들이 없는 바탕의 질들과 힘들로 이루어져

209 시몽동, 2011, 247쪽.
210 시몽동, 2011, 229쪽.
211 시몽동, 2011, 259쪽.

있다면, 미학적 사유는 모양의 구조들과 바탕의 질들을 결합한다. 기술적 사유처럼 요소들의 기능들을 표상하거나, 종교적 사유처럼 총체성의 기능들을 표상하는 대신에, 미학적 사유는 요소들과 총체성을, 즉 모양과 바탕을 유비적인 관계 속에서 함께 유지한다. 세계의 미학적 망상은 유비들의 연결망이다.[212]

　　그다음 위상으로 기술적 위상과 종교적 위상은 각각 이론 양식과 실천 양식으로 양분된다. 따라서 기술적 이론 양식과 종교적 이론 양식이 있고 기술적 실천 양식과 종교적 실천 양식이 있다. 기술적 사유가 실천과 이론으로 양분되는 이유는 부서진 양립 가능성을 회복하기 위해서다. 기술적 실패는 사유의 변화를 추동한다. 이는 기술적 작동의 과정과 자연적 한계를 양립 가능하게 동질적으로 융합하는 새로운 공리계의 출현을 요청하는 것이다. 이와 달리 종교적 사유는 주체적 요소와 대상적 요소가 많이 흡수되는 지점에서 내적으로 과포화되면서 실천과 이론으로, 즉 보편적 신학의 교리와 보편적 윤리로 분기한다.
　　그리고 기술과 종교를 매개하는 것으로 미학적 사유가 발생했듯이, 기술적 이론 양식과 종교적 이론 양식을 매개하는 것으로 과학적 지식이, 기술적 실천 양식과 종교적 실천 양식을 매개하는 것으로 윤리적 사유가 탄생한다. 이때 두 번째 위상 발생에서 과학적 지식과 윤리를 매개하는 중립 지점으로 철학적 사유가 동시에 등장한다. 사유의 발생적인 생성의 분기가 완전하게 균형을 잡기 위해서는 이론적 질서와

212　시몽동, 2011, 272쪽.

실천적 질서 사이의 거리를 극복할 역량이 필요하다. 달리 말하면, 미학적 사유가 기술과 종교의 원초적 대립을 종합하는 역량으로 출현했듯이 이론적 사유와 실천적 사유의 간극을 메울 수 있는 역량이 필요한 것이다. 시몽동은 이런 과제를 완수할 수 있는 사유로 철학적 반성을 제기한다.[213]

그러나 미학적 사유를 철학에 연결하는 공통 영역이 없다면 이론적 질서와 실천적 질서의 거리를 극복하는 철학의 반성적 과제는 실현 불가능한 종합처럼 비칠 것이다. 이에 시몽동은 미학과 철학 사이의 중간 양식을 규정하는데, 이것이 문화다. 문화는 동시대의 인간 집단들, 잇따른 여러 세대, 그리고 잇따르거나 동시적인 개체들 사이를 능동적으로 연계하는 중간 양식이다.[214] 이제 미학적 사유와 철학적 사유의 유비적 관계, 중간 양식인 문화의 역할과 기능, 철학적 반성과 사회정치적 사유를 망라하는 철학의 고유하고 보편적인 임무가 분명해진다. 이런 철학의 임무에 대해서 시몽동은 다음과 같이 강조한다.

단지 인간에 대한 기술들과 사회적이고 정치적인 사유들 사이에서만이 아니라, 인간에 대한 기술들과 세계에 대한 기술들, 종교적인 사유와 사회적이고 정치적인 사유, 이 모두를 다 포함하여 요소의 기능들 전부와 앙상블의 기능들 전부 사이에서 관계가 확립되어야만 한다. 철학적 사유가 이와 같은 정교화 작업에 적합하다. 왜냐하면 철학적 사유야말로 사유

---

213 시몽동, 2011, 304쪽.
214 시몽동, 2011, 324쪽.

의 상이한 형태들의 생성을 인식할 수 있기 때문에, 그리고 발생의 잇따른 단계들 사이에 어떤 관계를 세울 수 있기 때문에, 특히 자연적인 마술적 우주의 파열을 실행한 단계와 인간적인 마술적 우주의 분리를 실행하고 실행 도중에 있는 단계 사이에 어떤 관계를 세울 수 있기 때문이다.[215]

시몽동의 발생론적 진화는 분기와 균형이라는 두 가지 원리를 바탕으로 문화 전체의 형성 과정을 사변적 구성을 통해 보여준다. 이런 역동적인 생성의 과정은 신화 세계의 다른 이름인 마술적 단일성으로부터 종교와 기술의 분기, 이어 이론적 질서와 실천적 질서의 분기와 과학과 윤리의 출현으로 설명된다. 그리고 각 분기에서 필연적으로 나타나는 간극을 종합하는 역량으로 미학과 철학을 설정함으로써 문화 전체의 통합 가능성과 균형의 방향성을 제시한다. 시몽동의 기술 발생적 진화에 대한 설명을 도식화하면 그림 3과 같다.

그러나 시몽동의 발생론적 진화의 관점은 마술적 단일성으로부터 잇따른 분기를 설명하지만 분기의 구체적인 동인을 적절히 해명하지 못하는 문제가 있다. 즉 시몽동은 공간과 시간의 망상 구조로서 모양과 바탕의 이분화된 분기를 계속 확대하는 방식으로 발생론적 진화의 큰 그림을 그리고 있지만, 분기라는 단절이 생기는 정신사적 맥락과 의미를 충분히 설명하지는 못하고 있다. 물론 시몽동은 위상의 변화와 미학적 사유, 철학적 사유와 같은 다양한 매개의 개념을 동원해 분기의 영역을 한정하고 각 영역 간 상호작용의 가능성을 제시한다. 그렇지만 기

---

215 시몽동, 2011, 310쪽.

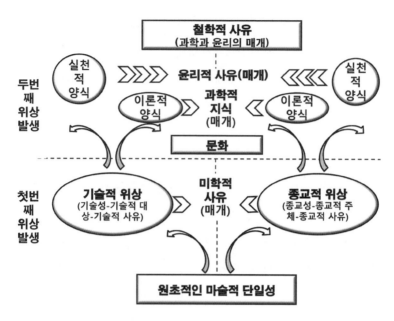

[그림 3] 시몽동의 기술 발생적 진화의 도식

술 진화에 대한 단계적이고 이분화된 구조적 도식을 벗어나지 못한다.

　이와 달리 카시러는 역사적, 정신사적 맥락에서 더 구체적으로 기술 진화의 양상을 보여준다. 그가 보기에 역사 속에서 문화의 변동은 인간이 스스로 자신을 인식하기 위한 점진적인 자기해방의 과정이다. 이 전체 과정에서 공동의 모체인 신화로부터 점차 분화돼 나온 종교·언어·예술·기술·과학 등의 문화 영역들은 각자 독자성을 유지하고 강화하면서도 부단한 상호작용을 통해 독특한 문화 세계의 촘촘한 그물망을 창조한다.

기술 이해의 다양성

기술에 대한 개별 학문의 관점과 기술철학의 관점은 분명한 차이를 보인다. 다른 어떤 학문보다 인류학과 역사학은 기술의 보편성과 일반적인 가치를 강화하는 데 공헌해왔다. 다수의 인류학과 역사학의 보고에 따르면 기술은 처음부터 항상 인간의 곁에 있었으며 단선적인 발전 경로를 따라 점진적으로 변화해왔다. 이 관점에서 보면 인간의 역사란 기술의 역사라 해도 과언이 아니다. 인류학자들은 미개사회나 야만사회로 쉽게 폄하돼온 원시공동체 사회가 상당히 정교한 도구 및 장비를 갖춘 기술적 조직 체계를 완비하고 과학적 태도도 갖추고 있었음을 구체적으로 입증하고 있다. 대표적으로 인류학자 브로니슬라브 말리노프스키Bronislaw Malinowski는 이렇게 주장한다.

이런 [문화적] 가치의 의미는 폭넓게 퍼지고 손재주와 이론적 지식 양자에 구석구석 스며들어 부착된다. 미래의 행동을 위해서 과거의 경험에 의존하는 과학적 태도는 모든 원시적 기술과 경제 단위의 조직 그리고 사회적 조직화에 묻어들어 있는 것으로 인류의 출발부터 가정되는 필요 불가결한 요소다. 자신의 역사를 개척하는 첫발을 내딛는 순간부터 인류는 도구적 인간Homo Faber, 이성적 인간Homo Sapiens, 정치적 인간Homo Politicus이었다. [216]

216　Bronislaw Malinowski, *A Scientific Theory of Culture*, Oxford University Press, 1960, p. 10.

말리노프스키에 따르면 현대인과 다름없이 원시인들도 질서와 규칙의 관념에 기초한 기술적, 과학적 태도를 갖추고 있었으며 아주 복잡하고 촘촘한 기술적 연결망 속에서 공동체의 삶을 영위했다. 이런 인류학적, 역사학적 견해는 문화의 흔적을 발견할 수 있는 모든 곳에서 기술은 한결같이 동일하고 인간이 만든 모든 인공물은 기술이라는 한 단어로 정의할 수 있다는 보편적 관념을 확산시켜왔다. 그리하여 기술은 오로지 한 가지 유형만 존재한다는 오해가 굳어지고 확산되었다. 더욱이 이런 오해는 정보통신 테크놀로지와 결합된 지구화의 흐름 속에서 한층 더 강화되고 있다. 오늘날 테크놀로지는 작용하는 모든 힘을 하나로 모아내는 공간적 중심이자, 모든 작용의 동인을 연이어 창출해내는 시간적 중심이 되고 있다. 즉 테크놀로지는 지구화의 원동력이자 인류의 미래가 되었다. 이런 상황에서 기술에 대한 인류학적, 역사학적 관점은 의도와는 무관하게 전 지구적으로 맹렬하게 퍼져 나가는 테크놀로지의 동질화와 자율화 경향을 정당화하는 동시에 기술의 다수성과 기술 이해 방식의 다양성을 은폐하는 데 일조하고 있다.

그러나 철학적 사유의 대상으로서 기술은 결코 보편적, 일반적 개념이 아니다. 이것은 철학이라는 고유한 프리즘을 통해 반성되고, 이로 인해 가시적으로 드러난 것을 의미한다. 이런 조건이 충족될 때만 기술은 철학사의 주제가 될 수 있다. 분명 역사적으로 존재했던 모든 사회는 기술을 보유하고 기술적 활동을 수행했다. 이 명백한 사실은 인간의 문화가 존속하는 한 앞으로도 변함이 없을 것이다. 하지만 모든 시대에 인간이 기술적 실천을 한다는 점이 곧바로 모든 문화와 시대를 막론하고 기술을 이해하는 방식이 동일하다는 사실을 의미하는 것은 아니다.

단적인 예로 응용과학이라는 현대의 가장 일반적인 테크놀로지의 정의는 19세기 이전에는 아예 존재하지도 않았다. 기술 이해에서 동양과 서양의 근본 차이를 비교 연구한 기술철학자 육후이許煜는 적어도 서양의 철학적 사유를 통해 이해한 기술 개념이 중국에서는 결코 존재한 적이 없었다고 단언한다.[217]

　이러한 사정은 당장의 기술적 현상에 대한 즉각 대응에 만족할 것이 아니라 오랫동안 서양의 철학적 사유와 기술이 맺어온 관계를 포괄적으로 검토할 것을 요청한다. 앞서 살펴봤듯이, 카시러는 신화와 우주론이라는 기술의 기원에서 문화와 기술의 공진화를 이해할 수 있는 총체적인 역사적 관점을 제시했다. 그런데 문화 세계 전체의 공진화 과정은 단선적이고 점진적인 진화의 패턴이 아니라 어떤 역사적 순간에 마치 땅이 융기하듯 새롭게 도약하는 변화의 패턴을 보인다. 즉 이는 생물학자 스티븐 제이 굴드Stephen Jay Gould가 제기한 '단속평형적斷續平衡的 진화'와 닮았다.[218] 달리 말하면, 문화 세계 전체의 변형이란 기존 관념들이 해체된 잔해와 무질서 속에서 새로운 관념을 중심으로 여러 계기

217　허욱(육후위),『중국에서의 기술에 관한 물음』, 조형준·조규철 옮김, 새물결, 2019, 76쪽. 육후이에 따르면 기술은 서로 다른 문화적 배경, 즉 신화적, 우주론적 배경의 영향을 받을 수밖에 없다. 따라서 기술은 보편적이기보다는 오히려 상대적이다. 이런 신화적, 우주론적 조건 아래서 기술을 이해하는 방식을 육후이는 '코스모테크닉스cosmotechnics'라는 개념으로 규정한다. 허욱, 2019, 85-100쪽.

218　단속평형적 진화 모델은 굴드와 닐스 엘드리지Niles Eldredge가 공동으로 주장한 이론이다. 자연계의 생물 종이 중간 형태를 거치지 않고 돌연 완벽한 형태로 출현하는 현상을 바탕으로 두 학자는 생물의 진화가 점진적 과정이 아니라 특정한 시점에 종의 분화가 폭발적으로 일어나는 단속적 과정이라고 주장한다. 이런 관점에서 볼 때 생물 진화의 역사는 폭발적인 짧은 진화기와 진화가 없는 긴 평형기가 교차하는 과정이 된다. 단속적 진화는 양자 진화quantum evolution 혹은 도약 진화saltatory(jump) evolutionism라고도 불린다. 스티븐 제이 굴드,『시간의 화살, 시간의 순환』, 이철우 옮김, 아카넷, 2012, 22쪽.

들이 응집해 뒤섞임으로써 새로운 질서를 창출하는 도약의 과정으로 볼 수 있다.

이러한 문화 세계의 진화 패턴에 나타나는 단절을 이해하는 데 유용한 개념으로 미셸 푸코Michel Foucault의 '에피스테메épistémè'를 들 수 있다. 『말과 사물』에서 푸코는 에피스테메 개념을 인식론적 장이 아니라 인식을 위한 가능성의 조건으로 규정하고 자신의 연구 방법이 전통적인 역사학적 방법이 아니라 고고학적 방법이라고 밝힌다.[219]

푸코의 에피스테메 개념은 어떤 시대에 특정한 학문의 등장, 즉 진리 담론의 질서를 규정하는 사회적, 과학적 관계의 구조 전체를 의미한다. 이 개념은 연속적이고 불변적으로 발전하는 관계망이 아니라 불연속적으로 변화하는 관계망이다. 여기서 불연속이란 어떤 문화가 기존 방식으로 사유하는 것을 멈추고 다른 방식으로 사유하기 시작하는 단절과 균열을 뜻한다. 따라서 푸코의 고고학적 탐구란 이런 불연속을 사실의 역사가 아니라 역사적 선험성, 곧 역사의 기저에 있는 사유의 심층에서 찾아내는 방법이다.[220] 물론 푸코의 에피스테메 개념과 고고학적 탐구 방법은 이 책이 선택한 방식과 정확히 일치하지는 않지만 기술

---

219 미셸 푸코, 『말과 사물』, 이규현 옮김, 민음사, 2012, 17쪽.

220 『말과 사물』에서 푸코는 16세기 이후 서구의 에피스테메를 세 가지로 구분한다. 16세기 르네상스 시기의 에피스테메, 17세기 중엽의 에피스테메, 19세기 초 근대의 에피스테메다. 그에 따르면 서구 역사에서 16세기 르네상스 이후 근대에 이르는 시기에 두 번의 중요한 불연속과 단절이 있었다. 먼저 16세기 르네상스 시대 인식의 가능성의 조건, 즉 에피스테메는 '유사성'이었다. 그렇지만 17세기 중엽에 이르면 유사성은 적절한 지식의 원천이 아니라 오류의 계기로 간주되기 시작했고 유사성의 에피스테메는 고전주의 시대의 '표상'의 에피스테메로 전환됐다. 이제 지식은 유사성이 아니라 동일성과 차이의 배열에 의해서 체계화되기 시작했다. 그 후 18세기 말엽에 이르면 표상의 에피스테메는 칸트 철학에서 완성에 이른 근대의 에피스테메로 다시 한번 전환된다. 푸코, 2012, 437쪽.

이해 방식의 다양성과 기술의 변동을 이해하는 데 도움을 줄 것이다.

이러한 논의를 바탕으로 이 책은 서구 유럽의 역사에서 나타난 서로 다른 네 가지 기술 이해 방식, 즉 고대 그리스의 '테크네', 중세의 '아르스', 근대의 '테크닉', 현대의 '테크놀로지'를 구분한다. 이처럼 시대별로 다른 기술 이해 방식은 기술적 활동 자체가 아니라 이런 활동에 의미를 부여하는 문화 전체의 상관관계 속에서 파악할 것이다. 물론 이 책의 문화적 접근법은 인간의 다양한 문화 활동 중 일부만을 다룰 수밖에 없다는 점에서 제한적이기는 하다. 그렇지만 나는 문화 속의 기술과 이것의 변동을 이해하는 데 중요한 네 가지 차원에서 고찰을 시도할 것이다. 네 가지 차원이란 신화적이고 우주론적인 차원, 시간과 공간의 차원, 인간성의 차원, 기술과 예술의 상호 관계의 차원이다.

서구 유럽의 역사에서 나타난 네 가지 기술 이해 방식과 문화적 접근법의 네 가지 차원의 관계를 표로 정리하면 다음과 같다.

[표 2] 네 가지 기술 이해 방식과 문화적 접근법의 네 가지 차원의 관계

	테크네	아르스	테크닉	테크놀로지
신화·우주론	우주창생론 유에서의 창조	우주창조론 무에서의 창조	무한 우주 기계적 우주관	불확실한 우주
공간·시간	영원한 시간 코스모스	창조와 종말 사이의 시간 유한한 세계 공간	가역적 시간 무한 공간 유니버스	불가역적 시간 다양한 시공간
인간성	필멸하는 하루살이 같은 존재 로마시대: 인간성 개념 확립	신의 구원을 필요로 하는 존재 신 안에서 자립적인 존재	이성적 주체	불안전한 이성 을 가진 주체
예술과 기술의 관계	통합	통합	예술과기술의 분리	예술과 기술 각자의 자율성 증대

2장
—

서양 고대 세계의
테크네와 아르스

1. 고대 그리스의 사유 구조

우주·폴리스·인간

기원전 12세기경 그리스반도로 남하한 도리아인의 침략으로 왕권과 궁전으로 대변됐던 미케네 문명이 몰락했다. 그 후 기원전 9세기까지 길게 이어진 소위 '암흑시대'를 거친 후 고대 그리스 세계는 기원전 9세기부터 기원전 7세기까지 존속했던 토기 시대의 끝자락에 이르러서야 오랫동안 단절됐던 동방 세계와 다시 교류를 이어갈 수 있었다. 이때부터 그리스반도 곳곳에 터 잡은 폴리스들은 지리적으로 유리한 위치를 십분 활용해 지중해 전역으로 점차 영향력을 확대했다.

그리스반도를 감싸고 있는 지중해는 외침을 방어하는 장벽 구실을 했으며 오늘날로 치자면 상인이자 뱃사람이었던 그리스인들에게 좋은 교역의 기회를 제공했다. 실제로 고대 메소포타미아와 이집트 지역에서 흥성했던 근동의 고대 문명은 그리스인들에게 여러 가지 이득을 안겨주었다. 이웃한 동방 세계와 접촉해 그리스인들은 서로 다른 법과 규범을 유심히 관찰할 수 있었고, 오랫동안 체계적으로 발전해온 수학, 천문학, 의학 등을 받아들여 그리스적 사유에 독창적으로 이식함으로써 서구 사상의 원류를 형성할 수 있었다. 역사적으로 고대 수메르 문명에서 발아한 고대 문명의 우주론 및 기하학을 비롯한 수학과 기술 그리고 그리스의 철학과 과학적 사유라는 합리주의는 17세기 이후 서구 근대 문명의 성립에 실질적으로 이바지한 지적, 문화적 배경이었다.

기원전 8-7세기는 고대 그리스의 중요한 변혁기였다. 이 시기에 귀족 정체가 참주 정체로 전환되는 정치적, 사회적 격변이 일어났으며, 올림포스의 열두 신을 숭배하는 국가 종교를 대신해 개인의 영적 구원을 추구하는 오르페우스교와 디오니소스교 같은 신흥 종교가 발흥했다.[1] 그뿐만 아니라 이 시기에 서사시의 시대가 서정시의 시대에 자리를 내주었다.[1] 이러한 일련의 정치적, 종교적, 문화적 변화에서 무엇보다 중요한 것은 처음으로 자아에 대한 감각이 싹텄다는 점이다. 그중에서도 오르페우스교는 최초로 영혼 불멸을 주장함으로써 훗날 구원 종교와 우주론의 종합을 위한 디딤돌을 놓았다.

또한 기원전 7세기 중반에는 구송되던 호메로스의 『일리아스』와 『오디세이아』, 헤시오도스Hesiodos의 『신통기』와 『일과 나날』이 알파벳[2]

---

1 박종현, 『헬라스 사상의 심층』, 서광사, 2001, 13-24쪽.

2 이반 일리치Ivan Illich와 배리 샌더스Barry Sanders에 따르면 기원전 14세기 무렵 이집트 상형문자와 메소포타미아의 설형문자가 사용되는 경계 지역에서 최초의 알파벳이 북부 셈족에 의해 탄생했다. 이반 일리치·배리 샌더스, 『ABC, 민중의 마음이 문자가 되다』, 권루시안 옮김, 문학동네, 2016, 29쪽. 고전학자 에릭 해블록Eric Havelock은 고대 그리스의 알파벳을 활용한 표기를 오랫동안 유지된 구송 문화에서 문자 문화로의 전환을 촉진한 핵심 계기로 간주한다. 그는 고대 그리스에

으로 기록되면서 무無문자 시대에 종지부를 찍었다. 바야흐로 구술 문화에서 문자 문화로의 전환이 시작된 것이다. 기원전 5-4세기에 활동한 플라톤은 문자의 유용성만큼이나 위험성을 자각하고 글을 쓴 최초의 인물이었다.[3]

이러한 변혁기를 거치면서 성숙한 그리스의 사유는 기원전 6세기에 흔히 '뮈토스에서 로고스로의 이행'이라고 일컬어지는 '새로운 정신'의 탄생, 즉 '철학의 탄생'으로 결실을 맺었다. 플라톤이 '자연 탐구'라고 말한 이 새로운 정신은 초자연적인 것과 자연적인 것의 차이를 분별하는 데서 출발했다. 이때부터 자연은 알 수 없는 힘에 의해 우연히 생성되는 것이 아니라 원리와 규칙의 지배를 받는 질서 있는 것으로 이해되

서 구송 문화를 대표하는 호메로스의 시에서 문자 문화로 나아가는 여정을 폭넓게 고찰하면서 플라톤을 최초의 미디어 혁명의 문턱에 서 있던 인물로 평가한다. 에릭 해블록, 『플라톤 서설』, 이명훈 옮김, 글항아리, 2011, 7쪽.

3 고전학자 월터 옹Walter Ong에 따르면 플라톤은 본격적으로 문자 문화로 이행해가는 과정에서 누구보다도 민감하게 문자의 빛과 어둠을 예의 주시한 인물이었다. 『국가』에서 플라톤은 아주 강한 어조로 시와 시인의 추방을 주장한다. 이런 다소 과격한 주장의 밑바탕에는 구술성에서 문자성으로의 전환이라는 역사적 맥락이 깔려 있었다. 플라톤이 살았던 당시의 시와 시인의 역할은 오늘날과는 완연히 달랐다. 당시의 시는 오늘날처럼 시인의 문학적 창조성과 상상력이 녹아든 문학의 한 장르가 아니라 호메로스 이래로 도시국가 시민의 교육을 전담하는 역할을 수행했다. 해블록, 2011, 46쪽. 이런 상황은 플라톤이 왜 그토록 시와 시인을 공격했는지 짐작하게 한다. 플라톤은 당시 구송되던 서사시 중심 교육 체계의 독점과 시적 체험이 제공하는 가치관에 단호히 반기를 들고 시가 아니라 철학이 그 자리를 대신해야 한다고 주장했다. 플라톤의 관점에서 시는 정신에 손상을 입히고 지성을 혼란에 빠뜨리기 일쑤다. 시는 본질에 대한 모방이 아니라 한낱 과거의 사건이나 현상의 모방이고 구송은 이를 재차 모방한 것에 지나지 않기 때문이다. 하지만 구송 문화를 대표하는 시에 대한 플라톤의 비판을 근거로 플라톤이 문자를 전적으로 옹호했다고 섣불리 판단해서는 안 된다. 분명 플라톤은 문자화된 말이 대화의 장과 내용의 보존에 결정적으로 공헌한다는 점을 인정했다. 그렇지만 동시에 문자의 한계성도 정확히 언급한다. 그의 요지는 쓰기가 기계적이고 기억력을 손상시키며 질문에 대처하는 능력도 약화한다는 점이다. 플라톤, 『파이드로스』, 박종현 역주, 서광사, 2016, 362-363쪽. 이런 문자의 양가성을 고려하면서도 플라톤이 무엇보다 중시한 것은 문자로 표현될 수 없는 참된 깨달음의 경지였다. 플라톤은 문자 자체보다는 배우는 사람의 혼을 깨우치는 문자화된 글의 산파술적 효과와 행간의 의미를 더 중시한 것이 분명하다.

기 시작했다. 우주 만물의 생성을 설명하는 데 신이나 초월적 힘을 끌어들이지 않았다는 점에서 신화적 세계관과 단절했던 이 새로운 정신의 고향은 지금의 튀르키예 서부 해안에 위치한 자매도시 밀레투스였다. 철학의 아버지라고 불리는 탈레스Thales로 대표되는 밀레투스학파는 모든 것의 근본 원리인 '아르케arche'가 동일하기 때문에 추론과 관찰을 통해 자연을 하나의 전체로 인식할 수 있다고 생각했다. 특히 탈레스의 두 가지 언명이 유명했다. '만물의 아르케는 물'이라는 언명과 '만물은 신들로 가득하다panta plērē theōn'는 언명이다. 여기서 '판타panta'는 '우주pan'를 뜻하기에 이는 '우주가 신들로 가득하다'는 의미이기도 하다.[4] 끊임없이 변하는 현상 속에서 불변하는 아르케를 찾았던 탈레스에 이르러 최초로 자연의 원리에 따른 단일한 우주 개념이 형성된 것이다.

초창기 그리스 철학자들이 창조한 아르케 개념은 신화와 철학의 경계선이었다. 이 개념은 '시원'에 대한 신화적 개념과 '원리'에 대한 철학적 개념 사이의 이행점이자 무차별점이었다.[5] 따라서 우리가 아리스토텔레스의 전언傳言에 따라 탈레스를 철학의 비조로 인정한다면,[6] 또한 개별적인 상황에서 보편적인 것을 파악하고 변화무쌍한 현상에서 불변하는 것을 발견하는 일을 과학적 사유의 목적으로 이해한다면, 역사적으로 철학과 과학은 동시에 탄생했다.

분명 철학과 과학이라는 새로운 정신의 출현은 그리스의 다양한 문화적 조건이 한데 어우러져 맺어진 정신사적 결실이었다. 그렇지만

---

4 강철웅 외, 2013, 57쪽.

5 카시러, 2014, 24쪽.

6 아리스토텔레스, 2012a, 38쪽.

전통적인 신화적 해석을 넘어서는 우주와 자연에 대한 새로운 사유가 움터 나오는 데 가장 중요한 역할을 한 것은 다름 아닌 종교였다. 사유 체계로서의 신화와 구체적인 삶의 체계로서의 종교를 중심으로 숙성된 그리스적 사유의 심층은 어떤 의미에서 이미 우주와 자연을 철학적 관점에서 바라보도록 구조화돼 있었다. 따라서 이 심층에 다가갈 때에만 우리는 왜 고대 그리스에서 유일하게 의인화된 신 관념이 형이상학적, 철학적 자연신 관념으로 전환됐는지를 알 수 있고, 그들이 왜 폴리스를 중심으로 한 정치적, 도덕적 삶의 통일을 그토록 열정적으로 추구했는 지를 이해할 수 있을 것이다.

에두아르트 첼러Eduard Zeller는 그리스인들이 구체적인 일상생활의 문제를 간과하지 않으면서도 항상 세 가지 요소, 즉 아름답고 질서정연한 우주·폴리스·인간을 통합된 하나의 전체로 이해했다고 강조한다.[7] 물론 근동의 고대 문명도 이 세 가지 요소를 하나의 유기적 전체로 봤다는 점에서는 동일하다. 그렇지만 그리스의 종교는 세 가지 요소의 결합을 새로이 강조함으로써 근동의 고대 문명과는 다른 세계상을 형성했다.

이러한 차이는 신화에서 출발해 근동의 고대 문명과 그리스 문명을 비교함으로써 더 분명해질 것이다. 카시러에 따르면 신화 본연의 참모습은 공간의 분할과 맞물린 시간의 분절에 따라 신들이 나타나고 신들의 형상이 자신의 역사와 이야기로 펼쳐질 때 비로소 고유한 모습으로 등장한다. "공간을 개별 방위와 방역으로 나누는 것은 시간을 개개

---

7 E. 젤러, 『희랍철학사』, 이창대 옮김, 이론과실천, 1993, 14-15쪽.

의 국면으로 나누는 것과 병행하여 일어난다. 양자는 빛이라는 물리적 원原 현상Urphänomen에 대한 직관으로부터 출발한 정신이 빛이 되어가는 점진적 과정의 상이한 두 계기를 표현할 뿐이다."[8] 이같이 신화의 참된 성격은 시원이라는 시간의 근원적 심층이 열리고 여기서 흘러나오는 시간의 분절에 의존한다. 신화적 시간은 생물학적 시간에서 우주적 시간으로 차츰 이행했다. 우주적 시간이 전면에 부상하기까지 오랫동안 신화적 시간은 삶의 리듬에 맞춘 생물학적 시간이었다. 낮과 밤의 교차, 계절의 순환 같은 자연의 주기적 변화에 기초한 생물학적 시간 감각은 인간의 삶에 투사돼 점차 관습과 생활방식이라는 삶의 형식으로 굳어졌다.

그러나 주술적 직관에 의존하던 신화적 의식이 여기서 벗어나 존재와 사건 전체로 점차 눈을 돌리자마자 우주적 시간과 보편적 세계 질서에 대한 새로운 사유가 움터 나왔다. 별을 숭배한 모든 종교의 발상지인 바빌로니아와 아시리아에서 천체를 집중 관찰하면서 사유의 전체 윤곽과 색조가 점차 변해갔다. 일종의 신관神官인 천문관 계급의 천문학적 지식에 기반한 메소포타미아의 종교는 천체의 운행에서 나타나는 시간의 규칙성에서 신성神性을 발견했다. 이를 통해 대부분의 문명화된 종교에서 나타나는 보편적 시간 질서와 영원한 법질서의 동일성, 천문학적 우주 질서와 도덕적 세계 질서의 동일성이 가시화됐다.

신화적 공간과 시간의 분할이 가장 체계적이고 정합적으로 발전한 점성술은 신화적 의식의 발전 단계의 최종 국면에 등장했다. 운명에

---

8 카시러, 2014, 235쪽.

따른 존재 전체의 예정성을 담고 있는 신화적 지리학으로서 점성술은 체계적인 구조 공간을 표상하고 고대 세계의 가치들을 담아내는 방대한 체계였다. 이러한 점성술의 구조와 가치 체계에 대해서 헨리 프랑크포트Henri Frankfort는 다음과 같이 말한다.

> 메소포타미아 지역에서 발전한 점성술은 하늘에서 일어나는 천체의 운행 및 사건들과 지상의 장소들을 서로 연결하는 매우 광범위한 체계를 발전시켰다. 이를 통해 신화적 사유는 현대적 사유를 방불케 하는 잘 확립된 공간 좌표 체계를 완성했다. 이 체계를 결정지은 기준은 객관적 측정이 아니라 가치들의 감성적 인지였다.[9]

점성술의 원리에 따르면 우주 만물의 생성과 별들의 운행 그리고 세상에서 일어나는 모든 사건은 단지 가상에 불과하며 그 배후에는 운명이라는 미리 정해진 존재 규정이 있다. 운명의 힘은 우주 만물은 물론 인간에게도 고루 미친다. "우리들 각각 안에는 특정한 행성이 존재한다(우리들 안에는 달, 목성, 화성, 금성, 토성, 태양, 수성이 거주하고 있다)."[10] 그러므로 한 사람이 태어난 시각에 일치하는 별자리에는 이미 그의 전 생애가 오롯이 담겨 있다. 결국 개인은 정해진 운명의 길을 따라 살아갈 뿐이다. 모든 현상은 생성이나 창조일 수 없으며 단순한 항존恒存이었다.

---

9 Henri Frankfort et al., *The Intellectual Adventure of Ancient Man: An Essay of Speculative Thought in the Ancient Near East*, University of Chicago Press, 1977, p. 21.

10 카시러, 2014, 199쪽.

요컨대, 메소포타미아와 이집트에서 발전한 근동의 고대 문명은 성신교星神敎를 숭배했고 이를 바탕으로 사회와 인간을 하나의 절대적인 우주 질서 아래 수직적으로 통합했다. 고대인들은 태양이나 달을 하나의 최고신, 곧 천신天神으로 숭배하고 지상의 모든 존재를 신적 세계의 복사물이나 창백한 그림자로 간주하는 영속철학perennial philosophy에 의지했다.[11] 프랭크포트에 따르면 근동 고대인들의 사변적, 종교적 사유는 영원성과 불멸성으로 향하는 궁극의 우주론에 집중됐고 자연의 영역과 인간의 영역을 명료하게 구분하지는 않았다.[12] 행성의 변화를 면밀하게 관찰했던 천문관 계급은 한편으로는 지식을 독점함으로써 왕권신수설을 지탱했고, 다른 한편으로는 별과 행성의 변화를 정확히 계산해 점토판에 꼼꼼히 새김으로써 일식 등의 천체 현상에 대한 정확한 지식과 산술적 비법을 후세에 전수했다.

반면에 헤로도토스Herodotos가 "페르시아인들은 태양, 달, 지구, 물, 불과 같은 자연신을 섬기고, 그리스인들은 인간의 본성을 지닌 신들을 섬긴다"[13]라고 썼듯이, 그리스 종교는 의인화된 신을 섬기고, 처음으로 자연의 영역과 인간의 영역, 즉 피시스physis와 노모스nomos를 구별했다. 그리스의 의인화된 신 관념은 얼핏 원시인들의 의인화된 신 관념과 유사해 보인다. 하지만 양자의 차이는 분명하다. 만물을 신성한 힘과 차

---

11 암스트롱, 2010, 12-13쪽.

12 프랭크포트는 고대 이집트와 바빌로니아 문명에 대한 심층 연구를 토대로 이들이 궁극의 우주론을 제시했으며 항상 우주적 질서와 사회 그리고 인간을 통합된 하나로 간주했다는 사실을 밝힌다. 이런 우주론적 사유의 특성은 고대 그리스인들에게 영향을 주었고 이를 바탕으로 철학과 과학으로 이어지는 명확한 일반화와 체계화가 이루어졌다. Frankfort, 1977, pp. 4-8.

13 강철웅 외, 2013, 31쪽.

별 없이 동질화하는 원시인들의 심정적 의인화는 자연의 과정에서 신성한 힘만을 따로 분리해 대상화할 수 없기 때문에 엄밀한 의미에서 의인화로 볼 수 없다. 기본적으로 주체와 객체의 차이에 대한 자각을 전제하는 의인화는 주체와 분명히 구별되는 지각 대상에 주체의 자각을 투사함으로써 이루어지기 때문이다. 이런 맥락에서 신을 이성적 사유의 대상으로 인식했던 그리스의 신 관념은 철저한 의인화로 이해할 수 있다.

이러한 주체와 객체의 분리는 그리스어의 언어학적 특성과 관련이 있다. 신을 뜻하는 그리스어는 '테오스theos'다. 이 말은 동사 '티테미 tithemi'에서 파생된 명사로서 어간 '테the'는 주체와 객체의 일정한 거리나 간격이라는 의미를 함축한다. 신 개념 자체에 내포된 주체와 객체의 간격이라는 '인식론적 거리 두기'는 신화적, 종교적 사유를 행한 그리스인이 신을 주체와 대비되는 객체로 사유할 수 있었던 직접적인 계기였다.[14] 브루노 스넬Bruno Snell은 새로운 신 관념뿐만 아니라 철학과 과학이 발전할 수 있었던 그리스어의 또 다른 언어학적 특성에 주목한다. 이는 문자화된 신화에서 발견되는 정관사의 존재다. 라틴어에는 없는 그리스어만의 특징인 정관사의 존재는 근본적으로 추상화를 가능케 하는 조건이었다.[15] 관사는 어떤 말 앞에 붙어서 그 말을 명사화하는 기능을 한다. 즉 정관사가 붙은 말은 고유명사, 사물명사, 추상명사 같은 실체사가 된다. 그런데 고유명사와 사물명사가 인간을 둘러싼 환경 속에

---

14 강철웅 외, 2013, 29-30쪽.

15 브루노 스넬, 『정신의 발견: 서구적 사유의 그리스적 기원』, 까치, 1994, 345쪽.

서 구체적으로 파악되는 것들에 이름을 붙인 언어 형식이라면 추상명사는 정신적인 것이나 비물질적인 것을 표시하는 언어 형식이다. 일찍이 그리스인은 상호 연관된 모든 존재를 한데 묶어 설명하거나 개념화할 때 추상명사를 자주 사용했다. 이 같은 인식론적 거리 두기와 고도의 추상화가 가능한 언어 사용에 익숙했던 그리스인들은 차츰 신화의 의인화된 신 관념에서 벗어나 자연신 관념으로 이행했고 철학과 과학의 발전을 도모할 수 있었다.

이렇게 신 개념이 근본적으로 변화하는 데 중요한 징검다리 구실을 한 것은 헤시오도스였다. 그의 『신통기』는 신들의 고유한 이름뿐만 아니라 구체적인 기능과 영역을 나누어 기술함으로써 세계를 개념적으로 파악하는 총체적인 세계 인식의 밑그림을 제공했다. 이런 점에서 헤시오도스의 '신들의 계보학'은 단순한 우주발생론이라기보다 우주론에 더 가까웠다. 위계적 구분에 따라 상위 신들과 하위 신들의 관계를 논리적으로 표상하는 헤시오도스의 신들의 이야기는 보편적 세계 질서의 공간 구조를 체계적으로 해명할 뿐만 아니라 의도적으로 관계 중심의 공간적 도식을 보여주기 때문이다.[16] 따라서 헤시오도스의 신들의 계보

---

16 관례적으로 무사 여신들에 대한 찬가를 시작으로 신들의 이야기가 펼쳐지는 『신통기』에서 헤시오도스는 우주의 생성이라는 장대한 거울을 통해 단지 과거에 일어난 일을 보고하는 데 그치지 않고 현재의 지속적인 상태를 기술하는 데 많은 지면을 할애한다. 이를 통해 헤시오도스는 신·우주 만물·인간의 관계를 공간적 구조에서 전체적으로 포착할 수 있는 시각을 제공한다. 헤시오도스에 따르면 신들은 다섯 개의 위계적 영역으로 구분된다. ①우주의 기원과 관련된 가장 추상적인 차원의 신들: 무질서 상태 혹은 우주 탄생의 공간적 의미를 가진 카오스Chaos, 원초적 생식력을 의미하는 에로스Eros ②자연물을 상징하는 신들: 대지의 여신 가이아Gaia, 하늘의 신 우라노스Ouranos 등 ③인간이 지닌 기능을 가리키는 신들: 기억의 여신 므네모시네Mnemosynē, 사려의 여신 메티스Mētis 등 ④사회적 법칙을 지칭하는 신들: 운명의 여신 모이라Moira, 정의의 여신 디케Dikē 등 ⑤제우스를 필두로 한 올림포스의 제신들. 헤시오도스, 『신통기』, 천병희 옮김, 한길사, 2004, 23-84쪽.

학은 또 다른 이름의 공간의 구조 체계, 곧 우주론으로 볼 수 있다.

헤시오도스는 또 『일과 나날』에서 계절의 순환과 절기의 변화를 고려한 농사의 중요성을 강조하고 농부들이 게으름 피우지 않고 농사에 열심일 때 생기는 이익을 들어 농사일을 권장한다. 신이 내린 형벌이자 인간의 운명인 노동을 찬미하는 『일과 나날』은 일종의 권농시이자 교훈시였다. "그대는 일을 사랑하되 시의時宜를 얻도록 하시라. 그러면 그대의 곳간들은 철철이 식량으로 가득 차게 될 것이오. (⋯) 그리고 일하는 자는 불사신들에게 훨씬 더 사랑스런 법이오."[17] 신과 윤리와 농사가 한데 어우러지고 노동만큼 사회적 정의를 강조하는 『일과 나날』은 근동의 고대 문명에서 나타나는 신적, 특권적 지식과는 다르게 농부들에게 요긴한 세속적, 구체적 지식의 가치를 높이고 자연법칙에 대한 관념을 벼렸다. 이렇게 벼려진 질서 감각과 자연법칙에 대한 관념은 훗날 철학적 자연 탐구의 사상적 토대를 형성하는 밑거름이었다.

다른 한편으로 사자死者숭배에 기초한 가족 종교의 전통에서 기원한 그리스 종교의 공간적 상징과 기하학적 우주론의 결합은 왜 그리스에서 자연철학적 탐구와 정치적 이상을 좇는 정치사회적 탐구가 함께 발전했는지를 이해하는 실마리를 제공한다. 퀴스텔 드 쿨랑주Fustel de Coulanges에 따르면 그리스의 종교는 조상의 혼이 깃든 집안의 신성한 불[18]을 수호신으로 섬기는 구석기시대 이래 이어져 내려온 가족 종교였

---

17 헤시오도스, 『일과 나날』, 천병희 옮김, 한길사, 2004, 103쪽.

18 불은 일반적으로 사람들이 생각하는 물질적인 자연의 불이 아니라 특정한 종류의 나무만을 사용하고 특정한 의식을 통해서만 지펴지는 순결한 불이자 도덕적인 불이었다. 후세에 와서 불의 숭배가 범汎그리스적 신 제우스에 대한 숭배보다 부차적인 지위로 떨어졌어도 관련 의식은 잔존했다. 퀴스텔 드 쿨랑주, 『고대도시』, 김응종 옮김, 아카넷, 2000, 40-41쪽. 쿨랑주는 고대사회의 모든 제도가

다. 이는 로마도 마찬가지였다. 고대 그리스어로 가족은 동일한 불에 기도를 드리고 같은 조상에게 음식을 봉양하는 '불 주위에 모여 있는 사람들'을 뜻했다.[19] 집안의 불을 밤낮으로 극진히 돌보는 일은 가장의 신성한 의무였고, 집안의 불이 의인화된 신이 그리스의 헤스티아Hestia 여신과 로마의 베스타Vesta 여신이었다.[20] 보통명사로 땅에 붙박인 둥근 모양의 화덕을 의미하는 헤스티아는 그리스인들의 모든 중요한 집안사의 중심이었다. 예를 들어 '화덕 돌기'는 가장이 새로 태어난 아이를 안고 화덕을 돌면서 이름을 붙여주고 아이의 행복과 건강을 기원하는 의식이었다. 또 결혼식도 조상신이 지켜보는 가운데 화덕 주위에서 거행됐

사자숭배의 원초적인 가족 종교에서 발아했고 종교가 확장되면서 폴리스가 성립됐고 종교가 변하면 고대사회 전체가 혁명의 물결에 출렁거렸다고 설명한다. 그에 따르면 고대 그리스-로마 세계에서 종교는 모든 변화의 중심이자 법칙으로서 고대 세계를 이해하는 요체였다. "신앙이 자리 잡으면 인간 사회가 구성된다. 신앙이 변하면 사회는 일련의 혁명을 겪는다. 신앙이 사라지면 사회의 모습이 달라진다. 이것이 고대의 법칙이었다." 쿨랑주, 2000, 540쪽.

19 쿨랑주, 2000, 55쪽.

20 플라톤은 『크라튈로스』에서 헤스티아가 사물의 본질을 의미하는 '우시아ousia'의 옛말인 '엣시아 essia'와 관련 있음을 밝히며 "사물의 본질을 '엣시아'라고 부르는 사람들이 신들 중에 먼저 헤스티아에게 제물을 바치는 것은 당연하다"고 말한다. 플라톤, 2014, 88-89쪽. 고대 그리스인들은 기도를 올리거나 맹세를 할 때 제일 먼저 화덕의 여신 헤스티아에게 제물을 바치며 이름을 부르는 것이 관례였다. 또한 키케로의 『법률론』에는 다음과 같은 대목이 나온다. "각기 다른 신들에게는 각기 다른 사제들이 배속되어야 할 것이며 모든 신들에게는 제관들이 배속되어 있어야 하고 각각의 신에게는 신관들이 배속되어 있을지어다. 베스타 처녀들은 도성에서 공공 화로의 불씨를 영구히 보존할지어다." 마르쿠스 툴리우스 키케로, 『법률론』, 성염 옮김, 한길사, 2007, 132-133쪽. 이 구절에서 알 수 있듯이, 로마 시대에는 공공의 화덕을 뜻하는 베스타 여신을 섬기는 선출직 여제관들이 존재했으며 30년 동안 이 일에 봉사했다. 그리스-로마 문화에서 일반적이었던 사자숭배 의식은 그리스도교가 로마에 폭넓게 유포된 후 4세기 후반 암브로시우스Ambrosius 주교 시대에 와서 교회 의식으로 대체되면서 결정적으로 쇠퇴한다. 이 시기를 기점으로 개별적인 사자숭배 의식은 순교자들의 유골을 교회에 안치하고 집단적으로 추모하는 성찬 예식으로 갈음됐다. 그래도 망자가 현존한다는 사자 추모 의식은 면면히 이어지다가 18세기 근대 법체계와 주체 개념의 변화에서 죽은 자를 법적 주체로 인정하지 않으면서 완전히 소멸했다. 알라이다 아스만, 『기억의 공간』, 변학수·백설자·채연숙 옮김, 경북대학교 출판부, 2003, 39-41쪽.

다.[21] 장 피에르 베르낭Jean-Pierre Vernant은 그리스 종교에서 '중심'을 지칭하는 핵심 단어들인 헤스티아와 옴파로스omphalos[22]의 관계를 통해 헤스티아의 종교적 이미지와 정치적, 기하학적 우주 관념의 연관성에 주목한다. 그에 따르면 집안 중앙에 자리 잡은 헤스티아는 천상 세계·지상 세계·지하 세계라는 우주의 세 차원이 교차되는 지점으로서 중심성·불변성·영구성·부동성을 상징했다. 즉 헤스티아는 제우스를 비롯한 제신이 있는 천상 세계와 하데스Hades가 있는 지하 세계를 잇는 지구의 배꼽, 곧 옴파로스를 의미했다.

더 중요한 측면은 고대 그리스인들이 이런 가족 종교의 기본 정신을 동심원 모양으로 씨족, 부족, 폴리스로 점차 확장했다는 점이다. 집안의 화덕 헤스티아로부터 폴리스의 광장 아고라agora로 나아가는 동심원적인 공간 확장은 새로운 정치 공동체의 출현을 총체적으로 표상했다. 이런 이유에서 그리스인들은 폴리스의 신전을 '헤스티아 코이네 hestia koine', 즉 '공공의 화덕'이라고 불렀다.[23]

이 공공의 화덕에 참여하는 행위는 시민의 의무이자 권리의 원천이었으며 이것 자체로 정치적 행위였다. 실제로 폴리스 차원의 종교의식에 참여하지 않는 시민은 가차 없이 권리를 박탈당했다. 『티마이오

---

21 쿨랑주, 2000, 55-64쪽.

22 장 피에르 베르낭은 다산성을 상징하는 여성적 이미지를 바탕으로 헤스티아와 배꼽을 의미하는 옴파로스의 관계를 설명한다. 종종 대지의 여신 가이아로 지칭되는 옴파로스는 중심점, 무덤, 영혼과 생명의 저장고뿐만 아니라 태아와 산모를 이어주는 생명의 끈인 탯줄이라는 뜻도 있다. 또한 두 용어는 원형이라는 형태적 동일성을 가지는데 그리스적 사유에서 원은 식물의 생장이나 인류의 성장을 품고 있는 대지모大地母의 이미지와 연결되는 여성적 힘의 특징을 함의한다. 장 피에르 베르낭, 『그리스인들의 신화와 사유』, 박희영 옮김, 아카넷, 2005, 209-211쪽.

23 베르낭, 2005, 249쪽.

스』에서 플라톤은 우주 창생의 조물주로서 '데미우르고스Demiourgos'를 제시한다. 소문자로는 장인匠人을 뜻하는 이 말은 공적인 일에 참여하는 가치를 높이 평가했던 고대 그리스인들의 기본 태도를 보여준다. 어원학적으로 데미우르고스의 기본 뜻은 "민중을 위하여demios 무엇인가를 만들어내는 사람Forgos"[24]이다. 이런 의미에는 무엇을 만드는 행위와 함께 공동체를 위해 일하는 것에 대한 높은 가치 평가가 담겨 있다. 종교와 정치를 구분하는 현대의 관념을 그대로 따르는 시대착오적 오류를 범하지 않으면서 고대 그리스 세계를 바라본다면, 당시 사상가들은 모두 철학자였을 뿐만 아니라 신학자요 정치가였다. 이러한 맥락에서만 플라톤 철학에 대한 조지프 슘페터Joseph A. Schumpeter의 다음과 같은 통찰을 제대로 이해할 수 있을 것이다.

그리스 사상은, 그것이 아무리 추상적인 것일지라도, 항상 인간 생활의 구체적인 문제를 중심으로 움직였다. 게다가 이러한 생활 문제는 항상 그리스인에게 문명화된 존재의 유일한 가능태였던 도시국가, 즉 폴리스라는 이념에 중심을 두고 있었다. 그러므로 그리스 철학자는 우리와 다른 세계에 속한 요소들을 독특하게 종합했기 때문에 본질적으로 정치철학자였다. 그는 폴리스로부터 우주를 바라보았고, 사고나 다른 모든 인간 관심사의 우주를 폴리스에 반영했다. 소피스트들이 처음으로 오늘날 우리들이 하는 것만큼이나 이 우주를 아주 많이 분석했던 것처럼 보인다. 사실상 이들은 논리실증주의를 포함하는 현대적 사고 방법의 선구자였

---

24 박희영 외, 『플라톤 철학과 그 영향』, 서광사, 2001, 179쪽.

다. 그러나 플라톤의 목적은 결코 분석이 아니었다. 오히려 그것은 이상적 폴리스에 대한 초경험적 비전, 다르게 표현하자면 이상적 폴리스의 예술적 창조였다.[25]

이와 같이 가족 종교를 모태로 한 그리스 종교는 폴리스의 도덕, 관습, 법을 형성하는 요체였다. 애초부터 그리스 사회에서 종교와 정치는 통합된 형태로 발전했다. 이를 통해 우리는 왜 그리스 종교가 폴리스에서 독립해 발전하지 않았고 어떤 종류의 경전도 남기지 않았으며 종교적 교리에 전적으로 의존하는 교조주의에 빠지지 않았는지를 알 수 있다. 더욱이 헤스티아의 종교적 상징에서 동심원상으로 확장된 사회적 공간의 확장과 우주론적 공간 구성의 상호 침투는 새로운 철학적 우주론의 골간을 형성했다.

우주론은 인간을 둘러싸고 있는 실재 세계를 설명하는 가장 크고 일반적인 도식이다. 우주론의 궁극적 목표는 우주의 시작이나 끝을 밝히는 데 있다기보다는 현재 삶 속의 일상 경험을 설명하는 데 있다. 일차적으로 시간과 공간이라는 근본 범주의 관계를 통해 표상되는 우주론은 마치 공기처럼 각별한 주의를 기울이지 않으면 파악하기 어려운 일반 관념들을 형성한다. 부분적으로 표현될 뿐인 일반 관념들은 모든 특수한 하위 개념들에 관여함으로써 보편적인 가치 체계를 구성한다. 인간이 일정한 유형의 공간과 시간의 도식을 벗어나서 살 수 없고 이런 도식을 언어로 표현한 언어 공동체를 떠나서 살 수 없다면, 어떤 방식

---

25 조지프 슘페터, 『경제분석의 역사 1』, 김균 외 옮김, 한길사, 2013, 131쪽.

으로든 인간은 전체·원리·질서와 같은 우주론적 관념들의 영향을 받으며 사유하고 행동할 수밖에 없을 것이다.

따라서 우주론의 변화는 필연적으로 신 관념 및 자연관의 변화를 동반하기 마련이다. '뮈토스에서 로고스로의 이행' 과정에서 전통적인 신화적, 의인주의적 신 관념은 로고스 차원에서 인식과 설명이 가능한 객체화된 대상으로서의 신 관념으로 전환됐고, 변화무쌍한 자연현상 속에서 불변의 원리를 찾는 자연 탐구의 방식이 확립됐다. 더 구체적으로 말하면 이 과정에서 신화적 사유에서 탄생한 필멸하는 하루살이 같은 존재인 인간과 상반되는 불멸의 신 관념은 완전한 존재이자 모든 것의 원인인 신 관념으로 대체됐고, 자연 탐구의 시각도 우주·자연현상·인간사를 망라하는 원인에 대한 포괄적 물음으로 확장됐다.

기하학의 발견도 우주론의 변화에 결정적인 역할을 했다. 프로클로스Proklos에 따르면 이집트에서 맨 처음 기하학을 들여온 사람은 탈레스였다.[26] 그 후 그의 제자 아낙시만드로스Anaximandros는 이전까지의 모든 신화적 설명을 일소하는 대담한 기하학적 공간 표상을 제시했는데, 이는 지구가 우주 한가운데에 떠 있다는 주장이었다. 탈레스조차 근동 신화에 영향을 받아 지구가 물에 떠 있다고 주장했음을 고려하면,[27] 아낙시만드로스의 주장은 새로운 공간 관념의 출현을 의미했다. 그에 따르면 지구는 우주 한가운데 떠 있는 평평한 원통 모양이었다. 천체들은 지구를 중심으로 동심원을 그리며 중첩되고 별, 달, 해 등은 각각 지구

---

26 김인곤 외, 2005, 124쪽.
27 김인곤 외, 2005, 128쪽.

지름의 9의 배수만큼씩 떨어진 거리에 위치했다. 이제 우주는 지구라는 중심과 원주 사이의 기하학적, 수학적 비례에 따라 지구와 다른 천체 사이의 공간 관계로 규정되고 배열되기에 이른다. 이러한 수학적 비례에 따른 공간 배열의 핵심 원리는 대칭성, 유사성, 균형성이었다. 베르낭은 헤스티아의 상징적 공간 표상과 아낙시만드로스의 기하학적 우주론의 연관성을 바탕으로 기하학적 공간 원리와 폴리스 성장의 관계를 설명한다. 그에 따르면 이제 왕 밑에 지배와 종속의 관점에서 규정되는 관계가 아니라 동일성과 대칭성이라는 기하학적 원리에 따라 인간관계가 사유되는 정치적 사회가 등장한 것이다. 즉 광장이라는 중심 공간에 따라 균형성, 대칭성, 상호성의 원리에 입각해 모든 시민이 정치적 지평에서 서로 동등한 자로 간주되는 정치 체계가 확립된 것이다.[28]

철학적 관심보다는 인간의 자기 구원이라는 종교적 관심에 더 경도됐던 피타고라스Pythagoras는 천체의 운행과 순환을 꼼꼼하게 관상觀想함으로써 우주가 지극히 아름다운 하나의 질서 체계라는 확신에 도달했다. 질서taxis에서 비롯된 우주는 지극히 아름다운 것이었다. 피타고라스는 이 아름다운 우주가 수들과 수 사이의 비례 관계, 그리고 기하학적 도형의 원리에 의해 구성된다고 생각했다.[29] 그러므로 수에 대한 앎은 곧 우주적 질서에 대한 앎을 의미했다. 수는 우주적 질서와 인간의 세계를 잇는 우주론적 중간자였다. 이런 연유로 피타고라스는 수를

---

28 베르낭, 2005, 245쪽.

29 베르낭, 2005, 186-187쪽.

가장 지적인 성격을 띤 것으로 칭송했다.[30] 더 나아가 인간도 우주적 질서에 동화됨으로써 소우주가 될 수 있다고 보았다. 피타고라스의 질서 관념과 수의 원리는 플라톤이 『티마이오스』에서 펼친 수학적, 기하학적 우주창생론에 많은 영향을 주었다.

'만물유전萬物流轉'을 주창한 것으로 유명한 생성과 변화의 철학자 헤라클레이토스Heracleitos 역시 우주를 단지 무질서한 변화만으로 이해하지 않았다는 점에서는 피타고라스의 관점과 다르지 않았다. 그는 끊임없는 변화 속에서도 결코 변하지 않는 것이 있다고 믿었고, 이런 우주의 참된 본성을 '로고스'라고 불렀다. "로고스는 언제나 그러한 것으로 있지만, 사람들은 듣기 전에도, 일단 듣고 나서도 언제나 이해하지 못한다."[31] 그리고 이런 로고스의 발현을 헤라클레이토스는 '노모스', 곧 법으로 이해했다.

요컨대, 탈레스 이후 교양 있는 그리스인들은 우주를 로고스를 담지한 아름다운 하나의 질서 체계로 이해했고 언제나 우주·폴리스·인간을 하나의 통합적인 유기체로 파악했다. 카시러는 플라톤의 철학 곳곳에서 이런 그리스의 새로운 사유 체계가 갖는 역사적 의의를 발견하고 다음과 같이 강조했다. "이성Logos, 법Nomos, 질서Taxis 세 가지는 물리적 세계와 윤리적 세계 모두의 제1원리다. 아름다움, 진리, 도덕성을 구성하는 것은 이 세 가지다. 그것은 예술, 정치, 과학, 철학에 나타난다."[32]

---

30 베르낭, 2005, 184쪽.

31 김인곤 외, 2005, 221쪽.

32 에른스트 카시러, 『국가의 신화』, 최명관 옮김, 도서출판 창, 2013, 99쪽.

신의 세계와 인간의 세계

제프리 로이드Geoffrey Lloyd에 따르면 그리스인들의 사유 구조에서 공히 발견되는 두 가지 원리는 극성極性의 원리와 유추類推의 원리다.[33] '성과 속'의 구분이라는 신화적, 종교적 사유의 '근원적 분할'에 뿌리를 두고 있는 극성의 원리는 상호 대립되는 항을 독립적으로 분리한다. 올림포스 신들과 지하 세계 신들의 대립, 불사하는 신들과 필멸하는 인간의 대립 등이 대표적이다. 이같이 대립하는 양극을 규정한 다음 유추와 비교로 각 항의 특성들을 추출하는 추상적 사유가 그리스에서는 일찌감치 발달했다. 추상적 사유를 통해 그리스인들은 변화무쌍한 현상 속에서 불변하는 원인이나 본질을 탐구할 수 있었고, 양 극항을 단지 병치하는 데 만족하지 않고 제3의 항에 통합하는 종합적 사유로 한발 더 나아갈 수 있었다. 다시 말해 극성의 원리와 유추의 원리에 근거한 추상적 사유 덕분에 그리스 철학자들은 동일성과 타자, 운동과 정지 같은 대립되는 양 극항을 분별해서 규정하고 존재라는 더욱 보편적인 상위 개념으로 종합할 수 있었다.

이렇듯 그리스적 사유 구조에서 신적 세계와 인간 세계의 구분은 근본적인 대립 구도였고 두 세계를 연결하는 문제는 항상 중요한 화두였다. 플라톤과 아리스토텔레스가 모두 인정하듯이, '지혜에 대한 사랑'을 뜻하는 철학의 시원은 '경이驚異'다. 헤시오도스는 경이의 신 타우마스Thauma의 딸이 이리스Iris 여신이라고 전하는데[34] 이리스는 하늘과 땅

---

33 Geoffrey Lloyd, *Polarity and Analogy*, Cambridge University Press, 1966, 1-10쪽.

을 잇는 무지개의 여신이자 신들의 여사자다. 이러한 타우마스와 이리스의 관계에 내포된 철학적 의미를 이해하는 데 플라톤이 실마리를 제시한다. 언어의 본질과 단어의 어원을 다루는 『크라튈로스』에서 플라톤은 전령의 신 헤르메스Hermes와 이리스의 어원이 '논의하다'를 뜻하는 동사 '아이레인eirein'에서 비롯됐으며, 이 동사가 '말하다'를 뜻하는 '레게인legein'과 동의어라고 풀이한다.[35] 레게인이 그냥 되는 대로 하는 말이 아니라 논리적으로 조리 있게 따져 묻는 말이고, 이 동사의 명사형이 로고스라는 점에서 우리는 플라톤의 의중을 간파할 수 있다. 합리성을 갖춘 조리 있는 말, 즉 로고스에 의존하는 말은 대화를 의미하고 이것이 바로 철학이다. 무지개와 마찬가지로 이리스가 하늘과 땅을 연결하는 가교 구실을 하듯이, 로고스는 신적 세계와 인간 세계를 잇는 중개자 구실을 한다. 이런 관념은 이후 계속해서 신인동형설神人同形說이나 키케로의 대우주와 소우주의 동형 구조라는 표현으로 이어졌다.

일찍이 그리스인들은 스스로를 불멸하는 신들의 대척점에 있는 죽을 수밖에 없는 하루살이 같은 존재로 간주했다. 소크라테스에 와서야 비로소 인간은 신적 로고스를 소유하고 그것을 선용善用할 수 있는 존재[36] 정도로 여겨졌지만, 소크라테스를 계승한 플라톤은 자신의 저작

---

34 헤시오도스, 2004a, 42쪽.

35 플라톤, 2014, 113쪽.

36 혼psychē의 불멸성athanasia을 맨 처음 주장한 인물은 전설적인 예언가 오르페우스였다고 전해진다. 이 주장은 인간을 그저 '사멸하는 자들thnētoi'이나 '하루살이들ephēmerioi' 정도로 취급하던 당시 상황에서 중요한 사고의 변혁을 함축한다. 박종현, 2001, 22쪽. 델피 신전에 새겨진 '너 자신을 알라'는 아포리즘에서 알 수 있듯이, 그리스의 사유에서 생명의 원리이자 자아 개념과 상통하는 혼의 문제는 무엇보다도 중요했다. 소크라테스는 '캐묻지 않는 삶은 사람에게는 살 가치가 없다'고 단언하면서 사람됨의 원천인 혼을 잘 돌볼 것을 누누이 설파했다. 소크라테스가 보기에 모든 사람의

어디에서도 명시적으로 인간을 이성적 존재로 규정하지는 않았다. 전후 사정을 따져봤을 때, 소크라테스와 플라톤이 이성의 중요성을 소리 높여 강조했으나 이는 사실 인간이 비이성적인 모순 덩어리라는 사실에 대한 반증일 가능성이 크다. 고대 그리스에서 인간은 여전히 "불사하는 신들과 달리 죽을 수밖에 없는 자요, 연약한 존재이며, 꿈의 그림자일 뿐"이었다.[37] 이런 연유로 흔히 휴머니즘의 원류를 고대 그리스에서 찾는 것은 지극히 난망한 일이 아닐 수 없다.[38]

다만 기원전 4세기경부터 고대 그리스 사회에서는 호의, 너그러움, 동정 등의 의미를 내포하는 '인간애philanthropia'라는 말이 종종 등장했다.[39] 이 개념은 소크라테스에서 플라톤으로 이어지는 철학적 전통이 아니라 소피스트들과 아테네를 중심으로 한 아티카 지역 동맹의 사회적 이상에 뿌리를 두고 있었다. 인간애는 인간은 나약하고 죽을 수밖에 없는 존재라는 공동의 의식, 즉 일종의 동병상련의 감정이 응축된 표현이었다. 이 시점부터 인간애 개념은 당시 그리스 사회의 교양paideia에 대한 자부심과 동물과 구별되는 인간의 말하는 능력과 결부돼 '인간다

혼에는 로고스(이성)가 깃들어 있다. 따라서 사람이 사람으로서 제구실을 하려면 이성의 기능을 잘 알고 잘 활용할 줄 알아야 했다. 그래야 사람으로서 '훌륭한 상태aretē'에 이를 수 있다고 소크라테스는 본 것이다. 박종현, 2001, 72-77쪽.

37 스넬, 1994, 366-367쪽.

38 스넬에 따르면, 휴머니스트라는 단어가 처음 사용된 것은 1538년이며 휴머니즘은 이보다 더 늦은 1808년에 철학자 헤겔의 친구가 만든 신조어였다. 스넬은 또한 플라톤이 종종 '인간의 이데아'를 묘사했다는 문헌상의 근거를 바탕으로 고대 그리스인들의 인간 관념에 근대적 의미를 무분별하게 덧씌우는 시대착오적 해석을 비판한다. 스넬이 보기에 인간의 이데아에 대한 플라톤의 언급은 문맥상 농담에 불과했다. 스넬, 1994, 365-386쪽.

39 스넬, 1994, 372쪽.

움'의 관념으로 점차 발전하기 시작했다. 그리고 인간다움의 관념이 만개한 것은 훗날 스토아철학의 영향을 받은 로마 시대였다.

인간애 관념은 폴리스의 구체적 삶과 직업과도 긴밀히 연결됐다. 아테네인들이 자신들의 폴리스를 '아테네'가 아니라 '아테네 사람들'이라고 불렀던 데서 알 수 있듯이,[40] 노예를 제외한다면 그리스 사회에서 여러 전문 분야에 종사한 장인들은 폴리스의 다른 시민처럼 동등한 지위와 권한을 누렸다. 끈끈한 우정으로 맺어진 장인들의 수평적 유대와 노동 분업은 폴리스 경제를 지탱하는 실질적 토대였다. 전문적인 장인들의 제작 활동은 폴리스의 사회적, 경제적 존속에 이바지했고 생산 규칙과 지식 축적 및 재생산을 가능하게 하는 기술체계를 형성했다. 그리고 폴리스의 삶은 항상 정치적 선택과 도덕적 가치판단의 양립 가능성을 바탕에 두고 영위됐다.

소크라테스가 행한 신화에서 윤리로의 전환 이래로 로고스는 사유, 윤리, 정치의 중심이었다. 아리스토텔레스는 인간의 행위를 '알다', '행하다', '만들다'로 삼분하고 각각에 해당하는 앎을 이론적 앎, 실천적 앎, 제작적 앎으로 구별한다.[41] 그리고 나서 실천적 앎에 정치학을 포함하고 이것의 하위 범주에 윤리학을 두었다. 이러한 분류는 그리스의 사유에서 항상 으뜸 정체에 대한 정치적 물음이 행복에 대한 윤리적 물음과 분리되지 않았음을 보여준다. 아리스토텔레스에게 으뜸 정체의 궁극적 목적은 훌륭한 상태를 실현하기 위한 실천을 뜻하는 행복이고 본

---

40 베르낭, 2005, 333쪽.
41 아리스토텔레스, 2012a, 254-255쪽.

성적으로 이런 목적을 추구하는 인간은 "국가 공동체를 구성하는 동물",[42] 곧 정치적 동물이었다.

그리고 불사의 신과 필멸의 인간의 유별과 동일한 맥락에서 그리스인들은 신적 세계에 속하는 '피시스'와 우연 그리고 인간 세계에 속하는 '테크네'를 상반된 개념으로 분별했다. 이런 대립 속에서 발견되는 공통분모는 '생성' 혹은 '만듦'이다. 만듦의 그리스어는 흔히 시 짓기를 뜻하는 '포이에시스poiēsis'다. 그렇지만 포이에시스는 단지 시작詩作만이 아니라 전문 테크네를 지닌 생산 활동을 두루 가리키는 말이었다.[43] 처음으로 이 말을 정의한 사람은 플라톤이다. 『소피스테스』에서 그는 "무엇이건 전에 없었던 것을 나중에 존재로 이끈다면, (⋯) 이끄는 자는 '만든다poiein'이고, 이끌어지는 것은 '만들어진다poieisthai'이다"라고 말하고, 『향연』에서는 포이에시스를 "무엇이건 있지 않은 것에서 있는 것으로 이행해 가는 것에 대한 일체의 원인"으로 규정했다.[44] 그러므로 만듦이란 이전에 없었던 것을 생성으로 이끄는 활동이자 생성의 원인 모두를 의미했다.

만듦과 관련해서 우리는 그리스 사유의 독특함을 보여주는 다른 측면을 고려해야 한다. 고대 그리스의 잠언 중에 그리스인들이 자주 되

---

42 아리스토텔레스, 『정치학』, 천병희 옮김, 도서출판 숲, 2009b, 20쪽.

43 박종현은 『향연』에 나오는 "제작poiēsis이 여러 가지 것이라는 사실 (⋯) 그건 실은 무엇이건 있지 않은 것에서 있는 것으로 이행해 가는 것에 대한 일체의 원인aitia이어서, 일체의 기술들에 의한 생산들도 제작들이며, 이것들의 장인dēmiourgos들도 모두가 제작자poiētes들(205b-c)"(플라톤, 2016, 143쪽)이라는 구절을 인용하면서, 만듦을 시작에 국한해 말하는 것이 잘못임을 플라톤 스스로 지적하고 있다고 설명한다. 박종현, 「플라톤에 있어서의 만듦(創造)의 문제」, 『인문과학』 6권, 1977, 41-72쪽.

44 플라톤, 『향연/파이드로스/리시스』, 박종현 역주, 서광사, 2016, 143쪽.

뇌던 '주어진 것을 선용하라to paron eu poiein'라는 말이 있다.[45] 이 격언의 의미에서 고대 그리스인들은 모든 생성과 만듦의 기본 요건으로 '주어진 것'을 전제했다는 사실을 알 수 있다. 주어진 것에는 우주 만물뿐만 아니라 현실에 존재하는 모든 유무형의 존재 일체가 포함된다. 달리 말하면, 주어진 것은 우주 만물뿐만 아니라 당장 눈앞에서 벌어지는 일이나 사건 그리고 인간이 살아가면서 겪게 되는 온갖 조건을 망라한다. 기독교의 창조론과 달리 그리스인들의 관념에서는 애당초 '무로부터의 창조'란 없었다. 플라톤의 우주창생론을 담고 있는 『티마이오스』에 등장하는 우주 만물의 조물주 데미우르고스조차도 완전한 무에서 세상을 창조하지 않는다. 플라톤은 데미우르고스가 우주 생성을 위한 최소한의 질료적, 공간적 토대가 되는 '카오스'라는 주어진 것에 지성을 혼합함으로써 가장 아름답고 완벽한 우주를 만든다고 서술했다.

『소피스테스』에서 플라톤은 먼저 신적 기술로 말미암아 자연적인 것들이 만들어지고 인간은 이를 재료로 기술을 발휘해 각양각색의 산물을 생산한다고 말한다.[46] 이때 인간적 산물에는 사물과 상像의 제작이 속한다. 더 나아가 『법률』에서 플라톤은 모든 존재를 세 가지 부류, 즉 자연에 의한 것들, 기술에 의한 것들, 우연에 의한 것들로 나눈다.[47] 여기서 자연과 우연의 산물이 가장 훌륭하다면 테크네는 자연에서 주어

---

45 본문의 아포리즘은 헬라스의 '일곱 현자들' 중 한 명이었던 피타코스Pittakos의 말이나 시칠리아의 희곡 작가 에피카르모스Epikharmos에서 유래됐다고 전해지나 정확하지는 않다. 원어 'to paron'은 '현재의 것' 혹은 '주어져 있는 것'을, 'eu poiein'은 '잘함' 혹은 '선용함'을 의미한다. 박종현, 「플라톤 철학의 기본 구조」, 『학술원논문집』(인문·사회과학편) 제56집 2호, 2017, 1-50쪽.

46 플라톤, 2000a, 223쪽.

47 플라톤, 『법률』, 박종현 역주, 서광사, 2009, 629쪽.

진 것을 이용해 한결 작은 것들을 만들 뿐이다.[48] 또한『법률』의 다른 구절에서 플라톤은 "신이 모든 것을, 그리고 신과 더불어 우연과 시의가 일체의 인간사를 조정하고, 이것들에 한결 더 유연한 셋째 것인 기술 techné이 동반된다"[49]고 말하며, 폭풍우가 몰아치는 긴급한 상황에서 고대 그리스에서 중요한 테크네의 하나였던 조타술의 유용성을 높이 평가한다. 인간의 힘이 미치지 못하는 자연과 우연의 지배 아래서 테크네는 인간의 목적에 맞게 주위 환경을 통제하고 조정하는 능력이었다.

이와 같이 그리스인들은 신적 만듦인 자연과 우연 그리고 인간의 만듦인 테크네를 구분하고 인간의 만듦을 신의 만듦보다 보잘것없는 것으로 생각했다. 왜냐하면 테크네란 신적 만듦을 통해 이미 주어진 것을 바탕으로 자연의 질서를 흉내 내는 이차적 만듦에 불과했기 때문이다. 테크네는 자연의 질서를 모방해서 인간의 목적에 맞게 완성하는 활동이자, 자연과 우연을 매개하는 활동이었다.[50] 따라서 테크네가 자연을 모방하고 완성하는 과정에서 우연은 의도적으로 줄이거나 극복해야하는 대상이었다. 이 때문에 아리스토텔레스는 "가장 기술적인 작업들은 운tuché이라는 요소가 가장 적은 것에 의존하는 것들"[51]이라고 말했던 것이다.

특히 우연과 테크네의 관계가 초기부터 유난히 문제시된 분야는 의술이었다. 히포크라테스Hippocrates를 비롯한 고대 그리스의 의사들은

---

48 플라톤, 2009, 629-630쪽.

49 플라톤, 2009, 308쪽.

50 Schadewaldt, 2014, p. 30.

51 아리스토텔레스,『정치학』, 김재홍 옮김, 도서출판 길, 2017b, 70-71쪽.

질병의 완치를 행운이나 불운으로 돌리는 세간의 평가에 대해서 의술의 가치를 옹호하는 데 전력을 다했다. 이들에게 원인을 따져 묻는 체계적, 논리적 지식인 의술은 결코 우연에 지배되는 것이 아니었다. 질병의 완치가 행운 덕분이지 의술 때문은 아니라고 비난하는 사람들을 향해 히포크라테스는 다음과 같이 항변한다. "사람들 중에 마음이 내키지 않는데도 불구하고 의술을 사용하여 그 혜택을 받음으로써 다시 건강을 얻은 사람은 그 원인이 의술이라고 인정하지 않을 수 없을 것이다. 그들은 자신의 병을 운명에 맡기려 하지 않고 의술에 맡긴 사람들이다. 능력 있는 의사는 질병을 자신에게 맡겨 오는 환자에 대하여 치료할 수 있다는 신념을 가지고 있다. 그는 의술의 실체를 관찰하고 의술이라는 작업의 완성에 따른 효능을 알고 있기 때문이다."[52] 여기서 히포크라테스는 의술이 관찰과 추론을 통해 원인을 밝히고 병의 완치라는 목적을 추구하는 테크네의 하나임을 역설하고 있다.

다른 한편으로 고대 그리스인들의 세계관과 인생관이 짙게 배어 있는 두 개념, 즉 운명을 뜻하는 모이라moira와 필연을 의미하는 아낭케ananke는 신적 세계와 인간 세계의 대립 구도를 포괄해 '만듦'의 한계와 조건을 규정짓는 개념이었다. 기본적으로 운명은 각자에게 주어진 '몫'을 의미한다. 모든 존재자는 각자의 운명을 짊어지고 살아간다. 심지어 신들조차도 운명의 굴레에서 벗어나 자유로울 수 없다. 사실상 고대 그리스인들은 일상생활 수준에서 주어진 운명에 순응하며 사는 것을 미덕으로 삼았다. 운명이 신격화된 형태인 '운명의 여신들Moirai'은 모

---

52 히포크라테스, 『의학 이야기』, 윤임중 옮김, 서해문집, 1998, 98쪽.

든 것에 고유한 영역을 지정하고 그것에 합당한 특권을 부여하는 역할을 했다. 이때 운명은 당위라는 윤리적 의미와 법칙적 필연성이라는 질서의 의미를 동시에 함축했다. 또한『국가』에 나오는, "아낭케의 딸들인 운명의 여신들"이라는 표현에서 알 수 있듯이, 운명은 필연과도 밀접한 관계를 가지고 있었다. 양자의 차이는 '모이라'가 개별적인 것에 주어진 필연적 강제를 의미한다면 '아낭케'는 전체라는 더 광범위한 범위에서 모든 것에 한계를 짓는 필연적 질서를 뜻했다. "필연이 한 개인, 한 집단에 대해 개별적인 것으로 한정될 때, 운명이 되겠는데, 이에 비해 필연 자체는 포괄적이며, 원리나 이법 또는 질서에 가까운 것이다."[53] 이러한 의미에서 운명과 필연은 모든 생성뿐만 아니라 우주·폴리스·인간이 존립하고 존속하는 데 필요한 기본 틀이었다. 그리스인들은 이런 기본 틀의 준수를 '디케dikē'라고 불렀다.[54]

그러나 완전성과 부동성이라는 본질적 특성의 담지자인 신을 인식론적 대상으로 바라보는 철학적 신 관념을 지녔고, 자연의 근원을 규명하는 자연 탐구의 관점을 통해 합리적 사유를 벼렸으며, 신적 완전성에 도달하는 방법으로 항상 구체적인 실천과 테크네를 중시했던 그리스인들은 운명에 순응하는 데 만족하지 않았다. 그들은 능동적으로 운명을 극복함으로써 새로운 삶을 창조하는 적극적 생활 태도를 발전시켰다. 거시적 차원에서 필멸하는 인간의 운명과 같은 우주적 법칙을 거

---

53 박종현, 2001, 413쪽.

54 박종현은 '디케'의 사전적 뜻인 질서, 관습, 정의, 도리, 판결, 소송, 재판, 보상, 죗값을 치름, 벌금, 보복, 응보 등을 고려할 때, 디케가 필연이라는 기본 틀의 준수와 관련된다고 말한다. 박종현, 2001, 414쪽.

스르지 않으면서도 미시적 차원에서 자신들의 행위를 스스로 결정하는
인간의 선택을 강조함으로써 운명을 넘어설 수 있었다.

2. 플라톤·아리스토텔레스 철학에서 테크네의 의미

그리스 신화와 비극 속의 테크네

호메로스의 시대가 열릴 무렵 이미 테크네 개념은 장인의 빼어난 솜씨, 교활함, 책략, 술수같이 인간의 지혜와 역량을 포괄하는 상당히 폭넓은 의미로 사용됐다. 고대 그리스의 비극과 신화에는 이런 인간의 지혜와 힘을 예찬하는 내용이 곳곳에 등장한다. 그중에서도 백미는 『안티고네』의 코러스 합창 부분이다. 여기서 시인 소포클레스Sophocles는 죽을 수밖에 없는 운명을 피할 수는 없어도 여러 가지 방책(테크네)으로 자연을 정복하는 인간의 신묘한 능력을 상찬한다.

세상에 이상한 것이 많기는 하지만, 사람보다 더 이상한 것도 없다.
그 힘은 남쪽 폭풍에 몰려 그를 삼킬 듯이 물결쳐 밀리는 파도에
길을 내어 흰빛 바다를 건넌다.

또한 신들 중의 최고의 신이시며 멸망치 않고 피곤을 모르는 대지까지도

그는 피곤하게 부린다.

(…) 말하는 것도 바람같이

날쌘 생각도 나라의 기틀이 되는 모든 심정도 스스로 배워 알며,

맑은 하늘 아래서 견뎌 내기 어려운 서릿발도,

퍼붓는 빗발도 피할 줄을 안다.

그는 매사에 방책方策을 가졌고,

방책 없이는 어떤 일도 겪지 않는다.

오직 죽음에 대해서만은 도움이 헛되지만

불치의 병조차 면할 길을 짜낸다.[55]

이런 비극과 함께 그리스 신화에서 테크네의 의미를 가장 분명히 엿볼 수 있는 이야기는 유명한 프로메테우스 신화다.[56] 고대 그리스 시대의 프로메테우스 신화는 서로 다른 세 가지 판본이 있다. 가장 오래된 판본은 헤시오도스의 『신통기』다. 여기서 테크네는 주로 신에게 봉헌하는 재물과 관련해서 프로메테우스가 제우스와 협상하면서 그를 속이는 계략이나 술수라는 의미로 쓰였다. 그다음 판본은 제우스에게 반항한 프로메테우스가 바위에 쇠사슬로 결박당하는 장면으로 시작되는 아이스킬로스Aeschylos의 『사슬에 묶인 프로메테우스』다.[57] 제우스의 힘

---

55 소포클레스, 『그리스 비극』, 조우현 옮김, 현암사, 2006, 187-189쪽.

56 티탄족의 아들 프로메테우스는 흙을 강물에 반죽해 인간을 창조하고 제우스가 감춰둔 불을 훔쳐 인간에게 준 주인공이다. 하루살이 같은 존재였던 인간은 프로메테우스 덕분에 가까스로 문명 세계로 진입할 수 있었다.

에 제압당하지만 불굴의 용기로 고통을 감내하는 프로메테우스의 영웅적 모습을 형상화한 이 판본에서도 테크네는 주로 책략의 의미로 쓰였다. 이 두 가지 판본과 달리 플라톤이 프로타고라스Protagoras의 입을 빌려 전하는 프로메테우스 신화는 테크네의 기능을 더 잘 묘사하고 있다.

이 이야기의 줄거리는 이렇다. '먼저 생각하는 자'를 뜻하는 프로메테우스는 '나중에 생각하는 자'를 뜻하는 동생 에피메테우스Epimetheus와 함께 신들이 창조한 모든 존재자에게 합당한 자질을 분배하는 중요한 임무를 받는다. 그런데 최종 점검만 프로메테우스에게 위임한 채 배분의 전권을 거머쥔 에피메테우스는 나누어 줄 수 있는 모든 자질을 짐승들에게 주고 인간에게는 아무것도 남겨놓지 않은 큰 실수를 범한다. 이 사실을 뒤늦게 깨달은 프로메테우스는 서둘러 인간의 허약함을 보상하기 위한 방책으로 지혜의 여신 아테나Athena와 대장장이의 신 헤파이스토스Hephaestos에게서 불과 기술적 지혜를 훔쳐 인간에게 전해준다. 그렇지만 불과 기술이라는 신의 선물에도 불구하고 미처 정치술을 알지 못했던 인간은 서로 반목하고 싸우느라 바빴다. 이에 특정한 테크네를 관장하는 신들이 관여할 수 없는 지식을 유일하게 마음대로 다룰 수 있는 제우스가 전령 헤르메스 신을 내려보내 인간에게 경외aidōs와 정의 dikē를 알려준다. 이를 통해 가까스로 통치술을 익힌 인간은 폴리스를 건설하는 데 성공할 수 있었다.[58]

---

57 통상 그리스 비극은 3부작이다. 따라서 현전하는 아이스킬로스의 『사슬에 묶인 프로메테우스』는 1부에 해당한다고 볼 수 있다. 지금은 전해지지 않는 2부 '해방된 프로메테우스'를 모티브로 해서 신은 아니지만 자신을 신처럼 생각하는 인간의 근대 계몽주의적 휴머니즘 정신에 대한 기획을 담은 작품이 나오기도 했다.

58 플라톤, 『프로타고라스』, 박종현 역주, 서광사, 2010, 77-82쪽.

인간을 흙으로 빚어 만들고 불과 테크네를 가져다준 프로메테우스는 신의 세계와 인간의 세계를 잇는 가교였다. 이런 의미에서 프로메테우스는 문명의 창시자요, 모든 테크네의 스승이었다.[59] 프로메테우스가 훔쳐 인간에게 전해준 불은 지혜를 상징했다. 불을 전해 받음으로써 비로소 인간은 지혜를 얻고 이를 활용해 다양한 테크네를 소유할 수 있게 된 것이다. 지혜를 활용하는 인간의 기술적 능력은 주어진 것을 다른 새로운 것으로 변화시키는 능동적인 사고와 행위 능력이었다. 이를 바탕으로 신체적으로 다른 동물보다 열위에 놓여 있던 인간은 자신을 보호하고 점차 세상 만물을 지배하는 위치로 올라설 수 있었다.

실제로 테크네는 폴리스의 모든 시민을 끈끈한 유대 관계로 묶어주는 갖풀 같은 존재였다. 코르넬리우스 카스토리아디스Cornelius Castoriadis가 밝히듯이, 목수를 뜻하는 그리스어 '텍톤'은 호메로스 시대에 이미 장인이나 노동자라는 일반적인 의미로 쓰였다.[60] 이 시기에 테크네는 사회제도로 정착된 것으로 보인다. 물론 고대 그리스에서는 오늘날과 같은 통합된 노동 개념이 존재하지는 않았다. 베르낭에 따르면 고대 그리스인들은 힘든 육체노동을 가리킬 때는 포노스ponos, 장인의 제작과 관련해서는 테크네나 포이에인poiein, 외적 대상이 아니라 인간 자신의 내적 행위와 관련해서는 프라테인Prattein, 그리고 이 모든 활동을 총

---

59 불을 훔친 불경죄를 저지른 프로메테우스는 마땅한 대가를 치러야 했다. 그의 행위는 긍정성과 부정성을 동반하는 인간의 새로운 삶의 조건을 표현한다. 이때부터 인간은 교활함의 대가로 항시 재난의 위험 속에서 살아야 했으며 신화 속 풍요로운 황금시대에서 쫓겨나 고된 노동으로 삶을 영위하는 숙명을 받아들이게 된다.

60 Cornelius Castoriandis, *Crossroads in the Labyrinth*, Kate Soper·Martin Ryle (trans.), MIT press, 1984, p. 231.

칭할 때는 에르곤ergon이라는 말을 사용했다.[61]

이러한 노동의 세분화는 일에 대한 그리스인들의 가치판단을 일정하게 반영한다. 실제로 그리스인들은 사적 이익보다 공적 이익을 추구하는 일에, 단순노동보다 새로운 것을 창조하는 일에 더 높은 가치를 부여했다. 특히 가족이라는 테두리를 벗어나 전체 시민을 위한 공공의 일을 하는 사람을 그리스인들은 데미우르고스라고 불렀는데, 여기에는 목수, 대장장이, 갖바치 같은 장인은 물론 물질적 생산과는 관련이 없는 점성술사까지 포함됐다.[62] 반면에 단순 반복 노동을 하는 사람을 지칭할 때는 바나우소스banausos, 케이로테크네스cheirotechnes, 테스thes 같은 용어를 사용했다."[63]

또한 그리스 사회는 농부의 농사일과 장인의 테크네를 대립적인 행위로 이해했다. 농업이 자연법칙에 순응하는 것이라면 테크네는 자연을 모방하는 것이었다. 일차적으로 전통적인 종교적 표상 체계에 강하게 긴박되고 토지와 재산권에도 결부돼 있던 농업은 신적인 힘에 의존해 자연의 힘을 드러내는 것이었고 별다른 학습이 필요하지도 않았다. 반면에 야금술이나 목공술처럼 전문적인 테크네를 이용해 새로운 생산물을 만들어내는 일은 실증적 사유의 영역에 뿌리를 두고 있었다. 장인이 만든 생산물이 자연물이 아니었듯이 일정한 규칙과 절차에 따른 제작 과정도 자연적 과정은 아니었다. 제작 과정에서 장인은 자신의 생산물을 자연물과 대립하는 것으로 의식했으며 자연으로부터 주어진

---

61 베르낭, 2005, 322-324쪽.

62 베르낭, 2005, 323-324쪽.

63 박희영 외, 2001, 181쪽.

것들을 인간의 목적에 맞추어 완벽하게 만들어내는 데 몰두했다.

　이러한 장인의 고유한 정신을 미국의 사회학자 리처드 세넷Richard Sennett은 '물질의식material Consciousness'이라 명명했다. 그리고 이 의식의 세 가지 양상으로 변형metamorphosis, 존재presence, 의인화anthropomorphosis 를 꼽았다.[64] 반복된 작업 과정에서 장인은 매번 대상을 섬세하게 변형하고, 자신이 무엇인가를 만들고 있다는 존재 의식을 가지며, 대상에 인간적 특징을 각인하는 의인화를 추구한다. 이 과정에서 장인은 일종의 '암묵지tacit knowledge'를 형성하며, 제한된 조건에서 가장 좋고 완성도 높은 생산물을 만들려고 노력한다. 장인의 궁극적 목적은 제한된 조건과 환경에서 자신의 지식을 활용해 완전성을 추구함으로써 자신의 전문 분야에서 완벽한 통제력을 확보하는 데 있었다.

테크네·에피스테메·아레테

　앨프리드 화이트헤드Alfred N. Whitehead가 서양철학의 가장 일반적인 특징을 플라톤 철학에 대한 일련의 각주라고 단언했듯이,[65] 플라톤 철학의 본질적 특징은 풍부한 일반 관념의 보고이자 신화를 포함한 이전의 지적 전통을 계승하면서도 과도한 체계화로 경직되지 않은 사상의 유연함이다. 이런 이유로 플라톤 철학에서 한 가지 개념을 제대로

64　리처드 세넷, 『장인』, 김홍식 옮김, 21세기북스, 2010, 197쪽.

65　A. N. 화이트헤드, 『과정과 실재』, 오영환 옮김, 민음사, 1991, 110쪽.

파악하기 위해서는 그의 철학 전체의 맥락에서 해당 개념을 둘러싼 의미 관계의 짜임을 충분히 고려할 필요가 있다. 이런 사정은 테크네 개념의 이해에서도 마찬가지다.

플라톤은 처음으로 테크네 개념을 철학적 사유의 분석 도구이자 일종의 사유 모델로 활용한 주인공이다. 논의의 출발점으로 삼을 만한 테크네의 간명한 의미 규정을 내놓지는 않았어도 『크라튈로스』에서 플라톤은 테크네의 어원을 "지성의 소유"[66]라고 풀이한다. 그리고 대화편 곳곳에서 테크네와 에피스테메epistēmē를 대체 가능한 동의어로 번갈아 사용한다. 이를 통해 우리는 플라톤이 "원인의 추론에 의해서 매어 두게 된 참된 판단"[67]을 뜻하는 앎(지식), 즉 에피스테메와 테크네를 동일한 개념으로 생각했음을 알 수 있다. 아리스토텔레스는 기본적으로 원인을 구명하는 앎의 형식으로 테크네를 이해했던 플라톤의 관점을 계승해 테크네를 "참된 이성이 수반되는 제작할 수 있는 마음가짐"[68]으로 정의한다. 이런 의미 규정과 구체적인 용례를 참조할 때 두 철학자 모두 테크네를 올바른 규칙과 절차에 따른 이성적 활동으로 이해했음을 알 수 있다.

플라톤이 동일한 것으로 간주했던 테크네와 에피스테메의 관계를 보다 심층적으로 이해할 수 있는 열쇠는 '훌륭함aretē은 앎epistēmē'이라는 유명한 소크라테스의 언명이다. 그렇다면 테크네와 에피스테메의

---

66 플라톤, 2014, 118쪽.

67 플라톤, 2010, 373쪽.

68 아리스토텔레스, 『니코마코스 윤리학』, 천병희 옮김, 도서출판 숲, 2014, 227쪽.

의미를 묶어주는 훌륭함, 즉 아레테[69]란 무엇인가? 윌리엄 거스리William Guthrie가 밝히듯이, 그리스어의 언어학적 용법에서 아레테는 단독 명사로 쓰이지 않고 항상 '어떤 것의 훌륭함' 혹은 '무엇에 능함'이라는 상대적 용법으로 쓰인다.[70] 그리스어에서 '누구의 훌륭함인가'나 '무엇의 훌륭함인가'라는 표현은 아주 자연스러운데, 이는 대상의 기능ergon이나 쓰임새와 직접 연결된다. 여기서 기능을 플라톤의 정의에 따라 "어떤 것이 그것으로써만 할 수 있는 또는 가장 잘할 수 있는 그런 것"[71]이라고 한다면, 모든 것은 각자의 기능에 합당한 아레테를 갖기 마련이다. 예를 들어 분필의 용도에 대해서 말할 때, 부드럽게 잘 써지거나 먼지가 많이 나지 않는 분필의 좋은 기능과 그렇지 않은 나쁜 기능에 대해서 말한다.[72] 이렇듯 어떤 대상의 정확한 기능을 파악한다는 것은 대상의 훌륭함, 즉 본질을 아는 것과 상통한다. 대상의 본질은 기능을 통해 드러나기 때문이다. "각각의 도구와 생물 및 행위의 훌륭함과 아름다움 및 옳음은 다름 아닌 용도, 즉 그 각각이 만들어졌거나 생기게 된 용도

---

69 그리스어 '아레테aretē'는 흔히 '덕virtue, vertu, Tugend'으로 번역된다. 하지만 아레테는 덕보다 더 넓은 의미 영역을 지칭하는 말이다. 어원학적으로 아레테는 형용사 '좋은'을 뜻하는 'agathos'의 최상급 'aristos'에서 파생된 명사로 "어떤 것을 뛰어나고 훌륭한 것으로 만드는 자질 일반"을 가리킨다. 전헌상, 「아리스토텔레스의 윤리학」, 강상진 외, 『서양고대철학 2』, 도서출판 길, 2016, 167쪽. 또한 아레테는 사람뿐 아니라 사물에도 적용되는 '훌륭한 상태' 혹은 '좋은 상태'를 뜻하기에 일률적으로 '덕'이라는 번역어를 선택하는 것이 부자연스러운 경우도 있다. 그래서 박종현은 아레테를 '~의 훌륭한 상태' 혹은 '~으로서의 훌륭함'으로 번역하는 것이 적절하다고 말한다. 박종현, 20010, 72쪽.

70 W. K. C. 거스리, 『희랍 철학 입문』, 박종현 옮김, 서광사, 2000, 21쪽.

71 플라톤, 『국가』, 박종현 역주, 서광사, 1997, 115쪽.

72 '훌륭함', '덕'을 의미하는 아레테의 헬라스어 반대말은 '카키아kakia(나쁜 상태)'이다. 『크라튈로스』에서 플라톤은 아레테에 빗대 카키아의 의미를 규정한다. 아레테가 "훌륭한 혼의 흐름이 묶이지 않고 언제나 자유로운 상태에 있음"(416d)을 뜻한다면 카키아는 만물의 움직임에서 나쁘게 움직이는 것 일체를 말한다. 플라톤, 2014, 120-121쪽.

와 관련된 것"이다.[73]

　기능 자체는 감각적 지각의 대상은 아니다. 아날로그 카메라가 디지털 카메라로 바뀌어도 피사체의 포착과 촬영이라는 기능이 달라지지 않는 것처럼, 기능은 대상의 소재가 다른 것으로 대체되더라도 변하지 않는다. 따라서 아레테가 드러나는 기능에 대한 앎은 감각적 지각이 아니라 지성을 통해서만 획득할 수 있는 것이다. 플라톤은 지성을 통해서만 알 수 있는 불변하는 대상의 본질적 원형을 '이데아'라고 불렀는데, 이는 '각각의 있는 것 자체', 즉 '각각의 아레테가 완벽하게 구현된 상태'를 뜻한다. 예를 들어 목수가 침대를 만드는 경우를 생각해보자. 목수는 머릿속에 떠오르는 침대를 본떠 개별 침대를 제작할 것이다. 이 바라봄의 대상, 즉 침대 자체가 바로 침대의 이데아이자 본질이다. 그러므로 목수의 훌륭함이란 대상의 기능에 대한 앎과 더불어 대상을 잘 만들 줄 아는 앎을 겸비한 상태다. 비근한 예로 좋은 갖바치는 신발의 기능에 대한 앎과 동시에 신발을 잘 만들 줄 아는 앎을 갖춘 상태인 반면에 나쁜 갖바치는 신발의 기능 및 제작에 대한 앎 중에서 최소한 한 가지 이상에 무지한 상태에 있을 것이다. 결국 훌륭함의 근거는 앎이고 나쁨의 근거는 무지다.

　아레테와 에피스테메의 관계는 자연스레 앎의 획득과 관련된 인식론적 문제와 연결된다. 『메논』에서 플라톤은 사람의 훌륭함은 선천적으로 타고난 것이 아니라 배움을 통해서 얻은 것이라고 말한다. 앎의 획득 조건에 대한 인식론적 문제의 해결책으로 플라톤은 상기설想起說을

73　플라톤, 1997, 626쪽.

제기한다. 사람의 훌륭함이 가르쳐서 얻을 수 있는 것인가라는 메논의 예리한 질문에 대응해 플라톤은 무엇을 가르치려면 배움이 선행해야 하는데, 이런 배움 혹은 탐구가 바로 '상기'라고 말한다. 자기 안에서 스스로 앎을 되찾아 가짐[74]을 뜻하는 상기는 인간이 자신 안에 이미 어떤 종류의 앎을 지니고 있다는 사실을 전제함과 동시에 상기 자체가 공동의 탐구 과정임을 시사한다. 실제로『메논』에서 플라톤은 일자무식이었던 메논의 사내종이 질문만으로 기하학적 문제를 스스로 풀어가는 과정을 보여줌으로써 상기설을 증명하고 있다.[75]

플라톤의 상기설은 델피 신전의 현관에 새겨진 경구 '너 자신을 알라'와 밀접한 관련이 있다. 소크라테스가 자주 되뇌었던 이 잠언에 함축된 의미는 누구나 스스로 알지 못할 뿐 자신의 영혼 안에 앎을 지니고 있고 이를 깨달아 잘 돌보는 일이 인간다움의 본령이라는 것이다.

이런 연유로 소크라테스는 죽음을 목전에 둔 상황에서도 자신의 영혼을 훌륭하고 지혜롭게 보살피는 데 최선을 다할 것을 신신당부했다. 영혼을 잘 돌보는 일, 다시 말해 인간에게 어떤 삶이 가치 있고 훌륭한 삶인가의 문제는 소크라테스의 제자 플라톤에게도 최대 관심사였다. 흔히 말하듯 플라톤 철학의 중심을 윤리학과 정치학으로 보는 이유도 여기에 있다. 윤리학의 핵심 주제가 자신의 영혼을 잘 돌보는 일이라면 정치학의 핵심 주제는 타인의 혼을 잘 보살피는 일이기 때문이다.

---

74 플라톤, 2010, 336쪽.
75 『메논』 편에서 플라톤은 소크라테스의 입을 빌려, 메논의 종복이 아무런 가르침도 받지 않고 질문을 통해 8평방피트 정사각형의 한 변이 4평방피트 정사각형의 대각선에서 도출된다는 사실을 알게 되는 수학적 이해 과정으로 상기설을 증명한다. 플라톤, 2010, 323-336쪽.

그뿐만 아니라 인식론적 차원에서 플라톤은 앎의 원천을 영혼의 불멸성이라는 신화적 세계 속에 둠으로써 인식론적 회의주의의 공격을 효과적으로 차단하는 동시에 앎의 타당성 검증에서 제기되는 무한 퇴행의 오류를 피해 가고 있다.[76] 이렇게 해서 플라톤은 앎의 원천의 정당화 문제를 공동의 탐구 과정으로 전환함으로써 학문적 탐구를 통한 앎의 획득 가능성을 열어놓을 수 있었다.

그렇다면 영혼에 깃든 신적 로고스인 이성을 자각하고 잘 사용할 줄 아는 인간의 도리, 곧 '인간다움'이란 무엇인가? 소크라테스에게 인간다움은 일차적으로 잘 정의된 말의 사용이다. 사람들이 말을 하되 전혀 다른 뜻으로 말한다면 아예 통하지 않을뿐더러 행동도 달라질 수밖에 없다. 그러므로 모든 사람이 동의할 수 있는 앎을 얻으려면 가능한 한 많은, 의미가 분명히 규정된 말을 확보함으로써 공동의 판단 기준과 행위 준칙을 세우는 것이 일차 과제가 된다. 이런 공동 탐구의 과정이 유명한 소크라테스의 산파술, 곧 문답법이다. 이런 방법론적 접근을 통해 소크라테스는 사람들이 자신이 하는 말이 무지에 근거한 어설픈 억견doxa에 지나지 않음을 깨달아 알고 참된 앎의 길에 함께 참여하도록 유도하고 독려한다. 이를 통해서만 소크라테스는 인간이 앎(지식)에 근거한 인간다움에 도달할 수 있다고 확신했다.

---

76 박승억, 「대화편 『메논』의 선험철학적 단초—상기설을 매개로」, 박희영 외, 『플라톤 철학과 그 영향』, 서광사, 2001. 플라톤 상기설의 형이상학적·신화적 전제를 제외한다면 상기설이 선험철학적 원리와 연결될 수 있다는 사실을 다루는 논문에서 박승억은 이 문제에 대해 다음과 같이 언급한다. "지식의 주소지를 현실의 세계로 귀속시키지 않은 것은 플라톤의 슬기라고 말할 수밖에 없다. 혼이 저승의 세계에서 가지고 있었던 지식들은 정당화 과정의 무한 퇴행을 막는 방법론적 장치일 뿐이며, 현실의 세계에서 정당화된 참인 믿음들을 구하는 것은 그러한 지식을 현실의 세계로 불러내는 차선의, 그러나 불완전한 인간에게 허락된 가능한 한 최선의 방법인 것이다." 박승억, 2001, 417-438쪽.

소크라테스와 마찬가지로 감각 경험에 의존하지 않고 모든 '좋음'을 아우르는 단 하나의 좋음을 찾았던 플라톤은 참된 앎에 도달하는 것이 어렵다는 사실을 익히 알았기에 인간다움이 '신적인 섭리'에 의해서 생긴다고 말하기도 했다.[77] '훌륭한 인간다움'은 아레테에 대한 근원적인 앎이 있을 때만 가능한데, 이런 앎을 가르치는 교사가 없을뿐더러 쉽게 배울 수 있는 것이 아니기 때문이다. 궁지에 빠진 플라톤은 장인의 테크네를 참된 앎에 이르는 하나의 범례로 고려했다. 『이온』에서 플라톤은 전문적인 개별 테크네의 고유한 기능이 신에 의해 주어진다고 말하고,[78] 다른 대화편들에서는 어떤 일이든 완전성에 도달한 것에 '신적'이라는 형용사를 즐겨 붙였다. 플라톤은 신적 만듦과 비견될 수 있는 장인의 만듦의 가치를 재발견함으로써 참된 앎에 이르는 구체적 과정을 제시할 수 있다고 생각했던 것이다.

플라톤의 이런 의도는 중기 및 후기 철학에서 더 구체화된다. 『국가』에서 플라톤은 침상 제작을 예로 들어 테크네의 세 가지 차원을 설명한다. ①침상의 이데아, 즉 침상 자체를 만드는 신적 제작 ②실재를 있는 그대로 본떠 만드는 장인의 테크네 ③보이는 것을 모방하는 화가의 테크네가 그것이다.[79] 이데아와의 거리를 기준으로 세 가지 차원의 테크네는 일정한 등급으로 분할된다. 셋 중에서 가장 완벽한 테크네는 신적인 것이고, 그다음이 이데아를 본으로 삼아 침상을 만드는 장인의 테크네이며, 거리상 이데아와 가장 멀리 떨어져 있는 화가의 테크네는

---

77 플라톤, 2010, 380쪽.

78 플라톤, 2018, 345쪽.

79 플라톤, 1997, 612-619쪽.

가장 낮은 차원에 속한다. 장인의 제작술과 구분되는 화가의 이미지 제작술을 플라톤은 '모방술'이라고 불렀다. 이 모방술의 본질적 특징은 이데아의 결여다. 화가와 조각가는 대상을 있는 그대로가 아니라 어느 정도 왜곡했을 때 실재에 더 가까워 보인다는 사실을 알고 있었다. 이런 이유로 플라톤은 장인의 테크네보다 못한 화가와 조각가의 테크네가 기만적 눈속임이나 지각적 환영에 불과하다고 비판했다.

이처럼 플라톤이 화가와 조각가의 테크네를 기만적 눈속임 정도로 폄하한 밑바탕에는 그의 형이상학적, 존재론적 이원론이 깔려 있었다. 플라톤은 세계를 지성을 통해서만 알 수 있는 예지계, 곧 이데아의 세계와 감각적 지각을 통해 알 수 있는 감성계, 곧 현상계로 구분한다. 예지계가 영원히 불변하는 세계라면 감성계는 예지계의 가변적 그림자에 불과하다. 물론 플라톤의 이데아는 현상과 무관한 신비스럽고 초월적인 것이 아니라 감각으로 지각되지 않는 초감각적인 것이다. 플라톤의 형이상학적 사유의 궁극적 목적은 감각적 지각의 세계에 속박돼 있는 인간의 의식을 지성을 통해서만 알 수 있는 참된 앎의 세계로 고양하는 것이었다.

테크네는 이런 의식의 고양에서 모델 역할을 한다. 대상의 기능과 만듦의 방식에 대한 앎을 소유한 훌륭한 장인은 좋은 것을 만들고 제작의 전 과정을 조리 있게 설명할 수 있다. 그래서 해당 테크네를 배우려는 사람들을 가르치고 지식을 전수할 수 있다. 즉 훌륭한 장인은 목적에 부합하는 규칙과 절차에 따라 체계적으로 일을 수행하고 자신의 작업 과정을 논리 정연하게 설명할 수 있으며 이를 다른 사람에게 가르칠 수 있다. 더군다나 기술적 만듦의 전체 과정을 완벽하게 습득하는 경지에 이르는 과정에서 해당 분야의 구조적 질서를 폭넓게 이해할 수밖에 없다. 이처럼 원인을 구명하는 앎의 획득을 통해 장인은 자신의 전문 분야에서 통달의 경지에 오름으로써 환경의 일부를 완벽하게 통제할 수 있게 된다.

플라톤은 장인의 제작자 모델을 사람의 훌륭함, 곧 덕을 구현하는 인간다움과 유비적으로 연결한다. 훌륭한 사람은 이성적으로 사려 깊게 헤아리는 판단 능력을 발휘하고 자기 행동을 항상 조리 있게 설명할 수 있으며 지덕합일知德合一이라는 목표에 맞게 삶을 꾸려나간다. 이 과정은 삶과 연결된 세계의 구조적 질서와 운행의 원리를 이해하는 시각으로 확장됨으로써 우주적 질서와 인간의 질서 사이의 조화와 균형의 가능성을 열어놓는다. 이렇듯 훌륭함을 앎과 등치했던 소크라테스의 언명은 장인의 제작자 모델에 유비적으로 상응한다. 이를 통해 테크네·에피스테메·아레테의 삼자 관계가 영혼이라는 개별적 차원뿐만 아니라 우주적 차원의 질서를 해명하는 데까지 이르는 플라톤 사유의 원리를 확인할 수 있다.

요컨대, 테크네는 인간이 각양각색의 인공물을 제작하는 데 포함된 규칙과 지식의 묶음이다. 서양철학사에서 플라톤은 테크네를 앎으로 이해하고 처음으로 철학적 분석의 핵심 개념으로 활용한 인물이다. 그의 핵심 가정은 테크네와 앎의 동일성이다. 더 나아가 플라톤은 테크네-에피스테메 유비를 에피스테메-아레테 유비와 연결함으로써 테크네의 제작적 모델을 지적, 도덕적 영역을 넘어 생성의 전체 영역으로 확장한다. 즉 플라톤은 제작의 측면에서든 실천의 측면에서든 테크네-아레테 유비를 우주와 자연의 설명에 이르는 영역까지 일관되게 적용한 것이다.

기본적으로 아리스토텔레스는 테크네가 원인을 구명하는 앎의 형식이고 대상의 아레테가 그것의 고유한 기능과 불가분의 관련을 맺는다고 보는 플라톤의 견해를 따른다. 그러므로 원리 차원에서 보자면 두철학자의 테크네에 대한 핵심 가정은 크게 다르지 않다.[80] 두 철학자 모두에게 테크네는 체계적이고 신뢰할 만한 앎에 근거한 이성적 활동이고 배우려는 사람들에게 가르칠 수 있는 것이며 특정한 영역에서 목적에 부합하는 완전성에 도달할 수 있는 통달의 경지였다.

그러나 플라톤과 다르게 체계적이고 꼼꼼한 분류가의 성향을 지녔던 아리스토텔레스는 아레테를 세분화한 체계에 테크네를 더 구체적으로 자리매김한다. 아리스토텔레스에게 삶의 궁극적 목적은 행복이다. 아레테의 절대적 실현을 위한 실천을 뜻하는 행복은 혼의 좋은 습성인 아레테를 따르는 영혼의 활동이다.[81] 이런 아레테를 아리스토텔레스는 혼의 비이성적 부분과 이성적 부분에 대응해서 두 가지로 나눈다. 전자가 후함과 절제 같은 '도덕적 아레테'라면 후자는 테크네와 지혜 같은 '지적 아레테'이다.[82] 더불어 아리스토텔레스는 지적 아레테를 다시두 가지, 즉 불변하는 필연적인 것들을 관조하여 인식하는 '학문적 인식

---

80 톰 앤지어Tom Angier는 아리스토텔레스가 표면적으로는 인간의 아레테가 원리적으로 테크네에 의해서 구성된다는 생각에 반대하는 것처럼 보이지만 사실상 그의 윤리적, 정치철학적 저작들이 테크네에 의해서 제시된 모델과 사례에 많은 부분 의존하는 전체적인 윤곽을 보여주고 있다. 이런 맥락에서 앤지어는 플라톤과 아리스토텔레스의 테크네에 대한 근본 가정이 동일하다고 주장한다. Angier, 2010, p. 36-59.

81 아리스토텔레스, 2009b, 402쪽.

82 아리스토텔레스, 2013, 57쪽.

의 부분'과 변화하는 우연적인 것들을 고찰하여 숙고하는 '이성적으로 헤아리는 부분'으로 구별한다.[83]

또한 아리스토텔레스는 지적 아레테의 유형을 다섯 가지로, 즉 테크네·학문·실천적 지혜phronesis·지성nous·철학적 지혜sophia로 구분한다.[84] 이 중에서 학문·지성·철학적 지혜는 불변하는 필연적 대상의 인식 능력과 관련이 있고 테크네와 실천적 지혜는 변화하는 우연적 대상의 인식 능력과 연관된다. 학문은 보편적이고 필연적인 대상에 대한 판단으로서 논증으로 증명 가능한 아레테이고, 지성은 단지 증명이 아니라 학문의 전제와 원리를 파악하는 직관적 이성의 아레테이며, 철학적 지혜는 앞선 두 가지 아레테인 학문과 지성을 결합한 것으로 천체와 같은 최상위 대상들을 인식하는 아레테다.

이와 달리 테크네는 올바른 규칙에 따라 사물의 '만듦'의 방법을 숙고하는 아레테이고, 실천적 지혜는 '행함'의 방법을 숙고해서 좋은 결정과 행위를 하는 아레테다. 즉 테크네는 만듦에 대한 이성적 활동이고, 실천적 지혜는 행함에 대한 이성적 활동이다. 양자는 어떻게 구별되는가? 아리스토텔레스는 만듦의 목적은 만듦 자체가 아니라 다른 어떤 무엇이지만 행함의 목적은 잘 행함 자체가 목적이라고 말한다.[85]

테크네의 목적은 만듦의 과정과 독립적으로 미리 정해지는 경우가 많으며, 일반적으로 만듦의 과정은 결과물에 대한 평가에 종속되기 마련이다. 예를 들어 목수가 배를 만들 때 만듦의 훌륭함은 건조 과정

---

83 아리스토텔레스, 2013, 217쪽.

84 아리스토텔레스, 2013, 220쪽.

85 아리스토텔레스, 2013, 224쪽.

보다는 최종 결과물인 배의 가치에서 찾을 수 있다. 또한 대부분의 경우 만듦의 대상은 어떤 용도를 위한 수단이거나 어떤 목적성을 띤 행위를 위한 수단이 된다. 이때 테크네는 실천적 지혜에 종속된다.

테크네와 달리 실천적 지혜의 목적은 잘 행함 자체다. 따라서 주어진 상황에서 행위자가 어떤 행동을 했는지를 고려하지 않고서는 그가 잘했는지 못했는지를 판단할 수 없다. 주어진 상황에서 행위자에게 닥친 문제에 대한 올바른 대처 자체가 행위의 목적이기 때문이다. 이런 이유에서 어떤 행위에 성공하려면 두 가지 측면을 숙고할 필요가 있다. 하나는 올바른 목표 설정이고 다른 하나는 목표를 실현할 수단의 적절한 선택이다. 이 선택의 과제를 아리스토텔레스는 각각 도덕적 아레테와 실천적 지혜에 할당한다. 결국 아리스토텔레스에게 지혜로운 행위자는 일종의 문제 해결자다. 행함 자체를 목적으로 하는 실천적 지혜는 존재론적으로 행위와 구별되는 결과를 통해 완성되는 것이 아니라 행위가 행해지는 순간에 완성되고 동시에 평가된다. 윤리학의 중심이 인간의 행위라고 할 때 아리스토텔레스는 테크네의 만듦보다 실천적 지혜의 행함을 본래적 행위 개념에 상응하는 것으로 본 것이다. 오늘날 우리는 테크놀로지와 관련된 분야에 '실천적'이라는 말을 붙이는 데 너무나 익숙하다. 이것은 행위의 본래적 의미가 그만큼 퇴색했다는 사실을 얼마간 반영한다.

그렇다면 아리스토텔레스가 보기에 인간에게 가장 완전한 아레테를 구현하는 최상의 활동은 무엇인가? 그것은 '관조theōria'다. 관조는 불변하는 진리를 추구하고 사유하는 활동으로 여가에 속한다. 윌리엄 로스William Ross가 밝히듯이, 관조는 아리스토텔레스가 『형이상학』에서 구분한 세 가지 지혜, 곧 형이상학·수학·자연과학을 포함하는 가장 고결한 대상들의 진리를 추구하는 활동이다.[86] 이런 맥락에서 관조는 일종의 신적 활동이고 관조의 삶은 신적 삶이다. 엄밀한 의미에서 실천적 활동보다 더 우월한 활동에 속하는 관조는 가장 순수하고 즐거운 활동이며 무엇보다 그 자체로 사랑받는 자족적 활동이다. 관조는 바로 그 행위 말고는 아무런 이득이 생기지 않지만 실천적 지혜는 관련 행위 말고도 무엇인가를 다소간 얻기를 바라기 때문이다.[87]

물론 필멸하는 존재로서 인간은 신적인 삶, 관조하는 삶을 완성할 수는 없다. 그럼에도 불구하고 아리스토텔레스는 인간이 신적 이상을 향해 가능한 한 전력을 기울여 나아갈 것을 권유한다. 이런 권유는 고매한 이상주의적 열망의 표출이 아니라 참된 의미에서 자신의 삶을 가장 충실하게 구현하라는 충고에 가깝다. "각자에게 고유한 것이, 본성적으로 각자에게 가장 좋은 것이자 가장 즐거운 것이다. 따라서 인간에게는 지성에 걸맞은 삶이 최선이자 가장 즐거운 삶이다. 지성이야말로 다른 어떤 것보다도 인간적이기 때문이다. 그러니 그런 삶은 또한 가장 행복한 삶일 것이다"[88]

아리스토텔레스의 논의에서 우리는 그의 테크네와 실천적 지혜의 구분과 테크네와 학문의 구분이 의미하는 바를 좀 더 살펴봐야 한다. 아리스토텔레스의 이런 구분에 기초한 지식의 위계 설정은 테크네와 관련된 후대의 논의에서 플라톤보다 더 많은 영향을 미쳤기 때문이

---

86 W. D. 로스, 『아리스토텔레스』, 김진성 옮김, 세창출판사, 2016, 366쪽.

87 로스, 2016, 394쪽.

88 아리스토텔레스, 2013, 396쪽.

다. 『니코마코스 윤리학』의 첫 문장에서 아리스토텔레스는 인간의 모든 탐구와 활동은 '좋음(선)'이라는 목적을 추구한다고 말한다.[89] 앞서 살펴봤듯이, 만듦의 좋음은 만듦의 과정이 아니라 결과물에 있다. 그러므로 만듦은 직접적으로 그 자체가 목적인 좋음에 이바지하는 실천보다 열등하다. 이런 위계를 아리스토텔레스는 테크네와 실천적 지혜에 적용한다. 이 경우에 실천적 지혜 자체가 완전한 아레테다. 반면에 테크네는 생산물의 좋음과 나쁨에 의존하는 아레테다. 따라서 외부의 목적에 봉사할 뿐만 아니라 외부의 기준에 의해서 평가되는 테크네는 도덕적으로 중립적인 것이 된다.[90] 반면에 실천적 지혜는 사유보다는 행위와 관련되기 때문에 학문보다는 열등하더라도 도덕적 가치와 바로 맞닿아 있다. 당시의 그리스 사회에서 도덕적 훌륭함은 부와 사회적 지위의 정도뿐만 아니라 시민적 권리, 곧 폴리스의 구성원에게 주어지는 행위의 자유를 포함했다. 폴리스 시민이 아니었던 노예나 야만인들은 도덕적 행위를 위한 자유 자체가 인정되지 않았다.

아리스토텔레스의 구분, 즉 필연적 대상을 사유하는 철학적 지혜·지성·학문과 우연적 대상을 다루는 실천적 지혜·테크네의 구분은

---

89 아리스토텔레스, 2013, 22쪽.

90 패멀라 롱Pamela Long은 테크네를 도덕적 아레테와 무관한 것으로 분류함으로써 테크네의 도덕적 중립성을 초래한 아리스토텔레스의 사유가 고대 아테네에서, 특히 기원전 5세기 초까지는 보편적이지 않았다고 주장한다. 오히려 테크네는 물질적 생산뿐만 아니라 사회적 가치 차원에서 기원전 5세기 아테네에서 인간의 뛰어난 성취의 하나로 존중을 받았으며 이는 아테네 민주주의의 성장과 직접적으로 연결된다는 것이다. 페리클레스Perikles 시대에 꽃핀 아테네의 민주 정체 형성 과정에서 테크네는 사회적 유대를 강화하는 갖풀 같은 요소였다. 롱은 이런 상황을 "테크네와 프락시스의 동맹alliance of technē and praxis"이라고 불렀다. Pamela Long, *Openness, Secrecy, Authorship*, The Johns Hopkins University Press, 2001, pp. 16-19.

근대적 사고방식에서 이론과 실천을 구분하고 이론의 우위를 인정하는 지식의 위계질서 형성에 영향을 주었다. 이런 지식의 위계질서는 일종의 위계 사다리를 형성했다. 맨 꼭대기에 철학적 지혜와 지성이 있고 그 아래에 학문, 실천적 지혜가 차례로 놓이며 맨 밑에는 테크네가 놓인다. 여기서 테크네와 학문을 구분하는 기준은 원리상의 근본 차이다. 아리스토텔레스에 따르면 오늘날 학문(과학)은 원리상 실천적 유용성을 갖지 않으므로 테크놀로지는 응용과학이라는 정의는 어불성설이다. 어떤 의미에서 이 정의는 아리스토텔레스의 테크네와 학문의 구분을 극복한 개념인 것이다.

테크네의 의미 기준

일반적인 수준에서 테크네 개념을 좀 더 분명히 이해하는 데 유용한 방법은 다른 개념과 대비하여 의미를 포착하는 것이다. 이런 논의를 용이하게 하는 테크네와 대비되는 개념에는 자연, 우연, 경험이 있다. 이를 고려할 때 테크네의 의미 기준과 관련된 쟁점은 ①자연과 테크네의 관계 ②테크네와 경험의 관계 ③수학적 확실성이다. 쟁점별로 플라톤과 아리스토텔레스는 다른 견해를 보이기도 한다.

자연과 테크네의 관계

고대 그리스인은 신의 영역에 속하는 자연과 인간의 영역에 속하는 테크네를 대립항으로 이해한다. 이런 기본적인 대립 구도에서 플라톤은 『이온』에서 시의 음송이 전문적인 테크네가 아니라 신적 힘에 의존하는 일종의 신들림 상태라고 주장한다. 호메로스가 아닌 다른 시인들의 작품에는 전혀 주의를 기울이지 못하고 음송을 잘할 수도 없다고 고충을 털어놓는 호메로스 전문 음송 시인 이온Iōn에게 플라톤은 우선 신의 선물인 모든 테크네에는 고유한 기능이 있다는 점을 환기한다.[91] 그리고 나서 고유한 기능의 차이는 그에 합당한 지식의 차이를 만든다고 말한다. 항해술의 지식이 의술의 지식과 다르듯이, 전차 몰이의 지식은 시 음송의 지식과 다르다는 것이다. 테크네와 대상의 일대일 대응 원리를 토대로 플라톤은 전문적인 테크네는 어떤 대상 영역에 대한 전체적인 앎을 가지고 해당 영역에 통달한 상태인 반면에 시의 음송은 그렇지 못하다고 말한다. 시의 음송이 전체로서의 시작술에 통달한 전문적인 테크네라면, 이온은 호메로스만이 아니라 다른 모든 시인에 대해서도 응당 음송을 잘할 수 있어야 하기 때문이다. 이런 논의를 통해 플라톤은 이온이 타의 추종을 불허하는 호메로스 전문 음송 시인이 된 것은 신적 힘 덕분이지 결코 테크네 때문은 아니라고 결론을 맺는다.[92] 플라톤의 관점에서 시의 음송은 앎에 의한 활동이 아니라 신의 섭리에 의한 활동이었다.[93]

이를 더 구체적으로 설명하기 위해서 플라톤은 일종의 자석인 '헤라클레스 돌'의 비유로 시의 음송이 무사 여신들Mousai[94]의 힘에 의존한

---

91 플라톤, 2018, 345쪽.
92 플라톤, 2018, 343쪽.
93 플라톤, 2018, 357쪽.
94 제우스와 므네모시네 사이에서 태어난 딸로 영어 뮤즈Muse에 해당하는 무사Mousa는 아홉 자

신들림 현상임을 보여준다. 헤라클레스 돌이 쇠 반지들을 인력으로 끌어당겨 줄줄이 매다는 현상에 착안한 플라톤은 무사 여신들로부터 신적 영감을 받은 시인, 청중 앞에서 시를 읊는 음송 시인, 그리고 청중 사이의 관계를 신들림의 연쇄 작용으로 설명한다. 이때 음송 시인은 청중을 신들림의 고리로 끌어들이는 시인이라는 1차 해석자에 대한 2차 해석자이자 모방자일 뿐이다.

플라톤과 마찬가지로 아리스토텔레스도 자연과 테크네를 서로 대립하는 개념으로 이해하는데, 이 경우 기준은 생성의 인과성이다. 아리스토텔레스는 내적 원리에 따라 필연적인 것을 만드는 자연과, 존재할 수도 있고 존재하지 않을 수도 있는 우연적인 것을 만드는 테크네를 구분한다. 자연의 원리는 자연적 대상의 내부에 있다. 반대로 테크네의 원리는 제작물의 내부가 아닌 외부, 곧 제작자의 혼 안에 있다. 제작자의 혼 안에 있는 원리는 아리스토텔레스가 제시한 4원인, 즉 '질료인material cause'·'형상인formal cause'·'작용인efficient cause'·'목적인final cause' 중 형상인에 해당한다. 물론 모든 생성에서 4원인이 일정한 역할을 하더라도 질료형상설에 따르면 기본적으로 사물은 형상과 질료로 구성된다. 혼이 사물을 인식하면 그 형상은 혼에 받아들여져 그 안에서 비물체적인 것으로 있다가 생성의 원리로 작용하는 것이다. 장인의 이성적 숙고를 통해 형상인과 작용인이 일치하면서 좋은 것이 만들어지는 것이다.

매에서 주로 복수 형태Mousai로 쓰인다. 무사 여신들은 시와 춤뿐만 아니라 철학이나 천문학 등 모든 지적 탐구를 관장했다. 시나 음악을 뜻하는 헬라스어 무지케mousikē는 무사 여신들이 관장하는 테크네를 의미한다.

특히 플라톤과 달리 아리스토텔레스는 동일한 대상에 관련되는 테크네와 우연의 관계에 더 관심을 기울인다. 플라톤이 우연을 인간이 어찌해볼 수 없는 신적 영역에 속하는 것으로 이해했다면 아리스토텔레스는 우연이라는 예측 불가능성을 테크네의 주요한 경쟁자로 고려한다. 아리스토텔레스는 테크네의 관심사는 행위가 아니라 제작이라고 주장하며 아가톤Agathon의 다음과 같은 말을 인용한다. "기술은 우연을 사랑하고, 우연은 기술을 사랑한다."[95] 아가톤의 이 언명에서 알 수 있듯이, 전문적인 테크네에 통달한 장인일수록 그가 만든 생산물은 목적에 부합하는 완전한 쓰임새를 구현한다. 그렇지만 미숙한 장인은 우연성을 띤 결과를 초래할 가능성이 크다. 그래서 아리스토텔레스는 가장 기술적인 작업에는 우연이 가장 적게 포함된다고 말했던 것이다.[96] 아리스토텔레스의 관점에서 우연을 최대한 줄이는 것이 기술적 통달의 핵심이었다.

테크네와 경험의 관계

플라톤은 『고르기아스』에서 원인 규명과 합리적 설명 가능성을 기준으로 참된 테크네와 사이비 테크네를 구분한다. 『고르기아스』 초반부에서 플라톤은 변론술을 전문적인 테크네 중 하나로 보고 당대의 유명한 소피스트 고르기아스와 대화한다. 하지만 머지않아 플라톤은 자신의 출발점을 의심하게 되고 변론술이 앎을 통해 가르침을 주는 설득이

---

95 아리스토텔레스, 2013, 222쪽.
96 아리스토텔레스, 2017b, 70쪽.

아니라 앎 없이 그저 믿음만을 주는 설득에 지나지 않는다고 고르기아스를 비판한다. 비판의 요지는 변론술이 전문적인 테크네가 아니라 경험이나 숙련일 뿐이고 일종의 사이비 테크네로서 비위 맞추기에 불과하다는 것이다. 곧이어 플라톤은 사이비 테크네의 다른 종류로 요리 솜씨, 치장술, 소피스트의 궤변술sophistikē을 덧붙인다.[97]

테크네와 사이비 테크네의 가장 큰 차이점은 테크네가 '최선'을 목표로 한다면 사이비 테크네는 '즐거움'을 목표로 한다는 데 있다. 플라톤의 관점에서 모든 행위의 목적으로서의 '좋음'은 즐거움과 같지 않다. 좋음 때문에 즐거움이 생기지 즐거움 때문에 좋음이 생기지는 않기 때문이다. 이런 차이를 바탕으로 플라톤은 혼과 몸 각각을 최선의 상태에 이르도록 돌보는 테크네와 사이비 테크네를 대립 쌍으로 제시한다. 혼을 잘 돌보는 테크네가 입법술과 정의인 반면에 혼을 망치는 사이비 테크네는 군중의 욕구에 영합하는 데 급급한 궤변술과 변론술이다. 또한 몸을 잘 돌보는 테크네는 체육과 의술인 반면에 몸을 망치는 사이비 테크네는 치장술과 요리 솜씨다. 이런 테크네와 사이비 테크네의 대립 쌍을 도식화하면 그림 4와 같다.

테크네와 사이비 테크네의 상반된 특성을 플라톤은 요리 솜씨와 의술을 통해 더 구체적으로 설명한다. 요리사의 일차 목적은 고객의 미각을 즐겁게 하는 일이다. 목적을 이루기 위해 요리사는 건강이라는 좋음의 목적에 일치하는 객관적 표준보다는 고객의 선호와 취향을 우선 고려한다. 더욱이 요리의 성공은 고객의 평가에 많은 부분 좌우되기 때

---

97 플라톤, 2018, 80-81쪽.

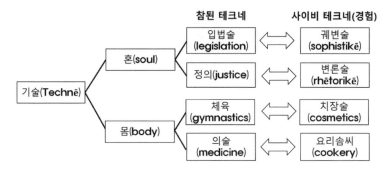

[그림 4] 플라톤의 테크네와 사이비 테크네 구분

문에 시간이 지날수록 요리사의 고객 편향적 선택 쪽으로 더 기울어질 소지가 다분하다. 이같이 고객의 요구와 평가에 활동의 목적이 정향돼 있다는 점에서 요리 솜씨의 본질은 일종의 비위 맞추기가 된다. 결국 요리 솜씨는 원인에 대한 어떤 고찰도 없이 반복 숙련과 경험을 통해 축적된 기억에 전적으로 의존하는 활동일 뿐이다.[98]

이에 반해 병의 완치와 환자의 건강을 목적으로 하는 의술은 병과 건강에 관련된 지식들을 최대한 활용함으로써 병의 원인을 탐구하고 환자의 현재 상태를 정확히 진단하며 최선의 상태를 예측하려 한다. 즉 의술의 목적은 병의 원인과 치료를 합리적으로 설명하는 것이다.[99] 이러한 비교를 통해 플라톤은 원인을 밝히는 앎의 추구, 즉 대상 전체에 대한 체계적이고 보편적인 앎과 이에 대한 합리적 설명의 가능성을 탐색하는 테크네와 경험에 지나지 않는 사이비 테크네를 서로 다른 것으

---

98 플라톤, 2018, 190-191쪽.

99 플라톤, 2018, 190쪽.

로 본다.

플라톤과 마찬가지로 아리스토텔레스도 테크네와 경험을 구별한다. 그렇지만 아리스토텔레스는 경험을 사이비 테크네의 일종으로 보는 플라톤과 달리 테크네의 원천으로 이해한다. 플라톤은 항상 참된 앎이 결코 감각적 경험에서 생겨날 수 없다고 확신했다. 반대로 아리스토텔레스는 테크네뿐만 아니라 학문도 경험을 통해서 생겨난다고 생각했다. 인간의 지혜는 감각적 지각에서 출발해 기억의 소산인 경험을 거쳐 테크네와 학문적 인식에 이른다. "사람들에게는 기억으로부터 경험이 생겨나는데, 왜냐하면 똑같은 일에 대한 여러 번의 기억은 마침내 하나의 경험 능력을 낳기 때문이다. 그리고 경험은 학문적 인식이나 기술과 거의 동질적인 것처럼 보이지만, 사실 학문적 인식과 기술은 경험을 통해 사람들에게 생겨난다. (…) 기술은 경험에서 얻은 많은 생각들로부터 성질이 같은 것들에 대해 하나의 일반적 관념이 생겼을 때 생겨난다."[100]

아리스토텔레스에게 경험이란 단순히 감각 영역에 있는 것이 아니라 동일한 사태의 반복으로 형성된 기억을 통해 현재 상황에 대처하고 판단할 수 있는 능력을 의미한다. 이 점을 고려할 때 실제 행위에서 테크네와 경험은 별다른 차이가 없을 수 있다.

그렇다면 양자의 구분 기준으로 아리스토텔레스가 제시하는 것은 무엇인가? 개별성과 보편성의 차이다. 아리스토텔레스에게 보편성은 지적 위계를 결정짓는 기준이다. 보편적인 것을 아는 사람은 그 아래

---

100 플라톤, 2003, 26-27쪽.

포함된 모든 것을 안다. 그러므로 가장 보편적인 것을 아는 사람은 가능한 것 일체를 모두 아는 가장 지혜로운 사람이다. 이런 원리에 따라 아리스토텔레스는 경험보다 테크네를 더 높은 수준의 인식으로 본다. 경험은 개별적인 것에 대한 앎이지만, 기술은 보편적인 것에 대한 앎이기 때문이다.[101] 따라서 그저 사실만을 알 뿐인 경험이 있는 사람보다 대상 전체의 원인과 원리를 이해하고 있는 장인이 더 지혜롭다. 당연히 위계의 맨 위에는 가장 보편적인 최상의 인식 대상을 관조하는 학문적 인식이 놓인다. "유경험자는 어떤 종류의 것이든 감각을 가지고 있는 사람들보다 더 지혜롭고, 기술자는 유경험자들보다 더 지혜로우며(일꾼들보다는 감독자들이 더 지혜롭다), 이론적인 학문들이 제작적인 것들보다 더 지혜롭다는 것이 일반적 의견이다."[102]

수학적 확실성

『필레보스』에서 플라톤은 참된 테크네와 어림짐작하는 테크네를 나누는데, 이때 기준은 수학적 정확성이다. 그는 모든 테크네에서 산술·측정술·계량술을 빼면 각각의 기술에서 남아 있는 것은 아주 하찮은 것일 뿐이라고 주장한다.[103] 그리고 같은 대화편에서 플라톤은 측정과 수학적 정확성을 기준으로 목공술이 다른 모든 기술적 활동의 본보기가 된다고 강조한다. 목공술이 다른 전문적인 테크네보다 측정과 계

---

101 아리스토텔레스, 2012a, 27쪽.

102 아리스토텔레스, 2012a, 30-31쪽.

103 플라톤, 『필레보스』, 박종현 역주, 서광사, 2004, 213쪽.

량에 필요한 지식 및 자를 비롯한 도구를 더 많이 활용하기 때문이다.[104] 퀴베Kübe는 고대 그리스에서 야금술보다 목공술이 더 중요하게 인정받았던 이유를 다음과 같이 설득력 있게 제시함으로써 플라톤의 주장을 뒷받침한다.

> 목수의 활동은 더 '합리적인' 특징에서 대장장이의 활동과 구별된다. 목수의 활동은 확정된 임무에 대한 지적인 해결 능력, 기하학과 정역학의 몇 가지 기초 지식, 통합적이고 융통성 있게 일을 처리하는 능력이 필요하다. 또한 비전문가에게 일을 설명할 경우 목수는 분별 있고 포괄적이어야 한다. 그럼에도 불구하고 확정된 목적을 달성하기 위해 체계적으로 개별 요소들을 조정할 수 있는 것은 목수의 특권으로 남는다.[105]

플라톤이 보는 참된 테크네의 요체는 산술·측정술·계량술이다. 이런 테크네의 본령은 플라톤이 대표적인 어림짐작 테크네로 꼽은 음악에 대한 설명에서 재차 확인된다. 그는 음악이 정확한 측정이 아니라 경험이나 수련에 따라 화음을 조성하는 것이고 악기 연주법도 정확한 음 측정보다는 어림잡는 방법에 의존한다고 주장한다. 이 경우 음악은 필연적으로 불명확함은 많이, 확실성은 적게 갖게 된다.[106] 이런 수학적 정확성과 확실성을 기준으로 플라톤은 다른 테크네보다도 목공술과 교역술을 더 순수하고 참된 테크네로 봤으며, 상대적으로 수학적 계산이

104 플라톤, 2004, 215쪽.

105 Roochnik, 1996, p. 19.

106 플라톤, 2004, 213-214쪽.

나 측정이 덜 필요한 음악, 농사, 조타술, 지휘술 등은 어림짐작하는 테크네로 분류했다.

아리스토텔레스는 테크네를 정확성의 기준으로 보는 플라톤의 생각을 공유하지 않았다. 그는 테크네를 인식론적으로 잘 확립된 앎의 형식으로 이해했지만 측정 및 계량과 밀접하게 연결된 것으로 보지는 않았다. 그는 장인의 테크네가 우연의 최소화에 의존한다는 사실을 강조하지만 측정을 통한 완벽한 정확성이라는 테크네의 특성에 대해서는 의문을 품었다. 아리스토텔레스가 보기에 장인이 매번 동일한 정확성을 가지는 생산물을 만들어낼 수 없듯이 정확성의 추구는 어느 정도 제한된 조건에서만 가능할 뿐이었다.

데미우르고스

중세까지 영향을 미친 『티마이오스』는 플라톤의 우주창생론의 정수를 오롯이 담고 있다. 이 대화편에서 가장 이채로운 점은 플라톤이 좁은 의미에서는 "직인이나 장인을 뜻하고 넓은 의미에서는 무엇이건 '만드는 이'"[107]를 가리키는 데미우르고스를 우주 창생의 조물주로 제시한 것이다. 전형적인 호모 파베르의 투사로 볼 수 있는 데미우르고스를 통해 플라톤은 우주 창생의 장대한 드라마를 장인의 만듦에 빗대 펼쳐 보인다. 플라톤이 우주론을 전개하면서 장인의 만듦 모델을 활용한

---

107 플라톤, 『티마이오스』, 박종현·김영균 역주, 서광사, 2000c, 75쪽.

데는 일차적으로 소크라테스의 영향이 크다. 『에우티프론』에서 소크라테스는 전설적인 조각가 다이달로스Daedalos가 자신의 선조라고 말한다.[108] 실제로 젊은 시절 소크라테스는 석공이었던 부친 소프로니스코스Sofroniskos를 따라 석공 일을 했다고 전해진다. 이런 연유로 플라톤은 초기 대화편에서 앎의 문제와 가치의 문제를 다룰 때면 어김없이 장인의 만듦을 예로 들어 설명하며, 『정치가』에서는 참된 정치술을 직조술에 빗대 설명하기도 한다.

다음으로 플라톤이 데미우르고스 개념을 사용한 이유를 파악하려면 그리스어 데미우르고스의 다의성을 살펴봐야 한다. 어원상 '민중을 위해서 무엇을 만들어내는 사람'을 뜻하는 데미우르고스는 무엇인가를 만들어내는 사람이라는 뜻 못지않게, 남을 위해 일하는 공인公人이라는 뜻도 있다.[109] 베르낭에 따르면, 플라톤 이전 호메로스와 헤시오도스의 시대에 이미 데미우르고스라는 말은 가정의 테두리 밖에서 일하는 공적 활동을 두루 가리켰다. 그래서 이 용어에는 "대장장이, 목수, 음유시인뿐만 아니라 아무것도 생산하지 않는 점술사나 전령"도 포함됐다.[110]

데미우르고스의 공적인 성격은 『국가』에서도 잘 나타난다. 정의가 무엇인지를 따져 묻는 대화를 나누는 중에 소크라테스는 정의가 더 강한 자의 편익에 불과하다고 단언하는 트라시마코스Thrasymachos의 주장을 조곤조곤 논박한다. 소크라테스는 '올바름이란 편익을 주는 것'이라

---

108 플라톤, 2003, 62쪽.
109 박희영 외, 2001, 179쪽.
110 베르낭, 2005, 323-324쪽.

는 점에서 트라시마코스의 생각에 동의하지만 통치술의 편익이 더 강한 자가 아니라 더 약한 자에게 귀속된다는 논리를 편다. 의사의 테크네가 의술 자체가 아니라 건강에 편익을 제공하는 것처럼 통치술을 비롯한 다른 모든 테크네는 개별 대상에 편익을 제공하기 때문이다. 결국 플라톤은 어떤 테크네나 통치도 자기에게 이득이 되는 것이 아니라 더 약한 자의 편익을 제공하는 데 이바지해야 한다고 결론을 맺는다.[111]

플라톤 당대의 그리스 사회는 펠로폰네소스전쟁이 끝난 뒤의 혼란 속에서 정치를 포함한 사회 체제 전체가 크게 변화하고 있었고, 장인의 사회적 지위도 크게 하락하고 있었다. 이와 같은 정치적, 사회적 배경 속에서 플라톤은 데미우르고스라는 개념을 통해 조물주의 신적 만듦과 장인의 만듦을 유비적으로 동일시함으로써 장인의 만듦에 깃든 신적 가치를 되살리고 이를 폴리스 개혁의 원동력으로 전환하려 했던 것으로 보인다.[112] 특히 플라톤은 완벽한 경지에 오른 모든 일에 '신적'이라는 형용사를 붙이곤 했는데, 조물주와 장인이라는 이중적 의미를 내포하는 데미우르고스는 플라톤의 의도를 표현하는 데 안성맞춤이었다. 신이 부여한 고유한 기능을 갖는 테크네의 올바른 구현은 플라톤에게 혼란과 분열로 점점 더 쇠락해가던 아테네를 구제할 중요한 원리이

---

111 플라톤, 1997, 100쪽.

112 계급제도가 사회적으로 굳어진 청동기시대 이래 단순노동을 하는 계급을 천시하는 풍조는 널리 퍼져 있었다. 그렇지만 기원전 7세기부터 5세기 사이에 고대 그리스 사회에서 장인을 존중하는 분위기는 아주 빠르게 사라진 것으로 보인다. 박희영 외, 2001, 182-183쪽. 이런 현실에서 플라톤은 『티마이오스』에서 자신의 정치사회적 기획을 제시한다. 즉 우주의 창조 과정과 장인의 제작 과정의 유비를 통해 테크네의 미덕을 되살려냄으로써 자신이 생각한 이상적 폴리스 건설의 포부를 펼쳐 보이고 있다.

자 일종의 모델이었다.

그렇다면 장인의 만듦에 포함된 가치란 무엇인가? 이는 '좋음'에 대한 지성적, 이론적 앎과 좋음을 구체적으로 실현할 수 있는 제작 활동의 앎이다. 『고르기아스』에서 플라톤은 모든 행위의 목적인 좋음의 원리를 "그것을 위해서 모든 다른 것들이 행하여져야만 되지, 다른 것들을 위해서 그것이 행하여져서는 안 되는 것"이라고 규정한다.[113] 플라톤 철학의 핵심 개념이자 '언제나 한 가지 보임새'를 뜻하는 이데아는 참된 실재이자 모든 사물의 원인이다. 인식과 지성의 대상으로서 이데아는 도덕적 실천은 물론 장인의 만듦에서도 본의 성격을 가진다. 조물주 데미우르고스와 마찬가지로 전문적인 장인은 이데아를 본으로 삼아 이미 주어진 재료를 잘 활용해서 쓰임새 있는 제작물이나 구성물을 만듦으로써 좋음을 실현한다.

이 경우에 데미우르고스의 우주 창생과 마찬가지로 장인의 만듦도 '무에서의 창조'가 아니라 '유에서의 창조'다. 그리스 사유에서 무에서의 창조는 없다. 또한 '주어진 것을 선용하라'라는 격언에서 알 수 있듯이, 자연이 좋음의 원리에 따라 혼돈 속에서 질서와 우주 만물을 창출하듯이, 인간도 자연으로부터 주어진 것을 활용해서 좋고 훌륭한 것을 많이 만들어낸다. 이런 의미에서 자연의 생성 원리를 모방해 이전에는 존재하지 않았던 '좋은 것'을 만드는 훌륭한 장인, 주어진 영토와 인적·물적 조건을 토대로 정의와 자유 같은 좋음을 실현하고자 분투하는 진정한 정치가, 그리고 좋음의 이데아에 인격적으로 동화됨으로써 자

---

113 플라톤, 2018, 187-188쪽.

신의 성품을 훌륭한 상태에 이르도록 수양을 거듭하는 인간은 모두 데미우르고스와 매한가지다.

이와 같이 플라톤은 만듦의 관점에서 우주론을 전개하고 이를 통해 자연의 영역뿐만 아니라 인간의 영역에서도 좋음의 실현 방식이 원리상 동일하다는 것을 보여준다. 이런 좋음의 원리와 관련된 생성을 구체적으로 다루는 저작은 『필레보스』다. 여기서 플라톤은 생성과 창조행위의 가능성에 대해 프로타르코스Prōtarchos와 대화하면서 우주에 존재하는 것을 네 가지 유형으로 나눈다. 한도 지어지지 않는 것to apeiron, 한도 지어지는 것to peras, 앞의 두 가지가 하나로 혼합된 것, 그리고 혼합의 원인이다.[114] 플라톤은 이런 구분을 바탕으로 생성을 설명하는데, 첫 단추는 혼성이나 혼합의 이데아다. 모든 생성은 이데아를 본으로 삼아 주어진 것, 즉 한도 지어지지 않는 것에 일정한 수적 비율이 개입되고 한도가 지어짐으로써 모든 좋은 것과 아름다운 것이 출현하기 때문이다. 이 과정에서 한도를 짓는 수적 요소 및 비율과 특히 적도適度 창출은 생성에서 중요한 매개 고리 역할을 한다. 적도와 균형이 모든 경우에 아름다움과 훌륭함의 기준이기 때문이다.[115]

이러한 적도와 균형의 중요성에 대한 언급은 『정치가』에 등장하는 엘레아에서 온 손님의 입장, 즉 모든 테크네의 특성을 적도와 관련된 측정술로 이해하는 입장과 상통한다. 『정치가』에서 플라톤은 생성과 직접 연관된 측정술을 둘로 나눈다. 하나는 수·길이·깊이·넓이·속도와

---

114 플라톤, 2004, 113-115쪽.

115 플라톤, 2018, 244쪽.

관련된 상대적 측정술이고, 다른 하나는 적도·적정함·때맞음, 그리고 '극단을 피하고 중간으로 향한 모든 것'과 관련된 측정술이다.[116] "서로에 대한 큼과 작음의 상호 관계에 관련된 것"인 전자는 양적 측정술 혹은 상대적 측정술이고, "생성의 불가결한 성립에 관련된 것"인 후자는 질적 측정술 혹은 절대적 측정술이다.[117] 물론 두 가지 종류의 측정술은 좋은 것과 아름다운 것 일체의 생성에서 항상 함께 관여한다. 오로지 양적, 상대적 측정술만을 인정하고 질적, 절대적 측정술을 허용하지 않는다면 테크네를 포함한 모든 생성은 석화되고 박제된 산출물이나 구성물만을 얻을 뿐 생생하고 실재적인 좋은 것의 산출과는 거리를 둘 수밖에 없기 때문이다.[118]

따라서 적도 창출은 모든 생성의 궁극적 원리다. 하지만 실현 방식은 여럿이다. 더함과 덜함의 관계에서는 '적도'이고, 지나침과 모자람의 관계에서는 '중용'이며, 시기와 관련해서는 '때맞음'이고, 앎과 관련해서는 '진리'이며, 기능과 관련해서는 '훌륭함'이다. 당연히 각각의 경우 적도의 창출과 보존은 호락호락하지 않다. '적도의 본성'을 넘어서거나 미치지 못하는 일이 실제로 일어나고 테크네의 경우에도 적도를 보존하기 어렵기 때문이다.[119] 그런데 적도 창출로 생긴 좋음은 구체적으로 어디에 있는가? 이에 대해서 플라톤은 "으뜸가는 것은 척도와 적도, 시의 그리고 이와 같은 것들로 생각해야 할 모든 것의 테두리 안 어딘가

---

116 플라톤, 2000b, 164쪽.

117 플라톤, 2000b, 159쪽.

118 플라톤, 2000b, 162-163쪽.

119 플라톤, 2000b, 159쪽.

에"[120] 있다고 말한다. 플라톤은 변화무쌍한 현상 속에서 불변적인 것의 궁극적 가치를 열정적으로 추구하면서도 변화 과정 자체를 결코 간과하지 않았다. 플라톤의 관점에서 기본적으로 구성되는 모든 생성은 좋음의 이데아를 본떠 시시각각 변화하는 현상 속에서 적도를 창출함으로써 좋음을 실현하는 역동적 과정의 구체적 산물이다.

이러한 생성의 원리는 『티마이오스』에서 데미우르고스의 우주 창생 과정을 통해 더 구체적으로 묘사된다. 이 대화편에서 플라톤은 우주 창생을 지성이 필연을 설득하는 과정으로 표현한다.[121] 우주 창생을 필연과 지성의 결합으로 볼 때 문제가 되는 것은 필연 개념이다. 통상 강제, 필연, 운명을 의미하는 그리스어 '아낭케'는 『티마이오스』에서는 지성의 개입 이전의 불확실하고 무질서한 물질적 상태를 뜻한다.[122] 아낭케 개념은 그리스 사유의 저변에 깔려 있는 '주어진 것'이라는 관념과 연결되는데, 플라톤은 주어진 것을 두 가지로 표현한다. 하나는 『필레보스』의 한도 지어지지 않는 것이고, 다른 하나는 『티마이오스』의 "일체의 생성의 수용자"[123]다.

플라톤에 따라 이 생성의 수용자를 항상 존재하는 공간의 유형으로서 소멸하지 않으면서도 생성하는 모든 것에 자리를 제공하는 것으로 본다면,[124] 이는 마치 모든 생명을 잉태하는 자궁처럼 모든 생성하는

---

120 플라톤, 2004, 248쪽.

121 플라톤, 2000c, 131-132쪽.

122 원래 아낭케ananke는 강제, 필연, 운명을 뜻한다. 하지만 『티마이오스』에서 이 개념은 지성이 개입하기 이전의 불확정적이고 불규칙한 물질들의 상태를 의미한다. 플라톤, 2000c, 131쪽.

123 플라톤, 2000c, 135-136쪽.

124 플라톤, 2000c, 145-146쪽.

것이 창출되는 공간과 같은 것으로 이해할 수 있다.[125] 따라서 우주는 데미우르고스가 좋음의 이데아를 본으로 삼아 생성의 수용자와 의미가 동일한 한도 지어지지 않는 것, "방황하는 원인의 종류들", "필연의 산물들"에 일정한 한도나 한계를 지움으로써 창조된 것이다.

요컨대, 플라톤의 세계 이해의 핵심은 모든 좋은 것은 아름답고, 아름다운 것은 불균형하지 않다는 주장으로 압축될 수 있다.[126] 이런 점에서 우주는 결코 닮지 않고 균형 잡히지 않은 힘들로 가득한 일체의 생성의 수용자, 즉 무질서하고 불확실한 질료적 공간에 데미우르고스가 비율logos과 척도metron, 곧 지성의 원리를 부여함으로써 아름답고 질서 정연하게 구성된 것이다. 우주는 이미 주어진 질료와 공간에 지성이 결합된 결과물이고 지성의 표상인 데미우르고스는 질서의 부여자인 것이다. "데미우르고스는 어떤 점에서는 '좋음'의 원리가 신격화된 것이라고도 볼 수 있으며, 더 나아가 그 '좋음'이 실현되는 데 있어서는 지극히 지성적 또는 이성적인 방식으로 이루어진다는 점에서 그는 지성nous의 화신이기도 하다. 이런 성격을 갖는 데미우르고스의 구성적인 기술techne의 창출물이 이 우주인 것으로 말하고 있으니, 플라톤의 우주론은 형이상학적이면서도 기술적 창출 과정을 모델로 삼은 우주론인 셈이다."[127]

---

125 플라톤은 공간으로 이해할 수 있는 '생성의 수용자'를 여러 가지 의미로 표현한다. 예컨대 『필레보스』의 한도 지어지지 않는 것과 『티마이오스』의 "방황하는 원인의 종류들", "필연ananke의 산물들"이다. 그런데 이 공간은 빈 공간은 아니며 어머니의 자궁이 태아의 발생을 허용하듯이 생성을 만들어내는 기반을 의미한다. 플라톤, 2000c, 145-146쪽.

126 플라톤, 2000c, 243쪽.

127 박종현, 『적도(適度) 또는 중용의 사상』, 아카넷, 2014, 120-121쪽.

더욱이 데미우르고스가 천체를 창조한 후 자신을 본받아서 영혼과 육체를 만들라고 지시하는 대목에서 알 수 있듯이, 만듦의 본보기를 보여주는 우주론을 통해 플라톤은 우리에게 이 범례를 따르라고 권한다. 이때 데미우르고스는 바로 우리 자신이 되고 데미우르고스가 주재하는 만듦의 연속 과정은 우리 삶의 연속 과정이 된다. 물론 여기서 무엇보다 중요한 것은 지성의 지배다. 지성의 지배를 받지 않으면 개인뿐만 아니라 폴리스도 훌륭함을 달성할 수 없기 때문이다. '좋음'이 실현된 삶은 '필연'을 우리가 얼마나 슬기롭게 좋고 훌륭한 방향으로 이끌어가느냐에 전적으로 달려 있다. 궁극적으로 플라톤은 인간의 삶과 폴리스에서 좋음이 어떻게 만들어지는가를 예시하는 본보기로 우주창생론을 제시한 셈이다. 그러므로 플라톤의 『티마이오스』는 단지 우주의 기원과 형성을 밝히는 우주론이 아니라 인간과 폴리스의 올바르고 바람직한 삶을 위한 실천 이론적 모델이라는 성격을 가진다.

3. 테크네에서 아르스로

삶의 기술로서의 테크네

일반적으로 헬레니즘 시대는 기원전 334년 알렉산드로스 대왕의 동방 원정에서부터 기원전 30년 로마의 이집트 병합까지의 시기를 말한다. 철학사가들은 이 역사적 시대 구분을 수용해 같은 기간을 '헬레니즘 철학Hellenistic philosophy'의 시대로 규정한다. 이 시대를 대표하는 철학 유파는 고대 철학의 양대 산맥인 플라톤과 아리스토텔레스의 철학을 각각 계승한 아카데메이아학파나 소요학파가 아니라 스토아학파·에피쿠로스학파·회의주의 학파다. 그중에서도 스토아학파는 헬레니즘 시대뿐만 아니라 로마 제정까지 400년 이상 로마에서 가장 강력한 영향을 미쳤다. 각 학파의 철학 체계의 특성과 상호 논쟁의 역사를 검토하는 일은 고대 철학사 전반을 아우르는 일일뿐더러 이 책의 범위를 훨씬 넘어서는 일이다. 따라서 여기서는 헬레니즘 시대 세 학파의 공통된

경향을 바탕으로 그리스 시대의 '테크네' 개념이 '삶의 기술the art of living'
이라는 의미로 전환된 측면을 살펴볼 것이다. 이런 제한된 분석이 의미
를 가질 수 있는 이유는 헬레니즘 시대의 테크네의 의미 변화가 세 학
파가 공유하고 있던 '관심의 변화'를 일정하게 반영하기 때문이다.

플라톤과 아리스토텔레스의 철학을 직접 계승한 철학 유파가 존
재했고 이들과 경합했던 세 학파 중 스토아학파와 에피쿠로스학파는
부분적으로 플라톤과 아리스토텔레스의 철학을 수용했다. 그렇지만 두
학파는 기본적인 사유의 원리에서는 플라톤과 아리스토텔레스 철학 이
전 사상에 더 많이 의존했다.[128] 오늘날까지도 영향력을 잃지 않고 있는
플라톤과 아리스토텔레스라는 위대한 철학자의 사상이 모든 시대에 주
목받았으리라 생각할 수 있지만, 헬레니즘 시대의 사상가들에게 두 철

---

128 에피쿠로스학파의 철학적 목적은 인간을 모든 자연적, 종교적, 형이상학적 굴레에서 벗어나게
하는 것이다. 이들은 쾌락이 '좋음' 자체이고 다른 좋음이 모두 쾌락의 도구일 뿐이라고 주장한다. 반
면 스토아학파는 우주와 자연이 불변적 법칙에 따라 질서 지어져 있기 때문에 이 자연의 일부인 인간
이 자연적 질서와 일치하도록 사는 것이 좋음이라고 본다. 자연학과 관련해서도 스토아학파와 에피
쿠로스학파는 여러 면에서 대립한다. 에피쿠로스학파가 목적론의 전통을 거부했다면 스토아학파는
목적론을 옹호했다. 또한 에피쿠로스학파의 관점에서 우주는 하나의 거대한 기계였다면 스토아학파
의 관점에서 우주는 거대한 살아 있는 유기체였다. 두 학파의 사상적 차이를 정리하면 아래와 같다.
[표 3] 에피쿠로스학파와 스토아학파의 사상적 차이

	에피쿠로스주의	스토아주의
방법론	변증술의 거부	변증술에 토대를 둠
자연학	데모크리토스를 추종함	헤라클레이토스를 추종함
	반-목적론적	목적론적
	원자론자	연속주의
	기계론적	범신론적
	다수의 세계	단일한 세계
	신적 개입을 거부	신의 섭리를 주장
윤리학	쾌락주의	덕 윤리
	정치적으로 최소주의	정치적으로 최대주의

(에픽테토스, 『왕보다 더 자유로운 삶』, 김재홍 옮김, 서광사, 2013, 182쪽 재인용)

학자의 사상은 어느 정도 낡은 사상이었다. 이를테면 스토아학파와 에피쿠로스학파는 공히 '이데아'라는 비물체적 존재를 부정했고 물체적인 것만을 존재로 간주했다.[129]

더욱이 두 학파는 아리스토텔레스의 경험론적 태도는 어느 정도 수용했지만, 형상인과 질료인의 결합에 기초한 자연의 인과적 설명 방식이나 비-질료적 형상인 '부동의 원동자'로 신을 설명하는 방식을 모두 기각했다. 말테 호센펠더Malte Hossenfelder가 밝히듯이, 헬레니즘 철학은 윤리학에서는 플라톤과 아리스토텔레스의 사상보다는 소크라테스의 사상을 직접 이어받았고, 자연철학에서는 소크라테스 이전의 사상가들에게 의존했으며, 아리스토텔레스의 형식논리학을 거부하고 진술논리학을 새롭게 도입하려 했다.[130]

이러한 헬레니즘 철학의 기본 경향 아래서 이 시대의 모든 사상가가 지향했던 최종 목표는 행복으로, 그리스어로는 '에우다이모니아eudaimonia'라고 한다. 고대 세계 전반에 걸쳐 행복을 삶의 목적으로 여기는 사고가 폭넓게 퍼져 있었다는 점에서 헬레니즘 시대 사상가들도 동

---

129 고대 유물론을 대표하는 에피쿠로스학파는 원자의 운동을 설명하기 위해서 비물질적인 허공을 인정함으로써 스스로 모순에 빠진다. 보통 유물론은 정신적인 것을 배제하고 오로지 물질만이 존재한다고 보기 때문이다. 야머는 이런 에피쿠로스학파의 모순을 야릇한 우연의 일치라고 말한다. 왜냐하면 유물론을 주창한 에피쿠로스학파는 "어떤 것이 물체가 아닌데도 실재할 수 있을지 모른다고 분명하게 말한 첫 번째 사람"이기 때문이다. 야머, 2008, 50쪽. 또 섹스투스 엠피리쿠스Sextus Empiricus에 따르면 스토아학파는 허공·시간·장소·말해진 것lekton을 실재로 봤고 사물이 그 자체로 존재한다고 믿었다. *Hellenistic Philosophy*, Brad Inwood·L. P. Gerson (trans.), Hackett Publishing Group, 1997, p. 166. 따라서 엄밀한 의미에서 두 학파를 유물론으로 예단할 수는 없다. 그럼에도 불구하고 두 학파는 비물체적 영혼과 비-질료적 형상을 거부했다는 점에서 일관된 물질주의적 관점을 고수했다고 볼 수는 있다.

130 말테 호센펠더, 『헬레니즘 철학사』, 조규홍 옮김, 한길사, 2011, 67쪽.

일한 전통의 연속선상에 있었다고 볼 수 있다. 이들에게도 에우다이모니아는 최고의 삶의 가치였다. 이는 쾌락을 전면에 내세운 에피쿠로스학파나 덕을 중시한 스토아철학이 첨예하게 대립하면서도 행복을 두고는 다툰 적이 없다는 점에서 입증된다. 두 학파는 행복이 삶의 최고 목적이라는 점에는 동의했지만 실현 방법을 두고 견해 차이를 보였다.

그런데 헬레니즘 시대 사상가들은 이전 시대와 마찬가지로 행복이라는 개념을 사용하면서도 그 강조점은 뚜렷이 달랐다. 플라톤에서 아리스토텔레스까지 폴리스 전체의 안녕과 질서와 관련됐던 행복 개념은 헬레니즘 시대에는 개별 인간의 내면적 세계와 연결됐다. 『정치학』에서 아리스토텔레스는 인간을 정치적 동물로 정의하고 개인보다는 공동체 전체의 이익을 우선시한다. "모든 학문과 기술의 궁극적인 목적은 선이다. 이 점은 모든 학문과 기술의 으뜸인 정치에 특히 가장 많이 적용되는데, 정치의 선은 정의이며, 그것은 곧 공동의 이익이다."[131]

이러한 목적론적 관점에서 아리스토텔레스는 에우다이모니아를 일종의 즐거움을 수반하는 영혼의 활동으로 간주했다. 이때 즐거움이란 영속적이고 고요한 감정의 상태를 의미했다. 그리고 플라톤의 견해를 계승해서 모든 좋은 것이 단 하나의 좋음으로 수렴된다고 생각했던 아리스토텔레스는 에우다이모니아를 가장 훌륭한 미덕에 걸맞은 영혼의 활동으로 봤다.[132] 이렇듯 기본적으로 목적론적 세계관을 추구했던 플라톤과 아리스토텔레스에게 우주적 합목적성과 영혼이 어떤 관계를

---

131 아리스토텔레스, 2009b, 167쪽.

132 아리스토텔레스, 2013, 39쪽.

맺는가라는 문제는 행복을 결정짓는 척도였다.

그러나 플라톤과 아리스토텔레스의 행복 개념은 더 이상 헬레니즘 사상가들에게 받아들여지지 않았다. 이들에게 목적이란 미리 결정돼 있는 무엇이 아니라 상황에 맞춘 인간의 선택에 따라 성취되는 것이고, 이 상태가 바로 행복이었다. 이 경우 진정한 행복은 실현된 행위 자체나 행위의 완전한 실현에 있는 것이 아니다. 인간이 그런 행위를 원하는지 그렇지 않은지를 판단하는 내적 근거가 더 중요하다. 달리 말하면, 어떤 것에 대한 바람과 자각의 일치가 인간의 외적 상황보다 훨씬 더 중요해지는 것이다. 따라서 행복은 의지와 능력의 일치가 된다. 이처럼 세상을 어느 정도 중립적이고 부차적인 것으로 밀어놓고 나면 행복은 전적으로 자신의 마음을 평온한 상태로 유지하는 것이 된다. 피론 Pyrrhon을 추종하는 회의주의 학파와 에피쿠로스학파는 이처럼 정신이 평온한 상태를 '아타락시아ataraxia'라고 불렀고, 스토아학파는 무감정의 상태를 뜻하는 '아파테이아apatheia'라고 했다. 두 개념이 내포하는 의미는 같은데, 바로 공포, 탐욕, 비애와 같은 감정에서 벗어나 영혼이 자유로워져 정신이 평온해지는 상태였다.

결국 헬레니즘 사상가들에게 행복이란 현실적으로 실현할 수 있는 것을 바라고 꾸준히 추구함으로써 성취되는 것이다. 왜냐하면 현실적으로 실현할 수 없는 것은 가치가 없기 때문이다. 행복은 목적이 충족된 상태이고 불행은 목적이 충족되지 못한 상태이지만 해당 목적을 설정하는 것은 전적으로 각자의 몫이다. 인간의 행복이 스스로 결정한 목적의 실현에 있다면, 마땅히 행복의 가능 조건으로 목적 설정에 대한 개인의 자유가 보장돼야 하기 때문이다. 이처럼 헬레니즘 사상의 기본 경향은 행복의 내면화와 외부 세계의 중립화라는 이중 구조에서 의지와 선택의 자유라는 가능성을 열어놓은 것이다. 비록 그리스 문명의 쇠퇴가 자명해 보였던 시대 분위기에서 출현한 헬레니즘 철학은 체념의 정서와 수동적 태도가 짙게 배어 있었지만 서양의 사유에서 처음으로 행복 개념을 통해 개별적이고 주관적인 개인이라는 인간의 문제를 전면에 부각하는 데 결정적으로 기여했다.

에피쿠로스는 행복을 얻는 방법으로 최종 목적이자 최고의 선인 쾌락을 추구하고 육체적 고통과 영혼의 흥분 상태를 포함하는 불쾌에서 벗어날 것을 설파한다. 「메노이케우스에게 보내는 편지」에서 확인할 수 있듯이, 에피쿠로스에게 쾌락과 불쾌는 서로 다른 차원에 있는 두 가지가 아니라 하나로 연결된 두 가지 요소다. "우리는 쾌락의 부재로 고통스러울 때만 쾌락이 필요하다. 그리고 고통이 없다면 더 이상 쾌락이 필요하지 않다. 이것이 출발점이자 복된 삶의 목적으로 쾌락을 말하는 이유다."[133] 에피쿠로스는 현대인들에게 특징적으로 나타나는 향락주의의 방식, 즉 '쾌락의 최대화'를 위해 모든 방법을 강구하고 동원하는 것이 아니라 불쾌를 소거함으로써 쾌락에 이르는 방식을 따르고 있다. 이런 방식으로 고통의 회피와 쾌락의 획득이 가능하다고 생각한 것이다.

에피쿠로스와 달리 스토아학파는 쾌락을 적대시하고 이성을 중시하는 태도를 보인다. 스토아학파의 전체 체계를 구성하는 핵심 개념은 '자연'이다. 디오게네스 라에르티오스Diogenes Laertios의 전언에 따르면 스

---

133 *Hellenistic Philosophy*, 1997, p. 30.

토아학파는 우주 전체를 생성하고 유지하는 자연이 두 가지 근본 원리로 구성된다고 본다. 하나는 수동적인 질료이고, 다른 하나는 능동적인 로고스다.[134] 즉 전체로서의 세계는 수동적 원인인 질료와 능동적 원인인 로고스에 의해서 형성된다. 스토아철학자들은 종종 로고스를 프네우마pneuma[135]·신·지성·이성 등과 동일한 개념으로 사용했다. 이들이 보기에 하나의 살아 있는 유기체로서 자연 전체는 모든 변화를 일으키고 안정을 보장하는 물질적 힘인 동시에 탁월한 합리성을 지닌 존재였다. 따라서 스토아학파의 관점에서 우주를 물리적으로 이해하는 것과 합리적으로 이해하는 것은 전혀 상충되지 않는다. 이에 따라 좋은 삶이란 불변하는 자연법칙, 곧 이성의 법칙에 일치하는 '한결같은 삶'을 영위하는 것이었다. 한결같은 삶의 모습은 일체의 '파토스pathos', 곧 감정의 자극과 흥분 상태에서 벗어나 무감정, 곧 아파테이아에 이르는 것이었다.

　스토아철학자들은 아파테이아 개념의 역사적 모범을 소크라테스의 사유와 삶에서 발견했다. 어떻게 일체의 감정에서 해방돼 무감정에 도달할 수 있는가라는 스토아철학의 본질적 질문에 대한 해답은 소크라테스의 삶에서 길어 올려졌다. 핵심은 감정을 억제하고 통제하는 이성의 힘이었다. 스토아철학자들의 눈에 비친 소크라테스는 수미일관 어떻게 살 것인가라는 문제에 매달렸고 이를 이루는 방식으로 '자기 수

134　*Hellenistic Philosophy*, 1997, p. 132.

135　프네우마는 '숨'을 뜻하는 그리스어로 우주의 모든 곳에 스며들어 전방위적으로 영향력을 미치는 생명력을 의미한다. 한경자, 「초기 스토아 자연학에서 우주적 프네우마Pneuma 연구」, 서울대학교 철학 박사논문, 2016.

런'을 실천한 진정한 스승이자 현자賢者였다. 『소크라테스의 변론』에서 소크라테스는 혼을 돌보는 일의 중요성, 즉 훌륭함에 이르도록 삶의 방식을 전변하는 일의 중요성을 죽음을 앞둔 상황에서도 설파한다.

또한 전체 내용 가운데 어디까지가 소크라테스의 것이고 어디까지가 플라톤의 것인지를 두고 논쟁의 여지가 있지만, 『고르기아스』에서 플라톤이 본 소크라테스는 즐거운 것 중에서 좋은 것과 나쁜 것을 분별하는 일이 전문적인 테크네의 몫이고, 이런 활동이 가장 진지한 물음인 어떻게 살 것인가에 종속된다고 말한다.[136] 이와 관련해서 소크라테스는 무엇보다 절제의 미덕을 강조하는데, 절제하는 사람이란 스스로 자신을 통제하며 자신 안에 있는 쾌락과 욕구를 다스리는 자다.[137]

존 셀라스John Sellars는 아리스토텔레스와 스토아학파가 소크라테스를 어떻게 이해했는지를 대조해서 보여줌으로써 스토아학파의 소크라테스 해석에 따라 '삶의 기술'로서의 테크네 개념이 분명해졌다고 주장한다.[138] 셀라스에 따르면 소크라테스는 분명 테크네의 소유가 사람의 행동에 영향을 준다고 생각했다. 예를 들어 신발 만들기에 숙련된 갖바치는 항상 좋은 신발을 만들기 마련이고, 악기를 다루는 데 능통한 연주자는 언제나 훌륭한 연주를 할 것이다. 같은 맥락에서 소크라테스는 자신의 혼을 돌보는 테크네에 통달하는 것은 자동적으로 그 사람의 행위에 영향을 미친다고 봤다. 숙련된 갖바치가 항상 좋은 신발을 만들

---

136 플라톤, 2018, 188-189쪽.

137 플라톤, 2018, 163쪽.

138 John Sellars, *The art of Living, The Stoics on the Nature and Function of Philosophy*, Bristol Classical Press, 2003, pp. 42-53.

듯이 자신의 혼의 훌륭함을 돌보는 테크네에 능통한 사람은 필연적으로 훌륭하게 행동할 것이기 때문이다.

그러나 아리스토텔레스는 소크라테스의 삶을 주로 합리적 대화를 통한 공동의 정의와 지식의 확립이라는 로고스의 측면에서만 조명했다. 아리스토텔레스는 소크라테스가 훌륭함을 지식의 형식으로만 봤다고 단정한다. 의심할 여지 없이 이는 아리스토텔레스 자신의 철학적 관심을 반영한 것이다. 『형이상학』에서 아리스토텔레스는 실천적 지혜보다 철학적 지혜를 우위에 놓는다. 이때 철학적 지혜란 원인에 대한 탐구와 직관의 결합이라는 점에서 오늘날의 과학의 정의와 흡사하다. 비록 아리스토텔레스가 지혜의 소유가 개인의 삶에 영향을 미친다는 점을 분명히 인식하고 있었더라도, 두 사람의 우선순위는 분명 달랐다. 아리스토텔레스에게 철학은 이를 실천하는 사람의 삶의 방식에 영향을 미치는 것이었지만, 소크라테스에게는 철학 자체가 삶의 변형이었다. 소크라테스는 에피스테메와 로고스를 동일시하지 않았고, 이런 동일시가 자신의 행동을 변화시키는 데 충분하다고 생각하지도 않았다. 대신 에피스테메와 테크네를 동일시함으로써 로고스의 소유가 아니라 테크네가 자동적으로 누군가의 행동에 영향을 준다고 생각했던 것이다.

소크라테스의 자기 수련을 중심으로 한 삶의 방식에 주목한 스토아철학자들은 철학을 "쓸모 있는 것에 관한 테크네의 실행(훈련)"[139]으로 정의한다. 그렇다면 스토아철학의 관점에서 파토스를 제어하는 한결같은 삶을 살기 위해 비유적으로 가장 적절한 테크네의 유형은 무엇인가?

---

139 한경자, 2016, 17쪽 재인용.

스토아철학자들뿐만 아니라 다른 헬레니즘 철학 유파도 동의했듯이, 그것은 의술이다. 셀라스에 따르면 스토아철학자들은 테크네를 크게 세 가지 유형, 즉 생산적인 것the productive, 수행적인 것the performative, 확률적인 것stochastic으로 구분한다.[140] 가장 분명한 테크네의 유형인 생산적인 것의 특징은 장인의 대상적 실천과 생산물을 나누고 테크네의 성공 여부를 그 생산물을 참조해서 결정하는 것이다. 때로 이런 생산적인 것이 가장 우선해야 할 근본 의미로 가정되고 모든 테크네는 이 모델을 기준 삼아야 하는 것처럼 말해지는데, 이는 아리스토텔레스의 견해일 뿐이다. 다음으로 수행적인 것의 대표 사례는 무용이다. 수행적인 것은 테크네의 수행 자체가 목적이고 이 수행과 분리되는 생산물이 없다는 점에서 생산적인 것과 다르지만, 수행의 결과에 의해 성공 여부를 평가받는다는 점에서는 생산적인 것과 동일하다.

마지막 세 번째로 확률적인 것의 대표 사례는 의술과 조타술이다. 이 경우 테크네는 정해진 목적을 향해 가는 것으로서 예컨대 의술의 경우 그 목적은 건강이다. 하지만 아무리 훌륭한 의사라도 항상 목적을 성취할 수 있는 것은 아니다. 의술의 생산물은 건강이지만 탁월한 의사라도 얼마든지 자신이 통제할 수 없는 외부 요인들 때문에 환자의 병을 고치는 데 실패할 수 있다. 이런 특성에 주목해서 스토아철학자들은 의술의 목적을 단지 건강 증진이 아니라 건강 증진을 위해 자신 안에 있는 모든 역량을 발휘하기 위해 노력하는 것이라는 의미로 해석함으로써 테크네를 '영혼의 병을 치유하는 방식', 즉 삶의 기술로 이해하기에

---

140 Sellars, 2003, p. 70.

이른다.

이와 같은 의술의 유비는 일체의 파토스를 배제하고 자연법칙과 질서에 합치되는 한결같은 삶을 추구했던 스토아철학의 사유 체계에 적절한 것이었다. 푸코에 따르면 어원학적으로 파토스는 지나친 감정이라는 뜻과 함께 신체의 질병이라는 의미도 있으며, 신체와 영혼에 공히 적용할 수 있는 은유의 폭이 넓어서 '치료하다', '치유하다', '절단 수술을 하다', '정화하다' 등을 모두 포괄한다.[141] 따라서 파토스를 제거하는 철학의 임무는 영혼의 질병을 치유하는 것이었다. 키케로는 영혼의 질병이 육체의 질병보다 더 위험하며 철학의 역할이 영혼 치유에 있다는 사실을 강조한다. "참으로 영혼의 치료약은 철학인데, 육체적 질병의 경우처럼 밖에서 도움을 찾을 것이 아니라 온 힘을 다하여 우리 스스로가 우리를 치료할 수 있도록 힘써야 할 것이다."[142] 키케로는 의술의 유비를 통해 철학의 목적을 규정했는데 이는 단지 스토아학파만의 사유가 아니라 헬레니즘 시대의 일반적인 경향이었다. 이 문제에 대해서 마사 누스바움Martha Nussbaum은 다음과 같이 주장한다.

철학은 잘못된 믿음에서 생긴 인간의 병들을 치유한다. 철학적 논의와 영혼의 관계는 마치 의사의 치료와 신체의 관계와 같다. 의사들은 치료할수 있고 치료를 통해 자신들의 힘에 관한 평가를 받는다. 의술이 고통스러운 신체를 위해서 시행되듯이 철학은 고통받는 영혼을 위해서 그렇게

---

141 미셸 푸코, 『비판이란 무엇인가/자기 수양』, 심세광·전혜리 옮김, 동녘, 2016, 116쪽.
142 키케로, 『투스쿨룸 대화』, 김남우 옮김, 아카넷, 2014, 229쪽.

한다. 바르게 이해하자면 철학은 다름 아닌 영혼의 삶의 기술techné이다. 이런 철학의 임무에 대한 일반적인 특성은 그리스-로마 시대의 세 가지 주요 학파에서 공히 나타난다. 세 학파 모두 철학과 의술 간의 유비의 타당성을 인정한다. 그리고 세 학파 모두에서 의술의 유비는 단순한 장식적 은유가 아니었다. 이것은 발견과 정당화를 위한 중요한 도구였다.[143]

로마 시대의 아르스

정치적 독립성과 자율성이 특징인 폴리스를 중심으로 발전한 그리스의 고유한 문화는 기원전 1세기가 되면 실질적으로 지중해 전역을 완전히 장악한 로마에 의해서 시들해졌는가? 더 나아가 기원후 2세기까지 장기간 평화와 안정을 구가했던 '팍스 로마나Pax Romana'는 그리스 학문과 문화와의 근본적 단절을 의미하는가? 로마의 시인 호라티우스 Horatius가 어느 정도 역사의 진실을 말해준다. "로마는 군사와 정치 면에서는 그리스를 점령했지만 예술과 지식 면에서는 오히려 그리스인이 정복자였다."[144] 적어도 기원전 2세기까지 그리스인 공동체 성격이 짙었던 로마에서는 그리스어로 읽고 쓰는 것이 일상이었다. 상류층에서는 그리스어와 라틴어를 공용어로 썼으며 학문의 꿈을 품은 로마 상류층 자제들은 그리스로 유학을 떠나곤 했다. 최상급 수준의 학술서는 그

---

143 Martha Nussbaum, *The Therapy of Desire*, Princeton University Press, 1994, p. 14.

144 데이비드 린드버그, 『서양과학의 기원들』, 이종흡 옮김, 나남, 2009, 228쪽 재인용.

리스어로 쓰였고 라틴어 저작은 열등하게 취급됐다.

그러나 로마의 지식인들은 '실용' 학문을 제외한 나머지 학문을 일종의 여흥거리로 생각했던 당시 로마인들의 지배적인 관심사를 반영해, 그리스의 학문적 전통을 대중적으로 각색해 라틴어로 옮기는 데 치중했다. 이로 말미암아 대중적 수준에서 학문의 발전과 지식의 보급이 촉진됐는데, 플리니우스Gaius Plinius Secundus의『자연사』가 정점을 찍었다. 로마 시대 과학의 중요한 한 장을 장식하는 이 책은 후대의 백과사전의 모범이 됐다.

『자연사』는 자연 세계 전체를 한 권의 책에 오롯이 담아내려는 플리니우스의 야심찬 의욕과 각고의 노력의 결실이었다. 실제로 플리니우스는 여러 명의 조교를 거느리고 2000여 권의 책을 꼼꼼하게 검토한 후 약 2만 개의 사실을 추출해 주제별로 분류한 다음 집대성하는 방식으로 작업을 했다. 『자연사』는 우주론·천문학·지리학·인류학·생물학·식물학·광물학 등의 다양한 학문 분야와 세계 곳곳의 특이한 풍습뿐만 아니라 외눈박이 종족 같은 특별한 종속이나 돌고래를 타고 학교를 다니는 소년의 이야기 같은 다양한 정보를 수록했다. 체계적으로 집대성한 것이 아니라 다소 가볍고 피상적인 사실과 담론 위주로 구성됐더라도 『자연사』는 로마 식자층의 주요 관심사를 잘 반영해 대성공을 거두었고, 중세 시대까지도 폭넓게 읽혔다.[145]

주지하다시피 로마 시대의 최우선적 가치는 '실용'이었다. 실용적 가치를 존중하는 분위기에서 그리스의 수학과 의학이 선별 수용됐고

---

145 린드버그, 2009, 238-246쪽.

법정과 정치 현장에서 유용한 논리학과 수사학이 중요시됐다. 반면에 그리스의 과학, 즉 자연철학은 아주 초보적인 수준에서 가십거리 정도로 받아들여졌다. 그 결과 역사적으로 로마인들은 과학과 기술의 발전에 획기적인 공헌을 하지는 못했다. 바빌로니아, 이집트, 그리스에서도 흔적을 찾아볼 수 있는 로마의 토목 건축술은 독창적이지 않았고, 초기 화학과 야금술의 발전에서도 이렇다 할 성과를 내지 못했다. 당연히 수학, 천문학, 관측 도구 제작에서도 별다른 두각을 나타내지 못했다.

과학의 발전에서 고대 그리스의 사유는 여러 가지 중요한 유산을 남겼다. '아르케'를 탐구하는 과학적 태도뿐만 아니라 부분적이지만 해부학과 동물학을 포함한 여러 분야에서 사실에 관한 지식이 축적됐다. 그리고 기하학의 발전에서 알 수 있듯이, 그리스인들은 수학을 적용해 자연을 이해할 수 있다는 사실을 깨달았을 뿐만 아니라 경험적 탐구를 목적으로 정보를 수집하고 계획을 세우는 방식을 시도한 최초의 사람들이었다.

그러나 로마 시대에 그리스의 과학적 전통은 침체의 길로 접어들었고, 합리적 질서와 규칙의 추구라는 점에서 공통점이 있었던 과학과 테크네는 별개의 것으로 남아 있었다. 다만 로마인들의 천재성이 번뜩인 분야는 법과 행정이었다. 주지하다시피 로마는 여러 속국을 거느린 거대한 제국으로, 통치의 효율성을 위해 속국의 다양한 종교와 철학에 관대했다. 법, 관용, 군사력은 로마제국을 지탱한 기둥이었다. 그중에서도 특히 로마의 만민법jusgentium[146]은 이후 서구 유럽뿐만 아니라 미국

---

146 키케로는 서구에서 최초로 법률의 보편 원리를 다룬 『법률론』에서 법을 의미하는 그리스어 노

과 동양 국가들의 법률 체계의 기원이다.

이러한 지적, 사회적 분위기 속에서 로마의 사상가들은 그리스어 테크네의 라틴어 번역어인 '아르스ars' 개념을 발전시켰다. 그리고 제국 말기에 이르면 두 가지 사실이 명확해졌다. 첫째는 아르스 개념이 모든 이론적, 실천적 영역을 아우르는 지식의 통합 범주로 사용된 것이다. 물론 기술사가 샤츠버그가 인정하듯이, 로마 시대에 어떻게 아르스 개념이 모든 지식의 통합 개념이 됐는지, 또 아르스의 대당 개념이 무엇이었는지 확실히 알 수 없으며 관련 연구는 답보 상태에 있다.[147] 한 가지 고려해볼 수 있는 것은 헬레니즘 철학의 영향으로 테크네 개념이 영혼의 질병을 치유하는 '삶의 기술'이라는 의미로 한정돼 쓰이면서 여타의 영역을 아르스 개념이 대체했을 가능성이다.

둘째는 중세의 '교양 아르스'[148]와 '기계적 아르스mechanical arts'를 구분하는 전통으로 이어진 '교양 아르스'와 '범속 아르스'의 구분이 공고화

모스nomos가 '분배하다'를 뜻하는 노모nomo에서 유래했다면 라틴어 렉스lex는 '선택하다'를 뜻하는 레고lego에서 비롯됐다고 말하고 이런 '정의의 힘'과 '선택의 힘'이 법률의 두 근간임을 강조한다. 그리고 나서 법률을 "자연 본성에 새겨진 최고의 이치理致"로 정의한다. 키케로, 『법률론』 70쪽. 키케로는 인간의 본성에서 법의 본성을 연역적으로 해명하는데, 여기서 핵심은 신과 인간에게 본성적으로 주어진 공통분모인 올바른 이성이다. 법률의 또 다른 정의에 해당하는 이성은 모든 인간에게 공통된 특성이다. 명령하고 금지하는 올바른 이성인 법률은 만인에게 이성이 주어지는 한 만인에게 공히 주어진다. 이런 평등의 원리를 바탕으로 키케로는 도덕법이 전통과 관습을 낳고 후자를 성문화한 것이 법이라는 사실을 체계적으로 주장한다. 다른 한편 로마법의 확립에서 그리스 철학의 정의하고 유類와 종種을 나누는 방식은 중요한 공헌을 했다. 로마인들은 그리스 철학의 분석과 종합의 사고방식을 통해 법 개념을 이해하고, 이를 내면의 체계에서 일목요연하게 정리함으로써 법학의 독자적 방법론을 정립할 수 있었다. 최종고, 『서양법제사』, 박영사, 1984, 25-31쪽.

147 Schatzberg, 2018, p. 29.

148 중세의 '교양 아르스'는 기본적으로 인문학을 다루는 3학, 곧 문법학·수사학·논리학과 수학적 원리를 다루는 4과, 곧 산술학·기하학·천문학·음악학으로 구성된다.

된 것이다. 귀족이나 식자층을 포함한 자유시민의 정신적 소양을 기르는 교양 아르스는 문법·수사학·변증법과 같은 언어 분과와 산수·기하학·천문학·음악 같은 수학 분과였다. 이에 반해 범속 아르스에는 직조술·건축술·운송술·의술·교역술·전투술 등의 전문 분야뿐만 아니라 고된 육체노동과 돈을 받고 하는 작업 모두가 포함됐다.

때때로 학자들에 따라 범속 아르스 중 건축·농업·의술·회화 등을 교양 아르스로 승격시킨 경우도 있었다. 기원전 1세기 로마의 대학자 마르쿠스 바로Marcus Varro는 일곱 개의 교양 아르스에 건축과 의술을 포함해『학문에 대한 아홉 권의 책』을 집필했다.[149] 그리고 2세기에 활동한 의사 갈레노스Galenos는 아르스를 '명예로운 것'과 '경멸적인 것'으로 나누고, 전자의 목록에 의학·수사학·음악·기하학·산술·철학·천문학·문학·재판과 함께 손노동과 관련이 있지만 노동 강도가 높지는 않은 조각과 회화를 포함했다.[150]

그리고 5세기에 활동한 마르티아누스 카펠라Martianus Capella의 저작『문헌학과 머큐리의 결혼』은 문법·변증론·수사학·기하학·산술·천문학·음악이라는 일곱 개 교양 아르스를 알레고리 방식으로 해설함으로써 중세의 지식 체계 구성에 큰 영향을 주었다. 일곱 학문은 변증론만 논리학으로 바뀌어 중세 교양 아르스의 근간이 됐다.

---

149   움베르토 에코 외,『중세 I』, 김효정·최병진 옮김, 시공사, 2015a, 499쪽.

150   Schatzberg, 2018, p. 27.

기예의 탄생

하이데거와 멈퍼드는 고대 세계의 '테크네'와 '아르스'가 현대의 일반적인 분류에서처럼 서로 다른 별개의 개념이 아니라 하나의 통합 개념이었음을 강조한다. 이런 주장은 고대 그리스-로마 세계에서 테크네와 아르스가 장인의 제작술, 의학, 수사학은 물론 조각과 회화까지도 포함하는 폭넓은 의미로 사용됐다는 사실에 부합한다. 고대 그리스-로마 세계에서는 18세기 중반 이후에나 탄생한 순수예술이라는 범주가 아예 존재하지 않았고, 엄밀한 의미에서 예술 작품이나 공연을 초연하게 감상하고 음미하는 미적 태도, 그리고 풍부한 상상력과 직관으로 예술 작품을 창작하는 예술가도 없었다. 예술사가 래리 샤이너Larry Shiner가 언급하듯이, 그리스-로마 시대에 오늘날 순수예술이라고 불리는 영역은 대부분 종교적, 정치적, 실용적 맥락에서 공동체의 의례나 축제의 장에 아주 강하게 포섭돼 있었고, 마치 갖풀처럼 대중의 도덕적 교화와 합일을 이끌어냄으로써 공동체 전체의 유대를 강화하는 사회적 기능을 담당했다.[151]

그렇더라도 엄밀한 의미에서 보면 테크네에서 아르스로의 이행이 이루어진 헬레니즘-로마 시대는 근대적 의미의 테크닉과 예술의 통합 개념, 즉 기예技藝가 탄생한 공동 기원으로 볼 수 있다. 두 가지 변화가 핵심이었다. 첫째는 플라톤에서 아리스토텔레스까지 폴리스 전체의 안녕과 질서에 있었던 사상의 무게중심이 헬레니즘 철학에서는 개인의

---

151 래리 쉬너, 『예술의 탄생』, 김정란 옮김, 들녘, 2007, 46-48쪽.

내면세계로 옮겨진 것이다. 특히 독창적인 철학 체계를 완성했다기보다는 다양한 철학 사조를 절충했던 스토아철학은 인간성 문제와 관련된 윤리·정치 사상의 전환점이 되는 새로운 관념을 추가했다. 바로 '인간의 근본적 평등'이라는 관념이다.

노예제도를 인정한 플라톤이나 아리스토텔레스와 달리 스토아철학자들은 일반적으로 행복에 도달할 수 있는 기회가 이성을 지닌 모든 사람에게 공평하게 주어진다고 생각했다.[152] 불변하는 법칙성을 따르는 이성의 능력을 운명 개념과 연결해서 생각했던 스토아철학자들은 감정을 이성으로 제어하는 내적 평정심의 상태, 즉 아파테이아라는 무감정의 상태에 이르는 것을 행복으로 여겼고 이를 위해 자연에 합치되는 삶을 권유했다. 이렇게 자연 합일의 영적 가치를 행복으로 추구했던 스토아철학자들은 재산이나 가문뿐만 아니라 개인적 재능이나 기질도 대수롭지 않게 여겼고 행복의 조건이라는 면에서도 그가 주인이냐 노예냐는 하등 문제 삼지 않았다.

스토아철학에 포함된 인간성의 이상은 로마 시대에 만개했다. 로마 시대에 인간성 개념은 명확한 의미를 획득했고, 사적·공적 생활을 아우르는 생활양식을 형성하는 힘이자 도덕적 이상이었다. 이 점은 로마 시대를 대표하는 위대한 스토아철학자 중 한 사람이 황제 마르쿠스 아우렐리우스Marcus Aurelius이고, 다른 한 사람이 노예 출신 에픽테토스Epiktētos였다는 사실에서 알 수 있다. 특히 에픽테토스는 행복이 외적 인상이 아니라 내적 자유에 있다는 사실을 누누이 강조한다. "너 자신으

---

152 '에우다이모니아'의 어원적 의미는 '하나의 좋은 정령'이나 '하나의 좋은 별'을 가짐이다.

로서는 장군, 원로원 의원이나 혹은 집정관이 되기를 원하지 말고 자유인이 되기를 바라라. 이것에로 이끄는 단 하나의 길이 있는데, 그것은 우리에게 달려 있지 않은 것들을 경멸하는 것이다."[153]

둘째는 로마 시대에 키케로 등의 학자들을 통해 플라톤의 '초월론적 미의 관점'과는 다른 '내재적 미의 관점'을 주장했던 아리스토텔레스의 견해가 수용된 것이다. 아리스토텔레스의 질료형상설에 따르면 모든 것은 형상과 질료의 종합이다. 자연이나 인간이 만든 모든 생성은 특정한 이데아를 모방한 형상을 통해 이루어지는 것이 아니라, 특정한 형상을 질료에 부여함으로써 이루어진다. 그러므로 장인/예술가의 제작 행위는 자신의 정신 안에 있는 형상에 따라 질료 안의 가능태를 발견하고 이를 현실태로 전환하는 것이다. 이처럼 이데아를 장인/예술가의 정신 속에 있는 내적 관념, 즉 내적 형상으로 보는 시각에는 이데아론에 입각해 아름다움의 초월론적 가치를 표방했던 플라톤의 미적 관점에 근본적 변화를 추구하는 시각이 담겨 있다.

아름다움 자체와 아름다운 것들

카시러는 철학사에 나타난 모든 체계적 미학이 근본적으로 플라톤주의였다고 단언한다.[154] 감성적 인식의 완전성과 개인적 취향을 중

---

153 에픽테토스, 2013, 49쪽.
154 카시러, 2016, 57쪽.

시하는 '근대 미학'의 담론이 플라톤의 이데아론에 쉽게 들어설 수 없음을 고려할 때, 카시러의 주장은 이례적이라 할 만하다. 그렇지만 파노프스키는 그 이유를 간명하게 설명한다. "플라톤은 시대를 초월한 보편성을 지닌, 미의 형이상학적 가치와 의미를 정초했다."[155] 수천 년 동안 아름다움이라는 미적 가치를 추구하고 탐색했던 모든 예술론은 항상 '이데아'라는 하나의 개념으로 관심을 돌렸고 어떤 식으로든 이와 관련을 맺어왔다는 것이다. 따라서 주로 감성적 인식에 초점을 둔 근대 미학이라는 협소한 틀을 벗어나 좀 더 넓은 의미에서 아름다움에 대한 사유를 톺아보기 위해서는 플라톤의 미적 관점을 출발점으로 삼아야 한다. 더욱이 역사적으로 미학은 철학과 함께 발전해왔다. 철학적 사유와 미학적 사유는 서로 다른 것이 아니었다.

플라톤에게 '좋음'과 '아름다움'은 두 가지 최상의 가치였다. 대화편 곳곳에서 플라톤은 종종 두 단어를 하나로 묶어서 사용하고,[156] 『향연』에서는 좋은 것과 아름다운 것을 동일시한다.[157] 아름다움은 단지 하나의 주제에 불과한 것이 아니라 플라톤 철학 전체의 얼개를 짜는 중심 개념이라고 할 수 있다.

플라톤은 예지계와 현상계를 구분했듯이 '아름다움 자체'와 '아름다운 것들'을 구별했다. 양분된 두 세계를 플라톤은 '봄'이라는 행위에 근거해 파악했는데, 이는 그리스의 전통적인 시각 중심적 정신성이 일

---

155   파노프스키, 2005, 13쪽.

156   그리스어 용법에서 '좋음'과 '아름다움'은 흔히 짝을 이뤄 '아름답고 좋은kalos kagathos'이라는 표현으로 자주 쓰인다. 강철웅 외, 2013, 473쪽.

157   플라톤, 2016, 135쪽.

정하게 반영된 것이었다. 스넬에 따르면 그리스인의 아름다움에 대한 시각적 감수성의 예민함을 방증하는 것은 '봄'을 의미하는 동사의 풍부함이다.[158] 이 동사들 중에서 플라톤은 '이데인idein'에서 파생된 명사 '에이도스eidos'와 '에이돌론eidōlon', 즉 '형상形相'과 '상像'을 대립되는 개념 쌍으로 맞세운다. 둘 다 봄을 뜻하는 에이도스와 에이돌론은 근원적으로 대립되는 두 가지 시각적 방향성을 지시한다. 전자가 정신적 형상화를 통해 대상을 객관적 형상으로 이해하는 정신적 활동으로서의 자유로운 봄이라면, 후자는 외적 대상을 그저 감각적으로 수용하는 수동적 봄이다.[159] 그런데 어떤 식으로든 봄이 이루어지기 위해서는 시각 작용을 가능하게 하는 빛과 함께 그 속에서 드러나 '보이는 대상'이 있어야 한다. 대상이 무엇이든 그것이 빛 속에서 드러날 때만 알 수 있는 법이다. 이때 빛의 아름다움은 시각을 통해 드러나는 동시에 망각 상태에서 상기로 회귀하는 영혼의 눈을 열어주는 구실을 한다.

이러한 '봄에 대상으로 드러남'의 형식인 에이도스와 에이돌론, 즉 형상과 상의 구분은 아름다움 자체와 아름다운 것들의 구분과 일맥상통한다. 『파이돈』에서 플라톤은 아름다움 자체 외에 다른 아름다운 것들이 있다면 이는 이 아름다운 것들이 아름다움 자체에 관여하기 때문이라고 단언한다.[160] 플라톤 철학에서 '관여'라는 개념이 이데아와 사물

---

158 스넬은 호메로스가 사용한 '보다'라는 의미의 동사로 horan, idein, leussein, athrein, skeptesthai, ossesthai, dendlillein, derkesthai, paptainein, noein, gignoskein 등을 꼽고 용례를 구체적으로 설명한다. 스넬, 1994, 18-23쪽.

159 카시러, 2016, 60쪽.

160 플라톤, 2016, 409-410쪽.

의 관계 맺음의 방식을 의미한다는 사실을 고려할 때, 모든 아름다운 것이 아름다운 이유는 아름다움 자체에 관여하기 때문이라는 표현은 이데아와 현상의 결합 관계를 함축한다. 아름다움 자체는 수많은 아름다운 것들의 보편적이고 공통된 것으로서, 아름다운 것들 사이의 다양한 차이와 가치의 차등을 매개하고 결합하는 기능을 한다. 이런 아름다움 자체의 직관에 이르는 일종의 가치의 사다리를 플라톤은 『향연』에서 다음과 같이 제시하고 있다.

> 이들 아름다운 것들에서 시작하여 저 아름다움 때문에 언제나 위로 올라가는 것, 마치 사다리의 가로장들을 이용하듯, 하나에서 둘로, 또 둘에서 모든 아름다운 몸들로, 또 아름다운 몸들에서 아름다운 관행들로, 또 관행들에서 아름다운 배움들로, 그러고는 배움들에서 저 배움으로 끝을 맺는 것 말이에요. 이는 저 아름다움 자체의 배움 이외의 다른 것의 배움이 아니거니와, 마침내 아름다운 것 자체를 알게 되는 거죠.[161]

가치 사다리의 오름이라는 비유를 통해 플라톤은 아름다운 것들에서 시작해 아름다움 자체로 향하는 단계적 상승과, 감각에서 시작해 이성적 직관으로 올라가는 인식의 단계적 상승이 서로 맞물려 있다는 점을 보여준다. 그리고 아름다움 자체로 상승하는 과정을 추동하는 힘을 플라톤은 '에로스eros'로 규정했다. 전통적인 그리스적 사유에서 에로스는, 헤시오도스가 『신통기』에서 밝히듯이, 우주 창생 및 모든 생성의

---

161 플라톤, 2016, 161쪽.

원초적 생식력이자 인간의 삶을 길어 올리는 원초적 힘이다. 감각적인 아름다운 것들에서 출발해 아름다움 자체를 향한 가치의 사다리를 오르는 도정에서 에로스의 힘에 의탁한 인간의 혼은 그 길의 정점에서 아름다움 자체를 직관함으로써 존재의 참모습, 즉 이데아의 세계를 접하게 된다. 이로써 인간의 삶은 가장 고귀하고 값진 것이 된다. 비슷한 맥락에서 혼의 불멸성을 논하는 『파이드로스』에서 플라톤은 인간에게 최상의 삶이란 지혜를 사랑하거나 아름다움을 사랑하거나 에로스의 추종자가 되는 것이라고 말한다.[162]

모방으로서의 테크네/아르스

플라톤은 비록 감각적 아름다움에서 시작하더라도 아름다움 자체에 대한 참된 인식은 결코 감각을 통해서는 얻을 수 없으며 이는 반드시 이성적 추론과 직관을 통해서만 가능하다고 주장한다. 이런 이유로 단지 모방일 뿐인 회화와 조각 등의 테크네를 단호히 비판한다. 그의 관점에서 이런 테크네들은 아름다움 자체를 왜곡해 표현함으로써 사람들의 눈을 속이고 그저 감각적 즐거움을 줄 뿐인 한갓 모방술에 지나지 않았다.[163]

---

162 플라톤, 2016, 287쪽.
163 그리스어로 '모방'을 뜻하는 단어는 '미메시스mimesis'다. 어원은 불분명하지만 애당초 이 말은 고대 디오니소스 축제에서 사제가 행하는 무용, 음악, 노래 등을 지칭하는 한정된 의미로 사용됐다. 이후 플라톤과 아리스토텔레스를 거치면서 한편으로 시각 중심적 정신성이 강화되고 다른 한편으로 지성적 사유가 성숙함에 따라 미메시스는 회화와 조각을 포함한 시각예술의 영역을 두루 표현하는

테크네의 가치 평가에서 플라톤은 두 가지 측면을 주요하게 고려한다. 하나는 존재의 참모습인 이데아와의 거리 그리고 이데아를 본으로 삼는지 아닌지이고, 다른 하나는 합리적 규칙을 따르는 테크네의 핵심 기준인 정확성과 확실성을 가지고 있는지 아닌지다. 이런 기준을 바탕으로 플라톤은 오늘날까지도 위대한 예술 작품으로 칭송받는 수많은 고대 그리스의 작품들을 기만적 속임수에 의해서 만들어진 허상이라고 신랄하게 비판한다.

앞서 살펴봤듯이, 『국가』에서 플라톤은 침상 제작을 예로 들어 이데아와 관련된 세 가지 단계를 보여준다. 첫 단계는 신이 침상 자체, 즉 침상의 이데아를 창조하는 것이다. 둘째 단계는 목수가 침상의 이데아를 본떠 침상을 만드는 것이다. 그리고 마지막 단계는 화가가 목수가 만든 침상을 화폭에 옮기는 것이다. 세 단계 중에서 플라톤은 이데아와 가장 멀리 떨어져 있고 그저 보이는 현상을 모방할 뿐인 화가의 활동을 가장 수준 낮은 것이라고 평가한다.

플라톤에 따르면 어떤 종류의 제작물이나 창작물도 이데아에 대한 순수한 봄이 없다면 아무런 가치가 없다. 장인이 화가보다 더 높이 평가받는 이유는 어떤 산물의 제작에서 적어도 장인은 간접적으로나마 이데아의 봄에 관여하며 합리적인 제작 규칙과 순서에 따라 직무를 수행하기 때문이다. 이와 달리 화가와 조각가는 이데아의 모상, 곧 이데아의 그림자를 모방해서 많은 것을 심지어 아주 자의적으로 만들어낸

개념으로 확장됐다. 노영덕에 따르면 그리스에서 미메시스 개념은 하위 개념으로 모방, 재현, 표현, 은유를 포괄하는 보다 넓은 의미를 가졌다. 즉 모방 예술과 표현 예술 일체를 아우르는 개념이었다. 노영덕, 『플로티노스의 미학과 예술의 존재론적 지위』, 한국학술정보(주), 2008, 129-139쪽.

다. 특히 이 과정에서 화가와 조각가는 실제와 다른 수적 비례를 적용해 원근법을 왜곡함으로써 대상을 실재에 더 가깝게 보이도록 하는 속임수를 쓴다.

그뿐만 아니라 플라톤은 『국가』 10권에서 회화와 조각에 대한 비판과 동일한 맥락에서 시와 시인을 강한 어조로 비판한다. 플라톤은 호메로스를 직접 언급하면서 시인이 '본질의 모방자'가 아니라 단지 '현상의 모방자'일 뿐이라고 단언한다. 시인들이 시로 짓는 것은 실재에서 세 단계나 떨어져 있는, 눈에 보이는 현상이지 실재가 아니기 때문이다.[164] 호메로스로 대표되는 전통적인 시 문화에 대한 플라톤의 비판은 흔히 언급되듯이 그가 시와 시인의 추방을 주장했다는 다소 과격한 해석으로 읽힐 소지가 전혀 없는 것은 아니다. 그렇더라도 이보다는 플라톤이 당대의 시 짓기와 음송 문화의 사회적, 교육적 악영향을 비판함으로써 그리스 사회의 개혁을 위한 열망을 표현했다고 보는 것이 더 적절할 것이다.

플라톤과 아리스토텔레스는 공히 테크네를 모방으로 간주한다. 그렇지만 모방에 대한 두 철학자의 생각은 다르다. 플라톤이 한결같이 허상을 만들어낼 뿐인 모방에 불과한 테크네에 비판적 태도를 견지한다면 아리스토텔레스는 모방에 해당하는 테크네를 보편적 형상을 그려내는 것으로 본다. 플라톤에게 테크네는 이데아의 모상인 감각적 대상을 2차로 모방한 것, 즉 이데아의 모상에 대한 모방인 반면에 아리스토텔레스에게 모방은 인간의 본성에 속한다. "무릇 모방한다는 것은 인간

---

164 플라톤, 1997, 619쪽.

본성에 어렸을 때부터 내재한 것이요, 인간이 다른 동물과 다른 점도 가장 모방을 잘하고, 그 지식도 모방에 의하여 획득하기 시작한다는 점에 있다."[165]

또한 이데아와 현상을 명료하게 구별했던 플라톤의 이원론을 아리스토텔레스는 형상과 질료의 종합적인 상호작용으로 갈음하고 이를 테크네에도 적용했다. 아리스토텔레스의 관점에서 모방으로서의 테크네는 제작적인 것이자 발견적인 것이다. 테크네는 형상을 질료에 부여하는 것인데, 이때 질료에 부여될 형상은 장인/예술가의 제작 행위 이전에 질료 안에 가능태로 들어 있으며, 장인/예술가의 정신에는 현실태로 존재한다. 그러므로 장인/예술가의 제작 행위는 자기 정신 속에 있는 형상에 따라 질료 안에 가능태로 잠재된 형상을 발견하고 끄집어내는 일이다. 이런 아리스토텔레스의 주장, 특히 이데아를 장인/예술가의 정신 속에 있는 내적 관념, 즉 내적 형상으로 보는 시각에는 이데아론에 입각해 아름다움의 초월론적 가치를 표방했던 플라톤의 미적 관점을 근본적으로 변화시키려는 뜻이 담겨 있다. 이로써 아리스토텔레스는 플라톤의 '초월적 미의 관점'과는 다른 '내재적 미의 관점'의 단초를 제공한다.

플라톤의 이데아 개념을 본질적으로 변화시키는 문제와 관련해서 파노프스키는 고대 후기의 사상가 키케로에 주목한다. 키케로는 플라톤과 아리스토텔레스의 철학을 절충하는 과정에서 플라톤의 이데아 개념을 장인/예술가의 정신에 내재하는 내적 형상과 동일한 것으로 이해

---

165 아리스토텔레스, 『시학』, 손명현 옮김, 고려대학교출판부, 2009a, 25쪽.

한다. 이를 통해 그는 플라톤의 관점에서는 감각적 인식으로 도달할 수 없는 이데아를 모방을 통해 재현할 수 있다고 주장한다.

실제로 페이디아스가 「제우스」나 「아테나」를 제작했을 때, 그는 모방할 수 있는 현실의 인간을 관찰한 것이 아니라 자신의 정신에 존재하는 미의 숭고한 관념을 반영한 것이다. 그는 그것을 바라보고, 그것에 주목했으며, 그것과 유사한 방향으로 자신의 기술과 손놀림을 이끌었다. 형상과 외관의 세계 안에 어떤 완벽하고 숭고한 것이 있듯, 감각적 인지를 통해서 접근하기 어려운 그러한 대상은(즉 재현되어야 하는 신적인 존재는) 모방을 통해 나타낼 수 있다. 따라서 우리는 완벽한 웅변의 이미지를 마음속으로 보며, 그 이미지를 모방한 것을 다만 귀로 이해하려고 할 뿐이다. 훌륭한 철학자일 뿐만 아니라 뛰어난 웅변가였던 플라톤은 이러한 실체들의 형식을 '이데아'라고 명명했다.[166]

여기서 알 수 있듯이, 키케로는 현실에 존재하지 않는 완전한 웅변가와 장인/예술가의 정신 속에 순수한 표상으로 존재하는 재현 대상을 이데아와 동일한 것으로 비교하고 모방을 통해 이를 드러낼 수 있다고 본다. 이로써 모방으로서의 아르스는 새로운 해석의 중심을 얻었지만 이와 동시에 해결해야 할 문제가 생긴다. 예술가의 정신 속에 있는 내적 형상이 이데아와 같은 거라면 이것의 완전성과 초월성을 어떻게 증명할 것인가? 물론 극단적 모방설조차도 자연의 기계적 묘사일 수는 없

---

166 파노프스키, 2005, 19-20쪽 재인용.

고 예술가의 자발적이고 능동적인 창조 능력이 어느 정도 개입된다는 사실을 인정할 수밖에 없다. 모방의 본령은 특정한 자연적 대상을 단지 기계적으로 묘사하는 것이 아니라 중요한 계기를 부각하면서 형태상의 특징을 표현하는 것이기 때문이다. 그렇지만 모방과 관련된 예술가 본연의 창조적 능력을 인정하는 것만으로 내적 형상의 초월성과 완전성이 곧바로 입증되는 것은 아니다.

플로티노스

키케로는 플라톤과 아리스토텔레스의 '모방으로서의 테크네'를 절충하려 했는데 이 과정에서 생긴 핵심 문제, 즉 내적 형상(이데아)의 초월적 완전성을 입증하는 문제는 아리스토텔레스 사후 5세기가 지난 후 플로티노스Plotinos에 이르러 중요한 해결의 실마리를 발견한다. 플로티노스는 플라톤 철학을 계승했고, 그의 사상에 대한 독창적 해석을 바탕으로 신플라톤주의Neoplatonism라는 새로운 철학적 갈래를 정립했다. 플로티노스의 사상은 아우구스티누스Augustinus와 보에티우스Boëthius를 거쳐 중세 사상 전반에 지대한 영향을 미쳤다. 미학의 발전에서 플로티노스의 존재 초월성에 대한 사유와 감수성은 기독교의 창조 개념과 맞물려 중세 미학의 방향을 결정짓는 역사적 근원이었다.[167]

---

167   의미상의 혼란을 최소화하기 위해 이 책에서 '초월적', '초월적인 것', '초월성'이 어떤 의미로 쓰였는지를 정리할 필요가 있다. 신플라톤주의와 중세의 논의에서 이 말들은 스콜라철학의 의미, 즉 "모든 범주 내지는 유개념을 넘어서 모든 존재자에 무제약적으로 타당한 사고 내용(개념), 바꿔 말

먼저 플로티노스는 세 가지 형이상학적 원리, 즉 영혼phychē · 정신 nous · 일자to hen를 제시한다. 이는 플라톤의 영혼 · 이데아 · 좋음의 이데아라는 구도와 상응한다. 플라톤은 이데아를 인식할 수 있는 세 가지 방식을 제시한다. 첫째는 상기다. 인간의 영혼은 망각하고 있지만 선험적으로 혼에 깃든 이데아를 감각적 접촉을 통해서 상기할 수 있다. 둘째는 변증술이다. 인간은 지적 탐구로 사물의 본성과 사물들의 관계를 발견하고 본질을 추상할 수 있다. 셋째는 에로스다. 어떤 대상에 대한 사랑은 그것과 닮은 모든 형상에 대한 사랑으로 확장되고, 점차 외형적인 것에서 정신적인 것으로 고양된다. 이 세 가지 방식은 공통적으로 실재들 가운데에서 최선의 것, 즉 좋음의 이데아를 향해 나아간다.[168]

모든 이데아를 넘어서 인식의 초월적 원인을 추구한다는 점에서 플라톤과 플로티노스의 방식은 유사하다. 그렇지만 플로티노스의 초월적 사유는 감각과 지성의 분리 차원이 아니라 사유 자체의 한계 너머를 사유하려는 고도의 형이상학적 시도라는 점에서 플라톤의 관점과 분명히 다르다. 플로티노스는 이데아의 한계 너머 저편에 있는 사유할 수

하면 '모든 개별 존재자들을 넘어서 있으면서도 각 개별자들에게 필연적으로 속하는 규정들'을 의미한다. 백종현, 「칸트철학에서 '선험적'과 '초월적'의 개념 그리고 번역어 문제」, 『칸트연구』 제25집, 2010. 칸트는 소위 '코페르니쿠스적 전회'를 통해서 이 스콜라철학적 의미의 초월 개념을 바꿔놓았다. 칸트 철학에서 '초월적'이라는 개념은 'transzendental'이다. 그 의미는 "①모든 경험에 앞서는', 즉 '비(감각)경험적'이고 '선험적a priori'이면서, 동시에 ②한낱 '경험을 넘어가 버리는 것[초경험적]이 아니라, 오히려 '경험인식을 가능하게 하는', 요컨대 (①+②), '선험적으로 경험인식을 규정하는'을 뜻한다". 백종현, 2010. 이처럼 칸트는 초월적이라는 개념을 통해서 인간의 의식이 근본적으로 선험적 기능을 가지며, 이러한 기능이 단지 주관적인 것을 넘어서 경험 인식 자체의 정초적 기능, 즉 객관적 타당성이나 경험적 실재성을 갖는다고 주장한다. 초월적인 것, 초월성에 대한 칸트의 규정은 카시러뿐만 아니라 후설, 하이데거도 공유한다. 마찬가지로 이 책도 근대 이후의 '초월적', '초월적인 것', '초월성' 개념과 관련해 칸트의 의미를 따르고 있음을 밝혀둔다.

168 플라톤, 1997, 486쪽.

없는 것을 사유하는 방식을 보여주려 한다. 고대 세계의 일반적인 사고 방식에서 무로부터의 창조란 그 자체로 논리적 모순이다. 그리스적 사유에서 신은 모든 것을 초월한 최고의 존재라기보다는 불변적 존재에 가까웠다. 따라서 신적인 것이란 인간과 무관하며 결코 도달할 수 없는 초월적인 것이 아니라 인간의 노력 여하에 따라 도달할 수도 있는 높은 경지였다. 적어도 고대 그리스에서는 신적인 것과 인간의 능력은 통약 가능한 것이었다.

반면에 플로티노스는 신과 아름다움 자체를 존재와 무를 동시에 초월하는 모든 것에 앞선 최상의 원인으로 간주함으로써 고대 그리스의 사고방식과 근본적으로 단절한다. 이제 신적인 것과 인간의 능력 사이에는 통약할 수 없는 거대한 단절의 심연이 가로놓인다. 이 점에서 플로티노스의 사유는 중세적 사유의 예비 단계라고 할 수 있다. 중세의 사유에서 신적 아름다움은 내가 도달해야 할 나의 한계가 아니라 그것을 실현하기 위해 기도를 드려야 할 내면적 기준이었다. 비록 아름다움은 내 안에서 일어나지만 내 것이 아니라 다양한 의미로 드러나는 하느님의 계시였다.[169]

도미니크 오미라Dominic O'meare에 따르면 플로티노스의 철학은 '여럿'이 '하나'에 어떤 식으로든 의존하고 여기에서 파생된다는 관념, 곧 '선행 단순성의 원리principle of prior simplicity'에 전적으로 입각해 있다.[170] 이런 원리에서 플로티노스에게 '일자'는 모든 것에 앞서고, 말로 표현할

---

169 김율, 『중세의 아름다움』, 한길사, 2017, 29쪽.
170 도미니크 오미라, 『플로티노스 엔네아데스 입문』, 안수철 옮김, 탐구사, 2009, 95쪽.

수도 알 수도 없는 궁극적 원인이다. 형언 불가능성形言不可能性과 불가지 성不可知性은 단일하고 절대적인 것으로서의 일자에 수반되는 두 가지 속 성이다. 본질적으로 일자는 최고 원리로서 절대적인 단일성이다. 모든 것에 앞서 있는 일자는 다른 모든 존재와 다르고 혼동될 수도 없다. 이 런 점에서 일자에 대해서는 개념도 없고 지식도 없다. 단지 존재 저편에 있다고 말할 수 있을 뿐이다. 하지만 또 다른 측면에서 보자면 일자는 다른 모든 존재와 함께 있는 존재 중의 존재로서 하나이기도 하다. [171]

플라톤만큼 플로티노스는 아름다움이라는 개념을 중요시했고 어 떤 측면에서는 플라톤보다 더 집중적으로 사유했다. 하지만 플로티노 스는 미적 문제를 철두철미하게 존재론의 문제로 환원했다. 플로티노 스에게 존재론은 곧 미학이었다. 그에게 존재와 인식의 문제는 미적 문 제와 불가분의 관계에 있었다. 따라서 '유출설theory of emanation'이라는 플로티노스의 일원론적 존재론의 전체 얼개를 고려하지 않고서 그의 미적 관점만을 단편적으로 이해하기란 불가능하다. 플로티노스에게 존 재와 아름다움은 하나의 단일한 본성으로 서로 다른 별개의 무엇이 아 니다. 존재의 위계적 구조와 아름다움의 위계적 구조는 정확히 일치하 고 동일한 가치의 위계 사다리를 표현한다. 존재가 아름다움의 형이상 학적 표현이라면 아름다움은 존재의 초월적 술어다. 따라서 플로티노 스의 존재론·인식론·미학은 궁극적으로 독특한 순환적 구조의 '일원 론'으로 통합된다.

플로티노스가 보기에 모든 원리와 우주 만물은 직간접으로 '일자'

---

171 플로티노스, 『영혼-정신-하나』, 조규홍 옮김, 나남, 2008, 34쪽.

에서 유출된다. 때로 플로티노스는 일자에서 우주 만물이 유출되는 것을 광원에서 빛이 뻗어 나오는 것이나 샘에서 물이 흘러나오는 것으로 표현한다. 일자는 세상의 모든 것을 두루 비추는 광원이나 항상 풍족하게 넘쳐흐르면서도 결코 마르지 않는 샘과 같다. 광원에서 멀어지면 멀어질수록 밝기의 정도에 차이가 생기듯이, 일자에서 순차적으로 유출되는 모든 것은 완전성의 정도에서 차이를 보인다. 먼저 일자에서 정신이 흘러나오고 정신에서 영혼이 흘러나오며 마지막으로 영혼에서 자연과 질료가 유출된다.

플로티노스 철학의 기본 구조는 일자에서 정신과 영혼을 거쳐 살아 있는 유기체로서의 우주 전체와 무정형적인 질료까지 단계적으로 내려오는 존재론적 하강 운동, 그리고 감각적인 현상 세계에서 궁극적 근원인 일자까지 회귀하는 인식론적 상승 운동이라는 이중적 순환 운동이다. 플로티노스의 사유에서 두 가지 운동은 결코 분리되지 않으며 모든 실재와 우주 만물을 충만하게 생성하는 역동적 과정의 두 가지 측면이다. 여기서 존재론적 하강 운동의 핵심 개념이 유출이라면 인식론적 상승 운동의 핵심 개념은 '봄', 곧 관조다. 봄은 유출을 전제하고 유출은 봄을 통해 완성된다. 본질적으로 유출 과정은 내재적 초월이다. 일자에서 유출된 상위 존재들은 항상 이보다 후행하는 하위 존재들에 내속하기 때문이다. 이런 의미에서 유출은 자기동일성의 타자적 발현이다. 그러므로 예지계조차 넘어서 있는 일자는 정도의 차이만 있을 뿐 감각 세계의 모든 것에 내재한다.

거꾸로 감성계에서 일자로 올라가는 상승 운동에서 봄의 본질적 특성은 인간의 영혼에서 잘 나타난다. 일자의 속성을 어느 정도 나누어

가진 영혼은 육체의 굴레에 안주하면서 감각적인 것에 몰두하지만 자기 안에 깃든 정신의 이데아를 바라볼 수 있다. 이를 통해 영혼은 정신을 넘어 일자로 회귀함으로써 궁극적으로 일자와의 합일에 이른다. 이런 의미에서 봄은 자기 인식으로서의 자기 사유다. 봄은 이미 자기 안에 내재하는 상위 존재의 드러남을 보는 것이기 때문이다. 그런데 플로티노스에게 일자를 향한 상승의 시발점은 아름다움을 바라보는 내적 체험이다. 플로티노스는 외부 세계와 거리를 둔 채 자신 안으로 파고들어갈 때 아주 놀랍고도 능력에 찬 아름다움을 보게 된다고 말한다.[172]

이런 방식으로 영혼에 내재한 초월, 즉 아름다움의 봄은 일자로 향하는 상승 운동을 일으키는 추동력이다. 플로티노스의 사상에서 봄은 아리스토텔레스와 마찬가지로 발견적이다. 그렇지만 아리스토텔레스의 봄이 형상이 질료 속 가능태를 알아보는 현세적인 것이라면 플로티노스의 봄은 초월적인 것이다. 플로티노스에게 봄은 주체 내부에 이미 존재해 있는 초월적 대상의 드러남을 보는 것이다. 그러므로 플로티노스에게 봄은 동시에 '앎'을 의미한다. 봄을 통해서 존재론적 하강 운동과 인식론적 상승 운동은 하나로 연결된다.

맨 처음 일자에서 유출된 정신은 일자에 있는 로고스의 힘이자 우주 만물의 형상이며 사유의 기원이다. 정신은 "'일자'가 자신을 향해 몸을 돌리는 중에 알아본 것으로서 그 알아봄 자체"[173]이다. 일자에서 유출된 정신은 일자를 스스로 인식하는 자기 사유이고, 이 봄에서 비로소

---

172 플로티노스, 2008, 12쪽.

173 플로티노스, 2008, 59쪽.

일자의 타자인 정신이 된다. 플로티노스에게 이 정신세계가 곧 플라톤적 의미의 이데아의 세계다. 그뿐만 아니라 정신은 일자에서 유출돼 이미 소유하고 있는 것을 사유하기 때문에 정신과 정신의 활동성은 동일하다.

다음으로 정신의 충만한 힘에서 흘러넘친 영혼은 정신의 형상 원리에 따라 전체로서의 세계를 생성한다. 정신이 불변하는 부동의 형상이라면 영혼은 충만한 생명력이자 왕성한 활동성이다. 영혼이 정신 안에 있고 정신이 일자 안에 있듯이 전체로서의 세계는 영혼 안에 있다. 플로티노스는 지성의 세계와 감각의 세계를 매개하는 영혼을 우주적 차원의 세계영혼과 인간적 차원의 개별 영혼으로 나눈다. 원칙적으로 본질이 같지만 세계영혼만 정신에서 유출되고 개별 영혼은 세계영혼에서 파생된다. 개별 영혼들은 세계영혼과 전체를 구성한다. 마지막으로 다른 모든 것과 마찬가지로 질료는 일자에서 유출되지만 독립적인 원인으로 볼 수 없고 어떤 형식도 갖지 않는 무정형적인 것이다. 유출의 마지막 단계에 존재하는 질료는 일자의 반대 극에 맞세워진 절대적 무정형성이다. 영혼의 생명력 없는 이미지들이 내재해 있는 질료는 일자의 힘과 완전성이 더 이상 미치지 못하는 결핍 자체다. 질료는 선에 대비되는 악이자 미학적으로 바꿔 말하면 아름다움에 대비되는 추醜이다.

플로티노스는 근본적으로 일자의 존재 초월성과 인식 초월성을 강조함으로써 일자를 지성을 통해 파악할 수 있는 사유 방식을 발전시켰다. 이것이 이후에 '부정신학不定新學'이라고 불린 방법이다. 부정신학은 모든 하위 존재의 본질과 구체적인 특성을 부정함으로써 언어라는 한계를 넘어 지성적으로 절대적 초존재인 일자를 인식하는 방법이다.

이 방법은 존재·정신·사유를 비롯한 모든 세계의 존재에 대한 부정적 내용을 포함하지만 이를 통해 결국 일자를 긍정하는 방향으로 나아간다. 이 과정을 거치면서 모든 존재를 초월하는 일자는 존재 초월성과 단일성으로 인해 모든 한정된 존재의 제약 없는 궁극적 원인이 된다. 일자는 최고의 존재요 사유 대상이자 동시에 사유에 대한 사유다.

플로티노스에게 존재 초월성과 아름다움의 초월성은 동일한 과정의 두 가지 측면이다. 그러므로 일자에서 질료에 이르는 유출은 동시에 아름다움의 유출이기도 하다. 보다 상위 존재에서 유출된 하위 존재가 완전성의 정도에 따라 일정한 등급의 존재성을 부여받듯이 원리상 아름다움의 유출도 동일한 위계의 사다리를 산출하기 때문이다. 모든 것에 앞서 있는 일자가 최상의 존재이자 최고의 좋음이라면 맨 마지막에 있는 질료는 악의 근원이다.

또한 존재론에서처럼 미학에서도 감각의 세계는 전적으로 지성의 세계에 의존한다. 이에 따라 존재의 위계질서에 상응하는 아름다움의 위계질서가 제시된다. 우선 플라톤의 이데아 개념을 초월하는 초존재로서 일자와 동일한 위격으로 아름다움 저편의 '초미超美'가 있다. 초미가 없다면 아름다운 것보다 더 아름다운 것이 존재한다고 말할 수 없다는 점에서 초미는 아름다움의 궁극적 원천이다.[174] 그다음으로 예지계의 정신과 영혼 그리고 감각계의 자연이라는 존재론적 위계에 대응하는 정신의 미·영혼의 미·자연의 미라는 미적 위계가 정해진다.

예지계의 정신은 우주를 빚어낸 실질적 존재이고 플라톤적 의미

---

174 플로티노스, 『엔네아데스』, 조규홍 옮김, 지만지, 2009, 81쪽.

의 이데아의 고향이다. 여기에는 아름다움의 이데아도 속한다. 정신에서 유출된 영혼은 정신의 미를 소유하고 이런 영혼의 미는 자연의 미의 근원이 된다. 영혼은 아름다움을 소유하는 주체인 동시에 아름다움을 경험할 수 있는 주체다. 따라서 자연의 미는 정신의 미적 형상 원리에 의해서 영혼을 통해 생성된다. 이 과정을 플로티노스는 조각가의 작업에 빗대 다음과 같이 표현한다.

> 대체 어떻게 누군가가 그런 정신의 아름다움과 저 너머 세계의 아름다움과 마주할 수 있을지 말이다. (…) 돌의 존재가 곧 아름다움의 원인은 아닌 셈이다. (…) 오히려 형상을 따라 아름다운 것이라고 간주되니, 그것은 기술이 새겨 넣은 것이라 하겠다. 그러므로 이 기술은 [처음부터] 물질에 있지 않았고, 그것을 통찰했던 자(제작자) 안에 자리하고 있었으니, 그것은 돌에 가해지기 이전부터 있었던 것이다. 나아가 그 기술은 제작자 자신의 눈과 손에 있었던 것이 아니라, 그의 눈과 손이 참여함으로써 펼쳐진 것이다. 그러니 본디 기술 자체 안에는 이 같은 아름다움이 훨씬 더 고상한 모습으로 존재하지 않았겠는가![175]

플로티노스는 자연 상태 그대로의 돌보다 가공된 돌이 더 아름다운 원인을 형상, 곧 정신의 이데아에서 찾는다. 이를 근거로 플로티노스는 아름다움의 원인이 물질이 아닌 장인/예술가의 영혼 안에 깃들어 있다고 강조한다. 정신이 일자에 대한 봄을 통해서만 존재하고 영혼이

---

175 플로티노스, 2009, 53-54쪽.

정신에 대한 봄을 통해서만 존재하듯이, 자연은 영혼의 생명력과 활동력이 흘러넘치면서 생긴 일종의 부산물에 지나지 않는다. 이때 자연은 영혼의 힘을 나누어 갖고 있다는 점에서 장인/예술가의 작품들과 공통점이 있지만 장인/예술가의 제작에서 보이는 계산과 노고가 포함돼 있지 않다는 점에서 차이가 있다. 그럼에도 불구하고 무엇보다 중요한 것은 장인/예술가의 작품에 깃든 아름다움과 자연물의 아름다움의 원천이 동일한 근원을 갖는다는 사실이다. 아름다움이 드러나는 두 가지 산출 방식은 동일한 근원인 정신의 이데아로 소급된다. 이로써 장인/예술가의 작업은 자연물을 거치지 않고도 정신의 아름다움 자체에 직접 관여할 수 있게 된다.

이와 같은 플로티노스의 미학적 관점은 모방으로서의 예술에 대한 플라톤의 미학적 관점의 전면 수정을 의미한다. 화가와 조각가의 작업을 이데아가 가장 결여되고 감각적 대상을 이차 모방한 기만적 속임수일 뿐이라고 일축했던 플라톤의 비판적 관점은 플로티노스에 이르러 새로운 전기를 맞게 된다. 플로티노스는 정신이 유출한 이데아의 모방이라는 면에서 화가와 조각가의 산물이나 자연물이 다르지 않음을 보여줌으로써 화가와 조각가를 정신의 이데아에 직접 관여할 수 있는 위치로 격상한다. 이때 장인과 마찬가지로 화가와 조각가도 외부에 있는 감각적 대상을 단지 모방하지 않고 자신 안의 이데아를 본떠 표현하는 존재가 된다. 이로써 플라톤과 달리 플로티노스는 화가와 조각가를 독창적인 '창작자'로 인정한다. 결국 아르스는 내적 형상인 순수 관념을 장인/예술가가 현실적으로 감각 가능한 것으로 창조하는 행위가 된다. "기술은 단순히 [자연 안에서] 벌어지는 것을 모방하는 것이 아니라,

애초에 자연이 그로부터 생겨났던 저 로고스들에 주목해서 위로 나아간다는 사실을 명심해야 할 것이다. (…) 그러므로 조각가 페이디아스 Pheidias도 제우스신을 감각적으로 다듬어서 앞에 세우지 않았고, 제우스 신이 우리 눈에 자신을 드러내고자 했던 모습을 통찰해서 만들어 세운 것이다."[176]

플로티노스에게 영혼이 아름다움을 보는 것과 아름다움 자체의 원천으로 올라가는 것은 다른 말이 아니다. 이 문제는 단지 인식론적 문제나 존재론적 문제에 국한되는 것이 아니라 수미일관 실천적 관심과 연결돼 있다. 비록 플로티노스가 플라톤이나 아리스토텔레스처럼 '좋음'을 실현할 수 있는 정치적 쟁점을 언급하지는 않았더라도 초월을 향한 고행과 현실 도피의 윤리에 실천적 함의가 전혀 없다고 할 수는 없다. 일자와 하나가 됨에 이르는 방법론적 원리는 에로스다. 플로티노스에게 에로스는 일자와 하나가 됨을 추동하는 영혼의 힘이다. 그리고 에로스의 상승 운동이 지향하는 최상의 존재이자 아름다움의 원천이 바로 일자, 곧 '신神'이다. 이런 점에서 플로티노스 철학은 분명 신학이었지만 기독교 신학과는 일정한 거리를 둔다.[177] 오히려 로마제국이 몰락해가던 '근심의 시대'를 살았던 플로티노스와 동시대인들에게 고행과 현실 도피라는 소극적인 윤리적 실천은 삶의 목적이 불분명한 채 부유

---

176 플로티노스, 2009, 56-57쪽.

177 플로티노스는 기독교 신학자가 아니었고 헬레니즘 문화의 영향을 강하게 받은 이집트인으로서 로마의 쇠퇴가 뚜렷해진 '근심의 시대age of anxiety'를 살았던 인물이다. 오미라, 2009, 22-23쪽. 플로티노스의 사상은 창조론이나 삼위일체론 같은 기독교의 근본 교의와 일치하지는 않았고 영향을 주었을 뿐이다. 이 때문에 플로티노스의 사상은 라틴 유럽 세계로 직접 전승되지는 않았다. 김율, 2010, 267-268쪽.

하던 사람들이 선택할 수 있는 실천적 덕목의 하나였다.

또한 플로티노스의 사상은 흔히 신비주의로 불린다. 이는 플로티노스가 자신의 궁극적 목적을 '신비적 합일', 즉 엑스터시Ecstasis라고 표현한 데서 연유할 텐데,[178] 이런 비의적이고 심오한 표현과, 스승이 신과의 합일에 몇 번 도달했다는 제자 포르피리오스Porphyrios의 전언은 플로티노스 철학을 신비주의로 단정하는 전거典據였다. 더욱이 플로티노스를 계승한 이암블리코스Iamblichos와 프로클로스Proclos 같은 후대의 신플라톤주의 철학자들이 일자와의 합일의 수단으로 주술이나 점술 같은 신비적 요소를 강조함으로써 이런 경향은 더 강화되었다.[179] 어쨌든 신플라톤주의 철학자들은 일자를 향한 영혼의 상승과 최종 단계의 합일에 이르는 방법으로 두 가지를 제시한다. 하나는 금욕과 정신적 자기 수양을 통한 고행의 길이고, 다른 하나는 주술이나 점술 같은 요소를 통한 신비의 길이다. 플로티노스는 고행의 길을 선택했고 이를 철저히 실천했다.

따라서 '신비적인 것'과 '합리적인 것', '체험'과 '사상'을 상반된 개념으로 인식하는 현대의 이분법을 플로티노스 철학 해석에 그대로 적용하면 시대착오적 오류를 범할 가능성이 크다. 아름다움을 추구한 플로

---

178 플로티노스는 신과의 합일을 고요한 황홀경으로 묘사한다. 이것은 디오니소스 숭배 의식에 참여한 여신도들의 광기 어린 신들림이 아니라 일체의 동요 없는 고요 속에서 신성을 마주 대하는 신들림이다. 신과의 합일을 향해 상승하는 플로티노스의 방법은 초현실적이고 고행적이다. 감각적 세계로부터 등 돌린 초연한 삶에서 신과의 일치로 상승하는 플로티노스의 삶의 태도는 분명 당시 팽배해 있던 '현실 도피'의 분위기를 반영한 것이었다. 이런 점에서 현재 삶의 개선과 개혁에 큰 관심을 기울였던 플라톤의 태도와 플로티노스의 태도는 사뭇 다르다. 오미라는 플로티노스의 삶의 태도를 "세계로부터의 도피의 윤리"라고 불렀다. 오미라, 2009, 213-216쪽.

179 노영덕, 2008, 28쪽.

티노스의 미적 관점은 단지 사변적인 것이 아니라 실천적인 것이기도 했다. 아름다움의 원인을 파악할 수 있는 인간의 정신적 능력은 아름다운 삶을 추구하는 과제와 다르지 않았다. 적어도 고대 미학과 중세 미학의 목표는 아름다움의 실현이라는 점에서는 공통적이었다. 다만 중세 미학은 고대 미학의 현실 개혁적이고 인간 중심적인 방법과는 다른 해법을 강구했는데, 플로티노스의 '현실 도피적 윤리'가 한 가지 방법이었다. 중세가 시작되기 훨씬 이전에 플로티노스는 중세의 철학과 삶의 태도에 일정한 방향성을 제시한 것이다.

고대와 중세의 가교: 아우구스티누스

아우구스티누스는 마지막 고대인이자 최초의 중세인이었다. 실제 삶에서도 기독교로의 회심回心 이전과 이후라는 두 가지 다른 삶을 살았으며 고대와 중세의 경계에 서 있었다. 로마제국 몰락의 징후와 위기를 보던 아우구스티누스는 기독교와 그리스 철학의 화학적 결합을 통해 중세라는 새로운 시대를 미리 연 선구자였다. 그의 목적은 하느님의 은총과 섭리를 바탕으로 타락한 '지상의 나라'를 '신의 나라'로 구원하는 것이었다. 여기서 지상의 나라와 신의 나라는 '자기애'와 '신과 진리에 대한 사랑'이라는 서로 다른 사랑의 방식에서 비롯된 두 가지 삶의 모델을 상징한다. 자기애에 바탕을 둔 로마의 위대함은 지상의 나라의 가치로서 지배욕과 명예의 추구에 따른 허영의 결과물이었다. 반면 신과 진리에 대한 사랑이란 기독교가 추구하는 핵심 가치였다. 아우구스티누스는 타락한 로마제국에 새로운 규칙과 활력을 불어넣을 새로운 힘으로 기독교를 적극 수용함으로써 로마의 근본 개혁을 추구했다. 아우구스티누스의 사상은 교회와 신학의 측면뿐만 아니라 철학적, 미학적 측면에서도 중세 정신의 운신 폭을 결정짓는 사유의 지평을 열어놓았다. 이런 그의 사상적 영향력은 중세 내내 지속됐다.

인간의 자기 인식

카시러는 서양철학에서 인간의 자기 인식 문제가 항상 철학적 탐구의 최고 목표였으며 "모든 사상의 아르키메데스의 점, 즉 고정된 부동不動의 중심"이었다고 강조한다.[180] 이 문제의 전환점은 인간을 사유의 중심에 놓은 소크라테스였다. 자연 탐구를 통해 진리를 좇았던 자연철학과 전통적인 형이상학은 소크라테스가 제기한 인간 문제라는 새로운 지적 중심이 부상하자마자 빠르게 힘을 잃었다. 훗날 소크라테스와 함께 회자되는 델피 신전의 경구 '너 자신을 알라'는 이런 지적 전환의 상징적 표현이다. 소크라테스에게 인간이란 합리적 질문을 받았을 때 합리적으로 대답할 수 있는 존재였다.[181] 즉 소크라테스와 제자 플라톤이 이해한 인간이란 자신의 혼에 깃든 신적 로고스의 능력을 자각하고 잘 활용할 줄 아는 존재였다. 인간은 감각적 세계와 지성적 세계 사이에 있는 중간 존재로서 감각적 내용의 이면에 있는 이데아의 세계를 봄으로써 자신을 신적 세계로 고양할 수 있는 가능성의 중심이었다. 이처럼

---

180 카시러, 2008, 16쪽.

181 카시러, 2008, 24쪽.

한쪽으로는 감각적 세계와 연결돼 있고 다른 한쪽으로는 신성과 맞닿아 있는 인간의 중간적 지위에 대한 인식을 통해 고대 그리스인들은 자신을 우주의 질서 속에 자리매김할 수 있었다.

고대 그리스 사람들과 달리 아우구스티누스에게 인간의 자기 인식이란 하느님을 향한 완전한 전향을 의미했다. 위대한 로마의 몰락 징후들 속에서 불거진 인간성의 문제를 근본적으로 혁신할 방법으로 아우구스티누스는 '고백'이라는 형식을 선택했고 중세 전체를 가로지르는 새로운 자아 인식의 기초를 놓았다. 『고백록』에서 "만물은 주에게서 나오고 주로 말미암고 주에게로 돌아감이라"(로마서 11:36)라는 성경 구절을 인용하면서 하느님이 내 안에 존재하지 않으면 내가 존재할 수 없다고 단언한다.[182]

아우구스티누스에게 인간의 자기 인식은 이미 내 안에 들어와 있는 하느님을 인식하는 데서 비롯한다. 그런데 인간이 하느님을 인식하기 전에 먼저 자신이 하느님에 의해서 인식돼야만 한다. 내가 무엇을 안다는 것은 하느님께서 나에게 빛을 주셨기 때문이며, 내가 모르는 것은 아직 하느님께서 빛을 주시지 않았기 때문이다.[183] 인간의 자기 인식이란 인간이 '유에서 창조'된 것이 아니라 '무에서 창조'된 것임을 자각하고 하느님의 '계시'를 아는 것이다. 이런 의미에서 신 앞에서의 고백이란 진리의 인식이자 진리의 표현이 된다. 고백의 심층에는 인식하는 자와 신적 진리의 관계가 미리 결정돼 있으며 진리를 인식하는 자는 그

---

182 아우구스티누스, 『고백록』, 김평옥 옮김, 범우사, 1987, 12-13쪽.

183 아우구스티누스, 1987, 224-225쪽.

것을 깨달아 앎으로써 새롭게 태어나는 것이다. 이런 깨달음이 기독교적 의미의 진정한 창조다. 아우구스티누스의 관점은 신앙과 앎(지식)의 일치라는 중세의 대전제와 직접 연결된다. "알기 위해서 믿고, 믿기 위해서 알아라crede ut intelligas; intellige ut credas."

아우구스티누스는 이런 진리 탐구의 길로 조명설照明說을 제시한다. 우선 인간이 진리를 사랑하고 궁구할 수 있는 것은 신의 예지의 빛이 인간을 비추기 때문에 가능하다. 태양빛이 세상의 모든 것을 인간에게 드러내 보이듯, 신적 이성의 빛이 비칠 때만 인간은 영원한 진리를 인식할 수 있다. 신은 영원한 진리요, 초시간적인 절대 불변의 존재요, 빛이다. 따라서 진리를 탐색하는 여정은 신이 이미 놓아준 빛의 길을 따라 오르는 것이다. 이는 플라톤의 『향연』이나 플로티노스의 유출설에서 나타난 영혼의 상승 운동과 근본 방향에서는 일치한다. 그렇지만 원죄를 안고 태어났으며 신의 피조물일 뿐인 인간에게 영혼의 불멸성을 전제하는 플라톤의 상기설은 적절한 해결책이 될 수 없었다.

그렇다면 아우구스티누스의 해결책은 무엇인가? 즉 유한한 존재인 인간이 어떻게 초월적이고 무한한 존재인 신을 인식할 수 있는가? 이런 형이상학적 근본 물음에 대해 아우구스티누스는 기억과 망각의 관계에서 해답을 찾는다. 그에게 기억과 망각은 대립 개념이 아니다.[184]

---

184 우리가 어떤 하나의 현상을 의식하는 것은 그것이 사라진 후에야 가능하다. 일반적으로 의식이란 지나간 상황에서 생기기 때문이다. 따라서 기억은 상기想起의 특성을 갖는다. 알라이다 아스만에 따르면 인문학에서 기억에 대한 고대의 담론은 두 가지다. 하나는 기억을 '아르스'와 관련해서 보는 것이고 다른 하나는 '활력vis'과 관련해서 보는 것이다. 아르스로서의 기억술로 대표적인 것은 고대 로마의 수사학이다. 여기서 기억은 다섯 단계 과정을 통해 실현된다. 착상inventio, 배열dispositio, 표현elocutio, 암기memoria, 연설actio이다. 이와 달리 심리학적 전통의 차원에서 활력은 인간의 정체성과 관련된 세 가지 정신의 영역, 즉 상상력, 오성, 기억으로 구성된다. 아스만은 전자의 대표자

기억에는 늘 망각의 흔적이 남아 있으며 회상은 망각을 통해서만 가능하다. 그러므로 망각은 기억의 상실이 아니라 기억의 필수 조건이 된다. 아우구스티누스는 진리 인식을 위한 두 가지 조건을 전제한다. 하나는 기억에 인간이 회상할 수 있는 것 이상이 포함돼 있다는 것이고, 다른 하나는 기억에 무시간적으로 타당한 신적 인식의 내용을 발견할 수 있는 능력이 잠재돼 있다는 것이다.

아우구스티누스에게 기억은 모든 것의 저장고다. 기억 속에는 감각 지각을 통해서 얻는 것은 물론 감각을 통해서는 알 수 없는 수와 공간에 대한 원리와 법칙뿐만 아니라 그것들을 배운 방식에 대한 기억도 저장돼 있다. 그러므로 감각적 인식에 내포된 의미를 경험하기 위해서 우리는 필히 거대한 기억의 창고에 발을 들여놓아야만 한다. 그 안에서 망각의 흔적으로 남아 있는 것을 모으고 일목요연하게 정리할 때만 진리를 포착할 수 있다. 우리가 망각하고 있다는 사실을 아는 것만으로도 완전한 망각에 이른 것은 아니기 때문이다. 그렇지만 기억과 회상 사이에는 근본적 차이가 있다. 저장에 해당하는 기억은 시간을 배제하지만 회상에서 시간은 결정적 역할을 한다. 회상은 단순히 저장된 것을 인출하듯 불러내는 것이 아니라 근본적으로 재구성하는 것이다. 그래서 회상은 항시 현재적이다. 아우구스티누스가 시간 문제에 고심했던 것도 이런 회상의 기능과 관련이 깊다.

아우구스티누스에게 시간은 과거와 현재를 잇는 기억의 회상을 통해 의미를 가지며 현재는 시간 속에서 나타난다. 시간과 관련해서 아

로 키케로를, 후자의 대표자로 니체를 꼽는다. 아스만, 2003, 31-38쪽.

우구스티누스가 궁극적으로 다루는 주제는 시간의 내적 통일성이다. 주체와의 연관 속에서 과거와 미래를 향한 현재의 확장이라는 아우구스티누스의 시간 관념은 고대 세계의 시간 관념과 근본적인 차이를 보인다. 군터 아이글러Gunter Eigler가 밝히듯이, 단절의 핵심은 계시다.[185] 아우구스티누스가 보기에 세계는 영원하지 않고 하느님은 세계와 함께 시간을 창조했다. 그러므로 창조된 세계가 최후의 심판일에 끝남과 동시에 시간도 종료된다. 시간은 창조의 시점과 종말의 시점이라는 두 극한점 사이에 존재할 뿐이다.

반면에 고대 세계에서 시간이란 영원이다. 플라톤은 시간을 "단일성 속에 머물러 있는 영원의 모상, 수에 따라 진행되는 영구적인 모상"[186]이라고 정의한다. 아리스토텔레스는 플라톤보다 냉철하게 시간을 운동과 측정 가능성을 중심으로 파악한다. 그는 『자연학』에서 가장 쉽게 알 수 있는 등속 원운동의 측정을 사례로 들어 시간을 측정 가능한 운동의 수로 규정했다.[187] 아리스토텔레스에 따르면 시간은 운동이 아니지만 운동에 의해서 측정되고, 척도가 되는 천체의 원운동이 영원하기 때문에 시간도 영원한 것이 된다. 그리고 영혼은 척도가 되는 운동과 연합하여 시간을 일정한 지속으로 나타낸다. 아리스토텔레스의 시간 관념을 아이글러는 이렇게 설명한다. "시간은 전으로부터 후에 이르는 운동의 수다. 시간은 시간 지속이며, 척도가 되는 천체의 운동에 의해 경과된 공간 연장을 통해서 영혼에 의해 측정되는 특정한 시간 연장

---

185 군터 아이글러, 『시간과 시간의식』, 백훈승 옮김, 간디서원, 2006, 71쪽.

186 플라톤, 2000c, 102쪽.

187 Aristotle, 1983, p. 53.

이다."[188]

이와 달리 아우구스티누스에게 천체의 등속 원운동은 하느님이 창조한 세계 내에 존재하는 한 가지 운동에 불과하다. 아우구스티누스가 보기에 전체로서의 시간이란 영혼 속에 있으며 시간 연장도 마찬가지다. 시간은 영혼 속에서 기억, 직감, 기대라는 방식으로 현존한다.

> 미래도 과거도 존재하지 않으며 또한 세 가지의 시간—과거, 현재, 미래가 존재한다는 것도 옳지 않습니다. 실상 이것들은 마음속에 이른바 세 가지 형태—과거의 현재, 현재의 현재, 미래의 현재—로 존재하는데 나는 마음 밖에서는 어디에서도 볼 수 없습니다. 즉 과거의 현재는 기억이며 현재의 현재는 직감이며 미래의 현재는 기대입니다.[189]

인간은 과거를 회상하고 미래를 예측한다. 과거에 대한 회상과 미래에 대한 기대는 이미 지나간 시간과 앞으로 도래할 시간을 현존現存으로 드러낸다. 영혼은 기억과 기대에 의존해 지나간 시간과 도래할 시간을 현재의 지평으로 집약한다. 영혼은 현재의 지평을 지금의 영속으로 보존함으로써 전체로서의 시간을 현존하게 한다. 이렇게 시간을 끌어모으는 영혼은 내적 시간의 창조자다. 이로써 근대의 시간 이해를 지배하는 구분, 즉 외적 시간과 내적 시간, 우주의 시간과 의식의 시간, 객관적 시간과 주관적 시간의 구별이 시작된다.[190]

---

188 아이글러, 2006, 196쪽.
189 아우구스티누스, 1987, 290쪽.
190 아이글러, 2006, 87쪽.

또한 아우구스티누스에게 회상은 사유와 아주 밀접하게 연결된다. 그에게 사유란 라틴어 '모으다cogere'와 '생각하다cogitare'의 결합으로, 생각의 파편들을 다시 모으는 것을 의미한다.[191] 사유는 이미 기억 속에 존재하지만 무질서하게 이리저리 흩어진 조각들을 모아서 정리하는 것이다. 이 점에서 사유는 배움과 상통한다. 아우구스티누스에게 배움이란 기억 속에 무질서하고 난잡하게 포함돼 있는 것을 사유를 통해 긁어모아 주의력을 발휘해 정리하고, 정신에 필요할 때마다 손쉽게 사용할 수 있도록 정리하는 작업이기 때문이다.[192] 아우구스티누스는 이런 기억에 기초한 배움의 방식이 진리로 다가가는 학문의 초석이라고 생각했다. 이 때문에 고대인들이 세계를 이해하는 지식의 분류 체계였던 일곱 개의 교양 아르스(자유학예)의 역할을 강조했다. "사람이 자기를 알려면 훈련을 쌓으면서 다음과 같은 노력을 기울일 필요가 큽니다. 즉, 감관으로부터 멀어지고, 정신을 가다듬어 자신에게 집중하며, 자기 자신 안에 정신을 붙들어 두어야 합니다. 이것을 달성하려면 일상생활의 과정이 초래하는 온갖 상념의 상처를 고독으로 지져 버리거나 자유학예自由學藝로 치료해야 합니다."[193]

　이와 같이 아우구스티누스는 기억과 망각의 관계와 회상의 계기를 통해 진리 인식의 가능성을 열어놓고 있다. 우리가 회상을 통해 완전히 망각하지 않은 것들을 기억함으로써 망각을 넘어설 수 있다는 것은 기억 속에서 무시간적인 진리 자체를 인식할 수 있음을 의미한다.

191　아우구스티누스, 1987, 233쪽.

192　아우구스티누스, 1987, 232쪽.

193　아우구스티누스, 『질서론』, 성염 역주, 분도출판사, 2017, 39쪽.

그렇지만 기억 속에서 회상을 통해 진리로 초월할 수 있다는 아우구스티누스의 가정은 모순이라는 불안정한 토대 위에 아슬아슬하게 세워진 가능성일 수밖에 없다. "아우구스티누스에게서 형이상학적 원천에 대한 인식은 논리적으로 보았을 때 단지 모순적으로 구성될 수밖에 없는 회상의 비결정적이고 필연적인 행위 속에서 완결된다. 즉, '회상할 수 있는 것'과 '회상할 수 없는 것'을 회상하지 않으면 안 되면서도 회상할 수 없다는 모순 속에서 완결된다."[194]

이러한 모순을 해소하는 아우구스티누스의 방법은 인간의 본성을 '삼위일체론'으로 설명하는 것이다. 『고백록』에서 아우구스티누스는 영혼에 깃든 신성한 삼위일체의 모상으로서 인간을 세 가지 요소, 곧 존재·지식·의지로 설명한다. "실제로 나는 존재하고 인식하고 의지를 갖습니다. 나는 인식과 의지로 존재하며, 내가 여기 있음을 인식하고 의지하고자 함을 인식합니다. 나는 존재하고자 하고 알고자 합니다."[195] 아우구스티누스는 필요에 따라 세 가지 요소를 분별했지만 이것들은 서로 분리할 수 없을뿐더러 정확히 삼위일체와 부합한다고 보았다. 성부·성자·성신의 삼위일체는 모든 피조물의 조물주이기 때문에 피조물은 신의 초월성을 나누어 갖는다. 이런 조건에서 인간은 자기 안에 거주하는 하느님의 불변적 힘과 영원한 지혜에 닿기 위해서 기억의 초월을 통해 나아가야 한다. 이를 위해서 아우구스티누스는 널리 알려진 유명한 문구를 들어 먼저 자신으로 돌아갈 것을 권유한다. "밖으로 나

---

194 오트프리트 회페 엮음, 『철학의 거장들 1』, 이강서·한석환·김태경·신창석 옮김, 한길사, 2001, 333쪽.

195 아우구스티누스, 1987, 346쪽.

가지 마라. 그대 자신 속으로 돌아가라. 인간 내면에 진리께서 거하신
다Noli foras ire, in te redi in interiore homine habitat verutas."[196]

단일성으로서의 아름다움

아우구스티누스는 미적 감수성이 예민하고 다양한 예술적 체험
을 한 것으로 유명하다. 신플라톤주의를 접하고 기독교로 개종하기까
지 그는 감각적이고 물질적인 아름다움에 젖어 살았다. 하지만 회심을
계기로 아름다움에 대한 관점이 근본적으로 변했다. 아우구스티누스는
감각적, 물질적 아름다움에서 벗어나 최고의 아름다움이자 아름다움 자
체인 하느님의 품으로 돌아갔다. 이때의 심정을 다음과 같이 토로한다.

나는 너무나 늦게 당신을 사랑했습니다. 당신은 내 안에 계셨음에도 불구
하고 나는 헛되이 바깥에서 당신을 찾았습니다. 그리고 나는 추악한 몰골
로 당신이 만드신 아름다움 속으로 돌진했습니다. 당신은 나와 같이 계셨
는데도 나는 당신과 함께 있지 아니하였습니다. 당신 안에 있지 않는다면
전혀 존재하지 못했을 미물들이 나로 하여금 당신으로부터 멀어져 가게
했습니다. 당신은 불러주시고 소리치시고 듣지 못한 내 귀를 터주시고,
당신은 비추시고 밝히시어 나의 먼눈을 뜨게 하셨습니다. 나는 숨 가쁘게
당신을 그리워하며 사모합니다. 나는 당신의 아름다움을 맛보았으므로
더욱 굶주림과 목마름을 느낍니다.[197]

---

196 아우구스티누스, 『참된 종교』, 성염 역주, 분도출판사, 2011, 167쪽.
197 아우구스티누스, 1987, 248쪽.

이 글에서 아우구스티누스는『향연』에 나타난, 아름다운 것들에서 아름다움 자체로의 상승이라는 구도를 신학적으로 재현하고 있다.『향연』에서 플라톤은 육체적인 아름다운 몸에서 출발해 아름다운 관행과 배움을 거쳐 최종적으로 아름다움 자체의 배움에 이르는 에로스의 사다리를 묘사한다.[198] 아름다운 것들에서 지혜의 사랑을 거쳐 아름다움 자체의 직관으로 상승하는 과정을 아우구스티누스는 하느님과 인간이라는 두 단계로 단순화해 표현하고 있다. 아우구스티누스는 플라톤에게서 아름다움의 위계와 함께 진정한 아름다움이란 감각적이고 가시적인 아름다움이 아니라 비가시적인 아름다움 자체라는 기본 관점을 계승하고 이를 기독교 신앙과 접목했다. 이제 회심한 기독교인으로서 아우구스티누스의 삶은 아름다움 자체를 전적으로 향유하는 삶이 된다. 물론 이런 삶도 근본적으로 하느님이 자신을 미리 비춰주고 인도하기 전에는 불가능한 일이었다.

그렇다면 아우구스티누스가 이해한 아름다움이란 무엇인가? 플로티노스는 악과 추를 독립적인 실체로 봤다. 이와 달리 악과 추를 선과 아름다움의 결핍이나 결여로 생각했던 아우구스티누스는 아름다움의 기본 원리를 균형과 비례에서 찾는다. 부분들 사이의 균형과 비례는 위대한 기술자로서의 하느님의 표준이다. 하느님의 섭리는 하찮은 모든 사물에도 깃들어 있어서 자연의 본성은 선하고 아름다운 것이 된다. 아우구스티누스는 이를 한쪽 눈썹을 밀어버리는 예를 들어 설명한다. 한쪽 눈썹은 몸 전체에서 아주 작은 부분이다. 그렇지만 이를 밀어버린다

---

198 플라톤, 2016, 161쪽.

면 전체적인 균형과 비례가 깨지면서 아주 어색하고 추한 느낌을 자아내게 된다. 이렇듯 아름다움은 부피나 크기가 아니라 전적으로 균형과 비례에 달려 있다.[199]

그런데 부분들 사이의 균형과 비례는 왜 아름다운가? 아우구스티누스는 『참된 종교』에서 아름다운 건축물이 주는 시각적 즐거움이라는 면에서 이 문제를 고찰한다. 이때 논의의 중심은 건축물에서 즐거움 자체에 대한 물음으로 넘어간다. 부분들 사이의 조화와 균형이 알맞게 갖추어지고 전체적으로 질서가 잡힌 건축물을 봤을 때 우리는 아름다움을 느끼는데, 아우구스티누스는 그런 느낌이 드는 원인, 곧 판단의 근거를 문제 삼는다. 그의 해답은 비례와 단일성이다. 비례는 부분들을 하나의 전체 안에서 결합해 일치를 만들어내는 원리이고 이 일치는 단일성을 드러내기 때문이다. 모든 아르스는 조화를 추구하는데, 이때 균형과 통일이 요구된다. 그리고 이런 균형과 통일은 대칭된 부분들의 합이나 상이한 부분들의 연계적 배열을 통해 이루어진다.[200]

이처럼 아우구스티누스는 단일성을 아름다움의 근본 원리로 규정하고 있다. 그렇다면 단일성 자체는 어디에 존재하는가? 육안으로 보이는 것은 물체일 뿐 단일성 자체가 아니므로 단일성은 물체에 있는 것이 아니고 한정된 장소에 머물러 있는 것도 아니다. 아우구스티누스는 단일성이 정신을 통해 보는 것임을 분명히 한다. 단일성에 포섭되는 조화·균형·비례·일치 등의 개념적 원리는 감각적 지각에서 드러나는

199 아우구스티누스, 『신국론』, 추인해 옮김, 동서문화사, 2013, 529-530쪽.

200 아우구스티누스, 2011, 131쪽.

것이 아니라 정신, 곧 이성을 통해 파악되는 것이다.

진리의 인식과도 깊은 관련이 있는 아름다움의 인식에 대해서 아우구스티누스는 아름다움 자체에 다가가는 방식을 신이 창조한 세계에 숨어 있는 질서와 단일성에 대한 합리적 인식에서 찾고 있다. 이때 질서와 단일성 안에서 발견되는 아름다움을 보는 것은 분명 감각이 아니라 이성이다. 더 나아가 아우구스티누스는 시각과 청각에서 실용적 목적과 무관한 즐거움을 발견하고 이를 합리성과 연결하려 한다. 일상의 어법에서 냄새가 아름답다거나 촉감이 아름답다는 말을 쓰지 않듯이, 아우구스티누스는 감각기관 중에서 시각과 청각이 다른 감각보다 더 이성적 인식에 가깝다고 본 것이다.

요컨대, 아우구스티누스는 여러 가지 아르스가 인간에게 주는 감각적 즐거움에서 출발해 아름다움 자체로 나아가는 길은 오직 이성을 매개로 단일성과 질서를 인식함으로써 가능하다는 사실을 보여주고 있다. 참다운 균형과 단일성, 즉 참다운 원초적 통일성은 육안을 비롯한 감관이 아니라 지성으로 파악돼 관조되는 것이다.[201] 이러한 단일성의 원리에 입각해서 아우구스티누스는 아름다움 자체가 항상 부분이 아닌 전체에서만 발견될 수 있다고 강조한다. "건축물을 판단할 때도 한구석만 보고 판단하지 말고, 멋진 사람을 두고도 머리카락만 따지지 말며, 훌륭한 연사를 두고도 손가락의 동작만 보고 평하지 말고, 달의 운행도 초사흘의 모양새만 가지고 판단하지 말아야 한다. 저 사물들이 불완전한 부분들로 이루어졌다는 점에서는 미천하지만, 전체로서는 완전하기

---

201 아우구스티누스, 2011, 133쪽.

때문이다."[202] 아우구스티누스는 시종일관 진리 탐구와 미적 탐구가 외부 세계가 아니라 인간 영혼의 내부에 있다는 사실을 주지시키고 있다.

<hr>

202 아우구스티누스, 2011, 175쪽.

3장

중세와 르네상스 시기의
아르스

1. 중세의 근본정신과 재생

상징주의

'중세'라는 용어는 서구 유럽의 역사에서 상당히 오랜 기간을 하나로 묶어놓은 복잡한 개념이다. 15세기 중엽 이탈리아의 인문주의자 조반니 안드레아Giovanni Andrea가 '근대적인 사람들', 즉 당시의 르네상스 사람들에 대비되는 의미로 중세라는 용어를 처음 사용한 이후 이 말은 오랫동안 논란의 중심에 있었다.[1] 중세의 시기 구분 및 성격과 관련된 지속적인 논란에도 불구하고 일반적으로 중세는 서로마제국이 멸망한 476년부터 아메리카 대륙이 발견되고 이베리아반도에서 이슬람계 무

---

1 자크 르 고프, 『서양 중세 문명』, 유희수 옮김, 문학과지성사, 2008, 17-26쪽. 학계에서는 중세의 성격과 시기 구분에 대한 논의가 여전히 진행 중이다. 르 고프는 이 책에서 기독교와 봉건적 생산 양식이 지속됐던 4세기부터 19세기까지 1500년이라는 시기의 단일성을 강조하는 '장기 중세long Moyen Age'라는 개념을 제시한다.

어인이 완전히 축출된 해인 1492년까지 대략 1000년간을 의미한다. 그리고 학자마다 다소 견해가 다르긴 해도 중세는 크게 세 시기로 구분된다. 즉 서로마제국의 몰락에서 1000년까지를 중세 초기로, 중세의 재생과 절정기를 포함하는 11세기에서 13세기 말까지를 중기로, 단테Dante · 페트라르카Petrarca · 보카치오Boccaccio가 왕성하게 활동하면서 피렌체 인문주의가 꽃피었던 14세기 이후를 중세 후기로 본다.

소위 '암흑시대'라고 불리는 중세 초기는 8세기 카롤링거 왕조가 들어서면서 장원 경제가 확립되고 문예부흥이 일어나는 등 다소 활력을 찾기 시작했다. 이때까지 고대 로마의 모습은 간신히 명맥만 유지했을 뿐 거의 소멸한 상태였다. 도시는 급격히 축소됐고 8세기 이후 완만한 회복세로 전환되긴 했지만 기아와 빈곤으로 인해 인구 감소 현상이 두드러졌다.[2] 초기와 달리 중세의 재생과 전성기를 포함하는 중기에는 중세의 정신이 가장 찬란하게 융성했다. 고딕건축과 스콜라철학의 동반 성장으로 상징되는 중기에 중세 아르스도 가장 발달한 면모를 보였다. 그렇지만 13세기 말 이후 중세는 안팎으로 커다란 변화와 시련에 직면하면서 점차 르네상스와 근대로 나아가는 길을 열어주었다.

분명 중세는 단일한 시대가 아니었을 것이다. 그렇더라도 중세를 지배적으로 물들인 색조가 전혀 없었던 것은 아니다. 가장 현저한 특징은 기독교 전통이다. 기독교를 통해 로마의 재생을 꾀한 아우구스티누

---

2 카티아 디 지롤라모Catia Di Girolamo에 따르면 분명 중세 초기 인구는 급격히 감소했다. 이탈리아반도의 경우 1세기에 약 750만 명에 이르렀던 인구가 7세기 초에는 250만 명으로 줄어들었다고 추정된다. 유럽도 상황은 비슷했다. 3세기경에 3000만~4000만 명이던 인구가 계속 줄어 7세기에 1400만~1600만 명 정도를 유지했다. 그러다 8세기부터 인구는 조금씩 증가 추세로 돌아섰다. 움베르토 에코 외, 2015a, 273쪽.

스의 시도 이래 기독교는 중세 정신의 근간을 이루었다. 중세의 정신을 탐구할 때 우리는 중세의 모든 철학자와 사상가가 일말의 의심도 없이 확신했던 하나의 사건을 항상 염두에 두어야 한다. 바로 하느님의 아들이 사람으로 태어난 예수 그리스도의 육화肉化다. 이 사건은 인간의 지혜가 결코 범접할 수 없는 참된 진리의 영역이었다. 따라서 모든 중세 신학자와 철학자에게 이 사건은 진지하게 고민해야 마땅한 참된 주제였다. '세상의 모든 역사는 그리스도에게서 나오고 그리스도를 향해 나아간다'는 부동의 진리는 중세 정신의 핵심 중 핵심이었다.

이렇게 중세인들은 항시 모든 것을 하느님의 계시와 구원의 관계 속에서 바라봤다. 자연스럽게 사물의 경계는 상대적으로 희미해졌고 상징의 세계는 더욱더 찬란해졌다. 세상의 모든 것은 하느님의 손가락으로 쓴 상징의 책이었다. 중세인들은 자신들의 종교적 감정을 강렬한 상징적 이미지로 전환한 온갖 신비를 직접 눈으로 볼 때만 비로소 이해할 수 있다고 굳게 믿었다. 그래서 가시적인 여러 징표를 통해 말로 표현할 수 없는 것을 숭배하려고 했으며 이에 걸맞은 상징적 이미지들을 계속해서 만들어냈다. 이런 중세의 근본정신을 요한 하위징아Johan Huizinga는 '상징주의'라고 명명했다.

모든 사물을 하느님 안에서 바라보고 모든 것을 하느님에게 연결시킬 때, 우리는 평범한 것들에서 초자연적 의미를 읽어낸다. (…) 상징주의는 바로 이런 감정을 바탕으로 한다. '하느님에게 공허하거나 무의미한 것은 없다Nihil vacuum neque sine signo apud Deum.' 하느님의 이미지가 일단 만들어지면, 신성에서 의미를 발견하려는 모든 노력은 구체적 생각으로 응고되고 추후에 말로 표현됐다. 이렇게 하여 세상을 거대한 상징의 연결체라고 보는 고결한 생각이 생겨났다. 다시 말해 세상은 많은 상징의 관념들로 지어진 대성당이고, 생각할 수 있는 모든 것을 운율에 맞게 다성적多聲的으로 표현한 상징의 체계라는 것이다.[3]

철학적으로 중세의 상징주의를 정당화하는 기원은 두 가지다. 첫째는 위僞디오니시우스pseudo-Dionysius[4]의 『신비주의 철학』 같은 2차 자료를 통해 중세에 전래된 신플라톤주의 전통이다. 이 책은 하느님이 모든 존재의 이면에 계시며 인간은 결코 이를 알 수도 설명할 수도 없다는 신플라톤주의의 기본 입장을 충실히 담고 있다. 하느님을 정의하면서 위디오니시우스는 시종일관 "가장 빛나는 어둠"이니 "침묵의 가장 환한 안개"와 같은 신비주의적 표현을 사용했다. 그가 열거한 하느님의 근본 속성은 빛, 영원성, 모든 존재를 넘어선 절대성 같은 비유적인 수사로 가득했다. "모든 것의 원인은 무엇보다 현존이고 생명이며 말씀이고 무심하지 않으심입니다. 당신은 물질적인 것이 아니기에 형태, 형식, 질, 양이나 무게를 갖지 않으십니다. 당신은 어떤 장소에도 거하지 않으시고 볼 수도 만질 수도 없습니다. 당신은 지각되지도 지각될 수도 없으십니다. 당신은 무질서나 혼돈을 겪지 않으시고 지상의 감정에 의해서 어쩔 줄 몰라 하지도 않으십니다. 당신은 무력하지도 않으시고 감각 지각에서 생긴 혼란에 종속되지도 않으십니다. 당신은 빛의 영원한 지속

---

3 요한 하위징아, 『중세의 가을』, 이종인 옮김, 연암서가, 2012, 386쪽.

4 위디오니시우스는 신플라톤주의 철학자 프로클로스의 제자로 알려진 신원 미상의 기독교 신비가다. 그의 『신비주의 신학』 등의 저서는 중세에 크게 유행했으며 중세 내내 커다란 반향을 일으켰다.

입니다. 당신은 감각을 통해 알 수 있는 변화, 부패, 분할, 손실, 변동과 같은 어떤 것도 겪지 않으십니다. 이런 모든 것과 당신은 동일하지 않으며 그것에 속하지도 않으십니다."[5]

신비주의 관점에서 볼 때 사물은 사물 자체로 있지 않으며 모든 것은 하느님의 영원성이라는 피안의 세계와 연결돼 있다. 따라서 모든 사물은 희망이나 위협을 품은 것으로 보이거나 풀 수 없는 수수께끼처럼 보인다. 그렇지만 이런 상황은 다른 한편으로 우리의 삶 전체가 하느님이 창조한 이 세계의 신비에 동참하고 있다는 강렬한 느낌을 자아낸다. 이런 깨달음을 얻는 순간 중세인들은 하느님과 함께 있다는 확신으로 마음의 평온을 얻을 수 있었다. 일상에서 아주 흔한 빗소리를 듣거나 탁자 위 등불을 보면서도 마음 깊이 하느님의 의미 세계에 대한 통찰에 이를 수 있었다. 이런 통찰이 하느님에 대한 경외심으로 고양될수록 개인적 체험은 한순간의 확신이나 산발적인 직관을 넘어 일상생활의 정서나 믿음으로 전환됐다.

둘째는 성경의 내용과 사건을 문자 그대로 수용하는 것이 아니라 비유적 표현을 매개로 현실에 대한 기호나 개념으로 확장해 이해하는 상징의 기능이다. 아우구스티누스 이래 중세는 성경의 인물, 사건, 대상뿐만 아니라 모든 물질적 세계의 사물들에 비유적 의미와 규칙을 덧붙였다. 이로써 중세인들은 아주 작은 사건이나 소리에서도 하느님의 말씀을 듣고 이해하는 세계에서 살아갈 수 있었다. 애당초 동맹 관계

---

5 Paul Rorem, *Pseudo-Dionysius: A Commentary on the Texts and an Introduction to Their Influence*, Oxford University Press, 1993, p. 205.

확인을 위해 어떤 물건을 반으로 쪼개 나눠 가졌다가 서로 맞춰보고 환대하는 행위에서 비롯된 상징은 화친의 징표로서 대상의 두 절반이 가지는 분명한 인식의 표시였다. 중세에 이런 상징은 상실된 '짝맞춤'에 대한 간절한 바람이며 상위의 숨겨진 실재를 상기시키는 징표이기도 했다. 세상의 모든 피조물은 하느님이 자신을 알게 하려는 의도에서 창조한 상징이나 기호였다. 이 때문에 중세인들은 자신의 구원을 약속해주는 참된 세계의 문을 열어줄 열쇠를 찾는 데 늘 남다른 관심을 쏟았다. 그중에서도 예배는 일종의 상징적 행위였다. 신성한 예배를 통해 중세인들은 신으로부터 인정받으려 했으며 신과 맺은 정신적 계약을 지키려고 노력했다.

이처럼 중세의 상징 애호에서 나타나는, 사실과 환상의 끊임없는 전도와 변형을 멈퍼드는 일종의 노이로제neurosis라고 말했지만,[6] 중세인들에게 이렇게 변형된 세계는 결코 자의적인 상상 속 세계가 아니라 아주 분명한 객관적 실재였다. 상징과 우화로 표현하는 기능이 자의적이거나 주관적인 것이 아니라는 점은 초기 기독교와 중세 심리의 근본 특성 중 하나였다. 중세인들은 상징이 객관성을 보여주고 우주의 다양한 측면을 충실하게 표현한다고 굳게 믿었다.[7] 움베르토 에코Umberto Eco 또한 상징주의가 폭넓게 받아들여지는 순간 상징의 실재성이 더 강화되는 경향이 있다는 사실을 가상의 동물 유니콘의 예를 들어 다음과 같이 설명한다.

---

6 Mumford, 1944, p. 107.

7 이반 일리치, 『텍스트의 포도밭』, 정영목 옮김, 현암사, 2016, 51쪽 재인용.

타조는 깃털의 완벽한 균등이 통일 개념을 시사한다고 해서 정의의 상징이었다. 제 자신의 살점을 먹여 새끼를 살찌운다고 알려져 있던 펠리컨은 성체 성사에서 자신의 피와 살을 인간에게 주신 그리스도의 상징이 됐다. 유니콘은 처녀의 무릎에 머리를 묻으면 처녀가 잡을 수도 있는 동물이라 해서 하느님의 독생자, 또는 마리아의 자궁에서 다시 태어난 이중적인 그리스도의 상징이었다. 상징주의가 일단 받아들여지면 유니콘은 타조나 펠리컨보다 한층 더 '실제적인 것'으로 인정됐다.[8]

그렇다고 해서 중세에 사실의 가치를 추구하는 경향이 전혀 없었던 것은 아니다. 중세 내내 이런 경향은 존재했으며 13세기 이후부터는 자연주의와 사실주의의 경향이 폭넓게 확산되기도 했다. 그렇지만 중세 후기에 들어서 중세의 숨결이었던 상징주의가 점차 경직돼 퇴화하고 기계적인 것으로 전락하자마자 상황은 완전히 달라졌다. 항해와 탐험, 새로운 우주론, 새로운 관찰과 실험 방법을 토대로 근대라는 새로운 세계가 열리자마자 이전까지 중세를 지탱한 문화적 그물망이 터지면서 자연을 지배하고 권력을 움켜쥐려는 새로운 흐름이 봇물 터지듯 쏟아져 나왔다. 온갖 비유와 알레고리가 넘쳐나는 중세 상징주의가 심오한 만큼 새로운 반동의 기세도 거셌다. 멈퍼드는 기계적 관념이 확산되면서 중세의 유기적 질서가 무너져 내리던 상황을 아주 극적으로 묘사하고 있다.

---

8 움베르토 에코, 『중세의 미와 예술』, 손효주 옮김, 열린책들, 1998, 112쪽.

초창기 과학은 가장 세련된 스콜라철학보다 이 시대의 진리에 가까웠고, 어설픈 증기기관이나 제니 방적기는 가장 믿을 만한 길드 규율보다 더 효과적이었으며, 보잘것없는 공장과 철교는 가장 완성도가 높았던 크리스토퍼 렌Christopher Wren과 로버트 애덤Robert Adam이 지은 세인트폴 대성당보다 건축이 나아가야 할 미래의 청사진을 더 잘 보여주었다. 방적 공장이 들어서고 철 제련소가 세워진 최초의 공장 부지는 어쩌면 벤베누토 첼리니Benvenuto Cellini가 유행시킨 보석 세공이나 조슈아 레이놀즈Joshua Reynolds의 그림보다 심미적 차원에서 더 관심을 끌었다. 요컨대, 살아 있는 기계가 죽은 유기체보다 돋보였다. 결국 중세 문화라는 유기체는 죽었다.[9]

수도원과 기계적 시계

요제프 피퍼Josef Pieper는 진정한 중세의 시작을 529년에 발생한 두 가지 사건에서 찾는다. 하나는 동로마제국 유스티니아누스Justinianus 황제가 플라톤의 아카데메이아를 폐쇄한 일이고, 다른 하나는 성 베네딕트St. Benedict가 요새화된 언덕 위에 몬테카시노Monte Cassino 수도원을 세운 일이다.[10] 명암이 엇갈리는 두 사건 중에서 '평화pax'와 '기도하고 노동하라ora et labora'를 모토로 내건 베네딕트회 수도원의 설립은 중세 유럽의 정신에서 하나의 이정표를 세운 사건이었다. 중세 내내 베네딕트

---

9 멈퍼드, 2013, 79-80쪽.

10 요셉 피퍼, 『중세 스콜라 철학』, 김진태 옮김, 가톨릭대학교출판부, 2007, 20쪽.

회 수도원은 질서 관념을 유지하고 육성한 요람이었다. 무너져가는 도시적 삶의 퇴락과 불확실한 미래 탓에 수시로 갈마드는 혼란과 불안에 떨었던 중세인들의 삶에서 베네딕트회 수도원은 질서를 보존하고 희망의 싹을 틔우는 구심점이었다.

서구 유럽에서 4세기 무렵 출현한 수도원 제도는 유럽 전역으로 급속히 퍼져 나갔다. 유대교 및 구약성서의 선지자-은둔자 모델과 동양의 수도원주의에 직접 영향을 받은 초창기 서구 유럽의 수도원은 은둔주의와 극빈주의를 지향했다. 수도원을 뜻하는 라틴어 '클라우스트룸 claustrum'이 둘러싸인 벽을 의미하듯이,[11] 초기 수도원들은 외부 세계와 철저히 단절한 채 개인적 영성을 추구하던 기독교 수행자들의 은둔처였다. 혼란한 세상을 등지고 은둔과 청빈을 선택한 수행자들은 주로 도시 외곽이나 농촌 지역에 고독한 삶을 함께 영위하는 공동체를 세웠다. 4세기부터 사람들은 이들을 '자비, 단신單身, 성경에 대한 명상에서 발전한 기도로 이루어진 삶'을 뜻하는 '수도사monachi'로 부르기 시작했다.[12]

6세기에 성 베네딕트가 세운 베네딕트회 수도원은 두 가지 점에서 이전의 수도원 제도와 분명한 차이를 보였다. 첫째는 질서 있는 체계를 확립하는 핵심이었던 '베네딕트 규칙서Regula Sancti Benedict'다. 그때까지 전해 내려오는 수도원 규칙서가 없었던 것은 아니지만, 분량과 내용 그리고 체계성 면에서 베네딕트 규칙서는 월등했다. 총 73장으로 구성된 규칙서는 크게 영성과 규율 항목으로 나뉘었는데, 많은 부분이 수도사

---

11 에코 외, 2015a, 410쪽.

12 에코 외, 2015a, 257쪽.

의 자기 통제와 형벌 규칙에 할애됐다. 이제 기도, 암송, 노동을 적당히 안배한 규칙서를 바탕으로 수도원 생활 전체가 질서 정연하게 운영되기 시작했다. 글라우코 칸타렐라Glauco Cantarella는 이 규칙서가 당시까지 진행된 모든 역사의 진정한 기초를 놓았고, 이를 통해 수도원의 삶의 기반이 대수도원장이 아니라 규율집이 됐다고 평가했다.[13]

둘째는 규칙서에 명시된 하루 다섯 시간 의무 노동이다. 기본적으로 노동에 대한 중세의 태도는 이중적이었다. 육체노동을 원죄의 필연적 결과로 이해한 신학자들은 노동을 천시하는 태도를 보였다. 반면에 초기 기독교의 주교들은 천지창조 이야기hexameral literature의 주석에서 종종 하느님을 장인의 이미지로 묘사했고, 예수 그리스도가 육체노동을 폄하하지 않았다는 사실을 강론했다.[14] 베네딕트회 수도원은 주교들의 정신적 수도 생활과 노동의 헌신을 함께 권장한 기독교적 관념을 구체화했던 것이다. 게으름의 유혹을 경계할 뿐만 아니라 공동체의 물질적 필요를 충족시키는 데도 요긴했던 노동의 의무는 자연스레 수도사들이 자연적 사실과 끊임없이 접촉하면서 과학과 아르스의 발달을 예비하는 토대가 됐다. 더욱이 수도원이 성직자와 학자뿐만 아니라 장인/예술가와 농부까지 포함하는 공동의 거처라는 사실은 중세 아르스의 발전과 특성을 일정하게 규정지었다.

실제로 베네딕트회 수도사들은 새벽 5시에 기상해 잠들 때까지 꽉 짜인 일과를 보냈다. 무엇보다 규칙 엄수가 타율적 강제가 아니라 자율

---

13 에코 외, 2015a, 410쪽.

14 Schatzberg, 2018, p. 31.

적 강제라는 점에서 수도원의 규율은 어떤 군대 조직의 규율보다도 엄격하고 철저했다. 하루에 일곱 번 기도를 올리는 성무일과聖務日課를 중심으로 수도원 안의 모든 일을 공동으로 수행한 베네딕트회 수도사들은 마치 군사 조직처럼 열 명씩 한 조를 이루어 주임사제의 감독 아래 일과를 소화하고 다섯 시간 노동을 수행했다. 나태는 영혼의 타락이었고, 노동을 마친 뒤에는 기도하고 성경을 암송했다. 더욱이 세속과 멀찌감치 거리를 둔 수도원에서는 생필품을 자체 조달해야 했기에 옷감을 짜는 일에서 포도주를 만드는 일까지 다양한 경제 활동이 경내에서 이루어졌다. 이 과정에서 수도원의 살림살이를 효율적으로 운영하기 위해 노동 절약 기계들이 제작됐으며 공동으로 대규모 토목 사업을 벌이기도 했다.

베네딕트회 수도원의 엄격한 규율과 질서는 6세기에서 11세기까지 서부 유럽에서 수도원이 승승장구한 비결이었다. 카롤링거 왕조는 베네딕트회 수도원을 모든 수도원의 모범으로 높이 평가하고 수도원의 법령집capitularia을 만들어 장려했다.[15] 이로써 베네딕트회 수도원의 공적 권위가 크게 높아졌고 한층 더 강력한 중앙집권적 형태로 발전해갔다. 이러한 변화와 맞물려 처음부터 수도사들이 떠돌이 생활을 청산하고 한곳에 정착할 것을 서약하는 정주서원定住誓願을 유지했던 베네딕트회 수도원은 11세기 한때 수도사가 4만 명에 육박할 정도로 성장했다. 베네딕트회 수도원의 권위, 질서, 규칙, 노동의 의무 같은 요소는 중세와 근대의 연속성을 연구한 학자들의 이목을 끌기에 충분했다. 사회학

---

15 에코 외, 2015a, 260쪽.

자 베르너 좀바르트Werner Sombart는 베네딕트회 수도사들을 근대 자본주의의 건설자라고 평가했으며, 화이트헤드는 이 수도원과 스콜라철학에서 지속적으로 강화된 질서 관념이 근대 과학 태동의 실질적 계기였다고 언급했다.[16] 멈퍼드 역시 베네딕트회 수도원의 질서 체계가 근대 자본주의의 질서와 규율 체계 확립에 기여한 측면을 강조한다.

> 경제적, 종교적 자치 사회의 조직체로서 베네딕트회 수도원은 초기 거대기계의 질서만큼 엄격한 질서의 기초를 구축했다. 거대기계와의 차이는 적당한 크기와 자발적인 구조 그리고 가장 엄격한 규율의 내면화에 있었다. (…) 권위, 순종, 상급자의 명령에 대한 복종은 이런 영성적이고 도덕으로 무장한 거대기계에 필수적 부분이었다. 심지어 베네딕트회의 규칙은 24시간을 기준으로 운영되는 이후의 기계화 단계를 예비했다. 수도사들은 한밤중에도 기숙사에 불을 켜놓은 채 지냈고, 마치 전쟁터의 군인처럼 언제든지 성직자의 의무를 위해 깰 수 있도록 낮에 입은 옷을 그대로 입고 잤다. 어떤 의미에서 이 질서는 주기적인 휴식이나 흥청거림을 금지했기에 어떤 군대 조직보다도 더 엄격했다. 규율 및 통제와 더불어, 이런 박탈과 순종은 이후 자본주의사회의 규율로 굳어졌다.[17]

이와 함께 멈퍼드는 수도원의 질서 체계를 확립하는 과정에서 탄생한 일종의 부산물인 기계적 시계가 근대사회로의 전환에 기여한 측

---

16 앨프리드 노스 화이트헤드, 『과학과 근대세계』, 오영환 옮김, 서광사, 1989, 15-45쪽.
17 Mumford, 1966, p. 264-265.

면에도 주목한다. 나침반, 종이, 화약과 달리 기계적 시계는 11세기 서구 유럽의 독창적 발명품이었다. 수도사들의 행동 통일, 즉 규칙적 삶을 조직하고 관리하기 위해 고안된 기계적 시계는 13세기 말 이후에는 수도원의 좁은 벽을 넘어 서구 유럽 전체로 확산됨으로써 유럽인들의 사유 습관을 근본적으로 바꾸었고 이후 만들어진 모든 기계의 원형이 됐다.

그리스-로마 시대에 시간은 영원한 순환의 성격을 띠었으나 중세의 사고방식에서 시간은 직선적이고 연속적이었다. 당연히 중세의 가장 본질적인 시간은 하느님의 우주 창조와 함께 출현한 창조의 시간과 이것이 끝나는 구원의 시간이었다. 이 점에서 중세인들은 하느님의 창조의 시간과 성경에 등장하는 상징적 시기들을 계산하는 연표 작성에 광적으로 매달렸다. 그렇지만 성경의 비유적 해석을 너무나 강하게 믿고 고수했던 탓에 중세인들은 집단정신의 차원에서 과거, 현재, 미래를 자의적으로 뒤섞어버리기 일쑤였다. 시간의 배열은 과학적, 객관적 시간의 연속과 전혀 관련이 없었고 통일된 시간 기준이나 연표가 없었으므로 중세 내내 시간 계산의 복수성은 지극히 정상적인 일이었다.[18]

이러한 상황에서 13세기 말 탈진기[19]의 발명에 힘입어 기계적 시계가 독일, 프랑스, 이탈리아로 확산됐으며 14-15세기에는 기독교 세계 전체로 퍼져 나갔다.[20] 1377년에 스콜라철학자이자 자연과학자인 니콜

---

18 르 고프, 2008, 270-293쪽.

19 진자振子의 1주기마다 1피치pitch씩 지침을 회전시키는 장치. 탈진기는 특히 시계의 정도精度에 영향을 주는 중요한 요소다. 기계용어편찬회, 『도해 기계용어사전』, 일진사, 2016.

20 르 고프, 2008, 304쪽.

오렘Nicole Oresme은 우주를 모든 힘을 제어하며 평형을 유지하는 톱니바퀴와 같은 것으로 설명함으로써 기계적 시계의 가치를 높이고 시간의 세속화에 박차를 가했다.[21] 린 화이트 주니어Lynn White Jr.가 밝히듯이, 기계적 시계는 서구 유럽인들의 가치관을 근본적으로 바꾸었다. "14세기 중엽에 갑자기 기계 시계가 당시 사람들의 상상력을 사로잡았다. 이전에 대성당 축조에 보이던 시민들의 자부심이 이제는 놀랄 정도로 복잡하고 정교한 천문 시계의 제작으로 방향을 바꾸었다. (…) 새로운 천문 시계들은 기계의 경이로서 솔직하게 제시되었으며, 일반인들도 그러한 것으로 그 시계들을 흡족하게 바라보았다. 이러한 사실 자체가 유럽 사회의 가치관이 변했음을 보여주는 것이다."[22]

　이처럼 기계적 시계는 중세인들의 삶에서 경제사회적, 심리적 변동을 추동하는 근원적 힘 중의 하나였다. 중세의 기계적 시계는 이후 제작된 모든 정밀 기계의 원형이었으며 인간의 행동 패턴을 통일하고 규제하는 중요한 문화적 기제였다. 그뿐만 아니라 기계적 시계에 의한 정확한 시간 측정은 과학의 발전을 위한 중요한 밑거름이었다. 기계적 시계의 중요성을 간파한 멈퍼드는 일반 상식과 달리 근대 산업혁명을 견인한 핵심 기계로 증기기관이 아닌 기계적 시계를 꼽았다.[23]

　더욱이 시계의 영향력은 오늘날에도 줄어들지 않았다. 현대사회에서도 시계는 가장 흔한 기계이며, 현대인들은 기계적으로 작동하는 시계의 규율에 전적으로 종속된 하루하루를 보내고 있다. 베블런은 자

21　클라우스 마인처, 『시간이란 무엇인가』, 두행숙 옮김, 들녘, 2005, 46쪽.
22　린 화이트 주니어, 『중세의 기술과 사회변화』, 강일휴 옮김, 지식의풍경, 2005, 145-146쪽.
23　멈퍼드, 2013, 39쪽.

연적 시간을 대체한 기계적 시간이 문화에 미친 영향을 누구보다 날카롭게 파악했다. "현대의 삶은 시계태엽에 맞춰 돌아간다. 오늘날 모든 가정은 시계 없이 살 수 없다. (…) 표준시standard time는 넓은 지역을 동일 시간대로 묶어 큰 기준 단위에서만 변경되도록 표준화한 것이다. 시계는 사람들의 반복된 일상을 정교하게 단일화된 시간표 속으로 끌어들여왔고, 수공업 체제의 사람들은 시계라는 편리한 발명품 없이도 충분히 만족스럽게 살았던 시대보다 몇 배나 큰 사회 속에서 살게 되었다. 바로 기계의 요구가 천체의 작용이 부과한 시간표를 수정하게 만든 것이다. 그 결과 '태양시'와 함께 자연의 방식으로 충분히 개선됐다고 여겨졌던 '평균태양시mean solar time'[24]도 철도 체계가 정한 일정표로 대체됐다."[25]

새로운 천 년

흔히 세기말 종말론이 유행했으리라는 예상과 달리 새로운 천 년을 맞이한 중세는 새로운 활력으로 흥성거렸다. 종말의 공포와 불안에 떨며 사람들이 교회에 모여 밤을 지새우고 회개를 거듭했다는 이야기는 당대의 자료에서는 찾아볼 수 없다. 아마도 이는 16세기에 몇몇 낭

---

24 천문에서 시각은 오랫동안 천체의 시각으로 나타냈다. 평균태양의 시각에 따른 것이 평균태양시인데, 일상생활에 편리하게 12시를 더해 한밤중에 날짜가 변하게 했다. 평균태양시는 가상의 시간으로서 태양 관측이 아니라 별 관측으로 정한다. 가람기획 편집부, 『천문학 작은사전』, 가람기획, 2002.
25 소스타인 베블런, 『장인 본능-그리고 산업 기술의 상태』, 양소연·유승호 옮김, 지식을만드는지식, 2020, 356쪽.

만주의자들이 만들어낸 가상의 이미지였을 것이다. 오히려 수사 라둘 푸스 글라베르Radulfus Glaber가 전하는 이미지가 새로운 천 년을 맞이하 던 당시 분위기에 더 가까웠다. "1000년이 지나고 벌써 세 번째 해를 맞 자 전 세계에서, 특히 이탈리아와 갈리아에서 바실리카 양식의 교회당 을 개축했다. (…) 모든 그리스도교도들은 더 아름다운 교회를 갖기 위 해 경쟁했다. 세계 자체가 노후함에서 벗어나기 위해 요동치고 있었으 며 모든 교회가 순백의 망토로 옷을 갈아입고 있는 것 같았다."[26] 멈퍼 드도 기독교를 기반으로 한 중세 문화의 고유한 특성이 분명히 형성되 기 시작한 새로운 천 년의 여러 변화의 징후들을 다음과 같이 묘사하고 있다.

11세기에 들어 서구 유럽은 마침내 로마 문명의 갈라진 주형을 깨부수고 나왔다. 좋든 나쁘든 이제 서구 유럽은 자신의 삶을 살아가야 했다. 새로 운 삶의 주형은 수도원과 성, 그리고 새롭게 건설된 도시에서 형성됐다. 겉보기에는 여전히 많은 부분이 과거의 습관, 충동, 압도적인 이미지에 지배되는 것처럼 보일지라도 이는 더 이상 무기력한 금욕 생활을 받아들 이는 것은 아니었다. 이는 교회 자체로부터 벗어나려는 것과는 아무런 상 관이 없었다. 종말이라는 교회의 위대한 주제가 남아 있고 교회 자체가 사회의 최고 기관으로 잔존한다면 더 문제가 많은 시대의 불안정성과 제 재로부터 벗어나려는 경향은 새로운 문화의 성격을 특징지었다. 단조로 운 성가를 부르며 느릿느릿 움직이던 수도사의 긴 행렬은 이제 의기양양

---

26 움베르토 에코 외, 『중세 II』, 윤종태 옮김, 시공사, 2015b, 278쪽.

한 퍼레이드cavalcade로 변했다.[27]

기술적 측면에서 보면 8세기부터 북부 이탈리아와 남부 독일은 유럽 기술의 중심지였다. 이 지역들은 수력을 활용할 수 있는 수량이 풍부한 강을 끼고 있었고 알프스산맥의 비탈면과 너른 구릉지에 펼쳐진 풍부한 산림은 산업 발전을 위한 추가 자산이었다. 원목은 건축 자재로 쓰였을 뿐 아니라 야금술에 필수적인 숯의 원료였다. 특히 중세 독일의 장인/예술가들은 광업과 야금술 분야에서 활발히 활동했는데, 이런 특성이 이후 화학 및 철강 분야에서 독일이 우위를 보이고 오늘날까지도 명성을 떨치는 비결이었다. 북부 이탈리아 장인/예술가들은 상대적으로 미술, 건축, 기계학에서 두각을 나타냈다. 이 두 지역과 비교할 때 산업혁명의 종주국 영국은 상대적으로 낙후된 지역이었으며 17세기 말까지도 상황은 크게 다르지 않았다.

다른 한편 린 화이트가 밝히듯이, 8세기부터는 말안장 아랫부분에 발을 걸도록 고안된 등자의 도입으로 봉건 영주와 기사 중심의 봉건제도가 안정됐다. 등자 덕분에 중세 기사들은 말을 탄 상태에서 효율적으로 전투를 할 수 있었을 뿐만 아니라 목표물에 창을 꽂을 때 뒤로 넘어가는 반동을 줄여 보다 긴 창을 사용할 수 있게 됐다.[28]

10세기와 11세기를 거치면서 가장 두드러진 현상은 중세의 기간산업이었던 농업의 급성장이다. 이와 관련하여 지구의 평균 기온 상승

---

27 Mumford, 1944, 109쪽.

28 화이트, 2005, 55쪽.

이라는 요인을 무시할 수 없다. 기후학자들에 따르면 10세기와 11세기 중반에 북반구의 기후가 특히 온화했으며 이는 14세기 초까지 유지됐다. 적어도 지난 2000년간 가장 높은 평균 기온이 11세기와 12세에 기록됐으며 이 시기에 호전적인 노르웨이인들은 그린란드까지 진출했음이 분명하다.[29]

농사에 유리한 기후 변화와 함께 11세기에는 농업 분야에서 두 가지 중요한 혁신이 뒤따랐다. 하나는 작물의 돌려짓기, 즉 윤작이고, 다른 하나는 바퀴 달린 쟁기의 도입이다. 이때 동물의 어깨 부분에 걸었던 가슴걸이가 개선되면서 밭을 갈 때 쟁기를 끄는 말의 힘이 증대됐고 못으로 고정한 편자가 사용되기 시작했다. 동력 에너지의 차원에서 보면 고대 세계에는 없었던 풍차가 발명됐으며 유럽 전역에서 물레방아의 사용도 대폭 증가했다. 특히 12세기부터는 물레방아에 기초한 수력이 곡식을 빻는 일뿐만 아니라 나무를 자르는 톱질, 쇠를 담금질하는 일, 축융기를 돌리는 일 등에 다양하게 사용됐으며, 물레방아에서 동력을 얻은 풀무를 이용하는 용광로가 등장하면서 야금술이 발전하고 철과 청동을 주조하는 방법도 크게 향상됐다.

12세기에는 중국에서 전래된 나침반이 사용되고 종이가 생산됐으며 세기말에는 안경이 발명됐다. 한편 다양한 화학물질이 주로 아랍을 거쳐 서구 유럽으로 전해졌다. 또 아랍과의 교류의 영향으로 수학 연구가 활발해졌으며 아라비아숫자도 전래됐다. 이는 단지 11-12세기에 있었던 몇 가지 주요한 혁신이 아니라 중세 유럽의 기술 표준을 마련하는

---

29 에코 외, 2015b, 345쪽.

데 기여한 근본 변화를 이끈 사건들이었다. 당연한 귀결로서 11세기 이후 농업을 비롯한 다양한 산업의 괄목할 만한 성장은 도시 발달로 이어 졌고 수공업과 상업에 종사하는 도시 부르주아가 탄생했다. 새로운 계급의 출현은 성직자, 기사, 농민으로 구분됐던 전통적인 계층 구조를 뒤흔들었다. 에코는 이러한 11세기 이후의 중세 유럽의 변화를 "제1차 산업혁명"이라고 불렀다.[30]

그럼에도 불구하고 적어도 한 가지 측면에서 중세 유럽의 기술 패턴은 고대의 기술 패턴과 달랐으니 이는 서로 다른 사회적, 정치적 구조가 반영된 결과였다. 중세인들은 로마인들과 달리 사치스럽고 웅장한 건축물을 기피했고 로마제국의 잘 닦인 대로大路를 방치했다. 대규모 군대를 유지하고 경찰과 행정 관료를 동원해서 관리해야 할 식민지가 없었기 때문이다. 한마디로 중세는 제국의 질서와는 거리가 멀었다. 대신에 중세인들은 서유럽 곳곳에 지금도 남아 있는 위대한 대성당을 유산으로 남겼다. 기독교의 상징이었던 대성당은 중세인들의 모든 관심과 노력이 집약된 중세의 정신적, 문화적 중심이었다.

농업에서 혁신이 나타났지만 13세기까지 군사 분야를 제외한 중세 아르스 대부분은 성당 건축을 중심으로 발전했으며 14세기 이후에야 다양한 분야의 기술 진보가 본격화됐다. 이처럼 중세 아르스가 제한된 영역에서 발전했다고 본 자크 르 고프Jacques Le Goff는 12세기 초 테오필루스Theophilus[31]의 『여러 기술론』을 근거로 든다. 『여러 기술론』의 1편

---

30 에코 외, 2015a, 19쪽.

31 테오필루스는 11세기 말에서 12세기 초까지 활동했던 독일의 베네딕트회 수도사로 벽화, 모자이크, 스테인드글라스, 금세공 등의 제작 기법을 기록으로 남겼다.

은 필사본의 삽화나 프레스코화에 사용되는 물감 제조를, 2편은 유리창에 새기는 그림을, 3편은 금은 세공술을 포함한 야금술을 다루었다. 이런 아르스는 모두 신께 봉사하기 위해 수도원의 작업장이나 성당 건축에 쓰이는 것이었다.[32]

중세의 아르스

성 빅토르의 후고

12세기 신학자 성聖 빅토르의 후고Hugues de Saint-Victor의 사상은 아우구스티누스의 사상적 전통과 신플라톤주의에서 기원한 신비주의, 그리고 11세기 이후 진행된 중세 유럽의 경제사회적 변동이 한데 합류한 저수지였다. 중세 초기부터 이어진 모든 사상은 이 저수지로 흘러들었고 여기서부터 이전과는 다른 방향으로 흘러가기 시작했다. 아르스와 관련해서도 후고는 로마 시대에 확립된 '교양 아르스'와 '범속 아르스'의 구분에서 경멸의 대상이었던 범속 아르스를 '기계적 아르스'라는 새로운 개념으로 갈음함으로써 이 영역의 혁신과 발전을 도모했다. 이는 분명 중세 도시의 발전과 새로운 경제사회적 변화를 반영한 것이었다.

11-12세기까지도 큰 영향력을 미치고 있었지만 상대적으로 고립되고 권위적이었던 베네딕트회 수도원의 체계를 비판적으로 바라본 후고는 아우구스티누스 사상과 신비주의를 결합한 독특한 사상 체계로

---

32 르 고프, 2008, 360쪽.

새로운 변화에 능동적으로 대응했다. 여러모로 단순한 신비주의자는 아니었던 후고는 마술적 체험이나 계시에 의존하지 않고 기억과 읽기의 방법을 통해 궁극적으로 그리스도로 나아가는 내면의 평화를 추구했다. 에티엔 질송Étienne Gilson은 후고를 두고 지식을 신비의 상징적 해석인 '묵상meditatio'으로 전환함으로써 지혜를 추구한 학식 있는 사변적 신비주의자로 평가했다.[33]

이와는 다른 시각에서 일리치는 서로마제국의 몰락과 도시의 붕괴 속에서 등장한 6세기 베네딕트회의 규칙과 도시경제의 성장과 개혁의 바람 속에서 등장한 아우구스티누스의 규칙을 대조함으로써 후고가 지향한 기본 방향을 설명한다. 일리치에 따르면 베네딕트회의 규칙은 로마제국의 쇠퇴 후에 독립적이고 자급자족적인 소규모 공동체를 중심으로 세워졌다. 반면에 아우구스티누스의 규칙은 로마 문명의 몰락 이전에 확립된 것으로 여기에는 시민 정신이 살아 있었으며 무엇보다도 양심과 평판이라는 시민들 사이의 상호 영향이 중요했다.[34]

후고의 일차 관심은 권위적이고 고립적인 베네딕트회의 체계와 거리를 둔 채 아우구스티누스가 품었던 기독교를 통한 로마 재생을 12세기에 실현하는 것이었다. 그가 보기에 기독교를 중심으로 타락한 도시 로마를 구원하고 시민 정신의 부활을 꾀했던 아우구스티누스의 시도는 12세기의 새로운 환경과 도시 시민의 열망을 대변하는 데 안성맞춤이었다.

---

33 에티엔 질송, 『중세철학사』, 김기찬 옮김, 현대지성사, 1997, 249쪽.
34 일리치, 2016, 125-126쪽.

아우구스티누스와 마찬가지로 후고에게도 모든 것의 중심은 삼위일체의 두 번째 위격인 그리스도였다. 그리스도는 지혜이자, 만물의 형상이요, 치유 자체였다. 따라서 후고에게 원죄를 안고 태어난 타락한 인간을 지혜와 결합하는 일은 무엇보다 중요한 과제였다. 원죄에 빠진 인간을 근본적으로 치유하기 위해서 신의 아들이 인간으로 태어났기 때문에 인간이 최고의 지혜를 구하기 위해 모든 노력을 경주하는 것은 지극히 당연한 일이었다. '가르침'을 뜻하는 그리스어 '디다스칼리카 disascalica'[35]에서 유래한 저작 『디다스칼리콘』의 첫 줄은 이런 후고의 목적을 분명히 보여준다. "구해야 할 모든 것 중에 첫 번째는 지혜이고 이 안에 선의 완전한 형식이 있다."[36] 이런 맥락에서 후고는 학문을 포함한 모든 아르스가 지혜의 추구라는 동일한 목적을 위한 치유책이라는 점에서 존중한다. 지혜의 추구를 통해서만 인간 본성의 통합성이 회복되고 삶의 조건이 향상될 수 있기 때문이다.

아우구스티누스라는 거인의 어깨에 올라앉은 난쟁이 후고의 시야는 수도원의 좁은 벽을 넘어 공동체 전체로 향했다. 엄격한 규칙과 규율을 수도원 안에만 적용했던 베네딕트회와 달리 후고는 수도사들의 공적 활동을 장려하고 이들에게 공동체의 모범이 될 것을 적극 권유했다. 또한 모든 사람이 소명으로 받은 배움의 의무에 따라 지혜를 얻기 위해

---

35 일리치에 따르면 '디다스칼리카'는 고대 그리스의 합창 훈련에 사용됐고 헬레니즘 시대에는 문서 보관소에 보관된 운동경기의 목록이라는 의미가 추가됐다. 비잔틴 세계에서 이 단어는 '학문적인 일'이라는 뜻으로 주로 사용됐는데 중세 신학자들은 의식적으로 이 의미로 '디다스칼리카'를 썼다. 일리치, 2016, 197쪽.

36 Hugh of St. Victor, *Didascalicon*, Jerome Taylor (trans.), Columbia University Press, 1961, p. 46.

부단히 노력할 것을 요구했는데, 이처럼 중세에 학습의 의무를 하나의 신조로 표방한 것은 후고가 처음이었다. "알지 못함은 확실히 허약함에서 기원하지만, 앎을 경멸하는 것은 사악한 의지에서 발원한다."[37]

물론 후고의 첫 번째 교화 대상은 수도사였다. 그는 아우구스티누스의 가르침에 따라 지혜를 향한 읽기라는 배움에 이르는 길을 제시했다. 아우구스티누스에게 배움이란 무궁무진한 기억의 저장고 속에 무질서하게 흩어져 있는 요소들을 한데 모아 언제든지 쉽게 꺼내 사용할 수 있도록 체계적으로 정리하는 것이었다. 거대한 기억의 저장고와 후고가 말한 읽기라는 방법은 서로 깊이 연관돼 있었다.

우선 수도사들에게 읽기는 현대인이 흔히 생각하는 독서와 관련이 없다. 그것은 책 읽기와 무관한 하나의 생활방식이었다. 읽기의 어원인 '따기', '꾸리기', '거두기', '모으기'라는 뜻의 라틴어 '레제레legere'는 신체 활동에서 유래했고, 실제로 읽기는 고대 웅변가들처럼 몸 전체를 사용하는 강한 신체 활동이었다.[38] 규칙에 따라 일과를 소화해내는 수도사들은 무엇을 하든 중얼거리며 읽기를 멈추지 않고 계속했다. "읽는 사람은 자신의 박동에 따라 움직임으로써 행들을 이해하고, 박자를 다시 포착하여 그것을 기억하고, 그것을 생각할 때는 입안에 넣어 씹는 것과 관련짓는다. 여러 자료에서 대학 이전의 수도원이 중얼거리고 우적거리는 사람들이 사는 곳으로 묘사되는 것도 놀랄 일이 아니었다."[39]

과거 로마 시대에 기억은 공공장소에서 행해진 연설과 동일한 것

---

37 Hugh, 1961, 43쪽.

38 일리치, 2016, 87쪽.

39 일리치, 2016, 84쪽.

이었다. 로마 시대에 기억은 정치 영역에서 만개했고 점차 법률 영역으로 확장됐다. 초기 기독교 교부들은 공공장소에서의 대중 연설을 중심으로 형성된 로마의 정치 문화에 별다른 관심을 보이지 않았고, 오로지 성서를 읽고 의미를 해석하는 데 골몰했다. 후고는 고대의 기억을 되살려 읽기와 접목함으로써 기독교를 새로이 혁신하려 했다. 후고의 기억 공간은 로마 시대 같은 공공장소가 아니라 아우구스티누스의 길을 따라 영혼의 내면에 구축된 공간이었다. 후고는 이러한 기억의 공간을 '방주'에 비유했다. 구약성서의 '노아의 방주'에서 모티프를 따온 후고의 방주는 기억 훈련, 도덕적 활동, 성서 읽기가 하나로 통합된 개념이었다. 그에게 방주는 모든 값진 것이 그득 담긴 보물 창고였다. "그 안에서 네가 찾을 수 없는 것은 없다. 그러므로 네가 하나를 찾으면 곧장 다른 여러 개가 동시에 드러날 것이다. 여기에 이 세상의 처음부터 마지막까지 기록된 우리의 구원사가 다 들어 있다."[40]

읽기는 하느님의 창조로 완성된 우주적 질서와 상징적 조화를 내면화하기 위해서 수도사가 수양의 길로 나아가는 방법이었다. 이 지혜의 탐색 과정에서 수도사는 읽기의 구절마다 만나는 질서의 상징을 인식하고 발견해야만 했다. 여기서 후고가 말하는 상징은 현대인이 이해하는 상징 개념과는 사뭇 다르다. 일리치에 따르면 상징이 '기호sēmeion'라는 의미를 얻은 것은 고대 후기인데, 특히 위디오니시우스는 하느님이 창조한 모든 피조물을 기호나 상징으로 다루었다.[41] 후고는 가장 초

---

40 아스만, 2003, 147-148쪽 재인용.
41 일리치, 2016, 51쪽.

보적인 수준에서 각자 내면에 구축한 기억이라는 가상의 내적 공간에서 상징을 포착해내는 방법을 시장 환전상의 빠르고 정확한 손놀림에 빗대 표현한다. "아이야, 지혜는 보물이며 네 마음은 보물을 담아두는 곳이다. 지혜를 배우면 귀중한 보물을 모으는 것이다. 이것은 희미해지지도 않고 광택을 잃지도 않는 불멸의 보물이다. 지혜의 보물은 여럿이며, 네 마음에도 감출 곳이 여럿 있다. 여기에는 금, 저기에는 은, 또 다른 곳에는 다른 귀중한 돌 (…) 너는 이 자리들을 구분하고, 어디가 어디인지 알아야 한다. 그래야 이런 것 저런 것을 어디에 두었는지 기억할 수 있다. (…) 시장의 환전상을 잘 관찰하여 그가 하는 대로 해라. 그의 손이 적당한 주머니로 쏜살같이 들어가 (…) 곧바로 정확하게 동전을 꺼내는 것을 보아라."[42]

이러한 초보적인 기억 훈련에서 출발한 수도사의 읽기는 단계적으로 성장하는데 그다음 단계가 그리스도의 역사다. 그리고 이 역사적 사건들을 유추를 통해 해석하고 이를 바탕으로 마지막 통합 단계인 신비의 상징적 해석에 도달한다. 이 마지막 읽기의 단계가 바로 '묵상'이다. 후고는 묵상이 그리스도의 지혜에 도달할 수 있는 배움의 최고 경지라고 주장한다.

묵상은 계획된 절차에 따라 지속되는 사유다. 이것은 아주 신중하게 각 사물의 원인, 원천, 방식, 유효성을 탐색하는 것이다. 읽기에서 시작하는 묵상은 읽기의 규칙이나 수칙에 얽매이지 않는다. 묵상은 확 트인 땅을

---

42 일리치, 2016, 56쪽 재인용.

따라 거닐면서 자유롭게 시선을 돌려 진리를 응시하고, 사물의 원인을 이렇게 저렇게 모으고 그것의 심오함으로 뚫고 들어가서 한 점의 의심이나 모호함을 남기지 않는 것이다. 그러므로 배움은 읽기에서 시작하지만 그 절정은 묵상에 있다.[43]

후고는 기억 훈련과 읽기의 방법을 접목함으로써 개인이 스스로 구축한 내적 공간에 어마어마한 지식과 유산을 정리하고 질서 짓는 내밀한 방법의 가치를 일깨우고 가르친다. 하지만 후고의 사후 서구 유럽의 지적 환경에 일대 지각변동이 일어났다. 12세기부터 군주, 상인, 법률가, 그리고 새로 등장한 대학의 요구가 반영돼 읽기 방법이 근본적으로 바뀌기 시작한 것이다. 이제 수도사의 영성적 읽기 방법은 스콜라 철학의 학자적 읽기로, 지혜의 기록은 지식의 기록으로, 과거의 전통을 전수하는 방식은 곧바로 이용할 수 있는 지식의 전달과 저장으로 변모했다. 이런 연유에서 일리치는 오늘날 우리에게 너무나 익숙해서 잘 인지하지는 못하지만 '책 중심의 근대 문화'가 인쇄술이 발명된 15세기가 아니라 후고가 활동했던 12세기에 시작됐다고 주장한다. 이때부터 양피지의 페이지와 하나였던 텍스트가 책이라는 형식으로 떨어져 나왔으며, 오직 라틴어 기록에만 쓰이던 알파벳이 라틴어 외 언어의 기록에도 사용되기 시작했다.[44]

알라이다 아스만Aleida Assmann이 밝히듯이, 새로운 읽기의 방법으

---

43 Hugh, 1961, pp. 92-93.
44 일리치·샌더스, 2016, 68쪽.

로 온 세상을 기억하려 했던 후고의 방법은 책 중심의 근대 문화가 부상하는 가운데 그저 총체적 환상에 불과한 '낡은 모델'이었을 뿐이다.[45]

교양 아르스와 기계적 아르스

고대의 테크네 개념을 계승한 중세의 아르스 개념은 이론적, 실천적 분야에서 두루 사용됐다. 테크네 개념과 마찬가지로 아르스 개념은 오늘날의 순수예술에 해당하는 영역뿐만 아니라 수공예와 학문 전체를 포괄하는 것이었다. 회화나 조각, 그리고 신발 만들기 등의 수공예는 물론 '교양 아르스'에 속하는 문법·수사학·논리학·산수·기하학·천문학·음악이 모두 아르스였다. 다만 중세인들은 로마 시대에 확립된 교양 아르스와 범속 아르스의 구분에 따라 아르스의 실천에서 정신적 노고만이 필요한 교양 아르스와 신체적 노고도 필요한 '기계적 아르스'를 구분했다. 후자는 범속 아르스를 대체하는 개념으로서 후고가 맨 처음 사용했다.

『디다스칼리콘』에서 후고는 손노동을 경멸조로 통칭하던 범속 아르스를 기계적 아르스라는 새로운 개념으로 갈음하고, 이를 지혜를 추구하는 학문에 버금가는 것으로 격상시켰다. 그리고 철학을 '신적 지혜 divine wisdom에 대한 사랑'이라는 기독교적 의미로 새로이 정의하고, 지식을 아르스의 규칙과 수칙에 따르는 것으로 규정했다. 이 경우 철학은 모든 아르스와 원리가 궁극적으로 지향하는 아르스들의 아르스이자 원리들의 원리인 학문 일체가 된다. 이런 철학을 후고는 네 가지 지식, 즉

---

45 아스만, 2003, 148쪽.

이론적 지식·실천적 지식·기계적 지식·논리적 지식으로 나눈다.

이론적 지식에는 신학·수학·물리학이, 실천적 지식에는 개인 윤리·가족 윤리·국가 윤리가 속했다. 일곱 개의 교양 아르스는 두 부분으로 나뉘는데, 문법·수사학·논리학은 논리적 지식의 범주에, 산술·음악·기하학·천문학은 이론적 지식인 수학의 하위 범주에 포함됐다. 마지막으로 후고는 기계적 지식을 덧붙인다. 이와 같은 지식의 분류 체계는 다소 특이해 보일지라도 12세기 이후 아리스토텔레스의 저작이 활발하게 번역돼 도입될 때까지 중세 지식의 통합적 형식이었다.

후고의 지식 분류 체계 중에서 가장 혁신적인 측면은 기계적 아르스를 지식 체계의 일부로 적극적으로 포함한 점이다. 이를 위해 후고는 그리스도라는 지혜의 빛으로 나아가는 궁극적 목적에서 모든 인간의 활동과 능력은 가치가 있다는 사실에 방점을 찍는다. 이로써 아주 분명하게 자연의 모방인 아르스는 자연의 형식을 담고 있기에 지혜를 추구하는 데 적합한 자료로 간주됐고, 자연의 작품만큼이나 장인/예술가의 작품도 찬탄의 대상이 됐다.

세 가지 작품, 곧 신의 작품, 자연의 작품, 그리고 자연을 모방하는 장인/예술가의 작품이 있다. 신의 작품은 (…) 없었던 것을 창조하고 자연의 작품은 (…) 실재성을 낳으며 장인/예술가의 작품은 흩어져 있던 것들을 한데 모은다. (…) 이 중에서 자연이 아나라 자연의 모방일 뿐인 인간의 작품은, '여러 자물쇠에 쓸 수 있는 곁쇠skeleton key'를 '기계적 열쇠mechanical key'라고 부르듯이, 기계적 혼화라고 부를 수 있다. (…) 참으로 인간의 이성은 어떤 것을 자연적으로 소유할 때보다 그것을 창안할 때 훨씬 더 찬

란한 빛을 낸다. (…) 이로부터 회화, 직조, 조각, 주조 등의 무한히 많은 다양성이 생기고 자연의 작품만이 아니라 장인/예술가의 작품도 경탄을 자아내게 된다.[46]

더 나아가 후고는 일곱 학과의 교양 아르스에 대응하는 일곱 개의 기계적 아르스를 제안했다. 바로 직조·군비·교역·농예·수렵·의술· 연극술이다. 이를 표로 정리하면 다음과 같다.

[표 4] 후고의 아르스 분류 체계

학과	
교양 아르스	
3학	문법·수사학·논리학
4학	산술·기하학·천문학·음악
기계적 아르스	
직조·군비·교역·농예·수렵·의술·연극술	

개별 기계적 아르스는 다른 많은 아르스를 하위 범주로 포괄하는 일반 범주였다. 일곱 개의 짧은 절에서 후고는 기계적 아르스를 하나하나 설명했다. 직조는 담요, 안장, 카펫 그리고 옷에 덧붙여지는 망사를 포함하는, 덮는 것과 관련된 모든 것을 의미한다. 군비는 모든 종류의 요새화에 동원되는 무기를 의미하고, 교역은 국내외 모든 상품의 교역과 연관된 것이다. 농예는 식물 기르기와 관련된 모든 지식을 뜻하고, 수렵은 음식의 준비뿐만 아니라 사냥을 포함한 넓은 영역을 포괄하는

---

46 Hugh, 1961, pp. 55-56.

개념이다. 의술은 건강을 유지하는 수단과 의사가 행하는 여러 가지 치료를 포함하고, 마지막으로 현대의 의미로는 다소 이상한 범주인 연극술에는 스포츠, 춤, 드라마, 노래, 심지어 주사위 놀이도 포함된다.

후고의 지식 체계 구분은 『디다스칼리콘』이라는 책이 중세 사회 전반에 즉각 반향을 일으키면서 유명해졌다. 출간과 함께 100여 개의 복사본이 빠르게 퍼져 나가면서 기계적 아르스 개념도 학자들 사이에서 폭넓게 인정됐다. 이후 이 개념은 근대 초기까지 일반적인 개념으로 사용됐다.

2. 중세 전성기의 아르스

학문의 부흥: 아리스토텔레스 철학의 수용과 대학

중세 초기 수도원 제도는 그리스-로마의 학문적 전통을 잇는 교두보 역할을 했다. 물론 중세 초기 수도원은 대개 고전적인 이교 학문이나 교육에 별다른 관심이 없었고 심지어 적대적이기까지 했다. 하지만 그리스 철학을 기독교의 계시와 목적을 정당화하는 선에서 수용했던 아우구스티누스의 전통에 따라 이교 학문은 영적 삶의 추구라는 수도원의 궁극적 목적에 이바지하는 범위 안에서 배양될 수 있었다. 중세 대부분의 시기에 이성의 활용은 계시된 진리와 기독교 교리를 체계적으로 이해하는 데 국한됐고, 개인의 믿음과 구원은 교회에 종속됐다. 교회는 하느님과 수많은 개인을 잇는 역할을 했다.

6세기 아일랜드 수도원과 카시오도루스Cassiodorus가 은퇴 후 남이탈리아에 세운 비바리움Vivarium 수도원은 그리스-로마 학문의 전승에 기여한 대표적인 수도원이다. 한 번도 라틴 세계에 포함되지 않았던 아일랜드 수도원에서 이교 학문의 저자들에 관심을 기울인 것은 이례적인 일이었지만, 여기에는 그리스어가 어느 정도 보급돼 있었고 수학을 활용한 역법曆法이 상당히 발전했다. 비바리움 수도원은 그리스어 고전 작품의 라틴어 번역에 주력했다. 이 수도원은 연구에 집중할 수 있도록 수도사들의 일상을 안배했으며 자체 연구 편람을 작성하기도 했다. 11세기 이후 비잔틴제국과 아랍을 경유해 고대 학문과 아리스토텔레스 철학이 번역되면서 학문의 부흥이 일어날 때까지, 중세 초기 수도원들은 고대 학문의 명맥을 이었다.

12-13세기 서구 유럽의 괄목할 만한 학문 부흥은 전적으로 아랍과 비잔틴 세계가 보유했던 고대 세계의 지식이 담긴 서적을 라틴어로 번역해 유입한 결과였다. 이 번역 작업은 서구 유럽의 사상 전반과 과학의 발전에서 중요한 변곡점이 됐다. 만약 이 번역 활동이 없었다면 중세 학문이 실체화되지 못했을 뿐만 아니라 17세기 과학혁명도 일어나지 않았을 것이다.

실제로 중세 초기부터 11세기까지 전해 내려온 고대 학문의 전통은 아주 빈약했다. 그리스 철학은 4세기 신플라톤주의자 칼키디우스Calcidius가 전한 플라톤의 『티마이오스』 일부와 6세기 보에티우스가 번역한 아리스토텔레스의 논리학 및 주석서가 거의 전부였다. 게다가 헬레니즘 철학은 키케로와 세네카의 저서를 통해 부분적으로 알려졌을 뿐이었다. 이런 상황에서 실용과 효용을 목적으로 10-11세기에는 아랍 세계에서 먼저 천문학과 의학 서적이 라틴어로 번역됐고, 12세기 초에는 주로 천문학, 점성술과 이 학문들을 이해하는 데 필요한 도구로서 수학 관련 서적이 번역됐다.

번역의 중심지는 두 곳이었다. 한 곳은 1085년 탈환되기까지 이베리아반도에서 아랍 문화의 중심 도시였던 톨레도다. 다른 한 곳은 그리스어를 사용하는 공동체가 남아 있었을 뿐만 아니라 비잔틴제국과 단절 없이 교류를 이어온 시칠리아를 포함한 이탈리아 남부다. 두 지역을 통해 유입되기 시작한 새로운 지식은 시간이 지날수록 점차 늘어나 12세기 후반에 이르면 그야말로 홍수처럼 불어났다. 특히 전문 지식을 담은 원전은 어떤 학문 분야든 크게 환영받았다. 프톨레마이오스Ptolemaeos의 『알마게스트』, 유클리드Euclid의 『기하학 원론』, 무함마드 이븐 무사 알 콰리즈미Muhammad ibn Musa al-Khwarizmi의 『대수학』, 이븐 알 하이삼Ibn al-Haytham의 『광학』, 이븐 시나Ibn Sina(아비센나Avicenna)의 『의학 정전』 등이 대표적이다.

중세 유럽에서 의학과 점성술은 건실한 철학적 토대를 갖춘 학문으로 인정받았고 12세기부터 아리스토텔레스의 철학이 번역되면서 형이상학과 자연철학에 대한 관심도 크게 높아졌다. 이에 따라 이븐 시나와 이븐 루시드Ibn Rushd(아베로에스Averroës) 같은 아리스토텔레스 철학의 아랍 주석가들이 주목을 받았다. 이븐 시나는 신플라톤주의 관점에서 아리스토텔레스 철학을 해석한 반면에 이븐 루시드는 다소 과장된 면이 없지 않았지만 플라톤주의에 의해 덜 각색된 아리스토텔레스 철학을 안내했다. 1230년 전후로 이븐 시나의 주석보다 이븐 루시드의 주석이 더 공신력을 얻게 됐는데, 이는 한층 더 믿을 만한 아리스토텔레스 해석으로 나아감을 의미했다. 이렇게 해서 이성주의와 자연주의라는 총체적 전망에 기초한 이븐 루시드의 해석에 힘입어 아리스토텔레스 저작의 전체 윤곽이 드러났으며, 아리스토텔레스 철학은 교양 학부의 강의 주제로 편입됐다. 13세기에 활동했던 유명한 로저 베이컨Roger Bacon은 아리스토텔레스 자연철학을 처음 가르친 교수 중 한 명이었다.[47]

아랍 세계로부터 천문학, 의학, 수학, 아리스토텔레스 철학을 포함한 새로운 학문이 대거 유입되어 유럽 사회는 이를 소화해내야 하는 새로운 과제를 떠안았다. 라틴어로 학교를 뜻하는 '스콜라scholar'라는 말에서 알 수 있듯이, 스콜라철학은 이처럼 새롭게 주어진 긴급한 역사적 과제에 대한 중세 유럽의 대응이었다. 따라서 피퍼가 밝히듯이, 스콜라철학을 이해하는 데 반드시 고려해야 할 것은 스콜라철학이 유례를 찾아보기 힘든 학습 과정의 산물이라는 점이다. 스콜라철학의 아주 꼼꼼하고 부단한 학습 방식은 달리 어찌할 수 없어서 선택한 것이 아니라 반드시 그래야만 했기에 선택한 것이었다.[48]

스콜라철학과 중세 대학은 궤를 같이해 발전했다. 오늘날 우리에게도 아주 익숙한 교육 제도인 대학은 중세에 뿌리를 둔 가장 오래된 서양의 발명품 중 하나다. 하지만 '하나의 목표를 향해 나아가는 공동체'를 뜻하는 라틴어 '우니베르시타스universitas'가 맨 처음 사용될 무렵의 대학은 하나의 교육 기관이라기보다는 교수와 학생이 함께 만든 길드 조합이었다. 즉 처음으로 사용된 '대학'이라는 용어는 공동의 목표를 추구하는 사람들의 결사 조직이었다. 따라서 대학의 설립 연도를 정확히

---

47 린드버그, 2009, 354쪽.

48 피퍼, 2007, 29쪽.

파악하기란 거의 불가능한데, 볼로냐 대학의 교수조합은 1150년경, 파리 대학의 교수조합은 1200년경, 옥스퍼드 대학의 교수조합은 1220년경에 생긴 것으로 추정된다.[49]

대학은 네 개의 학부, 즉 신학부·법학부·의학부·교양학부로 구성됐다. 이 중에서 신학부의 권위가 가장 높았으며 교양학부는 상위의 학부로 올라가기 위한 예비 과정이었다. 수업 방식은 강의와 토론이 중심이었다. 교수들은 학생들 앞에서 정해진 저자의 책을 읽고 주석을 달아 내용을 설명했으며 학생들은 책에서 소개된 주제를 놓고 열띤 토론을 벌였다. 특히 13세기 중반부터는 상위 학부로 올라가는 데 문학석사 Master of Arts 학위 취득이 필수가 되면서 교양학부 과목 중에서 논리학과 자연철학이 중요해졌다.[50] 그래서 아리스토텔레스의 논리학과 자연철학이 교양학부의 핵심 과목이 됐으며 13세기 말에 이르면 아리스토텔레스의 모든 저작이 교과 목록에 포함됐다.[51] 또한 교양학부 7학 중 4학, 즉 산술·기하학·천문학·음악에 해당하는 수학 과목은 중세 내내 중시된 적이 없었지만, 이 중에서 천문학은 상대적으로 높은 대접을 받았다. 부활절 같은 종교 행사의 날짜를 정하는 데 요긴했고 점성술을

---

49 에코 외, 2015b, 443-447쪽.

50 질송은 1215년 쿠르송의 로베르의 법령을 예로 들어 교양학부 학생이 신학자가 되는 과정을 설명한다. 교양학부의 공부 기간은 6년이었다. 학생이 2년 과정을 소화하면 'Bacchalaureus'라는 자격을, 그다음 2년을 보내면 'Licentiate'라는 자격을, 그리고 마지막 2년을 마치면 오늘날의 학제로 석사에 해당하는 'Magister'라는 자격을 얻었다. 그런데 이 학생이 신학자가 되려면 성경학사 baccalarius biblicus, 명제론학사baccalarius sententiarius, 교육학사baccalarius formatus라는 세 과정을 더 이수해야 했다. 모든 과정을 마친 젊은 신학자는 종교법 고문에게 신학을 가르칠 허가를 받은 후에야 첫 강의를 시작하고 신학 선생의 칭호를 받았다. 질송, 1997, 361쪽.

51 질송, 1997, 349-350쪽.

이해하는 데도 필요했기 때문이다.

　이러한 중세 대학의 발전 과정에서 가장 주목해야 할 특징 중 하나는 대학들 사이에 상당히 높은 수준의 통일성이 유지됐다는 사실이다. 물론 볼로냐 대학은 법학과 의학의 중심지였고, 파리 대학은 신학과 철학에서 독보적인 위치를 차지하는 등 개별 대학의 특성은 달랐다. 하지만 모든 대학이 파리 대학의 스콜라주의 수업 방식을 그대로 준수했으며,[52] 기독교의 통일된 교리를 공유했다. 또 라틴어로 수업을 진행했고 교양 과정을 공부하는 학생들은 아리스토텔레스의 논리학과 자연철학을 공통 과목으로 이수해야 했다. 이처럼 교육 과정이 표준화된 것은 전무후무한 일이었다.[53]

　대학 설립의 일차 목표는 12세기 이후 아랍과 비잔틴 세계를 경유해 유입된 새로운 지식을 표준화하고 체계적으로 흡수하는 것이었다. 이 과정에서 새롭게 발견된 아리스토텔레스의 논리학과 자연철학이 확산됐으니 이는 보편적으로 적용 가능한 새로운 방법의 발견이었다. 이제 엄격한 논리적 검증을 거친 필연적 지식이라는 학문 개념과, 원리와 결과의 체계적 집합이라는 아르스 개념은 유럽의 지적 문화 전체에 굳게 뿌리를 내렸다. "가르침은 기술의 전달이며, 배움은 선생의 지도를 받아 이런 기술을 획득함이다. (…) 선생들은 모든 것을 기술로, 즉 원리

52　르 고프는 성경에 대한 '질문'과 '대답'이라는 옛날 방식을 일반화한 스콜라적 방법은 '원문 읽기 lectio'에서 '질문questio'을, '질문'에서 '논쟁disputatio'을 이끌어내는 방법이라고 규정한다. 이를 통해 스콜라적 방법이 결국에는 지식인들의 현실 참여를 유도한다고 강조하는데, 계속되는 논쟁, 추론, 결론을 통해 개인은 자신이 내린 결론을 확인하고 이를 책임질 수밖에 없기 때문이다. 르 고프, 2008, 569-570쪽.

53　에드워드 그랜트, 『중세의 과학』, 홍성욱·김영식 옮김, 지식을만드는지식, 2014, 45쪽.

로부터 연역될 수 있는 결론의 집합으로 환원하는 것을 자신의 의무로 보기 시작했다. 이 발전은 문법에서 신학에 이르기까지 모든 연구 분야에 영향을 끼쳤다."[54]

지식의 완벽한 체계화라는 스콜라주의의 목표와 아리스토텔레스 철학에 기초한 대학의 수업 방식은 유럽 사회 전체에서 동일한 문제의식을 심화했고 동일한 세계관 확장에 기여했다. 그럼에도 불구하고 13세기 내내 신학자들은 아리스토텔레스의 철학에 대한 의구심과 적대감을 내려놓지 않았다. 실제로 13세기에 아리스토텔레스 철학의 여러 주제들은 교회의 파문을 받기도 했다. 하지만 12세기부터, 특히 13세기에 토마스 아퀴나스Thomas Aquinas가 스콜라철학을 집대성하는 과정에서 아리스토텔레스의 철학은 중세의 합리주의를 더 심화한 일등공신이었다.

다른 한편으로 1세기 전 기계적 아르스의 가치를 새롭게 조명한 후고의 혁신은 아퀴나스의 시대에 이르면 무색해졌다. 교양 아르스와 달리 평민 계층의 직업과 연관된 기계적 아르스는 여전히 멸시의 대상이었다. 기계적 아르스는 머리를 사용하지 않는 수작업을 의미했으며 기계적 아르스와 교양 아르스의 대비는 기능과 지능의 대비요, 육체와 정신의 대비였다.[55] 아리스토텔레스 철학의 유입은 이러한 경향성을 더 부추긴 측면이 있었다. 『니코마코스 윤리학』에서 아리스토텔레스는 지적 훌륭함의 유형을 구분하면서 학문적 지식을 뜻하는 에피스테메를

---

54 질송, 1997, 439쪽.

55 야마모토 요시타카는 이탈리아어 'meccaico'와 프랑스어 'macanique'가 '기계적'이라는 뜻 외에 '손으로 하는' 혹은 '머리를 사용하지 않는' 등의 뜻으로도 사용됐다고 전하며, 16세기 도예 장인 베르나르 팔리시Bernard Palissy의 말을 빌려 기계적 아르스가 멸시의 대상이었다고 강조한다. 야마모토 요시타카, 『16세기 문화혁명』, 남윤호 옮김, 동아시아, 2010, 22쪽.

기술적 제작의 지식을 뜻하는 테크네보다 우위에 놓았기 때문이다. 그래서인지 누구보다도 열정적으로 아리스토텔레스의 저작을 기독교의 신학적 맥락에서 종합했던 아퀴나스는 아르스를 인간의 능력을 아우르는 넓은 범주로 수용했을 뿐 기계적 아르스를 전혀 언급하지 않았다. 후고와 달리 아퀴나스를 기계적 아르스에 어떤 인식론적 독자성도 부여하지 않았다.[56]

중세의 우주론

아리스토텔레스의 자연철학이 본격적으로 유입되기 전에 중세 우주론 연구에서 사용할 수 있는 원전은 칼키디우스가 부분적으로 전한 플라톤의 『티마이오스』와 그 주석서가 거의 전부였다. 플라톤은 '코스모스', 즉 '아름답고 질서 정연한 우주'의 창생 근거를 피시스에서 찾았던 자연철학자들의 기계론적 우주론을 정면으로 비판하고, 정신적 존재를 창생의 근거로 제시하는, 당시로는 독창적인 우주창생론을 전개했다. 『티마이오스』의 데미우르고스는 무질서하고 불확실한 질료적 공간에 지성의 원리인 비율과 척도를 부여함으로써 살아 숨 쉬는 아름답고 질서 정연한 우주를 창조했다. 공 모양 유기체로서의 우주를 플라톤은 이렇게 묘사한다. "우주는 눈에 보이는 생명체들을 에워싸고 있는 눈에 보이는 살아 있는 것이며, 지성에 의해서 알 수 있는 것의 모상이

---

56 Schatzberg, 2018, pp. 38-39.

요, 지각될 수 있는 신이고 가장 위대하고 최선의 것이며, 가장 아름답고 가장 완벽한 것으로 탄생된 것이 이 유일한 종류의 것인 하나의 천구다."[57] 데미우르고스는 플라톤의 이상인 '좋음'의 원리가 신격화된 존재이고, 창생이 이성의 원리에 따라 진행된다는 점에서 지성의 화신이었다. 그렇지만 분명 데미우르고스의 우주 창생은 '유에서의 창조'이지 유대-그리스도교 전통의 창조론에서 나타나는 '무에서의 창조'는 아니었다.

데미우르고스는 기하학의 원리에 따라 우주를 빚어낸 수학자이기도 했다. 『티마이오스』에서 플라톤은 엠페도클레스Empedocles의 4원소론, 즉 흙·물·공기·불을 만물의 근원으로 바라보는 이론을 계승해 4원소를 더 근본적인 삼각형으로 환원하는 일종의 '입체 기하학적 원자론'을 정립한다. 삼각형은 이차원 평면에 해당하기에 플라톤은 삼각형 여럿을 결합해 삼차원 입체 도형을 구성했고, 이들 각각을 4원소와 대응시켰다. 불은 정다면체 중에서 가장 유동적이고 날카로운 4면체에, 공기는 8면체에, 물은 20면체에, 마지막으로 흙은 정다면체 중에서 가장 모양이 안정된 정육면체에 대응시켰다.[58] 이로써 플라톤은 만물을 '수'로 환원해 이해하려고 했던 피타고라스의 기획을 완성할 수 있었다.

모든 학문 분야에서 새로운 관심이 봇물 터지듯 폭발한 12세기에 가장 긴급한 과제 중 하나는 수 세기 동안 교부들이 주석을 단『창세기』의 창조론과 플라톤의 우주창생론을 조화롭게 일치시키는 일이었다.

---

57 플라톤, 2000c, 256쪽.

58 플라톤, 2000c, 148-157쪽.

이 과정은 플라톤의 우주창생론과 함께 이전까지 전해 내려온 물리학적 지식을 총동원해서 6일 동안 수행된 하느님의 천지창조를 설명하는 것이었다. 아직 아리스토텔레스의 자연철학이 알려지지 않은 상황에서 샤르트르의 티에리Thierry de Chartres가 이 일을 했다. 『칠일과 구분되는 육일의 일』에서 티에리는 근대의 과학적 관점에서 보면 엉성하지만 창세기에 나온 6일 동안의 하느님의 창조 활동을 천지와 4원소를 동일시하는 방식으로 설명했다. "엄격하게 말해 소위 창조는 이 네 가지 요소, 즉 흙과 물과 공기와 불과 관계있다. 성경은 이를 천지라는 이름으로 지시한다. 하느님께서는 자신의 지복에 참여하도록 존재를 만드시기 위하여 순수한 선과 사랑에 의하여 무로부터 이들을 창조했다."[59]

그러나 여타 학문 분과와 마찬가지로 중세 우주론도 12-13세기에 고대 그리스와 아랍 원전들이 대거 번역되고 이를 통해 아리스토텔레스의 철학이 본격적으로 소개되면서 전환기를 맞았다. 특히 13세기에는 아리스토텔레스의 자연철학이 대학 교육에서 중요한 위치를 점하게 되면서 플라톤 철학의 영향 아래 중세 초기부터 이어져온 우주창생론의 전통은 차츰 뒷전으로 밀려났다. 아리스토텔레스는 행성의 역행 운동 문제를 해결하려 했던 에우독소스Eudoxos의 '동심천구설同心天球說'을 받아들여 천동설의 기본 골간을 확립했다. 그는 우주의 중심에 지구가 있고 지구 주변을 달·태양·행성 등이 붙어 있는 여러 개의 천구가 동심원을 그리며 회전한다고 생각했다. 즉 하늘을 회전하는 천체 하나하나가 자신의 동력으로 움직이는 것이 아니라 천구의 회전을 통해 움직

59 질송, 1997, 215쪽.

인다는 가설이었다. 가장 마지막에 있는 항성 천구를 아리스토텔레스는 '부동의 동자Unmoved Mover'로 불렀으며, 우주 전체를 거대한 공 모양 천구로 둘러싸인 유한한 세계로 이해했다.

그뿐만 아니라 아리스토텔레스는 거대한 공 모양이고 영원히 지속되는 우주를 달이 붙어 있는 천구를 기점으로 달 위쪽과 달 아래쪽, 즉 천상계와 지상계로 뚜렷이 양분했다. 달 아래 위치한 지상계는 생성과 소멸을 비롯한 온갖 변화가 일어나는 장소였다. 즉 발생과 부패, 탄생과 죽음의 장소요 변화무쌍한 운동의 장소였다. 반대로 달 위쪽에 위치한 천상계는 반복 순환이 영원히 지속되는 불변의 장소였다. 이 영역은 항성, 그리고 태양을 위시한 행성이 존재하고 이 모든 별은 천구에 부착돼 있으며 불변의 완전성과 균일한 원운동이 특징이었다.

끊임없이 변화하는 지상계의 물체는 4원소 및 '열과 차가움', '건조함과 습함'이라는 서로 대립하는 성질로 구성된다. 플라톤처럼 아리스토텔레스도 엠페도클레스의 4원소론을 수용했지만 이를 입체 기하학적 원자론으로 환원하지 않고 감각 가능한 성질의 조합으로 이해했다. 예를 들어 물에 열을 가하면 물은 수증기로 기화한다. 물이 공기로 변한 것이다. 이런 설명 방식은 일상적인 경험뿐만 아니라 하나의 실체가 다른 실체로 '변성transmutation'되는 일반적인 과정을 설명하는 데도 안성맞춤이었다.[60]

---

60 린드버그는 아리스토텔레스의 자연철학의 원리가 연금술사들에게 직접 영향을 미쳤다고 강조한다. 연금술에서 중요한 '변성'이라는 개념은 경제적 가치가 낮은 동, 주석, 납, 철과 같은 금속을 금으로 바꾸는 작업을 말한다. 린드버그, 2009, 104-124쪽. 그런데 연금술은 금속의 성질 변성으로 얻는 경제적 가치에 중점을 둔 단순한 아르스는 아니었다. 오히려 사물을 구성하는 물질과 그것의 특성을 폭넓게 다루는 세계에 대한 이론적 사유에 가까웠다. 중세 유럽에서 연금술은 13세기에 등장했

반면에 천상계의 물체는 지상계의 4원소와는 근본적으로 다른 제 5원소, 곧 에테르Aether였다. 아리스토텔레스는 어떤 변화도 없는 천상계가 조금의 빈틈도 없이 에테르로 가득 차 있다고 생각했다. 생멸 부침을 반복하고 부단히 변화하는 불완전한 지상계와 영원성이 지배하는 부동 불변의 완전한 천상계는 운동의 형태에서도 차이를 보였다. 외부 힘에 의해서 일어나지 않는, 지상계 물체의 자연 운동은 상하 수직 운동인 반면에 천상계 물체의 자연 운동은 오로지 원운동이었다. 원운동이야말로 시작도 끝도 없는 완전한 운동이라고 보았기 때문이다.

천상계와 지상계의 구별, 부동의 동자로서의 천구, 천체의 자연 운동은 원운동이라는 세 가지 근본 원리에 입각한 아리스토텔레스의 우주론은 우주를 세계영혼이 지배하는 하나의 유기적 통일체로 본 중세 신학자들에게 새롭고 놀라운 것이었다. 신학자들은 부동의 동자로서 가장 바깥쪽에 있는 항성 천구를 하느님과 쉽게 동일시했으며 식자들이 보기에도 아리스토텔레스의 운동 이론은 일상의 경험적 사실에 잘 부합했다. 데이비드 린드버그David C. Lindberg에 따르면 아리스토텔레스의 우주론이 수용된 과정은 학문적 권위에 대한 복종이라기보다는 설득의 결과였다.

아리스토텔레스 우주론의 이런 특징은 전통적 우주론의 신조와 융합함으로써 중세 후반의 우주론에서 핵심을 이루게 되었다. 이렇게 구성된 우

고 알베르투스 마그누스Albertus Magnus의 『광물에 관하여』, 르네상스 시기의 레오나르도 다빈치 Leonardo da Vinci, 반노초 비링구초Vannoccio Biringuccio 등의 저서를 통해 발전해갔다. 에코 외, 2015a, 486쪽.

주론은 13세기 동안 유럽의 식자층 사이에 공동의 자산으로 자리 잡았다. 만장일치가 가능했던 것은 식자층이 아리스토텔레스의 권위에 복종하도록 강요된 탓이 아니라, 그의 우주론이 그들에게 지각된 세계를 설득력 있고 만족할 만하게 설명해주었기 때문이다.[61]

그럼에도 불구하고 중세 신학자들은 아리스토텔레스의 우주론을 몇 가지 점에서 의심의 눈으로 바라보았다. 실제로 13세기 이후 아리스토텔레스의 자연철학에 대한 중세 신학자들의 대응은 그들의 의도와는 무관하게 근대의 기계적 세계관의 형성 과정에서 중요한 전환점으로 작용했다. 여러 주제 중에서 핵심 문제는 두 가지였다.

첫째는 아리스토텔레스의 우주론에서 가장 두드러진 특징 중 하나인 우주의 영원성 문제였다. 아리스토텔레스는 무로부터의 유의 창조를 아예 염두에 두지 않았으며 영원회귀의 관점에서 태초라는 시작점을 고려하지도 않았다. 애당초 파르메니데스 이후 그리스의 사유에서 무에서의 창조란 일고의 가치도 없는 헛된 주장으로 치부됐으며 아리스토텔레스도 이런 전통적인 견해의 자장 속에 있었다. 당연히 가톨릭교회 입장에서 아리스토텔레스의 관점은 허용될 수 없었다. 창세기는 하느님이 6일 동안 무로부터 이 세상을 창조한 과정을 설명하고 있고, 이렇게 창조된 우주 만물이 신의 섭리에 의존한다는 믿음은 가톨릭교회의 교리를 지탱하는 초석이었기 때문이다.

둘째 문제는 아리스토텔레스가 우주 바깥에 또 다른 공간이나 장

---

61 린드버그, 2009, 403쪽.

소가 존재할 가능성을 부정한 것이었다. 아리스토텔레스는 신이 무한한 크기를 갖는 우주를 창조할 수는 없다고 생각했고, 커다란 공 모양의 유한한 우주에는 한정된 질료만이 있으며 이는 결코 증식되지 않는다고 믿었다. 이러한 아리스토텔레스의 견해는 1277년 가톨릭교회가 수용 금지 조치를 내릴 때까지는 널리 받아들여졌지만 이 시점 이후에는 새로운 변화를 추동하는 중요한 쟁점으로 부각했다.

초월적 미학과 아르스

신플라톤주의 미학의 특징은 두 가지다. 하나는 미美·선善·존재 일반의 근원적 동일성이다. 여기서 미·선·존재 일반은 다른 것이 아니라 하나에서 나온 서로 다른 표현이다. 따라서 신플라톤주의 미학은 철학이요, 존재론이다. 다른 하나는 아름다움 자체와 아름다운 것들의 구분이다. 개별적인 아름다운 현상은 단지 더 높은 차원에 있는 아름다움 자체의 불완전한 상징에 불과하다. 즉 다채로운 시각적 아름다움이란 비가시적인 아름다움 자체가 투영된 현상이고 절대적인 아름다움 자체의 불안전한 그림자다. 자연스레 장인/예술가가 만들어낸 아름다운 생산물들도 근원적으로 아름다움 자체에서 유래한 것으로 간주된다. 신플라톤주의 미학은 아우구스티누스를 비롯한 초기 기독교 철학자들에게 받아들여져 중세에 뿌리를 내리게 된다.

이러한 역사적 배경에서 중세 미학은 고대 미학으로부터 중요한 특징들을 물려받았다. 고대 미학과 마찬가지로 중세 미학은 아름다움 자체를 궁극적인 탐구 대상으로 삼았고, 비례·조화·단일성·빛과 같은 고대의 미적 범주들을 그대로 받아들였다. 중세의 미적 탐구는 항시 존재 일반의 목적, 삶의 완전한 실현, 선과 같은 지고지순한 이념과 내적으로 통합돼 있었다. 따라서 가장 아름다운 것은 단순히 시각과 청각에 즐거움을 주는 대상이 아니라 아름다운 현상에서 아름다움 자체의 참된 의미를 간파할 수 있는 정신적 능력이었다. 물론 이런 정신적 능력은 단지 인식론적 차원의 문제만이 아니라 아름다운 삶을 굽힘 없이 일구어나가는 의지를 포함하는 것이었다. 고대와 마찬가지로 중세에도 미적 탐구는 인간의 도덕적 훌륭함을 포함하는 실천적인 개념이었다. 중세 미학의 궁극적 목적은 아름다운 삶의 실현이자 완성이었다.

그러나 고대 미학과 구별되는 중세 미학의 특성이 전혀 없었던 것은 아니다. 흔히 과도한 신비주의와 금욕주의 탓에 중세인들이 감각적 아름다움의 세계를 도외시했다는 주장은 일면적인 평가에 지나지 않는다. 이 점은 중세의 미적 감수성에 대한 에코의 말을 듣는 것으로 충분할 것이다. "중세인들은 초월적인 세계의 반영으로서의 자연, 심지어는 초월적인 세계 앞에 놓여 있는 울타리로서의 자연을 들여다보고 싶어 했던 것도 분명하다. 그러나 동시에 그들은 자연계와 그 미적 특질에 대해 신선하고도 생생한 반응을 나타낼 줄 아는 감수성도 갖고 있었다."[62]

또한 중세는 어느 시대보다도 빛과 색채에 아주 민감하게 반응한 시대였다.[63] 중세는 태양과 한밤중에 황홀하게 빛나는 별의 아름다움을

---

62 움베르토 에코, 『중세의 미학』, 손효주 옮김, 열린책들, 2009, 16쪽.

63 움베르토 에코, 『미의 역사』, 이현경 옮김, 열린책들, 2005, 102쪽.

초월적 신의 현현과 동일시했다. 빛에 대한 칭송은 고대 세계보다 미적 초월성을 더욱더 예리하게 사유하는 중세만의 독특한 특징이었다. 이러한 경향은 기독교의 창조론과 신비주의를 통해 더욱더 강화됐다. 그 결과 중세 미학은 아름다움의 초월적 가치를 단순히 사유와 감각과 분리된 차원에서 다루는 데 만족하지 않았다. 사유의 한계를 훨씬 넘어선 절대적인 초월적 영역을 사유하려는 형이상학적 의도를 품게 된 것이다. 고대 미학이 신적 경지와 인간의 능력을 통약 가능한 것으로 이해했다면 중세 미학은 초월적 세계로 완전히 진입하기를 열망했다. 이런 고대 미학과 중세 미학의 단절을 김율은 다음과 같이 설명한다.

> 고대 미학의 이러한 인간주의적 특징은 고대 희랍인들의 신 관념이 근본적으로 의인화의 영역을 벗어나지 못했다는 사정과 당연히 무관하지 않다. 이 지점에서 그리스도교적 중세 미학은 고대 미학과 근본적으로 단절한다. 중세 미학에서 신적 아름다움은 내가 도전하고 도달해야 할 내 한계가 아니다. 말하자면 그것은, 그것의 실현을 위해 내가 기도해야 할 내면적 기준 같은 것이다. 아름다움은 내 안에서 일어나는 현실이지만, 내 것이 아닌 것으로서 조심스럽게 발견되는 현실이다. 그것은 오로지 다의적인 의미로만 존재한다고 말할 수 있을 뿐인, 하느님의 드러남(계시)이다.[64]

이러한 중세 미학의 특징을 심오한 형이상학 체계로 종합한 사람은 아퀴나스다. 물론 아퀴나스는 아름다움을 독립된 주제로 따로 다루

---

64 김율, 2017, 29쪽.

지는 않았다. 그는 수많은 형이상학적 개념을 엄밀히 분류하고 종합하는 체계화 과정에서 아름다움 개념을 간혹 언급했을 뿐이지만 고대 이래 모든 미학적 사유는 이를 종합한 아퀴나스에 와서 정점에 이르렀다.

우선 아퀴나스는 위디오니시우스의 "선은 아름다운 것으로 찬양된다"라는 말을 근거로 아름다움과 선을 동일한 것으로 본다. "미와 선은 그 주체에 있어서 같은 것이다. 그것은 이 둘이 다 같이 같은 사물에, 즉 형상에 근거하고 있기 때문이며 이 때문에 선은 미로서 찬양된다."[65] 그렇지만 선과 아름다움은 개념상 다른 것이다. 본래적으로 욕구와 관련된 선이 이를 추구하는 이유를 갖는 것이라면 아름다움은 인식 능력과 관련된 것이다. 아퀴나스에 따르면 "시각을 즐겁게 하는 것"이 아름다움이고 이는 균형과 비례로 성립된다.[66]

이때 아름다움은 "모든 것이 욕구하는 것"인 선을 인식하는 것과 다르지 않다. 단적으로 모든 것이 욕구하는 것이 선이라면 아름다움은 선을 파악하는 데서 오는 즐거움이다. 그러므로 이성에 기초한 고도의 인식 능력을 가지는 시각이나 청각이 아름다움과 직접 연결된다. 결국 아름다움은 선에 이르는 인식 능력에 대한 질서나 규칙을 의미하는 것이다. 청각과 관련된 사례로서 중세 사유에서 음악은 근대 이후처럼 자유로운 창의성을 표현하는 형식이 아니라 고대처럼 수학적 이론이 적용된 형식이었다. 중세의 사고방식에서 음악은 인식의 질서와 규칙을 뜻하는 논리학·기하학·천문학 등과 함께 일종의 과학, 즉 아르스였다.[67]

65　토마스 아퀴나스, 『신학대전 1』, 정의채 옮김, 바오로딸, 2002, 293-295쪽.

66　아퀴나스, 2002, 295쪽.

67　W. 타타르키비츠, 『미학사 2』, 손효주 옮김, 미술문화, 2006, 144쪽.

또한 아퀴나스는 성부·성자·성령의 삼위일체설, 특히 삼자의 관계를 구체적으로 설명하면서 아름다움의 근원적 조건으로 완전성·비례(조화)·밝음 세 가지를 제시한다.[68] 중세의 기본 사고방식에서 하느님은 이 세상 삼라만상의 조물주로서 자신의 영원성을 남김없이 스스로 인식하는 완전한 존재다. 곧 하느님은 근원이 없는 근원이요 자기 자신에게 온전하게 인식되는 존재다. 이런 하느님의 권능을 중세 신학자들은 '성부'라고 불렀고 중세 미학에서 성부는 아름다움 자체를 의미했다. 따라서 어떤 손상도 없는 완전성은 성부의 영원성 및 고유성과 정확히 일치하고, 비례·균형·조화는 성부가 드러난 것인 모든 상을 아름다운 것으로 드러내는 것이며, 밝음은 지성의 빛으로서 만물을 눈앞에 펼쳐 보이는 것이다.

아퀴나스는 구체적인 감각적 즐거움이나 아름다운 현상들에 관심을 기울이지 않고 항상 아름다움을 존재 일반의 차원에서 규명하는 것을 자신의 근본 과제로 생각했다. 플라톤과 마찬가지로 그는 아름다움 자체에 대한 해명에 더 큰 관심을 기울였다. 그에게 아르스 개념은 이성에 따르는 올바른 규칙의 배열이나 질서를 의미했다. 이것은 엄격한 논리적 검증을 바탕으로 한 필연적 지식이라는 학문 개념과 연결된다. 중세에 일곱 개 교양 과목이 아르스로 인정된 이유는 그것들이 단순한 지식이 아니라 이성에 따르는 규칙의 질서를 포함하고 있었기 때문이다. 문법학은 구문의 기능, 변증법은 삼단논법의 논리적 기능, 수사학은 논술의 기능, 산술은 수의 기능, 기하학은 척도의 기능, 음악은 음률

68　토마스 아퀴나스, 『신학대전 5』, 정의채 옮김, 바오로딸, 1998, 109쪽.

의 질서에 관한 기능, 천문학은 천체들의 운행에 대한 계산의 기능이라는 질서와 규칙의 표현이었다.

중세에는 아름다움 자체와 기계적 아르스의 관계가 모호한 채로 남아 있기도 했다. 하지만 모든 아름다운 것을 창조한 신의 전능함과 새로운 것을 만들어내는 장인/예술가의 제작 활동을 대응시키는 것은 어려운 일이 아니었다. 이런 맥락에서 중세에는 장인/예술가들의 창작 활동을 제작의 신 '데우스 아르티펙스deus artifex'나 화가의 신 '데우스 픽토르deus pictor'와 비교하곤 했다.[69]

더 중요한 측면은 아름다움 자체와 아르스의 관계가 일반 대중의 일상생활에도 특별한 형식으로 자리 잡고 있었다는 점이다. 이때 아르스는 아주 분명히 아름다운 삶 자체를 장식하고 꾸미는 기능을 했다. "예술은 중세의 삶에서 여전히 필수적인 부분이었다. (⋯) 예술은 아름다운 인생의 형식을 장식하는 중요한 임무를 맡았다. 예술이 추구하던 대상은 예술 자체가 아니라 아름다운 삶이었다. 후대와 달리, 중세인들은 틀에 박힌 평범한 일상에서 벗어나 고독하게 명상하고 예술을 즐기면서 위로받는 일에는 관심이 없었다. 오히려 삶의 화려함을 강화하기 위해 예술을 이용했다. 드높이 날아오르는 신앙심이든 혹은 지상에서 가장 자랑스러운 기쁨이든 삶의 높은 음정에 맞춰 진동하는 것이 중세 예술의 운명이었다."[70]

---

69 파노프스키, 2005, 41쪽.

70 하위징아, 2012, 476쪽.

스콜라철학과 고딕건축

11세기 이후 재생을 맞이한 서구 유럽은 점차 사회경제적 질서가 안정되고 중세를 특징짓는 신학이 체계화됐으며 기독교 문화가 빠르게 발전했다. 그 결과 13세기에는 스콜라철학이 체계적으로 집대성되고 고딕건축이 유럽 각지에서 동시다발적으로 유행하는 아주 뚜렷한 역사적 국면이 형성됐다. 후대의 역사 및 미술사의 시대 구분과도 일치하는 이런 현상을 파노프스키는 다음과 같이 언급한다.

> 모든 내적 유비를 접어두더라도, 시간과 공간이라는 순전한 사실 영역에서 고딕건축과 스콜라철학은 결코 우연이라고는 할 수 없을 뚜렷한 동시 발생concurrence을 보여준다. 그 누구도 이 동시 발생을 못 본 척 넘어갈 수는 없다. 그래서 중세철학사 학자들이 자신의 연구 재료에서 시대를 구분하는 방식은, 그들이 여타의 고려 사항들에 영향을 받지 않았음에도, [중세] 미술사가가 시대를 구분하는 방식과 똑같았던 것이다.[71]

스콜라철학과 고딕건축의 동시 발생이라는 중세의 역사적 국면은 서로 다른 문화 영역이 어떻게 상호작용하는지를 파악하는 데 도움이 될 뿐만 아니라 중세의 '기계적 아르스'의 역할을 이해하는 데도 유용하다. 특히 파노프스키의 주저 『고딕건축과 스콜라철학』은 중세 스콜라철학과 고딕건축의 체계적인 연관성을 구체적으로 파악하는 데 안성맞춤

---

71 에르빈 파노프스키, 『고딕건축과 스콜라철학』, 김율 옮김, 한길사, 2016, 72쪽.

이다.

역사적 사실을 다루는 파노프스키의 기본 방식은 문화적 현상들 사이에서 나타나는 평형 관계, 즉 예술·문화·철학·사회-정치적 조류·종교운동 같은 서로 다른 문화 현상들 사이에서 나타나는 내적 유비를 찾아내는 것이었다.[72] 물론 파노프스키는 궁극적으로 상이한 문화 현상들 사이의 평형 관계를 상세히 묘사하고 기술하는 데 머물지 않고 그것의 발생 원인을 규명하려 했다.

문화의 평형 현상에는 두 가지 유형이 있다. 하나는 상이한 문화 현상 간 연관성이 개별적 상호 영향에 머물러 있는 '단순한 평형'이다. 그리고 다른 하나는 상호 연관성이 전면적이고 보다 구체적으로 확산되면서 강화되는 '원인-결과 관계의 평형'이다. 후자를 파노프스키는 '심적 습성mental habit'의 확산이라고 불렀다.[73] 여기서 심적 습성이란 특정한 역사적 시대에 나타나는 '행위를 규제하는 정신적 원리'를 뜻한다.[74] 파노프스키에 따르면 중세에 이런 심적 습성의 확산이 집중적이고 두드러지게 나타난 시공간이 바로 12-13세기에 파리를 중심으로 한 지역이었다. "습성을 형성하는 여러 요인 중에서 한 가지 요인을 끄집

---

72 파노프스키, 2016, 71쪽.

73 파노프스키는 심적 습성의 변화를 역사적 시대의 변화와 동일하게 이해한다. 이에 따라 우리는 '전성기 중세의 심적 습성'이나 '근대 자본주의의 심적 습성'과 같은 다양한 시대의 심적 습성을 말할 수 있다. 그렇지만 파노프스키의 관점은 일반적인 역사학의 시대 구분에 따른 각 시대의 심적 습성을 밝히는 것이 아니라 오히려 역사학의 시대 구분 자체를 문제 삼고 있다. 심적 습성 연구는 역사적 시대 구분의 적절성과 정당성을 설명해주는 기준이 될 수 있기 때문이다.

74 파노프스키는 모든 문명에서 작용하는 심적 습속이라는 개념을 토마스 아퀴나스의 스콜라철학적 의미, 즉 '행위를 규제하는 원리principium importans ordinem ad actum'에서 차용했다고 밝혔다. 파노프스키, 2016, 86쪽. 그리고 현대 사회학에서 사용되는 '아비투스habitus' 개념은 피에르 부르디외Pierre Bourdieu가 파노프스키의 책을 번역하고 해석하는 과정에서 고안한 것이다.

어내고 그 전파 경로를 그려낸다는 것은 흔히 쉽지 않으며 또는 아예 불가능하다. 그렇지만 1130-40년경부터 1270년경까지 '파리 주변 반경 100마일 지역'은 예외다."[75]

파노프스키의 분석에 따르면 스콜라철학의 초기와 전성기를 관류하는 핵심적인 정신적 규제 원리는 두 가지다. 하나는 일치의 원리고, 다른 하나는 명료화의 원리, 곧 "명료화를 위한 명료화의 요청"[76]이다. 이 두 가지 원리는 초기와 전성기 스콜라철학의 궁극적 목표인 진리의 통일에 기반한 신앙과 이성의 항구적인 평화조약 체결에 스며들어 있었다. 파노프스키는 두 가지 원리가 구현된 구체적 사례로 전성기 스콜라철학의 정점을 찍은 아퀴나스의『신학대전』을 꼽았다. 특히『신학대전』1부는 총체성, 부분들 사이의 체계적 배열, 그리고 판명성과 연역 가능성이라는 명료성의 세 가지 요건을 충족하는 형식주의와 도식주의의 전형적인 체계를 증명했다.[77]

특수한 심적 습성은 당대의 모든 문화 활동으로 빠르게 전파되기 마련인데, 그중에서도 가장 두드러진 성과를 이룬 분야가 고딕건축이었다.[78] 하위징아는 스콜라철학과 고딕건축의 특별한 관계의 상징성을

---

75 파노프스키, 2016, 87쪽.

76 파노프스키, 2016, 97쪽.

77 파노프스키, 2016, 95쪽.

78 김율은 스콜라철학과 고딕건축의 문화적 평형 현상의 변화를 일목요연하게 갈무리해서 아래의 표로 보여준다. 파노프스키, 2016, 32-33쪽.

[표 5] 스콜라철학과 고딕건축의 문화적 평형 현상의 변화

초기 스콜라철학(11-12세기)	초기 고딕 양식
란프랑쿠스, 안셀무스, 길베르투스 포레타누스, 아벨라르두스	생-드니 수도원장 쉬제 프랑스 양식

다음과 같이 언급한다. "성당들은 만물이 적재적소에 놓여 있는 『신학대전』의 세계를 표현했다. 말하자면, 신과 그의 천사들, 수태 고지와 최후의 만찬, 죽음, 인간의 솜씨, 악마 자신 등 모두가 그들을 헤아려 창조의 실질적 확신이라는 원 속으로 끌어들이고 나름의 형식으로 표현된 하나의 질서 속에 포함시켰던 것이다."[79]

기계적 아르스의 한 유형인 건축은 고대 세계에서도 항상 중요성을 인정받았다. 그러다가 11세기 이후 이 분야는 대성당과 요새 같은 대규모 건축에서 건축가들이 혁신적인 건축술을 선보이면서 더 큰 주목을 받게 됐다. 건축가들은 설계도를 바탕으로 작업 계획을 세우고 작업에 필요한 기계를 고안하는 데 능숙했을 뿐만 아니라 작업장 전체 장

전성기 스콜라철학(1200-1270)	전성기 고딕 양식
알렉산더 할렌시스, 알베르투스 마그누스, 보나벤투라, 토마스 아퀴나스	장 르루, 장 도르베, 로베르 드뤼자르슈, 위 그 리베르지에, 피에르 드몽테로
아리스토텔레스의 영혼론 알렉산더 대전(1231년 저술 시작)	랭스, 아미앵, 스트라스부르, 나움부르크 대성당의 살아 있는 듯한 인물상과 자연스러운 동식물 장식 피에르 드 몽테로에 의한 생-드니 성당의 새로운 네이브 건설(1231년 착수)
전성기 스콜라철학의 퇴조기(1270-14세기 초반)	전성기 고딕 양식의 퇴조기
이성의 종합 능력에 대한 토마스적 신뢰가 퇴조 주의주의적 아우구스티누스주의 재득세 강단적 전통으로 굳어지거나 대중적 문헌으로 세속화 인간 능력의 한계치에 이르기까지 정밀화(둔스 스코투스)	탈중심화(프랑스 남부, 이탈리아, 독일권, 잉글랜드로 이행) 추상과 선형성을 추구하는 전 고딕적 경향의 부분적 부활 교조화 또는 축소/단순화 세련화/복잡화
이행기(14세기 중반 이후)	해체기
시와 인문주의(페트라르카) 반이성적 신비주의(마이스터 에크하르트) 유명론(페트루스 아우레올루스, 윌리엄 오컴) → 주관주의, 개체주의 서로 반대되는 극단으로 보이는 두 경향은 종국에 융합(니콜라우스 쿠자누스)	원근법적 공간 해석 등장(주관주의) 초상화, 풍경화, 실내화(개체주의) 성화(신비주의) 14세기 플랑드르 화파로 융합

79 에코, 2009, 196쪽.

인/예술가들의 관리도 도맡았다. 당시 건축가들은 항상 석공, 조각가, 유리 채색가, 목수 등의 전문적인 장인/예술가들과 긴밀히 협력했으며 새로운 건축이 시작될 때마다 이들을 고용하고 전체 작업 과정을 감독했다. 이런 특별한 능력을 소유한 건축가들의 역할을 이해하는 데 적절한, 오늘날 공학자 정도로 번역될 '인게니아토르ingeniator'라는 신조어가 1086년에 처음 등장한 것은 우연이 아니었다. '인게니아ingenia'는 수학과 기하학을 토대로 재료를 다루는 작업을 조절하고 규정하는 인간의 활동 능력을 의미했다.[80]

실제로 고딕건축이 두각을 나타내는 데 연결 고리가 된 것은 중세의 도시 전문직 체계 안에서 나타난 스콜라철학자와 건축가의 정신적 교류였다. 파노프스키에 따르면 건축가들은 대성당 건축의 조언자 역할을 한 스콜라철학자들과 직접 교유하면서 자신들의 도상학적 기획을 다른 장인/예술가들에게 전파하는 역할을 맡았다. 이들은 스콜라철학의 사상적 의미를 정확히 알지는 못했지만 이를 소화한 후에 다른 장인/예술가들에게 전달함으로써 차질 없이 일을 진행시켰다. 이들이 실제로 적용한 것은 스콜라철학의 사상적 실체가 아니라 관계로 연결된 독특한 진행 방식이었다.

일치의 원리와 명료화의 원리에 입각한 작용 방식은 고딕건축의 기능적, 형태적 요소뿐만 아니라 성당 건축의 전체 과정에 폭넓게 영향을 미쳤다. 파노프스키는 '심적 습성'이라는 사회적이고 집합적인 개념을 바탕으로 스콜라철학과 고딕건축 사이 문화적 평형의 발생 구조를

---

80 에코 외, 2015b, 405쪽.

분석함으로써 수많은 다양성 속에서 역사적 시기 규정과 변천을 새롭게 이해할 수 있는 관점을 제시했다.

3. 중세 후기의 변동

무한 개념

　　서양철학사에서 무한에 대한 사유는 가장 핵심적인 주제의 하나
다. 시대와 철학자에 따라 무한 개념을 서로 다르게 사유했으며, 이런
차이는 시대나 철학자의 고유성을 결정짓는 요인이었다. 무한 개념을
처음으로 제기한 사람은 아낙시만드로스다. 그는 스승인 탈레스가 물,
공기, 불, 흙 4원소 중에서 유독 물에만 기체基體라는 특권적 지위를 부
여한 것이 못마땅했다. 이에 아낙시만드로스는 4원소와 본질적으로 다
르지만 더 근원적이면서도 이것들 모두가 나오고 다시 돌아가는 기체
를 논리적으로 추론한 후 '아페이론apeiron'이라고 이름 붙였다.[81] 우주 만

81　'아페이론'은 '한정되지 않은', '한도 지어지지 않은', '무한한'을 의미하는 형용사다. 이 형용사에
　　중성 정관사 '토to'를 붙이면 '한정되지 않은 것' 또는 '한도 지어지지 않은 것'이라는 뜻이 된다. 이 말
　　의 반대말은 '페라스peras', 즉 '한정', '한정자', '한정된 것'이다. '토 아페이론'은 수량과 관계되는지 아

물의 생성 원천인 아페이론은 공간적으로 무한히 크고 시간적으로 처음과 끝이 없으며 특정한 무엇으로 한도 지어지지 않은 무규정적인 것이었다. "그것[근원]은 물도 아니고, 원소라고 불리는 것들 중에서 다른 어떤 것도 아니며, [물이나 원소들과는] 다른 무한정한 어떤 본연의 것이다. 그것에서 모든 하늘과 그것[하늘]들 속의 세계들이 생겨난다. 그리고 그것들[원소들]로부터 있는 것들의 생성이 있게 되고, [다시] 이것들에로 [있는 것들의] 소멸도 필연에 따라 있게 된다."[82]

아낙시만드로스의 눈에 비친 세계의 특징은 영원한 운동이었다. 이 운동 속에서 모든 생성은 '무한정한 본연의 것'에서 대립자들이 분리돼 나오면서 생기고 소멸과 동시에 생겨난 곳으로 돌아가는 순환을 거친다. 부분은 수시로 변하지만 전체는 변하지 않는다. 아낙시만드로스의 아페이론은 존재를 규정하는 중심 개념의 한 축으로 기능하면서 이후 서양철학에서 '아페이론과 페라스(한계, 한정)', '무한과 유한'이라는 근원적 대립의 원리로 자리 잡았다.

고대 그리스인들은 양으로 한정되지 않거나 정도를 기준으로 한도 지어지지 않은 것에 한정이나 한도가 부여됨으로써 일정한 상태를 띤 어떤 존재가 생성된다고 생각했다. 달리 말하면 존재란 어떤 방식으로든 규정지어짐을 통해서 생성된 것이었다. 따라서 아페이론과 페라스, 무한과 유한의 대립은 존재론의 핵심 문제였다. 한계를 부여하고 규정을 짓는 페라스 개념이 없다면 애당초 세상에는 어떤 차이도 생기

니면 정도와 관계되는지에 따라 '한정되지 않은 것' 또는 '한도 지어지지 않은 것'으로 쓸 수 있다. 플라톤, 2004, 90쪽 각주.

82　김인곤 외, 2005, 135쪽.

지 않았을 테고 코스모스라는 질서 있는 조화의 세계도 존재하지 않았을 것이기 때문이다.

수시로 변하는 무규정적인 것은 인간의 인식으로는 파악할 수 없는 일종의 카오스에 지나지 않는다. 이러한 난점을 누구보다도 먼저 예리하게 인식했던 플라톤은 아페이론과 페라스를 필연적으로 대립하는 두 가지 근본 원리로 이해한다. 『필레보스』에서 플라톤은 세계에 존재하는 모든 것을 네 가지로 나누는데, 바로 한도 지어지지 않는 것, 한도 지어지는 것, 앞의 두 가지가 하나로 혼합된 것, 혼합의 원인이다.[83] 그중 아페이론과 페라스의 혼합을 설명하면서 플라톤은 아페이론에 수량, 비율, 정도 같은 수적 요소를 개입시킴으로써 계속 증가하는 무한 진행이나 계속 감소하는 무한 퇴행이 멈추고 조화와 균형을 이루게 된다고 강조한다.[84]

플라톤의 관점에서 현상계는 생성의 세계다. 생성은 부단히 변화하는 아페이론의 성격을 띤다. 이 세계는 개별 형상이 영원한 자기 동일성을 유지하며 불변하는 예지계의 한갓 그림자에 불과하다. 플라톤은 이런 생성의 세계를 넘어 본래의 형상들을 인식하려 했다. 참된 존재를 발견하기 위해서 플라톤은 아페이론이 지배하는 생성의 와중에서 일정한 페라스를 발견함으로써 가시적인 감각의 세계를 꿰뚫고 본질 세계를 보려고 했던 것이다.

플라톤과 달리 무한 개념에 대한 아리스토텔레스의 태도는 이중

---

83 플라톤, 2004, 113-115쪽.
84 플라톤, 2004, 117-122쪽.

적이다. 그는 '현실적 무한actual infinity'은 부정하지만 순수 논리적 차원에서 '가능적 무한potential infinity'은 인정한다. 자연학의 원리를 반영한 아리스토텔레스의 현실적 무한에 대한 비판은 '물체'에 집중된다. 핵심 질문은 무한한 물체가 있는가이다. 아리스토텔레스의 자연학은 기본적으로 유한 우주를 가정한다. 지구는 우주의 중심이고 우주는 크기가 유한한 커다란 구球이며 이 경계의 바깥은 무無다. 논리적으로 무한은 중심을 가질 수 없기 때문에 우주라는 중심을 설정한 것 자체가 유한 우주를 전제한 것이다. 우주는 달이 있는 천구를 기준으로 천상계와 지상계로 양분된다. 불변하는 완전한 세계인 천상계는 불생불멸의 물질인 에테르로 가득하고 천구 안에 있는 모든 천체는 가장 완전한 원운동만을 한다. 따라서 우주의 중심에서 멀어질수록 더 완전함에 다가가는 것이기 때문에 천체는 지상계의 어떤 존재보다 고귀한 것으로 여겨졌다.

반면에 끊임없이 변화하는 불완전한 세계인 지상계의 모든 물체는 흙, 불, 공기, 물이라는 4원소로 구성돼 있고 시작과 끝이 있는 수직 운동과 수평 운동을 하고 질적 변화를 거친다. 근접한 원소로 전환되는 상호 변화의 원칙에 따라 각 원소는 계속해서 장소를 바꿔가며 순환한다. 운동의 궁극적 원리로서 자기 자신은 움직이지 않으면서 다른 모든 것을 움직이는 부동의 동자를 제외하면 지상계의 모든 물체는 주어진 공동의 장소에 한정된다. 장소 안에 있음이란 위나 아래를 비롯한 어떤 곳에 있음을 의미하는데 이것들은 각각 일종의 한계를 의미한다.[85]

이러한 물체와 장소의 관계를 통해 아리스토텔레스는 무한한 물

---

85 아리스토텔레스, 『형이상학 2』, 조대호 옮김, 나남, 2012b, 125쪽.

체의 실재성을 인정하지 않음으로써 현실적 무한을 부정한다. 그렇지만 순수 논리적 차원에서 아리스토텔레스는 가능한 무한은 수용한다. 예를 들어 공간은 무한하지 않지만 분할 가능하다는 측면에서는 무한하다. 즉 공간의 크기는 아무리 작더라도 외연을 가질 수밖에 없으므로 무한 분할이 가능하다. 그리고 원리상 이런 무한 분할의 논리는 무한 증가의 논리와 다를 바 없다. 크기가 무한 수렴의 계열이라면 수는 무한 발산의 계열이다. 그런데 이 두 계열의 과정은 실제가 아니라 논리적으로만 가능할 뿐이다.

요컨대 우주를 하나의 질서 정연한 코스모스로 생각한 피타고라스학파 이래로 고대 그리스인들에게 아페이론은 일반적으로 부정적 느낌을 풍기는 개념이었다. 결국 아직 고유한 경계를 갖지 못한 무규정적이고 무질서한 개념으로 이해돼 그리스의 사유 체계에서 자연스레 배제됐다. 페라스가 부여되지 않은 아페이론은 존재가 아니라 무질서의 표상이었고, 규정되지 않고 형태가 없기 때문에 인간의 지성이 도무지 어찌해볼 수 없는 것이었다.

그러나 중세에 이르러 고대 무한 개념의 위상은 결정적으로 변화하기 시작했다. 물론 12세기에 부활한 아리스토텔레스의 자연학과 기독교 교의가 어우러진 중세 우주관에서 우주는 유한한 세계였다. 그럼에도 불구하고 신의 전능함을 표상하는 무한성은 지속적으로 찬미의 대상으로 등장했다. 아퀴나스가 밝혔듯이, "제1동자는 가능성이 혼합되지 않은 현실태이다. 그것은 어떤 물체의 형상도 아니요, 물체 안에 있는 힘도 아니기 때문에, 그가[신이] 무한하다는 것이 필연적이다."[86] 즉 신은 부분을 갖지 않기 때문에 물체도 아니고 부동의 동자이기 때문에 물체의 형상도 아닌 무한한 현실태다. 더욱이 어떤 불완전성도 포함하지 않는 무한한 신 안에서 모든 것은 완전한 하나로 통합된다.[87] 아퀴나스에게 신은 어떤 방식으로도 제한되지 않는다는 부정否定의 의미에서의 무한성이자 양적 의미가 아닌 질적 의미에서의 무한성이었다.

아퀴나스가 사망하고 3년이 지난 1277년은 무한의 사유에서 중요한 변곡점이었다. 이해에 교황의 요청으로 파리 주교 에티엔 탕피에 Etienne Tempier와 신학자들은 신의 전능함을 부정하거나 제한하는 교의 219개 조에 대해서 유죄를 선포했다. 이런 단죄의 이면에는 기독교의 교의 아래 지적 세계를 철저히 종속시키려는 의도가 깔려 있었다. 하지만 실제로는 공간의 무한성에 대한 대담한 사유 가능성을 공식적으로 열어놓는 계기가 됐다. 이런 맥락에서 피에르 뒤엠Pierre Duhem은 1277년을 근대 물리학이 탄생한 해라고 주장했다. "1277년 3월 7일 파리에서 내린 파문은 근대 물리학의 출생증명서였다. (…) 이 주제[무한]에 관한 새로운 관념이 표현하고 논의되며 형성했던 것은 미적분의 출현을 준비하고 심지어 그 시작을 알리는 것이었다. 여기에는 두 가지 신조에 대한 믿음이 깔려 있었다. 하나는 인간 영혼의 불멸성에 대한 신조였고, 더 중요한 다른 하나는 신의 창조적 전능에 대한 신조였다."[88]

13세기 중반에 이미 파리 대학의 정식 교육 과정에 포함돼 학문적 권위를 인정받았지만 아리스토텔레스의 우주론은 공간의 무한성에 대

86 토마스 아퀴나스, 『신학요강』, 박승찬 옮김, 나남, 2008, 60쪽.

87 아퀴나스, 2008, 65쪽.

88 Pierre Duhem, *Medieval Cosmology*, Roger Ariew (trans.), The University of Chicago press, 1984, p. 4.

한 근대적 관념의 모험에 도전을 받은 것이다. 에드워드 케이시Edward Casey에 따르면 1277년 파문의 결과 결정적으로 하나의 유한한 세계가 아니라 복수의 세계가 존재할 가능성, 그리고 천구들이 원운동이 아니라 신의 전능함에 의해 직선 운동을 한다고 보아도 모순이 아닐 가능성이 열렸다.[89] 여전히 가장 신뢰할 수 있는 세계에 대한 설명 방식으로 아리스토텔레스의 자연학이 권위를 잃지는 않았지만 순수하게 가능한 우주론을 상상할 수 있는 자유가 공식적으로 주어진 것이다.

이처럼 무한 개념이 천천히 변화했고 이를 바탕으로 르네상스 시기와 17세기에는 근대 자연과학의 초석을 놓은 무한의 형이상학이 만개했다. 실로 르네상스기와 17세기는 무한의 시대였다. 선구자는 조르다노 부르노Giordano Bruno다. 이단으로 몰려 형장의 이슬로 사라진 부르노는 르네상스가 한창이던 16세기에 우주의 무한성을 전면에 내세운 대담한 형이상학적 우주론을 주창했다. 화이트헤드는 17세기에 활동한 수많은 천재들이 공동으로 확립한 사상 체계가 이후 두 세기 넘게 유럽의 모든 활동을 규정했다는 이유로 17세기를 "천재의 세기"라고 불렀다.[90] 아이러니하게도 부르노가 화형을 당한 1600년은 17세기의 첫해였다. 이런 점에서 수학적-자연과학적 확실성을 향해 나아간 근대로의 긴 여정에서 17세기 벽두에 일어난 부르노의 처형은 교회로부터 박해를 당한 갈릴레이의 경험에 비견될 만한 상징적 사건이었다. 그렇지

89 에드워드 케이시, 『장소의 운명』, 박성관 옮김, 에코리브르, 2016, 224-233쪽.

90 화이트헤드는 17세기의 수많은 천재 중 영국 독자들에게 익숙한 열두 명을 꼽는다. 베이컨, 하비, 케플러, 갈릴레이, 데카르트, 파스칼, 하위헌스, 보일, 뉴턴, 로크, 스피노자, 라이프니츠다. 화이트헤드, 1989, 78쪽.

만 브루노에 앞서 우리는 그에게 큰 영향을 주고 체계적으로 근대적 사유의 디딤돌을 놓았던 15세기 성직자이자 수학자 니콜라우스 쿠자누스 Nicolaus Cusanus의 무한의 사유를 살펴야 한다.

중세의 균열

니콜라우스 쿠자누스

카시러는 쿠자누스를 근대 사상의 효시로 평가한다.[91] 쿠자누스는 스콜라철학과 아리스토텔레스의 자연철학에 기초한 중세 우주론뿐만 아니라 천상의 위계를 모방한 가톨릭교회의 위계적 계서제 같은 중세의 기본 질서를 부정하지 않았다. 그럼에도 불구하고 쿠자누스의 사유에는 중세의 기본 정신과는 다른 새로운 관점과 근본 원리가 발견된다. 그리스를 방문함으로써 쿠자누스는 플라톤 철학에 정통할 기회를 얻었다. 이 경험은 쿠자누스가 플라톤 철학의 기본 원리를 중심으로 신플라톤주의와 아리스토텔레스 철학뿐만 아니라 중세의 신비주의 사상까지 어정쩡하게 뒤섞여 있던 스콜라철학과는 다른 길을 모색하는 직접적인 계기였다.

소크라테스의 '무지의 지'를 연상시키는 쿠자누스의 저서 『박학한

---

91 『르네상스 철학에서의 개체와 우주』 서문에서 카시러는 "한 시대의 철학은 전체 상황이 품고 있는 정신적 본질을 함축하며 다양한 전체상을 포괄하여 결국 단일 초점, 즉 스스로를 인식하는 개념 sich wissende Begriffe으로 수렴된다"라는 헤겔의 주장을 언급한다. 카시러가 보기에 르네상스 철학에서 이런 헤겔의 주장을 충족하는 것은 쿠자누스의 사상이었다. 카시러, 1996, 9쪽.

무지』의 첫째 물음은 신에 대한 물음이 아니라 신을 알 가능성, 곧 신을 알 수 있는 인식 조건에 관한 물음이었다. 소크라테스가 사람들을 설득하기 위해 사용했던 역설paradox의 방법으로 쿠자누스는 인간이 스스로 진리를 알 수 없다는 근원적 무지를 깊이 깨달을 때 신을 향한 참된 진리에 더 가까이 다가갈 수 있다고 역설했다. 플라톤이 현상계와 예지계를 명료하게 구분했듯이, 쿠자누스도 유한한 것과 무한한 것을 분명하게 구별했다. 엄밀한 수학자는 아니었지만 쿠자누스는 수학의 극한limit 개념을 창안해서 신학에 적용했다. 그에게 신은 일종의 극한 개념인 '가장 큰 것maximum', 즉 무한한 것이었다. 이는 최상급 표현이나 크기 개념이 아니라 일체의 비교를 허용하지 않는 순수하고 절대적인 질적 개념으로 신은 모든 존재와 인식의 절대적 근원이라는 뜻이다. 이 규정에 따라 가장 큰 것, 즉 무한한 것과 한낱 피조물에 불과한 유한한 것은 절대적으로 대립한다.

무한한 것이 유한한 것과 적절하게 어울리지 않는다는 것은 자명하기 때문에, 이로부터 그 자체의 증감增減이 일어나는 것을 확인할 수 있는 자리에선 '가장 큰 것'에 간단히 이르지 못한다는 사실 또한 명약관화하다. 왜냐하면 그 자체에 증감이 일어나는 것은 유한하겠기 때문이다. 그에 반해 '가장 큰 것'은 반드시 [처음부터 온전히] 무한한 것이어야 한다.[92]

쿠자누스에게 가장 큰 것은 단순하고 절대적인 현실태로 자신보

92　니콜라우스 쿠자누스, 『박학한 무지』, 조규홍 옮김, 지식을만드는지식, 2013, 19쪽.

다 더 커질 수 없는 것이다. 그런데 이 가장 큰 것의 원리는 '가장 작은 것'에도 적용할 수 있다. 가장 작은 것은 그 자신보다 더 작아질 수 없기 때문이다. 결국 가장 큰 것과 가장 작은 것은 존재 방식에서 일치한다.[93] 이것이 쿠자누스의 '대립의 일치coincidentia oppositorum' 원리다. 이 원리를 통해 쿠자누스는 훗날 변증법 개념의 모태가 되는 상호 모순 개념이나 부정과 긍정을 동시에 인정하는 새로운 사유 형식을 제시한다. 쿠자누스의 무한에 대한 사유와 대립의 일치라는 원리는 아리스토텔레스 철학과 자연학에 근거한 스콜라철학의 논리학과 중세 우주론에 조용하지만 아주 분명한 균열을 일으켰다.

논리학과 관련해서 중세 스콜라철학의 기초를 구성하는 아리스토텔레스 논리학은 모순율과 배중률排中律[94]의 원리와 비교 개념에 근거한다. 특히 아리스토텔레스는 "동일한 것이 동일한 것에 동일한 측면에서 속하면서 동시에 속하지 않기는 불가능하다"[95]라는 모순율을 가장 확실한 진리로 간주했다. 이런 기본적 논리 법칙에 따라 동일한 것들은 합치고 상이한 것들은 분리하는 비교의 방법으로 모든 경험적 존재를 엄격한 상하 질서의 관계 속에서 유類와 종種으로 분류할 수 있었다. 아리스토텔레스 논리학의 이런 '개념 피라미드'는 그의 형이상학적 존재론과 정확히 일치했다. 즉 아리스토텔레스의 논리학과 세계에 대한 총체

---

93 쿠자누스, 2013, 24-26쪽.

94 배중률은 형식논리학의 용어로서 제삼자 배척의 원리라고도 한다. 어떤 것에 대해 긍정과 부정이 있을 때 하나가 참이면 다른 하나는 거짓이 되고 다른 하나가 참이면 하나는 거짓이 되는 것처럼 이도 저도 아닌 중립적 제삼자를 인정하지 않는 논리 법칙이다.

95 아리스토텔레스, 2012b, 141쪽.

적 분류라고 할 수 있는 범주론은 형이상학적 존재론에 근거한 것이다. 이런 사유 구조에서 개념은 형이상학적으로 질서 지어진 존재의 위계를 그대로 반영했다. 이처럼 아리스토텔레스-스콜라철학에서 논리학의 목적은 논리적 사유 절차와 개념 영역의 상호 관계를 분명히 지시하는 데 있었다.

　　반면에 신에 대한 인식의 조건을 깊이 탐색한 쿠자누스는 아리스토텔레스-스콜라철학의 존재 중심의 신 이해에서 지성 중심의 신 이해로 무게중심을 옮겨 놓았다. 쿠자누스에 따르면 아리스토텔레스의 논리학은 사물의 '같음'과 '다름'을 식별하는 비교와 증감을 허용하는 유한한 세계에 어울리는 논리학이지 가장 큰 것을 인식할 수 있는 논리학은 아니었다. 이런 이유에서 아리스토텔레스-스콜라적 논리학을 거부한 쿠자누스는 그 자리에 수학적 논리학을 새롭게 도입했다. 엄밀한 의미에서 유한한 인간의 모든 개념적 인식은 가장 큰 것일 수 없으며 이것과 유사하지도 않다. 가장 큰 것은 모든 인간의 인식 수준을 아주 가뿐히 넘어서기 때문이다. 따라서 정신은 어떤 방법을 동원하더라도 가장 큰 것, 즉 참된 진리에 결코 도달할 수 없다. 기껏해야 정신은 상대적 진리만을 파악할 수 있고 진리 자체에 근접할 수 있을 뿐이다. 이러한 인간 인식의 명확한 한계를 쿠자누스는 다각형과 원의 수학적 비유로 설명한다. "정신과 진리 사이의 관계는 마치 원에 점점 더 가까울수록 더욱더 많은 각을 갖게 되는 다각형과 원 사이의 관계와 같다. 그리하여 비록 다각형의 각이 무한히 늘어난다 할지라도, 그것이 원과 동일하게 처리되지 않는 한, 그것은 결코 원과 동등한 것으로 해소되지 않을 것이다."[96]

그러나 인간 인식의 한계라는 명징한 사실은 쿠자누스에게 단지 신에 대한 인식 불가능성이라는 부정적 측면만이 아니라 인간 정신이 본질적으로 신의 절대적 진리에 부단히 다가갈 수 있는 무한한 가능성을 가진다는 긍정적 측면도 포함하고 있었다.[97] 어쨌든 비가시적 세계의 형상에 대한 정신의 개념적 인식은 상징과 유비를 통한 간접적 인식일 수밖에 없고 인간이 사물을 숙고하여 얻은 추상이 없었다면 이조차도 불가능했을 것이다. 쿠자누스의 관점에서 인간 인식의 제한된 조건에서 가장 확실한 것이 수학이었다. 수학적 추상은 "현실적으로 존재하지는 않지만, 동요하는 가능성 속에 실체로서 존재하는 것이 아니라 우리가 가장 확고하고도 확실한 것으로 알아보는 것들"[98]이다. 수학의 세계에서는 서로 모순되는 대립 개념이 동시에 공존할 수 있을 뿐만 아니라 '대립의 일치'가 항구적인 원리이자 필요 불가결한 인식의 도구로 기능한다. 더 나아가 쿠자누스에게 수학은 단지 순수한 추상만이 아니라 모든 다양성을 가능하게 하는 규정적 원리이기도 했다. "모든 것은 존재할 수 있는 가능한 방식들 중에 좀 더 나은 방식을 따라서 존재한다고 보겠는데, 그러한 존재 방식의 다양성은 수數 없이 있을 수 없다. 왜냐하면 수가 소거됨으로써 사물들의 상호 구별이든 순서든 비례든 조

---

96 쿠자누스, 2013, 21쪽.

97 쿠자누스는 『신의 바라봄』에서 이중적인 바라봄을 제시함으로써 신의 지성과 인간의 지성이 합일되는 가능성을 제시한다. 신은 한편으로 바라봄의 주체이지만 다른 한편으로 보이는 대상으로서의 신, 즉 인간의 지성을 통해서만 보일 가능성을 지닌 대상이다. 이렇게 인간의 지성을 통해 신을 바라보는 것을 쿠자누스는 '지성적인 봄visio intellectualis'이라고 불렀다. 니콜라우스 쿠자누스, 『신의 바라봄』, 김형수 옮김, 가톨릭출판사, 2014, 37쪽.

98 쿠자누스, 2013, 59쪽.

화 및 존재 방식의 다양성 자체든 멈추기 때문이다."[99]

다른 한편 중세 우주론은 우주를 계층적으로 질서 지어진 유한한 세계로 이해했다. 이 세계에서는 존재의 위계 사다리 위쪽에 있는 물체일수록 아래쪽에 있는 물체보다 더 순수하고 완벽한 속성을 지닌다. 아리스토텔레스의 자연학에서 항성 천구에 회전 운동력을 전달하는 맨 바깥에 있는 제일 천구와의 거리가 그만큼 가깝기 때문이다. 쿠자누스는 이런 원근 관계를 통해서 질서를 설명하는 방식을 부정한다. 무한한 것과 유한한 것의 절대적 단절에서 거리의 차이라는 상대적 차이는 하등 문젯거리가 아니기 때문이다. 존재와 인식의 절대적 근원인 무한한 것과 유한한 것 사이의 거리는 똑같이 멀기도 하고 가깝기도 하다. 이런 논리적 추론의 결과 우주는 더 이상 위나 아래의 질서가 아니라 절대적 존재에 맞서서 존립하는 균질적이고 유일한 경험적 우주가 된다.[100] 동일한 맥락에서 '가장 큰 것'은 무한하고 비가시적이지만 모든 존재에서 가시적으로 드러난다. 이처럼 절대적 무한성은 존재할 수 있는 모든 것이어야 하기에 무한한 것에 대한 유한한 것의 관여에는 많고 적음이 있을 수 없다. 자연스럽게 천상계와 지상계 사이 가치의 차이도 소멸한다. 이처럼 균질하게 펼쳐진 우주라는 관념과 쿠자누스의 대립의 일치 원리는 이후 브루노의 형이상학적 우주론에 직접 영향을 미쳤다.

요컨대, 쿠자누스의 철학은 커다란 분란 없이 스콜라철학의 논리학과 중세 우주론의 굳건한 토대에 조용하지만 결정적인 균열을 일으

---

99 쿠자누스, 2013, 29쪽.
100 카시러, 1996, 36쪽.

컸다. 그는 '박학한 무지의 원칙', '부정의 길'[101]을 통해 신의 절대성을 증명함으로써 인간 정신이 상대적인 진리를 확보할 가능성과 타당성의 근거를 확보했다. 그의 대립의 일치 원리, 수학적 방법의 도입, 그리고 '지성적인 봄'을 통한 신적 지성과 인간 지성의 합치는 중세적 옷을 입었지만 이미 중세를 넘어선 근대적 사유의 선구적인 발상이었다. 이로써 유한한 인간의 정신으로는 절대적으로 무한한 신을 결코 인식할 수 없다는 한계가 분명해졌지만, 거꾸로 인간의 이성은 허용되는 범위 내에서 무한한 가능성을 가지게 됐다. 카시러는 이런 쿠자누스의 사유가 칸트의 비판철학적 기획과 일맥상통한다고 본다. 칸트 철학에 따르면 인간의 이성적 능력은 분명 극복할 수 없는 한계가 있지만 허용된 한도 내에서는 제한이 없기 때문이다.[102]

조르다노 부르노

브루노에게 우주는 광대무변한 무한 공간이요, 살아 숨 쉬는 거대한 유기체다. 생명으로 충일한 무한대의 광대무변한 우주를 상상했던 브루노의 대담한 형이상학적 우주론은 아리스토텔레스의 자연학에 기초한 중세의 유한한 우주론과 정면으로 배치됐다. 더욱이 브루노의 우주론은 코페르니쿠스 지동설의 탐구 대상인 태양계의 경계를 훌쩍 넘어 어떤 중심도 주변도 없이 무한히 펼쳐져 있으면서 천체들의 관계 속에서

---

101 쿠자누스의 '부정의 길'은 신의 무한성을 인식하기 위해 모든 유한한 존재가 지닌 결여를 신에게서 소거하는 것이다. 김형수, 「지성적 신비주의의 요체로서 쿠자누스의 intellectus 개념」, 『神學展望』197, 2017, 39-70쪽.

102 카시러, 1996, 33쪽.

가능한 모든 세계가 형성될 수 있는 새로운 우주의 모습을 보여준다.

모든 것을 자신 안에 포함하고 짊어지며 모든 것에 스며들어 서로 연결되어 있는 공간, 곧 헤아릴 수 없을 정도로 거대한 영역이 존재한다는 것을 아는 것으로 충분합니다. 그 공간 안에서는 이 세계와 유사한 무수한 천체들이 있으며, 그 천체들 중 어느 하나도 다른 천체보다 더 우주의 중심에 존재하지 않습니다. 왜냐하면 우주는 무한한 전체로서 중심과 주변이 없기 때문입니다. 우주 안에 있는 것은 단지 모든 개별적 천체에 대한 관계들입니다. 이 관계들은 내가 반복해서 여러 번 설명한 것처럼 특히 일정한 중심점들, 말하자면 태양들, 중심불들이 존재한다고 우리가 제시한 그곳에 있습니다. 마치 우리들이 우리에게 인접한 태양 주위를 일곱 개의 유성이 회전하는 것을 보는 것처럼, 태양들과 중심불들의 둘레를 그것들의 모든 유성들, 지구들, 그리고 물로 된 천체들이 회전합니다.[103]

브루노의 우주론은, 수학적 방법에 기초해서 우주를 연속적이고 균질적으로 펼쳐진 무한 공간으로 이해하는 근대의 우주론과 정확히 일치하지는 않는다. 그렇더라도 브루노가 우주를 유일하고 무한하며 분할할 수 없고 움직이지 않는 것이라고 주장할 때,[104] 이는 자연스럽게 뉴턴의 절대공간 개념을 떠올리게 한다. 『프린키피아』의 주해에서 뉴턴은 절대공간을 "본성적으로 외부의 어떤 것과도 관련 없이 항상 동일하

---

103 조르다노 브루노, 『무한자와 우주와 세계/원인과 원리와 일자』, 강영계 옮김, 한길사, 2000, 184-185쪽.

104 브루노, 2000, 422-423쪽.

고 움직이지 않은 채 남아 있는 것"으로 정의한다.[105] 광대무변한 무한 공간에 대한 사유를 브루노는 재치 있는 질문을 던지며 시작한다. 만약 공간의 가장 끝에 서 있는 사람이 바깥 방향으로 화살을 쏜다면 어떻게 될까? 경우의 수는 둘이다. 하나는 맨 끝자락에 있는 경계를 넘어서 화살이 날아가는 것이다. 그리고 다른 하나는 무엇인가에 막혀 화살이 떨어지는 것이다.[106] 이런 브루노의 사유 실험은 우주를 아무런 한계도 없는 무한히 개방된 전체로 볼 것인가 아니면 공간적으로 분명한 한계가 있는 구체로 볼 것인가를 사람들이 직접 판단하게 하려는 것이었다. 전자가 브루노의 입장이라면 후자는 우주를 지구를 중심으로 한 닫힌 세계로 보는 중세인의 입장이다. 브루노의 비판의 화살은 정확히 아리스토텔레스의 우주론을 겨냥하고 있었다. 그렇지만 공간 문제를 보다 구체적으로 이해하기 위해서는 허공kenon, 공간chōra, 장소topos라는 개념을 둘러싼 고대와 중세의 공간론을 간략하게나마 짚어봐야 한다.

고대 그리스에서 공간론과 관련된 논쟁은 원자론자들이 불을 지폈다. 원자론의 창시자인 레우키포스Leucippos와 완성자인 데모크리토스Democritos는 자연의 기본 원리이자 참된 사실로서 오직 원자와 허공의 존재만을 인정한다. 아리스토텔레스에 따르면 원자론자들은 일자론을 주장하는 엘레아학파의 '모든 것이 하나'라는 논증에 대해서 '있지 않은 것이 있다'고 응수한다.[107] 있지 않은 것, 즉 허공을 원자론자들은 물체의 이동이라는 현상을 바탕으로 정당화하는데, 물체의 이동이 가능

---

105 Issac Newton, *The Principia*, Andrew Motte (trans.), Prometheus Books, 1995, p. 13.

106 브루노, 2000, 54-55쪽.

107 김인곤 외, 2005, 545쪽.

하기 위해서는 텅 비어 있는 다른 공간이 필요하다는 논리였다. 이런 논증을 통해 원자론자들은 '있는 것'인 원자와 '있지 않은 것'인 비물질적인 허공 모두 실재한다는 결론에 이른다. 우주는 무수히 많은 원자가 무한한 허공 속에서 끝없이 움직이는 광대한 공간이다. 세계에는 이중의 무한성, 즉 무한한 허공과 무한한 수의 원자가 존재한다. 무수히 많은 수의 원자가 제한을 받지 않고 자유롭게 운동하려면 무한한 허공이 필연적으로 요구되기 때문이다. 무한한 허공을 도입함으로써 원자론자들은 접촉이라는 단일한 기계론적 인과법칙에 따라 서로 밀치고 충돌하는 무수히 많은 원자의 움직임으로 우주 만물의 생성을 설명한다. 모든 감각적 성질의 차이를 원자의 형태, 배열, 위치에 따라 생기는 것으로 보는 기계론적 사고를 바탕으로 현상을 설명한 것이다.

플라톤은 원자론자들이 주장하는 한정되지 않고 미리 정해진 어떤 방향도 없는 허공을 부정한다. 텅 빈 허공 대신에 플라톤은 충만함과 풍요로움으로 가득 찬 '생성의 수용자hypodochē'라는 공간(코라) 개념을 제시한다. 『티마이오스』에서 플라톤은 고대의 창조 개념에서 모티브를 발견할 수 있는 생성의 측면과 제작의 측면을 종합한 독특한 철학적 우주론을 펼친다. 우주 생성 이전에 이미 존재, 공간, 생성이 주어져 있다는 전제에서 출발하는 그의 우주창생론은 세 가지 원리로 구성된다. 바로 우주의 창조자인 데미우르고스, 항상 존재하지만 생성을 갖지 않는 이데아, 항상 존재하고 생성을 가지며 모든 것에 자리를 내주는 공간(코라)이다.

데미우르고스는 무규정적인 아페이론에 한도 혹은 한정을 부여함으로써 우주의 다양한 생성을 책임지는 신적 존재다. 이 생성 과정을 구체적으로 설명하기 위해서 플라톤은 세 가지 종류를 구분한다. 첫째로 생성의 모상이자 지성을 통해서만 파악할 수 있는 이데아를 언급하고, 둘째로 감각에 의해 지각되는 현상을 보여주어 서로 구별한 후, 셋째로 '생성의 수용자'를 제시한다. 공간 개념과 연결되는 생성의 수용자를 플라톤은 다양한 비유를 들어 묘사한다. 아이의 성장을 돕는 유모나 출산 때까지 태아가 발생하고 성장하도록 보호하고 영양을 공급하는 여성의 자궁에 비유하고, 연성이 커서 온갖 형태를 만들어낼 수 있는 금에 비유하기도 한다. 그리고 공간이라는 용어로 표현하기도 한다. "셋째 것[생성의 수용자]은 언제나 존재하는 공간의 종류로서, [자기의] 소멸은 허용하지 않으면서도, 생성을 갖는 모든 것에 자리를 제공하는 것이다."[108] 이러한 비유들을 종합해 볼 때, 생성의 수용자는 모든 것을 받아들이지만 항상 자기 동일성을 유지하면서도 생성하는 모든 것에 토대를 제공하며 이데아처럼 눈에 보이지 않고 소멸되지도 않는 것이다.

그렇더라도 생성의 수용자가 단지 모든 것을 수용하는 수동적 역할만 하는 것은 아니다. 플라톤은 공간이 생성의 유모로서 그 안에 가득한 힘들을 요동치게 하는 능동적 역할도 한다고 말한다.[109] 이렇듯 플라톤 자신도 정의의 어려움을 토로했던 생성의 수용자 개념은 서로 다른 해석의 여지를 남길지는 모르지만 모든 생성하는 것에 토대로 기능하는 비가시적이고 형태가 없는 자연 자체로 이해할 수 있을 것이다. 결론적으로 플라톤에게 공간은 텅 빈 허공이 아니라 공간적 측면과 구

---

108 플라톤, 2000c, 145-146쪽.

109 플라톤, 2000c, 247쪽.

성적 측면을 지닌 장場과 유사한 개념이다. 다시 말해 공간은 아직 형태를 못 갖춰 무질서한 상태에 있지만 생성의 힘과 가능성으로 충만한 물질들이 요동치는 장이다. 분명 플라톤은 우주론에 필요한 것으로서 생성하는 모든 것과 더불어 이데아뿐 아니라 공간도 궁극적인 형이상학적 소여로 상정하고 있다.

플라톤과 달리 아리스토텔레스는 우주 생성에 관해서는 별다른 관심을 보이지 않았고 공간 이론을 제시하지도 않았다. 윌리엄 로스William David Ross가 밝히듯이, 어떤 의미에서 아리스토텔레스에게 공간 이론은 존재하지 않았다.[110] 그의 관심은 장소(토포스)에 집중돼 있었고 장소에 대한 다양한 생각을 논할 때도 우주론이 아니라 자연학의 맥락에서 보았다. 이 문제에 대해서는 막스 야머Max Jammer도 비슷한 주장을 한다. 야머에 따르면 아리스토텔레스는 장소라는 용어만 사용했고 장소 이론을 제기했을 뿐 공간 이론은 내놓지 않았다. 아리스토텔레스의 사유 체계에서 플라톤과 데모크리토스의 공간 이해는 수용될 수 없었기에 그는 자신의 자연학과 양립할 수 없는 허공 개념을 배제하고 공간 내 위치들에 관련한 이론만 전개했다.[111]

아리스토텔레스에게 어떤 물체가 어느 곳에 존재하는가의 문제는 형이상학적 기본 범주에 속한다. 만물은 자연적으로 고유한 장소에 있다. 그러므로 장소가 없으면 어떤 물체도 존재할 수 없다.[112] 어떤 것이 있음은 어떤 곳에 있음이고 어떤 것이 없음은 어디에도 없음을 의미하

---

110 로스, 2016, 159-160쪽.

111 야머, 2008, 56-57쪽.

112 Aristotle, 1983, p. 30.

기 때문이다. '부동의 동자'를 예외로 한다면 지상계의 모든 물체는 천구에 의해서 한계 지어진 공동의 장소에 각자 고유한 장소를 배정받는다. 논리적으로 아리스토텔레스에게 가장 앞서 존재하는 장소는 무한, 허공, 시간보다 더 우선적인 지위를 부여받는다.

또한 장소는 변화를 이해하는 데 필수다. 아리스토텔레스는 장소를 "둘러싸이는 것과 맞닿아 있는 곳에서 감싸고 있는 물체의 한계"[113]로 정의한다. 즉 장소란 물체를 감싸고 있는 안쪽 한계나 경계를 의미한다. 변하지 않고 고정된 장소와 달리 물체는 장소와 분리될 수 있다. 장소와 물체의 분리를 다른 말로 변화와 운동이라고 할 수 있다. 변화와 운동은 항상 있는 것의 범주에 따라 일어나기 때문에 물체가 없다면 변화와 운동도 없다. 운동은 "가능적인 것의 현실태"다.[114] 즉 운동은 잠재적 상태에 있는 것을 완성된 형태인 현실적인 것으로 만듦을 뜻한다. 따라서 운동은 하나의 상태가 다른 상태로 갑자기 변화하는 것이 아니라 두 상태 사이에서 일정하게 진행되는 현상이다. 질, 양, 장소 차원의 운동 중에서 아리스토텔레스에게 가장 기본적인 것은 통상 위치의 이동이라고 할 수 있는 장소의 이동이다. 위치의 이동이란 결국 한 장소에서 다른 장소로의 운동이기 때문이다. 아리스토텔레스의 눈에 비친 자연 세계는 운동으로 가득했다. 장소도 허공도 시간도 없는 완전한 무가 지배하는 우주 바깥이 아니라 유한한 우주 안에서는 우리가 어디로 향하든 운동과 그것에 한계를 부여하는 장소와 마주칠 수밖에 없다. 아

---

113 Aristotle, 1983, p. 28.

114 아리스토텔레스, 2012b, 116쪽.

리스토텔레스가 자연을 연구하는 사람은 모름지기 장소에 관한 지식을 가져야 한다고 강조한 데는 그럴 만한 이유가 있었던 것이다.[115]

더욱이 아리스토텔레스에게 장소는 단지 수동적으로 감싸고 있는 것이 아니라 능동적으로 한계 짓는 능력을 가진 무엇이다. 플라톤의 우주창생론에서는 한계를 부여하는 것이 데미우르고스의 고유한 몫이지만 아리스토텔레스의 이론에서는 이미 장소 안에 이 한계를 규정짓는 능력이 포함돼 있다. 플라톤은 물리적인 물체의 바깥 표면에 형태를 부여하는 데 관심이 있었다. 반면에 아리스토텔레스는 에워싸는 장소들 안쪽 표면의 고정된 윤곽에 관심을 기울였다.[116] 아리스토텔레스에게 둘러쌈으로써 한계를 짓는 능력은 장소의 본질적 속성이다. 따라서 한정되지 않는 것에 한계를 부여하는 데미우르고스 같은 신적 존재가 필요하지 않았다. 우주는 처음부터 한계 짓는 장소의 본성에 따라 성층화成層化된 질서로 출현했다. 모든 물체는 장소에 둘러싸여 있고 이 모든 것을 다시 대기를 에워싼 천구가 여러 겹으로 둘러싸고 있다. 그리고 "전 존재자를 포괄하는 우주의 맨 바깥 둘레 테두리"가 바로 부동의 참된 장소요 우주의 끝이다. 이 경계 너머는 아무것도 존재하지 않는다. 완전한 무다.[117]

케이시는 장소 중심의 아리스토텔레스적 사유가 공간 중심의 근대적 사유로 이행하는 과정을, 통상 우주로 번역하는 '코스모스cosmos'와 '유니버스universe'를 분명히 구분하고, "유니버스의 공간적 유한성이 코

115 Aristotle, 1983, p. 25.
116 케이시, 2016, 128쪽.
117 나카무라 유지로, 『토포스』, 박철은 옮김, 그린비, 2012, 25쪽.

스모스의 장소적 유한성을 대체"[118]하는 과정으로 표현한다. 브루노의 사상은 이 이행 과정에서 세 가지 점에서 선도적인 역할을 한다.

첫째, 아리스토텔레스 자연학에 기초를 둔 중세 우주론의 해체다. 브루노는 장소 개념과 거대한 구체라는 장소에 감싸인 질서에 관심을 집중했던 아리스토텔레스의 유한 우주를 거부한다. 무한한 신의 개념과 더불어 원자론과 플라톤 철학, 그리고 쿠자누스의 사상에서 공히 나타나는 한계 지어지지 않고 끝없이 확장 가능하며 개방된 공간이라는 관념을 바탕으로 브루노는 무한 우주를 거침없이 상상한다. 모든 존재 자체인 무한자는 비교 불가능한 '가장 큰 것'이기 때문에 부분을 갖지 않고 어떤 구분도 허용하지 않는 유일한 것이다. 마찬가지로 길이, 넓이, 깊이에서 어떤 제한도 받지 않는 우주 또한 무한하고 동시에 유일하다. 모든 대립은 이 유일한 존재 안에서 조화롭게 통일된다. 무한자는 유일하고 우주도 마찬가지로 유일하다. "우주는 유일한 것, 무한한 것, 분할 불가능한 것이다."[119] 브루노의 무한 우주에 대한 열망과 자유로운 사유는 유한 우주의 단단한 껍질을 뚫고 그야말로 솟아오른다. "세계의 벽 바깥에는 공간이 무한하므로 사유하는 정신은 싸우려 한다. 사유하는 정신이 감각으로 파악하면서 고찰하는 것은 무한한 공간일

---

118 케이시는 산재한 장소-세계가 전체적으로 질서 정연한 상태를 유지하는 그리스의 코스모스 개념과, 라틴어 '우니베르숨universum'에서 파생된 '하나로 뭉친 전체를 회전시키는 것'을 의미하는 유니버스 개념을 대비시킨다. 유니버스는 물리학에서는 사상寫像되고, 신학에서는 사영寫影된다. 요컨대 무한 공간에 대한 초월론적 지리학transcendent geography이다. 이에 반해 코스모스는 우리가 살고, 기억하고, 그림으로 그리는 구체적 풍경으로 지각된다. 유한한 신체를 통해 느끼는 유한한 장소의 내재적 무대다. 케이시, 2016, 167-168쪽.

119 브루노, 2000, 422쪽.

것이다. 그곳을 향해 사유하는 정신은 사고의 자유로운 비상을 준비하려 한다."[120]

둘째, 브루노는 아퀴나스와 쿠자누스의 사상에서 고양된 무한성을 탈신격화해 근대적 의미에서 무한 공간의 가능성을 열어놓았다. 앞서 언급했듯이, 브루노는 쿠자누스의 신적 무한성과 대립의 일치 원리에 큰 영향을 받았다. 그럼에도 불구하고 양자는 두 가지 점에서 차이를 보인다. 하나는 무한성의 적용 범위다. 쿠자누스는 무한한 것과 유한한 것을 엄격히 구분하고 무한성을 오로지 신에게만 귀속시켰다. 이와 달리 브루노는 신적 속성인 무한성을 우주로 전이시켜 모든 가능한 세계로 확장했다.

다른 하나는 세계의 다수성에 대한 견해차다. 쿠자누스가 아리스토텔레스적 우주론의 자장에 여전히 머물러 있었던 반면 브루노는 공간적 무한성을 확장해 무수히 많은 세계가 존재할 수 있는 가능성을 열었다. 이렇게 확장된 공간은 지구중심설이나 태양중심설을 모두 훌쩍 뛰어넘는 것이었다. "다수의 무한한 지구들과 무수한 태양들 그리고 하나의 무한한 에테르가 존재하거나, 데모크리토스 및 에피쿠로스와 함께 말하자면, 제한되지 않은 충만한 것과 공허가 있으며 하나는 다른 것 안에 있다."[121] 물론 엄밀한 의미에서 신적 무한성에 근접할 수는 없지만 제한된 한계 내에서 끝없이 펼쳐진 무한한 공간에 대한 사유는 이

---

120 브루노, 2000, 250쪽. 무한 공간에 대한 사유는 브루노 형이상학의 독창성을 지탱하는 핵심이다. 그는 이런 사유를 통해 아리스토텔레스의 유한한 우주론을 부정할 뿐만 아니라 태양계를 넘어서는 광대한 우주로 거침없이 나아갈 수 있었다. 브루노가 인용한 구절은 루크레티우스Lucretius가 원자론자 에피쿠로스Epicouros에게 보낸 헌시의 일부다.

121 브루노, 2000, 130-131쪽.

미 쿠자누스의 사상에서 준비돼 있었다고 볼 수도 있다. 하지만 브루노는 명시적으로 신적 무한성과 우주의 공간적 무한성을 동일시함으로써 근대로 나아가는 확실한 교두보를 마련했다.

셋째, 브루노는 인격신이나 대우주와 소우주의 일치라는 관념을 거부함으로써 인간중심주의적 사고와 일정하게 거리를 둔다. 쿠자누스와 브루노에 따르면, 인간은 유한한 존재로서 신적 무한성에 기껏해야 근접할 수 있을 뿐 결코 도달할 수는 없다. 그렇지만 쿠자누스는 가장 큰 것으로 간주되는 참된 인간, 즉 예수 그리스도를 매개로 상정함으로써 유한하고 제한된 존재의 세계와 무한하고 절대적인 세계 사이에 가교를 놓았다.[122] 이와 달리 브루노의 관점에서는 신적 무한성에 다가가지 못한다는 점에서 인간이나 개미나 하등 차이가 없었다.[123] 인간은 그저 신적 무한성에 다가가려고 애쓰고 노력할 수 있는 존재에 불과했다. 같은 맥락에서 인간의 영혼과 동물의 영혼 사이에 근본적 차이가 존재하지 않았다. 인간과 동물의 영혼은 무한성의 일부라는 점에서는 차이가 없었다. "영혼은 존재를 부여하는 전체의 커다란 질량 안에 있지만 동시에 분할 불가능한 것이다. 그런 한에서 전체와 모든 부분들에 똑같은 방식으로 온전하게 있는 것이다."[124]

122 쿠자누스, 2013, 338쪽.

123 브루노, 2000, 422쪽.

124 브루노, 2000, 428쪽.

4. 르네상스 시기의 아르스

기술 지식의 문화혁명

14세기까지 서구 유럽의 기술 수준은 상대적으로 낮은 편이었다. 르 고프가 밝히듯이, 5-14세기 서구 유럽의 발명 현황은 보잘것없었다. 물론 발명이 늘어나긴 했지만 대부분 혁신과는 거리가 멀었고 대중의 호기심을 끄는 도구나 장치를 선보이는 데 그쳤다.[125] 기계의 사용도 빈약하긴 마찬가지였다. 13세기에 대성당 건축이 유행하면서 기중기와 동력 기계 사용이 증가하고 14세기 말 효율성이 큰 크랭크샤프트crank shaft[126] 체계가 정립되기까지 기계류의 질적 발전은 미미했다. 이런 사정은 동로마제국에서 공병工兵과 기계를 의미하던 '메카니치mechanici'라

---

125 르 고프, 2008, 325-331쪽.

126 크랭크샤프트는 증기기관이나 내연기관 등에서 피스톤의 왕복운동을 회전운동으로 바꾸는 기능을 하는 축을 말한다. 크랭크축이라고도 한다.

는 말이 중세에는 기술적 정교함이 떨어지는 포위 장비에 국한돼 쓰였다는 점에서 단적으로 드러난다.[127]

그러나 14세기 중반 이후 상황은 점차 달라진다. 13-14세기에 대학을 중심으로 스콜라철학과 고딕건축이 새로운 문화 변동의 주역을 맡았다면 15세기에는 궁정 문화가 주인공이 됐다. 지리상의 발견이라는 외부 충격과 함께 독일과 이탈리아에서는 국가 군주제가 확립됐고 중앙 집중적인 관리 구조가 강화되기 시작했다. 이제 권력의 근거지에는 호화로운 궁궐이 세워지고 도시 방어와 영토 확장의 욕망은 군대와 화기를 비롯한 전투 장비 및 동력 기계의 수요를 폭발적으로 증가시켰다. 궁궐, 요새, 군대, 함대가 필요해지자 고도로 숙련된 예술가/장인들이 늘어났다. 이에 15세기 후반에 이르면 대학에서 훈련받은 인문주의자들과 어깨를 견줄 만큼 탁월한 능력을 소유한 예술가/장인들이 멸시와 익명성을 벗어던지고 강렬한 모습으로 등장했다. 이런 변화를 패멀라 롱Pamela Long은 정치적 실천과 기계적 아르스 간의 새로운 동맹이라고 표현했다.

> 저자들은 15세기 초부터 '기계적 아르스'에 관한 책을 점점 더 자주 집필했다. 나는 이런 저작들이 테크네와 실천 사이의 새로운 동맹new alliance between technē and praxis에서 나왔다고 생각한다. 대학에서 교육받은 인문주의자들과 작업장에서 도제 훈련을 받은 예술가/장인들이 이런 책을 썼으며, 두 집단 모두 후원을 받았다. 수많은 15세기 도시, 특히 이탈리아와

127　르 고프, 2008, 335쪽.

남부 독일에 위치한 도시의 통치자들은 친족 관계로 묶인 전통적인 귀족으로서의 정통성이 결여돼 있었다. 이들은 실질적으로 자신의 권력을 정당화할 필요가 있었다. 이를 위한 한 가지 방법은 도시 재설계와 궁전의 화려한 인테리어를 포함한 건설 프로젝트였다. 예술가/장인들과 인문주의자들이 다양한 기계적 아르스에 관한 책을 집필하고 이것들을 후원자에게 헌정하면서 아르스 자체도 강화됐다.[128]

13세기부터 대성당 건축을 비롯한 사회의 다양한 측면에서 기계적 아르스는 매우 중요한 요소였음에도 불구하고 예술가/장인들은 지적으로 부족하고 방법적 지식에만 능하다는 이유로 부차적인 지위를 얻는 데 그쳤다. 하지만 14세기와 15세기를 거치면서 기계적 아르스에 대한 경제적, 문화적 가치뿐만 아니라 특히 군사적 중요성이 커지면서 예술가/장인은 르네상스 사회의 기준에서 점차 중요한 위치를 차지한다. 이 과정은 예술가/장인들이 이전의 익명성과 사회적 경시를 떨치고 자신을 해방하는 일종의 문화 운동으로 표출됐다. 예술가/장인들은 자신들의 기계적 아르스의 원리를 라틴어가 아니라 자국어로 책에 담아냄으로써 기계적 아르스를 학문과 과학의 수준에 올려놓기 위해 고군분투했으며 이를 통해 개인적 명성과 성공을 열망했다.

이 과정에서 예술가/장인을 새로운 것의 창조자로 보는 근대적 의미의 사회적 인식도 생겨났다. 요시타카에 따르면 예술가/장인들이 길드 체계에 속박당하지 않고 스스로 창조적인 직종에 종사한다고 생각

---

128 Long, 2001, pp. 245-246.

하게 된 것은 16세기다.[129] 이런 변화를 추동한 배경에는 대규모 건축 사업이 있었고, 도시 귀족이나 벼락부자가 된 상인들이 경제력을 과시 하기 위해 예술가/장인을 후원하고 고급 공예품과 미술품을 수집한 일 이 중요하게 작용했다. 이제 무명의 예술가/장인들이 만들던 공예품과 미술품은 저마다 자기 이름을 달고 제작하는 '예술 작품'으로 변모했다.

레오나르도 다빈치Leonardo da Vinci 이전에 기계적 아르스의 위상 변 화에 가장 크게 기여한 인물은 필리포 브루넬레스키Filippo Brunelleschi다. 건축가이자 군사기술자를 자칭했던 브루넬레스키는 시와 회화, 원근 법 등에 두각을 나타낸 다재다능한 인물이었다.[130] 그렇지만 그에 대한 정보는 거의 남아 있지 않고 다빈치를 비롯한 다른 사람들이 그의 작업 을 언급한 것이 전해질 뿐이다. 여러 분야 중에서도 브루넬레스키의 진 가가 돋보인 분야는 건축이었다. 피렌체 대성당 건축에서, 특히 성당의 돔을 씌우는 작업에서 늑재와 비계 대신 속도가 서로 다른 세 가지 경 량 윈치와 거대한 기중기를 사용한 건축 기법은 당시로서는 그야말로 획기적이었다. 이런 혁신적인 건축 방식은 기계를 사용하는 작업장의 모범이 됐고, 후대의 많은 예술가/장인들에게 커다란 영감을 주었다.

설계가이자 엔지니어로서 건축의 위상을 높인 브루넬레스키의 업 적과 많은 예술가/장인들의 눈에 띄는 성과는 분명 예술가/장인의 지위 를 높이고 이미지를 향상하는 데 중요한 밑거름이었다. 그럼에도 불구 하고 르네상스 시기의 전형적인 건축가, 화가, 조각가 들을 자율적이고

---

129 요시타카, 2010, 44-45쪽.

130 움베르토 에코 외, 『중세 IV』, 김효정·주효숙 옮김, 시공사, 2018, 432-435쪽.

독립적인 개인으로 보는 것은 과장된 측면이 없지 않다. 미술사가 샤이너는 주제는 물론 크기, 재료, 가격, 심지어 배달 날짜까지 정확히 명시된 르네상스 시기의 수많은 계약서를 분석함으로써 당시의 예술가/장인들이 계약서에 적힌 지시 사항을 충실히 이행하는 면모도 보였다는 사실을 강조했다. 다빈치도 예외는 아니었다.[131]

레오나르도 다빈치

15세기에 활동한 다빈치는 르네상스 시기 '기계적 아르스' 전통의 정점에 우뚝 선 인물이다. 다른 모든 예술가/장인의 선망의 대상이었던 다빈치는 라틴어를 모르고 손을 사용하는 직인으로 무시와 천대를 받았으나 결국 사회적 제약을 극복하고 박학다식한 과학 전문가로 인정받았다. 주지하다시피 다빈치는 원근법, 수력공학, 수학, 해부학, 지질학 등 다방면에 걸쳐 두각을 나타낸 예술가/장인이었다. 피렌체의 작업장에서 견습생으로 이력을 시작한 다빈치는 브루넬레스키의 작업에 큰 자극을 받았으며 오랜 기간 군사기술자로 일했다. 말년에는 프랑스 왕 프랑수아 1세에게 인정받아 '전임 화가 및 기술자'로 봉직하다 파란만장한 삶을 마감했다.[132]

후대 사람들은 여러 가지 이유에서 다빈치를 '르네상스의 천재'라

---

131 쉬너, 2007, 72-73쪽.
132 에코 외, 2018, 442-444쪽.

고 부르며 칭송을 아끼지 않는다. 20세기 초 프랑스 시인이자 비평가인 폴 발레리Paul Valéry가 대표적이다.

이것은 거의 환상적인 이야기라고 해도 좋을 정도인데 그 이야기에서는 모든 것이 진실되고 그냥 진실된 것일 뿐 아니라 검증 가능한 것이다. 만약 이것이 가공의 이야기라면 인간 정신의 신화의 한 장이 될 것이며 내가 이제부터 이야기할 인물은 지적 우화에 등장하는 영웅들과 반신半神들 사이에 위치할 만하다. 그러나 이 경이적인 인물이 존재했다는 증거는 이것을 찾으려고 하는 사람이라면 누구라도 자유롭게 확인할 수 있으며 그의 여러 업적은 그것을 보려고 하는 사람들의 눈앞에 있다.[133]

그러나 15세기 다른 예술가/장인들이 놓인 문화적 맥락과 분리해서 다빈치의 천재성과 독자성만을 강조하는 것은 지나친 과장일 수 있다. 다빈치의 전반적인 작업 과정은 중세의 전통 속에 있었고 다른 예술가/장인들과 마찬가지로 그도 후원자와 의뢰인의 요구와 지시 사항을 엄격하게 준수했다. 더욱이 다빈치는 생애 대부분을 화가가 아닌 군사기술자로 활동했다. 그는 당시의 예술가/장인 집단과 기계적 아르스의 지위 강화라는 목표를 공유했으며 명성을 얻기 위해 이 일에 전념했다. 그렇지만 다빈치의 유산은 분명 예술가/장인의 문화 운동이 근대 세계와 새로운 과학을 향해 나아가는 도정에서 중요한 의미가 있었다. 여기서는 그 유산의 역사적 위상과 의미를 간략히 살펴본다.

---

133 폴 발레리, 『레오나르도 다빈치 방법 입문』, 김동의 옮김, 이모션북스, 2016, 189쪽.

다빈치는 회화를 사랑했고 회화를 단순한 기계적 아르스가 아니라 정신적 활동이 필요한 과학으로 격상해야 한다고 생각했다. 회화 작품을 구상할 때 필수 요소는 디자인과 색채다. 이 중에서 디자인은 전체 화면의 구성이나 드로잉에서 중요하다. 부단한 연습이 필요한 드로잉을 통해 예술가/장인은 단순한 감각의 차원을 넘어서 이성적으로 대상을 관찰하고 조합해 평면에 배치하는 능력을 습득한다. 그래서 디자인은 단순한 모방이 아니라 이전에 없던 것을 창조하는 능력으로 인정받았다. 이런 이유에서 르네상스 시기 예술가/장인들은 디자인을 뜻하는 이탈리아어 '디세뇨disegno'를 '신의 표징Segno di Dio'으로 해석했다.[134] 당시의 예술가/장인들은 신의 능력에 버금가는 자신들의 창조적 능력을 강조함으로써 회화가 기계적 아르스가 아니라 '교양 아르스'에 포함돼야 한다고 생각했다.

사후에 편집 출간된 책이긴 하지만 다빈치는 『회화론』을 남겼다. 이 책은 근대 과학의 방법론과 깊이 연관된 다빈치의 경험주의적이고 실증적인 연구 방식을 담고 있다. 출발점은 자연과 경험의 관계다. 다빈치에게 자연은 우리가 경험하지 못한 무한한 원인으로 가득 차 있지만 결코 무규정적인 것이 아니며 내적 필연성과 법칙을 갖는 세계다. 자연은 자신의 법칙을 어기지 않고, 내재된 법칙의 논리적 필연성에 의해 제약을 받는다.[135] 따라서 자연을 탐구하려면 먼저 경험을 분석해야 한다. 자연은 원인에서 시작해 경험으로 끝나는데, 우리가 선택할 수

---

134 데이비드 흄, 『취미의 기준에 대하여/비극에 대하여 외』, 김종훈 옮김, 마티, 2005, 191쪽.

135 Leonardo da Vinci, *Leonardo da Vinci: Notebooks*, Irma A. Richter (compiler), Oxford University Press, 2008, p. 8.

있는 연구 방식은 반대 방향, 즉 경험에서 출발해 자연으로 나아가는 것이기 때문이다.

다빈치에게 회화는 자연과 경험의 관계에서 자연을 바라보는 창과 같다. 자연은 주로 시각을 통해서 지각되는데 회화는 무엇보다 이런 바라봄의 과정에 깊이 관여하기 때문이다. 따라서 화가는 눈에 나타나는 시각 이미지들을 캔버스나 종이의 평면에 재현하기 위해 바라봄의 경험을 분석해야 한다. 화가의 그림은 우리가 바라보는 가시적 세계의 일부를 일종의 창이라는 틀을 통해 느끼게 하는 것이다. 이런 맥락에서 다빈치는 회화가 눈의 기능에 대한 완벽한 지식인 원근법에 기초해 있다고 강조한다. 원근법과 회화의 관계는 굴레와 말의 관계, 방향타와 배의 관계와 같다.[136] 이러한 회화에 대한 기본 생각은 초심자들이 배워야 하는 기법에 대한 다빈치의 권유에서 그대로 드러난다. 다빈치는 첫째 원근법 지식을 얻고, 다음으로 좋은 스승에게 소묘 스타일을 배우며, 마지막으로 자연을 연구하고 옛 거장들의 작품을 감상하라고 권했다.[137]

13세기부터 원근법은 눈에는 멀거나 가까워 보이는 사물을 확대하거나 축소함으로써 합리적으로 배치하는 기법으로 점차 사용 범위가 넓어졌다.[138] 원근법의 발달은 근대 과학 발전의 중요한 계기였다. 15-17세기에 출현한 회화와 판화는 자연 세계를 세밀히 묘사했는데, 이는 기술과 과학의 영역에서 17세기 망원경과 현미경의 발명이 천문학

---

136 Leonardo da Vinci, *Treatise on Painting*, John Francis Rigaud (trans.), 1835, p. 51.

137 da Vinci, 1835, p. 1.

138 에코 외, 2018, 433-434쪽.

과 생명과학에 미친 영향과 중요성에 비견할 만한 것이었다.[139] 원근법은 공간에서 대상들의 관계를 세밀하게 관찰하고 소실점을 중심으로 상을 합리적으로 배열함으로써 대상들의 상징적 관계를 처음에는 시각 관계로, 그다음에는 양적 관계로 환원하는 기법이다. 이런 전통 속에서 다빈치는 회화의 이론적 기초로 원근법을 선택했지만 전적으로 수학의 정밀성에만 의존한 것은 아니었다.

다빈치는 원근법의 종류를 세 가지로 구분한다. 첫째는 사물이 눈에서 멀어질 때 축소되는 방식을 다루는 선 원근법Linear perspective이다. 둘째는 색이 눈에서 멀어질 때 달라지는 방식을 다루는 색 원근법colour perspective이며, 마지막은 사물이 시야에서 멀어질 때 상대적으로 덜 분명해 보이는 방식을 나타내는 음영 원근법disappearance perspective이다.[140] 다빈치는 색 원근법과 음영 원근법을 창안해 독창성을 드러냈다. 우리가 살아가는 실제 현실은 실험 공간이 아니라 다채로운 색상과 공기로 가득 찬 세계다. 따라서 자신의 감각적 경험을 기준으로 3차원 공간에 놓인 사물을 그림으로 구현하려면 사물을 둘러싼 색과 공기도 고려해야 한다. 공기 중에 있는 미세 먼지와 물 분자가 빛을 난반사해 멀리 떨어진 사물은 뿌옇고 흐릿해 보이기 때문이다.

다빈치는 정교한 관찰력을 바탕으로 사물의 입체감과 물체감을 동시에 살려내는 원근법 정립에 몰두했으며, 관찰이라는 방법으로 파악할 수 없는 것들을 논리적, 수학적 기법보다는 직접 경험으로 포착하

---

139 Paolo Rossi, *Birth of Modern Science*, Blackwell Publishing, 2000, p. 44.

140 da Vinci, 2008, p. 113.

려고 했다. 다빈치를 비롯해 르네상스 시기에 원근법을 탐구한 예술가/장인들은 근대적인 수학적 공간으로의 이행이라는 과학적 관념의 형성과 성장에 지대한 공헌을 했다. 원근법이 단지 예술의 발전만이 아니라 근대적인 경험 세계의 확립에 기여한 측면을 파노프스키는 다음과 같이 강조한다.

> 우리도 이 획득물(원근법)이 당시 어떠한 의미를 지니고 있었는가를 떠올려보려고 시도하지 않으면 안 된다. 이는 비단 이것에 의해 예술이 '학'으로 높여졌다(르네상스에 있어 그것은 하나의 [정신의] 고양이었다)는 데에 머무르지 않는다. 주관적인 시각 인상이 대폭 합리화된 것이며, 그 결과 마침내 이 시각 인상에야말로 확고한 기초를 지닌, 그리고 전적으로 근대적인 의미에서의 '무한한' 경험 세계를 구축하기 위한 기반이 될 수 있었던 것이다. (…) 그것은 정신생리학적 공간을 수학적 공간으로 이행시키는 전환이 달성된 것으로서, 달리 말하면 주관적인 것의 객관화가 달성된 것이다.[141]

한편 다빈치는 역학, 공학, 건축, 해부학 등에 대한 지식과 다양한 기계, 장비, 장치 등을 삽화와 함께 정리한 방대한 육필 원고를 남겼다. 이 원고는 그의 사후에 『코덱스 아틀란티쿠스 *Codex Atlanticus*』라는 책으로 출간됐다.[142] 다빈치는 하늘을 나는 기계를 설명하면서, 인간은 천재성

---

141 파노프스키, 2014, 65쪽.

142 프랜시스 문에 따르면 기술과 과학을 다룬 다빈치의 작품에 대한 인식은 19세기 초에 그의 그림이 복제되면서 천천히 알려졌으며 1883년에 『다빈치의 노트 *The Notebooks of Leonardo Da*

을 발휘해 여러 가지 발명을 하지만 결코 자연보다 더 아름답고 더 경제적이고 더 직접적인 것을 발명해낼 수는 없다고 말한다. 자연의 발명에는 조금의 부족함도 넘침도 없기 때문이다. 이처럼 다빈치는 자연의 완전함과 풍부함을 예찬했다.[143] 또 한편으로 그는 필요에 부합하는 인간의 기계적 발명의 가치를 확신했고, 뛰어난 드로잉 실력을 바탕으로 다양한 기계와 장치에 대한 삽화를 남겼다. 다빈치의 작업은 르네상스 시기 다른 예술가/장인들이 공유했던 '기계의 꿈'을 표현한 것이었고, 이는 후대의 과학기술과 기계의 발전에 중요한 밑거름이 됐다. 프랜시스 문Francis Moon이 밝히듯이, 다빈치는 4세기 동안 기계의 본성에 대한 지식의 다양한 갈래를 하나로 수렴해온 예술가-건축가-엔지니어 네트워크의 핵심 연결 고리였다.[144]

마술에서 과학으로

프랜시스 베이컨

14-16세기 유럽 문화 운동의 성격을 띤 르네상스가 끝나고 근대로 넘어가는 길목에서 우리는 프랜시스 베이컨Francis Bacon이라는 새로운 정신과 조우한다. 베이컨의 새로움은 그가 중세부터 이어져온 마술적,

---

*Vinci: Complete & Illustrated*로 출간되고 관심이 빠르게 확산됐다. Francis Moon, *The machines of Leonardo Da Vinci and Franz Reuleaux*, Springer, 2007, p. 4.

143 da Vinci, 2008, p. 98.

144 Moon, 2007, p. 6.

신비적 요소를 일소하고 과학기술의 진보를 설득력 있게 예언하고 옹호한 인물이라는 데 있다. 그의 사유에서는 과도한 상징주의와 무수한 알레고리의 연쇄, 그리고 자연의 운동을 감정적, 정서적 태도로 이해하는 경향은 들어설 자리가 없었다.

베이컨의 야심만만한 근대적 기획은 궁극적으로 모든 인류를 위한 것이었다. 그의 목표는 인간 능력의 한계를 극복하고 확장함으로써 인류의 행복 증진이라는 위대한 과업의 기초를 확고히 하는 것이었다.[145] 이를 이루기 위해서는 무엇보다 철학이 환골탈태해야 했다. 사색과 관조의 철학이 아니라 발명과 발견의 철학이 긴급하게 요청됐다. 이런 맥락에서 베이컨은 동시대의 세 가지 학문 경향을 "학문의 세 가지 질병"이라고 부르며 신랄하게 비판했다. 이때 기준은 유용성과 효용성이다.

첫째 비판의 대상은 마술이라는 환상적 학문이었다. 16-17세기에 서구 유럽에서는 자연에 대한 사실적 관찰과 실험을 중시하는 실용적인 태도가 유행하면서 전통적인 자연마술과 연금술에서 나타나는 알레고리의 마술적 언어, 은유, 신비스러운 상징은 차츰 힘을 잃었다.[146] 『신호탄에 관하여』를 쓴 야금학자 반노초 비링구초Vannoccio Biringuccio, 의사이자 광산학자로서 『금속에 관하여』를 쓴 아그리콜라Agricola, 그리고 도예 장인 베르나르 팔리시Bernard Palissy 등이 이 새로운 태도를 공유했다. 이들과 마찬가지로 베이컨도 중세 과학이었던 점성술, 자연마술, 연금

---

145 프랜시스 베이컨, 『신기관』, 김홍표 옮김, 지식을만드는지식, 2014, 99쪽.

146 Paolo Rossi, *Francis Bacon: From Magic to Science*, Sacha Rabinovitch (trans.), Routledge & Paul, 1968, pp. 1-3.

술을 인간의 삶을 개선하는 데 아무런 쓸모가 없다는 이유로 배척했다. "주술의 힘을 빌려 자연을 해석하려 했던 사람들은 터무니없는 어림짐작으로 사물의 신통력을 믿으면서, 자연에 대한 교감sympathy과 반감antipathy으로 모든 것을 설명하려 든다. 그들이 이룬 성과는 설령 뭔가 있다 하더라도 인간에게 도움을 주었다기보다는 그저 주술적인 힘에 신기해하고 경탄하는 것 이상이 되지 못했다."[147]

둘째는 스콜라철학이라는 논쟁 위주의 학문이었다. 스콜라철학자들은 각자의 재능을 바탕으로 참된 진리를 추구하고 이를 보편 원리로 제시함으로써 일정 기간 유용성을 인정받았다. 그렇지만 베이컨이 보기에 당시의 스콜라철학자들은 참된 증거보다는 이의에 대한 반박과 답변이라는 형식에 치중한 방법론을 고수함으로써 보편 원리와는 무관한 추악한 것들을 양산하는 행태를 답습하고 있었다. 인간의 삶을 개선하여 유용하고 유익한 것을 주는 데는 기여하지 못한 채 그저 난폭한 논쟁과 성과 없는 의문을 생산할 뿐이었다.[148]

마지막은 인문학이라는 사치스러운 학문이었다. 베이컨은 고전 연구에만 과도하게 집착한 나머지 내용 없이 환상적이고 그럴듯한 말을 늘어놓기 바쁜 인문학을 가장 추악한 헛된 짓이라고 몰아세웠다. 베이컨이 보기에 개인의 재능에서 나오는 협잡과 무지, 그리고 과도한 맹신이 하나로 합쳐진 인문학은 유용성을 창조하는 지식의 본질적 형상을 파괴하는 사이비 학문에 지나지 않았다. 이처럼 중세의 봉건적 질서

---

147 베이컨, 2014, 66쪽.
148 프랜시스 베이컨, 『학문의 진보』, 이종흡 옮김, 아카넷, 2002b, 59쪽.

에서 새로운 산업적 질서로 이행하는 와중에 자연에 대한 새로운 접근법을 창안한 베이컨은 당대의 학문 경향에 날선 비판을 수행함으로써 새로운 시대의 이정표를 제시했다. 그의 새로운 자연철학의 고갱이는 두 가지였다.

첫째는 자연을 지배하기 위해서는 먼저 자연에 복종함으로써 배워야 한다는 황금률이다. "자연에 종속되었지만 그것 없이는 살 수 없어서 자연을 분석해야만 하는 인간은, 자연을 관찰하고 그 법칙을 사색하는 한에서만 그것의 상당 부분을 이해할 수 있으며 또 뭔가 할 수 있다. 그 이상의 것은 이해할 수도 없고 뭔가 할 수도 없다."[149] 베이컨이 보기에 자연의 지배에 앞선 자연의 이해는 궁극적으로 인간의 행복에 이바지할 터였고 이는 너무나 자명했다. 따라서 자연 탐구는 이를 통해 실현될 수 있는 인간 삶의 향상과 개선으로 정당성을 인정받을 수 있었다.

둘째는 자연을 단지 주어진 무엇으로 받아들이는 것이 아니라 객관적으로 형성할 수 있는 것으로 보는 관점이다. 자연 탐구의 목적은 법칙에 따라 자연이라는 거대한 가능성의 영역에서 추출한 사실들을 구성하는 것이다. 자연은 언제나 아랑곳하지 않고 자신의 일을 묵묵히 수행한다. 그러므로 인간이 사물의 작동 원리를 이해하기 위해 할 수 있는 일은 자연의 실체를 가능한 한 모으거나 해체하는 것이다.[150] 이러한 관점은 계몽주의 시대와 근대 자연과학에서 나타난 지적 태도와 다르지 않았다.

---

149 베이컨, 2014, 3쪽.
150 베이컨, 2014, 4쪽.

더 나아가 베이컨은 자연을 올바로 인식하기 위해 자연의 본성과 인간의 본성의 혼화混化를 검토하면서 인간의 정신을 좀먹는 네 가지 우상을 제거해야 한다고 주장한다. 즉 종족의 우상Idols of the Trie, 동굴의 우상Idols of the Cave, 시장의 우상Idols of the Market Place, 극장의 우상Idols of the Theater이다.[151] 먼저 종족의 우상은 인간 지성의 본성적 특징에서 기인한다. 인간의 지성은 의지와 감정의 영향에서 결코 자유로울 수 없다. 이 때문에 만물의 척도로 인간의 감각을 앞세우는 그릇된 생각이 싹트기 마련이다. 또 인간의 지성은 무엇이든 추상화하는 경향이 있다. 여기서 과도한 일반화를 추구하는 성향이 생긴다. 이 두 가지를 베이컨은 인간의 자연 이해와 통제에 불리하게 작용하는 요인으로 보았다. 동굴의 우상은 자신이 속한 사회의 다양한 영향을 받아 인간 개개인이 가지게 되는 편견과 선입견을 뜻한다. 그리고 시장의 우상은 의사소통 과정에서 혼란과 무의미한 논쟁을 양산하는 언어의 사용에서 비롯된 잘못된 관념이다. 마지막으로 극장의 우상은 사람들의 생각을 통제하고 억제하는 위대한 지적 체계를 말하는데, 대표적인 예가 중세 아리스토텔레스 철학이다. 이 네 가지 우상은 실질적으로 발명, 창조, 발견이 확장되는 범위를 제한하는 요소였기 때문에 베이컨이 보기에는 제거 대상이었다.

특히 극장의 우상 폐기는 사실의 논증에서 별다른 효용이 없는 아리스토텔레스의 삼단논법과 직관적 귀납법의 폐기를 의미했다. 베이컨은 세계를 인간의 사유 체계에 종속시키고 인간의 사유를 언어에 구속

---

151 베이컨, 2002b, 297-308쪽.

해서 노예화한다는 이유로 아리스토텔레스의 논리학을 거부한다.[152] 대신에 법률가로서의 자기 경험에 기초해 개선된 귀납법을 제시한다. 베이컨 스스로 참된 귀납법이라고 부른 이 방법론은 낮은 수준이나 가장 높은 수준의 공리가 아니라 중간 수준의 공리에 집중하는 일종의 '부정적 귀납법'이다. 과학과 기술의 발견과 이를 증명하는 데 유효한 귀납법은 부정의 방법으로 자연을 분석하고 충분한 반례라는 확고한 증거를 통해 결론에 도달하는 것이다.[153] 이렇게 베이컨은 자연 탐구에서 나타나는 부정적 사례를 모으는 일이 중요하다고 강조함으로써 한편으로는 성급한 일반화의 오류를 막고, 다른 한편으로는 가장 보편적인 공리로 비약하는 잘못을 피할 수 있다고 생각했다. 따라서 자연을 탐구하는 연구자는 다양한 현상에 관한 모든 증거와 함께 합리적으로 예상되지만 드러나지 않는 현상에 대한 모든 증거를 수집하는 일부터 시작해야 한다. 그리고 나서 양쪽의 증거를 주의 깊게 비교 판단해서 중요한 인과관계의 요소를 도출한 후 이를 종합해야 한다. 결국 베이컨은 새로운 철학의 임무로서 중간 공리에 속하는 자연철학의 확대를 가장 중요한 요소로 이해했던 것이다.

이러한 베이컨의 철학 원리는 지식의 분류 체계에서 더욱 구체화된 형태로 제시된다. 그에 따르면 인간의 지식은 서로 다른 두 가지 광원에서 기원한다. 하나는 하느님의 계시이고, 다른 하나는 자연의 빛이다. 이에 따라 인간의 지식은 일차적으로 신학과 철학으로 나뉜다. 베

---

152 베이컨, 2002b, 41쪽.

153 베이컨, 2014, 88쪽.

이컨은 이어 철학을 세 가지 유형, 즉 자연신학·자연철학·인간철학으로 구분한다.[154] 지식은 하나의 나무에서 가지가 여럿 뻗어 나오듯 분할을 통해 성장하고 모든 사물에는 신적 권능, 자연 본연의 특성, 인간의 효용이라는 세 가지 계기가 겹쳐져 있다. 이렇게 중첩된 세 가지 요소로 구성된 실재를 해명함으로써 베이컨은 자신이 '제1철학' 혹은 '종합철학'이라고 부른 보편학에 이를 수 있으리라 기대했다.

자연신학·자연철학·인간철학이라는 세 가지 유형의 철학 중에서 베이컨은 자연철학에 무게중심을 두었다. 자연신학은 계속 종교와 철학을 혼동해 혼란을 일으켰고 이후에도 비슷한 오류가 반복될 수 있기 때문에, 인간철학은 자연철학의 일부이기 때문에 중요성을 낮추었다. 베이컨의 의도는 그가 참된 지식의 '삼단 피라미드'라고 불렀던 자연철학의 하위분류에서 잘 드러난다. 베이컨은 삼단 피라미드의 정점에 형이상학을, 중간에 물리학을, 맨 밑에 자연사를 배치했다. 그는 학문의 진보에 방해가 되는 목적인을 거부했으며 학문을 형상인에 대한 탐구로 보았다. 자연에는 법칙에 따라 개별 활동을 하는 물체 외에는 아무것도 존재하지 않기 때문이다.[155] 이 자연법칙이 형상이고 이 형상을 발견할 때만 제대로 된 추론과 자유로운 작업이 가능해진다. 작용인과 질료인은 특정한 경우에만 형상이 구현되는 대상으로서 불안정한 원인일 따름이다.

또한 베이컨은 이성과 경험의 결합이라는 원리에 따라 인간의 지

---

154 베이컨, 2002b, 195쪽.
155 베이컨, 2014, 121쪽.

식과 인간의 힘이 다르지 않으며 이론과 실천도 긴밀히 연관돼 있다고 주장한다. 지식의 삼단 피라미드를 구성하는 개별 요소는 자연을 탐구하는 연구자가 특정한 주제를 탐색하는 단계적 순서를 의미하는 것이 아니다. 이들 개별 요소가 따로 연구되면서 상호 도움을 주는 협력과 협동의 관계를 의미한다. 따라서 가장 높은 수준의 형이상학적 지식에 도달했다고 해서 모든 것을 완성한 것은 결코 아니다. 이론적 지식의 정당성은 실천을 통한 유용성과 효용의 검증을 통과해야만 한다. 이렇게 베이컨은 이론적 지식에 상응하는 실천적 활동의 중요성을 강조한다.

새로운 아틀란티스

베이컨은 처음으로 과학과 기술의 진보를 위한 포괄적 프로그램의 윤곽을 제시함으로써 향후 서구 유럽 문명의 발전에 광범위한 영향을 미쳤다. 베이컨 이전에 서구 문명의 발전에서 영국의 역할은 미미했다. 기술의 중심지는 이탈리아와 독일이었고, 영국은 예술가/장인, 발명가, 작가의 땅이 아니라 난폭한 왕과 귀족의 땅이었다. 그러나 16세기 말에 이르러 상황이 역전되기 시작했다. 셰익스피어의 시대라는 말이 무색하리만치 시대의 흐름은 베이컨의 편이었다. 영국의 르네상스를 추동한 원인을 정확히 알 수는 없지만 아마도 15세기 이후 지리상의 발견으로 유럽의 공간적, 시간적 지평이 급속히 확산된 것과 깊은 관련이 있어 보인다. 베이컨 사후 빛을 본 『새로운 아틀란티스』에서 펼쳐지는, 학문과 기술이 진보한 이상적인 사회 모델은 지리상의 발견이라는 외적 충격 없이는 설명하기 힘든 부분이 있다.

분명 베이컨은 봉건적 농업 질서에서 새로운 산업 질서로의 거대한 구조 변동을 총체적으로 인식했고 이런 시대에 걸맞은 새로운 철학의 정립이 시급함을 최초로 깨달은 철학자였다. '새 술은 새 부대에 담아라'라는 성경의 격언처럼 베이컨은 고대 세계에서 원형을 찾거나 교훈을 얻으려는 모든 시도와 단절했다. 그에게 시간은 진리의 발견을 진척시키는 진정한 요소였다. 따라서 고대 그리스는 세상의 청년기에 불과할 뿐, 시간의 경과로만 따지자면 오히려 고대보다 근대가 더 오래되고 성숙한 시대였다. 고대 그리스인들은 우화와 전설을 제외하면 이렇다 할 역사를 남기지 않았으며, 에티오피아 이남 아프리카 지역과 중국의 동쪽 지역이 포함되지 않은 세계의 일부만을 알고 있었을 뿐이다. 당연히 고대 그리스인들은 신대륙에 대해서도 아는 바가 전혀 없었다. 이런 이유에서 베이컨은 고대 세계에 대한 과도한 숭배는 불가피하게 학문과 기술의 진보를 방해할 것이라고 보고, 고대 세계와는 다른 근대의 기술적 잠재력이 열어놓은 가능성에 힘을 싣는다.

발견의 힘과 미덕, 또는 결과를 살펴보자. 고대인들에게는 알려지지 않았지만 지금은 어디서나 쉽게 볼 수 있는 세 가지 발명품, 즉 인쇄술, 화약, 그리고 나침반이 어떤 파급력을 지녔는지 상상하는 것은 어렵지 않다. 이 세 가지는 그야말로 세계를 완전히 뒤바꾸었다. 인쇄술은 인문학에서, 화약은 전쟁에서, 또 항해에서 나침반은 셀 수 없는 변화를 몰고 왔다. 그 어떤 제국도, 어떤 학파도 그 어떤 것도 인간사에 이들 기술적 발견에 버금갈 만한 힘과 영향을 끼친 것이 없다.[156]

---

156 베이컨, 2014, 116-117쪽.

시간을 진리를 발견하고 효용을 달성하는 참된 조건으로 생각했던 베이컨에게 인쇄술, 화약, 나침반처럼 시간의 원리를 잘 구현한 발명은 문명의 발전 단계를 가늠하는 척도였다. 인쇄술을 비롯한 발명은 처음에는 좀 엉성하고 부족한 형태로 출현하더라도 시간이 지나면서 점점 더 완성된 형태로 발전해 나아가기 때문이다. 이처럼 베이컨은 시간의 효용 가치와 발명의 중요성을 역설했지만 중세 유럽의 독자적 발명품인 기계적 시계에 대해서는 언급조차 하지 않는다. '자연에 순응하지 않고는 자연을 지배할 수 없다'는 자연에 대한 유기체적 관점을 견지했기 때문이다.[157]

베이컨에게 문명의 발전 단계를 결정짓는 척도는 인종, 기후, 토질 같은 문화적, 지리적 요인이 아니라 발명과 '기계적 아르스'와 같은 요인이었다. 먼저 베이컨은 학문의 진보가 항상 새로운 발명의 기회로 연결돼야 한다고 주장했다. 자연 탐구를 통해 인간은 이전에는 상상할 수 없었거나 불가능해 보였던 발명을 할 수 있게 됐다. 직물을 짜는 실은 동물의 털이나 식물성 섬유에서만 뽑을 수 있다고 생각하는 사람은 누에에서 풍성하게 생산되는 비단실을 상상할 수 없었을 테고, 자철석의 특성에 둔감한 사람은 나침반을 상상할 수 없었을 것이다. 아직 발견되지 않았지만 당대인의 상상력을 뛰어넘는 발명의 가능성은 거의 무궁무진했다.

파올로 로시Paolo Rocci는 베이컨이 기계적 아르스와 예술가/장인을 존중한 세 가지 이유를 제시한다. 첫째, 지식의 형식으로서 기계적 아르

---

157 베이컨, 2014, 117쪽.

스가 자연의 과정을 드러내는 데 유용하다는 것이다. 둘째, 과거에 의존하는 전통적 지식과 달리 기계적 아르스는 점진적으로 쌓여가고 발전하면서 인간의 경험을 항시 새롭게 재구성한다는 것이다. 셋째, 다른 문화적 형식과 달리 기계적 아르스는 협력과 협동을 조직함으로써 집단지식의 성장과 발전을 도모한다는 것이다.[158] 하지만 기계적 아르스에 대한 견해를 근거로 베이컨을 경험론자로 예단해서는 안 된다. 엄밀한 의미에서 베이컨은 경험론자도 합리론자도 아니었다. 그는 이성과 경험의 순수하고 긴밀한 결합 관계 속에서 철학의 본령을 찾으려 했다. 이런 의도를 베이컨은 중도를 추구하는 꿀벌의 활동에 빗대 설명한다.

> 지금까지 소위 과학을 다루었던 사람들은 경험에만 의존하거나 독단을 휘둘러왔다. 개미처럼 경험론자들은 오로지 그저 모으고 사용해왔다. 독단론자들은 마치 거미처럼 자신의 속을 풀어 거미줄을 자아냈다. 그렇지만 벌은 중도를 걷는다. 그들은 들이나 정원의 꽃에서 재료를 얻고 자신의 힘으로 그것을 변화시켜 소화한다. 진정한 철학의 소임도 이와 크게 다르지 않다. 왜냐하면 그것이 철학의 힘에만 주로 의지할 것이 아니요, 자연사나 기계적 실험을 통해 얻은 재료를 가공하지 않은 채로 저장해놓을 수도 없는 일이기 때문이다.[159]

『새로운 아틀란티스』에서 베이컨은 과학기술의 진보와 발명에 요

---

158 Rossi, 2000, p. 38.
159 베이컨, 2014, 80쪽.

긴한 국제적인 조직체 구성을 제안한다. 유토피아로 묘사되는 벤살렘 왕국이 운영하는 솔로몬 하우스라는 학술원이 그것이다. 이 학술원의 목적은 자연현상의 숨은 원인과 작동 원리를 탐구함으로써 인간의 활동 영역을 확장하고 인간의 목적에 걸맞게 자연을 변화시키는 것이다. 새로운 과학 정책 수립 모델인 학술원은 각자 고유한 임무를 수행하는 회원들로 운영된다. 가장 회원이 많은 '빛의 상인' 열두 명은 주로 해외에서 신분을 숨긴 채 발견이나 실험에 관한 자료와 책을 수집했다. '약탈자'라고 불리는 회원 세 명은 책에 소개된 실험 사례를 수집하고, '신비 인간'이라고 불리는 회원 세 명은 기계 기술의 결과를 인문학과 사회과학에 접목했다. 마지막으로 '자연 해석자'라고 불리는 회원 세 명은 기존 관찰과 연구를 바탕으로 새로운 이론적 원리를 창안했다.[160]

학술원의 주요 활동과 임무는 발명을 더 폭넓게 실용화하기 위해서 습득한 지식을 활용하고 결과를 평가하는 실험적 연구를 의무적으로 수행하는 것이다. 여기에는 초보자와 견습생의 훈련도 포함된다. 이 조직은 해외에 상품을 판매하고 기술 지원 담당자, 연구개발 부서 직원, 경영자를 거느린 근대의 통합 연구소나 거대 기업과 흡사한 모습을 띠고 있다. 흥미로운 점은 회원 중 가장 규모가 큰 집단의 임무가 해외에서 유용한 발명품을 들여오는 것인데, 이는 당시 기술적으로 뒤처져 있던 영국의 상황을 어느 정도 반영한 것으로 볼 수 있다. 베이컨은 기계적 아르스를 포함한 과학의 자율성을 역설하고 양자가 인류의 복지에 이바지하리라고 확신했다. 과학기술은 본질적으로 협력성을 띠고,

---

160 프랜시스 베이컨, 『새로운 아틀란티스』, 김종갑 옮김, 에코리브르, 2002a, 86-87쪽.

근대 세계의 경험으로 널리 확인할 수 있듯이 평범한 사람들이 실천할 수 있는 일이었다. 이에 베이컨은 과학기술의 진보의 조건을 분석하고 이를 확보하기 위한 특별한 기관을 제안한 것이다. 실제로 이 제안은 베이컨 사후에 1662년 런던왕립학회Royal Society of London 설립과 1666년 프랑스 한림원Académie des Sciences 설립에 부분적으로 공헌했다.

물론 베이컨은 자연의 이해에서 수학을 응용하는, 17세기를 특징 짓는 지적 유행을 따르지 않았다. 기본적으로 그의 철학은 기계적이라기보다는 유기체적이었다. 그는 운동의 양적 변화보다는 요소들의 질적 변화에 더 관심이 많았다. 베이컨은 사물의 본질적 형상 중 하나인 양을 다루는 수학을 자연철학이 아니라 형이상학에서 파생된 분야로 분류하고, 이를 다시 둘로 나눈다. 하나는 기하학과 대수학 같은 순수 수학이고, 다른 하나는 원근법·음악·천문학·우주지·건축학·기계학 같은 혼합 수학이다. 베이컨에 따르면 수학은 지적 능력의 결함을 치유하는 유용한 측면이 많지만 자연철학의 위상을 결정하는 데는 비중이 아주 작다.[161] 굳이 베이컨이 수학을 언급한 이유는 수학이 자연철학의 다른 분야에 요긴하게 쓰일 수 있다는 점을 보여주기 위해서였다. 베이컨의 시대에 수학과 역학은 위대한 발견의 진보와 거의 아무런 관련이 없었다. 탐험가들은 신기한 동식물과 광물을 가지고 돌아왔고 미지의 세계를 장황하게 설명했지만 새로운 수학이나 역학을 들여온 것은 아니었다. 그러므로 베이컨의 철학을 갈릴레이와 데카르트로 대표되는 수학적 자연과학 발전의 직접적인 계기로 받아들이기는 어려운 면이 있다.

---

161 베이컨, 2002b, 225-227쪽.

다른 한편으로 베이컨은 아르스의 분류와 관련해서 새로운 시각을 제기했다. 기본적으로 르네상스 시기의 아르스는 고전적 개념을 계승했다. 하지만 타타르키비츠가 밝히듯이, 15-17세기 르네상스 시기에 아르스 가운데 시·회화·조각·음악처럼 특별한 위치를 차지하는 아르스를 다른 아르스와 분리해야 한다는 인식이 생겼다.[162] 그리고 이렇게 분류하기 위해 다양한 시도가 있었지만 결과는 만족스럽지 못했다.

　　이러한 상황에서 베이컨은 상상력을 기준으로 아르스를 구별하는 새로운 방법을 주장했다. 이는 18세기 중반 이후 순수예술이 아르스에서 떨어져 나왔을 때의 기준과 유사하다. 하지만 베이컨의 분류는 한계가 있었는데 그가 거의 유일하게 시만을 상상력에 기초한 아르스로 분류했기 때문이다. 시와 상상력의 관계에 대해서 베이컨은, 형식과 리듬의 제한을 받는 점을 제외하면 시는 대체로 자유로운데, 이 점이 상상력에 상응한다고 주장한다. 물리법칙에 구속되지 않는 상상력과 마찬가지로 시도 자연을 마음대로 결합하고 분리한다.[163] 아르스가 순수예술과 공예로 분리되기까지는 아직 시간이 더 필요했다.

162　타타르키비츠, 2017, 81쪽.
163　베이컨, 2002b, 187쪽.

4장

근대의 테크닉

1. 기계적 세계관의 확립

천동설에서 지동설로

코페르니쿠스Nicolaus Copernicus는 1543년 출간한 『천체의 회전에 관하여』에서 천동설을 대체하는 새로운 우주론으로 지동설을 주창했다. 주지하다시피 이는 근대 과학혁명의 출발점이었다. 근대 기계문명의 형성 과정에서 기술적, 기계적 영역보다 종교를 비롯한 다른 문화 영역들의 중요성을 더 강조했던 멈퍼드는 코페르니쿠스 혁명의 역사적 의의를 다음과 같이 설명한다.

16세기와 17세기에 일어난 가장 결정적인 기술적 향상은 기술의 직접적인 영역 밖에서 일어났다. 다른 모든 활동을 지배하고 삶에 대한 서양의 견해를 변형시킨 커다란 사건은 종교적 현상이었다. 즉 천신, 바로 태양신의 재림이었다. (…) 태양에 중심적 위치를 부여함으로써, 코페르니쿠

스는 사실상 프톨레마이오스보다 더 훌륭한 이집트인이 됐다.[1]

코페르니쿠스가 등장하기 이전 중세의 우주관은 아리스토텔레스
의 자연철학에 의존했다. 아리스토텔레스는 천상계와 지상계의 구분,
천구의 존재, 천체의 자연 운동은 원운동이라는 세 가지 근본 원리 위
에 천동설의 기본 토대를 세웠다. 그렇지만 화성과 금성의 밝기 변화나
개기일식 같은 지구와 행성의 거리 변화에 따른 현상들과 관측 기록이
일치하지 않는 문제가 계속 드러났다. 이를 해결하기 위해서 고대 천문
학자들은 이심원eccentric, 주전원epicycle, 동시심equant이라는 세 가지 보조
가설을 도입한 '주전원설'을 구상했다.[2] 그리고 천체 운동을 더욱 정확
히 설명하기 위해서 주전원상에 중심점을 둔 더 작은 주전원들을 계속
덧붙였다.

이렇게 해서 주전원설의 전체 체계가 점점 더 복잡해졌지만 그만
큼 정확도는 높아졌다. 프톨레마이오스는 이런 일련의 성과를 더 세밀
하게 다듬고 집대성함으로써 천동설의 체계를 완성할 수 있었다. 오늘
날에는 중세의 천동설을 비과학적 이론 정도로 쉽게 무시하지만 실제
로 천동설은 역행운동을 비롯한 행성의 불규칙한 운동을 아주 복잡한
계산과 규칙에 따라 설명할 뿐만 아니라 당시의 관측 기록과도 일치하

---

1 Lewis Mumford, *The Myth of the Machine II*, A Harvest/HBJ Book, 1970, pp. 28-29.

2 이심원은 지구와 행성 간 거리 변화와 행성들의 속도 변화를 설명하기 위해서 만든 것으로 지구
에서 조금 벗어난 지점에 중심을 둔 원 궤도이고, 주전원은 행성의 역행운동을 비롯한 불규칙한 운동
을 설명하기 위해서 만든 것으로 지구를 중심으로 도는 원 궤도상의 한 점을 다시 중심점으로 삼아
회선하는 작은 원이다. 마지막으로 동시심은 행성의 원운동을 유지하기 위해서 이심원의 지름 위에
있는 점으로 지구의 중심뿐만 아니라 이심원의 중심에서도 떨어져 있다.

는 합리적, 과학적 이론이었다.[3]

그렇지만 천동설은 한 가지 문제점이 있었다. 새로 도입한 이심원과 동시심이라는 가설이 천체의 모든 회전운동은 기하학적 중심점인 지구를 기준으로 한 원운동이어야 한다는 근본 원리를 위배한 것이었다. 이로 인한 여러 모순이 코페르니쿠스가 지동설을 구상하게 된 직접적인 계기였다.[4] 코페르니쿠스의 관점에서 보면 천동설에서 발견되는 모순된 현상들은 우주와 지구를 포함한 행성들 사이의 대칭성과 균형성을 무시하는 것이었다. 이런 문제의식에서 코페르니쿠스는 중세 우주론의 세 가지 근본 원리 중 천구의 존재와 원운동은 고수하되 천상계와 지상계의 분리를 폐기하는 대담한 가설을 제기했다. 코페르니쿠스의 지동설은 당시의 상식에서는 경악할 일이었는지 몰라도, 주전원을 80개나 사용하는 복잡한 천동설보다 이론적으로 단순하고 천문학적 계산도 용이한 장점이 있었다. 무엇보다도 코페르니쿠스에게 지동설은 우주의 균형과 질서를 회복하고 자연의 지혜에도 부합하는 것이었다. 지구를 우주의 중심에 놓으면 수많은 구로 이론을 혼란스럽게 만드는 데 반해 태양을 우주의 중심으로 설정하면 균형과 질서가 회복된다. 또 여러 가지 작용 원인을 하나의 물체에 부여하는 자연의 지혜와도 어울린다.[5]

더욱이 오늘날 주목받지는 못하지만 공간 이론의 차원에서 코페르니쿠스는 아리스토텔레스 자연학의 원리에 따라 운동을 장소의 속성

---

3 노에 게이치, 『과학 인문학으로의 초대』, 이인호 옮김, 오아시스, 2017, 41쪽.

4 니콜라우스 코페르니쿠스, 『천체의 회전에 관하여』, 민영기 외 옮김, 서해문집, 1998, 15-16쪽.

5 코페르니쿠스, 1998, 49쪽.

으로 보지 않고 물체의 속성으로 보았다. 이런 관점은 장소 중심의 중세 우주론에서 공간 중심의 근대 우주론으로의 전환을 암시하고 있다.[6] 아리스토텔레스의 자연학에서 우주의 맨 바깥쪽에 존재하는 항성 천구는 부동의 동자다. 문제는 다른 것과 달리 항성 천구는 그것을 둘러싸고 있는 장소가 없어서 운동이 불가능하다는 점이었다. 이 문제는 오랫동안 스콜라철학의 난제였으며 항시 일도양단의 선택을 강요했다. 즉 장소에 대한 중세 우주론의 정의를 근본적으로 수정하거나 항성 천구의 원운동을 부정해야 했던 것이다. 이런 아포리아에 직면한 코페르니쿠스는 운동을 장소의 속성이 아니라 물체의 속성이라고 봄으로써 항성 천구의 원운동을 폐기하는 관점을 피력한다. "하늘은 모든 물체를 포함하는 것이고 모든 것의 공통된 장소이다. 왜 담긴 것이 아니라 담은 것이 움직여야 되고 왜 장소에 놓인 물체가 아니라 장소를 제공하는 것이 움직여야만 하는 걸까?"[7]

　　코페르니쿠스는 지동설로 17세기 과학혁명의 문을 열었다. 또 우주론을 근본적으로 혁신함으로써 우주의 구조, 공간, 운동, 물질에 관한 과학자들의 관념을 근본적으로 변화시켰다. 이 과정에서 제기된 다양한 문제와 해결책을 내놓으려는 움직임은 근대적인 과학 지식이 성장하는 과정을 구조화했다. 토머스 쿤Thomas Kuhn이 밝히듯이, 코페르니쿠스 혁명은 근대 과학 지식의 성장을 견인한 가장 확실한 지적 도구였다. "17세기 과학자들이 발전시킨 과학적 우주론과 그것의 기초를 이루

6　야머, 2008, 148-149쪽.

7　코페르니쿠스, 1998, 31쪽.

는 공간, 힘, 물질 개념들은 천상계와 지상계의 운동 모두를 고대에는 꿈에도 상상할 수 없었던 정확성으로 설명했다. 게다가 그들은 엄청나게 생산적인 많은 참신한 연구 프로그램들의 길잡이가 되어, 전에는 예기치 못했던 많은 자연현상들을 발견하고 고대의 세계관에 속한 사람들로서는 다루기 힘들었던 경험적 분야에서 질서를 밝혀주었다."[8]

그럼에도 불구하고 천구의 존재와 천체의 자연 운동은 원운동이라는 고대부터 유지돼온 두 가지 근본 원리를 전제한 코페르니쿠스의 지동설은 뉴턴의 우주론보다는 오히려 아리스토텔레스의 우주론에 더 가까운 것이었다. 따라서 순수 물리학의 관점에서 볼 때 근대 우주론을 확립한 주역이라는 이름은 코페르니쿠스가 아니라 나머지 두 가지 원리를 결정적으로 폐기한 요하네스 케플러Johannes Kepler에게 돌아가야 할 것이다.

신플라톤주의를 따랐던 케플러는 플라톤 사상의 계승자이자 지동설 신봉자였다. 케플러는 우주가 기하학적 모델에 따라 창조됐으며 눈에 보이지는 않지만 우주 전체가 수학적 질서에 의해 지배받고 있다고 굳게 믿었다. 이것은 '만물은 수'라고 주장했던 피타고라스학파의 근본 신조와 우주 전체를 기하학적 질서로 구성했던 플라톤의 우주창생론을 충실히 추종한 것이었다. 튀코 브라헤Tycho Brahe의 조수였던 케플러는 브라헤 사후 그가 남긴 방대한 관측 기록을 활용해 화성의 궤도를 예측하는 작업에 몰두했다. 이 과정에서 태양과 행성을 잇는 선분이 같은 시간에 지나쳐 가는 면적이 언제나 똑같다는 사실을 발견했다. 이것

---

8 토머스 쿤, 『코페르니쿠스 혁명』, 정동욱 옮김, 지식을만드는지식, 2016, 512쪽.

이 '면적 속도 일정의 법칙', 즉 '케플러의 제2법칙'이다. 그런데 이 법칙에 따르면 행성의 운행 궤도는 원이 아니라 타원이 된다. 이는 천체의 자연 운동은 원운동이라는 근본 원리를 벗어난 것이었다.

다음으로 케플러는 자신의 제2법칙을 적용해 화성의 운행 궤도를 결정하는 과정에서 이론값과 관측값이 정확히 일치한다는 사실을 확인하고 '케플러의 제1법칙', 즉 행성들은 태양을 중심으로 타원 궤도를 그리며 운동한다는 법칙을 확정 짓는다. 이에 더해 행성들이 태양 주위를 한 바퀴 도는 공전 주기의 제곱이 행성이 그리는 궤도 반경의 세제곱에 비례한다는 '케플러의 제3법칙'을 발견함으로써 코페르니쿠스의 지동설을 뒷받침하는 결정적인 이론적, 사실적 근거들을 제시하는 데 성공했다.

또 신플라톤주의적 신비주의와 윌리엄 길버트William Gilbert의 자기력 이론에 많은 영향을 받은 케플러는 행성들이 '움직이게 하는 영혼anima motrix'에 의해 운동한다고 믿었다. 움직이게 하는 영혼이란 태양으로부터 유출돼 개별 행성들에 물리적으로 영향력을 미치는 영적 운동력을 의미했다. 케플러는 이 운동력이 태양과의 거리에 반비례한다고 생각했다.[9] 더 중요한 점은 이런 새로운 개념의 도입이 '천문학은 무엇을 과제로 삼는 학문인가'라는 사고에서 결정적인 전환점이 됐다는 것이다. 당시까지만 해도 운동의 물리적 원인은 고려하지 않고 행성운동의 기하학적 궤도를 설명하는 데 머물렀던 천문학은 운동의 원인에 대한 케플러의 사유를 통해 일종의 우주적 동역학으로 전환됐다. 요시타

---

9 게이치, 2017, 67-68쪽.

카가 밝히듯이, "케플러의 천문학은 단순히 태양을 중심에 놓고, 원 궤도를 타원 궤도로 바꾸는 것"에 머물지 않았다. "그의 개혁의 본질적인 점은 행성운동을 일으키는 원인으로 태양이 행성에 미치는 힘이라는 관념을 도입함으로써, 천문학을 궤도의 기하학에서 천체의 동역학으로, 천공의 지리학에서 천계의 물리학으로 변환시킨 데 있었다."[10]

케플러는 1609년에 자신의 제1법칙과 제2법칙을 『실천문학』에 게재했을 때 부제를 '튀코 브라헤 경의 관측과 화성 운동을 고찰한 결과 얻어진 인과율 또는 천계의 물리학에 의거한 천문학'이라고 달았다.[11] 여기서 우리는 기하학적 궤도 중심의 천문학을 물리학의 일부로 포함하려고 했던 케플러의 의도를 확인할 수 있다. 그의 움직이게 하는 영혼이라는 개념은 자연스럽게 동역학적 운동력으로 전화되는데, 이것은 영혼이라는 신비에 싸인 무엇을 걷어낸다면 뉴턴의 만유인력과 다를 바가 없었다.

고전역학의 세계

갈릴레이와 데카르트를 거쳐 뉴턴에 와서 완성된 고전역학의 세계는 시간과 공간을 축으로 하는 수학적 공간 위에 운동을 측정하는 방법이 확립되면서 본격화됐다. 르네상스 시기와 17세기를 거치며 신 중

10　야마모토 요시타카, 『과학의 탄생』, 이영기 옮김, 동아시아, 2005, 636쪽.

11　요시타카, 2005, 640쪽.

심의 중세적 세계관에서 점차 탈피하기 시작한 서구 유럽인들의 지상 과제는 이전까지 확실성을 보증했던 신적 권위와 전능함을 대신할 새로운 확실성의 성소聖所를 시급히 구축하는 일이었다. 근대 과학의 성립으로 결실을 맺은 이 과제는 서로 긴밀하게 연결된 세 측면, 즉 물질의 실체화, 자연의 수학화, 시간의 공간화를 통해 이루어졌다.

물질의 실체화

물리학에서 물질에 대한 사전적 정의는 "자연계의 구성 요소의 하나로 공간의 일부를 차지하고 질량을 가지며 다양한 자연 현상을 일으키는 실체"다.[12] 그런데 단순해 보이는 이 정의는 우리가 물질의 실체를 파악하려는 순간 공간이나 질량 개념과 뒤섞여 의미가 모호해진다. 아주 명백한 것처럼 보이는 물질이 사실상 아주 복잡하고 미묘한 현상들이 뒤얽혀 나타나는 최종적인 결과이기 때문이다. 따라서 물질을 어떻게 이해하는가에 따라 세상은 아주 다른 모습으로 나타난다. 예를 들어 물질을 관성으로 이해한 뉴턴이 바라본 세계와 물질을 에너지로 이해한 아인슈타인이 바라본 세계는 완연히 다른 두 세계다.

아리스토텔레스는 자연적 사물들을 명명하기 위해 흔히 철학에서 질료hulē로 번역되는 물질 개념을 세계에 대한 사고에 처음으로 포함했다. 그런데 아리스토텔레스의 형상질료설에 따르면 질료는 단독으로 작용하는 것이 아니라 항시 형상이라는 개념을 수반한다. 현실태로 작용하는 힘이 형상이라면 가능태로서 현실화하지 않는 역량이나 힘이

---

12 국립국어원 표준국어대사전.

가능태다. 따라서 아리스토텔레스에게 운동 혹은 변화는 가능태인 질료가 형상을 부여받아 현실태로 이행하는 과정이다. 이런 이유에서 아리스토텔레스는 형상을 질료보다 더 본질적이고 더 실체적인 것으로 여겼다.

만약 물질을 그 자체가 아니라 형상과 질료의 결합태로 여기는 방식이 특이하고 이상하게 느껴진다면, 우리가 아리스토텔레스의 실체적 형상 관점에서 벗어난 갈릴레이 이후의 근대 물리학의 관점에 길들여져 있기 때문일 것이다. 갈릴레이는 처음으로 아리스토텔레스의 실체적 형상의 사유를 실체적 물질의 사유로 전환했다. 이런 사고방식의 전환 배경을 탐구한 물리학자 프랑수아즈 발리바르Françoise Balibar는 '기저에 놓인 것'을 뜻하는 그리스어 '후포카이메논hupokeimenon'이라는 단어가 라틴어로 번역되는 과정에 주목한다. 아리스토텔레스가 질료를 가리킬 때 많이 사용하고 때로 형상과 질료의 결합태나 형상의 의미로도 사용한 말이 후포카이메논이다. 그런데 이 개념이 라틴어 '숩스탄티아substantia'로 번역되는 과정에서 실체와 질료가 결합되는 일이 생겼다. 라틴어 숩스탄티아는 지속적으로 존재하는 것과 하부에서 유지되는 것이라는 이중의 의미가 있다. 이에 따라 그리스어에서 본질을 뜻하는 '우시아ousia'와 후포카이메논 둘 다의 번역어로 숩스탄티아가 사용됐고, 시간이 지나면서 숩스탄티아에서 형상의 의미가 빠지고 실체와 물질의 의미만 남게 된 것이다.[13]

장기간에 걸쳐 언어의 의미가 바뀌는 가운데 갈릴레이는 실체적

---

13 프랑수아즈 발리바르 외, 『물질이란 무엇인가』, 박수현 옮김, 알마, 2009, 35-36쪽.

물질에 대한 사고방식을 정립했다. 핵심은 운동을 장소에 따른 여러 가지 변화 양태로 본 것이 아니라 움직이는 물체의 이동으로 이해한 것이었다. 실체와 물질은 언제나 함께 움직인다. 이 경우 물질은 운동에 의해 영향을 받지 않는 상태로 유지되므로 다양한 순간의 실체-물질의 위치를 파악할 수 있게 된다. 공간은 특별히 구별되는 장소가 없는 중성적이고 단일하며 동질적인 공간으로 실체에 대한 기준으로만 작용할 뿐이다.

갈릴레이의 논의를 수용한 데카르트는 존재를 '사유 실체substantia cognitans'와 '연장 실체substantia extensa'로 나누고 연장 실체를 물질과 동일시함으로써 근대 과학혁명의 발전을 위한 견실한 디딤돌을 놓았다. 데카르트는 감각기관을 경유해 외부 대상에서 우리가 알 수 있는 것은 단지 대상의 크기와 모양, 운동뿐이라고 단언한다.[14] 이때 크기는 연장 실체와 동일하고 파악 방식만 다를 뿐 공간과 그 속에 놓여 있는 물체와도 같았다. 따라서 물체의 연장과 공간의 연장은 동일하며 무無가 연장을 가지는 것은 모순이므로 허공은 존재할 수 없다는 논리적 결론에 도달한다. 이런 물질의 실체화에 대한 데카르트의 기여를 카시러는 다음과 같이 강조한다. "고전역학의 실재성 개념은 두 가지 기초가 되는 전제, 즉 '실체' 개념과 '공간' 개념에 의존한다. 물질은 연장 실체 이외에 아무것도 아니다. 모든 관찰 가능한 속성은 이 결정 요소로 환원된다. 데카르트는 이런 실체 개념을 충분히 정확하게 발전시켰다."[15]

---

14 르네 데카르트, 『철학의 원리』 원석영 옮김, 아카넷, 2002, 438쪽.

15 Ernst Cassirer, *Determinism and indeterminism*, O. Theodor Benfey (trans.), Yale University Press, 1956, P. 177.

이러한 맥락에서 데카르트는 운동을 실체 자체가 아니라 움직이고 있는 실체의 양태로 파악한다. 모양이 모양을 가진 것의 양태이듯 엄밀한 의미에서 운동은 실체가 아니라 운동하고 있는 실체의 양태이고 또한 정지는 정지하고 있는 실체의 양태다.[16] 그렇다면 데카르트에게 운동의 원인은 무엇인가? 이 문제를 데카르트는 전근대적인 방식으로 해결한다. 즉 운동의 제1원인으로 신을 끌어들였으며, 신에 의해서 우주가 언제나 동일한 운동량을 보존한다고 보았다.[17] 결국 데카르트의 눈에 비친 세계는 등속직선 운동을 하거나 정지해 있는 무수히 많은 물체들이 끊임없이 이동하는 거대한 기계 체계나 다를 바가 없었다.

자연의 수학화

수학은 인간 정신의 가장 독창적인 산물 중 하나다. 수학의 핵심은 무엇보다 추상화다. 수학적 확실성은 추상적 일반화의 수준에 정확히 조응한다. 더 높은 수준의 추상적 일반화에 도달할수록 수학은 구체적인 사실 분석에서 더 명료한 확실성과 정확성을 확보하는 데 성공한다. 여러모로 모호하고 분별하기 어려운 복잡한 사물들의 관계가 고도로 추상화된 수학에서는 아주 명료하게 해명되기 때문이다. 고전역학에 기초한 기계론적 세계관의 형성 과정에서 확실성을 보장하는 수학의 영향력은 지대했다. 갈릴레이는 수학을 바탕으로 운동론을 혁신하고 질적 자연관을 양적 자연관으로 전환함으로써 고전역학 확립을 향

---

16 데카르트, 2002, 87쪽.

17 데카르트, 2002, 97쪽.

한 결정적인 첫걸음을 내디뎠다. 갈릴레이에게 우주는 수학이라는 언어로 쓰인 책이었다.

> 철학의 관점에서 우리가 응시하는 연속적으로 펼쳐져 있는 우주는 커다란 책으로 쓰여 있다. 그렇지만 이 책은 우리가 먼저 언어를 이해하는 방법을 배우고 책을 구성하는 문자를 해독하는 방법을 배우지 않는다면 결코 이해할 수 없다. 이 책은 수학이라는 언어로 쓰여 있고 삼각형들, 원들, 다른 기하학적 도형들이 그 문자들이다. 이것들이 없다면 인간은 한 단어도 이해할 수 없으며 어두컴컴한 미궁 속을 헤매게 될 뿐이다.[18]

갈릴레이는 오늘날의 자연과학에 해당하는 철학이라는 용어를 쓰면서 우주가 눈에 보이지 않는 수학적 구조를 지니고 있기에 수로 표현되는 변수의 함수 관계를 통해 우주의 법칙을 파악할 수 있다고 주장한다. 이런 근본적인 자연관의 전환을 후설은 "자연의 수학화"라고 불렀다. 후설은 근대 초기에 수학에서 발생한 전대미문의 새로운 이념, 즉 "합리적이고 무한한 존재 전체와 이것을 체계적으로 지배하는 합리적 학문의 이념"[19]의 기원을 갈릴레이에게서 찾는다. 다시 말해 학문으로

---

18 Galileo Galilei, *The Assayer*, Stillman Drake (trans.), https://web.stanford.edu, p. 4.

19 후설은 또한 이 이념의 출현과 성격에 대해서 다음과 같이 덧붙인다. "근대 초기에 와서야 비로소 무한한 수학의 지평을 실제로 획득하고 발견하는 작업이 시작된다. 그래서 대수학, 연속체 Kontinua 수학, 해석기하학의 단서가 생긴다. 새로운 인간성이 고유하게 지닌 대담성과 독창성에 의해 여기(근대 초기)에서부터 이러한 새로운 의미로 '모든 것을 포괄하는 합리적 학문'이라는 위대한 이념이 즉각 예상되는데, 이 이념은 곧 '일반적으로 존재하는 것의 무한한 전체성Allheit이 그 자체로 합리적인 전체 통일성Alleinheit'이라는 이념이다." 에드문트 후설, 『유럽학문의 위기와 선험적 현상학』, 이종훈 옮김, 한길사, 2007, 86-87쪽.

탐구하기 전에 직관된 자연을 이념화된 자연으로 대체한 일은 갈릴레이부터 시작됐다.

갈릴레이의 새로운 이념과 더불어 숫자 대신 문자나 기호를 도입한 함수 관계로 일반 문제를 다루는 대수학과 무한에 대한 사유에 기초한 미분법의 발전은 17세기 과학혁명을 견인한 실질적인 요소였다. 화이트헤드는 이런 수학의 새로운 발견과 수학 자체의 진보가 없었다면 과학의 발전 자체가 불가능했을 것이라고 단언한다. "대수적 해석학의 성공은 데카르트의 해석기하학의 발견, 그리고 뉴턴과 라이프니츠의 미분법의 발명과 함께 이루어졌다. (…) 수학이라는 추상 영역에서 이런 함수 관념의 지배는 수학적으로 표현된 자연법칙으로 변장해서 자연의 질서 속에 반영돼 나타났다. 수학의 이런 진보가 아니었다면, 17세기 과학의 발전은 불가능했을 것이다."[20]

실제로 브루노를 거치면서 확산한 무한 공간에 대한 사유와 갈릴레이의 자연의 수학화, 그리고 수학의 비약적 발전이 한데 어우러지면서 고전역학의 세계는 완성 단계에 이른다. 16세기부터 발전한 대수학은 수를 대신해 문자를 사용함으로써 방정식에서 독립변수를 갖는 다양한 함수의 성질을 파악할 수 있게 했다. 존 드러먼드John Drummond가 밝히듯이, 근대 과학은 사물들 사이에 존재하는 기계적 관계들에 호소하는 물리적 설명을 수의 함수적 관계에 따라서 성질 간의 의존성을 묘사하고 상세히 열거하는 수학적 공식으로 대체했다.[21] 수학자들은 대

20　A. N. Whitehead, *Science and the Modern World*, Simon & Schuster Inc., 1997, p. 30.

21　John Drummond, *Phenomenology of Natural Science*, Lee Hardy (ed.), Springer Science+ Business Media, 1992, p. 79.

수학이 다양한 종류의 실용적인 문제뿐만 아니라 기하학적 문제를 다룰 때도 상당히 효율적이라는 사실을 알게 됐다.

데카르트는 기하학과 비교해서 논리적 기초가 부족한 대수학을 하나의 분석 방법 정도로 생각했다. 그렇지만 그는 대수학에서 발전한 함수 관계를 통해 곡선을 방정식으로 표시함으로써 기하학적 방법보다 더 쉽게 곡선의 성질을 증명할 수 있다는 사실을 알았다. 이것이 해석기하학의 바탕이다. 데카르트의 관점에서 유리수 집합과 직선상의 점의 집합은 양방향으로 무한히 뻗어 나간다는 점에서 놀랄 만치 비슷했다. 이 유사함이 완벽해 보였기에 유리수 집합과 직선상의 점들 사이의 대응 관계를 만드는 방법이 필요했다. 이 대응 관계가 바로 해석기하학의 토대였다.[22] 이렇게 대수학과 기하학을 결합함으로써 데카르트는 수와 공간의 동질성을 매개로 운동을 설명할 수 있었다.

잘 알려져 있듯이, 갈릴레이는 1차 성질과 2차 성질을 구분한다. 1차 성질은 모양, 크기, 위치 같은 물체의 실재적인 속성으로 인간의 감각기관과 무관하게 존재하는 객관적 성질이다. 반면에 2차 성질은 인간의 감각기관 유무와 상태에 따라 생기거나 사라지는 빛깔, 소리, 냄새 같은 종적 감각 성질이다. 후설은 갈릴레이가 "세계의 이중적 측면의 이념화", 즉 자연에 대한 직접적인 수학화와 수학화될 수 없는 2차 성질에 대한 간접적인 수학화를 통해 인간성이 지배하는 구체적인 우주, 즉 무한한 자연 전체를 하나의 독특한 응용수학으로 만들었다고 주장한다.[23] 일상에서 우리는 주관적이고 상대적으로 세계를 경험한다.

---

22 단치히, 2008, 147-148쪽.

직관적으로 접하는 세계에서 물체를 시간과 공간적 형태에 따라 어떤 내용을 지닌 무엇으로 경험한다. 물론 이것은 이념화된 물체는 아니다

그러나 수학은 가장 먼저 일의적으로 규정될 수 있는 이념적 대상성들에 관한 무한한 총체성이라는 보편적, 객관적 세계를 만든다.[24] 이를 통해 수학은 선험적으로 무한한 자연적 대상과 그것들 사이의 모든 관계가 객관적으로 규정될 수 있을뿐더러 실제로 규정된 것으로 여겨질 수 있음을 보여준다. 이런 자연의 수학화로 인해 이제 근대적 의미에서 자연 자체는 수학적 다양체Mannigfaltigkeit가 된다.[25] 자연의 수학적 다양체로의 변형과 함께 측정과 계산 방법의 정교화는 수학적 정밀성을 높였다. 자연은 정확한 측정과 계산이라는 방법으로 절대적으로 동일하고 일의적으로 규정될 수 있는 총체적 형식이 된다. 우리는 이 총체적 형식을 분석적인 방법으로 이념화할 수 있고 일정하게 재구성해 지배할 수 있다.[26]

그렇지만 자연의 수학화는 수학적으로 양화할 수 없는 빛깔, 소리, 냄새 같은 종적 감각 성질들을 다루는 데는 한계가 분명했다. 종적 감각 성질들의 질적 배치는 시간과 공간적 형태와 조금도 유사하지 않기 때문이다. 후설은 갈릴레이가 이 문제를 간접적인 수학화라는 방법으로 해결함으로써 결국 전체 세계에 대한 객관적 인식에 도달할 수 있었다고 본다. 간접적인 수학화란 직관한 물체들에서 경험할 수 있는 종적

---

23 후설, 2007, 107쪽.

24 후설, 2007, 100쪽.

25 후설, 2007, 88쪽.

26 후설, 2007, 103-104쪽.

감각 성질들을 본질적으로 그들에 속한 형태들과 아주 특별한 방식으로 규칙화해 밀접하게 관련짓는 것을 의미한다.[27] 이런 사고방식은 보편적, 구체적 인과성의 확립에 이른다. 즉 "물체 세계의 형태가 지닌 측면은 모든 형태에 걸쳐 두루 펼쳐 있는 [질료적] 충족의 측면들을 일반적으로 요구할 뿐만 아니라, 형태의 계기에 관계하든 [질료적] 충족의 계기에 관계하든 모든 변화는 어떤 인과성들에 따라 경과한다는 점"[28]이다. 이를 통해 학문의 객관적 세계와 대립할 뿐 아니라 그것에 선행하는 생활세계Lebenswelt의 사물에 속한 소리, 색깔, 냄새 등은 소리의 진동이나 빛의 파동과 같은 물리적 형태의 순수한 사건으로 이해된다. 어떤 의미에서 갈릴레이 이후 자연과학의 발전 과정은 소리, 색깔, 냄새 같은 종적 감각 성질들을 측정 가능한 물리량으로 바꾸고 수학이라는 언어로 번역해가는 과정으로 볼 수 있다.

이러한 자연관의 전환에서 나타나는 근본 문제를 후설은 수학적 이념 세계와 실재 세계의 본말 전도라고 강조한다. 달리 말하면, 후설은 갈릴레이가 수학적 이념화를 통해 확립한 물리적 세계를 참된 객관적 실재로 간주하고 생생하고 구체적인 경험에 기초한 생활세계를 주관적, 상대적 부산물로 만들어버린 상황을 비판한다. 후설이 보기에 인식에 앞서 이미 주어진 감각적 경험의 세계인 일상적 생활세계가 그것의 본질적 구조에서 수학적 자연과학의 물리적 세계에 의미를 부여하는 토대이기 때문이다. "세계는 과학에게 나타나기에 앞서 우선은 자연

---

27 후설, 2007, 104쪽.

28 후설, 2007, 105쪽.

스러운 파악에서 현시된다. (⋯) 변치 않는 것은, 과학의 세계 파악에게 사물들을 내어주는 것은 단순한 경험, 직접적 지각, 기억 등이며, 과학의 세계 파악은 다만 일상적 사고방식으로부터 벗어나는 방식으로 이 사물들을 이론적으로 규정함에 불과하다."[29]

갈릴레이 이후 몇 세기 동안 모든 물리학자의 주요 관심사는 유일하게 실재적이며 지각을 통해 주어진 세계, 즉 경험되는 우리의 일상적인 생활세계를 수학적으로 구축된 이념의 세계로 대체하는 단 한 점으로 모였다.[30] 이를 통해 학문 이전에 존재하는 생활세계의 경험에 뿌리박은 수학적-자연과학의 객관성과 타당성이 더 실재적인 세계인 것처럼 잘못 인식되는 결과가 나타났다. 구체적이고 생생한 생활세계에 수학적-자연과학의 이념의 옷, 즉 "상징적-수학적 이론들의 상징의 옷 Kleid der Symbole"을 입힌 것이다.[31] 후설은 새로운 수학적 세계 인식을 발견했을 뿐만 아니라 생활세계를 수리물리적 이념의 옷으로 숨기고 은폐했다는 측면에서 갈릴레이를 "발견의 천재인 동시에 은폐의 천재"라고 비판했다.[32]

이런 학문적 방향성과 자장 속에서 후설은 19세기 말부터 서구의 세계관 전체가 점점 더 실증주의에 지배당했다고 주장한다. 실증주의

---

29 에드문트 후설, 『사물과 공간』, 김태희 옮김, 아카넷, 2018, 37쪽.

30 후설은 『엄밀학으로서의 철학』에서 철학의 정체성 위기를 낳은 것으로 자연주의와 역사주의를 꼽고 이를 비판한다. 후설은 자연주의를 특권을 부여하는 근본 신념과 관련해서 물리주의나 실증주의, 혹은 객관주의라고 부르기도 한다. 자연주의의 근본 오류는 존재 방식과 인식 방식 측면에서 물리적 대상과는 근본적으로 다른 대상을 물리적 대상으로 환원하는 것이다.

31 후설, 2007, 125쪽.

32 후설, 2007, 127쪽.

는 형이상학적 논리를 거부하고 모든 사실을 실험과 관찰을 통해 증명할 수 있다고 보는 근본적 신념과 방법론의 총체를 의미한다. 이런 실증주의 이념의 눈부신 성공과 사회적 확장은 자연스레 생활세계의 본질적 의미를 망각하고 진정한 인간성의 문제를 외면하는 결과를 낳았다. 현대 유럽의 인간성 위기를 낳은 근본 원인은 바로 여기에 있었다. 후설은 이런 문제의식을 간명하게 표현한다. "단순한 사실학Tatsachenwissenschaft은 단순한 사실인Tatsachenmenschen을 만들 뿐이다."[33]

이처럼 근대 과학은 수학과 자연의 동일성이라는 초석 위에 세워졌고, 이를 기반으로 모든 것이 동일한 양적 원리에 의해서 파악되는 새로운 기계적 세계상이 창조될 수 있었다. 수학의 기초 개념들은 새로운 세계의 실재성을 구성하는 토대였던 것이다.

케플러와 갈릴레오 그리고 데카르트와 라이프니츠의 인과적 요구는 단지 수학과 자연의 동일성에 대한 확신에 지나지 않는다. 수학적 사유는 지성의 공허한 놀이가 아니고 자기 구성적 개념이라는 협소한 세계 속에 안주하지도 않는다. 반대로 그것은 실재의 토대에 관여한다. 이 시점부터 사유와 존재는 직접적으로 일치하고 그에 맞춰 유한과 무한에 대한 이해 사이의 구별조차 사라진다. 무한의 특권에 따라 신성한 지성은 그 안에서 구성되는데, 외부에서 사물들을 고려하고 관찰할 수 있기 때문이 아니라 그 자체가 사물들의 존재 기반이기 때문이다. 사유는 그것이 존재를 창조하기 때문에 그리고 그렇게 하는 한 존재를 파악한다. 그리고 정확하

---

33 후설, 2007, 65쪽.

게 이런 창조의 원초적 행위는 크기·수·척도와 같은 수학의 기초 개념에 의해서 결정된다. 실재의 단순한 복사가 아닌 이런 개념들은 진정한 존재의 기원이자 영구적이고 불변하는 전형典型이다.[34]

이제 남은 문제는 이런 서구 유럽인들의 근본적인 사고방식의 변화가 사회적으로 적용되는 일이었다. 이 과정은 진보라는 이름하에 시간 준수, 상거래, 전쟁 등 모든 분야에서 수를 적극 활용하면서 자연스레 확대됐고 점차 서구 유럽인들의 일상생활을 지배하는 원리로 굳어졌다. 막스 베버가 말했던 '수의 낭만주의'가 서구 유럽의 근본 특성으로 자리 잡았다.[35]

시간의 공간화

시간과 공간의 문제를 깊이 연구한 새뮤얼 알렉산더Samuel Alexander는 철학적 사유의 모든 중요한 문제의 해법은 근원적으로 시간과 공간이 무엇이고 양자가 어떻게 관계 맺는지에 따라 달라진다고 주장한다.[36] 그에 따르면 우리가 시간과 공간의 관계를 어떻게 이해하는지에 따라 우리 앞에 펼쳐지는 세계는 완전히 다른 모습이 될 수 있다. 시간과 공간은 인간의 모든 활동과 인식의 최심층에 놓인 여건이요 배경이기 때문이다. 인간은 시간과 공간을 지각하는 감각기관을 따로 갖고 있지 않다. 그렇지만 시간과 공간이 분리될 수 없는 하나의 연속체라는

---

34 Cassirer, 1956, pp. 12-13.

35 멈퍼드, 2013, 51쪽.

36 Samuel Alexander, *Space, Time, and Deity*, Vol. 1 of 2, Macmillan and co., 1928, p. 35.

사실을 감각 경험으로 분명히 알고 있다. 이런 의미에서 시간과 공간에 대한 탐구는 실제 세계를 다루지만 그것이 경험적으로 다루는 일부는 실제 세계의 비-경험적 요소다.

시간과 공간의 관계에서 볼 때 근대의 기계적 세계관의 형성 과정에서 나타난 가장 두드러진 현상 중 하나는 시간의 공간화다. 이 문제는 수학의 양적 측정의 문제와 직접 연결된다. 양적 측정을 위해서는 두 가지 조건이 충족돼야 한다. 첫째는 셈의 대상인 개체들의 구체적인 성질의 제거다. 이를 통해 각 개체는 동질적이면서도 서로 구별된다. 둘째는 수학적 무한 개념이다. 단치히는 기수 체계cardinal system와 서수 체계ordinal system를 비교하면서 일대일 대응에 기초한 기수 체계에서 산술학은 만들어지지 않는다고 설명한다. 산술학에서 연산은 언제나 어떤 숫자에서 다음 숫자로 넘어갈 수 있다는 '암묵적 가정'에 기초하고 있는데, 이것이 서수 개념의 핵심이기 때문이다.[37] 여기서 암묵적 가정이 바로 수학적 무한 개념이다. 이 점에 대해서 푸앵카레도 흔히 산술학과 무한소해석학을 별개 영역으로 생각하지만 산술학에는 이미 수학적 무한 개념이 지배적인 역할을 하고 있으며 이것이 없다면 과학이 존재하지 않았을 것이라고 강조한다.[38]

이처럼 공간과 시간의 관계에서 수학적 양적 측정을 중요하게 고려하는 이유는 시간에 비해 공간이 양적 측정을 위한 형식을 제공하는 장점이 있기 때문이다. 우리는 이런 공간의 동질화로 공간을 인식할 수

---

37 단치히, 2008, 34쪽.
38 푸앵카레, 2014, 29쪽.

있는데 자연스레 시간 자체를 공간적으로 이해하는 경향으로 나아간다. 이런 시간의 공간화를 베르그송은 다음과 같이 설명한다.

> 공간이 동질적인 것으로 정의된다면, 역으로 모든 동질적이며 한정되지 않은 장소는 공간일 것으로 생각된다. 왜냐하면 여기서 동질성은 모든 질의 부재에서 성립하는 것이므로, 두 형태의 동질적인 것이 어떻게 서로 구별될지 그 길이 보이지 않기 때문이다. 그럼에도 불구하고 사람들은 시간을, 공간과 다르지만 공간처럼 동질적인 어떤 한정되지 않은 장소로 생각하는 데에 [의견이] 일치한다. 즉 동질적인 것은 이처럼 그것을 채우는 것이 공존이냐 계기繼起냐에 따라 이중적인 형태를 띤다는 것이다.[39]

동질성의 원리는 공존이라는 형식을 갖는 공간과 계기라는 형식을 갖는 시간을 하나로 포섭한다. 그런데 동질성이 질의 부재라면 비어 있으면서도 동질적인 것은 공간이므로 시간보다 더 근본적인 것은 공간이 된다. 사람들은 동질성의 두 가지 형태인 시간과 공간 중에서 공간이 더 선험적이라는 점을 인정하게 된 것이다.[40] 시간과 공간에 대한 베르그송의 분석은 고전역학의 운동에도 그대로 적용된다. 고전역학에서 나타나는 물리적인 공간과 시간은 정지된 상태들과 계기적 순간들의 무한한 연속이기 때문이다. "가속운동의 분석에서도 등속운동의 경우와 마찬가지로 일단 지나간 공간과 일단 도달된 동시적 위치들만이

---

39 앙리 베르그송, 『의식에 직접 주어진 것들에 관한 시론』, 최화 옮김, 아카넷, 2001, 127-128쪽.
40 베르그송, 2001, 129쪽.

문제다. 그렇기 때문에 우리가 역학이 시간으로부터 동시성만을 취한다면 운동 자체로부터는 부동성만을 취할 뿐이라고 말한 것은 근거가 있는 일이었다. 역학은 반드시 방정식 위에서 작업하며 하나의 대수적 방정식은 항상 하나의 완성된 사실을 표현한다는 것을 알아차렸다면 그런 결과를 예견할 수 있었을 것이다."[41]

베르그송의 비판에서 확인할 수 있듯이, 뉴턴은 수학적으로 상세히 설명되는 물리적 결과들을 고려해서 절대적인 공간과 절대적인 시간에 관한 가설을 세웠다. 그는 절대적인 공간을 "본성상 외부의 무엇과도 관련 없이 항상 동일하고 움직이지 않는 것", 절대적인 시간을 "본성상 외부의 무엇과도 관련 없이 한결같이 기계적으로 흐르는 것"으로 정의했다.[42] 이런 가설에는 두 가지 사건이 발생했을 때 이 사건들이 같은 장소에서 발생했는지 혹은 같은 시간에 발생했는지를 객관적 관찰로 확인할 수 있다는 생각이 깔려 있었다. 뉴턴은 실제로 모든 운동이 진행되는 과정에서 속도가 빨라지거나 느려지기 때문에 일정 속도로 진행되는 운동이란 없으리라고 추정했으며 이를 해결하기 위해 절대적인 공간과 절대적인 시간을 도입했다. 이제 시간은 굽이치며 흘러가는 흐름이나 주관적으로 느낄 수 있는 무엇이 아니라 기계적이고 수학적이며 가역적인 것이 됐으며 근대 과학의 척도가 됐다. 이 점에 대해서 클라우스 마인처Klaus Mainzer는 다음과 같이 언급한다.

---

41 베르그송, 2001, 152-153쪽.

42 Newton, 1995, p. 13.

형식주의적 고전역학에서 시간이란 여전히 운동 방정식의 실수實數 좌표 위를 움직이는 것이었으며, 따라서 시간이 반대 방향으로 바뀌어 움직이 더라도 그 가치는 변함없이 유효한 것으로 간주됐다. 그리하여 고전역학 에서 보는 시간의 '불변성'은 상대성이론과 양자론이 나오기 전까지 물리 적인 시간을 이해하는 기준이 돼왔다.[43]

요컨대 물질의 실체화, 자연의 수학화, 시간의 공간화는 17세기 고 전역학의 기계적, 결정론적 세계관을 확립하는 기본 조건이었다. 우주 의 전체 질서는 수학적 방법으로 설명될 수 있을 뿐만 아니라 어떤 물체 의 초기 조건, 곧 위치와 속도를 정확히 알 수 있다면 그것의 과거와 미 래를 모두 정확히 계산할 수 있게 됐다. 17세기에 확립된 기계적, 결정 론적 세계관은 18세와 19세기에 걸쳐 서구 유럽의 모든 영역에 폭넓게 응용됐으며 서구 유럽인들이 세계를 바라보는 중심 모델로 기능했다.

과학적 방법의 확립

두 가지 역학

17세기 과학혁명은 일종의 소리 없는 전쟁이었다. 아리스토텔레 스의 자연관과 스콜라철학에 기초한 우주와 자연에 대한 중세의 지적 전통은 부지불식간에 무너져 내렸으며 그 빈자리에 근대의 과학혁명이

---

43 마인처, 2005, 47쪽.

들어섰다. 주지하다시피 근대의 과학혁명에서 무엇보다 중추적인 역할을 맡은 것은 바로 수학이다. 과학혁명을 주도한 철학자들의 가장 중요한 무기는 수학의 정확성과 보편성이었다. 『정신지도규칙』에서 데카르트는 모든 운동을 설명할 수 있는 일반 학문으로서 보편 수학의 가치를 높이 평가했다.[44]

이러한 수학의 특성을 바탕으로 데카르트는 기계론적 철학을 전개한다. 기계론적 철학은 인간의 몸뿐만 아니라 모든 자연현상이 물질론 및 역학을 따르는 아주 미세한 입자들의 운동으로 환원될 수 있다고 본다. 데카르트의 눈에 비친 외부 세계는 연장과 운동만이 있는 세계였다. 외부 세계에는 본질적으로 색깔, 소리, 냄새 등이 없으며 이런 감각의 부산물들은 그저 인간의 내적 환상에 불과했다. "맛, 냄새, 소리, 열, 냉, 빛, 색 등으로 불리는 다양한 감각들은 모두 사고의 내부에 존재하지만 크기, 형태, 운동 등은 사고의 바깥에 존재하거나 존재할 수 있는 어떤 사물 또는 사물의 양태다."[45]

데카르트는 물질 혹은 물체를 연장으로 규정한다. 따라서 그에게 물질과 물체 일반의 본성이라는 명석판명한 관념의 출발점은 연장이다.[46] 이때 연장이란 공간을 점유하는 능력을 뜻한다. 물질은 공간이고, 공간과 구별되지 않는 물질이나 물질과 구별되지 않는 공간은 연장이다. 공간과 그곳에 있는 물체는 실제로 다르지 않으며 단지 우리의 파악 방식에서만 다를 뿐이다. 공간을 이루는 길이, 너비, 깊이의 연장

---

44 르네 데카르트, 『방법서설/정신지도규칙』, 이현복 옮김, 문예출판사, 2019, 134쪽.

45 데카르트, 2002, 46쪽.

46 데카르트, 2002, 47쪽.

은 물체를 이루는 연장과 동일하기 때문이다.[47] 이런 물질에 대한 이해를 바탕으로 엄밀한 추론을 거쳐 사물의 속성 및 운동을 논리적으로 연역하는 것이 데카르트 자연관의 핵심이었다. 데카르트에게 학문의 진리란 출발점에 있는 관념과 연역의 진리성에 의해 좌우됐다. 데카르트가 내놓은 방법은 새로운 것이 아니라 가장 유서 깊고 널리 알려진 것이었다.[48]

앞서 살펴봤듯이, 데카르트 역학의 출발점은 제1원인인 신이다. 신은 운동과 우주에 항상 동일한 운동량을 보존시키는 제1원인이다.[49] 이런 신의 존재를 바탕으로 데카르트는 역학의 세 가지 법칙을 도출한다. 첫째는 각 물체는 자신이 통제할 수 있는 한 항상 동일한 상태를 유지한다는 법칙이다. 둘째는 모든 운동은 직선운동이기에 원운동을 하는 것은 항상 원의 중심에서 멀어진다는 법칙이다. 마지막으로 셋째는 어떤 물체가 더 강한 물체와 부딪치면 운동량을 조금도 잃지 않지만, 더 약한 물체와 부딪치면 이 물체에 전달하는 양만큼 운동량을 잃는다는 법칙이다.[50] 제1법칙과 제2법칙은 갈릴레이의 관성의 법칙을 더 명확하게 정식화한 것이다. 그리고 제3법칙은 운동량보존법칙, 즉 물체들 사이의 충돌 시에 운동이 교환된다는 사실을 증명한 것이다.

특히 제3법칙의 원리에 따라 데카르트의 역학은 충돌 이론의 성격을 띤다. 우선 기계론의 관점에서 데카르트는 운동을 원격 작용이나 르

---

47 데카르트, 2002, 74쪽.

48 데카르트, 2002, 440-441쪽.

49 데카르트, 2002, 97쪽.

50 데카르트, 2002, 98-102쪽.

네상스 시기의 마술처럼 물체들 사이의 공감이나 반감 작용으로 이해하는 입장을 배격했다. 그다음 감각으로 느낄 수 없는 미세 물질들의 충돌과 압력으로 운동 전체를 설명했다. 이 경우 우주는 미세 물질들로 가득하고 이것들이 천체 주변에 거대한 소용돌이, 즉 와동渦動을 형성한다. 이것이 '와동 가설'이다. 목욕물을 휘저으면 비누 거품이 생기면서 욕조 밖으로 흘러넘치듯이 태양과 같은 뜨거운 행성은 회전하면서 소용돌이 혹은 와류를 발생시키는데 이로 인해 행성은 운동을 하게 된다. 동일한 원리에서 지구의 회전이 와동을 일으켜 달을 움직이게 하는 것이다. 소용돌이가 일어나지 않는다면 달을 포함한 행성들은 우주를 직선으로 운행할 것이다. 이런 전체적인 우주의 그림은 충분히 기계적이고 여기서 초자연적이거나 영적인 것을 발견할 수는 없다. 그럼에도 불구하고 데카르트의 와동 가설은 행성의 운동을 정량적으로 증명하는 데 실패했을 뿐만 아니라 정밀한 관측값으로 뒷받침된 케플러의 제3법칙의 정확성을 넘어서지 못했다.

데카르트는 자신이 옹호한 수학적, 기계적 자연과학이 틀림없이 모든 인류에게 이익이 되리라고 생각했다. 그는 『방법서설』의 집필 동기를 밝힌 6부에서 자연과학에 대한 몇몇 일반 개념들이 장인들의 빼어난 솜씨에서 볼 수 있는 것처럼 자연을 지배하는 데 도움이 되리라고 전망했다. "왜냐하면 그 개념들이 나에게 보여준 것은, 삶에 매우 유익한 여러 인식들에 이르는 것이 가능하다는 것, 그리고 학교에서 가르치는 저 사변 철학 대신, 사람들은 그 개념들에서 하나의 실천을 찾아낼 수 있다는 것이며, 이 실천에 의해 불, 물, 공기, 별들, 하늘들 및 우리를 둘러싸는 다른 모든 물체들의 힘과 작용들을, 우리가 우리 장인들의 다양한 솜씨들을 인식하는 것만큼, 판명하게 인식하면서, 우리는 그 힘과 작용들을 장인들처럼 적절한 모든 용도에 사용할 수 있고, 그리하여 우리를 자연의 지배자와 소유자로 만들 수 있기 때문이다."[51]

데카르트에 따르면 인간은 과학의 진보를 통해 자연 지배를 강화할 것이다. 하지만 인간의 자연 지배가 어디에서 어떤 방식으로 일어날지를 예측하기는 쉽지 않았다. 실제로 베이컨이나 데카르트가 상상했던 과학의 진보가 체계적인 응용과학으로 확립되면서 급격한 사회변화를 견인하기까지는 적어도 200년의 시간이 더 필요했다.

17세기 과학혁명의 첫 장이 코페르니쿠스의『천체의 회전에 관하여』에 의해 열렸다면 마지막 장은 뉴턴의『프린키피아』가 장식했다. 17세기 초 케플러는 지구를 포함한 다른 행성들이 태양의 주위를 타원형 궤도로 회전한다는 사실을 입증하는 세 가지 법칙을 발표함으로써 중세 우주론을 최종적으로 폐기했다. 비슷한 시기에 갈릴레이는 직접 만든 망원경으로 달이 지구와 동일한 본성을 가진다는 사실을 확인했으며 다른 모든 행성도 마찬가지라고 추론했다. 이제 남은 문제는 천상과 지상의 운동을 하나의 법칙으로 일관되게 설명하는 일이었다. 이는 뉴턴의 '만유인력의 법칙'에 의해 완수됐다.

『프린키피아』에서 뉴턴은 세 가지 운동의 법칙을 정립했다. 제1법칙은 관성의 법칙, 즉 정지 상태이거나 등속운동 중인 모든 물체는 외력의 작용으로 상태가 변하지 않는다면 직선 운동을 한다는 것이다. 이 법칙은 맨 처음 갈릴레이가 제안했고 데카르트가 완성한 것을 뉴턴이

---

51 데카르트, 2019, 88-89쪽.

수용한 것이다. 제2법칙은 가속도의 법칙, 즉 운동은 가해진 힘에 비례하여 변화하고 힘이 가해진 직선 방향으로 일어난다는 것이다. 이 법칙은 $f=ma$라는 식으로 표현된다. 마지막으로 제3법칙은 반작용의 법칙, 즉 작용에 대해 늘 반대 방향으로 같은 크기의 반작용이 생긴다는 것이다.[52] 이 세 가지 법칙을 바탕으로 뉴턴은 회전하는 물체가 타원의 초점을 향하는 인력은 거리의 제곱에 반비례한다는 사실을 논증하는 만유인력의 법칙을 통해 케플러의 제1법칙과 제2법칙을 하나의 통일된 논리 아래 포섭할 수 있었다. 결국 뉴턴은 만유인력의 법칙을 통해 하늘과 땅의 운행 원리를 통일하는 데 성공했다.

그러나 데카르트의 기계론적 관점이 우세했던 대륙을 중심으로 뉴턴의 만유인력의 법칙에 대한 비난이 쏟아졌다. 뉴턴이 마술적 사유에 근거하는 숨겨진 성질이나, 공감과 반감 같은 신비적인 요소를 다시 불러들였다는 것이었다. 그렇지만 이런 비판은 엄밀한 의미에서 『프린키피아』에서 제시한 만유인력의 법칙에 대한 정당한 비판으로 볼 수는 없다. 뉴턴은 책의 첫머리에서 다양한 힘을 정의한 후에 자신의 의도가 힘의 물리적 측면이 아니라 수학적 측면을 드러내는 데 있다고 말하기 때문이다.[53] 이런 해명에도 불구하고 논란의 불씨는 여전했고 어쨌든 뉴턴 자신이 원인을 제공한 셈이었다. 카시러가 밝히듯이, 뉴턴의 만유인력의 법칙은 근본적으로 신학적, 형이상학적 사유에 의존하고 있었다.

52 Newton, 1995, p. 19.

53 Newton, 1995, p. 12.

뉴턴의 역학은 필연의 왕국뿐만 아니라 우연의 왕국에 대해서도 알아야 했고, 이런 차이에서부터 심각한 인식론적 문제와 어려움이 발생했다. 뉴턴은 그가 확립한 방정식들이 우주 구조에 의해서 우리에게 주어지는 모든 질문에 답할 수 없다는 것을 정확히 알고 있었다. 뉴턴의 만유인력의 법칙은 우주 내에서의 특정한 질량의 분포에 대한 가정 아래 나타날 수 있는 현상들을 결정한다. 그러나 이것은 이런 분포 상태에 대한 어떤 정보도 제공하지 않는다. 이처럼 상대적인 불확실성의 문제에 직면한 뉴턴은 이전과는 다른 방식의 기초가 있어야 한다는 결론을 내린다. 그는 신학적 고찰을 피난처로 삼는다. (…) 이 태양계의 놀라운 배열은 오직 지혜롭고 강력한 존재의 지배 아래서만 발생할 수 있는 것이었다. 이 지점에서 우리는 다시 신성한 법령으로 직접 돌아가야만 한다.[54]

연역에서 분석으로

카시러는 18세기 계몽주의 철학의 사상적 원천과 원리의 통일성을 논구하면서 계몽주의 철학이 17세기의 유산을 계승해 발전시켰지만 방법론적 차원에서는 데카르트적인 것이 아니라 뉴턴적인 것을 추구했다고 평가한다.[55] 물론 데카르트는 근대철학의 아버지라는 평가를 받고 그의 철학과 과학 이론은 중세 스콜라철학의 권위를 전복하는 데 일익을 담당했다. 하지만 방법론의 측면에서 데카르트는 여전히 스콜라철학의 자장 속에 있는 스콜라주의자였다. 그는 정신에서 실체와 존재에

---

54 Cassirer, 1956, p. 105.

55 에른스트 카시러, 『계몽주의 철학』, 박완규 옮김, 민음사, 1995, 9쪽.

대한 명석판명한 명제를 연역해냈고, 선험적 진리를 확신했으며, 지성
만으로 모든 사물에 대한 완벽한 지식에 도달할 수 있다고 믿었다. 반
면에 뉴턴은 17세기의 데카르트, 라이프니츠, 스피노자의 철학에서 여
전히 유지되던 엄격성과 완전성을 추구하는 연역적 증명 방식을 거부
하고 대신 갈릴레이와 케플러가 시도했던 과학적, 물리학적 방법, 즉
분석 방법을 선택했다. 18세기 계몽주의 철학자들은 이런 뉴턴의 과학
적, 물리학적 방법을 수용해 일반화했으며 이제 분석 방법은 단지 물
리학의 도구가 아니라 사유 일반을 관할하는 필수 도구로 자리 잡았
다. 그리하여 철학적 방법의 기본 문제들은 데카르트의『방법서설』이
아니라 뉴턴의『철학함의 규칙』을 모범으로 삼아 해결책을 강구하게 됐
다.[56]

　　연역적 방법에서 과학적, 물리학적 방법으로 전환됨으로써 이성
개념의 의미도 바뀌었다. 17세기의 영원한 진리를 파악하는 이성이 18
세기의 분해하고 연결하는 기능적 이성으로 전환된 것이다. 데카르트,
스피노자, 라이프니츠로 대변되는 17세기 위대한 형이상학적 체계에서
이성은 신과 인간 정신에 공통된 영원한 진리였다. 이성에 기반한 행위
는 신적인 것에 참여하는 것을 의미했고 이성을 통한 앎은 신적인 앎과
진배없었다. 이에 반해 18세기의 이성은 좀 더 겸손해졌다. 진리의 내
용이 아니라 기능의 힘으로 이해됐으며, 이성의 가장 중요한 기능은 분
해하고 연결하는 것이었다. 이성은 사실로 주어진 모든 것을 분해해 단
순한 요소로 환원함으로써 사실을 확정 지을 수 있는 힘으로 인식됐다.

56　Cassirer, 1956, p. 22.

"분석과 종합이라는 이성의 이중적 행위를 인식할 때에만 우리는 존재가 아니라 행위로서의 18세기 이성 개념을 제대로 이해하게 된다."[57]

여러 가지 논란에도 불구하고 뉴턴의 명성은 18세기에 절정에 달했다. 그의 물리학 이론과 분석적 방법론의 영향력은 서구 유럽 곳곳으로 확대됐다. 아인슈타인의 상대성이론이 출현하는 20세기 초까지 뉴턴의 이론적 입지는 흔들림 없이 유지됐으며 기계문명이 전 세계로 확장되는 데 중추적 역할을 했다. 그렇지만 이런 과학혁명이 결실을 맺는 과정에서 16세기 문화혁명을 추동했던 장인/예술가 집단의 활동과 노력을 결코 무시할 수 없다. 과학혁명을 추동한 철학자들의 장인/예술가 되기 이전에 장인/예술가들의 과학자 되기가 선행한 것이다. 상대적으로 덜 주목받기는 하지만 과학이 기계적 아르스에서 배우고 숙성됐던 기간이 분명히 존재했다.

요컨대 변증법이나 자연철학에 정통하고, 추상적 개념의 조작과 치밀한 논증 기술에 뛰어났던 대학 출신의 지식인들이 차츰 변화를 보이게 됐던 것이다. 그들은 스스로 관측 기기를 제작하고 조작했으며, 종전에 상인의 영역으로 여겨지던 계산 기술을 배워 익혔다. 또한 직인, 예술가, 외과의, 약종상, 연금술사, 마술사의 것으로나 간주되던 관찰과 실험에 열중하기 시작했다. 과학과 기술의 관계는 19세기 이후 과학의 성과를 기술적으로 응용하는 형태가 통상적이었다. 하지만 17세기에는 거꾸로 과학이 기술로부터 배우거나, 선행하는 기술을 과학 연구에 도입하는 형태로 이뤄졌

---

57 Cassirer, 1956, pp. 29-30.

다. 이는 16세기에 직인과 기술자들이 제기했던 것들을 17세기 선진적인 지식인들이 받아들였던 데서 비롯한다.[58]

58 요시타카, 2010, 756쪽.

2. 아르스에서 테크닉으로

순수예술 VS 공예

그리스-로마 시대와 중세에 현대적 의미의 기술이나 예술 개념은 존재하지 않았다. 고대와 중세 사람들은 다양한 인간 활동과 능력을 아우르는 통합 개념으로 테크네와 아르스를 사용했다. 오늘날처럼 기술과 예술이 완전히 다른 개념으로 이해된 것은 17세기 이후 벌어진 사건들의 결과였다. 점진적인 기술과 예술의 분리 과정은 '아르스에서 순수예술과 공예가 분리되는 과정'이라고 부를 수 있을 것이다. 17세기 말에 시작돼 19세기에 완성에 이른 이런 분리 과정을 예술사가 샤이너는 3단계로 구분한다. 첫 단계에 해당하는 시기는 1680년경부터 1750년까지다. 이때 근대적 예술 체계의 여러 요소가 영역별로 더 밀접하게 통합됐다. 그리하여 1750년경에서 1800년까지의 둘째 시기에는 아르스가 순수예술과 공예로 분리되고, 장인/예술가가 장인과 예술가로 분리

됐다. 그리고 마지막 단계에 해당하는 1800년경에서 1830년까지의 시기에는 각 부분의 자율성과 통합성이 강화됐다. 이렇게 19세기 들어 순수예술의 새로운 체계가 확고해지자 이 개념은 형용사 '순수한fine'이 빠지고 예술로만 쓰이기 시작했다.[59]

물론 15세기 이후 회화, 조각, 음악, 시, 연극, 무용, 건축이 '교양 아르스'나 수공예와는 다르므로 이들을 하나로 통합해야 한다는 주장이 없었던 것은 아니다. 하지만 이런 주장은 적절한 구분 이유와 기준에 걸맞은 공통 명칭을 찾지 못한 채 산발적으로 제시됐을 뿐이다.[60] 이런 상황에서 샤를 바퇴Charles Batteux는 1747년 『동일한 한 가지 원리로 귀결되는 순수예술들』에서 처음으로 '순수예술'이라는 명칭을 제안했다. 책 제목에서 알 수 있듯이, 바퇴의 일차적인 문제의식은 순수예술을 구분하기 위해 공통 기준을 확립해야 한다는 것이었다. 우선 바퇴는 그리스어 '미메시스mimēsis'에서 유래한 모방 개념을 바탕으로 예술을 실재의 모방으로 정의한다.[61] 그렇지만 이런 정의는 테크네와 아르스를 기본적으로 자연에 대한 모방으로 간주했던 고대와 중세의 일반적인 관념에 비추어 특별한 것은 아니었다. 사실은 표면적으로만 그렇게 보일 뿐이고 회화, 조각, 음악, 시, 무용 모두에 모방이라는 동일한 원리를 처음 적용한 사람은 바로 바퇴였다. 바퇴가 제시한 구분의 적절성을 따

59 쉬너, 2007, 122-123쪽.

60 타타르키비츠는 이 시기에 새롭게 제기된 명칭으로 잠바티스타 비코Giambattista Vico의 '즐거움을 주는 예술'과 제임스 해리스James Harris의 '우아한 예술'을 꼽는다. 타타르키비츠, 2017, 36쪽.

61 Charles Batteux, *The Fine Arts Reduced to a Single Principle*, James. O. Young (trans.), Oxford University Press, 2015, p. 11.

져볼 수는 있겠지만 분명한 사실은 바퇴가 '보편적 예술론'을 정립했다는 것이다.

이 원리를 바탕으로 바퇴는 '기계적 아르스'에 포함되는 다양한 아르스를 세 가지로 구분한다. 첫째는 자연에서 생긴 악덕을 인간의 솜씨와 노동으로 막는 기계적 아르스, 즉 수공예다. 둘째는 즐거움 자체를 추구하는 순수예술이다. 시, 회화, 조각, 음악, 무용이 여기에 속한다. 그리고 셋째는 수공예와 순수예술의 중간에 자리 잡고 즐거움과 실용을 동시에 추구하는 웅변과 건축이다.[62] 이런 분류를 바탕으로 바퇴는 시, 회화, 조각, 음악, 무용이라는 순수예술과 이와 밀접하게 연관된 것으로 보이는 웅변과 건축을 한데 묶어 순수예술의 범위를 확정했다. 더 나아가 그는 학문과 예술도 구분하고, 취향과 예술의 관계가 학문과 이해의 관계와 동일하다고 주장한다. 양자의 목적은 다르지만 기능은 유사하다. 전자가 봉사하는 것이라면 후자는 설명하는 것이다. 더욱이 학문의 목적이 진리라면 예술의 목적은 선善과 미美다. 조심스럽게 살펴본다면 선과 미의 의미는 거의 동일하다.[63]

바퇴의 보편적 예술론의 정립은 당시 상당히 인기를 누리며 널리 인정받았다. 그 결과 18세기 중엽에 이르면 서구 유럽에서 순수예술은 수공예는 물론 학문과도 다르다는 인식이 폭넓게 퍼졌다. 이제 학문 및 수공예와 구별되면서 범위가 축소된 근대적 의미의 예술 개념이 탄생했다. 라틴어 아르스의 영어식 표기는 유지됐지만 개념적으로 새로운

62　Batteux, 2015, p. 3.

63　Batteux, 2015, p. 30.

예술이 출현한 것이다.

이와 함께 17세기와 18세기에 걸쳐 사회적 관념과 제도가 변화했는데 이는 아르스가 순수예술과 공예로 분리되는 현상을 자극한 주요 계기였다. 이때 과학과 테크닉의 관계가 더 긴밀해지는 경향과 순수예술의 독자성이 강화되는 경향이 서로 엇갈리고 결고트는 양상을 보였다.[64] 17세기 말 프랑스 왕립건축아카데미 설립(1671)을 시작으로 영국 왕립아카데미(1769)를 비롯한 각종 아카데미 설립이 매우 증가했고, 1794년 프랑스에서는 종합기술대학의 성격을 띤 에콜 폴리테크니크École Polytechnique가 문을 열었다.[65] 그리고 18세기부터는 중세의 길드 체제를 무력화한 토목기사협회(1771)나 영국건축가협회(1834) 같은 새로운 조직도 창설됐다. 이런 사회적 변화는 순수예술의 독립과 예술가의 자유를 부추겼고 예술가와 장인의 대립 구도를 강화했다. 장인/예술가 집단의 심리적 변화에 대해서 샤이너는 다음과 같이 말한다.

18세기 초반에는 모든 사람이 무언가에 천재성이나 재능이 있으며, 그 특별한 천재성은 이성과 규칙의 안내를 받아야만 완벽해질 수 있다고 널리 믿었다. 18세기 말에 이르면 천재성과 규칙 사이의 조화가 깨졌다. 천재성 그 자체가 재능의 반대 개념이 된 것이다. 또한 모든 사람이 무언가에 천재성을 가지고 있다는 생각 대신에 몇몇 사람만이 천재가 될 수 있다고 생각하게 되었다. 순수예술에 있어 천재의 중요한 특성들 가운데 자유는

---

64 멈퍼드, 2013, 208쪽.

65 샤이너는 1740년에 10개였던 아카데미가 1790년에는 100개가 넘었다고 언급한다. 쉬너, 2007, 156쪽.

독특한 위치를 차지했다. 오래전부터 예술가 중에는 후원자의 지시로부터 자유를 주장한 엘리트가 존재하긴 했지만 이제야말로 독립을 향한 예술가들의 주장은 확대되고 강경해졌다. 예술가의 자유 대 장인의 예속, 이 생각은 예술가를 규정지은 여러 다른 특성들의 밑바탕이었다.[66]

순수예술과 공예의 대립이 더 분명해지면서 자유·천재성·영감·상상력과 같은 예술적 속성들은 전적으로 예술가에게 귀속된 특징으로 인식됐으며, 반대로 모방·솜씨·규칙·질서와 같은 기계적 속성들은 장인의 몫으로 여겨졌다. 그리고 순수예술과 공예의 분리가 확고해진 19세기에 이르면 예술가와 장인의 명암이 뚜렷해졌다. 예술이 독자성을 갖게 되면서 예술가의 이미지와 지위는 새롭게 정점에 도달했다. 특히 자본주의 시장 제도의 발전은 예술가와 예술 작품의 가치를 높이는 데 일조했다. 과거 후원자-예술가의 관계가 시장 중심의 관계로 재편되면서 예술가의 자율성도 덩달아 커졌다. 반면에 공예가와 장인의 이미지와 지위는 상대적으로 추락했다. 장인들의 독립된 작업장은 점차 폐쇄됐으며 산업혁명이 본격화되면서 규격화된 상품들이 쏟아져 나오자 수공예 생산물이 들어설 자리는 점점 더 줄어들었다. 19세기 내내 예술가와 장인의 격차는 크게 벌어졌다.

샤이너는 장인/예술가의 분리와 양자의 서로 다른 속성을 다음과 같은 표로 일목요연하게 보여준다.[67]

---

66 쉬너, 2007, 169쪽.

67 쉬너, 2007, 175쪽.

[표 6] 장인/예술가에서 예술가 대 장인으로

분리 이전	분리 이후	
(장인/예술가)	예술가	장인
재능 또는 위트	천재성	규칙
영감	영감/감수성	계산
재주(정신과 육체)	자발성 (육체를 넘어선 정신)	기술(육체)
재생산적 상상력	창조적 상상력	재생산적 상상력
경쟁(과거 대가들의)	독창성	모방(모델들의)
모방(자연)	창조	복제(자연)
봉사	자유(놀이)	거래(보수)

취미 판단

바퇴는 17세기 말부터 프랑스에서 예술의 아름다움을 판단하는 능력의 의미로 쓰이던 '취미taste'라는 미적 개념을 확산시키는 데도 한 몫했다. 그는 예술이 천재성 및 취미와 관계를 맺는다고 생각했다. 천재성은 예술을 창조하고 취미는 예술을 판단한다. 따라서 천재성이 아름다운 자연을 모방함으로써 예술 작품을 창작한다면 취미는 아름다운 자연이 정확하게 모방됐을 때 생기는 만족스러운 영감을 판단한다.[68]

'양모나 옷감의 품질을 알기 위해 만지다'를 뜻하는 라틴어 '탁사레taxare'에서 유래한 취미 개념은 프랑스를 중심으로 처음에는 섬세한 미각을 의미하다가 점차 아름다움의 판단 능력이라는 의미로 확장됐

---

68 Batteux, 2015, p. 27.

다.[69] 어떤 감각을 판단할 때 미각은 시각이나 청각과는 다른 면모를 보인다. 미각이 전적으로 섬세한 혀의 감각에 의존한다면 시각과 청각은 다소 모호한 측면이 있다. 좋은 시력이나 예민한 청력을 소유한 사람일지라도 어떤 대상이나 소리가 갖는 아름다움에 무신경한 태도를 보이는 경우가 허다하기 때문이다. 그래서 아름다움을 적확하게 판단하기 위해서는 다른 예민한 요소들이 필요했는데, 유럽인들은 이것을 취미라는 개념으로 표현한 것이다.

18세기 서구 유럽에서, 바퇴에 이어 취미 개념이 아름다움을 판단하는 능력이라는 의미로 굳어지는 데 기여한 인물은 데이비드 흄David Hume이다. 존 로크John Locke의 경험론을 계승한 흄은 당시 유행하던 취미에 대한 미학적 해석을 통해 아름다움을 판단하는 인간의 능력에 대한 철학적 사유를 전개한다. 먼저 흄은 아름다움과 추함을 구분한다. 인간 본성이 아니라 관습을 통해 형성되는 아름다움은 인간의 영혼에 만족과 즐거움을 주는 부분들의 질서와 구조다. 반면에 추함은 자연스럽게 불편한 감정을 일으키는 경향이다.[70] 이처럼 흄은 아름다움을 대상 자체의 객관적 속성으로 이해하는 고대의 전통과 단절하고 아름다움을 인간 내면에서 일어나는 감정의 긍정적 변화로 본다. "아름다움은 사물들 자체 안에 존재하는 성질이 아니다. 그것은 오직 사물들을 관찰하는 정신 안에만 존재하며, 각각의 정신은 서로 다른 아름다움을 지각한다."[71]

---

69 흄, 2005, 161-162쪽.

70 흄, 2005, 83-84쪽.

71 흄, 2005, 29쪽.

일반적으로 경험론적 사유에서는 외적 감각과 내적 감각을 구분한다. 외적 감각이 인간의 오감을 통해 우리에게 들어오는 감각 작용이라면 내적 감각은 인간의 오감으로는 파악되지 않더라도 의식 속에서 일어나는 어떤 느낌을 포착하는 감각 작용이다. 따라서 아름다움에 한정해 볼 때, 미적 판단의 근원지는 외적 감각이 아니라 내적 감각이다. 이런 미와 추를 판단하는 인간의 자연적인 능력을 흄은 '취미'라고 부른 것이다. 그리고 흄에 따르면 아름다움과 추함에 대한 미적 판단은 이성이 아니라 경험에서 온다. "창작의 규칙 중 어느 것도 선험적인 이성적 추론에 의해 정해지지 않으며, 영원불변하는 관념들의 성질이나 관계를 비교함으로써 얻어지는 오성의 추상적 결론으로 간주될 수 없다는 것은 명백한 사실이다. 그것들의 기초는 모든 실천적 학문의 기초와 동일한데, 그것은 바로 경험이다."[72]

『취미의 기준에 대하여』의 첫 부분에서 흄은 취미가 시대마다 또 사람마다 다르다는 취미 판단의 다양성을 인정한다. 취미는 적절한 교육 수준과는 별개로 사람마다 무척 다양하고 시대에 따라 변덕스럽게 변화한다. 그래서 동일한 집단에서 편견이 형성되기도 한다. 이 때문에 자신들의 집단이 공유하는 취미 판단에 근거해 다른 집단의 취미 판단을 쉽게 폄하하는 일까지 종종 발생한다. 그럼에도 불구하고 흄은 미적 선호에 대한 판단 기준을 객관적으로 수립하는 것이 전혀 불가능한 일은 아니라고 생각한다. 취미 판단의 다양성을 인정하는 동시에 취미 판단이 일정 수준 이상의 통일성에 이를 수 있다고 본 것이다.

---

72 흄, 2005, 31쪽.

흄은 사람들이 적절한 미적 판단력을 갖추기 위한 조건으로 정감과 오성의 결합으로 고양된 섬세한 상상력을 들면서 이것의 가치를 높이 평가한다. 수많은 사람들이 아름다움의 정감을 제대로 느끼지 못하는 이유 중 하나는 이런 고상한 감정을 예민하게 느끼는 능력에 부합하는 섬세한 상상력이 결여됐기 때문이다.[73] 흄에 따르면 아주 섬세한 상상력은 끊임없는 연습과 단련을 통해 명석판명한 정감을 획득하고 다양한 비교 작업을 병행함으로써 편견에서 벗어날 때 얻어진다. 이렇게 해서 예술의 가치를 평가하는 참된 심판관으로서 비평가가 탄생한다. 그리고 이런 비평가들의 공통된 판단이 취미와 아름다움의 참된 기준이 된다.[74]

흄은 취미의 기준이 시대나 장소를 막론하고 사람들에게 보편적인 즐거움을 준다는 결론을 내린다.[75] 흄에게 아름다움과 추함의 판단 문제는 사회적 관습과 인간의 보편적 본성에 대한 꼼꼼한 경험적 탐구로써 확인될 수 있는 것이다. 본질적으로 아름다움은 인간의 내적 반응 문제이므로 주관적 사실이다. 그렇지만 인간은 미적 감각에 따른 반응의 적절성과 보편성을 판단할 수 있으므로 이것은 객관적 사실이기도 하다. 내감주의자였던 흄은 이 문제를 경험적 탐구로 확증했다.

---

73 흄, 2005, 36쪽.

74 흄, 2005, 49쪽.

75 흄, 2005, 31쪽.

근대 미학의 확립

흄의 취미 판단에 대한 고찰과 다른 맥락에서 카시러는 18세기 예술의 새로운 경향으로 '성격 예술characteristic art'에 주목한다. 성격 예술은 예술이 단지 자연의 아름다움을 재현하거나 모방하는 것이 아니라 인간 내면에서 솟아오르는 생명력과 정감을 표출하는 것이라고 주장한 장 자크 루소Jean-Jacques Rousseau에서 시작돼 독일의 대문호 괴테Johann Wolfgang von Goethe로 이어지는 하나의 흐름이다.[76] 물론 성격 예술은 아름다움과 예술의 원천을 외적 대상이 아닌 인간의 내면에서 찾았다는 점에서 흄의 미적 고찰과 어느 정도 상통한다. 하지만 성격 예술의 주창자들은 예술의 유일한 목적이 아름다움이 아니며 더 나아가 아름다움이 예술에서 파생된 2차 산물에 불과하다는 파격적인 주장으로 파장을 일으켰다. 카시러는 예술이 아름다움이기 이전에 형성적 힘이라는 괴테의 말을 인용해 성격 예술의 특징을 다음과 같이 드러낸다.

예술은 아름다운 것이기 훨씬 전에 형성적인 것이다. 그리고 이것은 이때에 참되고 위대한 예술이요, 또 아름다운 예술 자체보다 더 참되고 위대한 예술일 경우가 많다. 인간은 자신 속에 형성적 성질을 가지고 있으며, 또 이 성질은 생존이 안전하게 되자마자 활동으로 나타나기 때문이

---

76 '성격 예술'의 출발점은 1761년에 루소가 발표한 서간체 장편소설 『신新엘로이즈』다. 여주인공 쥘리와 그녀의 가정교사 생 프뢰의 낭만적인 사랑 이야기를 편지 형식으로 풀어내면서 루소의 문명 비판적 관점을 담아낸 이 소설은 당시의 이상적 사랑에 대한 대중의 갈망에 부합하여 1800년까지 베스트셀러 자리를 지켰다.

다. (…) 이 성격 예술이 유일한 참된 예술이다. 그것이 내적이고 단일하고 개성적이며 독창적인, 또 독립적인 감정에서, (…) 그 주위에 놓여 있는 것에 대해서 활동할 때는, 그것이 조잡한 야만에서 생겨났건, 혹은 개화된 감수성에서 생겨났건 하여튼 그것은 전체적이고 살아 있는 것이다.[77]

흄의 취미 판단과 성격 예술과 맞물려 18세기에는 근대 미학도 확립됐다. 흔히 고대 미학이니 플라톤 미학이니 하는 말이 사용되는 것에서 알 수 있듯이, 아름다움을 탐구 대상으로 삼는 이론은 분명 고대 이래 존재했다. 그렇지만 18세기 독일 철학자 알렉산더 고틀리프 바움가르텐Alexander Gottlieb Baumgarten은 미적 탐구의 고전적 전통과 단절함으로써 새롭게 근대 미학을 정초했다. 고대 미학과 근대 미학의 간극은 '미학aesthetics'이라는 개념에서 확인된다. 미학은 '감각'이나 '감정'을 뜻하는 그리스어 명사 '아이스테시스aisthēsis'의 형용사형 '아이스테티코스aisthē-tikos'에서 유래했다.[78] 이 명칭을 처음 사용한 사람이 바움가르텐이다. 근대 독일 철학의 토대에서 바움가르텐은 미학을 "감성적 인식의 학문"으로 정의했다.[79] 이때 미학의 대상은 지성에 의해서가 아니라 감성에 의해서 인식되는 것, 곧 감각 대상들이 된다. 그리고 미학의 목적은 아름다움이라는 감성적 인식의 완전성을 달성하는 것이다.

---

77 카시러, 2008, 245-246쪽.

78 김헌에 따르면 명사 'aisthēsis'는 동사 'aisthanomai'에서 나왔는데, 이 동사는 '듣다'를 뜻하는 'aio'와 관련된다. 그리고 aio에서 라틴어 'audio'가 파생됐다. 애초에 듣다라는 뜻이었던 동사 aisthanomai의 의미상 외연이 점차 확장돼 감각 전체를 포괄하는 말이 됐다. 강철웅 외, 2013, 499쪽.

79 알렉산더 고틀리프 바움가르텐, 『미학』, 김동훈 옮김, 마티, 2019, 27쪽.

그런데 감성과 감각을 전면에 내세우는 근대 미학의 관점은 감성과 감각이 아름다움에 대한 참된 인식에 도달하는 데 방해가 된다고 생각했던 고전적 미학의 전통과 상충된다. 고대와 중세의 미적 개념은 신·보편적 자연·절대정신 같은 초월적 실체를 전제하는 객관적 개념이었고, 주로 형식적 차원에서 조화·비례·통일성·완전성 등의 척도와 수적 비례 그리고 질서와 조화의 관념을 통해 규정됐기 때문이다. 조화와 질서는 아름다움의 완전성을 규정하는 원리였고 세부에서 그리고 최종적인 종합의 국면에서 아름다움을 실현하는 근거였다. 이 과정에서 감정과 감각이라는 주관적 측면은 배제되거나 아주 부수적인 요인으로 치부됐을 뿐이다.

　　바움가르텐은 미학의 목적을 감성적 인식 자체의 완전성에 두었고,[80] 아름다움을 이성의 대상이 아닌 감성의 대상으로 전환해 감성의 측면에서 근대적인 주관성을 확보하려고 했다. 교양 아르스에서 예술이 떨어져 나오는 과정에서 '자유' 개념이 변화했는데 이를 반영한 것이었다. "예술이 다른 교양학문으로부터 분리되어 하나의 독립적인 사유 대상이 되고 그것을 통해 새로운 사유체제가 확립된 것은 또 다른 변화를 통해서다. 그것은 교양학문을 규정하였던 '자유' 개념의 변화이다. 자유가 더 이상 사회적 위상이라는 외적 조건에 의해 규정되거나 이해되지 않고 활동의 내재적 특징에 의해서 이해되기 시작하면서 예술은 전통적인 방식으로 규정되었던 교양학문의 틀을 벗어나기 시작했다. 예술은 이제 그것이 이성적인 한에서가 아니라 그 이성적 규범으로부

80　바움가르텐, 2019, 35쪽.

터 벗어나는 한에서 자유로운 학문이 된다."[81] 물론 바움가르텐은 미학 체계를 확립하려는 큰 구상을 세운 터였다. 하지만 이를 실행으로 옮기지 못한 채 요절함으로써 근대 미학의 정립이라는 과업은 칸트의 몫으로 남겨졌다.

18세기 계몽주의 시대를 살았고 합리론과 경험론을 비판적으로 종합한 칸트에게 진리와 인식의 문제만큼 미적 문제도 간과할 수 없는 것이었다. 칸트는 『판단력비판』에서 미를 감각적인 것으로 치부하는 이성주의 미학의 편견과 미를 경험의 세계에 한정해서 사유하는 경험주의 미학 양자를 모두 경계하며 미적 판단이 갖는 선험성을 해명하는 데 주력한다. 다시 말해, 칸트는 객관적 현상으로서의 '미적인 것das Schöne'과 이것을 느끼는 주관적 능력인 '미감적인 것das Ästhetische'을 구분하고,[82] 미감적 판단의 본성과 성격을 해명하려 했다. 즉 미감적 판단이 하나의 선험적 종합판단임을 증명하기 위해 노력한 것이다. 이를 통해 쾌와 불쾌의 미감을 위한 선험적 원리가 '합목적성'이며, 이 원리에 따라 어떤 대상을 판정하는 마음의 기능이 판단력임을 입증한다. 이런 증명을 바탕으로 칸트는 자신의 자율 미학과 미적 예술론을 전개한다.

칸트 미학의 핵심은 기본적으로 자연의 목적 없는 형식적 합목적

---

81 서양근대철학회, 『서양근대미학』, 창비, 2012, 19쪽.

82 미감적인 것에 대해 칸트는 다음과 같이 말한다. "(자연 및 예술)의 사상事象들의 형식들에 대한 반성에서 쾌를 얻을 수 있음은 객관들의 합목적성을 반성적 판단력의 관계에서 자연개념에 맞게 주관에게 표시할 뿐만 아니라, 또한 거꾸로 대상들에 대한 주관의 합목적성을 그것들의 형식에 따라서, 아니 그것들의 무형식에 따라서조차, 자유 개념을 좇아 표시한다. 그 때문에 미감적 판단은 한낱 취미판단으로서 아름다운 것과 관계할 뿐만 아니라, 정신감정에서 생겨난 판단으로서 숭고한 것과도 관계한다." 임마누엘 칸트, 『판단력비판』, 백종현 옮김, 아카넷, 2010, 180쪽.

성이라는 선험적 원리에 기초한 자연미다. 인간은 아름다움을 좇는 미적 존재다. 따라서 인간이 존재하지 않는다면 미 역시 존재하지 않는다. 이런 의미에서 자연미란 인간 본성이 자연스럽게 느끼는 아름다움이다. 그러므로 숭고미나 예술미도 자연의 합목적성에서 발견되는 미의 조건과 특징이라는 기준을 통해 이해해야 한다. 숭고미나 예술미도 결국에는 자연미에서 성립하는 미의 창조적 표현이며, 예술미가 아름다움을 넘어 예술이 될 수 있는 것도 정신에 의한 미적인 것의 창조적 표현이기 때문이다. 따라서 칸트에 따르면 예술은 아름다워야 하며 아름답지 않은 예술은 예술이 아니다.

이런 미에 대한 기본 입장을 바탕으로 칸트는 더 세부적으로 기예 일반을 분석한다. 먼저 학문과 기예를 구분하는데, 이 경우 기준은 기예의 특성인 실천적 능력과 숙련도. 뒤이어 즐거움 추구라는 인간의 자율성에 기초한 기예와 단지 노임을 받기 위한 수공手工을 구분하고 후자를 노임勞賃 기예라 불렀다.[83] 다음으로 칸트는 즐거움이 순전한 감각으로 표상들에 동반되는 것을 목적으로 하는 '기계적 기예'와 즐거움이 인식 방식으로 표상들에 동반되는 것을 목적으로 하는 '미감적 예술'을 구별한다. 이에 더해 미감적 예술을 다시 예술의 아름다움을 음미하고 즐기는 것만을 목적으로 하는 '쾌적한 예술'과 합목적적이며 반성적 판단력을 표준으로 갖는 '미적 예술', 곧 예술로 나눈다.[84]

칸트에 따르면 기계적 기예와 미적 예술은 규칙을 준수하고 그에

---

83 칸트, 2010, 332-334쪽.
84 칸트, 2010, 335-336쪽.

따라 파악될 수 있는 기계적이고 모범적인 것이 본질적 조건을 형성한다는 측면에서 공통점을 가진다. 그렇지만 기계적 기예가 근면과 학습에 기초한다면 미적 예술은 천재성에 기초한다는 점에서 양자는 서로 다르다. 미적 예술은 천재의 기예다.[85] 여기서 천재성은 모방 정신과 전적으로 대립하는 개념으로 기예에 규칙을 부여하는 천부적 자질을 뜻한다. "천재는 선천적인 마음의 재질才質로서, 그것을 통해 자연은 기예에게 규칙을 주는 것이다."[86] 칸트는 이런 천재의 특성으로 네 가지를 제시한다. 첫째는 독창성(원본성)이다. 이는 단지 주어진 규칙과 숙련을 통해 작업을 완료하는 능력이 아니라 스스로 규칙을 만들어내는 재능을 뜻한다. 둘째는 범례성(모범성)이다. 이는 천재의 예술 작품이 다른 사람들의 미적 판단의 기준이나 본보기가 되는 것을 뜻한다. 셋째는 창작의 비밀성이다. 이는 천재는 어떻게 작품을 창작하는지, 그 이념이나 규칙이 무엇인지를 사람들에게 전달할 수 없음을 의미한다. 넷째는 제한성이다. 이는 천재가 학문이 아니라 미적 아르스, 즉 예술에 한정해서 규칙을 규정함을 뜻한다.[87]

칸트는 이런 천재 개념으로 미적 예술의 성격을 드러낸다. 천재는 지성과 상상력의 조화를 통해 형성되며 이 속에서 천재의 정신은 표출된다. 아름다움을 창조하는 행위에서 예술적 상상력은 칸트가 말하는 자유로운 생산적 상상력이다. 이는 자연에 주어진 소재들을 가공해 자연을 넘어서는 새로운 것을 창조하는 능력으로서 경험의 한계를 뛰어넘어

---

85 칸트, 2010, 338쪽.

86 칸트, 2010, 338쪽.

87 칸트, 2010, 339-340쪽.

표출되는 정신의 활동이다. 그러므로 칸트에게 예술미란 이런 초월적인 미감적 이념을 자발적으로 표현한 것이고, 이는 곧 정신의 능력이다.

테크니카·테크닉·테크놀로지

17세기 이후 '아르스'가 점진적으로 순수예술과 공예로 분리되는 과정과 맞물려 이탈리아에서는 당시 급성장한 새로운 산업적 현상과 기술적 특성을 지칭하기에 적당한 신조어가 나타났다. 고대 그리스의 테크네 개념을 끌어온 라틴어 '테크니카technica'다. 이후 이 개념은 17세기 프랑스에서는 '테크니크technique'로, 18세기 독일에서는 '테히니크 Technik'로 번역돼 소개되면서 유럽 전 지역으로 빠르게 확산됐다.[88]

이와 별개로 18세기 독일에서는 영어 '테크놀로지'에 해당하는 독일어 '테히놀기Technolgie'의 중요성이 부각됐다. 중상주의의 한 유형인 독일 관방주의Cameralism를 대표하는 학자 요한 베크만Johann Beckmann이 1777년 출간한 『기술론 입문Anleitung zur Technolgie』에서 처음으로 이 단어를 책 제목에 사용하면서부터였다. 국가 관료에게 지침이 되는 실천적인 학술의 원리를 마련하기 위해서 쓴 이 책에서 베크만은 테히놀기를 수공예와 '산업적 기술'의 일괄 분류 체계로 발전시키려 했다. 그에 따르면 테히놀기는 "자연적 산물의 과정이나 수공예 지식을 가르치는 과학"[89]이었다. 이는 근본적으로 기술자를 위한 과학이 아니라 행정 업무

---

88 Schadewaldt, 2014, p. 28. 이후 '테크닉'으로 통일해서 표기한다.

를 맡은 궁중 관료를 위한 과학이었다. 즉 관방주의에서 테히놀기는 엘리트 관료 집단을 위해 체계적으로 일관되게 조직된 지식 체계였다. 베크만의 의도는 식물의 분류 체계를 완성한 칼 린네Carl Linné의 성과에 견줄 만한 지식의 분류 체계를 확립하는 것이었다. 그렇지만 이런 노력은 독일에서 관방주의가 쇠퇴하면서 흐지부지되고 말았고, 테히놀기 개념도 의미를 잃어갔다. 이렇게 18세기 독일에서 테히니크와 테히놀기, 곧 테크닉과 테크놀로지는 별 관련이 없었다. 두 개념 모두 수공예와 일정하게 연결되기는 했지만 별개의 영역으로 여겨졌다.[90] 다만 테히놀기 개념의 존재는 테히니크 개념의 범위를 한정하는 데 기여했을 뿐이다.

다른 한편으로 미국에서는 19세기에 제이컵 비글로Jacob Bigelow의 『기술의 개요Elements of Technology』에서 '테크놀로지' 개념이 제목으로 명시적으로 사용됐다. 이 책에서 비글로는 테크놀로지를 "과학의 적용과 관련되고 기술을 추구하는 사람들의 보수와 사회의 이득을 촉진하는 유용한 것으로 간주되는 더 확실한 예술들arts의 원리, 과정, 그리고 명명법"[91]으로 정의한다. 이런 정의는 테크놀로지를 응용과학으로 규정하는 현대적 정의와 크게 다르지 않았지만 커다란 반향을 일으키지는 못했다.

---

89 Eric Schatzberg, *Technology: Critical History of a Concept*, The University of Chicago Press, 2018, p. 78.

90 Gianluca Frison, "Some German and Austrian Ideas on Technologie and Technki Between the end of The Eighteenth Century and the Beginning of the Twentieth", *History of Economic Ideas*, 6(1), 1998, pp. 107-133.

91 Jacob Bigelow, *Elements of Technology*, Examiner Press, 1829, p. v.

산업과 직업의 물질적 측면을 대변한 '테크닉'이라는 용어의 의미가 발전하는 과정에서 19세기 중반 독일 엔지니어들은 중요한 역할을 했다. 수학과 과학을 동원해 기술적 문제의 해결책을 제시하는 엔지니어들은, 엔지니어를 뜻하는 '인게니아토르'라는 말이 11세기 말에 처음 등장한 이래, 주로 건축과 군사 부문에서 활동했다. 이후 19세기부터 독일 엔지니어들은 전문직업적 정체성을 확립하는데, 이때 테크닉 개념을 적극 활용했다. 특히 1871년 통일 이후 독일에서 급속한 산업화가 시작될 무렵 독일 엔지니어들은 사회적 위계에서 더 높은 지위를 얻기 위해 투쟁했다. 이때 중요했던 것이 문화와 테크닉의 관계였다. 엔지니어들은 문화는 두 가지 측면, 즉 물질적 측면과 지적, 정신적 측면으로 구성되는데, 테크닉이 물질적 측면의 기초라고 주장했다. 테크닉은 문화 속에서 지적 영역과 연결돼 객관적 문화를 형성한다고 믿어졌다. 이런 흐름에서 엔지니어들은 인문주의 지식인들의 경멸과 홀대에 맞서 자신들의 사회적, 직업적 지위를 옹호하기 위해 테크닉과 관련된 이론서를 출간함으로써 테크닉이 문화의 물질적 측면의 기초임을 증명하려고 했다. 이런 경향은 1856년 설립된 '전독일기술자연합Verein Deutscher Ingenieure'의 설립 목적에서 명시적으로 드러난다. 이 협회의 창립 목적은 엔지니어들의 이익 촉진이 아니라 독일 테크닉의 진보였다.[92]

산업적, 물리적 의미에서 테크닉의 혁명적 진보는 기존에 아르스가 활발하게 이루어졌던 도시나 길드 조직의 외부에서 진행됐다. 산업혁명은 도시가 아니라 수력이 풍부한 도시 외곽 지역에서 발전했다. 그

---

92 Schatzberg, 2018, pp. 104-105.

리고 산업혁명 당시 기계적 혁신을 추진한 이들은 길드와는 관련이 없는 혁신적 생각을 품은 자신만만한 신참자들이었다. 대표적인 인물이 증기기관을 발명한 제임스 와트James Watt다. 이 과정에서 장인들의 작업장은 점차 수력을 동력원으로 사용하는 오늘날의 공장 형태로 변모했으며, 공장을 중심으로 테크닉, 엔지니어링, 과학을 하나로 연결하는 협력적인 네트워크가 발전하기 시작했다. 항상 한 가지 현상의 이중적 측면을 면밀하게 살폈던 멈퍼드는 공장의 기술적, 사회적 의미를 다음과 같이 짚는다.

> 공장은 집과 수공업 작업장과 독립돼 수많은 사람들이 모여 다양한 필수 작업 과정을 수행할 수 있는 중심 건물이었다. (…) 공장으로 원료가 흘러들어가고 최종 생산물이 흘러나왔다. 이 과정에서 기술의 전문화와 생산 과정의 분업이 촉진됐다. 마지막으로 공장은 노동자들을 위한 공동의 회합 장소가 됨으로써 부분적으로 도시 길드의 구조가 허물어진 후 고통받고 있던 수공업 노동자의 고립과 무력감을 극복하는 데 일익을 담당했다. 결국 공장은 이중의 역할을 했다. 공장은 마치 새로운 군대처럼 기계적 통제의 동인이자 새로운 산업 과정에 적합한 사회질서를 구축한 모범 사례였다. 한편으로 공장은 이익을 위해 작동하는 합자회사 형식으로 자본주의적 투자를 새로이 유인했고 지배계급에게는 강력한 무기가 됐다. 다른 한편으로 공장은 새로운 종류의 사회 통합을 위한 핵심 시설로 기능했고 어떤 사회에서도 가치 있는 생산의 효율적 협력을 이끌어냈다.[93]

---

93 멈퍼드, 2013, 209쪽.

공장을 중심으로 산업혁명이 본격적으로 펼쳐지던 19세기 중반에 이르면 테크닉은 인과적 필연성과 구체성을 중심으로 모든 것을 계산 가능성과 효율성에 종속시키는 물화 체계를 강화하는 방향으로 나아간다. 이 시점에 서구 유럽에서 테크닉 개념은 적어도 세 가지 의미로 통용됐다. 첫째는 고대 세계의 '테크네/아르스'의 의미였다. 독일어에서 '피아노 연주술'을 뜻하는 '클라비어테히니크Klaviertechnik' 등이 일반적인 사례다. 둘째는 산업과 엔지니어링의 물질적, 실천적 측면의 의미였다. '건축 기술' 혹은 '구조 엔지니어링'을 뜻하는 '바우테히니크Bautechnik'가 여기에 속하는 용례일 것이다. 셋째는 응용과학의 의미였다. 테크닉을 과학적 이론과 발견의 응용으로 보는 관점은 19세기 중반 영국에서 시작됐으며 그 후 미국을 중심으로 논의가 더 확산됐다. 더 나아가 19세기 후반에 이르면 테크닉 개념은 베버와 좀바르트 같은 굵직한 사회학자들에 의해서 사회과학의 분석 도구로 채택되기도 했다. 베버가 테크닉을 '합리적 행위에 수반되는 수단의 총체'로 이해했다면 좀바르트는 테크닉의 문화적 측면에 강조점을 찍었다.

이런 상황에서 19세기 말에는 전기, 화학, 철강이라는 새로운 산업을 중심으로 제2차 산업혁명이 급속도로 진행됐다. 하지만 이런 중요한 산업의 변화를 묘사하는 데 적절한 용어가 당시 새로운 산업국가로 부상하던 미국에는 없었다. 물론 새로운 산업사회의 영향력을 표현하는 기계라는 개념이 대중적인 용어로 폭넓게 쓰였지만 학문적 담론에서는 거의 사용되지 않았다. 리오 마크스Leo Marx가 밝히듯이, 제2차 산업혁명이라는 새로운 산업 환경의 출현에 걸맞은 개념이 존재하지 않는 일종의 "의미론적 공백semantic void"이 생겼던 것이다.[94]

이 의미론적 공백은 1900년부터 1930년대 중반 사이에 여러 의미가 중첩된 테크닉 대신 다른 번역어를 찾던 미국 학자들에 의해서 테크놀로지로 채워졌다. 결국 1930년대에 테크놀로지는 산업적, 공학적 기술이라는 의미를 함축한 가장 일반적인 번역어로 정착됐다. 더욱이 미국 학자들이 유럽의 테크닉 개념을 테크놀로지로 번역하던 시점에 또 다른 학자들은 테크놀로지를 응용과학과 동일시하는 주장을 내놓기 시작했다. 하지만 응용과학으로서의 테크놀로지라는 개념이 본격적으로 확산한 것은 2차 세계대전이 끝난 뒤였다. 여기에는 무엇보다도 최초로 원자폭탄을 만들었던 과학자 집단의 눈에 띄는 활동이 주요하게 작용했다. 이로써 테크놀로지는 과학을 중심으로 엔지니어링을 포함하는 단일 개념으로 의미가 확정됐다. 2차 세계대전을 "과학자들의 전쟁"으로 규정한 헨리 페트로스키Henry Petroski는 원자폭탄을 만든 맨해튼 프로젝트를 예로 들어 엔지니어링이 과학에 포섭되는 과정을 다음과 같이 설명한다.

맨해튼 프로젝트는 매우 야심만만한 동시에 생사가 걸린 연구와 개발 프로그램이었고, 적국보다 앞서서 새로운 제품을 만들어내야 하는 임무를 부여받았다. 이 점에서 이 프로젝트는 산업적인 R&D 프로그램 중에서 최상의 사례에 필적한다고 할 수 있다. 원자폭탄이 성공적으로 폭발하지 않았더라면 맨해튼 프로젝트는 결국 실패로 여겨졌을 것이고, 그랬다면

---

94 Leo Marx, "Technology: The Emergence of a Hazardous Concept", *Technology and Culture*, Vol. 51, No. 3, 2010, pp. 561-577.

공학은 과학만큼 중요하게 대우받았을지도 모른다. 하지만 이 프로젝트에서 과학자들이 지배적인 위치를 차지하고 개성을 드러내면서 '공학'을 '과학'에 효과적으로 포섭했다는 사실 때문에, 과학은 선명성과 영향력 면에서 공학을 능가하게 되었고 급기야 전쟁 이후의 연구에 악영향을 끼치고 말았다.[95]

95 헨리 페트로스키, 『공학을 생각한다』, 박중서 옮김, 반니, 2017, 175-176쪽.

3. 기계문명의 비판자들: 하이데거와 멈퍼드

동시대를 살았던 하이데거와 멈퍼드는 일반적으로 1세대 기술철학자 혹은 고전적인 기술철학자로 분류된다. 두 사람의 철학 사상과 기술철학적 사유는 상당한 차이가 있다. 그렇지만 기술적 사유에 대한 이해와 관련해서 하이데거와 멈퍼드는 세 가지 측면에서 기술철학의 발전에 함께 기여했다. 기술과 예술의 동근원성 주장, 기술의 본질 이해를 위한 역사성의 개방, 기계문명에 대한 비판이 그것이다.

기술과 예술의 동근원성

하이데거는 『기술에 대한 물음』의 도입부에서 테크닉에 대한 근본적인 인식 전환을 요청한다.

기술Technik과 기술의 본질은 같은 것이 아니다. 우리가 나무의 본질을 찾아 나설 때 개개의 나무를 나무로서 속속들이 지배하고 있는 그것은 (즉 나무의 본질은) 흔히 보는 나무들 중의 하나가 아니라는 사실을 우리는 알아야 한다.[96]

여기서 하이데거는 테크닉과 테크닉의 본질이 서로 다름을 강조함으로써 테크닉을 인간의 목적에 봉사하는 합리적 행위의 수단이나 도구로 보는 근대 테크닉에 대한 규정, 즉 도구적·인간중심주의적 규정을 전복하고 있다. 그다음으로 하이데거는 테크닉에 해당하는 고대 그리스어 테크네 개념이 다양한 의미로 사용됐다는 사실에 관심을 기울이게 한다.

이전에는 테크네라는 명칭을 기술만이 지니고 있었던 것은 아니다. 이전에는 진리를 빛나는 것의 광채 안으로 끄집어내어 앞에 내어놓는 것도 테크네라 일컬었다. 이전에는 참된 것을 아름다운 것으로 끄집어내어 앞에 내어놓는 것도 테크네라 일컬었다. 미술의 포이에시스도 테크네라 불리었다.[97]

하이데거에 따르면 고대 그리스의 사유에서 테크네는 '포이에시스 poiēsis', 즉 '끄집어내어 앞에 내어놓음'이라는 의미에서 진리의 드러남이

---

96 마르틴 하이데거, 『기술에 대한 물음』, 이기상·신상희·박찬국 옮김, 이학사, 2008, 9-10쪽.
97 하이데거, 2008, 46쪽.

나 아름다움의 드러남과 같은 것이었다. 하지만 오늘날의 테크닉은 더 이상 포이에시스의 의미가 아니라 '도발적 요청Herausfordern'이라는 의미로 드러난다. 이런 맥락에서 하이데거는 기술의 본질을 진리의 사건이 일어나는 탈은폐의 한 방식으로 정의한다. "기술은 탈은폐의 한 방식이다. 테크닉은 탈은폐와 비은폐성인 알레테이아, 즉 진리의 사건이 일어나고 있는 그곳에 본질적으로 존재한다."[98] 이런 방식으로 하이데거는 고대의 테크네와 현대의 테크닉을 구분한다. 그리고 탈은폐의 한 방식이라는 기술의 본질에서 양자의 차이를 더 구체적으로 드러내기 위해 아리스토텔레스를 소환한다.

아리스토텔레스에게 앎은 원인에 대한 앎이다. 자연이 원인을 자신 안에 갖고 있다면 기술적 만듦은 재료, 형식과 관련된 관념, 사용 목적, 장인의 노고가 모두 필요하다. 기술적 만듦을 포함한 더 넓은 개념인 생성을 설명하기 위해서 아리스토텔레스는 4원인, 즉 질료인·형상인·작용인·목적인을 제시한다. 여기서 아리스토텔레스는 생성의 필수 조건으로 내적 원인이라고 볼 수 있는 질료인과 형상인 그리고 외적 원인이라고 볼 수 있는 목적인과 작용인을 한데 묶고 있다. 아리스토텔레스의 관점에서 4원인은 생성에 모두 필요하며 그중 일부만 소용되는 것은 아니다. 아리스토텔레스의 관점은, 원인의 의미에 부합하는 목적인과 작용인의 관계에 기초한 인과성만을 생성의 필수 조건으로 간주하는 근대적 사유와는 달랐다.

하이데거는 제기祭器로 사용되는 은잔의 제작을 예로 들어 아리스

---

98 하이데거, 2008, 29쪽.

토텔레스의 4원인을 "책임의 공속성共屬性" 개념을 바탕으로 재구성한다.[99] 은잔의 재료인 은(질료인), 은잔의 모양(형상인), 신을 위한 봉헌(목적인) 각각은 은잔이 생산되는 과정에서 일정한 책임을 나누어 진다. 그리고 장인은 세 가지 책임을 완수하는 방식을 심사숙고하여 제작에 임함으로써 최종적으로 은잔을 만들어낸다. 이 과정에서 장인은 단순한 작용인에 불과한 것이 아니라 심사숙고, 곧 로고스를 활용해 최종적으로 은잔을 생산하는 적극적인 책임을 수행한다. 결국 세 가지 유형의 원인과 장인의 심사숙고와 솜씨 덕분에 은잔은 은잔으로서 가치를 지니게 된다. 이런 은잔의 제작 과정을 통해 하이데거는 근대 이전에 인간이 어떻게 사물과 관계 맺었는지를 보여주었다.

더 나아가 하이데거는 '끄집어내어 앞에 내어놓음'이라는 포이에시스 개념을 장인의 제작과 예술가의 창조와 연결함으로써 현대의 테크닉과 구별되는 사유의 지평을 열었다. 그에 따르면 장인과 그의 생산물의 근원이 테크네이듯이 예술가와 그의 예술 작품의 근원도 테크네다. '어떤 것을 열어놓으며 솟아오르게 함'을 뜻하는 근원에 대한 사유에서 테크네와 예술은 서로 다른 개념이 아니다. 다시 말해 테크네와 예술은 동근원적이다. 하이데거는 『예술 작품의 근원』에서 예술에 대해 다음과 같이 설명한다.

예술은 진리를 솟아오르게 한다. 예술은 수립하는 보존으로서 작품 속에서 존재자의 진리를 열어놓으며 솟아오르게 한다. 어떤 것을 열어놓으며

---

99 하이데거, 2008, 13-14쪽.

솟아오르게 함, 즉 수립하는 도약에서 (어떤 것을 그것이 유래하는) 본질 유래로부터 존재 안으로 가져옴, 이것이 근원Ur-sprung이라는 낱말이 의미하는 참뜻이다. 예술 작품의 근원, 다시 말해 창작하는 자와 보존하는 자의 근원인 동시에, 바로 이렇게 한 민족의 역사적인 터-있음의 근원이 곧 예술이다. 이것은, 예술이 그 본질에 있어 하나의 근원이기 때문에—즉 진리가 존재하게 되는, 다시 말해 역사적으로 되는 하나의 탁월한 방식이기 때문에—그런 것이다. [100]

이러한 테크네와 예술의 동근원성을 통해 하이데거는 테크닉을 본질적으로 이해하고 이것과 결정적 대결을 벌일 수 있다고 생각했다. 어떤 것의 본질적 이해는 이 본질과 아주 가까우면서도 근본적으로 다른 영역에서 성취될 수밖에 없기 때문이다. 이런 연유에서 하이데거는 『기술에 대한 물음』의 마지막 부분을 다음과 같이 의미심장한 말로 마무리한다. "우리는 물음을 던지면서 기술의 본질적인 존재를 순전히 기술만 보아서는 경험할 수 없다는, 예술의 본질적인 존재를 순전히 미학만을 보아서는 더 이상 보존할 수 없다는 상황의 긴급성을 확인했다. 기술의 본질에 대해 물음을 던지며 사유하면 할수록 예술의 본질이 더욱더 신비스러워진다."[101]

반면에 멈퍼드에게 테크닉과 예술은 근원적으로 통합된 인간 본성의 두 가지 성향이다. 마치 동전의 양면처럼 테크닉과 예술은 상호

---

100 마르틴 하이데거, 『숲길』, 신상희 옮김, 나남, 2008, 114쪽.

101 하이데거, 2008, 48쪽.

보완적으로 작용한다. 기술적 활동은 언제나 예술을 동반하고 예술적 표현은 항상 기술적 수단을 필요로 한다. 인간의 생존과 사회적 필요를 충족하기 위해 자연을 통제하고 조정하는 데 초점을 두는 기술적 활동은 항시 이 활동에 의미를 부여하고 인간적 요소를 각인시키는 예술과 함께한다. 마찬가지로 인간의 깊은 내면에서 움터 나오는 느낌, 정서, 필요 등을 외적으로 표출하는 예술적 표현은 언제나 기술적 수단과 기능을 통해서 드러난다. 테크닉이 필연의 영역에 속한다면 예술은 자유의 영역에 거주한다. 테크닉과 예술의 역동적인 상호작용은 인간의 역사와 문화 세계를 만드는 원동력이며 이 전체 과정은 인간이 자신을 변형하는 과정이기도 하다.

역사성의 개방

하이데거와 멈퍼드의 또 다른 공통점은 기술의 본질에 대한 사유에서 역사적 지평을 열어놓은 것이다. 하이데거는 『존재와 시간』으로 대표되는 전기 사상에서 '현존재das Dasein'의 시간성을 주로 다룬다. 그는 우선 '존재와 존재자는 다르다'라는 점을 분명히 드러내면서 논의를 시작한다. 존재자는 이 세계에 무수히 많이 존재하는 것들이고 존재는 그 존재자들의 '존재', 즉 '있음sein'이다. 즉 존재자는 존재하는 것들의 존재 방식이고, 존재는 존재자들의 존재 근거다. 이런 구분을 바탕으로 하이데거는 존재의 의미를 묻는 존재 물음을 제기한다. 물음은 항상 탐구다. 탐구로서 물음은 탐구되는 것에서 미리 인도돼야 한다. 여기서 물어지는 것은 존재다. 그런데 물음에는 물음이 걸리는 것이 있기 마련인데, 이것이 존재자다. "존재는 물음을 받는 대상물이며 존재자의 존재라고 한다면, 존재의 물음에서 물음을 받는 대상은 당연히 존재자 그 자신이 된다. 이 존재자가, 말하자면 스스로의 존재에 대해 물음을 던지는 것이다."[102] 그런데 존재자는 무수히 많다. 그중에서 존재 이해를 가지고 있으면서 스스로 자기 자신의 존재를 가장 커다란 문제로 삼고 있는 존재자를 하이데거는 '현존재'라고 부른다. 하이데거는 신의 형상을 본떠 만든 만물의 영장이라는 선입견이 밴 오염된 단어, 인간이라는 말 대신에 현존재라는 말을 쓴 것이다. 현존재의 '다Da'는 존재자가 존재하는 장소인 '거기'를, '자인sein'은 '있음'을 뜻한다. 여기서 거기는 의미의 그물망으로, 인간은 다른 존재자들과의 관계로 생긴 의미 속에서 존재한다는 것을 말한다. 하이데거의 의도는 물음을 던지는 '내'가 물음 밖에 있으면서 나 이외의 모든 것을 객관적으로 관찰하고 분석하는 것이 아니라, 나를 물음 자체에 넣어서 나를 통해 존재를 구명하려는 것이다. 결국 하이데거의 의도는 현존재 분석을 통해 존재의 의미를 밝히는 것이다. 그리고 이는 뒤집어 보면 존재 의미의 구명은 오직 현존재의 존재 해명을 통해 가능하다는 것을 의미한다.

하이데거에 따르면 현존재는 우연히 세상에 내던져진 존재자이고, 죽음을 향해 가고 있는 개별적인 존재자다. 즉 현존재는 이 세상에 내던져지듯이 태어나서 자기 자신을 가능성을 향해 기투企投, Entwerfen하는 존재자다. 이를 하이데거는 피투성, 현사실성, 실존이라고 말한다.

102　마르틴 하이데거, 『존재와 시간』, 전양범 옮김, 동서문화사, 1992, 16쪽.

그리고 하이데거는 이런 현존재의 근원적인 존재 구조를 전체적으로 가리켜 '세계-내-존재In-der-Welt-sein'라고 불렀다. 하이데거는 주체와 객관적 세계를 구분하는 데카르트의 근대적 인식론을 비판하고 현존재라는 나와 객관적 세계가 분리될 수 있다고 보지 않았다. 나라는 존재는 지금 현재 나를 둘러싼 세계 안에서만, 그 존재의 위치로서 의미가 결정되기 때문이다. 그것은 인간이 언제나 죽음 앞에 놓인 유한한 시간의 존재이기 때문이다. 시간 속에서 죽음을 앞둔 우리가 진정 알고 싶은 것은 정확한 과학적 지식이 아니라 우리 존재의 의미다. 여기서 하이데거는 시간을 모든 존재 이해와 존재 해석의 지평으로 본다. 이런 현존재에 대한 실존론적-존재론적 분석 때문에 흔히 하이데거의 철학을 '실존주의'라고 한다. 그러나 하이데거가 실존을 강조하긴 했지만, 실존을 통해 존재의 구명을 중시했기에 그의 철학은 실존주의가 아니라 존재론으로 보는 것이 적절하다.

그런데 후기 사상에서 하이데거는 현존재의 결단을 넘어 이미 현존재가 기투돼 있는 근본 운동으로서의 역사적 과정에 천착한다. 하이데거의 후기 사상에서 나타나는 '존재사적 사유das seingeschichitliche Denken로의 전환'은 자연스럽게 테크닉의 전면적 지배가 점점 더 확고하게 자리 잡아가던 자신의 시대와의 대결이라는 성격을 띠었다. 하이데거의 전기 사상인 현존재 분석 역시 시대와의 대결이라는 측면이 있었지만 후기 사상에서는 이런 성격이 전면에 부상한다.

하이데거에게 현대는 본질적으로 과학과 테크닉에 의해서 규정된 시대다. 그래서 흔히 과학기술 시대라고 일컬어진다. 여기서 과학기술 시대란 모든 존재자에 대한 인간의 이론적 접근이 과학으로 이해되고,

실천적인 접근을 규정하는 것이 이 과학에 기반한 테크닉이라는 의미다. 과학기술 시대의 본질을 이해하기 위해서 하이데거는 존재의 내비침, 즉 인간이 어찌할 수 없는 근본 기분을 통해 시시각각 엄습하면서 역사적으로 시대마다 다른 방식으로 자신을 드러내는 존재의 드러남에 주목했다.

요컨대, 하이데거는 전기 사상에서 '세계-내-존재'로서의 인간의 시간성에 주목하고 자신의 고유한 존재에 직면하려는 현존재의 결단에 결정적인 중요성을 부여했다면 후기 사상에서는 현존재가 이미 내던져져 있는 역사적 과정 자체에 결정적인 중요성을 두고 있다.

이러한 하이데거의 존재사적 관점과 달리 멈퍼드는 기본적으로 테크닉을 역사적 변동의 추동력으로 이해한다. 즉 멈퍼드에게 테크닉은 문명사적 구조 변동을 추동하는 힘이자 이를 구체적으로 이해할 수 있게 해주는 역사적, 사회철학적 표지標識다. 그에게 역사란 인간 본성의 두 가지 성향인 테크닉과 예술의 이중 운동의 과정이며, 이 속에서 인간은 자신을 역사적 존재로 인식하는 동시에 스스로를 변형한다. 이런 맥락에서 멈퍼드에게 테크닉에 대한 물음은 인간에 대한 물음이자 역사에 대한 물음이기도 하다. 현생인류의 탄생 이후 인간은 삶을 유지하고 문화를 표현하기 위해서 의식적으로 물질적 세계를 형성해왔다. 여러 종류의 석기, 풀이나 나무껍질을 엮어 만든 바구니를 비롯한 다양한 인공물, 그리고 가치와 꿈과 욕망을 표현하는 상징적 형식이 없었다면 문화란 존재할 수 없었을 것이다. 따라서 멈퍼드에게 역사를 이해한다는 것은 문화 속의 테크닉, 즉 문화와 테크닉의 공진화를 이해한다는 것이다.

기계문명에 대한 비판

모든 철학은 인간의 삶과 떼려야 뗄 수 없는 관계를 맺는다. 더욱이 인간이 역사 속의 존재인 한 모든 철학은 당대와 대결하는 일일 수밖에 없다. 하이데거가 살았고 그가 개념적으로 이해하려고 했던 시대는 기계문명이 정점에 달했던 시대다. 따라서 하이데거의 철학은 기계문명과의 숙명적인 대결을 의미했다. 이런 철학과 시대의 관계를 하이데거는 다음과 같이 말한다.

> 표면적으로 볼 때 자신의 본질에 합당한 철학은 자신의 시대에 따를 뿐아니라 자신의 시대에 반하기도 한다. 그러나 근본적으로 고찰할 경우 진정한 철학은 시대에 따르지도 않고 시대에 반하지도 않으며 그렇다고 하여 '시대를 초월한' 것도 아니다. 하나의 철학이 시의에 적절하다는 것이 결코 그것의 진리를 증명하는 것은 아니다. 그러나 하나의 철학이 반시대적이라는 것도 그 철학이 근원적이라는 것을 증명하지는 않는다. 그러나 초시대성은 철학을 가장 크게 오도하는 것이다. 왜냐하면 철학은 오직 '시대'의 본질로부터만 그리고 시대의 본질로서만 역사의 근거를, 즉 존재의 진리의 근거를 정초할 수 있기 때문이다.[103]

이런 관점에서 볼 때 하이데거와 멈퍼드는 기계문명과 운명적 대결을 펼쳤으며 누구보다도 날카롭게 기계문명의 본질을 꿰뚫어 봤던

---

103 마르틴 하이데거, 『니체와 니힐리즘』, 박찬국 옮김, 지성의샘, 1996, 243쪽.

1세대 기술철학자다. 두 철학자의 기계문명 비판은 하이데거 후기 사상의 핵심 개념인 '몰아세움'과 멈퍼드의 핵심 개념인 '거대기계'로 집약된다.

하이데거에 따르면 탈은폐의 한 방식인 테크닉은 '존재의 역운Geschick des Seins'을 전제한다. 존재의 역운歷運이란 존재자 속에서 스스로를 드러내면서 또한 은폐하는 존재의 내비침을 의미한다. 하이데거는 근대의 테크닉을 지배하는 탈은폐의 방식을 '도발적 요청'이라는 의미의 '몰아세움'으로 규정한다. 인간과 세계의 관계를 근원적으로 변형한 몰아세움은 인간을 포함한 모든 존재자가 언제든지 교체될 수 있는 '부품Bestand'의 방식으로 계산되고 배치되도록 탈은폐된 사태다. 이런 관점에서 현대의 세계상은 서양 형이상학의 역사와 나란히 시작된 존재의 역운이 근대에 이르러 몰아세움의 방식으로 전 지구적 규모로 확산되면서 인류 전체의 역사적 현실로 드러난 것이다.

이러한 인식을 바탕으로 하이데거는 1967년 강연에서 당시 최첨단 과학이었던 사이버네틱스에 대해 다음과 같이 평가한다. "과학에 대한 (과학적) 방법의 승리가 그 극단적인 가능성에서 실현되고 있는 곳이 바로 사이버네틱스다."[104] 여기서 과학적 방법이란 17세기 갈릴레이와 뉴턴으로부터 시작된 것으로, 수학적 자연과학의 전 과정이 우선 시공간적 운동량으로 규정되고 이를 바탕으로 계산과 수에 기초한 측정으로 엄밀함을 수행하게 하는 기획 투사를 의미한다. 그 결과 개별 과학자들은 이런 기획 투사에 따라서만 자신의 탐구를 수행할 수 있는 일

---

104 이기상, 「존재 역운으로서의 기술」, 『존재론연구』6권, 2001, 308쪽.

종의 예속 상태에 묶이는데, 이를 하이데거는 '과학적 방법의 승리'라고 표현한 것이다. 이런 관점에서 볼 때 정보의 끊임없는 되먹임 구조로 조정의 순환을 실행하는 사이버네틱스의 체계는 가장 보편적인 계산 가능성을 실현한 것이다. 인간은 물론 세계 전체가 사이버네틱스라는 지식정보학적 세계의 획일적이고 순환적인 체계로 편입되는 것은 자명한 일이다. 하이데거는 인공지능과 빅데이터 등의 첨단 테크놀로지가 유일한 대안으로 급부상하고 있는 지금의 상황을 예견하고 위험성을 경고했다.

이와 달리 멈퍼드의 거대기계 개념은 인간뿐만 아니라 사회조차도 그 부속품이 돼버린 거대한 기계 체계를 의미한다. 여러 부품들이 조합되면서 거대기계가 작동하기 시작하면 인간이 기계를 부리는 게 아니라 기계 체계의 유지와 확장을 위해 인간이 지배와 동원의 대상이 된다. 문명 전체가 마치 하나의 기계처럼 기능하게 되는 것이다. 권력, 규모, 속도, 위계적 집중화 등이 속성인 거대기계는 권력이 상정한, 실현 불가능한 거대한 사회적 목표를 달성하기 위해서 사회 전체를 일사불란하고 체계적인 거대 동원 체계로 만들어 작동시키는 눈에 보이지 않는 구조를 의미한다.

멈퍼드는 2차 세계대전과 냉전 체제를 거치면서 본격적으로 가동되기 시작한 현대의 거대기계를 주저『기계의 신화』에서 신랄하게 비판한다. 그가 보기에 권력을 추구하고 전쟁의 피와 고통을 게걸스럽게 먹고 성장하는 거대기계가 작동하는 현실의 밑절미에는 거대기계를 저항할 수 없는 대상으로 여기며 궁극적으로 인간에게 유익하리라고 생각하는 많은 사람의 확신이 깔려 있다. 만약 개인이 거대기계의 체계에 충성을 맹세하면 그는 거대테크닉megatechnic의 풍요로움이라는 특권과 안락함을 누릴 기회를 제공받게 된다. 이를 멈퍼드는 권력과 경제성장을 삶의 주요한 목표로 상정하는 현대의 기계적 신화를 지탱하는 "거대테크닉의 뇌물"이라고 표현했다.[105] 멈퍼드는 사람들이 일단 거대기계를 선택하고 거대테크닉의 뇌물이 제공하는 쾌락의 궁전에 익숙해지면 다른 선택의 여지는 남지 않을 것이라고 경고했다.

2023년 현재 세계는 우크라이나 전쟁과 이스라엘-팔레스타인 전쟁 그리고 전 세계적인 경기 침체의 여파로 고통받고 있다. 이에 더해 새로운 디지털 테크놀로지 환경에서 확실한 우위를 선점하려는 미국과 중국의 대결 구도가 심화하면서 '신냉전 체제'라는 새로운 국제 정치경제의 패러다임이 형성되고 있다. 전 세계적으로 혼란과 갈등이 폭증하고 있는 국제 정세는 어쩌면 멈퍼드의 경고가 여전히 유효함을 보여주는 것일 수 있다. 그는 1975년에 다음과 같이 쓴다.

겉으로 보기에 합리적으로 보이는 우리 시대의 궁극적 종교인 기계의 신화를 보라! 더 크고 크게, 더 멀고 멀리, 더 빠르고 빠르게 신과 같은 권력의 표현으로 그것 자체가 목적이 됐다. 제국, 국가, 금융 트러스트, 기업, 기관, 그리고 권력에 굶주린 개인들 모두 똑같이 공허한 목적지를 향해 나아가고 있다.[106]

---

105 Mumford, 1970, pp. 330-334.

106 Lewis Mumford, *Findings and Keepings*, Harcourt Brace Jovanovich, 1975, p. 375.

하이데거는 현실적인 기술적 문제에 대안이나 해결책을 내놓지 못하면서 기술의 본질에 대한 과도한 추상적, 형이상학적 논의를 반복한다는 비판을 받아왔다. 멈퍼드 역시 구체적인 현실적 대안 없이 역사적 사실들만 켜켜이 쌓아 놓는다는 비판을 받아왔다. 하지만 2차 세계대전과 냉전 체제 그리고 소련을 위시한 사회주의권의 몰락 이후 오늘날의 신냉전 체제에 이르는 현대사의 굵직한 일련의 사건들은 여전히 인간을 체제에 종속시키고 총동원하는 기계문명의 잔재가 건재하다는 사실을 알려준다. 전쟁과 이데올로기 갈등이 상존하고 지구적 차원에서 환경파괴가 빠르게 진행되는 등 기계문명의 어두운 민낯이 그대로 드러나는 상황은 기계문명에 대한 하이데거와 멈퍼드의 비판의 목소리를 다시 소환하는 계기가 되고 있다. 기계문명에서 벗어나 새로운 전환과 전망을 모색하는 사람이라면 누구든 두 철학자와 진지한 대화를 나누어야 한다.

4. 하이데거의 기계문명 비판

근대의 본질

하이데거는 현대의 기계문명이 근대와 함께 출현한 새로운 존재 이해에 근거해 있고 이와 깊이 연루된 인간중심주의의 철저한 구현을 통해 확립됐다고 본다. 따라서 현대 기계문명에 대한 하이데거의 사유를 이해하기 위한 첫걸음은 그가 생각한 근대의 본질이 무엇인지를 살펴보는 것이다.

『세계상의 시대』에서 하이데거는 근대의 본질적인 다섯 가지 현상을 제시한다. 첫째는 근대 학문이다. 근대 학문은 존재자가 우리 앞에 세워지는 표상이라는 근대의 본질적인 특성을 대표한다. 하이데거는 그 출발점으로 데카르트의 형이상학을 꼽는다. 둘째는 기계 기술이다. 기계 기술은 근대 형이상학의 본질과 동일한 근대 테크닉의 본질에서 나온 것으로 근대에 가장 두드러진 현상이다. 셋째는 예술이 미학의 영역에 포섭된 현상이다. 이것은 예술의 의미를 협소화함으로써 예술을 인간의 삶을 표현하는 것으로 한정한다. 이 경우 예술 작품은 단순히 인간의 미적 체험을 위한 대상이 된다. 넷째는 인간의 행위가 문화로 이해되는 현상이다. 예술과 마찬가지로 문화는 인간의 최상의 가치를 담고 있으므로 보호되고 육성돼야 하는 것으로 간주된다. 그리고 이런 활동을 장려하는 문화정치의 담론이 사회적으로 확산된다. 다섯째는 '탈신성화Entgötterung'다. 탈신성화는 단순한 무신론이 아니다. 이것은 세계상의 이중화로서 신성이 몰락하면서 인간 자신이 신이 되고 인간의 산물이 신의 세계에 속하는 과정이다.[107]

하이데거에 따르면 이 다섯 가지 현상을 가로지르는 근대의 본질은 '세계'를 우리 앞에 '상'으로 세우는 것, 즉 '표상Vor-stellen' 행위다. 여기서 세계란 자연과 역사뿐만 아니라 그 속에 세계의 근거에 대한 사유까지도 포함하는 존재자 전체를 지칭하는 이름이다. 그리고 상이란 상호 연관된 존재자가 하나의 체계로서 우리 앞에 세워진다는 사실을 뜻한다. 이런 맥락에서 세계상은 단순한 세계에 대한 모상이 아니라 주체가 세계를 상으로 파악하는 것이다. 이때 존재자 전체는 인간 주체에 의해 표상으로 세워짐으로써만 존재하는 것으로 파악되며, 그렇지 않다면 어떤 상도 존재하지 않게 된다. 근대를 이전과 다른 하나의 시대로 규정하는 것은 존재자가 표상됨과 동시에 존재하게 된다는 바로 그 사실에 기인한다.

이런 표상 행위로서의 근대의 본질이 가장 분명하게 드러난 근거

---

107 하이데거, 2008, 132-133쪽.

를 하이데거는 근대 학문, 특히 데카르트의 철학에서 찾는다. 인식론에서 데카르트는 인식하는 주체와 인식 대상, 즉 객관적 세계를 둘로 나누고, 주체가 명확하게 객체를 인식하기 위해서는 모든 것을 의심해야 한다고 말한다. 이런 의심 끝에 유일하게 의심할 수 없는 하나의 사실이 바로 주체인 내가 생각하고 있다는 사실이다. "나는 생각한다. 그러므로 나는 존재한다"라는 데카르트의 말은 존재자가 표상 행위의 대상이 됐으며 진리는 표상 행위의 확실성이라는 사실을 천명한 것이다. 여기서 결정적인 것은 인간이 단지 중세의 속박에서 벗어난 것이 아니라 표상 행위의 주체로 등극함으로써 인간의 본질 자체가 변한 것이다. 다시 말해, 데카르트에 의해서 이제 인간은 진정한 세계상의 주인이자 근대적 주체로 탄생했다.

> 니체를 포함하여 근대의 모든 형이상학은 데카르트에 의해서 준비된 존재자와 진리에 대한 해석의 궤도 속에 머물고 있다.[108]

더 나아가 하이데거는 근대 학문의 본질을 '연구Forschung'로 규정한다.[109] 연구는 모든 것을 인식하는 행위에 앞서 이런 행위가 이루어지도록 열린 구역을 만들어놓는 것을 의미한다. 그리고 연구 과정은 자연적 과정의 진행에 대한 특정한 밑그림의 기투로 수행되며 엄밀함, 처리 과정, 경영이라는 세 가지 본질적 성격을 갖는다. 엄밀함은 어떤 인식 행

---

108 하이데거, 2008, 148쪽.
109 하이데거, 2008, 134쪽.

위가 자신을 열린 구역에 결부시키는 기투로써 확보된다. 예를 들어 수학적 자연과학의 전 과정은 기투를 통해 우선 시공간적 운동량으로 규정되고 연구자는 이를 바탕으로 계산과 수에 기초한 측정으로 엄밀함을 수행한다. 이 과정은 본질적으로 처리 방식의 절차에 따라 이루어지는데 이것이 연구의 두 번째 본질적 성격이다. 처리 방식의 기능은 다양하게 분류된 것들을 전체적인 구조에서 만나게 함으로써 개별적 사실들을 실현 가능하게 만드는 것이다. 따라서 모든 개별 학문은 서로 다른 처리 방식을 수행하면서 자신의 특정한 탐구 분야를 제한함으로써 특수화된다.

마지막으로 하이데거는 근대 학문의 셋째 근본 과정으로서 '경영'을 꼽는다. 경영은 근대에 들어와서 두드러지게 나타난, 학문 연구 기관의 성격을 강화하는 방법의 전체를 의미한다. 여기에는 다양한 처리 방식을 계획과 결합하는 데 쓰이는 모든 방법과 장치, 주어진 결과를 상호 검증하고 전달하는 모든 방법과 장치, 그리고 노동을 통제하고 조정하는 모든 방법과 장치가 속하며 이는 경영이 어떤 대상 영역에 기투된 작업들의 총체다. 근대 학문의 근본 특성은 기투, 엄밀성, 처리 방식, 그리고 경영이 하나로 체계화된 것이다.

근대 학문은 특정한 대상 구역들의 [다양하게 분류된] 기투 속에서 근거지어지는 동시에 개별화된다. 이러한 기투는 '그에 상응하여 엄밀성에 의해 안전하게 확보된 처리 방식' 속에서 전개된다. 그때마다 각각의 처리 방식은 경영 속에서 마련되고 갖추어진다. 기투와 엄밀성, 그리고 처리 방식과 경영은 서로가 서로를 요구하는 가운데 근대적 학문의 본질을 형

성하며, 그것을 연구로 만든다.[110]

요컨대, 하이데거의 관점에서 세계상은 존재자 전체로서의 세계다. 따라서 근대의 근본 과정이란 근대 학문의 본질인 연구를 통해 존재자 전체로서의 세계를 상으로 정복하는 것이다. 이 과정에서 하이데거는 세계를 상으로 파악하는 근대적 의미의 인간, 즉 데카르트의 사유의 주체인 인간 개념에 유례없는 특권이 주어졌다고 본다. 서양 형이상학의 역사에서 데카르트야말로 '코기토cogito'를 통해 표상된 진리의 확실성이라는 근대의 준거를 정초했으며, 인간을 주체로 해석함으로써 인간학의 출현을 위한 형이상학적 기초를 마련한 최초의 철학자였다. 이를 통해 근대 학문은 고대 학문과 전적으로 단절돼 발전해 나아갔으며, 주체로서의 인간은 모든 사물을 계산 가능한 것으로 계획하고 지배하는 위치에 오르게 된 것이다. 즉 데카르트의 철학을 기반으로 세계가 세계상으로 표상되고 인간이 주체로 등극하는 이중 과정에서 근대의 본질적 성격이 결정됐다.

니체와 니힐리즘

니체와 하이데거의 철학은 시대를 바라보는 근본 관점과 목표에서 공통점을 가진다. 두 철학자를 이어주는 개념은 니힐리즘nihilism, 즉

---

110 하이데거, 2008, 147쪽.

허무주의다. 두 철학자는 모두 자신이 살던 시대를 니힐리즘의 시대로 규정한다. 니체에게 니힐리즘의 시대란 모든 가치와 의미의 원천이었던 기독교의 초감성적 세계를 근대인들이 더 이상 믿지 않게 되면서 무가치와 무의미가 지배적 지위에 오른 시대였다. 반면에 하이데거에게 니힐리즘의 시대는 서양의 형이상학적 전통에서 존재 망각이 심화하면서 모든 존재자가 자신의 독자적 존재를 상실한 시대였다. 즉 니체가 자신의 시대를 모든 가치가 사라진 가치 상실의 시대로 봤다면 하이데거는 자신의 시대를 존재 망각의 시대로 보았다. 19세기 후반 니체는 처음으로 니힐리즘 시대의 본질을 자신의 철학적 화두로 삼았다. 따라서 이런 니체의 사상과 대결하면서 니힐리즘을 극복하는 또 다른 길을 모색했던 하이데거의 사상을 이해하기 위해서는 니체를 경유할 수밖에 없다. 그리고 니체와 하이데거의 공동 목표는 철학적 사유로 니힐리즘을 극복하는 것이었다. 이런 유사성에도 불구하고 두 철학자의 사유는 상당한 차이를 보일 뿐 아니라 사유의 폭도 넓다. 여기서는 하이데거가 이해한 니체와 니힐리즘의 극복이라는 주제에 집중하겠다.

니힐리즘이라는 시대 규정과 관련해서 니체는 서구 유럽의 문 앞에 와 있는 가장 무시무시한 손님인 니힐리즘이 어디에서 기원하는지를 물으면서 논의를 시작한다.[111] 그리고 나서 니힐리즘의 원인이 '사회적 절망'이나 '생리적 퇴화'가 아니라 기독교의 몰락과 허위 도덕에 대한 근본적 회의에 뿌리박고 있다고 평가한다. 니체에게 니힐리즘은 단순한 사회적 절망이나 데카당스Décadence가 아니라 최소한 중세 이후 서구

---

111 프리드리히 니체, 『권력의지』, 김세영·정명진 옮김, 부글북스, 2018, 16쪽.

역사를 지배해온 기독교적 최상의 가치와 목표가 완전히 무너져 내린 상태를 의미했다.[112]

이러한 "최고의 가치들의 무가치화"를 니체는 "신은 죽었다"라는 짧고 충격적인 말로 표현했다. 『즐거운 학문』에서 자신을 상징하는 광인의 입을 빌려 니체는 기독교의 종언을 선언한다. "신의 시체가 부패하는 냄새가 나지 않는가? 신들도 부패한다! 신은 죽었다! 신은 죽어버렸다! 우리가 신을 죽인 것이다!"[113] 이로써 니체는 초월적 신에 대한 군건한 믿음이 무너지고 신이 부여한 정당성 위에 확립됐던 진·선·미라는 최고의 가치와 규범이 힘을 잃어버린 자신의 시대의 본질을 천명했다. 이전 시대의 삶에서 당연시했던 것들이 더 이상 유효하지 않게 된 혼란과 혼돈이 난무했던 니체의 시대는 무가치성과 무의미성의 신앙에 의해서 기독교의 가치와 동정의 신앙이 전복된 결과였다.

이러한 시대 인식을 바탕으로 니체는 기독교를 포함해 플라톤의 이원론에서 기원한 고대 세계의 사유를 전면 부정하는 방향으로 나아간다. 니체가 보기에 이전의 세계 인식은 언제나 두 세계였다. 기독교에서는 세계를 현세와 내세, 즉 '차안'과 '피안'으로 구분했다. 이는 플라톤이 세계를 원본의 세계인 이데아의 세계와 가상의 세계인 현상계를 구분했던 것과 동일한 구조다. 니체는 피안이라는 목적론적 종착지를 바탕으로 한 플라톤적-기독교적 세계의 이분법을 신랄하게 공격하며, 기독교야말로 가장 부패하고 낮은 수준의 종교일 뿐이라고 깎아내렸

---

112 니체, 2018, 19쪽.

113 프리드리히 니체, 『즐거운 학문』, 안성찬·홍사현 옮김, 책세상, 2005, 200쪽.

다. 기독교는 신의 세계를 긍정하고 미화하는 반면에 현실 세계인 차안을 부정하고 심지어 적대시하기 때문이다. 니체에게 기독교의 신은 이 세상, 즉 현세에 대한 온갖 비방을 늘어놓고 저 세상, 즉 내세에 대한 온갖 거짓된 환상을 만들어내는 존재일 뿐이다.[114]

이때 인간의 삶의 의지는 무의미한 것으로 전락하고, 더 중요하게는 이 무의미함 자체가 삶의 방식으로 굳어지게 된다. 삶의 중심이 피안으로 옮겨지면서 오히려 진정한 현실의 삶에서 중심을 잃어버리게 되는 것이다. 이때 인간의 이성과 본능의 자연스러운 성향은 일종의 마비 상태에 빠진다. 본능적으로 받아들인 유익한 모든 것, 삶을 증진시키는 모든 것, 미래를 보장해주는 모든 것이 이제는 불신과 왜곡을 초래한다. 그 결과 삶이 더 이상 의미가 없는 것처럼 살아가는 것이 오히려 참된 삶의 의미가 된다.[115]

이처럼 전도된 삶에 대한 반대급부로 니체는 기독교처럼 피안에 의존해 차안을 경멸하고 무시하는 니힐리즘이 아니라 거꾸로 피안을 부정하는 니힐리즘을 주장한다. 그는 기독교의 몰락으로 초래된 니힐리즘의 시대를 하나의 중간 단계로 보며 니힐리즘의 이중적 의미를 제기한다. 하나는 '증대된 정신의 힘을 보여주는 신호로서의 니힐리즘, 즉 능동적 니힐리즘'이고, 다른 하나는 '정신적 힘의 후퇴와 쇠퇴를 보여주는 신호로서의 니힐리즘, 즉 수동적 니힐리즘'이다.[116] 니체는 전자를 니힐리즘 극복의 중요한 계기로 간주한다. 능동적 니힐리즘은 차안을 긍

---

114 프리드리히 니체, 『안티크리스트』, 백승영 옮김, 책세상, 2002, 235쪽.

115 니체, 2002, 273-274쪽.

116 니체, 2018, 31쪽.

정하는 반면에 피안을 부정한다. 이유는 간단하다. 피안은 인간이 고안한 억측과 거짓말에 불과할 뿐이고 우리의 현실적인 삶이 펼쳐지는 차안이야말로 긍정할 가치가 있는 것이기 때문이다.

이러한 사유를 펼치기 위해 니체는 '영원회귀' 사상을 도입한다. 니체에게 영원회귀는 이중의 성격을 가진다. 먼저 영원회귀는 니힐리즘의 부정적 상황과 맞물려 인간을 절망과 허무주의적 상황에 빠뜨린다. 이때 영원회귀는 니힐리즘의 극단으로 볼 수 있다. 하지만 다른 한편으로 영원회귀는 인간이 무의미의 깊은 수렁에 빠져 허우적거릴지 아니면 무의미하게 회귀하는 현실을 있는 그대로 긍정할지를 결정하게 한다. 이때 영원회귀는 니힐리즘의 극복이라는 긍정적 신호로 작용한다. 물론 니힐리즘의 극단으로서의 영원회귀나 니힐리즘의 극복으로서의 영원회귀나 동일한 것의 영원회귀라는 점에서는 다르지 않다. 그렇지만 양자는 전혀 다른 의미를 생성한다. 니힐리즘의 극단으로서의 영원회귀에는 무의미와 무가치만 있지만 니힐리즘의 극복으로서의 영원회귀에서는 충만한 의미와 절대적 가치가 생긴다. 이런 맥락에서 니체는 영원한 회귀 속에서 삶의 무의미와 권태로부터 벗어나 더욱더 주체적이고 충만한 삶을 창조해갈 것을 권한다. 『차라투스트라는 이렇게 말했다』의 마지막 부분은 이런 인간의 근본적 변화를 다음과 같이 극적으로 묘사하고 있다.

차라투스트라는 다시 자신의 내면으로 빠져들었다. 다시 그 커다란 돌 위에 앉아 생각해보았다. 그러다가 그는 갑자기 자리에서 벌떡 일어났다. "그것은 연민이다! 보다 지체가 높은 인간에 대한 연민이다!" 그는 소리쳤고 그의 얼굴은 청동빛으로 변했다. "좋다! 그것도 이제 끝이 났으니! 나의 고뇌와 나의 연민, 그것이 다 뭐란 말이냐! 나 행복에 뜻을 두고 있기라도 한가? 나 내게 주어진 과업에 뜻을 두고 있거늘! 좋다! 사자는 이미여기 와 있으며 내 아이들도 가까이에 와 있다. 차라투스트라는 성숙해졌다. 나의 때가 온 것이다. 나의 아침이다. 나의 낮의 시작이다. 솟아올라라, 솟아올라라, 너, 위대한 정오여!" 차라투스트라는 이렇게 말하고는 그의 동굴을 떠났다. 컴컴한 산에서 솟아오르는 아침 태양처럼 불타는 모습으로 늠름하게.[117]

동일한 것의 영원회귀 속에서 인간이 니힐리즘을 극복하기 위해서는 새로운 것을 만들어내는 자신의 능력에 의지해야만 한다고 니체는 주장한다. 이것이 '힘에 대한 의지'다. 힘에 대한 의지는 존재자의 가장 근본적인 내적 본질이다. 인간은 힘에 대한 의지를 입증하는 탁월한 한 가지 유형이다. 여기서 힘이란 단지 힘이 있는 상태가 아니라 힘의 고양, 즉 자기 초극을 통해 지속적으로 힘을 고양하고 강화하는 것을 의미한다. 힘에 대한 의지는 단순히 다른 사람들에 대한 지배 의지가 아니라 자신을 통제함으로써 스스로 주인이 되려는 의지이며, 이를 통해서만 다른 존재자와 다른 사람들을 지배할 수도 있다. 따라서 니체에게 좋은 것은 힘에 대한 의지이며 나쁜 것은 약함에서 유래하는 모든것이다. 그리고 행복이란 온갖 저항과 시련을 극복하면서 힘이 증가된다는 느낌을 받는 것이다.[118] 이렇게 힘에 대한 의지를 모든 가치를 정

---

117 프리드리히 니체, 『차라투스트라는 이렇게 말했다』 정동호 옮김, 책세상, 2009, 537-538쪽.

립하는 원천으로 확립함으로써 궁극적으로 니체는 피안을 목적으로 하는 전통적인 플라톤적-기독교적 가치를 전복하고 새로운 가치 정립의 시대를 준비해야 한다고 역설한다.

하이데거의 니체

하이데거는 가치를 중심으로 니힐리즘을 해석한 니체의 사유에 대해서 니힐리즘은 가치와 본질적으로 관련이 없고, 모든 존재자는 문자 그대로 니힐, 즉 무無를 의미한다고 주장한다. 하이데거에게 '무das Nichts'란 존재 개념이지 가치 개념이 아니다. 하이데거에 따르면 니체는 가치 사상에 지나치게 우월한 지위를 부여했기 때문에 니힐리즘의 본질을 물을 수 없었다. "'니힐리즘'이란 말은(니힐은 존재자의 '부정'이란 점에서) 그 말의 개념상 아무튼 존재를 지향하고 있을 뿐 아니라 니힐리즘이 그것의 가장 내밀한 본질상 존재의 역사와 관련을 맺고 있다는 사실을 말하고 있다. 그 모든 것은 가치사상도 아니며 오히려 가치사상이야말로 하나의 존재 개념이라는 사실을 의미하고 있다. 가치사상 안에는— 부지불식간에—존재의 본질이 전적으로 특정하고 필연적인 관점에서, 즉 그것의 비본질에서 사유되고 정립되고 있다."[119]

'무'가 가치 개념이 아니라 존재 개념이라는 문제의식을 바탕으로

---

118 니체, 2002, 216쪽.

119 하이데거, 1996, 77쪽.

하이데거는 존재사적 해석의 방식으로 서양 형이상학의 역사에서 니체가 차지하는 근본 위치를 밝힌다. 이 작업의 출발점은 하이데거가 『형이상학이란 무엇인가』에서 수행한 무의 본질적 의미에 대한 해석이다. 무의 해석에 앞서 하이데거는 아리스토텔레스 이후 강단 철학에서 통상 감각적인 것을 넘어선 초감각적인 것에 대한 학문과 인식이라고 말하는 전통적 형이상학의 규정을 비판하고 형이상학을 "존재자를 그 자체 그리고 그 전체에 있어 파악할 수 있게끔 다시 소급해 잡기 위해 존재자를 넘어서는 것"이라고 정의한다.[120] 하이데거에게 형이상학은 강단 철학의 한 분과가 아니라 현존재의 근본 사건이다. 이런 맥락에서 하이데거는 학문에서 없는 것이라고 포기한 무에 대한 물음을 시도한다. 무는 존재자 전체에 대한 완전한 부정이다. 따라서 무를 어떤 존재하는 대상으로 상정하고 물음을 던지면 무를 파악하는 데 실패할 수밖에 없다. 논리학의 최고 판단 기준으로는 무를 근원적으로 파악할 수 없으며 이 경우 가능한 유일한 방법은 사유에 있다.

하이데거에 따르면 우리는 일상생활에서 무를 알고 경험하며 이런저런 의미로 무를 이야기한다. 이렇게 현존재가 전체로서의 존재자 한가운데에 있다는 것은 분산되고 어렴풋한 형태이기는 하지만 존재자 전체를 하나의 단일성 안에 유지하고 있음을 의미한다. 따라서 형식적으로 존재자 전체를 그 자체로 파악하기란 불가능하더라도 현존재는 오직 무에 대한 근본 경험을 통해서 그것을 이해할 수 있다. 이런 무에 대한 근본 경험을 하이데거는 '근본 기분'이라고 불렀다. 근본 기분은

---

120 마르틴 하이데거, 『형이상학이란 무엇인가』, 이기상 옮김, 서광사, 1994, 99쪽.

"현존재에게로 우리를 기분 젖게 하고, 또한 그로써 낱말과 개념 안에서 존재의 진리를 향한 마주던짐으로서의 사유에게로 우리를 기분 젖게 하는 것"이다.[121] 하이데거는 무를 드러내는 근본 기분을 '불안'이라고 말한다. 그리고 불안의 사태에 휩싸여 있는 현존재의 모습을 다음과 같이 묘사한다.

> 우리는 불안 속에서 둥둥 떠 있다. 좀 더 분명하게 말한다면, 불안이 존재자 전체를 미끄러져 빠져나가게 하기 때문에, 불안이 우리를 공중에 떠 있게 한다. 바로 거기에 우리 자신도—이 존재하고 있는 인간도—존재자의 한가운데에서 함께 우리의 손아귀를 미끄러져 빠져나간다는 사실이 있다. 그러므로 근본에 있어 '너에게' 또는 '나에게' 섬뜩한 것이 아니라 '그 누구에게' 그러한 것이다. 붙잡을 것이란 아무것도 있을 수 없는 이 둥실 떠 있음이 모든 것을 완전히 뒤흔들어놓는 가운데 오직 순수한 현-존재만이 아직 거기에 있을 뿐이다.[122]

인간은 이런 불안을 통과한 경외의 기분 속에서 자신의 본래적 존재에 직면한다. 불안이라는 현존재의 근본 사건으로서의 근본 기분을 통해 인간에게 무가 드러나며 이제 무에 대한 물음을 던질 수 있게 된다. 이로써 현존재는 무 속에 들어가 머무를 수 있는데, 이는 이미 전체로서의 존재자를 넘어서 있는 것이다. 이것을 하이데거는 초월이라고

---

121 마르틴 하이데거, 『철학에의 기여』, 이선일 옮김, 새물결, 2015, 50쪽.
122 하이데거, 1994, 83쪽.

말한다.[123] 초월은 단순히 무로 도피하는 것이 아니라 새로운 존재의 빛 안에서 존재자들을 드러나게 하는 무로의 초월이다. 이런 의미에서 근 본 기분은 자유를 지배하는 조건이기도 하다. 여기서 자유란 존재자 전 체에 열려 있음을 뜻한다. 이렇게 전체로서의 존재가 불안이라는 근본 기분에서 열릴 때 존재자에 대한 일상적인 파악은 곧바로 무의미한 것 이 되고 존재자들은 고유하고 낯선 존재를 경이롭게 드러내게 된다.

무에 대한 근원적 통찰과 불안이라는 근본 기분을 통해 하이데거 는 니힐리즘이 서양 역사의 근본 운동이고 니체에 이르러 서구 형이상 학은 종말을 맞이했다고 주장하며 니체 철학의 한계를 드러내고 있다.

'신은 죽었다'라는 말은, 초감성적 세계가 [감성적 세계에 대해 이제] 영향 력을 잃어버렸다는 것을 뜻한다. 따라서 초감성적 세계는 삶에 아무런 도 움도 주지 못한다. 형이상학은, 다시 말해 니체가 플라톤주의라고 이해하 였던 서양철학은 그 종말에 이른 것이다. (…) 니힐리즘은 하나의 역사적 운동이지, 어떤 특정한 사상가에 의해서 주장된 견해나 학설이 아니다. 니힐리즘은, 비록 유럽 민족들이 그것을 전혀 인식하지 못하고 있다고 하 더라도 그들 자신의 숙명 속에서 근본적으로 진행되고 있는 역사적 운동 을 가리킨다. (…) 니힐리즘은 그것의 본질에 입각하여 사유해본다면, 오 히려 그것은 서양 역사의 근본 운동이다. 니힐리즘의 전개는 세계의 파멸 을 결과적으로 초래할 수밖에 없는 그런 몰락의 과정을 보여준다.[124]

---

123 하이데거, 1994, 89쪽.
124 하이데거, 2008, 322-324쪽.

하이데거에 따르면 서구 형이상학의 역사는 근본 기분의 변화와 더불어 시대마다 존재도 다르게 열어젖혀짐을 보여준다. 출발점은 고대 그리스에서 '경이'라는 근본 기분이 열리는, 피시스로서의 존재에 대한 근본 경험이었다. 하지만 이 경이라는 근본 기분은 기독교가 지배하던 중세에는 구원의 확실성을 추구하는 근본 기분으로 변모했고, 근대에 들어서는 인간이 스스로 확실성을 얻으려는 의심과 회의의 근본 기분으로 변화했다. 그리고 현대 기계문명이 저물어가는 시대에는 불안이라는 근본 기분으로 변화한 것이다. 이렇게 하이데거는 각 시대를 특징짓는 근본 기분의 변화를 통해 자신을 은폐하면서 존재자 전체를 드러내는 존재에 대한 사유를 우리 시대의 과제이자 자신의 철학적 과제로 생각했다.

이러한 관점에서 볼 때 니체의 '힘에 대한 의지의 형이상학'은 근대의 성숙기에나 나올 법한 사상이었다. 아무리 니체가 근대의 형이상학을 정초한 데카르트의 기계론적 철학에 비판적 태도를 취하더라도 니체의 힘에 대한 의지에 기초한 형이상학은 근대적 주체성의 궁극적 귀결일 뿐이다. 니체는 표상하는 사유의 주체로서의 인간이라는 데카르트의 개념을 힘에 대한 의지를 통해 완성된 초인이라는 주체성 개념으로 극단화했다. 물론 니체는 힘에 대한 의지가 인간을 포함한 모든 시대의 존재자 전체를 지배하는 본질이라고 주장할 것이다. 하지만 하이데거는 데카르트의 형이상학을 통해 힘에 대한 의지의 주체로서 인간이 등장했으며, 모든 존재자를 권력 강화 수단으로 간주하는 사고방식은 현대 기계문명에서 완성된 형태로 나타났다고 반박할 것이다. 고대 그리스인들은 존재자들의 진리를 드러내는 데 열중했지 자신의 지배력을 강화하는 데는 별 관심이 없었으며, 중세인들은 신의 계시라는 빛 속에서 존재자들을 이해하는 데 열심이었기 때문이다.

존재의 역운과 몰아세움

존재의 역운은 하이데거 후기 사상의 핵심 개념이다. 하이데거는 존재가 고정불변한 것이 아니라 역사적 시대에 따라 다른 방식으로 이해된다고 본다. 그가 보기에 그리스 시대 이후 서양의 모든 역사적 시대는 존재가 스스로를 드러내는 동시에 은폐하는 역사적 형태들, 즉 존재의 역운으로 특징지어진다. 강제적 숙명이 아닌 존재의 역운은 인간을 탈은폐의 길로 보내는 집약된 보냄이다.[125] 존재는 가장 공허한 것이자 동시에 가장 풍요로운 것이며 그것으로부터 모든 존재자에게 각 존재의 본질 성격을 선사하는 것이다.[126] 이처럼 하이데거가 서구 역사를 존재사적 관점에서 고찰할 때 이는 역사를 객관적으로 관찰하는 것을 의미하지는 않는다. 역사 밖에서 역사를 객관적으로 관찰하는 방법은 없기 때문이다. 그러므로 하나의 역사적 상황에 대한 고찰은 현존재의 실존을 통한 응대 속에서 그때마다 자신을 드러내는 존재의 열림을 통해서만 가능하다. 이러한 방식으로 존재의 역운과 현존재는 공속성을 갖는다.

---

125 마르틴 하이데거, 『기술과 전향』, 이기상 옮김, 서광사, 1993, 65-67쪽.
126 하이데거, 1996, 369쪽.

존재의 역운과 관련해 하이데거는 『기술에 대한 물음』에서 현대의 테크닉이 탈은폐의 한 방식이고, 이러한 탈은폐가 도발적 요청이라는 의미의 '몰아세움'의 성격을 띤다고 말한다.[127] 몰아세움의 독일어 '게스텔Gestell'의 사전적 의미는 '집기', '책장', '뼈대' 등이다.[128] 여기서 독일어 접두사 '게Ge'는 '다양한 것을 통일된 맥락이나 하나의 체계로 모으거나 합치다' 정도로 풀이할 수 있다. 그리고 '세움'을 의미하는 독일어 '슈텔렌Stellen'은 '어떤 것을 어떤 것으로 취하다', '어떤 것을 어떤 것으로 확정하다', '고정된 것으로 만들어버리다', '옴짝달싹 못 하게 꽉 붙잡아 세우다' 등을 뜻한다.[129] 따라서 몰아세움은 다양한 것을 한데 모아 어떤 체계나 틀에 아주 꽉 맞게 밀어 넣는 것으로 해석할 수 있다. 이러한 몰아세움의 사례로 하이데거는 라인강의 의미 변화를 든다. 몰아세움이라는 요청에서 라인강이라는 자연은 더 이상 강 본연의 자연스러운 기능을 수행하는 것이 아니라 전기 생산이라는 명령에 맞춰 가장 효율적으로 작동하는 전체 체계의 일부로 간주된다.

> 수력발전소가 라인강에 세워졌다. 이 수력발전소는 라인강의 수압을 이용하며, 이 수압으로 터빈을 돌리게 되어 있고, 이 터빈의 회전으로 기계가 돌며, 이 기계의 모터가 전류를 산출해내고, 이 전류를 송출하기 위해 육지의 변전소와 전선망들이 세워져 있다. 이처럼 전력 공급을 위해 얽히고설킨 맥락에서는 라인강 역시 무엇을 공급하기 위해 거기에 있는 것처

---

127 하이데거, 2008, 23쪽.

128 하이데거, 2008, 27쪽.

129 하이데거, 1993, 175쪽.

럼 나타날 뿐이다.[130]

현대의 테크닉으로 몰아세워진, 자연을 포함한 모든 사물은 전기의 생산과 이용이 가능하도록 변경된다. 이 변경은 새로운 것들을 한데 모아 세계라는 틀 속에 꽉 맞게 몰아세운 것이다. 어떤 것을 '몰아세움'은 이해理解 구조를 담고 있다. 그리고 이 세계라는 틀 속에 몰아세워진 것들은 다시 세계를 변화시킨다. 예를 들어 시골 마을에 공장이 들어서면 마을의 모습이 이전과 다르게 변할 뿐만 아니라 마을 전체가 공장이 운영될 수 있는 형태로 전환될 수밖에 없다. 공장이 돌아가는 순간 사람들은 어떤 식으로든 공장과 관련을 맺으며, 이로 인해 마을의 인적, 문화적 환경은 크게 변모한다. 이렇듯 현대 테크닉은 모든 존재자에게 테크닉의 자원이 되라고 명령하고 이에 복종하도록 밀어붙인다. 조정과 안정이 특징인 도발적 요청이라는 이해 구조를 반영한 것이다.

이 도발적 요청은 자연에 숨겨져 있는 에너지를 채굴하고, 캐낸 것을 변형시키고, 변형된 것을 저장하고, 저장된 것을 다시 분배하고, 분배된 것을 다시 한번 전환해 사용함으로써 이루어진다. 채굴하다, 변형하다, 저장하다, 분배하다, 전환시키다 등은 모두 탈은폐의 방식들이다. 그러나 이 탈은폐는 간단하게 진행되지 않는다. 그렇다고 해서 그것이 어떤 정해지지 않은 것으로 멋대로 흘러 들어가고 있는 것도 아니다. 탈은폐는 자신에게 스스로 복합적으로 얽혀 있는 자기 본래의 궤도를 조종함으로써

---

130 하이데거, 2008, 22쪽.

그 궤도를 열어 보인다. 조정 자체는 또 나름대로 어디서건 안정돼 있다. 그래서 조정과 안정을, 도발적 요구를 내세우고 있는 탈은폐의 주된 특성이라고까지 할 수 있다.[131]

또한 도발적 요청이라는 탈은폐의 방식은 모든 것이 도발적 요청에 따라 준비된 대비 상태에 있어야 한다고 요구하는데, 이를 하이데거는 '부품'이라고 불렀다.[132] 부품이란 독립성과 고유성을 잃은 채 도발적 요청에 따라 그 자리에 현존하는 방식을 의미한다. 부품이 지속되려면 끊임없이 새로운 부품으로 대체될 수 있어야 하며 특정한 기능을 충족해야만 그 자리에 현존할 수 있다. 따라서 부품은 하나의 대상으로 여겨지는 것이 아니라 탈은폐 방식의 전체 체계의 일부일 뿐이다. 예를 들어 활주로에 있는 여객기는 하나의 대상이 아니라 여객 수송의 가능성을 보장하기 위해 활주로에 부품으로 놓여 있는 것이다. 이렇듯 현대 테크닉은 자연에서 에너지를 뽑아내기 위한 수단으로 이용될 뿐 아니라 이런 뽑아냄을 사람들에게 강제하는 명령 체계이기도 하다.

하이데거의 몰아세움, 도발적 요청, 부품이라는 개념들은 기계문명이 작동하는 방식을 명시적으로 보여준다. 몰아세움은 수요의 욕망에 부응해서 부품의 지속적인 생산과 대체를 위해 인간을 포함한 자연 전체를 지배와 계산 가능성에 기초한 에너지의 순환 체계로 획일화한다. 따라서 현대 테크닉을 수단으로 삼아 자연에서 에너지를 뽑아내는

---

131 하이데거, 2008, 23쪽.
132 하이데거, 2008, 25쪽.

일은 자연을 황폐화하는 도발적 요청이다. 문제는 이때 이 요청이 정중한 부탁이 아니라 닦달하듯 몰아세우는 것이라는 점이다. 이런 맥락에서 하이데거가 탈은폐의 한 방식으로서의 도발적 요청이란 인간이 자기 마음대로 어떻게 할 수 있는 것이 아니라고 말하는 순간, 이는 점점 더 자율성과 독자성이 증대되면서 극단적인 방식으로 성장 전화하고 있는 사이버네틱스에 기초한 테크놀로지 체계를 떠올리게 한다.

그렇다면 도발적 요청이라는 탈은폐의 체계에서 인간은 어떤 역할을 하는가? 그리고 이 체계에서 인간이 빠져나올 가능성은 있는가? 하이데거는 "인간은 기술을 활용함으로써 탈은폐의 한 방식인 '주문 요청Bestellen'에 관여한다"고 말한다.[133] 여기서 주문 요청이란 인간이 자연을 눈앞으로 끌어와 대상이나 작품으로 세워 놓는 것이라는 의미와 아울러 자연에서 에너지를 뽑아내기 위한 모든 공정을 아주 체계적이고 치밀하게 설계해놓는 것을 의미한다. 이는 모든 것을 특정한 목적에 맞게 그때마다 기술적으로 적합하게 설정해놓는 일이다. 현대 테크닉의 본질에서 인간과 탈은폐로서의 존재의 역운의 관계를 하이데거는 다음과 같이 말한다.

현대 기술의 본질은, 인간을 현실적인 것이 언제 어디서나 다소 눈에 띌 정도로 부품으로 돼버리는 그러한 탈은폐의 길로 보낸다. 어떤 길로 보낸다는 것은 우리말로는 보내다[파견하다]를 뜻한다. 우리는 인간을 비로소 탈은폐의 길로 보내는 그러한 집약하는 보냄을 역운歷運, Geschick[역사

---

133 하이데거, 2008, 25.

적 운명이라 부르자. 이 역운으로부터 모든 역사의 본질이 규정된다. 역사란 단순히 역사학의 대상만도 또 인간의 행위가 성취해놓은 것만도 아니다. 인간의 행위는 역운적인 것이기에 비로소 역사적으로 된다.[134]

그러나 존재의 역운은 항상 탈은폐성과 비은폐성을 동반하기 마련이고 '보냄'과 '숨김'이라는 두 갈래 길을 가진다. 존재의 역운은 인간을 장악하지만 이것은 결코 강제적 숙명은 아니어서 인간이 존재의 역운을 청종聽從할 경우 자유로워질 수 있다. 여기서 자유는 존재의 사건이 밝혀지는 것, 알레테이아를 뜻하며, 이를 알게 됨으로써 인간은 비로소 존재 망각의 역사, 즉 현대의 니힐리즘을 극복할 수 있게 된다. 이런 점에서 볼 때 하이데거가 항상 근대의 인간중심주의를 비판했더라도 그의 철학에서 인간은 여전히 특별한 존재임이 분명하다. 오직 인간만이 존재를 알 수 있고 존재의 역운을 청종할 수 있기 때문이다.

---

134 하이데거, 2008, 33쪽.

5. 멈퍼드의 기계문명 비판

거대기계

세 가지 기술복합체

현대 경영학의 창시자 피터 드러커Peter Drucker는 멈퍼드를 거대한 것이 아름답고 빠른 것이 진보적이며 강한 것이 선이라고 믿는 일반적인 믿음에 반대해 용감히 싸운 인물로 평가한다. 드러커의 평가가 무색하지 않게 멈퍼드는 일생 누구보다도 날카롭게 기계문명의 민낯을 속속들이 헤집어 폭로하고 거대기계, 거대테크닉, 거대도시 등 모든 거대신화의 부정적 측면을 전면적으로 비판했다. 이를 위해 역사라는 인류의 장대한 지평 속에서 철학, 심리학, 미학, 정신분석학, 역사학, 생물학, 사회학, 도시학 등 여러 학문을 섭렵하며 고유한 사상을 펼쳐 보였다. 그야말로 여러 학문 분야를 거침없이 넘나든 종횡의 사상가요, 통섭統攝의 선구적 사상가라고 할 만하다. 이 점은 철학자, 사상가, 문명비

평가, 도시계획가, 문화예술비평가, 작가, 사회운동가 등 멈퍼드를 정의하는 여러 명칭에서도 확인할 수 있다.

멈퍼드는 첫 저작 『유토피아 이야기』에서 자신의 정체성을 '전문가'가 아닌 '일반 과학자generalist'로 규정한다. 전문가와 구별되는 일반 과학자의 탐구 방식은 개별 부분들을 상세히 연구하기보다는 하나의 질서 있고 의미 있는 패턴 속에 개별 단편들을 종합하는 것이다.[135] 이런 탐구 방식에 따라 그는 서구 유럽인들이 기계의 신화에 흠뻑 젖어버린 긴 역사의 도정을 역사적, 사회철학적 관점에서 고찰했다. 이를 통해 기계문명의 본질적 특성을 비판하고 이를 극복할 대안을 제시하는 데 심혈을 기울였다. 수많은 역사적 사실을 통합적으로 사유함으로써 멈퍼드는 17세기 이후 서구 유럽에서 발원해 2세기 넘게 전 세계를 지배한 기계문명이 파산 선고를 받았고, 이제 기계가 아닌 인간과 생명에 기초한 새로운 문명을 건설하는 데 박차를 가할 때라고 역설했다.

멈퍼드의 사회철학적 사유의 출발점은 1차 세계대전이라는 문명사의 거대한 재앙이었다. 유럽 사회 전체를 전율케 한 미증유의 세계대전을 경험한 서구 유럽의 지성들은 전쟁의 원인을 찾는 데 분주했다. 많은 학자가 자본주의라는 사회경제 체제를 견인한 18세기 중반의 산업혁명을 주요 원인으로 꼽았다. 이런 당시의 일반적인 평가에 대해서 멈퍼드는 18세기 중반에 산업혁명이라는 커다란 변화가 땅이 융기하듯 불쑥 솟아오르기 위해서는 반드시 유럽의 문화와 기계 사이에 장기간에 걸친 상호작용이 있었으리라는 합리적 의문을 품었다. 이 의문에 대

---

135 루이스 멈퍼드, 『유토피아 이야기』, 박홍규 옮김, 텍스트, 2010, 서문.

한 해답을 찾기 위해서 멈퍼드는 먼저 기계를 이해하고 그다음으로 사회, 그리고 인간의 심리를 심층적으로 파악해야 한다고 생각했다.

> 지금까지 우리는 두 가지 오류를 범해왔다. 우리는 기계를 완벽하게 이해하지 않은 채 수용해왔고, 허약한 낭만주의자처럼 지적으로 우리가 얼마나 많이 기계에 동화됐는가를 살피지도 않은 채 거부해왔다. (…) 하지만 기계 자체는 인간의 상상력과 노력의 산물이다. 따라서 문명을 새롭게 혁신하는 것은 기계를 이해하는 데서 시작돼야 한다. 그다음으로 사회를 이해하고 우리 자신의 내면세계를 파악해야 한다. 기술의 세계는 결코 고립된 자기 충족적 세계가 아니다."[136]

멈퍼드는 근대 산업 시대를 구기술기와 신기술기로 나눈 영국의 생물학자 패트릭 게디스Patrick Geddes의 영향을 받아 산업 시대를 세 시기로 나누는 독특한 '기술복합체론'을 제시한다. 물론 몇 가지 기준을 근거로 역사적 시기를 구분하는 방식은 낯설지 않다. 그렇지만 사회와 기술의 관계를 탐구하는 가운데 에너지 원천과 특정한 물질적 재료의 결합 양식으로 역사적 시기를 구분한 것은 1930년대 당시에는 기술사연구의 선구적인 작업이었다. 멈퍼드는 11세기부터 20세기 중반까지의 시기를 '원기술기eotechnic phase(11세기~18세기 중반)', '구기술기paleotechnic phase(18세기 중반~19세기)', '신기술기neotechnic phase(20세기 이후)'로 나누었다. 대략 중세 중기 이후의 역사를 포괄하는 원기술기는 근대 기계문명

---

136 멈퍼드, 2013, 173쪽.

의 여명기이고, 산업혁명 시기와 거의 겹치는 구기술기는 정치권력과 자본이 결탁한 제국주의와 자본주의의 성장이 특징적인 시기이며, 신기술기는 전기·화학·철강을 비롯한 신산업의 성장과 더불어 사회문화적 변화가 일어나기 시작한 새로운 가능성의 시기였다.

독립적이면서도 서로 겹치며 영향을 주고받은 개별 시기는 주요 에너지원과 물질적 재료의 결합 양식 차원에서 원기술기는 '수력-나무 복합체', 구기술기는 '석탄-철 복합체', 신기술기는 '전기-합금 복합체'를 이루었다. 이 세 가지 기술복합체는 한정된 지역에서 특정한 자원과 재료를 사용하는 경향이 뚜렷했으며 특정한 에너지를 생산하고 이용하는 독특한 수단과 생산양식을 일구었다. 그뿐만 아니라 개별 기술복합체는 특별한 인간 유형을 길러냈고 그에 걸맞은 사회문화적 성격을 발전시켰다.[137]

『기술과 문명』에서 멈퍼드는 대략 11세기부터 1000년에 걸친 장대한 '기계의 드라마'를 펼쳐 보인다. 이로써 서구 유럽인들이 '기계의 신화'에 깊숙이 빠져든 역사적 과정을 인간과 기계가 맺어온 장기간의 공속 관계를 통해 해명하고자 한다. 항상 문명의 비판자이자 동시에 문명의 동반자이기도 했던 멈퍼드는 기계를 인간의 토템 동물이라고 말한다. 오늘날에도 기계 없이는 옴짝달싹 못 하는 현대인의 삶에서 알 수 있듯이 인간에게 기계는 반은 신이자 반은 노예인 토템 동물과 같은 존재다. 이런 인간과 기계의 공속 관계에 대해서 멈퍼드는 다음과 같이 말한다.

---

137 멈퍼드, 2013, 173쪽.

기계는 에너지를 전환하고, 작업을 수행하며, 육체의 기계적이고 감각적 능력을 확장하기 위해, 혹은 삶의 과정을 측정할 수 있는 질서와 규칙성에 맞게 전환하기 위해, 비유기적 단위들의 복합체 형태로 발전해왔다. 자동화는 신체 기능을 모방한 도구가 제작된 이후, 이 기능을 극대화한 최종 단계에 등장했다. 이런 도구와 기계 발전의 이면에는 환경 변화를 통해 자신의 힘을 강화하고 확대하려 했던 인간의 끈질긴 노력이 있었다.[138]

기계 개념

대부분의 서구 유럽 언어가 그렇듯이, 기계machine 개념 역시 고대 그리스어에서 기원했다. 호메로스 시대에 이미 해결책이나 교활한 수단을 뜻하는, 기계의 어원에 해당하는 '메코스mêchos'라는 단어가 쓰였고 여기서 '메카네mechanē'가 파생됐다. 오늘날 흔히 사용되는 '기계학mechanics', '기계적mechanical', '기계론적mechanistic' 같은 단어도 메카네의 파생어다. 이미 기원전 5세기에 메카네는 그리스의 희극 무대에서 사용되는 기계 장치를 가리키는 말이었다.[139] 비극 작가 에우리피데스Euripides 이후 극의 갈등 해소를 개연성 높은 플롯이 아니라 신에게 의존하는 방식으로 처리하곤 했는데, 그 결과 기계 장치의 사용 빈도도 증가했다. 이때 이미 메카네는 이중의 의미에서 교묘한 속임수였다. 메카네가 실제 연극에서 배우를 공중으로 들어 올리는 기계 장치이자 극의 전개에

---

138 멈퍼드, 2013, 32-33쪽.

139 Schadewaldt, 2014, p 28.

서 갈등을 일순간에 해소하는 방식이라는 이중의 기능을 했기 때문이다.[140] 그래서 아리스토텔레스는『시학』에서 플롯의 일관성을 해치는 기계 장치의 남용을 비판하고 사용을 제한해야 한다고 말했다.[141] 메카네를 이용한 연출 방법은 '기계 장치를 타고 내려온 신'을 뜻하는 로마 시대의 '데우스 엑스 마키나deus ex machina'로 이어졌다.

멈퍼드는 기계를 정의하기 위해서 기계공학자 프란츠 뢸로Franz Reuleaux의 고전적인 정의를 차용한다. 뢸로는 기계를 "인간의 통제에 따라, 에너지를 이용해서 일을 할 목적으로 각각 기능적으로 전문화돼 있고, 내구성 있는 부품들의 조합"[142]으로 정의한다.『기계 동역학』에서 뢸로는 실용역학Practical Mechanics의 원활한 작동을 위한 조건으로 네 가지 세부 단위에 대한 연구 필요성을 제기한다. 바로 기계 일반의 연구, 기계의 이론적 연구, 기계 디자인의 연구, 순수 메커니즘의 연구다. 기계 일반의 연구가 존재하는 많은 기계의 구성과 발전 방식을 파악하는 것이라면, 기계의 이론적 연구는 원동력이라고 할 수 있는 증기기관·수차·터빈·풍차와 같이 기계류에 가장 잘 적용될 수 있는 자연적인 힘의 본성을 연구하는 것이다. 후자를 뢸로는 기계적 기술mechanical technology이라고 부른다. 다음으로 기계 디자인 연구는 실용성과 잠재적 힘을 고려해서 어떻게 기계의 몸체가 형태 변형의 힘에 저항성을 갖는지를 연

---

140   Todd S. Mei, "Heidegger in the machine; the difference between techne and mechane", *Continental Philosophy Review*, Vol. 49, No. 3, 2016, p. 270.

141   아리스토텔레스,『수사학/시학』, 천병희 옮김, 도서출판 숲, 2017a, 397-398쪽.

142   Franz Reuleaux, *The Kinematics of Machinery*, Alexander B. W. Kennedy (trans.), Macmillan and co., 1876, p. 35.

구하는 것이다. 마지막으로 순수 메커니즘의 연구는 단순히 운동의 위치 변화를 찾는 것이 아니라 기계 부품들의 위치 변화의 상호 의존성을 정치하게 탐색하는 것이다.[143] 이런 순수 메커니즘의 과학을 뢸로는 동역학Kinematics이라고 부른다. "동역학은 위치의 변화로 간주되는 기계 부품들의 상호 운동을 결정하는 기계의 배열에 대한 연구다."[144] 뢸로는 앞선 세 가지 연구보다 순수 메커니즘, 즉 동역학 연구가 더 중요하며, 응용수학과 역학의 결과들을 통합한 동역학의 정립을 통해서만 과학적 실행이 가능하다고 강조한다.

뢸로의 기계의 정의 및 기계 동역학의 원리를 바탕으로 멈퍼드는 기계를 인간의 통제, 기능적으로 분화된 부품들, 목적에 부합하는 투입-산출의 반복성과 영속성이라는 세 가지 요소의 조합으로 규정한다. 달리 말하면 기계란 인간의 통제 아래 기능적으로 분화된 다양한 부품들이 특정한 목적에 부합하게 영속적으로 투입과 산출을 반복하는 체계다. 멈퍼드의 통찰이 돋보이는 점은 이런 기계 동역학의 원리를 사회제도에 투영한 것이다. 그에 따르면 기계 형식이란 단지 근대 이후의 산물이 결코 아니다. 아주 오래전부터 서양 역사에서 발견되는 것으로 인간의 기계적 힘을 끌어내기 위해 통제된 기계적 행동 이외에 다른 행동은 허용하지 않는 모든 것을 의미했다.

서양인들이 기계로 방향 전환하기 훨씬 이전에, 사회적 삶의 한 요소로서

---

143 Reuleaux, 1876, pp. 36-41.

144 Reuleaux, 1876, p. 40.

메커니즘은 이미 존재했다. 발명가들이 인력을 대신할 엔진을 발명하기 이전에, 고대사회의 왕들은 수많은 사람들을 훈육하고 통제했다. 그들은 인간에게서 기계적 힘을 끌어내는 방법을 이미 알고 있었다. 피라미드 축조를 위해서 채찍질의 박자에 맞춰 무거운 돌을 질질 끌었던 노예와 농부들, 쇠사슬에 묶인 채 제한된 기계적 행동 외에 다른 행동은 일절 용납받지 못했던 로마 갤리선의 노예들, 마케도니아의 팔랑크스 공격 대형, 편제, 체계 등은 모두 기계의 형식이었다.[145]

더 나아가 기계의 기원을 역사적으로 추적한 멈퍼드는 고대 이집트 문명에서 모든 기계의 최초 원형을 발견한다. 최초의 기계는 사회 자체였다. 사회 전체가 공동의 목표를 위해 마치 하나의 거대한 기계처럼 돌아가는 사회 시스템을 멈퍼드는 '거대기계'라고 불렀다. 우선 그는 이집트 기자 지구에 웅장한 모습으로 남아 있는 높이 147미터의 대피라미드를 축조한 고대 이집트의 사회문화적 특징에 주목했다. 어떻게 수십 년 동안 거대한 피라미드를 축조하는 데 지속적으로 수많은 노동 인력을 동원하고 어마어마한 자원을 쏟아부을 수 있었을까? 이런 대규모 토목 사업을 수행하려면 대규모 노동 인력은 물론 이들을 관리하고 통제하는 군사 조직과 다양한 물품의 조달과 분배를 위한 관료 조직의 뒷받침이 있어야 했다. 더 중요하게는 이 작업을 가능케 하는 신화, 종교, 정치에서 비롯된 사회적 목적과 관념이 필요했다. 기계는 결코 사회 전체의 목표와 분리된 자족적 체계가 아니며 기계의 작동에 의미와

---

145 멈퍼드, 2013, 75쪽.

목적을 부여하는 것이 다름 아닌 이 사회적 관념이기 때문이다. 이런 역사적 통찰을 바탕으로 멈퍼드는 고대 이집트에서 출현한 최초의 거대기계와 근대 이후 출현한 현대의 거대기계를 비교함으로써 거대기계의 본질적 특성과 작동 방식을 더 명확히 보여줄 수 있었다. 이 거대기계를 멈퍼드는 이렇게 정의한다.

완벽하게 통합된 전체로서 기능할 때조차 기계의 구성 요소들은 공간적으로 분리될 수밖에 없으므로 나는 원형적 기계를 특정한 목적에서는 '보이지 않는 기계invisible machine'라고 명명하고, 높은 수준으로 조직된 집단적인 대규모 사업에 일하도록 동원될 경우 이것을 '노동 기계labor machine'라고 부를 것이다. 집단적 강압과 파괴의 행위로 이용될 때는 지금도 사용되고 있는 '군사 기계military machine'라는 말이 적당할 것이다. 그렇지만 정치·경제·군사·관료·왕권 등의 모든 구성 요소를 포함할 경우, 일반적으로 나는 이것을 '거대기계', 더 쉬운 말로는 '큰 기계big machine'라고 부를 것이다. 그리고 이와 같은 거대기계에서 비롯된 기술적 장비는 '거대기술megatechnics'이 된다.[146]

뒤에서 더 구체적으로 살펴보겠지만, 멈퍼드 기술철학의 기본 구조와 거대기계의 형성 과정을 도식으로 표현하면 그림 5와 같다.

---

146 Mumford, 1967, pp. 188-189.

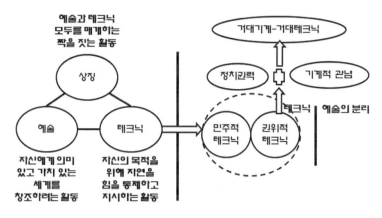

예술과 테크닉
모두를 매개하는
짝을 짓는 활동

상징

예술

테크닉

자신에게 의미
있고 가치 있는
세계를
창조하려는 활동

자신의 목적을
위해 자연을
힘을 통제하고
지시하는 활동

거대기계-거대테크닉

정치권력

기계적 관념

민주적
테크닉

권위적
테크닉

테크닉 | 예술의 분리

[그림 5] 멈퍼드 기술철학의 기본 구조와 거대기계의 형성 과정

최초 거대기계의 출현과 몰락

거대기계의 원형

최초의 거대기계는 서로 이질적인 두 문화의 융합으로 출현했다. 바로 농업 중심의 신석기 문화와 사냥 및 유목 중심의 구석기 문화다. 신석기 문화는 인간 중심적이고 일종의 복합 기술, 즉 지속 가능한 민주적 기술에 토대를 두고 있었다. 반면에 구석기 문화는 강력한 위계 중심에다 일종의 단일 기술, 즉 불안정한 권위적 기술에 기초해 있었다. 두 문화의 융합으로 심리적, 사회적 기질이 상호 교환되면서 처음에는 어느 정도 공동의 이익이 발생했다. 그렇지만 문명사의 실제 방향은 권위적 기술에 기초한 구석기 문화의 획일적이고 일방주의적인 확장으로 빠르게 재편됐다.

역사적으로 문명은 기원전 4000-3000년경 물자의 운송 및 교류의 중심으로 고대의 고속도로라고 할 수 있는 큰 강 유역에서 발생했다. 멈퍼드는 이집트의 나일강에서 중국의 황하까지 큰 강 유역에서 고대 문명이 거의 동시다발적으로 출현한 것을 기술적 요인만으로는 설명할 수 없으며, 새로운 사회조직의 유형에서 답을 찾아야 한다고 주장한다. "일반적으로 '문명의 부상'이라고 부르는 기원전 4000년경 위대한 문화적 내파로 구석기와 신석기 문화의 형성적 요소들이 통합되었을 때, 때때로 인류의 발달을 건설적으로 촉진했지만 더 자주 왜곡했던 비합리적 요소들이 명백해졌다. 기술적으로 주목해야 할 사실은 이런 변형이 기계의 발명이 아니라 근본적으로 새로운 사회조직의 유형, 즉 신화, 주술, 종교 그리고 갓 생겨난 천문학의 결과였다는 점이다."[147]

고대 이집트 문명의 성립을 견인한 새로운 사회조직의 핵심 원리는 불멸성과 권력이었다. 태양신을 숭배했던 고대 이집트는 기원전 3200년경부터는 전문 사제단을 중심으로 천문학이 발달하면서 천체 운동에 대한 체계적 지식이 축적됐다. 이러한 천문학적 지식은 하늘의 질서와 지상의 질서를 일치시키는 초석이었다. 하늘의 질서와 그 질서를 대변하는 지상의 절대권력 그리고 사냥 문화에서 유래한 불멸성이 통합돼 절대왕권이 확립됐다. 지상의 왕은 곧 신이요 태양이었다. 더욱이 사후 세계를 믿은 이집트인들은 왕이 죽어서도 현세와 같은 삶을 산다고 생각했다. 지금도 남아 있는 거대한 피라미드는 죽음의 극복, 즉 왕의 사후 세계를 현세와 같이 보존하는 것을 상징하는 구조물이었다.

이러한 고대 이집트 문명을 고찰하는 가운데 멈퍼드는 거대기계

---

147 Mumford, 1967, p. 11.

의 최초 원형을 발견했다. 마치 정해진 생산량을 채우기 위해 기능적으로 분화된 부품들이 착착 맞물려 돌아가는 기계처럼, 태양신과 하늘의 질서를 등에 업은 왕의 명령에 따라 죽음을 정복하기 위한 피라미드 축조라는 대규모 토목 공사가 시작됐다. 이 장기간의 대규모 프로젝트에서는 종교 기계는 물론 관료 기계가 필요한 물품을 적시에 공급하기 위해 바삐 움직였고, 노동 기계가 군사 기계의 통제하에 피라미드 축조 작업에 투입됐다. 요컨대 최초의 거대기계는 태양신 숭배, 신성한 왕권, 대규모 노동 집단을 비롯한 다양한 사회조직을 불멸성을 상징하는 피라미드 축조라는 사회적 목적을 위해 수직적으로 통합함으로써 사회 전체가 마치 하나의 기계처럼 움직인 사회적 모델이었다. 이런 최초의 거대기계의 형성과 작동 방식을 그림으로 표현하면 그림 6과 같다.

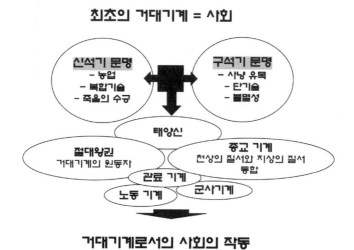

[그림 6] 고대 이집트에서 발원한 최초 거대기계의 형성과 작동

더욱이 멈퍼드에 따르면 거대기계와 거대도시는 쌍생아였다. 최초의 거대기계 출현과 동시에 거대도시도 모습을 드러냈다. 먼저 성채로 둘러싸인 도시 중앙에 높은 신전이 세워졌다. 도시는 성벽을 경계로 외부와 구분되는 신이 내려앉은 자리, 즉 성소聖所였다. 신화학자 조지프 캠벨Joseph Campbell이 밝히듯이, 최초의 문명이었던 수메르 문명의 도시 자체는 우주적 질서를 지상에서 모방한 것이며 성벽으로 둘러싸인 도시가 처음부터 사분원 형태로 지어졌고 도시 중심에는 본래 높은 곳을 뜻하는 신전 지구라트Ziggurat가 있었다. 처음부터 도시는 대우주와 소우주 사이에 존재하는 "중간 우주"였다.[148]

우주 질서를 모방한 고대 도시는 성립과 동시에 주변 농촌 지역에 흩어진 작은 마을들을 통합하면서 빠르게 확장됐다. 이를 통해 신을 정점으로 하는 일종의 중앙 집중적 순환 경제가 돌아가기 시작했다. 주변의 작은 마을들을 수직적으로 통합한 도시는 각 마을에서 생산된 식량과 물자를 신의 이름으로 도시 중앙의 대규모 창고로 끌어모았다. 그러고 나서 다시 신의 이름으로 자원을 사회적으로 분배했다. 이 과정에서 물품을 관리하는 관료 조직이 발전했고 산술과 문자의 사용도 증가했다. 또 수많은 농민이 농한기에 빵을 공급받는 대가로 피라미드 축조에 동원됐다.

축의 시대

고대 세계에서 처음으로 출현한 거대기계와 거대도시는 실로 경

---

148 조지프 캠벨, 『원시 신화』, 이진구 옮김, 까치, 2003, 173-174쪽.

이로운 일이었으며 커다란 충격이었다. 신석기 문화와 비교할 때 거대기계의 규모와 속도는 사람들을 압도하기에 충분했고, 그만큼 인간의 시공간적 상상력의 범위도 대폭 넓어졌다. 홍수를 적절히 관리해 식량 생산량과 인구가 급격히 증가했으며 이는 거대기계의 작동을 유지하는 안전판 구실을 했다.

그러나 거대기계는 태생적으로 불안정하고 무너지기 쉬운 체계였으며 인간을 거대기계의 한낱 부속품으로 전락시켜 참혹한 결과를 낳았다. 계급 구조의 고착화, 불평등 심화, 토지와 교육 기회의 독점, 야만적인 노예제도의 등장, 통치 계급의 과대망상에 가까운 야망, 그리고 전쟁을 통한 대량 살상이 뒤따랐다. 노동 기계를 통제하는 왕을 비롯한 소수 집권층은 항상 불안한 상태였으며 배신과 반란의 공포가 도사리고 있었다. 그뿐만 아니라 거대기계의 확장만큼 계급제도의 경직성과 노예제도의 폭압성이 점점 더 심해졌다. 결국, 처음부터 생명과 인간성의 측면을 도외시한 거대기계의 활력은 점차 소멸해갔다. 첫 거대기계의 사회를 몰락의 길로 인도한 문명의 해체라는 역풍이 불기 시작한 것이다. 물론 몰락의 원인은 여럿이었다. 그렇지만 핵심은 외부 충격이 아닌 내부 충격, 즉 인간의 마음이었다. 바야흐로 '축의 시대'가 도래한 것이다.

축의 시대는 대략 기원전 900년부터 200년 사이에 세계의 네 지역에서 이후 인류의 정신에 자양분이 될 4대 종교와 그리스의 합리주의 철학이라는 위대한 전통이 탄생한 시기를 말한다. 멈퍼드는 이 축의 시대에 나타난 종교와 철학이 거대기계에 대한 인간의 저항과 극복의 산물이라고 보았다. 축의 시대 현자들은 모두 태양이 아니라 인간의 마음으로 눈을 돌렸고 거대기계에 동참하길 거부했으며 새롭게 구성된 공동체를 바탕으로 새로운 문명을 다시 일구려고 했다. 카렌 암스트롱이 밝히듯이, 인류 역사에서 지적, 심리적, 철학적, 종교적 변화가 가장 생산적으로 나타난 축의 시대는 근대 '서구의 대전환'에 비견될 만한 심대한 변화였다.[149]

축의 시대 현자들은 한결같은 목소리를 냈다. 권력욕과 폭력의 원인을 인간의 마음속에서 찾으라고 말했으며 자신의 내면으로 들어가 이상적이고 원형적인 자아를 회복하라고 가르쳤다. 하늘의 신을 섬기는 고대 종교에 반기를 든 현자들은 권력, 권위, 복종이 아니라 자비, 존중, 사랑을 역설했으며 무엇보다 인간성의 고양이 중요하다고 누누이 강조했다. 오늘날까지 지대한 영향력을 미치는 영성적 정신 혁명의 가치를 멈퍼드는 다음과 같이 언급한다.

혁명은 마음에서 시작됐다. 혁명은 거대한 도시의 중심부에 자리 잡은 높은 방벽, 누대, 궁전, 사원으로 상징되는 중앙 집중적 정치권력을 인간의 풍족한 삶과 신의 의지와 동일시하는 사고를 부정하기 시작했다. 모든 유럽, 중동, 아시아 지역의 곳곳에서, 특히 도시보다 마을에서, 새로운 목소리가 봇물처럼 터져 나왔다. 고대 이스라엘의 예언자인 아모스Amos, 그리스 시인 헤시오도스, 노자와 같은 사람들은 권력의 숭배를 비웃고, 거대기계의 신화가 만들어놓은 것일 뿐인 권력을 사악하고, 헛되며, 비인간적인 것이라고 설파했다. 이런 예언자들은 인간 사회의 기초는 권력이 아니

149 암스트롱, 2010, 머리말.

라 올바름이고, 강탈, 몰수, 싸움이 아니라 정당한 분배, 협동, 사랑임을 가르쳤고, 자만이 아닌 겸손, 무한한 부의 축적이 아닌 절제된 가난과 금욕을 강조했다.[150]

요컨대, 축의 시대 현자들은 역사의 무게중심을 권력과 부가 아니라 인간의 마음과 사랑의 실천으로 옮기는 영성적 전환을 이루었다. 이들이 뿌려놓은 영성적 씨앗들에서 종교와 철학이 쑥쑥 자라났으며 고대의 거대기계는 차츰 역사의 뒤안길로 사라져갔다. 그렇지만 권력 추구, 표준화, 획일화, 속도, 강제적 규율, 대량 파괴와 대량 살상 같은 거대기계의 근본 특성들은 절대왕권을 추종하는 정치제도와 군대 같은 사회조직의 형식으로 문화에서 문화를 통해 후대로 전승됐다.

새로운 거대기계의 부활

부활의 예비 단계

11-16세기의 중세는 새로운 거대기계의 부활을 예비하는 여명기였다. 이 시기에 기술의 측면에서는 기계문명 형성의 토대가 된 기계적 시계, 유리, 인쇄술 등이 발명됐고 항해술 또한 비약적으로 발전했다. 사회적인 측면에는서 대학을 중심으로 스콜라철학의 합리주의가 융성했고, 수도원을 중심으로 질서 관념과 산업 시대를 예비하는 노동 규율

---

150 Mumford, 1967, p. 258.

이 확립됐다. 특히 원기술기의 대표적 발명품인 기계적 시계, 유리, 인쇄술은 근대적 산업사회로 나아가는 데 중요한 계기였다.

일반적으로 산업혁명의 핵심 기계로 증기기관을 꼽지만 멈퍼드는 기계적 시계의 발명에 더 큰 의미를 부여한다. 기계적 시계가 기계문명의 전체 상을 오롯이 담고 있기 때문이다. 실제로 기계적 시계는 모든 정밀한 자동기계의 원형이며 표준화와 시간 측정의 표본으로 근대 과학의 발전에 결정적으로 이바지했다. 또 기계적 시계는 새로운 부르주아 계급의 성장과 맞물려 시간 준수라는 서구 문화의 '제2의 천성'이 되면서 사회적 통제의 기제로 활용됐다. 다음으로 유리는, 관찰과 실험을 위한 도구와 장치 대부분이 유리로 만들어진 데서 알 수 있듯이 과학 발전에 기여했으며, 한편으로 거울을 통해 자아의 발견이라는 인간 내면의 결정적 변화를 추동했다. 마지막으로 인쇄술은 기계적 시계에 버금가는 발명품이었다. 요하네스 구텐베르크Johannes Gutenberg의 이동식 활자와 인쇄술은 우선 기계적 표준화의 전형을 보여주었다. 완벽한 기계적 성취의 결과였던 인쇄술은 모든 복제 장치의 원형이었으며 이동식 활자는 교체 가능한 표준화된 부품을 사용한 첫 번째 사례였다. 인쇄술은 또한 텍스트 중심의 근대 문명을 완성했다. 인쇄술의 직접적 산물인 책은 군복보다 앞선 최초의 표준화 상품이자 근대 문명의 지적 성장을 이끈 상품이었다.[151]

이러한 여명기를 거치면서 거대기계의 부활을 향한 대장정은 16세기 중반에 들어서면서 새로운 국면을 맞이했다. 최초의 거대기계와

---

151 멈퍼드, 2013, 205쪽.

마찬가지로 기술과는 전혀 다른 사회적 영역에서 혁신이 나타났으니 바로 천동설에서 지동설로의 이행이라는 우주론의 전환이었다. 이와 맞물려 화이트헤드가 천재의 세기라고 부른 17세기에는 과학혁명을 바탕으로 기계적 세계관이 확립됐으며, 1648년 베스트팔렌조약으로 새로운 권력 주체인 민족국가가 역사 무대에 본격적으로 등장했다. 뒤이어 1789년에는 프랑스혁명이라는 정치적 대변혁이 유럽 사회를 뒤흔들었다. 당시 가장 첨예한 사회적 쟁점의 하나는 기계의 통제권을 둘러싼 것이었다. 기계 통제권을 자본가라는 개인들에게 줄지 공동체가 관리할지를 놓고 팽팽한 논쟁이 벌어졌다. 결국, 사적 소유를 인정한 나폴레옹 법전을 통해 자본가들이 기계에 대한 소유권을 인정받는 것으로 논쟁은 일단락됐다. 이런 일련의 사회적 과정은 광업, 전쟁, 기계, 거대 기업, 금융이 하나로 어우러진 자본주의라는 독특한 사회경제 체계의 성장과 궤를 같이했다.

특히 멈퍼드는 자본주의 발전 과정에서 이 새로운 경제체제가 광업과 맺은 독특한 관계에 주목한다. 무엇보다 광산은 물질세계에 대해서 17세기 자연과학이 추구했던 이념이 완벽히 구현된 장소였다. "애초에 광산은 인간이 창조해낸 완벽한 비유기적 환경이었다. (…) 광산은 마치 영원히 겨울이 지속될 것 같은 착각을 불러일으키는 어둡고 창백하며 맛과 냄새를 분간할 수 없는 볼품없는 세계였다. 가장 단순한 형태를 띠는 물질로 광석 덩어리는 이런 모습을 오롯하게 머금고 있었다. 사실상 광산은 17세기 자연과학자들이 세우려 했던 개념적 세계의 구체적 모델이었다."[152]

멈퍼드는 광업 문화에서 근대 자본주의의 특성들을 발견했다. 지하 몇백 미터 아래 광구에서 자연과 인간의 관계는 대결과 수탈의 관계로 특징지어진다. 인간은 자연과 싸워 광석을 캐내기 위해 안간힘을 쓴다. 여기서 생긴 자연에 대한 적대감과 정복욕은 빠르게 인간과 인간의 관계로 전화된다. 광산에서 가장 중요한 가치는 희소성이다. 다른 사람들이 캐기 힘든 광물을 먼저 발견하는 것이 가장 값어치 있는 일이다. 여기서 가치 관념이 나온다. 역사적으로 15세기까지 서구 유럽에서 광업은 정체 상태였다. 노예 신분이 아니고서는 누구도 광산에 들어가기를 꺼렸다. 그렇지만 16세기 들어 독일의 광산을 중심으로 자본주의적 착취 패턴이 차츰 정착돼갔다. 아주 짧은 기간에 엄청난 규모의 자본 집중이 이루어졌고, 더 많은 자본이 필요해지자 돈만 투자하고 짭짤한 수익을 챙기는 데 혈안이 된 '부재 소유자absentee ownership'들이 광산으로 몰려들었다. 결국 광산은 무분별한 투기판이 됐다. 실제로 자본 증식의 측면에서 광업은 자본주의의 주요 추동력이었고 15세기와 16세기에 독일 광산은 당시 무역 규모로 볼 때 100년 동안 벌어들여야 할 돈을 단 10년 만에 벌어들였다. 자본가들에게 광업은 황금알을 낳는 거위였다.[153]

이처럼 광업은 근대 자본주의와 기계문명의 성장을 견인한 든든한 젖줄이었다. 멈퍼드는 세 가지 측면에서 광업이 근대 자본주의의 발전에 미친 영향을 강조했다.

첫째, 광업은 근대 자본주의 체제에 걸맞은 새로운 인간형을 창출

---

152 멈퍼드, 2013, 116-118쪽.
153 멈퍼드, 2013, 125쪽.

했다. 멈퍼드는 사회학자 피에르 르 플레Pierre Le Play가 대중 강연에서 광산의 생산물 중 가장 중요한 것이 무엇이냐고 질문을 던진 후 청중이 철, 금, 석탄이라고 말할 때 '광부'라고 답했던 일화를 소개하면서 자본주의 발전에 미친 광부의 심리적, 사회적 상태에 주목한다. 무엇보다 광산은 야만주의가 득세할 수 있는 좋은 토양이었다. 광업은 퇴행, 고립, 직접적인 반감, 목숨을 건 사투의 공간이었다.[154] 이런 조건에서 멈퍼드는 광부의 노동에 견줄 만한 것은 참호전밖에 없다고 말한다. 인간적 욕구에 대한 냉담함, 환경파괴에 대한 무관심, 물질적 과정에 대한 집착, 세계와 동떨어진 고립 상태라는 광업의 환경은 마치 참호전과 흡사했기 때문이다. 이처럼 극악한 환경은 극악한 심리 상태를 만들었다. 하루 종일 어두운 지하 세계에서 목숨을 걸고 생명이 없는 단단한 암석 덩어리와 사투를 벌였던 광부는 자신의 노동에 대한 달콤한 보상을 원했고, 일상에서 탈출하기를 갈망했다. 항시 일확천금을 꿈꾸던 광부들은 난잡한 술판, 매춘, 도박으로 현실적인 고립감과 공허함을 달랬다. 이런 광부들의 습관은 자본주의사회의 한탕주의, 승자독식, 과시적 낭비, 온갖 무질서한 행태로 그대로 재현됐다.

둘째, 근대적 산업 관계는 대부분 16세기 광업에서 비롯됐다. 이미 16세기에 중세의 길드 체제와 관련이 없었던 광업에서는 이익 추구와 계급 지배의 논리가 지배적이었다. 3교대제 근무, 8시간 노동, 노동조합 활동의 초기 형태인 자선적 자조와 보험은 물론 계급 분할, 파업, 계급투쟁 등 19세기 자본주의사회에서 두드러졌던 사회 현상은 모두

154 멈퍼드, 2013, 125쪽.

광업에서 비롯됐다.

셋째, 광업은 노동과 희소성이라는 자본주의사회의 경제적 가치의 표준을 만들었다. 일반적으로 근대 경제학은 가치의 원천을 노동의 배타적 소유권과 희소성에서 찾는다. 로크는『통치론』에서 모든 사물에 가치 차이를 부여하는 노동의 배타적 소유권이 토지의 공유보다 더 중요하다고 강조한다.[155] 노동의 배타적 소유권과 더불어 실제로 광산에서 생산된 생산물들은 자본주의의 가치 척도로 이용됐다. 그뿐만 아니라 사회의 다른 영역에는 없고 자신에게만 있는 무엇을 만들거나, 자신에게 있는 것을 사회의 다른 영역에는 없게 만듦으로써 이윤을 창출하는 자본가들의 가치 증식 요술도 광산에서 비롯됐다. 이를 통해 이윤이 다시 더 큰 이윤을 낳는 자본주의의 순환 구조가 점차 일반화됐다. 하라리가 밝히듯이, 이렇게 얻은 이윤을 생산 증대에 재투자해야 한다는 자본주의의 특별한 논리는 봉건주의 경제에서는 찾아볼 수 없는 것이었다.[156]

광업을 기반으로 초기 자본 축적에 성공한 자본주의는 18세기 산업혁명의 종주국이었던 영국을 필두로 점차 제국주의 형태로 발전해갔다. 대부분의 인류 역사에서 별 볼일 없는 서쪽 변방에 있었던 서구 유럽이 세계를 호령하는 위치에 등극하는 역사적 장이 열린 것이다. 이는 또한 기계문명의 전 세계적 확장을 의미했다.

---

155 존 로크,『통치론』, 권혁 옮김, 돌을새김, 2019, 57쪽.
156 유발 하라리,『사피엔스』, 조현욱 옮김, 김영사, 2015, 442-443쪽.

기계 미학과 낭만주의의 반동

멈퍼드는 기계문명의 확장 과정에서 나타난 기계의 심미적, 문화적 가치의 동조화를 주의 깊게 고려한다. 기계 미학이 없었다면 기계문명의 존속은 불가능했기 때문이다. 처음부터 기계 자체는 색다른 볼거리였다. 굉음과 함께 시커먼 연기를 뿜어대는 증기 엔진은 놀라운 광경이었으며, 역으로 밀려 들어오는 육중한 기차에 사람들은 아연실색했다. 그렇지만 돈을 벌어주는 증기기관의 박동 소리와 굴뚝으로 뿜어져 나오는 검은 연기에 기계 소유주인 자본가들은 뿌듯했을지 몰라도 기계의 볼썽사나움과 기계가 생산한 투박한 물품들은 처음에는 환대받지 못했다. 만약 기계의 발전이 초기의 투박한 수준에 머물렀다면 기계문명은 낭만주의의 반동과 기계문명 자체에 대한 다양한 도전에 속수무책으로 무너졌을 것이다. 하지만 기계는 시간이 지나면서 점차 경제적 효율성의 차원뿐만 아니라 심리적, 미적 차원에서도 새로운 미적 감각을 제공했다. 멈퍼드는 처음으로 기계에 대한 미적 감수성을 환기한 입체파를 비롯한 예술가들의 역할을 강조한다.

> 입체파 예술가들은 최초로 이런 추함과 기계적인 것의 연계를 끊어내려 했다. (…) 근대 입체파는 무엇을 겨냥했는가? 그들은 유기적 환경에서 추상적이고 기하학적인 상징 요소들을 추출해내려 했다. (…) 이런 시도가 노린 궁극적 목표는 이런 예술의 진가를 알아보고 이해하는 사람들의 기계 환경에 대한 감수성을 높이는 것이었다. 이제 미적 실험은 과학 실험과 어깨를 나란히 하게 됐고, 사유의 길잡이이자 행동의 안내자가 되었다. 브라크Georges Braque, 피카소Pablo Picasso, 레제Fernand Léger, 칸딘스키Vasily

Kandinsky의 추상화처럼, 구성파의 실험은 미적 대상으로서의 기계에 대한 반응을 날카롭게 벼렸다. 이들은 단순한 구성을 밑바탕에 깔고 분석을 통해 생산된 인상들을 활용해 자신들이 찾고자 했고 기대했던 가치들을 보여주었다.[157]

18세기 후반에 유행하기 시작한 낭만주의의 주된 경향은 자연에 대한 체험을 생생하고 풍부하게 전달하는 것이었다. 서로 대척점에 서 있던 낭만주의와 근대 과학의 격전지는 바로 자연이었다. 자연을 대하는 낭만주의와 근대 과학의 태도와 방법은 상이했다. 낭만주의가 자연에 대한 아주 생생하고 구체적인 경험을 언어 형식을 빌려 형상화하는 데 주력한 반면 근대 과학은 고도의 수학적 추상화라는 방법으로 자연을 해석했다. 세계는 통약 불가능한 두 세계로 갈라졌다. 한쪽은 의미는 풍부하지만 합리적 토대가 없는 인간의 세계였고, 다른 한쪽은 합리적이지만 의미가 없는 자연의 세계였다. 그렇지만 결정적으로 낭만주의와 기계문명에 저항했던 다양한 흐름은 기계의 미적 가치를 과소평가함으로써 기계를 중심으로 한 사회의 재구조화를 제대로 파악하는 데 실패했다. 멈퍼드는 기계를 중심으로 한 사회 재구조화의 이중적 성격의 의미를 다음과 같이 말한다.

처음부터 기계의 지속적인 정복 대상은 빠르게 유행에 뒤처지는 기구도, 빠르게 소비돼버리는 상품도 아닌, 바로 삶의 양식이었다. 즉 삶의 양식

---

157 멈퍼드, 2013, 461-462쪽.

을 기계를 통해서, 그리고 기계의 범위 안에서만 가능하게 만드는 것이었다. 철커덕거리며 돌아가는 기계는 한 명의 교사였다. 기계는 한편으로는 비굴한 예속 상태를 강화했지만 다른 한편으로는 개성의 해방을 약속했다. 기계는 이전의 기술체계에서는 엄두도 낼 수 없었던 상상과 도전의 가능성을 열었다. 기계가 질서, 체계, 지성이 자연의 어디에 깃들어 있는지를 보여주자마자, 그때까지 너무나 당연한 것으로 여겨졌던 환경과 사회적 관습은 즉시 효력을 상실하고 말았다.[158]

어떤 의미에서 낭만주의 운동은 기계적 세계관에서 도외시된 인간의 주관적 경험과 생생한 감각을 강조함으로써 균형을 회복하려는 시도였다. 하지만 균형추는 기계 쪽으로 빠르게 기울었다. 효율성과 실용성, 개성의 해방, 기계 미학으로 무장한 기계의 전진을 막기에 낭만주의 운동은 역부족이었다. 마찬가지로 자연의 미를 예찬하고 점차 사라져가던 장인의 기술을 부활시켜 기계적 예술에 대항하려고 했던 19세기의 미술공예 운동Arts and Crafts Movement도 약간의 반향을 일으켰을 뿐 낭만주의와 같은 길을 걸었다. 영국의 윌리엄 모리스William Morris와 존 러스킨John Ruskin이 주도한 이 운동은 구기술기의 엔지니어링과 기계적 예술이 만나면서 조야하고 투박한 기계적 산물들을 마구 쏟아낼 때 그에 대한 반발로 시작됐다. 하지만 기계적 예술의 잠재력을 배격하고 기계 자체를 적대시한 미술공예 운동은 변화를 읽어내는 데 둔감했다. 그사이 기계의 사회적, 미적 가치는 빠르게 증가했고 사회적 조건

---

158 멈퍼드, 2013, 448쪽.

도 변화해 더 이상 수공예의 도제 관계를 유지할 수 없는 상황이 됐다. 실용적 디자인을 앞세운 정확성, 단순성, 경제성, 균형성 등 기계가 빚어낸 새로운 미적 기준이 점점 더 사회 깊숙이 파고들었다.

현대의 거대기계

멈퍼드는 『기술과 문명』이 출간된 1934년만 해도 문명의 전환을 긍정적으로 예견했다. 즉 기계문명을 지탱하는 기계적 세계관에서 새로운 유기체적 세계관으로 전환하리라 본 것이다. 그는 '기술복합체'의 관점에서 구기술기에서 신기술기로의 전환이라고 볼 수 있는 거대한 전환이 이미 시작됐으며 이 새로운 문명에서는 인간이 기계에 종속되는 것이 아니라 인간의 목적과 필요에 기계를 종속시키게 되리라고 전망했다. 이때 정확성, 단순성, 경제성, 균형성이라는 기계의 교훈과 기계의 미적 가치는 새로운 사회의 활력으로 통합될 것이며, 이제 전쟁과 폭력으로 점철된 과거의 악습은 일소될 터였다. 멈퍼드의 앞에는 기계를 공동체의 필요에 종속시키는 새로운 정치와 새로운 종합의 시대가 펼쳐지고 있었다.

기계를 사회에 통합하는 문제는 단지 기계와 보조를 맞추는 사회제도를 만드는 문제가 결코 아니다. 이 문제는 공동체의 실제적 필요에 알맞게 기계의 본성과 리듬을 변형하는 것이다. 17세기에 자연과학은 처음으로 인간의 관심을 사로잡았다. 하지만 이제는 생물학과 사회과학, 산업 계획, 지역 계획, 공동체 계획을 담당하는 정치적 기술이 가장 긴급하게 요청된다. 이런 정치적 기술이 발전하기 시작하자마자 새로운 관심이 봇물처럼 터져 나오고 기술자들은 새롭게 해결해야 할 문제에 직면하게 될 것이다. 하지만 기계가 초래한 사회적 딜레마를 단지 더 많은 기계의 발명으로 해결할 수 있다고 생각하는 것은 돌팔이 의사의 섣부른 진단에 불과하다. (…) 우리는 기계를 창조하는 과정에서 발전된 분석 방법과 기술의 지원을 받아 확장된 종합에의 임무에 좀 더 다가가고 있다.[159]

그러나 1차 세계대전 이후 서구 유럽의 운명은 멈퍼드의 전망과 다른 방향으로 전개됐다. 1차 세계대전은 참혹한 재앙이었으며, 문명의 방향 전환을 위한 뼈아프지만 소중한 계기가 되지도 못했다. 오히려 역사는 2차 세계대전이라는 더 큰 파국과 냉전 체제라는 전대미문의 상황으로 인류를 몰아넣었다. 이런 파국을 목도한 멈퍼드는 주저『기계의 신화』에서 현대 문명에 날 선 비판을 퍼부었다. 우주 정복이라는 허황한 사회적 목표를 세우고 극단적으로 대립하며 대량 살상의 공포를 전 세계로 확산시키는 냉전 체제 두 괴물의 등장을 현대 거대기계의 부활로 보고 신랄하게 비판한 것이다.

물론 20세기 초까지 모든 거대기계의 부품이 갖춰져 있었더라도 육중한 거대기계가 곧바로 작동한 것은 아니었다. 작동을 위해서는 절대 권력을 거머쥔 정치 지도자의 등장과 전쟁을 먹고 사는 거대기계 영혼의 부활로 조성되는 위기가 필요했다. 역사적으로 이런 불길한 위기는 양차 세계대전으로 현실화했으며 뒤이은 냉전 체제의 확립은 거대기계의 위력을 정점으로 끌어올렸다. 멈퍼드의『기계의 신화 2』의 부제

---

159 멈퍼드, 2013, 502-503쪽.

는 "권력의 펜타곤Pentagon of power"이다. 오각형 구조물인 미합중국 국방부 청사 펜타곤의 형태에 빗대서 멈퍼드는 새로운 권력복합체power complex의 특성을 다섯 가지 'P'로 설명한다. 권력의 오각 구조를 의미하는 다섯 개 P 가운데 첫째는 권력power이다. 이 위협적 무기로 무장한 조직화된 정치권력political power이 화폐 권력으로 확장하면서 세 개의 다른 P, 즉 생산력productivity, 이윤profit, 자산property과 결합한다. 마지막 P는 이 네 개의 P를 더 많은 인간 집단을 이 권력복합체에 포섭하는 데 사용하는 선전 활동publicity이다.[160]

이러한 권력의 펜타곤은 고대 이집트 문명에서 나온 최초의 거대 기계가 부활한 것이었다. 두 거대기계는 태양신 숭배와 기계에 의한 인간의 완벽한 통제라는 측면과 아울러 구조와 작동 원리에서도 동일했다. 최초 거대기계의 사회적 목적이 실현 불가능한 죽음의 정복이었다면 현대 거대기계의 사회적 목표는 허황한 우주 정복이었다. 또 최초의 거대기계를 돌리는 원동력이 하늘의 질서를 수탁한 왕이라는 절대 권력이었다면 새로운 거대기계의 원동력은 새롭게 부상한 민족국가라는 새로운 형태의 절대 권력이었다. 두 거대기계는 실현 불가능한 사회적 목표를 설정하고 절대 권력의 명령에 따라 사회 전체를 거대한 기계처럼 작동하게 만들었다. 과거 이집트 문명의 거대한 피라미드와 도시국가, 그리고 새로운 거대기계의 우주 프로젝트와 메갈로폴리스megalopolis는 두 거대기계가 낳은 상징적 결과물이었다.

물론 현대의 거대기계는 정치권력과 자본의 유기적 결탁이 특징

---

160 Mumford, 1970, p. 166.

이라는 점에서 고대의 거대기계와는 다르다. 고대의 거대기계가 신성을 앞세워 모든 사람을 기계에 옭아매는 데 성공했다면 현대의 거대기계는 화폐경제와 그것이 약속한 달콤한 풍요를 앞세워 모든 사람을 끊임없는 생산과 소비의 순환 구조에 묶어놓고 있다.

5장

현대의 테크놀로지

1. 학문적 패러다임의 전환

단순성에서 복잡성으로

20세기를 연 첫해는 세기의 전환을 알린 한 해가 아니라 유럽 학문의 지각변동을 예고한 한 해였다. 가히 혁명적이라 할 지각변동의 진원지는 17세기 이후 '학문의 왕' 자리를 확고하게 점유하고 있던 물리학 내부였다. 20세기를 목전에 둔 당시 물리학계의 분위기는 물리학을 중심으로 학문의 대통합이 무르익었고, 여전히 과제로 남아 있던 열복사 문제와 빛의 문제만 풀린다면 모든 것이 완성되리라는 희망 섞인 기대감으로 들떠 있었다. 물론 남은 두 가지 문제도 금방 해결되리라 보았다. 모든 것은 그저 시간문제처럼 보였다.

그러나 20세기 초에 일어난 두 가지 사건은 상황을 완전히 바꿔놓았다. 1900년에 일어난 첫째 사건은 양자라는 가장 작은 에너지 단위를 표시하는 플랑크상수Planck constant의 발견이었다. 그리고 1905년에 일어난 둘째 사건은 알베르트 아인슈타인Albert Einstein의 빛이 파동성에 관한 가설인 광양자설과 특수상대성이론을 발표한 일이었다. 이후 아인슈타인은 1915년에 일반상대성이론을 확립함으로써 뉴턴 이후 200년이 넘도록 세상을 바라보는 확실한 관점이었던 고전역학의 세계를 크게 흔들어놓았다. 이에 따라 학문의 대통합이라는 물리학계의 숙원은 일장춘몽으로 끝나버렸고, '고전역학에서 양자역학으로의 이행'이 빠르게 진행됐다. 과학철학자 한스 라이헨바흐Hans Reichenbach는 이 이행에서 나타나는 이론적, 인식론적 함의를 다음과 같이 말한다.

> 양자이론의 기초는 상대성이론이 시간과 공간 개념에 대해 고전물리학을 비판하고 극복한 것보다 더 심한 정도로 고전물리학의 원리들로부터 벗어나 있다. 양자이론의 기초는 인과법칙에서 확률법칙으로 이행한 것뿐만 아니라, 관측되지 않은 대상들의 존재 및 논리학의 원리들에 대한 기존의 철학적 관점들에 수정이 필요함을 함축한다. 이는 인식론의 가장 근본적인 문제와 관련된다.[1]

그렇다면 라이헨바흐가 언급한 '인과법칙에서 확률법칙으로의 이행'이란 구체적으로 어떤 변화를 의미하는가? 고전역학의 세계는 물질의 실체화, 수학적 추상화, 시간의 공간화라는 서로 뗄 수 없이 연관된 세 가지 조건 위에서 엄밀한 인과법칙이 적용되는 수학적 표준 체계의 확립으로 완성됐다. 아주 복잡한 물리 세계 전체를 수학적으로 모델화

---

1 한스 라이헨바흐, 『양자역학의 철학적 기초』, 강형구 옮김, 지식을만드는지식, 2014, 서론.

한 이상적 표준 체계로 환원함으로써 고전역학의 세계는 우주의 모든 운동을 궤적의 형식으로 계산하고 예측하는 방법을 확립했다. 이를 통해 임의의 시간에 어떤 물체의 위치와 속도라는 초기 조건만 정확히 주어진다면 수학적으로 해당 물체의 모든 과거뿐만 아니라 미래의 위치와 속도 역시 정확히 계산할 수 있을 터였다. 이런 유례없는 확실성을 보장하는 세계관의 탄생을 수학자 피에르 라플라스Pierre Laplace는 우주를 구성하는 모든 입자의 정확한 위치와 자연에서 작동하는 모든 힘을 다 알고 있는 '라플라스의 악마Laplace demon'라는 비유로 설명했다.[2] 이제 세계는 엄밀한 인과율에 따라 작동하는 거대한 시계 장치와 다를 바가 없었으며 우주 전체는 완벽하게 시간 가역성을 띤 결정론적인 세계가 됐다.

확실성, 시간 가역성, 결정론이 특징인 고전역학의 세계와 달리 양자역학의 세계는 근원적으로 불확실성을 내포한다. 베르너 하이젠베르크Werner Heisenberg는 '불확정성의 원리uncertainty principle'를 통해 어떤 입자의 초기 조건인 위치와 속도를 정확히 결정할 수 없다는 사실을 밝혀냈다. 이는 빛의 성질이 입자이면서 동시에 파동일 수 있다는 빛의 이중성을 인정한 물리학자 닐스 보어Niels Bohr의 '상보성의 원리complementarity principle'와 함께 현대 양자역학의 일반적인 해석으로 받아들여지고 있다. 이렇게 하이젠베르크와 보어의 이론을 바탕으로 고전역학의 세계는 시간 불가역성과 비결정성을 특징으로 하는 양자역학의 세계로 이행했다.

---

2 Cassirer, 1956, p. 3.

이보다 조금 앞서 물리학자 루트비히 볼츠만Ludwig Boltzmann은 열역학 제2법칙인 엔트로피를 통계역학적으로 정의했다. 볼츠만의 정의는 정확성이라는 고전역학의 근본 토대에 균열을 일으켰다. 볼츠만의 통계역학의 이론적 목표는 원자론에 입각해서 거시세계의 규칙성과 미시세계의 불규칙성의 양립 가능성을 입증하는 데 있었다. 이를 위해 볼츠만은 확률변수가 많을수록 변수의 평균이 기댓값으로 수렴하는 '큰 수의 법칙law of great numbers'을 활용함으로써 자연현상에서 나타나는 확률적 특징을 통계 법칙의 확실성으로 변환할 수 있었다. 통계역학의 확실성이란 고전역학의 인과율적 확실성이 아니라 통계적 확실성이었다. 이는 우리가 근삿값, 즉 특정한 확률적 확실성을 통해서만 미래를 예측할 수 있게 됐음을 의미했다.

그러나 분명히 인식해야 하는 것은 우리가 현재 양자역학의 시대에 살고 있더라도 여전히 양자역학은 고전역학의 영향에서 완전히 벗어나지 못했다는 사실이다. 운동의 초기 조건을 동시에 결정할 수 없다는 것이 양자역학 파동함수의 근본 특성이지만 이 파동함수는 시간에 대한 미분방정식을 통해 엄밀한 인과성에 따라 기술될 수 있다. 양자역학의 수학적 기초를 제공한 물리학자 에르빈 슈뢰딩거Erwin Schrödinger의 파동방정식이 바로 이런 역할을 하는 미분방정식이다. 양자역학은 통계적 확률에 기초하지만 시간의 불가역성은 파동방정식을 통해 시간의 가역성으로 전환된다. 이 문제점을 정확히 간파했던 일리야 프리고진 Ilya Prigogine은 다음과 같이 강조한다.

20세기 들어 뉴턴 법칙이 양자역학과 상대성이론으로 대체되었다는 것은 잘 알려진 사실이다. 그런데도 뉴턴 법칙의 결정론적이고 시간 가역적이라는 두 가지 특성은 그대로 남아 있게 됐다. 양자역학에서 궤적 대신 파동함수를 사용하게 된 것은 사실이지만, 양자역학의 기본 방정식인 슈뢰딩거 방정식은 결정론적이고 시간 가역적이라는 사실을 주목해야만 한다.[3]

고전역학에서 양자역학으로의 이행과 열역학 제2법칙에 기초한 통계역학의 정립, 그리고 고전역학의 확립 이후 적어도 150년 동안 학문 세계에서 축출됐던 생물학과 생리학의 부활은 학문적 패러다임의 근본 변화를 초래했다. 그리하여 정확성과 보편적 지식 체계를 추구하는 과학이 생명, 인간, 사회현상 같은 복잡한 현상을 해석하는 데까지 나아갔다. 이를 통해 1940년대 말부터 통칭 '복잡성 이론complexity theory'이라고 불리는 다학제적 연구가 새로운 이론적 경향으로 부상했다. 스튜어트 카우프만Stuart Kauffman은 이런 과학의 역사적 발전을 세 가지 개념, 즉 '단순성simplicity', '비조직된 복잡성disorganized complexity', '조직된 복잡성organized complexity'으로 제시한다.[4] 복잡성의 반대 개념인 단순성은 아주 복잡한 현상도 아주 잘게 쪼개 단순한 요소로 환원하는 것이 가능하며, 이 원리를 통해 전체 운동의 원리를 파악할 수 있음을 의미하는 용어다. 고전역학이 대표적인 사례다. 나머지 두 가지 유형의 복잡성은 각각 열역학 제2법칙을 근거로 기체 운동과 같은 수많은 분자의 비조

---

3 일리야 프리고진, 『확실성의 종말』, 이덕환 옮김, 사이언스북스, 1996, 22쪽.

4 Staurt Kauffman, *The Origins of Order*, Oxford University Press, 1993, pp. 173-234.

직된 복잡성을 다루는 통계역학과 복잡한 생명이나 사회현상 같은 조직된 복잡성을 다루는 복잡성 이론을 가리킨다. 카우프만에 따르면 과학은 18세기 단순성의 과학인 고전역학에서 19세기 비조직된 복잡성의 과학인 통계역학을 거쳐 20세기 조직된 복잡성의 과학인 조직된 복잡성 이론으로 발전했다. 일반체계이론을 주창한 루트비히 폰 베르탈란피Ludwig von Bertalanffy는 생명, 인간, 사회현상 같은 복잡한 현상을 다루는 복잡성 이론의 기본 착상이 기계론적 과학에서는 생소한 질서, 조직, 전체성, 목적성, 분화 같은 개념들과 연관된다고 말한다.[5] 그리고 생물학, 행동과학, 사회과학 등의 학문에서는 이런 개념들이 필수이며 현대 과학에 부과된 기본 문제는 단순성이 아니라 복잡성의 문제, 즉 조직에 대한 일반이론을 다루는 것이라고 강조한다.[6]

이처럼 이론적 환경이 변하는 가운데 1948년에는 현대 테크놀로지의 근본 특성을 마련한 세 가지 이론이 동시에 등장한다. 노버트 위너Nobert Wiener의 사이버네틱스Cybernetics 이론, 클로드 섀넌Claude Shannon과 워런 위버Warren Weaver의 정보이론, 존 폰 노이만John von Neumann의 자기증식 자동자self-reproduction automation 이론이다.[7] 정보 전달 과정의 전송 대역폭과 정보 신호에 대한 잡음 비율의 함수를 통해 정보량과 최대

---

5 루트비히 폰 베르탈란피, 『일반체계이론』, 현승일 옮김, 민음사, 1990, 40쪽.

6 베르탈란피, 1990, 66쪽.

7 형식 기계와 관련이 깊은 자동자란 일정한 형태의 입출력이 있을 때 이를 내부적으로 처리할 수 있는 체계를 의미한다. 노이만은 앨런 튜링Alan Turing의 계산 기계를 발전시켜 모든 종류의 계산을 적합한 처리 절차를 통해 기계로 실행하는 컴퓨터의 구조 체계를 확립했다. 이 자동자 개념은 세포자동자cellular automation 이론으로 발전함으로써 지능 기계와 생명을 가진 컴퓨터 창조의 기틀을 마련했다.

정보 전송률을 정의했던 섀넌, 위버의 정보이론과 자동자라는 형식 기계의 모델을 통해 컴퓨터의 기본 구조를 확립한 노이만의 이론은 컴퓨터와 정보통신 테크놀로지를 기반으로 한 디지털 테크놀로지 시대의 서막을 여는 이론적 성과였다.

위너가 창시한 정보이론을 포함한 체계이론 중 하나인 사이버네틱스 이론은 열역학 제2법칙, 환경과 체계의 피드백 구조, 동적 균형, 질서 등을 다루는 이론이다. 위너는 정보를 통신 계통의 전달로 이해한 섀넌의 견해와 달리 정보를 제어 계통의 전달로 이해했다. 이 이론은 엔트로피가 증가하는 가운데 체계가 환경과 피드백 메커니즘을 통해 내적 항상성과 질서를 창출하는 과정을 보여준다. 이를 바탕으로 위너는 체계 스스로 환경과 지속적으로 피드백하여 항상성을 유지한다는 원리적 차원에서 볼 때 인간, 생명체, 기계, 사회조직은 동일하다고 주장한다. 이 주장은 새로운 생명의 정의를 함축하는 것이었다.

이러한 세 가지 이론을 바탕으로 1950년대부터 통칭 '복잡성 패러다임'이라고 부를 수 있는 지적 운동이 다양한 학문 분야로 확산됐다. 복잡성 연구는 기본적으로 다양한 요소로 구성된 체계에서 요소들 사이의 복잡한 상호작용이 체계 전체의 패턴을 변경하는 현상을 고찰한다. 이때 부분의 합은 결코 전체가 아니다. 부분들이 한데 모이면 이전과는 다른 새로운 현상이 출현하는데, 이는 전체를 통해서만 알 수 있다. 예를 들어 기체 운동에서 확인되는 온도는 무수히 많은 원자들의 상호 충돌의 결과로 나타나는 새로운 현상이지만 기체를 구성하는 무수한 원자를 관찰한다고 온도를 알 수 있는 것은 아니다. 이런 점에서 복잡성 연구는 전체를 조망하는 방법이다. 이 과정에서 중요한 것은 변화와 발생의 자생성spontaneity이다. 복잡성으로 환원하기 위해 체계가 환경과 상호작용하며 내적으로 특수한 구조를 발생시키는 과정이 자기조직화self-organization라면, 이를 통해 새롭게 나타나는 현상이 '창발emergence'이다. 이런 복잡성 연구는 물리학에서 프리고진의 비평형열역학, 수학에서 만델스탐Mandelstam의 비선형적 자기파동 모형, 생물학에서 움베르토 마투라나Humberto Maturana와 프란시스코 바렐라Francisco Varela의 자기생산autopoiesis 개념과 같이 자연과학에만 국한되지 않고 인문학에서도 실행됐다. 사회학에서 니클라스 루만Niklas Luhmann의 사회체계이론, 경제학에서 프리드리히 하이에크Friedrich Hayek의 자생적 질서론, 철학에서 시몽동의 발생주의적 개체화이론 등이 대표적이다.

복잡성 이론은 21세기 물리학의 핵심 연구 주제가 됐고 여전히 성장하고 있다. 그런데도 완전한 체계를 갖춘 학문으로 받아들여지지 않고 충분한 권위를 인정받지 못하고 있다. 이유는 여럿이지만 무엇보다 단순성에서 복잡성으로의 패러다임 전환, 즉 기계적 패러다임에서 복잡성 패러다임으로의 전환이 여전히 과거 패러다임의 그늘에서 완전히 벗어나지 못했기 때문일 것이다. 이런 학문적 패러다임의 교착 상태에서 테크놀로지는 자율성과 독자성이 더 증대되는 모습으로 성장 전화하고 있다. 이에 미래학자 케빈 켈리Kevin Kelly는 기계와 생명의 결합으로 창출된 복잡한 체계의 진화가 통제 불가능성이라는 딜레마에 빠져 있다고 진단한다.

생물 논리를 통째로 기계에 이식한다는 개념에 우리는 경외감을 느끼지 않을 수 없다. 태어난 것과 만들어진 것 사이의 결합이 완료되면, 그 구조물은 스스로 배우고, 적응하고, 치유하고, 진화해나갈 것이다. (…) 그러나 우리가 생명의 힘을 창조된 기계에 불어넣으면 우리는 기계들을 제어할 힘을 잃어버리게 된다. 기계들은 야생성을 획득하고, 또한 야생에 수반되는 의외성을 띠게 된다. 이것이 바로 모든 신들이 마주하는 딜레마이다. 즉 신들은 그들이 만든 최상의 창조물을 완전히 지배할 수 없게 된다는 문제를 받아들여야만 한다. 만들어진 것들의 세계는 곧 태어난 것들의 세계와 비슷해질 것이다. 자율적이고 적응적이며 창조적인, 그리고 바로 그렇기 때문에 통제할 수 없는 세계 말이다.[8]

20세기 이후 학문적 패러다임의 가장 두드러진 특징은 고전역학이라는 오래된 근대주의 기획에서 탈피하는 것이었다. 그렇지만 우리 시대의 물리학인 양자역학은 고전역학과의 근본적 차이에도 불구하고 여전히 고전역학의 자장 안에 붙박여 있다. 더욱이 아인슈타인의 상대성이론과 양자역학을 통합해 시공간의 근본 구조를 탐구하는 물리학의 최종 통합 이론인 '끈이론String theory'의 전망은 불투명하다. 물리학자 브라이언 그린Brian Greene이 밝히듯이, 끈이론은 실로 직물을 짜는 것처럼 시공간이 수많은 끈들이 적절한 패턴으로 결합돼 나타나는 결과물이라는 가정에 입각해 있다. 이 경우 내 몸을 비롯한 세계의 모든 물질은 진동하는 끈의 집합체가 된다.[9] 끈이론은 직관적인 이해에 부합하는 측면이 있다. 하지만 11차원의 세계를 다루는 끈이론은 계산 가능성과 경

---

8 케빈 켈리, 『통제 불능』, 이충호·임지원 옮김, 김영사, 2015, 21쪽.
9 브라이언 그린, 『우주의 구조』, 박병철 옮김, 승산, 2005, 655쪽.

험에 기반한 입증 가능성의 문턱을 좀처럼 넘지 못하고 있다.

또한 켈리가 제시한 딜레마에서 알 수 있듯이, 생명의 원리를 바탕으로 기계적 질서와 체계를 넘어서는 생물학, 생리학을 비롯한 다학제적 학문의 새로운 시도는 여전히 테크놀로지를 경유해 다시 기계적 질서로 포섭되고 있는 상황이다. 이 과정에서 테크놀로지를 통해 양산된 다양한 문제점을 둘러싸고 사회는 혼란과 대립을 노정하고 있다.

시간의 화살

우리의 일상적인 경험에서 시간은 항상 비대칭적이다. 영화처럼 과거와 미래를 뒤바꾸는 것은 불가능하며 한번 지나간 시간을 되돌릴 수도 없다. 시간은 항상 무심히 한 방향으로 흐를 뿐이다. 이처럼 시간은 비대칭성과 비가역성을 속성으로 가진다. 모든 방향으로 대칭적으로 이동할 수 있는 공간과 달리 시간은 항상 과거에서 미래라는 한 방향으로만 진행한다. 이런 시간의 특성을 화살에 비유한 개념이 '시간의 화살'이다. 우리가 느끼는 심리적 시간의 화살이 가리키는 방향과 열역학에서 말하는 시간의 화살이 가리키는 방향은 동일하다.

열역학은 기본적으로 우주를 '계'와 '주위'로 구분한다. 계는 태양계처럼 우주의 일부를, 주위는 계를 제외한 나머지 부분을 의미한다. 또 계는 세 가지 유형으로 구분된다. 첫째는 계와 주위가 완전히 단절된 '고립계'다. 열역학적 관점에서 보면 우주는 가장 커다란 고립계다. 둘째는 계와 주위 사이에서 물질 교환은 가능하지 않지만 에너지 교환은 가능한 '닫힌계'다. 마지막 셋째는 계의 경계에 있는 구멍으로 기체가 밖으로 새어 나갈 수 있는 '열린계'다. 열역학 제1법칙은 하나의 고립계에서 에너지는 형태만 바뀔 뿐 총량은 일정하다는 소위 '에너지 보존의 법칙'이다. 그리고 열역학 제2법칙은 고립계에서 무질서도를 의미하는 엔트로피가 계속 증가한다는 소위 '엔트로피 증가의 법칙'이다.

19세기 중반 독일의 이론물리학자 루돌프 클라우지우스Rudolf Clausius는 그리스어로 에너지를 뜻하는 '에네르게이아energeia'와 회전을 뜻하는 '트로포스tropos'를 합성해서 '엔트로피entropy' 개념을 처음으로 만들었다.[10] 클라우지우스는 에너지와 열의 변환 과정을 연구하던 중에 고립계 내부에서 일어나는 변화에 가역적 변화와 비가역적 변화가 있다는 사실을 발견한다. 여기서 비가역적 변화란 외부에서 추가로 에너지가 공급되지 않으면 절대 원래 상태로 돌아오지 않는 변화를 의미한다. 이를 클라우지우스는 엔트로피라고 이름 붙였다. 그는 고립계에서 엔트로피는 계속 증가하고 엔트로피가 최대치로 올라가면 열적 평형 상태에 이른다고 주장했다.

이런 열역학적 아이디어를 클라우지우스와 공유한 볼츠만은 끊임없는 원자들의 충돌로 인해 집단 전체의 에너지 분포가 계속 변하는 기체 운동에서 모든 원자의 구조를 분석하는 것 자체가 불가능하다는 사실을 알아챘다. 이에 볼츠만은 기체와 같은 미시적 입자들의 운동을 통계적인 방법으로 해석해서 열역학의 성질을 구하는 새로운 물리법칙인 통계역학의 틀을 마련했다. 이는 기체 운동에 대한 확률의 미적분학을

---

10 마인처, 2005, 114쪽.

정립하는 것이었다.[11]

이 과정의 결과로 볼츠만은 $S = k log W$라는 유명한 수식을 유도해 냈다. 여기서 S는 엔트로피를 의미하고 k는 볼츠만 상수다. 그리고 W는 하나의 고립계에서 거시적 상태에 상응하는 미시적 상태에서 나타날 수 있는 원자들의 배열수다. 이를 통해 결국 볼츠만은 가시적으로 나타나는 거시적 현상들을 셀 수 없이 많은 원자들의 미시적 과정으로 해명할 수 있는 길을 열었다. 예를 들어 균일하지 않은 기체들로 가득한 용기를 관찰해보자. 이때 용기 속에 있는 기체들은 빠르게 움직여 전체 밀도가 일정한 수준으로 조절되는 상태로 이행할 것이다. 달리 말하면, 거시적으로 나타나는 불균일한 기체들의 분배 상태는 균일한 분배 상태로 전환될 가능성이 아주 높다. 당연히 그 반대의 가능성은 극히 드물다. 결국 수학적으로 엔트로피의 정의는 경우의 수가 확률적으로 더 큰 것을 의미한다. 볼츠만의 엔트로피 개념은 물리적 세계 자체가 아니라 수학으로 정의된 양이다. 또한 볼츠만은 고립계의 거시적 특성이 유지되고 변하지 않는다는 평형 상태를 가정하고 출발한다. 그러므로 볼츠만의 '평형열역학'에서는 시간이라는 개념이 굳이 필요하지 않다. 볼츠만이 원자 각각의 미세한 움직임을 무시하고 통계역학을 확립할 수 있었던 것도 이런 시간성을 고려하지 않은 고립계의 특성 때문이었다.

그러나 볼츠만이 가정한 평형 상태란 자연에서는 극히 예외적인 현상이다. 자연에서 나타나는 모든 거시적 특성은 시간에 따라 변화한

---

11 데이비드 린들리, 『볼츠만의 원자』, 이덕환 옮김, 승산, 2003, 124쪽.

다. 우주 자체가 빛보다 빠른 속도로 팽창하고 있으며 태양의 주위를 공전하는 지구의 온도도 시시각각 달라진다. 기상의 변화나 해수면의 변화를 떠올리면 이런 현상은 더 일반적이다. 사람의 체온도 일정하게 유지되는 것처럼 보이지만 감정이나 건강 상태에 따라 크게 달라진다. 이처럼 인간을 포함한 자연의 거시적 특성은 일정하게 유지되지 않고 시간의 경과에 따라 수시로 변하는데, 이 상태가 바로 비평형 상태다. 당연히 평형 상태가 아니라 시간에 따라 변화하는 비평형 상태를 설명하기 위해서는 시간성이 필수적으로 요구된다.

자연에서 나타나는 비평형 상태의 중요성을 처음으로 간파한 사람은 화학자 프리고진이다. 그의 비평형열역학의 핵심 개념은 '소산 구조dissipative structures'와 '자기조직화'다.[12] 프리고진에 따르면 우주에는 시간 대칭성과 가역성을 전제로 하는 볼츠만의 평형열역학의 평형 상태보다 시간의 비가역성이 특징인 열린 비평형 상태가 더 일반적이다. 그는 열린 비평형계의 평형에서 벗어난 미시적 요동이 무질서한 외부에서 에너지를 얻고 거시적으로 안정된 새로운 구조를 창출함으로써 엔트로피를 감소시킬 수 있음을 밝혔다. 이 구조가 소산 구조이며 이 과정이 자기조직화다.

열린 비평형 상태의 대표 사례는 생명체다. 모든 생명체는 엔트로피가 증가하는 거대한 바다에 떠 있는 섬과 같은 존재다. 외부와 에너지 및 물질을 교환하면서 모든 생명체는 엔트로피가 증가하는 와중에 생명체 내부를 더욱 질서 정연하게 조직함으로써 전체적으로 항상성

---

12 일리야 프리고진, 『혼돈으로부터의 질서』, 신국조 옮김, 자유아카데미, 2011, 202-208쪽.

을 유지한다. 이런 생명체의 세 가지 속성으로 분자생물학자 자크 모노 Jacques Monod는 합목적성, 자율적 형태 발생, 복제의 불변성을 든다. 그에 따르면 모든 생명체는 자신의 고유한 구조를 발생시키는 엄청난 양의 정보를 불변적으로 복제해서 전달하는 정보전달 시스템을 소유한다. "생명체와 결정 구조는 이 불변적인 복제라는 속성을 공유하게 됨으로써, 그들 사이의 유사성은 더욱더 커지고, 우주의 그 밖의 다른 모든 존재자들에 대해 함께 대립하게 된다."[13] 이 방식으로 생명체는 엔트로피가 증가하는 가운데서도 국지적으로 질서가 유지되는 영역을 창출해낸다. 이때 물질 및 에너지의 효과적 교환에 필수적인 정보를 제공하는 생명체의 유전자는 중추적 역할을 한다.

프리고진의 이론적 발견은 안정된 평형 상태를 다루었던 고전적인 평형열역학의 영역을 새로운 질서가 창출되는 생성의 영역으로 확장했을 뿐만 아니라 복잡한 생명 현상과 카오스에서 질서가 형성되는 메커니즘을 설명하는 데 기여했다. 이를 바탕으로 비평형열역학은 복잡계의 과학으로 더 발전하는 중이다. 물론 엔트로피 증가의 법칙을 현재 우리가 직면한 모든 문제를 해결하는 데 그대로 적용하는 것은 무리일 수 있다. 그렇더라도 자연의 급격한 황폐화와 현대 테크놀로지의 일방통행이 맞물려 하나뿐인 지구의 미래가 위태로운 지금의 상황을 고려할 때, 사회적 차원에서 엔트로피 증가의 법칙은 중요한 점을 시사한다. 사회학자 제러미 리프킨Jeremy Rifkin은 엔트로피의 증가와 기술 의존적인 현대 소비 사회의 관계에 대해서 다음과 같이 경고하며 성찰을 촉

---

13 자크 모노, 『우연과 필연』, 조현수 옮김, 궁리, 2010, 27쪽.

구한다.

기술 앞에서 우리는 가끔 탄복하기도 하지만 이들도 결국 자연 속에서 다른 모든 것들과 마찬가지로 위대한 제1법칙과 제2법칙의 지배를 받고 있다. (⋯) 이 모든 것이 분명한데도 아직도 우리는 기술이 우리를 환경에 대한 의존에서 해방시켜줄 것이라는 환상에 사로잡혀 있다. 이보다 더 잘못된 것은 없다. (⋯) 기술은 우리를 자연으로부터 점점 멀리 끌고 가는데도 우리는 바로 이 기술 때문에 자연에 더욱 의존하게 된다. 이는 우리의 문화 패턴과 개인 생활양식을 유지하기 위해 우리가 자연의 에너지를 더 많이 필요로 하게 되었다는 뜻이다. 우리는 또한 기술이 더 큰 질서를 창조한다는 믿음에 사로잡혀 있다. 현실은 정반대인데도 말이다. 엔트로피 법칙은 유용한 에너지가 소비될 때마다 주변 환경 어딘가에 더 큰 무질서가 생겨나는 것을 가르쳐준다. 현대 산업사회로 흘러 들어가는 무지막지한 양의 에너지는 우리가 사는 세계에 엄청난 양의 무질서를 만들어내고 있다.[14]

---

14 제러미 리프킨, 『엔트로피』, 이창희 옮김, 세종연구원, 2000, 112쪽.

2. 현대 테크놀로지의 특성

체계이론의 부상

루만은 시간적으로 중첩되는 체계이론의 발전을 네 단계로 구분한다. ①존재론적 체계이론 ②균형이론 ③환경 개방 체계이론 ④사이버네틱스 체계이론이다.[15] 체계이론은 체계 전체와 부분들의 관계 구조를 기반으로 한 존재론적 체계이론에서 균형이론을 거쳐 점차 과정적 질서 기능과 체계-환경의 상호작용에 초점을 둔 체계이론으로 발전해왔다. 존재론적 체계와 균형 체계가 상대적으로 정태적인 닫힌 체계라면 환경 개방 체계와 사이버네틱스 체계는 역동적인 열린 체계로 볼 수 있다.

---

15   니클라스 루만·위르겐 하버마스, 『사회이론인가, 사회공학인가? 체계이론은 무엇을 수행하는가?』, 이철 옮김, 이론출판, 2018, 12-14쪽.

존재론적 체계이론에서 체계는 부분 사이의 관계와 동시에 전체와 부분의 관계라는 내적 질서를 의미한다. 체계는 일종의 결합체다.[16] 이는 베르탈란피의 체계 개념의 정의에 상응한다. "체계란 상호 관계에 있는 일련의 요소라고 정의할 수 있다. 상호 관계란 요소 P가 R과 관계를 맺음으로써 R과의 사이에서의 요소 P의 행동이 또 다른 관계 R′와의 사이에서의 행동과 다름을 의미한다. R과 R′ 사이에서의 행동이 다르지 않다면 상호 관계는 없는 것이고 요소들은 R과 R′ 사이와의 관계에 대해서 독립적으로 행동하는 것이다."[17] 각 부분의 변화는 즉각 다른 부분과 전체에 영향을 미치지만 전체는 단지 부분의 합을 의미하는 것은 아니다. '전체는 부분의 합 그 이상'이라는 표현은 이런 전체와 부분의 독특한 관계를 함축한다. 부분의 특징과 달리 전체로서의 체계는 항상 의외성을 가진다. 부분 사이의 대립, 경쟁, 투쟁이라는 역동성이 전체로서의 체계를 새롭게 구성해내기 때문이다. 이런 의미에서 체계는 대립의 통일이다.

균형이론은 17세기부터 유럽 사회에서 하나의 은유로 사용돼왔다. 무역균형이나 국가 간 세력균형 혹은 신고전파 경제학의 균형 개념이 대표적이다. 균형이론의 최대 관심사이자 지상 과제는 체계의 안정

---

16 베르탈란피에 따르면 여러 요소로 구성된 합성체를 구분하는 세 가지 방법이 있다. ①수에 따른 구분 ②종류에 따른 구분 ③요소 사이의 관계에 따른 구분. ①, ②는 서로 고립된 요소의 합이고 ③은 요소뿐 아니라 요소 사이의 관계도 고려한 것이다. 전자의 특징은 합산적이고 후자의 특징은 구성적이다. 전자의 물리적 특징을 보여주는 예는 분자의 무게 혹은 분자운동의 합으로 파악되는 열 등이다. 후자의 예는 화학 조성은 동일하지만 생성 시의 온도나 압력이 달라 결정의 물리적 성질이 달라지는 동질이상同質異像과 같은 화학적 특성이다. 베르탈란피, 1990, 89-90쪽.

17 베르탈란피, 1990, 90쪽.

성 유지다. 즉 환경의 영향으로 교란이나 장애가 발생한 경우에도 체계의 질서를 유지하고 일시적인 교란이 어떻게 균형으로 다시 수렴되는지에 관심을 집중한다. 그렇지만 균형이론은 체계의 상태를 판단하는 데는 유용할지 몰라도 체계의 내적 동학을 설명하지 못하고 환경을 교란과 장애의 요인 정도로만 고려하기에 열역학 제2법칙의 근본 원리에 적절히 대응하지 못하는 약점이 있다. 열역학 제2법칙에 따르면 닫힌 체계의 물리 현상에서 엔트로피는 증가한다. 즉 닫힌 체계에서 사용 가능한 에너지는 시간의 경과에 따라 사용 불가능한 에너지로 전환되며 종국에는 열역학적 죽음의 상태, 곧 일종의 평형 상태에 이른다.

이러한 열역학 제2법칙의 근본 원리는 체계이론의 발전에서 문제의 성격을 전환했다. 이제 균형의 유지가 아니라, 체계-환경의 동적 상호작용에서 체계 내적으로 엔트로피의 증가를 제어하고 질서를 구축하는 것이 문제로 등장한다. 균형이론이 개방 체계이론에 자리를 내주게 된 것이다. 여기서 개방성이란 환경과의 교환을 의미한다. 물론 체계-환경 사이의 교환은 생물학, 사회학, 심리학에서는 다른 형태를 띤다. 생물학에서 체계-환경의 교환이 에너지 공급과 불필요한 에너지 방출이라면 의미 문제를 다루는 사회학과 심리학에서는 정보 교환이 된다. 그렇지만 체계-환경의 교환이 기본 조건이 된다는 점에서 생물학적 체계, 사회학적 체계, 의미 체계는 서로 다르지 않다. 체계-환경의 교환 관계는 개방 체계의 근본 특성이다.

이와 같은 근본 특성을 공유하더라도 개방 체계이론은 다양한 체계이론을 포함한다. 사이버네틱스 이론도 그중 하나이며, 이 또한 단일 이론은 아니다. 통상 사이버네틱스 이론은 커뮤니케이션의 수준에 따라 일차 질서의 사이버네틱스와 이차 질서의 사이버네틱스로 나뉜다. 대표적으로 전자에 섀넌과 위버의 정보이론이, 후자에 위너의 사이버네틱스 이론이 속한다. 소위 수학적 커뮤니케이션 이론이라고 불리는 섀넌과 위버의 정보이론은 커뮤니케이션을 파악할 수 있는 A, B, C 세 가지 수준의 물음을 제기한다. "A 수준: 커뮤니케이션의 상징들symbols 이 얼마나 정확히 전달되는가?(기술적 문제) B 수준: 전달된 상징들은 얼마나 정확히 딱 들어맞는 의도된 의미를 전달하는가?(의미론적 문제) C 수준: 수용된 의미는 의도된 방식의 행동에 얼마나 효과적으로 작동하는가?(효과성의 문제)"[18]

첫째 A 수준의 커뮤니케이션은 기술적으로 송신자와 수신자 간 정보 전송의 정확성을 다룬다. 둘째 B 수준의 커뮤니케이션은 의미론적으로 송신자가 의도한 의미와 수신자가 해석한 의미가 동일하거나 충분히 유사한지를 파악한다. 일상의 대화에서 의미론적 문제는 얼마든지 다양한 방식으로 나타날 수 있다. 마지막으로 C 수준의 커뮤니케이션은 송신자의 의미를 수신자가 해석하고 이런 의도에 맞게 수신자가 행위에 성공했는지를 다룬다. 일반적으로 A, B, C 수준을 모두 거쳤을 때 커뮤니케이션은 완결된 것으로 간주된다. 이 과정을 도식화하면 그림 7과 같다.

섀넌이 인정했듯이 그의 수학적 커뮤니케이션 이론은 A 수준의 커뮤니케이션에만 명시적으로 적용 가능하다. 그렇지만 위버는 정보이

---

18 클로드 섀넌·워런 위버, 『수학적 커뮤니케이션 이론』, 백영민 옮김, 케뮤니케이션북스, 2016, 136-137쪽.

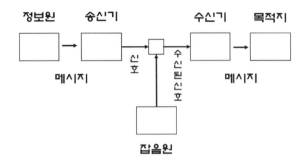

[그림 7] 커뮤니케이션 과정의 일반 도식[19]

론의 일반성, 유연성, 계산 가능성에 기초한 일반 커뮤니케이션 이론의
확립 가능성에 무게를 둔다. 우선 위버는 정보와 의미를 구분한다. 의미
가 개별 메시지에 속한다면 정보는 "어떤 사람이 메시지를 고를 때 그
사람의 선택 자유도의 측정치"를 의미한다.[20] 이 경우 단위 정보란 어떤
사람이 가지는 선택 자유도의 표준량이 된다. 이런 정보의 통계적 특성
을 활용해 위버는 신호를 메시지로 전환하는 중간 단계(위 그림의 작은 사
각형)에 기계적 수신기를 추가하고 메시지를 이중으로 해독함으로써 메
시지의 통계적 의미 특성과 수신자 집단의 수용 능력을 효과적으로 연
결할 수 있다고 생각한다. 그럼에도 불구하고 서로 중첩된 의미론 수준
과 효과성 수준에서 의미가 다양하게 해석될 가능성은 상존하며 이 때
문에 여전히 의미 문제는 논란의 중심에 남게 된다.

　이러한 정보와 의미 문제는 일차 질서의 사이버네틱스와 이차 질

19　섀넌과 위버가 제시한 도식의 재인용. 섀넌·위버, 2016, 7쪽.

20　섀넌·위버, 2016, 144쪽.

서의 사이버네틱스의 중요한 차이이기도 하다. 섀넌의 정보이론은 정보의 전달 과정과 양화에만 관심을 둔다. 반면에 위너의 사이버네틱스[21]는 정보를 제어의 관점에서 파악한다. 정보이론에서 정보가 통신 계통으로 이해된다면 사이버네틱스에서 정보는 제어 계통으로 파악된다. 후자는 엔트로피가 증가하는 가운데 이탈하는 '네겐트로피Negentropy'로서의 정보 기능에 주목한다. 위너는 정보의 의미를 이렇게 설명한다. "정보란 우리가 외부 세계에 적응하고 또 우리의 적응이 외부 세계에 감지되는 상황에서 교환되는 내용을 일컫는 말이다. 정보를 받고 사용하는 과정은 우리가 외부 환경의 우발성에 적응하는 과정이며 그 환경 내에서 우리가 효율적으로 살아가기 위한 과정이다. 삶이 점점 복잡해지는 까닭에, (⋯) 커뮤니케이션과 제어는 사회를 살아가는 인간의 삶의 한 부분일 뿐 아니라 인간 생명의 핵심에 속하는 것이기도 하다."[22] 또한 일차 질서의 사이버네틱스와 이차 질서의 사이버네틱스의 차이 중 하나는 일종의 블랙박스로서의 체계에 대한 관점이다. 일차 질서는 블랙박스를 열어서 입력, 출력, 피드백의 구체적 메커니즘을 이해하고 작

---

21 사이버네틱스 개념에 대해서 위너는 다음과 같이 말한다. "우리는 기계든 동물이든 통제와 커뮤니케이션의 전체 영역을 그리스어 퀴베르네테스kybernetes, 즉 키잡이에서 유래한 사이버네틱스Cybernetics라는 이름으로 부르기로 결정했다. 용어의 선택에서 우리는 1868년 맥스웰Clerk Maxwell이 쓴 조절기governor에 대한 논문이 처음으로 피드백 메커니즘에 대한 중요한 글이었음을 인식하기를 원한다. 이 조절기라는 단어는 퀴베르네테스의 라틴어 번역어 구베르나토르gubernator에서 파생했다. 또한 우리는 선박의 조타 기관steering engine이 진정으로 가장 이른 시기에 피드백 메커니즘이 최고로 발전된 형식 중 하나였음을 환기시키고 싶다." Norbert Wiener, *Cybernetics or Control and Communication in the Animal and the Machine*, MIT Press, 1965, pp. 11-12.
22 노버트 위너, 『인간의 인간적 활용: 사이버네틱스와 사회』, 이희은·김재영 옮김, 텍스트, 2011, 23-24쪽.

동 모델을 만드는 데 관심이 있는 반면에 이차 질서는 블랙박스 안을 들여다보기보다는 체계 전체의 수행 자체를 이해하기를 바란다.

다른 한편 개방 체계이론은 넓은 의미에서 투입-산출 모델을 포함한다. 이 모델은 특정한 투입이 있으면 체계는 내적으로 특정한 결과를 산출하기 위한 전환 기능을 한다는 점에서 기계의 원리와 같다. 이때 체계는 실제 기계일 수도 있으며 투입을 산출로 전환하는 수학적 함수일 수도 있다. 이 모델은 기능이 동일한 다수의 체계를 병렬 배치해 연결함으로써 체계 내부에서 다수의 투입-산출 관계가 중첩되는 더욱 복잡한 체계를 구성할 수도 있다. 하지만 이런 복잡한 모델은 수많은 기계를 운용하는 공장 모델에는 적합할지 몰라도 사회현상이나 의식 현상에 적용할 때는 바로 난관에 부딪힌다. 유기적 관계 속에 투입-산출 모델을 끼워 넣으면 기껏해야 극히 단순하고 일면적인 시각의 결과를 얻을 뿐이기 때문이다. 이런 연유로 투입-산출 모델은 체계이론을 단순한 기계 이론이나 기술 이론에 불과하다고 보는 잘못된 인식의 원천이기도 하다.

위너의 사이버네틱스 이론은 2차 세계대전 중 적국의 폭격기를 선제 타격할 수 있는 대공포 시스템을 구축하는 과제 수행에서 다학제적 연구로 시작됐다. 이런 성격 때문에 20세기 말에 이르면 사이버네틱스 이론은 로봇공학, 인지과학, 철학, 심리학, 조직이론, 경제학, 컴퓨터과학, 생물학 등의 다양한 학문 영역으로 확산됐다. 다양한 영역에 적용된 사이버네틱스 이론의 공통점은 인간과 사물을 유사하게 이해한다는 점에서 비근대적이다. 체계-환경 사이의 제어와 피드백 메커니즘의 작동이라는 원리에서 볼 때 인간, 동물, 기계, 사회조직은 하등 차이가 없다.

살아 있는 생물체의 물리적 기능과 새롭게 등장하는 일부 커뮤니케이션 기계의 작동은 피드백을 통해 엔트로피를 통제하려는 유사한 시도를 한다는 점에서 정확히 서로 대응한다. 생물체와 커뮤니케이션 기계 모두 작동 주기 중 한 단계에 감각수용 기관을 갖고 있다. 즉 두 경우 모두 특별한 기관을 갖고 있다는 의미이며, 이 기관은 낮은 에너지 수준에서 외부 세계로부터 정보를 수집하여 몸이나 기계가 작동하는 데 그 정보를 이용할 수 있도록 해준다. 두 경우 모두 이러한 외부의 메시지들을 있는 그대로 받아들이는 것은 아니며, 생명이 있건 없건 변환 능력을 갖춘 내부 기관을 통해 메시지들을 인식한다. 그런 뒤 정보는 다음 단계의 능력을 수행할 수 있도록 새로운 형태로 변환된다. 동물이나 기계의 경우 모두 외부 세계에 대해 효율적으로 대처하기 위해 이러한 수행이 일어난다.[23]

기계의 경우 위너의 체계-환경 간 피드백 메커니즘은 외부 환경에서 들어온 정보를 체계의 목적에 부합하는 상태와 관련해 측정하고 이 측정 결과가 적절하면 메커니즘을 작동하고 그렇지 않으면 중단하는 장치로 구성된다. 예를 들어 선박 자동항법장치나 난방기의 온도조절장치가 대표적이다. 온도조절장치는 미리 설정된 온도(목적)와 온도 변화(환경)를 인지한 장치가 스스로 작동함으로써 실내 온도를 일정하게 조정한다. 이런 체계-환경 간 피드백 메커니즘의 작동 원리를 도식화하면 그림 8과 같다.

위너가 보기에 체계-환경 간 피드백 메커니즘은 원리적으로 기계

---

23 위너, 2011, 33쪽.

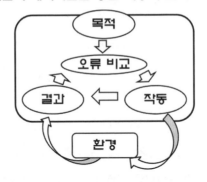

피드백 메커니즘을 통한 역동적 질서의 유지

[그림 8] 사이버네틱스 체계의 피드백 메커니즘의 작동 원리

뿐만 아니라 인간이나 사회에 적용하는 데 문제가 없다. 기계든 인간이든 사회든 엔트로피가 증가하는 경향을 국지적으로 제어함으로써 항상성이라는 역동적 질서를 유지한다는 측면에서는 별반 차이가 없기 때문이다. 사이버네틱스의 보편적 적용에 대해서 시몽동도 비슷한 관점을 견지한다. 그는 사이버네틱스의 경우 자연과 사회 사이에는 기본적인 차이가 없으며 증폭과 자기 유지의 서로 다른 체제들은 보편적이라고 본다. 동물과 인간은 우주적 차원에서뿐만 아니라 미시물리적 차원에서 차이가 없고, 사회 안에서처럼 식물과 동물 개체에서도 차이가 없다. 이런 세상에 대한 비전은 수학에서 비롯된 기술에서 모델을 가져왔다.[24]

위너의 사이버네틱스 이론의 중요성은 두 가지다. 첫째는 사이버

---

24 Gilbert Simondon, *Sur la technique*, Presses Universitaires de France, 2014, p. 193.

네틱스 모델의 일반화 가능성이다. 사이버네틱스 이론은 자동온도조절장치, 자동항법장치 같은 각종 기계뿐만 아니라 인간과 생명체 및 사회에 이르기까지 적용 대상이 실로 광범위하다. 둘째는 목적론의 재구성 가능성이다. 여기서 목적론은 전통적인 목적론과 다르다. 아리스토텔레스는 모든 존재가 목적을 추구하는 내적 본성을 갖는다는 목적론적 사고를 제시한다. 이런 목적론은 근대 초기 17세기에 기계론이 대두하고 과학적 관찰과 실험을 통한 사실 판단이 강조되면서 포기됐다. 이 공백을 사이버네틱스 이론은 특정한 체계 질서의 안정적 유지와 이를 위해 필요한 장치 그리고 키잡이라는 뜻에서 유래한 조종 개념을 덧붙임으로써 목적론적 인과성의 가능성을 제기한다. 여기서 목적이란 본질적으로 사전에 결정된 것이 아니라 체계 자체의 질서 유지를 의미한다. 그리고 이런 상태에서 이탈의 가능성을 줄이는 기능이 조정이다.

그러나 사이버네틱스 이론을 기계에 적용하듯 생명체와 사회에 곧바로 적용하는 것에 대한 의문은 여전히 남아 있다. 시몽동은 사이버네틱스 체계이론을 생명체에 그대로 적용하는 것은 불가능하다고 주장한다.[25] 사이버네틱스 이론의 적용 범위가 넓더라도 이것을 구체적 현실에 적용하기란 쉽지 않다. 체계가 미래 상태를 예측하기 위해서는 다수의 변수가 함께 작동하는 조종 메커니즘들과 이것들을 다시 조종하는 메커니즘을 갖춘 아주 복잡한 체계를 고안해내야 하기 때문이다.

그렇다면 사이버네틱스 이론의 사회적 영향을 이야기하는 위너의 궁극적 의도는 무엇인가? 위너는 자신과 섀넌 같은 학자들이 체스 기

---

25 질베르 시몽동, 『형태와 정보 개념에 비추어 본 개체화』, 황수영 옮김, 그린비, 2017, 48쪽.

계에 관심을 두는 이유가 단지 허영심 때문이 아니라 인간의 비합리성을 축소하고 보완하는 일종의 통치 기계에 관심이 있기 때문이라고 말한다. 위너는 기본적으로 기계가 사회에 미치는 위험성은 기계 때문이 아니라 기계를 사용하는 인간 때문이라고 믿었다.[26] 이런 맥락에서 그는 사이버네틱스 원리를 적용한 통치 기계가 아주 복잡한 여러 가지 문제에 직면한 인간의 합리적 선택과 미래 예측에 결정적으로 중요하다고 생각했다. 이런 이유에서 위너는 사이버네틱스에 대한 페리 듀발Pére Dubarle의 통찰력 있는 비평을 인용한다.

> 누군가 이런저런 정보, 예컨대 생산과 시장에 대한 정보를 수집하는 기계를 상상할 수는 없을까? 그리고 인류의 평균적인 심리와 어떤 정해진 순간에 측정할 수 있는 여러 양의 함수 관계를 결정하여 가장 확률 높은 상황의 발전을 결정할 수 있는 기계를 상상할 수는 없는 것일까? 누군가 지구 전체에 흩어져 있는 수많은 나라의 정권 아래에서, 혹은 이 지구라는 별의 인간 정부라는 훨씬 더 간단해 보이는 유일 정권 아래에서 벌어지는 모든 정치적 결정 시스템을 관장하는 국가 기구를 고안할 수는 없을까? 현재로서는 우리가 이런 생각을 하지 못할 이유가 없다. 우리는 뇌가 관습적인 정치 기구에 관심을 가질 때, 어떤 통치 기계machine à gouverner가 좋든 나쁘든 현재 명백하게 드러난 뇌의 부족함을 보충할 수 있는 날이 오기를 꿈꿀 수도 있다.[27]

---

26 위너, 2011, 230쪽.
27 위너, 2011, 215-216쪽.

그러나 지난 역사를 볼 때 인간 지성의 부족함을 채우는 통치 기계의 가능성을 긍정적으로 평가하는 위너의 이상적인 사유는 그의 의도와는 다른 방향으로 구조화되고 있는 듯하다. 그리고 이 문제에 대한 책임에서 위너 자신도 온전히 자유롭지는 못할 것이다. 실제로 위너의 사이버네틱스 이론은 인공지능 이론과 함께 오늘날의 NBIC 테크놀로지 융합과 디지털 테크놀로지의 성장 전화를 위한 견실한 이론적 토대가 됐다. 더 나아가 그는 『신과 골렘』[28]에서 신이 자신의 이미지에 따라 인간을 창조했듯이, 기계도 자신의 이미지를 본떠 다른 기계를 창조할 수 있다고 주장한다.[29] 위너의 주장이 현대 테크놀로지의 발전이 초래한 문제를 적절하게 해결할지, 또 인간이 더 합리적이고 풍요로운 삶을 누리는 데 실질적으로 도움이 될지는 지금으로서는 미지수다.

기술체계의 변동

단순성에서 복잡성으로의 학문적 패러다임의 전환은 기술체계의 근본 변동을 수반했다. 이 책은 이런 기술체계의 근본 전환을 '기계적 기술체계에서 자기조직적 기술체계'로의 이행이라고 부를 것이다. 기술체계는 좁은 영역에 한정되지 않고 사회 전체에 적용될 수 있다. 그렇지만 여기서는 개념을 더 분명하게 이해하는 차원에서 근대식 공장

---

28 골렘은 유대교 전통에서 밀교 의식에 사용되는 점토로 된 작은 인형을 뜻하고, 1970년대부터 인간처럼 행동하는 기계라는 뜻으로도 쓰였다.

29 Nobert Wiener, *God and Golem*, MIT Press, 1964, pp. 12-13.

과 현대의 스마트팩토리라는 좁은 영역에 대한 분석에 초점을 맞췄다.

기계적 기술체계는 멈퍼드가 제시한 기술복합체론의 구기술기에 형성된 근대 산업사회의 산물이다. 즉 이 체계는 17세기 과학혁명과 뒤이은 산업혁명이라는 전례 없는 사회적, 문화적 변화 속에서 형성된 것이다. 멈퍼드는 뢸로의 고전적인 기계의 정의를 차용해서 이 체계의 작동 원리를 이해하는 실마리를 제공한다. 뢸로는 기계를 '인간의 통제에 따라 서로 저항력이 있는 부품들을 잘 조합해 배열함으로써 자연의 기계적 힘들을 정해진 순서에 따라 작동하게 하는 것'으로 정의한다. 이 정의에 따르면 기계적 기술체계를 구성하는 핵심 요소는 세 가지, 즉 ①인간의 통제 ②서로 다른 기능을 수행하는 다양한 유형의 부품들 ③반복되는 투입과 산출의 동일성과 영속성이다.

따라서 기계적 기술체계는 이 세 가지 요소가 하나로 맞물려 마치 정교한 기계처럼 어떤 오차도 없이 정해진 절차에 따라 일관되게 작동하는 체계를 의미한다. 기계적 기술체계의 질서를 지탱하는 원리는 분할과 통제로서 이것의 본질적인 특성이 구현된 공간이 근대식 공장이다. 근대식 공장은 기계적 기술체계의 원리가 압축된 모델이며 이것의 성공은 곧바로 사회 전체에 적용됐다. 기계적 기술체계가 작동하는 사회에서 인간을 포함한 모든 것은 목표 달성을 위해 명령에 따라서 마치 기계 부품처럼 맡겨진 임무를 수행하게 된다. 카를 마르크스Karl Marx는 소외라는 개념으로 산업사회에서 인간이 처한 위치를 적절히 표현했다. 이때 인간의 노동은 인간을 자연과 자기 자신에게서 소외시키는 이중적 성격을 갖는다. 소외는 한편으로는 인간이 노동해서 만든 생산물이 인간에게서 분리돼 낯설고 대립적인 존재가 되게 한다. 다른 한편

소외는 유적 존재로서의 인간을 억압하고 종속시킴으로써 인간의 자율성과 주체성을 상실하게 만든다.[30] 인간의 삶은 체계의 작동에 필요한 부품, 찰리 채플린Charlie Chaplin의 영화 「모던 타임스」에 등장하는 주인공의 삶과 다르지 않다.

기계적 기술체계와 달리 자기조직적 기술체계는 복잡성의 이론, 그중에서도 사이버네틱스 이론을 통해서 가장 분명히 드러난다. 기계적 기술체계와 마찬가지로 자기조직적 기술체계를 구성하는 핵심 요소도 세 가지, 즉 ①느슨하고 제한된 범위 내에서의 통제 ②거대한 사이버네틱스 연결망 ③체계 자체의 목적에 따른 자율성과 지속성이다.

이러한 세 가지 요소가 하나로 맞물려 돌아감으로써 자기조직적 기술체계는 겉보기에는 마치 살아 있는 하나의 유기체처럼 자율적이고 독자적으로 작동한다. 자기조직적 기술체계의 본질적 특성이 구현된 공간은 스마트팩토리Smart Factory다. 스마트팩토리는 사물인터넷, 인터넷 서비스, 가상물리 시스템, 그리고 수많은 작동기와 센서 등 첨단 테크놀로지가 통합된 현대적 공간이다. 여기서 스마트팩토리와 사회는 거대한 사이버 연결망으로 연결되고 자율적 방식으로 모든 일을 처리하는 일관 시스템이 운영된다. 다양한 디지털 플랫폼을 통해 모든 것이 광범위한 사이버 연결망으로 접속되면서 생산과 소비의 순환은 물론 문화적 패턴과 의미의 패턴까지 만들어진다.

그러나 이 자기조직적 기술체계에서 인간의 역할과 위치는 상당히 모호해진다. 인간은 정보의 소통을 매끄럽게 해주는 사이버네틱스

---

30 칼 마르크스, 『경제학 철학 수고』, 김태경 옮김, 이론과실천, 1987, 61-63쪽.

연결망의 접속점과 같은 존재에 머물거나 자기조직적 기술체계의 작동에서 외부 환경의 일부로 치부될 뿐이다. 이 체계에서 테크놀로지의 자율성이 증대한다는 것은 그만큼 인간의 자율성과 통제가 줄어든다는 뜻이다. 현대 테크놀로지의 본질적 특성은 바로 이 자기조직적 기술체계와 인간의 관계 속에 있다.

인간 문제

근대적 인간의 탄생

소크라테스의 '윤리적 전회' 이후 서양철학에서 인간 문제는 항시 강조돼왔다. 인간에게 최대 문젯거리는 언제나 인간 자신이었다. 그러나 이 인간이란 무엇인가라는 물음이 중요성에 걸맞은 자리를 잡게 된 것은 칸트에 이르러서였다. 흔히 근대적인 이성적 주체를 확립한 철학자로 평가되는 칸트는 인간의 모든 물음이 궁극적으로는 인간이 무엇인가라는 문제로 귀착된다고 말함으로써 인간 문제를 철학의 주요 물음으로 만들었다. 칸트는 30여 년간 대중을 상대로 세계시민으로서 갖추어야 할 자질 향상과 교양 함양을 위해 자연지리학과 인간학을 가르쳤다. 이 중 인간학 강의는 크게 '생리학[자연학]적 관점'과 '실용적 관점'을 포함했다.[31] '생리학적 인간지人間知'가 "자연이 인간에게 무엇을 이

---

31 칸트는 '실용'을 "어떤 기술의 실행에도 쓸 수 있는 것"으로 규정한다. 임마누엘 칸트, 『실용적 관점에서의 인간학』, 백종현 옮김, 아카넷, 2014, 194-195쪽

루는지에 대한 탐구"라면, '실용적 인간지'는 "자유로운 행위자로서 인간이 그 자신에게 무엇을 이루고, 이룰 수 있으며, 또 이루어야만 하는가에 대한 탐구"였다.[32] 뇌를 예로 든다면, 뇌 자체는 생리학적 인간지에 속하지만 뇌를 활용해서 학습하는 것은 실용적 인간지가 된다. 이 강의에서 칸트는 중세의 신학적 인간학처럼 형이상학적으로 구성된 완전한 인간을 제시하지 않고 인간의 이중성을 가감 없이 보여준다. 칸트의 눈에 비친 인간이란 자기모순적인 다양한 성향을 지닌 존재인 동시에 지적 향상과 도덕적 개선을 위해 계속 노력하는 자율적 존재였다.

칸트는 대부분의 생애를 18세기 계몽주의 시대에 살았다. 그는 자신의 시대를 "사람이 자기 탓인 미성숙에서 벗어남"을 뜻하는 '계몽의 시대'로 이해했다.[33] 이런 계몽의 시대의 정점에서 칸트는 이성 비판을 토대로 '계몽된 시대'를 열망했다.[34] 이런 의미에서 계몽의 시대는 '비판의 시대'이기도 했다. "우리 시대는 진정한 비판의 시대요, 모든 것은 비판에 부쳐져야 한다."[35] 일반적으로 칸트의 유명한 3대 비판서는 18세기 계몽의 시대에 인간은 무엇인가라는 물음에 대한 새로운 철학적 답변으로 간주된다.[36] 『논리학』에서 칸트는 자신의 3대 비판서와 인간학의

---

32 칸트, 2014, 107쪽.

33 칸트, 2006, 17-18쪽(해제).

34 칸트는 모든 것을 비판의 법정에 세움으로써 인간이 무지몽매한 상태에서 벗어나 계몽된 상태로 발전할 수 있다고 확신했다. 그리고 이를 자신의 철학적 과제로 삼았다. 박영도는 데카르트와 칸트를 비교함으로써 칸트 비판철학의 특성을 보여준다. 그에 따르면 데카르트는 비판을 이성 능력의 작용으로 이해한 반면 칸트는 처음으로 이성 자체에 대한 비판, 즉 이성 사용의 타당한 근거와 한계에 대한 비판을 수행했고, 이를 통해 현대적 의미의 비판적 성찰 문법을 확립했다. 박영도, 『비판의 변증법』, 새물결, 2011, 33-45쪽.

35 칸트, 2006, 168쪽.

관계를 다음과 같이 말한다.

> 철학은 다른 모든 목적이 종속되고 이것 안에서 단일하게 통합돼야 하는
> 인간 이성의 궁극적 목적에 따르는 모든 이성의 사용과 모든 지식의 관계
> 에 대한 학문이다. 이런 의미에서 철학 분야는 다음의 질문으로 갈무리
> 될 수 있다. 1)나는 무엇을 알 수 있는가 2)나는 무엇을 행해야만 하는가
> 3)나는 무엇을 희망해도 좋은가 4)인간이란 무엇인가. 첫 번째 질문은 형
> 이상학에서, 두 번째 질문은 윤리학에서, 세 번째 질문은 종교에서, 네 번
> 째 질문은 인간학에서 각각 그 답이 주어질 것이다. 하지만 실제로 이 모
> 든 물음은 인간학으로 사념思念되는데, 그 이유는 처음 세 가지 물음이 마
> 지막 물음을 참조하기 때문이다.[37]

우선 칸트의 3대 비판서는 인간 이성의 모든 관심사를 아우른다.
즉 『순수이성비판』은 '나는 무엇을 알 수 있는가'에 대한 물음을, 『실천
이성비판』은 '나는 무엇을 행해야만 하는가'에 대한 물음을, 『판단력비
판』은 '나는 무엇을 희망해도 좋은가'에 대한 물음을 던지고 각각은 이
물음에 대한 철학적 답변의 성격을 띤다. 그리고 이 세 가지 물음이 모
두 인간학을 참조한다는 칸트의 언급에서 확인할 수 있듯이, '인간이란
무엇인가'라는 물음에 대한 최종 결론은 이 세 가지 답변의 종합으로 인
간의 이성적 능력이 밝혀지면서 얻어질 수 있다. 3대 비판서를 완성함

---

36 백종현, 『인간이란 무엇인가』, 아카넷, 2018, 4-8쪽.

37 Immanuel Kant, *Introduction of Logic*, Thomas Kingsmill Abbott (trans.), Barnes & Noble,
2005, p. 17.

으로써 칸트는 이성의 분업 활동이 무매개적으로 이루어지는 것이 아니라 체계적인 통일성 속에서 수행된다는 사실을 밝히고, 인간을 총체적인 이성 활동 속에서 더 명확히 규정할 수 있었다. 18세기 계몽의 시대의 정점에서 도래할 계몽된 시대를 열망했던 칸트 비판철학의 사유에서 인간은 '이성적 동물'이었다.

휴머니즘의 종언

칸트의 바람과 달리 현대에 들어 인간의 정의 문제는 다른 방향으로 전개되기 시작했다. 철학자 미셸 세르Michel Serres는 인간을 시간과 독창적으로 관계 맺는 종으로 규정한다.[38] 이 시간성은 현대 철학의 흐름에서 가장 핵심적인 화두로 볼 수 있다. 서양철학의 전통에서 우연과 불확실성을 근원적으로 내포하고 있는 시간은 항상 골치 아픈 이방인의 신세였다. 존재와 생성, 동일성과 타자성을 명료하게 구분하는 전통적인 이분법에서 시간은 타자성의 근간을 이루는 요소로 치부돼 사유의 영역에서 배제돼왔다. 이런 시간 문제가 현대 철학에 와서 철학적 사유의 중심 주제로 진입하기 시작한 것이다. 이런 변화는 19세기 중반 물리학에서 결정론적이고 가역적인 시간 개념이 깨지고 불가역적인 시간 개념이 등장한 것과 무관하지 않다. 이에 따라 현실적으로 요청된 문제는 과거와 달리 질서에서 과정을 설명하는 것이 아니라 시간의 흐름이라는 과정 속에서 질서의 창출을 해명하는 것이었다. 이런 맥락에서 현대 철학은 세세한 특징을 논외로 한다면 시간 문제를 중심으로 전

---

38 미셸 세르 외, 『인간이란 무엇인가』, 배영란 옮김, 알마, 2009, 81쪽.

통적 형이상학의 사변적 공간의 논리를 해체하는 데 몰두했다. "현대의 형이상학적 사변은 존재와 시간을 헤겔적 이성의 억압으로부터 해방시키면서 여정을 시작했다. 이 여정을 추동한 것은, 이성의 근원적 타자인 시간이 존재의 내면을 관통하고 있다는 인식이었다. 이런 인식은 현대 철학의 다양한 지류에 영향을 미치고 있는 것으로 보이지만 이를 정작 존재론적으로 주제화한 사람들은 많지 않았다. 우리는 베르그송, 하이데거, 화이트헤드 정도를 그 대표적인 인물로 꼽을 수 있을 것이다. 이들은 하나같이 자기실현적 존재 사건을 핵심 논제로 설정하면서 전통 철학의 합리주의적 줄기에 도전하였다는 점에서 일치한다."[39] 이 "자기실현적 존재 사건"은 구체적으로 베르그송의 '지속duree' 개념, 하이데거의 세계-내-존재로서의 '현존재' 개념, 화이트헤드의 '현실적 존재actual entity' 개념으로 집약돼 표현된다.

또한 2차 세계대전이라는 또 한 번의 재앙과 전후 미국을 중심으로 한 반전운동 그리고 프랑스 68혁명에 이르는 서구 사회의 정치사회적 격변은 이성적 주체에 대한 근본적 회의를 전면화했으며 급기야 근대적 주체의 해체를 선언하는 데까지 나아갔다. 장 프랑수아 리오타르 Jean François Lyotard는 근대적 기획과 지식의 정당화 원천이었던 '메타 주체의 대서사grand narrative'의 붕괴를 선언했고,[40] 푸코는 휴머니즘의 종언을 고했다.

푸코는 근대적 인간의 탄생 기원을 칸트에서 찾는다. 칸트에 와서

39 문창옥, 「변화의 철학 화이트헤드를 위한 변명」, 철학아카데미 편, 『현대철학의 모험: 20세기에는 무엇을 사유했는가』, 도서출판 길, 2007, 82쪽.
40 장 프랑수아 리오타르, 『포스트모던의 조건』, 유정완·이삼출·민승기 옮김, 민음사, 1992, 93-104쪽.

야 인간은 모든 지식의 구성적 중심으로 부상했다. 하지만 이렇게 탄생한 인간의 형상은 인간이 인식의 주체인 동시에 지식의 대상이 되는 모순적 이중체였다. 즉 푸코의 용어를 빌리면 인간은 '경험적-선험적 이중화'의 장소로 탄생했다.[41] "실제로 우리가 근대성의 문턱을 넘어서는 것은 객관적인 방법을 인간에 대한 연구에 적용하려는 움직임이 일기 시작할 때가 아니라, 인간이라 불리는 경험적-선험적 쌍이 구성되었을 때다."[42] 칸트는 신에 의존하지 않고 모든 지식의 가능한 조건을 인간 안에서 획득할 수 있는 새로운 사유의 길을 개척함으로써 생명, 노동, 언어를 탐구하는 인문학을 가능하게 했다.

그러나 이런 경험적-선험적 이중화는 한편으로는 경험을 중시하는 실증주의와 마르크스주의로 대표되는 종말론적 사상을, 다른 한편으로는 이성적 주체의 성찰적 사유를 중시하는 현상학의 등장을 예비하는 것이었다. 경험적-선험적 이중화 속에서 흄에 의해 독단론의 잠에서 깨어났던 철학은 또 다른 새로운 잠, 즉 인간학이라는 깊은 잠에 빠지고 만 것이다. 결국 실증주의와 현상학 모두 이런 이성 중심의 인간학적 환상이 빚어낸 여러 가지 굴절에 지나지 않았다. "기이하게도 인간은 순진한 시각으로 보자면 소크라테스 이래 가장 유구한 탐구의 대상으로 간주되지만, 아마 사물의 질서에 생겨난 어떤 균열, 어쨌든 지식의 영역에서 최근에 사물의 질서가 새롭게 배치되면서 모습을 드러낸 형상에 지나지 않을 것이다. 새로운 인본주의를 둘러싼 온갖 환상,

---

41 푸코, 2012, 437쪽.

42 푸코, 2012, 437쪽.

인간에 관한 반쯤 실증적이고 반쯤 철학적인 일반적 성찰로 이해된 '인간학'의 온갖 안이함은 이로부터 움텄다."[43]

근대의 에피스테메에서 사유의 대상이자 사유의 주체라는 이중적 모습으로 등장한 인간에 대한 푸코의 고고학적 탐구가 최종적으로 도달한 곳은 이런 인간 개념이 결국에는 사라질 것이라는 전망이었다. 왜냐하면 "인간은 최근의 발견물이자 출현한 지 두 세기도 채 안 되는 형상이며 우리의 지식에서 찾아볼 수 있는 단순한 주름일 뿐"[44]이기 때문이다. 에피스테메는 역사적으로 불연속적 균열과 단절을 통해 변동해왔다.[45] 그렇기 때문에 칸트의 비판철학을 매개로 근대의 에피스테메에서 새롭게 탄생한 인간도 모든 지식 형성의 항구적 장소로 남아 있을 수 없고 언젠가는 소멸할 수밖에 없는 운명에 처해 있다. 푸코는 니체에 이르러 신의 죽음과 함께 인간의 죽음이 완성됐고 이제 철학은 새로운 사유의 문턱에 올라서게 됐다고 본다.[46] 신은 죽었다는 니체의 유명

---

43 푸코, 2012, 20쪽.

44 푸코, 2012, 20-21쪽.

45 푸코의 에피스테메란 "어느 주어진 시대에 특정 학문 분야의 등장을 가능하게 하는 담론의 양태들을 연결하는 관계 전체"를 뜻한다. 푸코, 2012, 17쪽(해제). 푸코에 따르면 에피스테메는 연속적이고 불변적으로 발전하는 관계망이 아니라 불연속적으로 변화하는 것이다. 이 불연속은 어떤 문화가 이전까지의 방식으로 사유하기를 그치고 다른 어떤 것을 다른 방식으로 사유하기 시작하는 균열과 단절을 의미한다. 푸코의 초기 사유는 이런 불연속을 사실의 역사가 아니라 '역사적 선험성', 즉 역사의 근저에 놓여 있는 사유의 심층에서 고고학적 탐구 방식으로 길러내는 것에 집중했다.

46 푸코는 이 문제에 대해서 다음과 같이 말한다. "니체의 기획은 인간에 대한 물음의 확산이 마침내 끝나는 지점으로 이해될 수 있을 것이다. 사실 신의 죽음은 절대자[의 존재]에 종지부를 찍으면서 동시에 인간 그 자체를 살해하는 이중적인 살해 행위 안에서 나타나지 않는가. 왜냐하면 자신의 유한성 안에서 인간은 그가 부정하는 동시에 미리 알리는 무한자로부터 분리될 수 없으며, 신의 죽음은 인간의 죽음 안에서 완성되기 때문이다. (…) 철학의 영역에서 '인간이란 무엇인가'라는 질문의 도정은 그 질문을 거부하고 무력하게 만드는 초인이라는 답변을 통해서 완성된다." 미셸 푸코, 『칸트의 인간학에 관하여』, 김광철 옮김, 문학과지성사, 2008, 148-149쪽.

한 언명은 '형이상학으로서의 철학의 죽음'뿐만 아니라 더 근원적으로
는 '사유 주체로서의 근대적 인간의 죽음'을 함축하는 이중적 살해 행위
였다. 근대 초기에 칸트에 의해서 탄생한 유한한 인간은 신의 무한성에
의존하지 않고 자신을 모든 사유의 근원으로 정립함으로써 신을 대신
하기에 이른다. 따라서 신의 죽음은 궁극적으로 인간의 죽음을 통해서
완성될 수밖에 없다. 오늘날 단언되는 것은 신의 부재나 죽음이 아니라
인간의 종말이다. 따라서 이제 신의 죽음과 최후의 인간이 이해관계를
같이한다는 것은 명백하다.[47] 이런 푸코의 시선에서 이제 이미 사망 선
고가 내려진 인간을 구제하려는 모든 철학적 노력은 그저 웃음을 자아
내는 무의미한 시도일 뿐이다.

> 아마 인간학은 칸트로부터 우리에게 이르기까지 철학적 사유를 지배하
> 고 이끈 기본적인 경향일 것이다. 이 경향은 우리 역사의 일부분을 형성
> 하므로 매우 기본적이지만, 우리가 이 경향을 가능하게 만든 통로의 망각
> 과 동시에 곧 다가올 사유를 끈질기게 가로막는 장애물을 거기에서 알아
> 보고 비판적으로 고발하기 시작하는 만큼 우리의 눈앞에서 해체되고 있
> 는 중이다. 인간이나 인간의 지배 또는 인간의 해방에 관해 여전히 말하
> 고자 하는 모든 이에 대해, 인간이 본질적으로 무엇인가에 관해 여전히
> 자문하고 있는 모든 이에 대해, 진실에 도달하기 위해 인간을 출발점으로
> 삼고자 하는 모든 이에 대해, 다른 한편으로 모든 인식을 인간 자신의 진
> 실로 귀착시키는 모든 이에 대해, 인간학으로의 편입 없이는 형식화하고

---

47 푸코, 2012, 523쪽.

자 하지 않고 미망의 타파 없이는 신화화하기를 바라지 않으며 사유하는 것은 바로 인간이라고 곧바로 생각하지 않고는 사유하려고 들지 않는 모든 이에 대해, 이 모든 어색하고 뒤틀린 형태의 성찰에 대해 우리는 철학적 웃음, 일정 부분 조용한 웃음으로 대답할 수밖에 없다.[48]

포스트휴먼의 미래

포스트모더니즘 운동이 확산되고 푸코가 휴머니즘의 종언을 선언한 이후 현대사회에서는 '인간-아님', '비인간', '반反인간', '포스트휴먼' 등 인간의 규정을 둘러싼 다양한 표상과 담론이 전 지구적 차원에서 급속히 퍼지고 있다.[49] 이와 함께 21세기 들어 현대 철학의 흐름은 '인간'으로부터 탈피해 '실재'로 향하는 뚜렷한 경향을 보이고 있다. 객체 지향 존재론, 사변적 실재론, 새로운 유물론, 행위자 네트워크 이론, 다원적 실재론 등을 포함하는 이런 포스트휴머니즘의 철학은 인간 이후의 세계를 적극적으로 사유하면서 인문학의 담론을 근본적으로 전환하고 있다. 이들의 공통 목표는 칸트에서 유래한 근대의 유산인 인간중심주의와 20세기 후반부터 인문학의 주류를 형성했던 포스트모더니즘을 모두 극복하고 새로운 사유의 지평을 여는 것이다. 새로운 사유의 지평이란 인간의 사유가 미치지 못하는 장소에 대한 사유를 의미한다. 인간 이후의 세계란 인간이 사라진 후의 세계만을 가리키는 것이 아니라 인간이 전혀 관여할 수 없는 세계를 의미하기도 하기 때문이다.[50]

---

48 푸코, 2012, 468-469쪽.

49 로지 브라이도티, 『포스트휴먼』, 이경란 옮김, 아카넷, 2015, 서론.

50 이와우치 쇼타로, 『새로운 철학 교과서』, 이신철 옮김, 도서출판b, 2020, 8쪽.

이러한 흐름에 최근 들어 첨단 테크놀로지로 무장한 트랜스휴머니즘이 가세하면서 혼란과 파장은 더욱 커지고 있다.[51] 유물론적 환원주의와 기능주의가 혼재된 트랜스휴머니즘의 목표는 첨단 테크놀로지로 인간의 불완전성을 극복하는, 완벽할 뿐 아니라 새로운 인간의 탄생이다. 하지만 트랜스휴머니즘의 비전은 기저에 우생학적 인간관과 기술적으로 가장 극단화된 전체주의의 성격을 은폐하고 있다.[52]

포스트휴먼 담론에서 의미상 가장 혼동되는 것은 포스트휴머니즘과 트랜스휴머니즘의 구분이다. 프란체스카 페란도Francesca Ferrando에 따르면 포스트휴머니즘과 트랜스휴머니즘 모두 1980년대 후반에서 1990년대 초반에 등장했다. 두 갈래는 비슷한 주제를 다루는데, 인간이 고정돼 있지 않고 부단히 변하는 존재라는 인식을 공유한다. 그렇지만 양자는 그 뿌리와 관점에서 공통점이 없다. 트랜스휴머니즘은 과거나 현재의 유산이 아니라 생물학적 진화, 특히 물리적이고 인지적인 향상이 약속하는 가능성을 통해 현재 인간에 대한 문제를 제기한다.[53]

양자의 관점 차이는 우선 포스트휴먼 개념의 사용 방식에서 드러난다. 포스트모더니즘에서 기원하는 포스트휴머니즘은 포스트휴먼이라는 개념을 인간이 무엇보다도 테크놀로지와 환경에 따라 규정된다는 사실을 인정하는 탈-인간중심주의를 수용함으로써 인간을 넘어서려는 상징적 움직임으로 이해한다. 반면에 트랜스휴머니즘은 계몽주의 사상에 뿌리를 두고 있다. 1998년에 설립된 세계 트랜스휴머니스트 협회

---

51 이종관, 『포스트휴먼이 온다』, 사월의책, 2017, 33쪽.

52 이종관, 2017, 38쪽.

53 프란체스카 페란도, 『철학적 포스트휴머니즘』, 이지선 옮김, 아카넷, 2021, 67쪽.

The World Transhumanist Association는 트랜스휴머니즘을 "노화를 제거하고, 인간의 지성적, 육체적, 심리적 능력을 향상시키는 기술을 개발하고 확대함으로써 인간 조건을 근본적으로 향상시키는 것의 가능성과 그 바람직함을 긍정하는 지적, 문화적 운동"[54]이라고 정의한다. 이러한 기원과 정의를 고려할 때, 트랜스휴머니즘 담론에서 포스트휴먼이라는 개념은 인간 진화의 다음 단계를 지칭한다. 결국 트랜스휴머니즘은 휴머니즘을 결코 폐기하지 않을뿐더러 더 나아가 '인간을 초월한 인간'을 지향하는 운동으로 볼 수 있다. 트랜스휴머니즘은 지금의 인간보다 더 큰 힘과 능력을 갖춘 인간 되기를 목적으로 삼아 재생의학, 다양한 유형의 수명 연장 테크놀로지, 마인드 업로딩, 인체 냉동 보관 같은 최첨단 테크놀로지를 이용해 인간 조건의 급진적 변형을 추구한다. 일부 트랜스휴머니스트들은 죽음을 완전히 초월한 불멸의 삶을 꿈꾸기도 한다.

이러한 차이점을 고려할 때, 두 관점은 '우리는 이미 포스트휴먼인가'라는 질문에 서로 다른 답을 내놓을 것이다. 포스트휴머니즘 진영의 답은 '그렇다'이다. 우리는 이미 포스트휴먼인데, 이것은 인간 개념에 대한 역사적이고 물질적인 해체의 결과를 완전히 받아들임으로써 가능하다. 반대로 트랜스휴머니즘은 같은 질문에 아직은 아니지만 인간의 일부는 가까운 미래에 포스트휴먼이 되리라고 답할 것이다.

페미니스트 철학자이자 과학기술 연구자인 로지 브라이도티Rosi Braidotti는 포스트휴먼을 둘러싼 논의의 공통분모를 "생명 물질이 생명력이 있고 자기 조직적이면서도 비-자연적 구조로 되어 있다는 가정"[55]

---

54 신상규, 『호모 사피엔스의 미래』, 아카넷, 2014, 106쪽.

으로 규정한다. 이런 가정의 결과가 인간의 본성에 대한 믿음을 붕괴시키면서 도덕적 공황 상태를 부를지, 아니면 로봇공학, 신경과학, 유전공학 등의 발전에 힘입어 자본의 영리적 착취로 귀결될지, 그도 아니라면 최첨단 융합 테크놀로지를 매개로 기존의 인간 능력을 모든 부분에서 초월하는 새로운 인간형 창출이라는 트랜스휴머니즘의 전망으로 나아갈지는 아직 알 수 없다. 단 하나 분명한 점은 다양한 차원과 측면에서 복잡한 전개 과정을 보이는 인간 문제를 둘러싼 상황은 인간에 대한 새로운 규정을 요구하고 있으며 더 나아가 인간과 테크놀로지의 새로운 관계 설정을 요청하고 있다는 것이다.

요컨대, 20세기 이후 패러다임 전환이 지체되고 있는 상황에서 세 가지 계기가 어지럽게 갈마들고 있다. 바로 고전역학에서 양자역학으로의 전환과 생물학에 기초한 새로운 이론의 확장이라는 계기, 현대 철학에서 나타나는 시간성에 대한 근원적 사유와 인간에서 실재로 향하는 '실재론적 전회'의 계기, 근대와 함께 확립된 이성적 주체에 대한 해체의 계기다. 이런 학문적, 철학적 변화의 계기들과 정치사회적 변화가 맞물린 현대의 위기를 볼 때, 현대 세계는 특정한 질서를 향한 일정한 방향성을 잃은 채 불확실성이라는 긴장과 혼란 속에 부유하고 있다. 그리고 이 요동의 한가운데를 테크놀로지가 가로지르고 있다.

이러한 상황을 랭던 위너는 '기술적 표류'라는 개념으로 적절히 표현한다. 기술적 표류란 기술 혁신의 속도와 범위가 증가함에 따라 사회가 의도되지 않은 결과라는 대양에서 표류할 가능성에 직면하는 상황

---

55 브라이도티, 2015, 9쪽.

을 의미한다.[56] 테크놀로지의 가시적 효과와 기술 진보의 무한성에 대한 믿음은 현대사회의 모든 혼란과 공허의 간극을 메우는 동시에 불확실한 미래를 증폭시키고 있다. 이것이 정보통신 테크놀로지, 바이오테크놀로지, 나노테크놀로지 등의 융합 테크놀로지와 인공지능을 필두로한 각종 스마트테크놀로지, 사물인터넷, 자율주행 자동차, 빅데이터 등의 첨단 테크놀로지가 어느 때보다 인류의 마지막 희망처럼 도드라져보이는 이유일 것이다. 역사는 똑같이 반복되지는 않지만 그 운율은 반복된다는 말이 있듯이 우리는 어떤 기시감旣視感을 느낄 수 있다.

리처드 엘틱Ricard Altick은 빅토리아시대(1837-1901) 사람들이 현대인과 동떨어진 세계에 살지 않았으며 오히려 그들이 살았던 사회는 결정적인 부분들에서 우리 시대와 확연히 유사하다고 말한다.[57] 산업혁명과 제국주의를 등에 업은 전례 없는 외적 팽창과 더불어 내적 병폐와억압이 공존했던 빅토리아시대 사람들은 자발적으로 기계문명 속으로빠르게 빨려 들어간 최초의 근대인이었다. 이 점에서 빅토리아시대 사람들은 현대인의 거울이다. 백 수십여 년의 터울을 둔 두 시대 사람들은 똑같이 긴급하고 절박한 문제에 봉착해 있다. 점점 더 극단적인 형태로 영향력을 확대해가고 있는 테크놀로지와 기계를 어떻게 이해할것이며 또 어떻게 사회적으로 수용할 것인가?

---

56 랭던 위너, 『자율적 테크놀로지와 정치철학』, 강정인 옮김, 아카넷, 2000, 130쪽.
57 리처드 엘틱, 『빅토리아 시대의 사람들과 사상』, 이미애 옮김, 아카넷, 2011, 13쪽.

3. 체계이론의 철학자 : 자크 엘륄

기술체계

엘륄은 체계이론을 기술철학의 사유에 전면적으로 도입한 대표적인 철학자 중 한 명이다. 엘륄은 현대 테크놀로지를 분석하는 데 체계이론을 적용한 이유가 단순한 유행의 추종이 아니라 이 이론이 실재를 정확히 파악하는 데 효과적이기 때문이라고 말한다. 그의 관점에서 전체의 작동 메커니즘을 통일적으로 조망할 수 있는 체계이론은 현대의 복잡한 기술적 현상과 기술적 대상들의 관계를 이해하는 데 적합한 이론적 도구였다. 기술체계système technique는 다양한 기술과 대상의 총합과 질적으로 다른 것이다. 이 때문에 기술과 대상을 분리하거나 기술의 작용을 고려하지 않은 채 탐구를 진행한다면 우리는 아무것도 이해할 수 없게 된다. 기술체계라는 전체적인 통일성 속에서 기술적 현상들을 고찰하는 것이 기술철학적 연구의 첫째 조건이다.[58]

이같이 엘륄은 기술체계이론의 자장 속에서 기술철학적 사유의 중심을 '실체'가 아닌 '관계', 즉 기술체계의 내적 연관성에 대한 통일적 이해로 옮겨 놓고 있다. 하지만 점차 분명히 드러나겠지만 엘륄은 환경 자체를 테크놀로지로 간주함으로써 엄밀한 의미에서 모든 것을 테크놀로지로 환원하는 지극히 단순한 닫힌 체계를 보여줄 뿐이다. 이런 한계점을 고려하면서 먼저 그가 제시한 기술체계의 세 가지 근본 특성을 살펴보자.

첫째, 기술체계는 체계 자체와 더불어 구조가 상당히 복잡한 여러 하위체계로 구성된다. 기술체계와 하위체계들은 일종의 유기체적 관계를 맺는다. 기술체계 자체는 하위체계들의 관계를 전체적으로 반영한다. 그리고 이 체계는 개별 하위체계들이 적절히 작동할 뿐만 아니라 비교적 정확히 상호작용하는 한에서만 제대로 작동할 수 있다. 만약 하위체계 일부에서 상호작용이 끊기거나 장애가 발생한다면 기술체계도 작동을 멈춘다.

둘째, 기술체계는 유연하다. 기술체계는 다양한 하위체계들의 고유성과 독립성을 인정하는 유연한 방식으로 작동한다. 기술체계는 문화, 종교, 각종 사회조직 등을 포괄하고 강압과 강제의 방식이 아니라 인간의 순응 행위를 조성하는 일련의 메커니즘을 통해 점점 더 효율적으로 작동한다. 따라서 겉으로 드러나는 문화의 다양성은 여러 가지 인간의 활동이 기술체계 밖에서 이루어지고 있다는 사실을 보여주는 것이 아니라 이 체계가 얼마나 유연하고 수월하게 작동하는지를 입증하

58 자크 엘륄, 『기술 체계』 이상민 옮김, 대장간, 2013, 184-185쪽.

는 것이다.

셋째, 기술체계는 적응 및 보상 과정뿐만 아니라 수월성 과정을 창출한다. 기술체계는 과거의 신적 숙명과 자연적 체계를 기술적 숙명과 인위적 체계로 갈음함으로써 인간을 기술체계로 포섭하는 다양한 적응과 보상의 메커니즘을 구축한다. 온갖 소설과 영화에서 난무하는 디스토피아적 기술 이미지에 놀라 그것을 거부하는 인간들에게 기술체계는 도피처를 제공하고 그 속에서 인간은 위안과 마음의 안정을 되찾는다. 그뿐만 아니라 과거의 전통, 가치, 품성을 배격하는 기술체계는 기술적 현상에 맞서는 인간의 창조력과 비순응 행위를 자신의 수월성을 위한 동력으로 전환한다. 기술체계는 한편으로는 이타주의, 다양성, 비순응 행위와 같은, 인간성에서 우리가 가장 애착하는 성격을 발전시키면서도 계속해서 이것들을 체계 자체로 통합해간다. 달리 말하면 기술체계는 체계를 위해 작동하고 체계에 새로운 자양분을 공급하며 체계의 지시에 따라 인간과 상호 관계를 맺는다.[59] 눈에 보이지 않는 기술체계를 인식하지 못하는 인간은 마치 아이들이 거대한 나무들 사이를 뛰어다니며 노는 것처럼 기술체계의 그물망 속에서 안정감을 찾고 유희를 즐긴다. 이처럼 모든 것을 통합하고 부단히 팽창하는 기술체계의 작동 원리에 대해서 엘륄은 다음과 같이 말한다.

> 기술체계는 자체의 보상들을 만들어내고 자체의 존재 조건과 발전 조건을 다시 만들어낸다. 인간의 장점들은 기술체계의 일부를 이룬다. 이는

---

59 엘륄, 2013, 219쪽.

단지 발전에 장애물을 없애고 모순을 줄이기 위한 수단이다. 왜냐하면 체계는 한 법칙을 따르는데, 이는 기술의 무한한 발전이라는 법칙이다. 체계는 어떤 사람들이 체계에 대해 품는 이미지와 반대로 안정되지 않는다. 체계는 그 자체 안에 자신의 팽창을 포함한다. 체계는 영속적 팽창으로 된 체계다. 그러나 이 때문에 팽창은 체계의 구조 자체를 문제 삼는 만큼이나 제도와 사회의 적응같이 우리가 다시 다룰 인간의 적응을 매번 문제 삼는다. 그러나 기술은 자체를 끊임없이 재편성하는 경향이 있는 유연한 결합체이다.[60]

이러한 기술체계의 세 가지 특성과 작동 방식을 참조할 때 현대 테크놀로지에 대한 엘륄의 주장은 간명하게 정리할 수 있다. 핵심 요지는 현대 테크놀로지가 더 이상 우리 시대의 주요 요인이나 결정 요인이 아니며 이를 넘어서 자율적 기술체계로 성장 전화했다는 것이다. 18세기부터 서구 사회를 중심으로 발전한 기술사회는 이제 기술체계로 성장 전화했고, 극도의 자율성을 갖춘 기술체계는 현대의 새로운 신으로 등극했다. 신성을 박탈한 것은 그 자체로 신성의 지위에 올랐기 때문이다. 또한 기술이 자율성을 갖게 됐다는 것은 기술이 모든 것을 판단하는 최고 결정 기관이 됐음을 의미한다. 그러므로 "기술을 옹호하는 것은 선이고 기술을 저지하는 것은 악"이다.[61]

기술사회 분석에서 엘륄은 테크닉과 테크놀로지를 구분한다. 그

60 엘륄, 2013, 223쪽.

61 엘륄, 2013, 274쪽.

리고 모든 목적-합리적 행위의 수단으로 테크닉을 바라봤던 베버의 관점에 상응해 테크닉을 '모든 인간의 활동 영역에서 합리적으로 도달할 수 있는 방법의 총체'로 정의한다. 이 경우 테크닉은 행위의 독점권을 소유한다. 테크닉의 중재, 조정, 통제를 거치지 않고는 종류를 막론하고 인간의 행위 자체가 불가능하다. 이런 행위와 관련된 테크닉의 본질적 특성을 엘륄은 기술사회의 법칙으로 여긴다.[62] 그렇다면 기술사회에서 기술체계로의 성장과 전화는 어떻게 이루어졌는가? 엘륄에 따르면 상대적으로 정태적인 기술사회는 테크닉이 폭넓게 재구성되는 역동적 변형 과정을 거치면서 점차 기술체계로 이행한다. 이런 성장과 전화의 동력이 기술적 현상과 진보다. 따라서 기술체계의 구성은 기술적 현상들과 기술적 진보의 연결이다.[63] 이런 의미에서 기술체계는 기술적 현상과 기술적 진보라는 두 마리 말이 끄는 쌍두마차에 비유할 수 있을 것이다.

엘륄이 꼽은 기술적 현상의 네 가지 특징은 자율성, 통일성, 보편성, 전체화다. 기술 발달의 조건이 되는 자율성을 통해 테크놀로지는 자력으로 목적과 근본 요인이 된다. 테크놀로지는 과학과 정치를 매개하고 정치적 결정을 테크놀로지의 절대적 필요에 종속시킬 뿐만 아니라 경제와 도덕을 포함한 사회의 모든 영역을 지배하게 된다. 하나의 체계로서 테크놀로지는 단일성, 통일성, 전체화를 특징으로 하며 전체화를 전제로 기술적 전문화가 가속화된다. 이에 더해 환경과 인간의 관

---

62 엘륄, 1996, 438쪽.

63 엘륄, 2013, 171쪽.

계에 대해 지리적 보편성을 갖는 기술체계적 특성은 점진적으로 모든 나라로 확장돼 이식되면서 문화와 문명의 요소들을 기술체계의 영역에 포섭해간다. 전통적으로 테크닉은 문명 속에 포함돼 있었다. 하지만 현대의 테크놀로지는 모든 것이 의존하고 다른 모든 요인을 제시하며 모든 것이 그 안에 위치하는 포괄적인 것으로 진화했다.[64]

테크놀로지와 진보

현대 테크놀로지와 진보의 관계에 대해서 철학자 한스 요나스Hans Jonas는 우리가 귀 기울여 들어야 할 중요한 통찰을 제시한다. 우선 요나스는 기술 형식의 변화, 즉 소유와 상태라는 과거 테크닉의 특성이 행위와 과정이라는 현대 테크놀로지의 특성으로 변모한 사실에 주목한다. 그는 이러한 이행의 밑절미에 '기술적 진보의 무한성'이 깔려 있다고 주장한다. 요나스의 관점에서 모든 것을 일순간 무용지물로 만들어버릴 수 있다는 점에서 기술적 진보의 무한성은 현대 테크놀로지를 지탱하는 궁극의 힘이다. 추구할 수 있는 더 새롭고 훌륭한 것이 있다면 기술적 진보를 향한 가능성은 시들어버리지 않을 것이기 때문이다.[65] 따라서 요나스는 현대 테크놀로지의 역학 내부에 깊숙이 똬리를 튼 기술적 진보의 무한성이라는 존재론적, 인식론적 전제를 이해하지 못한

64 엘륄, 2013, 339쪽.
65 한스 요나스, 『기술 의학 윤리』, 이유택 옮김, 도서출판 솔, 2005, 26쪽.

다면 현대 테크놀로지의 특성은 거대한 수수께끼로 남을 수밖에 없다고 본다. 기술적 진보의 무한성에 대한 신뢰가 고갈되지 않는 한 기술적 진보를 향해 내딛는 발걸음은 멈추지 않을 테고 양자의 순환 구조와 내적 논리는 더욱더 서로를 강화할 것이 자명하기 때문이다.

테크놀로지와 진보 사이의 이런 순환 구조를 끊어낼 실낱같은 희망을 요나스는 일종의 윤리 의식, 즉 책임 의식의 회복에서 찾는다. 그는 『책임의 원칙』에서 현대인을 과학과 테크놀로지에 힘입어 "사슬에서 풀려난 프로메테우스"라고 표현하고, 이들에게 자발적 통제로 자신의 권력을 제어할 수 있는 윤리적 전향에 나서라고 강하게 요청한다.[66] 기술적 진보의 무한성을 좇으면서 미래의 두려움을 상실한 현대인은 스스로 만든 권력과 풍요를 통제할 수 없는 지경에 이르렀기 때문이다.

이러한 문제의식에서 요나스는 현대 기술사회를 인간화하는 대안적 방안을 제안한다. 우선 그는 '기술적 진보의 무한성'과 '최대 효율과 최대 출력'이라는 두 가지 원칙에 따라 움직이면서 현대사회를 완전히 붕괴 상태로 내몰고 있는 제도와 방법으로 중앙집중식 대규모 사업과 사이버네틱스와 자동화를 꼽는다.[67] 그리고 기술사회에서 수동화되고 개성이 박탈된 인간은 불안, 우울, 인격 상실, 생명에 대한 무관심, 폭력 같은 병적 증상에 시달릴 수밖에 없다고 진단한다. 이러한 진단을 바탕으로 요나스는 모든 사회 시스템에 등장하는 '인간 시스템the system of Man'을 최대로 발전시키는 것이 무엇보다 중요한 기술사회의 인간화

---

66 한스 요나스, 『책임의 원칙』, 이진우 옮김, 서광사, 1994, 서문.
67 한스 요나스, 『희망의 혁명』, 김성훈 옮김, 문예출판사, 2023, 175-176쪽.

를 위한 목표라는 점에 공동의 합의가 이루어져야 한다고 주장한다. 요나스가 보기에 인간은 '호모 에스페란스Homo esperans', 즉 희망하는 인간이다.[68] 희망은 인간 존재의 본질적인 조건이다. 희망은 준비가 된 인간 내면의 상태로 열정적이지만 아직 드러나지 않은 능동성이다. 희망은 결코 수동적인 기다림이 아니고 실현 불가능한 미래를 무턱대고 밀어붙이는 것도 아니다. 희망 속에서만 인간은 자신의 생명력과 삶의 성장을 실현할 수 있다. 반대로 모든 희망을 포기하는 순간 인간은 인간성을 상실하면서 지옥문으로 들어서게 된다. 따라서 인간 시스템의 건강성을 회복함으로써 전체 사회 시스템의 교란과 기능장애를 해소할 방안이 모색돼야 한다.

이 방안이 구체적인 계획으로 진행되기 위해서는 이것에 관심이 있는 수많은 능력 있는 사람들의 협력과 연구가 뒷받침돼야 한다고 전제하면서 요나스는 자신이 보기에 중요하다고 생각되는 네 가지 단계를 제시한다. "①인간 시스템을 포함하고, 또한 인간 최적의 기능을 조사해서 거기서 자연스럽게 유도돼 나오는 규범을 바탕으로 하는 계획 수립하기. ②풀뿌리 운동 방식과 책임을 통해, 현재의 소외된 관료주의적 방식을 인간적 경영 방식으로 바꿈으로써 개인을 활성화하기. ③활성화activation에 기여하고 수동화passivation를 막는 형태로 소비의 패턴을 바꾸기. ④새로운 형태의 심리정신적 지향과 헌신하기. 이것은 과거의 종교 시스템과 동일한 역할을 한다."[69] 이를 통해 요나스는 인간의 성장

---

68 요나스, 2023, 118쪽.

69 요나스, 2023, 177-178쪽.

과 활력이 손상되지 않고 더욱더 증진됨으로써 개인의 능력이 능동적으로 전환되고, 테크놀로지가 인간의 성장에 복무하는 방식으로 전체 사회의 사회경제적, 문화적 삶을 변화시킬 것을 요청하고 있다. 그리고 이 책임에서 누구도 자유로울 수 없다고 힘주어 말한다.

> 우리는 현대인의 위기 한가운데 서 있다. 남은 시간이 많지 않다. 지금 당장 시작하지 않는다면 너무 늦을지도 모른다. 하지만 희망은 있다. 인간이 자신을 되찾고, 기술사회를 인간적인 사회로 만들 실질적인 가능성이 있기 때문이다. 그 과제의 완수는 우리에게 달려 있지 않지만, 우리에게는 그것을 회피할 권리가 없다."[70]

사슬에서 풀려난 프로메테우스의 민낯을 폭로하고 기술사회가 직면한 실제적 위험성을 경고하는 요나스와 달리 엘륄은 기술체계의 작동 원리를 더 급진적으로 해석함으로써 요나스가 아슬아슬하게 부여잡고 있던 인간의 윤리적 책임 능력이라는 마지노선을 훌쩍 넘어선다. 그에게 기술체계는 이미 인간이 어찌해볼 수 없는 상황으로 치닫고 있는 브레이크가 풀린 폭주 기관차와 같았다. 앞서 살펴봤듯이, 엘륄은 기술적 현상의 네 가지 특징으로 자율성·통일성·보편성·전체화를 꼽았고, 여기에 기술적 진보의 특징으로 자기증식·자동성·가속화를 제시한다. 이런 기술적 현상과 자기증식하고 자동적으로 점점 더 가속화하는 기술적 진보의 순환 구조에서 인간이 개입할 여지는 당연히 점점 더

70　요나스, 2023, 269쪽.

협소해질 것이다. 엘륄은 현대 테크놀로지에 대한 이해에서 가장 결정적이면서도 심각한 오류는 테크놀로지가 인간이 상정한 목적을 위해 봉사한다고 생각하는 것이라고 비판한다. 그의 관점에서 테크놀로지를 목적과 연관시키는 모든 담론은 인간의 거창한 착각이거나 아니면 자기만족을 위한 쓸모없는 정당화일 뿐이다. 즉 기술적 진보의 궁극 목적이 인류의 행복에 있다고 말하는 것은 이데올로기적 허상이자 자만심의 어쭙잖은 표현에 지나지 않는다. 이유는 간단하다. 인간은 인과적 메커니즘에 굴복하는 것처럼 보이는 것을 싫어하고 자신이 늘 상황을 통제한다고 우쭐거리는 것을 좋아하기 때문이다.

이러한 테크놀로지와 진보의 관계에 대해서 엘륄은 우리의 모든 판단을 고취하는 진보 이데올로기가 테크놀로지의 직접적 산물임을 강조한다. 테크놀로지가 현재의 실존 속에 존재하는 순간부터 테크놀로지를 통해 진보 현상이 생긴다. 진보가 없으면 테크놀로지도 없고 거꾸로 테크놀로지가 없으면 진보도 없다.[71] 따라서 테크놀로지와 진보의 정치적, 이데올로기적 연관성을 소거한다면 자기증식하는 기술체계의 발전 과정에서 궁극의 목적은 완전히 제거된다. 그리고 나면 하나의 역설이 생긴다. 끊임없이 작동하면서 궁극 목적을 폐기하며 성장한 기술체계는 자신을 정당화하는 궁극의 목적을 고안해낸다. 최종적으로 기술체계 자체가 하나의 궁극 목적이 된다. 이 과정에서 인간은 거의 무의식적으로 자신이 무엇을 원하고 목표하는지도 모른 채 변모한다. 인간은 모든 것을 할 수 있지만 왜 그런지는 알지 못한다. 기술체계 자체

---

71 엘륄, 2013, 170-171쪽.

의 작동으로 어떤 동기도 없이 저절로 이유가 주어지기 때문이다.[72]

이러한 맥락에서 테크놀로지는 어떤 목표도 없다. 기술체계는 단지 기술 전문가들을 매개로 하위 목표를 목적으로 전환할 뿐이다. 여기서 목적이란 중기적 관점에서 가능한 것과 불가능한 것의 경계를 인지하고 또 넘어서는 것이다. 기술체계는 불가능한 것의 경계를 위반하면서 성장한다. 이전에 있었던 기술적 연구 요소들을 기반으로 해서만 테크놀로지는 새로이 발전할 수 있고 여기에 그동안 주목받지 못했던 모든 기술적 연구들이 체계에 포섭된다. 따라서 순수한 인과적 메커니즘이 전적으로 지배하는 기술체계는 목적론적 발전이 아닌 인과론적 발전을 할 뿐이다. '인과적 메커니즘'은 현대 테크놀로지의 본령이자 본성이다. 더욱이 목표가 없는 테크놀로지는 의미도 없다. 테크놀로지에 어떤 식으로든 목적과 의미를 부여하려고 애쓰는 철학들은 기술적 현상을 그저 신화적 상상이나 어쭙잖은 의인화로 채색할 따름이다. 테크놀로지는 그 자체로 충분하고 자신을 결정지으며 테크놀로지 자체와 관련해서만 어떤 좌표를 갖는다.[73]

체계이론의 관점에서 볼 때 엘륄의 기술체계의 문제점은 체계와 환경 사이 패러다임이나 피드백 메커니즘이 효과적으로 작동하지 않으며 체계가 추구하는 목적성 또한 불분명하다는 것이다. 이 점에서 엘륄의 기술체계는 하나의 닫힌 체계다. 마치 암세포가 무한 증식을 하듯 기술체계는 체계의 죽음이라는 종착역을 향해 달려가는 폭주 기관차처

---

72 엘륄, 2013, 435쪽.

73 엘륄, 2013, 473쪽.

럼 자기증식하고 거듭 팽창한다. 테크놀로지는 피할 수 없는 운명이다. 그리고 이 운명은 디스토피아의 미래상을 보여줄 뿐이다. 엘륄은 자신의 관점이 기술결정론이 아니라고 극구 부인하지만 그의 핵심 주장은 극단적인 기술결정론적 비관주의와 아주 쉽게 내통한다. 그가 제시하는 미래 사회의 모습은 한정된 기간에 기계의 폭압적 지배가 극에 달하는 멈퍼드의 거대기계나 기술의 신격화를 통해 도달하는 닐 포스트먼 Neil Postman의 테크노폴리Technopoly의 세계와 겹친다.[74]

　　물론 엘륄은 기술체계를 사회와 동일하게 간주하지는 않는다. "기술체계는 사회를 기계로 만들지 않는다. 기술체계는 자체의 필요에 따라 사회를 만들고 사회를 버팀목으로 이용하여 사회의 어떤 구조들을 변형시킨다. 하지만 사회에는 예견할 수 없고 일관성이 없으며 제한할 수 없는 부분이 늘 존재한다. 사회는 다른 측면에 위치한 여러 체계와 유형과 도식으로 구성된다."[75] 그렇지만 엘륄의 기술체계가 극단으로 치달을 경우 사회와 기술체계가 동일시될 가능성을 배제할 수 없다. 기술체계는 지속적으로 무질서와 비합리성을 사회 속에서 유발함으로써 양자 사이에 긴장 관계가 조성되지만 이는 자기증식하고 팽창하는 기술체계에 다시 포섭될 가능성이 크다.

74　포스트먼은 테크노폴리를 다음과 같이 규정한다. "테크노폴리는 문화의 양태이다. 동시에 테크노폴리는 정신의 한 양태이기도 하다. 테크노폴리는 기술의 신격화를 통해 이루어진다. 다시 말해 문화는 기술의 승인을 구하고 기술을 통해 만족을 얻고자 하며 기술의 지시를 따른다. 이것은 새로운 종류의 사회질서를 요구하며 당연히 전통적인 신념과 연관된 사회질서를 빠른 속도로 붕괴시켜 간다. 테크노폴리에서 안락함을 느끼는 사람들은 기술적 진보가 인간의 능력이 이룩한 탁월한 업적이라고 생각하며 기술 진보를 통해서 인간이 직면한 가장 심각한 문제들까지 해결할 수 있다고 믿는다." 닐 포스트먼, 『테크노폴리』, 김균 옮김, 궁리, 2005, 99쪽.

75　엘륄, 2013, 79쪽.

이러한 의심은, 엘륄이 일반적으로 개방적 체계이론에서 지나치게 복잡하고 체계에 일시적 장애나 교란을 일으키는 것으로 간주되는 환경을 기술 환경으로 대체함으로써 체계-환경 패러다임에 새로운 요소를 도입한 것에서 증폭된다. 테크놀로지는 기술 환경을 형성하고 기술체계는 이 환경을 절대적으로 지배한다. 이때 체계-환경 패러다임은 기술체계-기술 환경 패러다임이 된다. "이는 인간이 이제 새로운 인공적 환경에 위치하려고 무엇보다 통속적으로 '자연'을 지칭하는 들과 숲과 산과 바다로 구성된 '자연환경' 속에 더는 있지 않음을 의미한다. 인간은 땅과 물의 실재와 더는 접촉하며 살지 않고 인간적인 환경의 총체를 형성하는 도구와 사물들의 실재와 접촉하며 산다. 인간은 이제 아스팔트, 철, 시멘트, 유리, 플라스틱 물질로 된 환경 속에 있다."[76] 이 경우 체계가 환경과 체계, 곧 외부와 내부 차이의 안정화로 복잡성 환원에 기여한다는 체계이론의 보편 테제는 별다른 의미가 없게 된다. 기술 환경과 기술체계의 상호작용은 외부와 내부의 구별을 소멸시키고 모든 것을 기술로 환원하는 결과를 낳기 때문이다. 아무리 기술체계와 다른 체계를 구분하고 다양한 기술적 현상의 역동적 변화를 언급하더라도 결국 유일하게 존재하는 것은 하나의 거대한 기술체계뿐이다. 겉으로 드러나는 다양한 기술적 현상의 역동적 변화는 정태적 기술체계의 구조 안에서 일어나는 요동에 지나지 않을 수 있다. 결국 엘륄의 기술체계는 기술 환원적 체계로 귀착된다.

　　더욱이 외부와 내부의 구별이 없고 테크놀로지의 무한한 발전이

76　엘륄, 2013, 109쪽.

라는 법칙에 종속된 기술체계는 피드백 메커니즘의 부재를 수반한다. 피드백은 결합체나 움직이는 체계가 작동하는 과정에서 오류가 발생할 때 이 오류를 바로잡기 위한 메커니즘이다.[77] 그렇지만 테크놀로지가 무한 증식과 팽창을 하는 기술체계에서 피드백 과정은 무의미하다. 이 문제와 관련해서 엘륄은 기술체계 내부에서 소통되는 '정보처리 복합체'에 인간이 관여할 수 있는 여지를 최종적으로 타진한다. 컴퓨터를 통해서다. 하지만 머지않아 엘륄은 컴퓨터를 매개로 인간이 새로운 질적 정보를 기술체계의 정보 소통 과정에 외삽外揷할 가능성마저도 부정한다. 자신이 던진 마지막 질문, 즉 컴퓨터가 한계를 드러낼 것인가 아니면 인간을 전적으로 대체할 것인가에 대해 엘륄은 후자의 손을 들어준다. 이로써 컴퓨터의 탈상징화 경향은 기술체계 발전 단계의 최종 단계를 완성한다. "컴퓨터 탓에 정보 수준에서 작동되고 표현되는 기술적 앙상블ensemble이라는 일종의 내적 계통학이 출현한다. 이것은 상호 간에 총체적으로 통합된 정보를 통해서 하부체계들을 조정한다. 이것은 어떤 인간, 어떤 인간 집단, 어떤 제도에서도 할 수 없었던 것이다."[78]

이제 마지막으로 하나의 문제가 남는다. 기술체계의 자기증식과 무한 팽창 속에서 거의 무의식적으로 지배당하고 있는 인간은 자신의 힘으로 빠져나올 탈출구를 찾을 수 있는가? 기술체계의 총체적 지배를 비판하거나 부정할 수 있는 정신을 잃어버린 인간은 기술 지배의 행복한 노예로 살아갈 수밖에 없는가? 엘륄이 전망했던 미래 인간의 모습은

77　엘륄, 2013, 224쪽.

78　Carl Mitcham et. al., *Jacques Ellul and the Technological Society in the 21st Century*, Springer, 2013, p. 77.

행복한 노예의 삶과 닮았다.

> 인간기술에 의해 본능이 최종적으로 통합된다면 기술사회의 조직체가
> 완성되는 것이다. 그것은 보편적인 집단수용소는 되지 않을 것이다. 왜
> 냐하면 그러한 사회는 잔악성이라는 결점이 없기 때문이다. 또한 미친 것
> 처럼 보이지도 않을 것이다. 그 이유는 모든 것은 질서 정연하게 될 것이
> 며, 인간 열정의 오점들은 번쩍거리는 크롬의 광택으로 인해 보이지 않을
> 것이기 때문이다. 우리는 더 이상 잃을 것이나 승리할 것을 가지지 못할
> 것이다. 우리의 가장 깊은 본능과 가장 비밀스러운 열정들이 분석되고 책
> 으로 발간되며 이용될 것이다. 우리는 우리가 진정으로 열망해왔던 모든
> 것을 보상받게 될 것이다. 그리고 기술적인 필요성에 대한 사회의 최고의
> 사치는 아무런 소용없는 반항과 순종적인 미소를 보너스로 줄 것이다.[79]

물론 엘륄은 계속해서 인간의 자유를 환기한다. 기독교와 기술의
변증법적 관계에서 엘륄은 기술에 저항하는 인간의 부정적 반응에 주
목함으로써 인간이 기술체계의 지배에서 벗어날 수 있는 가능성을 남
겨놓는 듯하다. 그렇지만 엘륄이 제시한 기술체계의 논리에 따르면 이
런 부정적 반응조차 무의미하다. 왜냐하면 엘륄의 중심 가설은 인간이
철저히 기술의 모습을 띠기 때문에 기술이 전적으로 인간의 모습을 띠
게 된 것이기 때문이다.[80] 기술체계에 자발적으로 동화된 인간은 결코

---

79 엘륄, 1996, 447쪽.
80 위너, 2000, 65쪽.

합리적인 방식으로 빠져나올 수 없다. 마치 암세포처럼 맹렬하게 자기 증식하는 기술체계의 자율성은 종국에는 모든 새로운 가능성을 원천 봉쇄할 것이 명약관화하기 때문이다. 탈출구는 없다. 유일한 희망은 인간이 전적으로 외부 힘에 순응하고 의탁하는 길이다. 바로 이 지점에서 하이데거와 엘륄은 조우한다. 기술체계의 자율성에 갇혀버린 인간의 유일한 선택지는 하이데거처럼 존재의 역운을 청종하거나 엘륄처럼 순전한 마음으로 기독교에 귀의하는 것이다.

4. 체계이론의 철학자: 질베르 시몽동

개체화

시몽동의 철학은 21세기적 사유를 총망라한다. 그의 철학은 세 가지 면에서 특징적이다. ①상전이·준안정적 시스템·퍼텐셜에너지·과포화 및 과융해 같은 물리학 개념들을 차용해 생성을 개체화라는 방식으로 설명한 것 ②사이버네틱스라는 체계이론의 근본 아이디어를 광범위하게 수용한 것 ③20세기 이후 고전역학에서 양자역학으로의 전환을 포함한 학문 영역의 지각변동을 철학적 통합의 토대로 활용한 것이다. 특히 시몽동은 자신이 현대의 데카르트라고 불렀던 위너의 사이버네틱스 이론이 통합성과 일반성의 차원에서 뉴턴역학에 비견할 만하다고 평가한다. "사실상 역사적으로 사이버네틱스는 통합을 이루는 새로운 방향을 지시하는 것으로 등장했다. 요컨대 우리는 뉴턴의 시대 혹은 자연과학 분야에서 수학자나 과학자가 위대한 철학자들이었던 시대로 되돌아온 것을 발견하고 있다. 이는 이제 위너 교수가 우리에게 제시하는 전후 사정을 듣게 되면 의심의 여지가 없을 것이다."[81]

새로운 통합 이론을 지향하는 사이버네틱스의 열망은 시몽동의 백과사전적 통합의 열망과 공명한다. 시몽동은 체계이론적 사유에서 차용한 작동 이론과 구조 이론을 생성의 형이상학으로 통합함으로써 존재 전체의 발생 원리를 해명하고자 한다. 이 과정에서 시몽동은 섀넌과 위버의 정보이론, 그리고 위너의 사이버네틱스 이론의 정보 개념을 새롭게 재해석함으로써 개체화 이론의 골간을 구성한다. 여기서는 시몽동 철학의 개체화 개념과 사이버네틱스 이론의 연관성을 간략히 살펴보겠다.

시몽동의 문제의식은 개체에서 개체화를 알려고 하는 것이 아니라 개체화를 통해서 개체를 아는 것이다.[82] 시몽동에게 개체화를 통한 개체 발생은 단일성을 갖는 단순한 개체의 발생이 아니라 개체-환경 관계의 발생이다. 이렇게 개체화를 개체보다 원초적인 것으로 간주할 경우 전前개체적인 것과 개체화의 관계를 파악하는 일이 중요한데, 이것이 시몽동의 기본 관점이다. "개체화를 개체화된 존재자로부터 이해하는 대신 개체화된 존재자를 개체화로부터 이해해야 하고 개체화는 여러 크기의 등급[83]들에 따라 분배된 전 개체적 존재로부터 이해되어야

---

81 Simon Mills, *Gilbert Simondon: Information, Technology and Media*, Rowman & Littlefield international, 2016, p. 22.

82 시몽동, 2017, 41쪽.

83 시몽동 철학에서 중요한 용어 중 하나인 크기의 등급에 대한 용어 해설은 다음과 같다. "본래는 수학과 물리학에서 크기의 값을 정확히 제시하기 어려운 경우 어림잡아 표상하는 방식을 가리키지만 시몽동은 크기 차로 인해 서로 매개와 소통이 어려운 세계(미시계와 거시계)들을 표현할 때 사

한다."[84] 이를 통해 시몽동은 사유의 무게중심을 '대상'에서 '관계'로 옮겨 놓는다. 문제는 개체가 아니라 개체화, 즉 개체화된 존재와 전 개체적인 환경의 관계다.

이러한 기조에서 시몽동은 개체화 이전에 미리 개체화의 원리를 상정하는 두 가지 철학적 견해를 비판한다. 하나는 무수히 많은 원자의 존재를 미리 상정하는 원자론적 실체론이다. 그리고 다른 하나는 형상과 질료를 생성의 조건으로 미리 상정하는 아리스토텔레스의 형상질료설이다. 두 관점의 공통점은 개체를 실체와의 관계를 통해 파악하는 데 치중함으로써 개체화라는 역동적 변환 과정을 무시한다는 것이다. 개체화의 핵심 원리는 실체-속성의 형식이 아니라 발생적 작용, 곧 변환 작동이다. "개체화의 진정한 원리는 작용하고 있는 발생 그 자체다. 즉 에너지가 현실화되는 동안 생성되고 있는 체계다. (…) 개체화하는 것은 에너지계 전체다. (…) 개체화의 원리는 작용opération이다."[85]

시몽동은 아리스토텔레스의 형상질료설이 형상을 특권화하고 질료의 생성 역량을 무시해서 양자의 관계적 실재성을 왜곡한다고 비판한다. 대신 아리스토텔레스의 잠재태dynamis와 현실태entelecheia 개념에서 잠재태의 역량을 극대화함으로써 개체화 원리를 더 구체화한다. 잠재태에서 현실태로의 이행이 바로 변환이다. 이 개념은 개체화의 존재 발생적 과정이자 동시에 이를 파악 가능하게 하는 인식론적 방법이다. 다시 말해 변환은 개체화로 구성된 개체-환경 연관의 체계이자 구조를

용한다." 시몽동, 2017, 45-46쪽 각주.

84 시몽동, 2017, 57쪽.

85 시몽동, 2017, 86쪽.

포착하는 직관이다.

> 변환은 전 개체적 존재가 개체화될 때 생겨나는 연관들의 실존existence에 상응한다. 그것은 개체화를 표현하며 그것을 사유할 수 있게 해준다. 그러므로 그것은 형이상학적인 동시에 논리적인 개념이다. 그것은 개체발생에 적용되며 개체발생 그 자체다. 객관적으로 그것은 개체화의 내적 조건들과 내적 공명, 정신적 문제 상황을 이해할 수 있게 해준다. 논리적으로 그것은, 물리적 개체화에서 유기적 개체화로, 유기적 개체화에서 정신적 개체화로, 그리고 정신적 개체화에서 주관적이며 객관적인 개체초월자로 이행하기 위한 새로운 종류의 범례화paradigmatisme의 기초로 이용될 수 있다. 이것이 우리 탐구의 계획을 규정한다. (…) 변환은 단지 정신의 절차만이 아니다. 그것은 또한 직관이다. 왜냐하면 그것은 하나의 구조가 문제의 영역 속에서 제기된 문제를 해결하는 것으로 나타나게끔 해주는 어떤 것이기 때문이다.[86]

전 개체적인 것에 대한 사유는 시몽동의 철학이 소크라테스 이전 고대 그리스의 사유와 만나는 접점이다. 이는 소크라테스 이전 철학자들이 사용한 의미에서의 피시스이며 아낙시만드로스가 모든 것의 근원이라고 말한 무규정적인 것, 즉 아페이론과 같은 것이다. 따라서 전 개체적인 것은 안정된 평형 상태가 아니다. 엔트로피 법칙에 따르면 안정된 평형 상태란 낮은 수준의 퍼텐셜에너지의 상태로, 어떤 생성이나 발

---

86 시몽동, 2017, 60쪽.

생도 배제되기 때문이다. 또한 생물학적 관점에서 보자면 안정된 평형 상태란 유기체의 죽음을 뜻한다. 이와 달리 진정으로 전 개체적인 것은 "연속과 불연속 아래 있는 양자적인 것과 준안정적 상보성"[87]이다. 빛의 이중성을 인정하는 양자역학의 상보성 원리에서 확인할 수 있듯이 퍼텐셜에너지는 항상 체계의 불균형 상태와 관련된다. 그러므로 전 개체적 실재는 체계 변형이 가능한 퍼텐셜에너지의 차이가 과포화된 준안정적 상태를 의미한다. "생성은 더 이상 변질의 연속이 아니라, 퍼텐셜에너지의 해방을 통한 준안정적 상태들의 연쇄이다. 이 퍼텐셜에너지의 작동과 실존은 이 상태들을 구성하는 인과성의 제제의 일부를 이룬다."[88] 전 개체적 실재는 구조-에너지 집합체다. 차이를 갖는 퍼텐셜에너지의 현실화에서 개체는 시간적으로 과거와 미래, 위상학적으로 미시세계와 거시세계의 차이를 중개하고 해소하는 변환 작동으로 발생한다.

이를 통해 개체화는 퍼텐셜에너지의 차이를 갖는 준안정적 체계에 내재하는 양립 불가능성과 긴장을 해소하는 변환 작동으로 정의될 수 있다. 즉 개체화는 서로 이질적이고 반대되는 전 개체적인 것을 관계 맺는 작동이다. 따라서 개체화로 발생한 개체는 결코 불변의 독자적 실체가 아니라 변환적 실재다. 개체는 개체-환경 쌍으로 발생하는 준안정적 관계의 실재로서 세 가지 조건, 즉 에너지적 조건, 물질적 조건, 정

---

87 양자역학의 핵심 개념인 상보성 원리는 고전물리학에서 서로 배타적 개념인 입자와 파동이 양자적 미시세계에서는 상호 보완적으로 작용한다는 원리로 닐스 보어가 제안했다. 시몽동도 이런 의미에서 상보성을 이해한다. 시몽동, 2017, 46쪽.

88 시몽동, 2017, 620-621쪽.

보적 조건에 의존한다.[89] 여기서 정보는 단일성이 아니라 불균등화 상태에 있는 상반된 질서 사이의 긴장이다. "정보는 바로 해결되지 않은 체계의 양립 불가능성을 해결 속에서 조직적인 차원이 되게 하는 그러한 것이다. 정보는 한 체계의 상의 변화를 가정한다. 왜냐하면 그것은 발견된 조직에 따라 개체화되는 최초의 전 개체적 상태를 가정하기 때문이다. 정보는 개체화의 공식이며, 이 개체화에 선행하여 존재할 수 없는 공식이다. 정보는 언제나 현재적이고 현행적actuel이다. 그것은 한 체계가 개체화되는 방향이기 때문이다."[90]

이러한 원리를 바탕으로 시몽동은 물리적 개체화, 생명적 개체화, 정신적·집단적 개체화, 기술적 개체화 등 서로 다른 개체화 양상을 이전 개체화에서 해解를 찾지 못한 문제를 새로운 수준에서 해소하는 분화로 설명한다. 전 개체적인 것의 변환 작동으로 물리적 개체-환경의 체계가 발생하고 이를 토대로 다시 생명적 개체-환경 체계가 발생한다. 물리적 개체화가 순간적이고 양자적이라면 생명적 개체화는 영속적이다. "살아 있는 개체는 개체화의 체계이며 개체화하고 개체화되는 체계

---

89 이런 개체화 일반의 한 범례로 시몽동은 과포화 용액의 결정화 현상을 든다. 그는 U자 관에 과용해된 상태의 황을 집어넣고 양쪽 관에 각각 사방정계로 결정화된 황(8면체)과 단사정계로 결정화된 황(프리즘 모양)의 씨앗을 심어놓은 실험을 소개한다. 두 결정 형태는 원소는 동일하지만 결정 구조가 다른 동소체들이다. 대기압에서 95.4도는 두 가지 결정 형태의 균형 온도다. 8면체의 결정은 균형 온도 이하에서 안정 상태를 보이며 반대로 프리즘 모양의 결정은 95.4-115도에서 안정 상태를 보인다. 이 실험에서 온도를 95.4도 이하로 유지하면 8면체의 결정을 포함하는 쪽은 투명하고, 프리즘 모양의 결정을 포함하는 상대 쪽은 불투명하게 나타난다. 상호 접촉면에서 생기기 시작한 불투명성은 점차 프리즘 모양의 쪽으로 확산된다. 하지만 온도를 95.4도에서 115도 사이로 유지하면 상황은 역전된다. 이런 황의 결정화 현상은 준안정적인 과포화 용액과 요소 수준의 구조적 씨앗 사이의 긴장이라는 전 개체적 상태에서 개체화로의 상전이를 잘 보여준다. 시몽동, 2017, 144-147쪽.

90 시몽동, 2017, 56쪽.

이다."[91] 그뿐만 아니라 "정신현상psychisme과 집단적인 것le collectif은 생명적 개체화 이후에 오는 개체화들에 의해 구성된다. 정신현상은 존재자에 있어서 생명적 개체화를 잇따른다. 존재자는 자신의 고유한 문제 상황을 해결하기 위해 주체로서 행동에 의해 스스로 문제의 요소로서 개입하도록 요구된다. (…) 열린 공리계는 일련의 한정되지 않은 연속적 개체화들에 의해서만 포화될 수 있다. 이 개체화들은 언제나 더 많은 전 개체적 실재들을 참여시키고 그것을 환경과의 관계 속에 삽입시킨다."[92]

이런 일련의 변환 작동에서 전 개체적인 것의 퍼텐셜에너지는 완전히 소멸되지 않으며 새로운 개체화의 준안정적 체계를 구성한다. 이런 방식으로 존재의 세계 전체는 불연속적인 양자적 도약과 연속적인 자기 보존의 준안정성이 다층적이고 복잡하게 얽힌 상태를 이룬다. 이 속에서 물질과 생명의 차이는 체계의 정보 수용 역량의 차이로 나타날 뿐이다. 개체는 특징적인 정보 체계의 통일이기 때문이다. 이런 점에서 시몽동은 생명적 개체화에서 파생되는 정신적, 집단적 개체화를 개별화individulisation라고 부르기도 한다. 주체로서의 인간은 생명체로 '개체화된 것'이자 정신적-집단적으로 '개별화된 것', 곧 '인격화된 것'이라 볼 수 있다. 그러므로 모든 의미작용은 개체화와 개별화라는 두 가지 실재의 긴밀한 결합을 통해 이루어진다.

---

91 시몽동, 2017, 47쪽.

92 시몽동, 2017, 50-51쪽.

사이버네틱스·정보·의미

개체화 이론에서 시몽동의 특이성은 정보 개념의 도입이다. 이는 형태 개념을 정보 개념으로 갈음하는 데서 시작한다. "형태의 개념은 정보[형태 부여]의 개념으로 대체되어야 한다. 정보는 개체화될 수 있는 준안정적 평형 상태의 체계가 존재함을 가정한다. 정보[형태 부여]는 형태와 달리 유일한 항이 아니라 불균등화에서 솟아나는 의미작용이다."[93] 형태 개념은 체계 내적 긴장이 해소된 일정한 평형 상태를 가정한다. 예를 들어 원이나 사각형과 같은 형태에는 준안정적 요소가 거의 없다. 단순 명료한 형태는 형태가 아니라 구조적 도식이다. 생명의 개체화에서 항상성이라는 개념이 준안정적 평형의 유지를 기술할 때는 적절할지 몰라도 개체의 불연속적 특징과 정보의 특징을 설명하기에는 충분하지 못한 것과 같이 단순 명료한 형태는 준안정적 체계의 변환 작동인 개체화를 이해하는 데 불충분하다. 시몽동에게 형태화in-form-ation를 뜻하는 정보는 불균등성과 관련된다. 정보란 서로 불균등한 두 요소의 관계 맺기의 특이성이다.

시몽동이 기술적 개체화의 범례로 제시한 '형태 갖추기prise de forme'를 예로 들어보자. 주형과 점토를 이용해 장인이 벽돌을 제작하는 과정은 단순히 점토라는 질료에 주형이라는 형상을 부여하는 것이 아니다. 이것은 주형-손-점토의 체계 속에서 점토라는 정보를 실어 나르는 질료적 에너지가 주형에 따라 형태를 갖추며 현실화하는 과정, 즉 퍼텐셜

---

93 시몽동, 2017, 63쪽.

에너지의 불균등성 해소 과정이다. 여기서 주형은 단지 형상이 아니라 현실화의 한계이고 점토는 단지 수동적 질료가 아니라 생성의 역량이다. 형태 갖추기에서 질료는 "에너지 조건들과 위상학적 조건들, 질료적 조건들의 실현을 요구하는 체계의 상태", 곧 내적 공명résonance interne에 이른다.[94] 최종 산물로서 벽돌은 불균등성을 갖는 에너지가 서로 만나 빚어지는데, 이때 정보는 개체화를 추동하는 일종의 패턴으로 작동한다. 이를 시몽동은 변환역학allagmatique으로 정의한다.

> 물리적 개체화는 그리고 더 일반적으로 보아 물리적 형태들의 연구는 공간적 구성체들configurations과 시간적 계열들séquences 사이의 교환 과정을 고려하는 준안정성의 이론에 속한다. 이 이론은 변환역학allagmatique이라고 명명될 수 있다. 그것은 시간적 계열들을 공간적 유기조직들로 번역하는 것 또는 그 반대의 변형을 검토하는 정보이론과 관련이 있음에 틀림없다.[95]

이러한 변환역학은 형태이론과 정보이론을 중개한다. 여기서 시몽동은 정보와 신호를 구분한다. "전달된 것은 신호라고 명명할 수 있고 신호가 그것과 관련하여 수용기에 수용된 것을 형태라고 부를 수 있다. 그리고 외적 신호와 내적 형태에 기초하는 불균등화의 테스트 이후에 수용기의 작동에 실제로 통합된 것을 엄밀한 의미의 정보라 명명할

---

94 시몽동, 2017, 81쪽.

95 시몽동, 2017, 450쪽.

수 있다."[96] 이 경우 정보는 송출된 신호와 형태 사이의 불균등화를 통합한 관계의 발생이다. 이렇듯 정보는 체계의 변환 작동을 보증한다. 정보는 체계 내 연쇄들 사이에서 출현하는 관계적인 것으로서 내적 공명을 통해 체계를 재조직한다. 체계 없는 정보는 없다. 체계는 정보 상태로 작동하는 회로이고 정보는 형태의 변동성이다. 차별적 에너지 상태에 있는 체계의 작동에서 정보는 항상 그것이 발생한 이전의 상태를 참조한다. 이런 맥락에서 정보는 의미작용과 직접 연동된다. "의미작용 signification은 작동 안에서만 의미sens를 낳는다. 불균등화가 생기기 위해서는 작동하는 수용기가 필요하다. 구조들과 퍼텐셜들을 지닌 체계가 필요하다. 신호들의 좋은 전달 조건도 체계의 존재 조건과 혼동되어서는 안 된다. 신호가 관계를 구성하는 것이 아니다."[97]

시몽동의 관점에서 1차 질서의 사이버네틱스에 속하는 섀넌과 위버의 정보이론의 가장 큰 문제점은 정보를 신호나 그것의 운반체로 환원하는 것이다. 정보이론은 송신자와 수신자를 상정하고 미리 정해진 형태의 의미를 송신자가 잡음의 방해와 장애를 뚫고 수신자에게 전달하는 데 생기는 기술적 문제를 해결하는 수학 모델이다. 이 경우 정보는 0과 1로 이루어진 신호로 간주될 뿐 차이를 만들어내는 정보의 작동이라는 의미작용의 문제는 완전히 제거된다.

다른 한편으로 시몽동은 정보와 네겐트로피를 동일시하는 위너의 관점이 일면적이라며 비판한다. 위너가 보기에 정보는 체계의 엔트

---

96 시몽동, 2017, 428쪽.

97 시몽동, 2017, 429쪽.

로피 증가라는 일반적인 경향에서 이탈하는 네겐트로피와 동일한 것이다. 이때 정보와 신호는 환경과의 교환 내용이라는 점에서는 차이가 없다. "내가 의식을 갖고 있는 한 나는 내가 내린 명령과 되돌아온 응답의 신호를 잘 알고 있다. 나에게 있어 그 신호가 거치는 중간 단계가 사람이 아니라 기계라는 사실은 그다지 중요하지 않으며, 그것이 나와 그 신호의 관계를 어떤 방식으로든 크게 변화시키지도 않는다. 따라서 공학에서의 제어이론은, 그 대상이 사람이건 동물이건 기계건 상관없이 메시지 이론의 한 장을 차지한다."[98]

이와 달리 시몽동은 정보를 네겐트로피가 아니라 차이를 만드는 관계 맺기와 예측 가능성이라는 양면성을 가진 것으로 본다. 우선 정보는 신호로 변조된 에너지의 일반적 균등화와 대립한다. 예를 들어 전기충격의 장부호, 단부호, 구두점을 결합하여 신호를 보내는 모스부호가 에너지의 일반적 균등화 상태에 있다면 우리는 그 신호의 의미를 결코 식별할 수 없을 것이다. 우리가 모스부호를 인지하는 것은 불균등성 때문이다. 또한 정보는 예측 가능성을 가진다. 이와 관련된 사례로 시몽동은 두 개의 진동자에서 방출된 신호들이 진동수와 형태가 가까울수록 더 쉽게 동조화하는 현상을 보여준다.[99] 이처럼 신호 방출과 수신의 체계에서만 정보는 제대로 작동한다. 더욱이 정보는 새로운 정보를 체계 내적으로 유입하는 어떤 외적 개입도 필요하지 않다. 기본적으로 준안정적 체계는 신호를 방출하기 때문이다.

---

98 위너, 2011, 22쪽.

99 시몽동, 2017, 424-425쪽.

그러므로 변환역학에서 정보란 수신자에게 일방적으로 전달되는 내용도 아니고 엔트로피 증가에 대항하는 이탈의 의미로서의 네겐트로피도 아니다. 정보는 변환을 통한 체계의 준안정적인 긴장 상태다. 시몽동의 정보 개념은 존재와 생성, 질료와 형상, 인간과 기술, 자연과 기계를 대립시키지 않고 체계의 작동을 통해 준안정적 체계의 폭넓은 관계들의 망으로 계속 연결한다.

시몽동은 신호와 정보를 구별했듯이 의미작용과 의미를 구분한다. 서로 다른 에너지 상태의 앙상블을 형성하는 정보의 작동 자체가 하나의 의미작용이라면 의미는 정보가 어떤 강도에 도달했을 때 발생한다. 지각하는 주체에게 가장 강렬한 의미를 형성하는 것은 단순 명료한 기하학적 형태라기보다 빛과 색, 어둠, 냄새, 열 같은 수준이다. 지각된 것은 대상이 아니라 상황이 어떤 의미를 지니게 되는 방식으로 극성화된 세계다.[100] 이런 의미에서 시몽동에게 지각은 강도強度다. 달리 말하면 지각은 주체와 세계의 관계 속에서 강도를 파악하고 조직하는 것이다.

이러한 의미와 의미작용의 변환 작동은 인식 개념을 전환한다. 인식은 주체와 객체의 관계가 아니라 주체의 관계 양상과 객체의 관계 양상 사이의 관계다. 시몽동의 관점에서 관계는 기본적으로 준안정적 체계이기 때문에 두 관계 양상의 관계 역시 절대적인 것이 될 수 없으며 준안정적인 것이 된다. 따라서 관계의 실재성은 직접적인 인식의 타당성을 의미하지 않는다. 정확한 인식과 근사적 인식은 단지 안정성 정도

---

100 시몽동, 2017, 458쪽.

의 차이일 뿐이다. 더 나아가 시몽동은 집단이 개체에 선행한다고 보는 관점이나, 반대로 개체가 집단에 선행한다고 보는 관점을 모두 비판하고 집단의 개체화 작용을 바탕으로 집단과 개체를 이해하고자 한다. 모든 개체는 아직 구조화되지 않은 전 개체적인 것을 보존하는데 이를 통해 새로운 개체화가 가능하다. 따라서 집단의 개체화는 여러 개체가 운반한 전 개체적 요소들을 결합하는 동시결정화 작용으로 봐야 한다. "집단의 개체화 작용으로부터 출발해야 한다. 그 안에서 개체 존재자들은 동시결정화 작용syncristallisation의 환경이자 행위자다. 집단은 여러 개체 존재자들의 동시결정화 작용이다. 집단의 인격은 이러한 동시결정화 작용의 결과다."[101]

시몽동에 따르면 집단의 개체화는 집단에 속한 개체들을 의미작용을 통해 서로 소통하게 하는 정신-사회적인 것, 곧 개체초월적인 것을 발생시킨다. 이 주체화 과정은 지각과 정념성 사이의 불균등화에 기초한다. "개체의 문제는 지각적 세계들의 문제다. 그러나 주체의 문제는 지각적 세계들과 정념적 세계, 개체와 전 개체적인 것 사이의 이질성의 문제다"[102] 지각의 의미작용이 행동이라면 정념성의 의미작용은 감정이다. 행동과 감정은 상관적이지만 서로 방향이 다르다. 행동이 집단적인 것 안에서 개체 존재자를 현행성으로 중개하는 것이라면 감정은 개체 존재자 안에서 파악된 집단적 개체화다. 이런 행동과 감정의 상관적 관계를 토대로 개체초월적인 것은 생물학적이고 사회적인 개체

---

101 시몽동, 2017, 562쪽.

102 시몽동, 2017, 479쪽.

상호 간의 관계를 넘어서 발생하는데 그 핵심은 유대 관계나 기능적 분화 관계가 아니라 정보 관계다. 이로써 개체들은 공존한다. 이 관계에 대해서 시몽동은 다음과 같이 말한다.

집단적인 것의 실존은 정보가 유의미하기 위해서 필요하다. 개체 존재자들이 실어 나르는 원본적 본성의 하중이 구조화되지 않고 조직화되지 않는 한 집단적인 것은 형태의 존재로 실존하지 않으므로 신호들이 운반하는 형태를 받아들이지 않는다. 하나의 정보를 받아들이는 것은 사실 주체에 있어서는 신호를 내보내는 존재자와 함께 집단적인 연관을 창출하는 개체화를 자신 안에서 작동시키는 것이다. 한 존재자 혹은 여러 존재자에서 나오는 전언 내용-message의 의미를 발견하는 것은 그것들과 함께 집단적인 것을 형성하는 것이고 그것들과 함께 집단의 개체화로부터 개체화되는 것이다. 의미를 발견하는 것과 그 의미의 발견에 관련된 존재자와 더불어 집합적으로 존재하는 것 사이에는 차이가 없다. 왜냐하면 의미는 존재자에 속하는 것이 아니라 존재자들 사이에, 또는 차라리 존재자들을 관통해서 있는 것이기 때문이다. 그것은 개체초월적이다. 주체는 개체화된 개체와 그가 자신과 함께 실어 나르는 아페이론에 의해 형성된 쌍이다. 주체는 개체 이상의 것이다. 그는 개체이며 본성[자연]이다. 그는 존재자의 동시적인 두 상들이다. [103]

정보 체계의 작동으로서의 의미작용과 의미를 구분하는 시몽동의

103 시몽동, 2017, 580쪽.

변환역학적 관계의 작동은 전통적인 주체와 객체의 이분법을 해체한다. 그리고 지각과 정념성 사이의 불균등화, 정보 체계의 작동과 지각의 강도, 주체의 관계 양상과 객체의 관계 양상 사이 관계를 통해 의미발생의 조건을 제시한다. 더 나아가 시몽동은 기계와 인간의 관계 맺음을 해명하기 위해서는 정보와 형태의 구분이 중요하다고 강조한다. 정보가 필요한 인간과 달리 기계는 본질적으로 형태를 이용하고 형태들로 구성되기 때문이다.[104] 이런 구분은 사이버네틱스 정보이론과의 차별성을 드러내는 측면이기도 하다. 시몽동이 보기에 동시대의 사이버네틱스 정보이론은 정보와 형태를 구분하지 않고 정보가 의미를 획득하는 과정에서 우연성을 배제하는 문제를 안고 있었다. 위너에게 정보는 인간이 외부 환경에 적응할 때 교환되는 내용을 의미한다. "정보란 우리가 외부 세계에 적응하고 또 우리의 적응이 외부 세계에 감지되는 상황에서 외부 세계와 교환되는 내용을 일컫는 말이다. 정보를 받고 사용하는 과정은 우리가 외부 환경의 우발성에 적응하는 과정이며, 그 환경 내에서 우리가 효율적으로 살아가기 위한 과정이다."[105]

위너의 사이버네틱스 정보이론은 기본적으로 정보의 피드백에 기초한 자기 조절 체계다. 외부 환경과의 피드백에 반응하고 체계 전체를 일정하게 유지하는 수학적으로 기획된 이론이다. 이 정보이론에 따르면 정교하게 구성된 사이버네틱스 체계는 제어 기능을 통해 체계 내에서의 예측 불가능성과 우연성을 제거하는 것을 목표로 삼는다. 이와 달

---

104 시몽동, 2011, 197쪽.

105 위너, 2011, 23쪽.

리 시몽동은 우연성을 의미 획득의 조건으로 이해한다.

> 신호가 갖는 정보의 본성이 존속하기 위해서는 비결정의 어떤 여지가 존
> 속해야만 한다. 예측 가능성은 상당수의 경우들에서 순수한 우연으로부
> 터 정보를 미리 구별해내고 부분적으로 정보를 미리 형성하면서 정확성
> 의 보충을 수용하는 바탕이다. 이렇게 해서 정보는 순수한 우연과 절대적
> 규칙성 사이의 중간 길에 놓인다. (…) 형태는 선택의 기능을 갖는다. 그
> 러나 정보는 형태나 형태들의 집합에 속하지 않는다. 정보는 형태들의 변
> 화 가능성이며, 어떤 형태에 관련된 변동을 가져오는 것이다. 정보는 형
> 태의 어떤 변동에 대한 예측 불가능성이지, 모든 변동에 대한 순수한 예
> 측 불가능성이 아니다. 그러므로 우리는 순수 우연, 형태, 정보 이 세 용
> 어를 구분해야 할 것이다.[106]

이렇게 시몽동은 우연성을 정보의 의미 획득 조건으로 고려함으
로써 변환역학의 작동 과정에서 다양한 의미가 발생할 수 있는 길을 열
어놓는다. 하지만 변환역학으로 의미의 발생을 설명하는 시몽동의 방
식은 너무 많은 것을 전제하기 때문에 오히려 의미의 발생 과정이 정확
히 드러나지 않는 문제를 제기한다. 이런 맥락에서 시몽동은 의미의 발
견이 개체초월적 관념으로 전환되는 것을 제대로 설명하는 데도 실패
할 수밖에 없다. 이 책은 의미 발생의 해명 문제가 단지 시몽동만의 문
제가 아니라 체계이론에 내재한 일반적인 문제라고 본다. 이에 체계이

---

106 시몽동, 2011, 196-197쪽.

론을 전면적으로 수용해 사회체계이론을 확립한 루만과 위르겐 하버마스Jürgen Habermas의 논쟁을 살펴보겠다.

5. 의미 문제: 루만과 하버마스

근대적 주체의 문제를 두고 하버마스와 푸코의 견해는 상반된다. 하버마스는 근대의 이성적 주체를 어떻게 수정할 것인가에 관심이 많았다. 반면에 푸코는 더 이상 이 과제에 매달리지 않고 근대적 주체의 종언을 선언함으로써 근대의 굴레에서 벗어나는 것을 선택했다. 루만은 관찰과 인식의 전제로 주체를 상정하는 관점을 비판하고 자기 자신을 생산하는 체계 개념을 통해 이론적 혁신을 꾀했다. 루만 이론의 핵심은 주체가 아니라 자신을 관찰하는 체계 자체에 있었다. 이 점에서 루만의 이론적 기획은 푸코의 시도에 상응한다. 그리고 루만의 체계이론은 해체철학의 사회학적 구현으로 볼 수 있다. 여기서는 다양한 주제에 걸쳐 생산적 논쟁의 전형을 보여주는 하버마스와 루만의 논쟁에서 주체와 관련된 의미 문제를 중심으로 살펴본다.

먼저 루만의 이론적 목표는 전체 사회를 분석하는 형식으로 현대적 체계이론을 확립하는 것이다. [107] 루만은 이론 사회학에서 기능 개념을 중심으로 하는 구조기능주의와 의미 개념을 중심으로 하는 사회현상학이 대립하는 상황에서 의미 개념을 체계의 작동에 포섭할 수 있음을 보임으로써 양자의 간극을 메운 통합 이론을 확립하고자 한다. 루만의 체계이론에서 중요한 세 가지 개념은 자기 생산autopoiesis, 커뮤니케이션, 의미다.

루만의 기본 전제는 체계가 작동에서 출발한다는 것이다. 작동은 작동을 통해 차이를 산출하고 순차적 작동으로 연결됨으로써 체계 자체를 환경과 구별한다. 하나의 작동이 동일한 유형의 다른 작동과 연결될 때 체계는 성립한다. "체계는 만일 체계가 존속한다면 체계와 환경의 차이를 재생산하기 위해 단 하나의 작동 더 정확히는 단 하나의 작동 유형만 필요로 한다. 즉 커뮤니케이션이 다시 커뮤니케이션에 연결되면 된다."[108] 작동과 차이는 루만 체계이론의 부동의 출발점이다. 이를 더 분명히 표현하기 위해서 루만은 조지 스펜서 브라운George Spencer-Brown의 형식 개념을 차용해 체계와 환경의 관계를 설명한다. 스펜서 브라운에 따르면 형식은 단순한 형태가 아니라 양쪽을 나누는 차이다. 예를 들어 백지 위에 꺾쇠 'ㄱ'을 그려보자. 이 꺾쇠는 내부와 외부를 나누는 분리선으로서 형식의 한쪽 면을 다른 한쪽 면과 구별하는 동시에 양쪽 면이 함께 있음을 표시한다. 이런 구별 형식에서 체계는 항상 다른 한쪽 면의 환경과 짝을 맺는다. 즉 체계는 "체계와 환경의 차이"다.[109] 형식은 체계와 환경을 구별하는 동시에 구별의 한쪽 면, 곧 작동이 일어나

---

107 루만·하버마스, 2018, 9쪽.

108 니클라스 루만, 『체계이론 입문』, 윤재왕 옮김, 새물결, 2014b, 104쪽.

109 루만, 2014b, 87쪽.

는 체계를 지칭한다. 이를 통해 체계와 환경 간의 동시성과 작동(커뮤니케이션)의 시간 의존성이 확립된다.

이처럼 체계는 특수한 작동의 연쇄로 자신을 생산함으로써 체계와 환경을 구별하는데 이를 루만은 작동상의 폐쇄성operative Geschlossenheit이라고 불렀다. 이 테제의 중요성은 "체계가 체계 자신의 작동을 통해 자신의 경계를 설정해 자신을 환경으로부터 구별하고, 또한 그럴 때만 체계가 체계로서 관찰될 수 있다는 것"[110]이다. 전형적 사례로 면역체계를 들 수 있다. 표면적으로 면역체계는 외부에서 유입된 항원에 반응하는 것처럼 보이지만 모든 항원에 즉각 반응하는 것은 아니다. 항원에 대한 일정한 수용체를 가지는 면역체계는 식별 가능한 항원에 대해서만 즉각 반응할 뿐이다. 이 점에서 면역체계는 작동상 폐쇄된 체계다. 항원은 면역체계의 외적 요소가 아니라 내적 요소로 볼 수 있기 때문이다. 이런 특성은 사회적 체계에서도 마찬가지다. 예를 들어 법체계는 불법과 합법이라는 이중의 선별 코드에 의해서 식별된 것에만 작동하고, 경제체계는 지불과 비지불이라는 이중의 선별 코드에 의해서 식별된 것에만 작동한다.

이에 더해 루만은 인지생물학자 움베르토 마투라나에게 빌려온 자기생산 개념과 작동상의 폐쇄성이라는 체계의 특성을 연결한다. 이 개념은 고대 그리스에서 시작詩作이나 인공물의 제작을 뜻하는 포이에시스poiesis에 자기auto라는 접두사가 덧붙여진 합성어다. 이를 통해 루만은 자기 자신을 생산하는 체계는 고유한 구조를 생산할 뿐만 아니라 작

---

110 루만, 2014b, 120쪽.

동상의 자율성을 가진다는 점을 강조한다. 다시 말해 자기생산적 체계는 "자신의 구조만을 산출하는 것이 아니라 자신을 이루는 요소들을 바로 그 요소들 자체의 네트워크를 통해 산출"하는 체계다. "요소들은 정보들이고, 체계 안에서 차이를 만드는 차이들이다. 그리고 그런 한에서 그것들은 다른 사용단위들을 산출하기 위해 사용되는 단위들이고, 체계의 환경에는 그에 상응하는 것이 존재하지 않는다."[111] 자기생산적 체계는 환경으로부터 어떤 구조도 어떤 작동도 입수하지 않는다. 바로 이런 이유로 다른 사람의 생각을 고스란히 내 머릿속으로 옮겨 놓을 수 없고 화학적 과정이 곧바로 커뮤니케이션이 될 수 없다.

이렇듯 자기생산적 체계의 작동은 이중적이다. 첫째 체계는 작동을 통해 고유한 구조를 형성한다. 구조를 지속적인 무엇으로 이해하는 전통적 사유와 달리 루만은 구조를 "작동들의 연결 가능성과 관련된 기대"로 본다.[112] 따라서 구조는 체계가 작동할 때만 작용하고 항상 현재와만 관계한다. 여기서 작동은 체험이거나 행위일 수 있으며 기대는 주체의 주관적 기대가 아니라 체계가 수행하는 작동에 대한 기대다. 루만은 주체와 객체를 구별하는 대신에 체계의 작동과 이에 대한 관찰을 구별한다. 이를 통해 구조가 어떻게 복잡성을 감축하면서도 다양성을 상실하지 않는지에 주목한다. 이 문제를 루만은 조금 뒤에서 살펴볼 '구조적 결합strukturelle Kopplung'이라는 개념을 통해 다룬다.

둘째 체계는 작동을 통해 현재라는 역사적 상태를 규정한다. 체계

---

111 니클라스 루만, 『사회의 사회 1』, 장춘익 옮김, 새물결, 2014a, 87쪽.

112 루만, 2014b, 134쪽.

의 작동은 폐쇄성과 개방성의 차이를 재생산한다. 이 과정은 체계 스스로 전달과 정보를 구별하고 양자의 차이를 이해할 때만 가능하다. 커뮤니케이션은 정보, 전달, 이해라는 세 가지 선택의 합이다. 예를 들어 A가 B에게 '눈이 온다'고 말하는 경우를 가정해보자. 일차적으로 A는 눈이 온다는 사실을 정보로 선택한다. 그다음으로 A는 '눈이 온다'는 사실과 함께 B가 이것을 인지하기를 의도하는데 이것이 전달이다. 그리고 B가 이 두 가지를 모두 이해할 때 커뮤니케이션은 완결된다. 전달은 자기 지시, 곧 체계 자체를 지시하고 정보는 타자 지시, 곧 환경을 지시한다. "전달을 통해서 체계는 자기 자신과 관계한다. 전달은 후속 커뮤니케이션을 재귀적으로 체계와 관련지을 수 있는 가능성을 현실화한다. 이에 반해 정보를 통해서 체계는 전형적으로 자신의 환경을 지시한다. (…) 커뮤니케이션 작동 그 자체는 항상 선택적인 재귀를 통해서 체계와 환경의 차이를 재생산할 따름이다."[113]

체계의 작동은 환경 적응성을 전제하지만 환경을 통제할 수는 없다. 환경은 언제나 우연히 체계에 편입된다. 따라서 체계와 환경의 동시성을 보장하는 것은 작동의 시간성에 따른 인지 역량이다. 항상 현재적인 작동은 앞으로 수행될 작동들이 가능할 출발점이고 스스로 형성한 모든 구조를 변경할 수 있으며 언제나 재귀적으로 작동한다. 이렇게 해서 작동은 자신을 반성하고 교정할 수 있다. 이 순환 과정에 형식이 형식 안으로 또는 구별이 이미 구별된 것 안으로 다시 들어가는 것이라고 루만이 규정한 재진입이 함께 수행된다. 이로써 체계는 자기 지시와

---

113 루만, 2014a, 123쪽.

타자 지시의 구별을 기반으로 관찰과 성찰을 할 수 있게 된다.[114]

　루만은 체계와 환경의 관계를 '구조적 결합'이라는 개념으로 설명한다. 일차적으로 이 개념은 자기생산적 체계가 모두 구조적으로 결정된 체계로 작동한다는 것을, 즉 자신의 작동을 자신의 구조를 통해서만 결정할 수 있음을 전제한다.[115] 따라서 체계와 환경 간의 인과 작용은 오직 구조적 결합의 영역에서만 가능할 뿐이다. 환경은 체계보다 훨씬 더 높은 복잡성을 가진다. 복잡성은 요소 간 관계의 다양도이다. 체계는 환경 속의 모든 사건에 대응해 스스로 작동을 조정할 수 있는 역량을 갖추고 있지 못하다. 따라서 체계는 단지 일정한 방식으로 환경에서 발생한 사건들을 처리하거나 아니면 무시할 수밖에 없다. 여기서 하나의 역설이 생긴다. 체계의 작동상 폐쇄성이 되레 개방성의 기초가 되는 것이다. 다시 말해 복잡성을 감축하는 체계의 작동은 내적 복잡성 증가의 조건이 되고 이를 통해 체계는 환경에 대한 더 큰 개방성을 확보할 수 있다. 이렇게 해서 복잡한 구조의 체계는 환경에 더 쉽게 적응하고 환경 교란에 적절한 대응책을 스스로 고안해낼 수 있는 것이다.

　예를 들어 뇌를 생각해보자. 인간의 뇌는 시시각각 환경으로부터 쏟아져 들어오는 무수한 자극을 일정한 수의 감각기관과 그 기관들의 제한된 범위에서만 받아들인다. 그로 인해 뇌는 자신을 보호하고 과부하 상태에서 벗어날 수 있다. 이런 조건에서만 뇌는 내부에서 복잡한 구조를 구축함으로써 학습을 비롯한 복잡한 기능들을 수행할 뿐만 아

114　루만, 2014b, 106쪽.

115　루만, 2014a, 126쪽.

니라 외부 환경의 교란에 적절히 대처하는 능력도 향상한다. 그렇지만 환경은 언제든 체계를 파괴할 수 있다. 구조적 결합이 체계를 규정하는 것은 아니며 단지 체계에 장애를 제공하기 때문이다. "체계가 환경으로부터 영향을 받을 가능성은 극히 좁은 범위에 국한되면서도 바로 그 때문에 체계는 엄청난 상승과 축적 그리고 개연성을 획득하면서 동시에 세계의 다른 모든 문제들로부터 배제된다. 구조적 결합이라는 개념은 바로 이러한 점을 지칭한다."[116]

그렇다면 체계 내적으로 어떻게 정보나 교란을 파악할 수 있는가? 정보의 특징은 두 가지다. 하나는 정보가 항상 사건이라는 것이고, 다른 하나는 정보가 의외성과 기대라는 양면의 형식이라는 것이다. 예를 들어 친구가 약속 장소에 새로 키우게 된 개를 데리고 온다고 말했다면 소형견인지 대형견인지 종은 무엇인지 등이 궁금해지고 일정한 기대가 형성된다. 그런데 친구는 최소한 개가 아닌 다른 동물을 끌고 나오지는 않을 것이다. 이처럼 정보는 의외성을 주는 동시에 가능성의 범위를 제한함으로써 무수한 가능성 가운데 특정한 가능성을 선별하게 해준다.

정보의 양면적 형식은 체계의 상태를 변경할 수 있는 차이를 내포한다. 정보는 차이를 만드는 차이다. "정보 개념은 결코 통일된 단위를 표현하지 않는다. 첫 번째 차이 자체다. 두 번째는 차이가 발생하고 차이가 알려지기 이전의 체계의 상태와 이후의 체계의 상태의 차이다."[117] 따라서 정보는 체계가 수많은 가능성에서 특정한 가능성을 선별해내고

---

116 루만, 2014b, 160-161쪽.

117 루만, 2014b, 166쪽.

그것을 편제하고 배열하는 일정한 도식을 마련하고 기대를 형성하게 한다. 이것이 체계의 역량이다. 당연히 체계마다 그 역량은 다를 수 있다. 이렇듯 정보는 환경이 아니라 체계에서만 기능한다.

또한 루만은 정보와 의미를 구분한다. 자기생산적 체계의 작동에서 루만은 의미의 기능을 의식의 구조로 규명하고자 한다. 이것은 초월적 자아를 미리 전제하는 형이상학적 관점을 비판하고 의미를 체계 내적인 작동의 기능 개념으로 대체하는 것이다. 다시 말해 루만은 전통적인 주체 중심적 의미 개념의 이해에서 탈피해 의미를 체계이론에 동화시킨다. "의미 개념은 일차적으로, 즉 주체 개념과 관련되지 않은 채 정의되어야 한다. 왜냐하면 주체 개념은, 이미 유의미하게 구성된 주체 개념으로서 의미 개념을 전제하기 때문이다."[118] 이런 맥락에서 의미 개념은 행위이론의 층위 아래 있는 체계의 발생적 속성으로 편입된다. 의미란 "인간 체험의 질서 형식Ordnungsform, 즉 정보 수용과 의식된 체험 처리를 위한 전제들의 형식이며, 높은 복잡성의 의식된 파악과 환원을 가능하게 하는 것"[119]이다. 정보가 사건이라면 의미는 체계와 환경 간의 선택 관계다. 정보가 체험으로 의식 내용을 채운다면 의미는 내용과 무관한 선택 규칙이다. 따라서 의미의 기능은 다른 가능성들에 대한 접근을 알리고 통제하는 데 있다.[120] 예를 들어 하나의 정보로서 뉴스는 반복될 때 정보 가치를 잃게 되지만 선택 규칙이라는 의미는 상실하지 않는다. 유의미하게 구조화되는 기대를 통해 미래의 선택 가능성을 열어

---

118 루만·하버마스, 2018, 35쪽.

119 루만·하버마스, 2018, 73쪽.

120 루만·하버마스, 2018, 81쪽.

놓는 정보는 체험을 현재화하는 선택 규칙인 의미와 연결되면서 사람마다 상이하고 다양한 정보 가치를 창출한다.

　루만의 의미 개념의 본질은 스스로 "의미 구성 체험에서 부정성의 기능적 우선권"이라고 불렀던 부정 개념에 있다.[121] 대상의 의미는 다수의 가능성의 지평에서 부정을 통해 선별된다. 예를 들어 '이것은 고양이다'라는 사실은 이것이 개나 닭이나 다른 동물이 아니라는 부정을 통해 규정된다. 여기서 루만이 강조하는 것은 선택에서 배제된 가능성들이 소멸하는 것이 아니라 보존된다는 점이다. 선택에서 제외된 가능성들은 없어지지 않고 중립화된 채 괄호 안에 넣어져 가능한 선택지로 유보된다. 이렇게 해서 부정은 재귀성과 일반화의 근거를 확보한다. 부정의 재귀성은 일반화를 필요로 하며 일반화의 근거가 된다.[122] 그리고 의식은 성찰적 주체에 귀속되지 않으며 기능적으로 의미가 분석될 수 있는 체험과 관련된 체계적 작동에서 이해된다. 유의미한 체험 처리를 위해 의미는 오로지 작동을 통해서만 성립한다. "의미라는 매체의 고유성은 인식하는 체계들의 작동상의 폐쇄성에 대한 필수적 상관물이다. 의미는 오로지 그것을 사용하는 작동들의 의미로서, 그러니까 또한 작동들을 통해 규정되는 순간에만 존재하며, 그 전에도 그 후에도 존재하지 않는다. 따라서 의미는 그것을 사용하는 작동들의 산물이지, 어떤 창조, 설립, 기원 덕에 존재하는 세계의 속성이 아니다."[123]

　이러한 의미 구성에 기초한 체험에서 세 가지 차원의 일반화가 도

121　루만·하버마스, 2018, 42쪽.

122　루만·하버마스, 2018, 44쪽.

123　루만, 2014a, 62쪽.

출된다. 첫째는 대상의 구체적 모습이나 양태를 지시하는 사상적 차원의 일반화다. 둘째는 어떤 사물을 포착할 때 다른 모든 것이 그대로 유지되고 있으리라는 믿음과 연관된 시간적 차원의 일반화다. 어떤 대상이 그 자체일 수 있는 이유는 변화를 지속적으로 부정할 수 있을 때만 가능하다. 셋째는 사회적 차원의 일반화다. 이것은 동일한 대상이나 세계가 서로 다른 관점에서 체험됨을 지시한다. 이때 비非자아는 다른 사람의 자아로 체험된다. 의미 있는 객체 세계의 상호주관적 구성이라고 볼 수 있는 이 과정은 "체험하는 주체들의 비동일성"을 전제한다.[124] 따라서 소통은 단순히 정보나 의미의 전달이 아니라 참여자 중 최소 한 사람에게 정보를 전달하는 공통된 의미의 현재화다. 오직 의식을 통해서만 사회는 환경과 연결된다. 이러한 사회적 차원의 일반성을 고려할 때 의식은 더 이상 체험된 인상의 총체가 아니라 그것의 선택성을 통해 구성된 것으로 볼 수 있다. "의식이 규제하는 것은, 심리적 체계 안으로 자료를 도입하는 것이 아니라, 그러한 도입을 선택하는 능력이다. 의식이 규제하는 것은 '투입/산출 과정'이 아니라, 환경에 관한 인상들의 내적 처리다. 즉 의식은 자료를 규제하는 것이 아니라 체험의 성과를 규제한다."[125]

그렇다면 의식과 사회적 커뮤니케이션 사이의 연결 고리는 무엇인가? 루만은 의식과 사회적 커뮤니케이션을 잇는 연결 메커니즘을 언어로 본다.[126] 언어는 시간의 경과에도 일정하게 변하지 않고 고정되는

---

124 루만·하버마스, 2018, 62쪽.

125 루만·하버마스, 2018, 47쪽.

126 루만, 2014b, 159쪽.

구조적 측면과 기억과 학습이 가능하도록 상대적으로 유연한 도식적 측면을 가진다. 또 음성 언어든 문자 언어든 언어는 고도로 선별된 패턴으로 제한된 기호와 소리만을 인정함으로써 오히려 고도로 복잡한 조합이 가능해진다. 이런 복잡한 조합의 가능성은 한편으로는 의식 과정에, 다른 한편으로는 사회적 커뮤니케이션 과정에 연결돼 영향을 미친다. 언어에 대해서 루만은 말한다.

> 언어는 사고나 아니면 커뮤니케이션으로 수행되어야 한다. 따라서 언어는 고유한 체계를 형성하지도 않는다. 언어는 한편으로는 의식체계들이, 그리고 다른 편에서는 사회의 커뮤니케이션 체계가 완전히 닫힌 고유한 작동들을 통해 자기생산을 계속해나가는 것에 의존해 있으며, 이 상황은 달라지지 않는다. 만일 의식체계들과 커뮤니케이션 체계의 자기생산이 이루어지지 않는다면, 모든 말하기는 즉각 중단될 것이고 곧이어 더 이상 언어적으로 사고될 수도 없을 것이다."[127]

요컨대, 루만 체계이론의 작동 중심의 접근 방법, 즉 자기생산의 작동상의 폐쇄성에서 의미 문제는 독특한 위치를 점한다. 작동상의 폐쇄를 통한 체계 자체의 성립과 체계와 환경 간의 구조적 결합으로 체계 전체의 작동을 해명하려는 루만의 고유한 논리에서 의미는 체계의 커뮤니케이션의 선별 형식이자 인간 체험의 질서 형식으로 기능한다. 의미는 요소들 간의 작동, 코드, 규칙이라는 체계 순환적 메커니즘에서

---

127 루만, 2014a, 139쪽.

산출되는 것이 아니라 작동의 선별 형식으로 전제됨으로써 체계 자체의 작동에 구조적으로 동화된다. 이를 통해 루만은 복잡성을 축소하는 체계의 작동상의 폐쇄성과 의미에 의해 매개된 선택성 문제를 하나로 연결함으로써 체계의 환경 개방성과 의미의 개방성을 동일한 수준에 올려놓고 있다.

루만의 체계이론적 기획에 대한 하버마스의 비판은 일차적으로 범주 오류의 문제에 집중된다. 즉 루만이 생명을 토대로 통합된 유기적 체계와 의미를 토대로 통합된 사회적 체계를 구별하지 않고 기능주의적 분석이라는 하나의 방법으로 양자를 동일하게 다루는 오류를 범했다는 것이다. 하버마스는 사이버네틱스 모델을 적용하려면 두 가지 조건이 충족돼야 한다고 본다. 하나는 체계와 환경의 경계 구획이고 다른 하나는 일정한 시간 안에서 체계 유지 상태라는 목표의 달성이다. 하버마스가 보기에 이런 조건이 충족됐을 때만 경험적으로 체계의 상태가 파악될 수 있다. 예를 들어 체계의 존속이라는 차원에서 생명체는 죽음이라는 분명한 분할선이 있지만 사회적 체계에는 그런 것이 없다. 사회적 체계는 생물학적 생명이 아닌 소위 문화적 생명을 부단히 창출하기 때문이다. 이런 이유에서 하버마스는 유기적 체계의 존재를 사이버네틱스 모델로 분석할 수 있을지는 몰라도 사회적 체계들의 존재를 동일한 모델로 분석할 수는 없다고 주장한다. 사회적 체계의 존재를 위한 전제 조건은 어떤 불변 항이 아니기 때문이다. 이 전제 조건은 결코 사회화된 개인들이 역사적으로 가변적인 문화적 자기 이해와 무관한 변수로 개념화될 수 없다는 것을 규정한다.[128] 이런 방식으로 하버마스는 체계의 작동과 유지에서 인간학적 전제 조건을 문제 삼고 있다.

하버마스는 사회적 체계들의 전제 조건을 해명하기 어렵다는 사실을 루만이 간파하고 있었고 이를 사이버네틱스의 기본 개념을 급진화함으로써 극복하려 했다고 본다. 구체적으로 루만은 구조기능주의적 체계이론을 기능구조주의적 체계이론으로 대체한다. 기능구조주의적 체계이론은 구조와 과정의 차이까지도 기능적 관점에서 바라보고, 그 차이를 기능적으로 의미 있는 현실의 분화로 간주하며, 복잡성 문제와 관련짓는다. 이 이론은 구조와 과정의 분화 기능이 이중적 선택성을 경유해 복잡성 환원에 이른다고 본다.[129]

그렇지만 하버마스가 보기에 루만은 환경의 복잡성과 사회적 체계의 환경에 해당하는 상징적으로 구조화된 세계의 복잡성을 혼동하거나 무시하고 있다. 상징적으로 구조화된 세계의 복잡성은 사회적 체계의 차원에서는 체계의 환경 자체이기 때문이다. 체계와 환경 사이에 또 하나의 층이 존재하며 이 층은 사회적 체계에서는 고유한 환경이다. 이 점에 대해서 하버마스는 다음과 같이 말한다.

유기체적 체계들의 환경은 비교행동학 연구가 윅스퀼 이래 볼 수 있는 것처럼, 사이버네틱스적으로 존재 비판적이며, 종에 따라 특수한 장치의 '체계 구조' 자체를 통해 규정된 세계 단편으로서 파악할 수 있다. 반면 상징적으로 구조화된 사회 집단들의 세계는 체계에 관련된 세계 단편에 제한되어 있지도 않고(세계 개방성), 단순히 현실의 복잡성을 모사하지도 않

---

128 루만·하버마스, 2018, 172쪽.
129 루만·하버마스, 2018, 173-174쪽.

는다. 그 세계는 오히려 역사적으로 변동을 겪을 수 있는 적실성 구조들을 가진 2차적 환경이다. 문화적 해석체계들은 주변의 인지적 처리(외적 실재에 관해 경험적으로 내용이 풍부한 정보들) 그리고 자연사적으로 전승된 욕구 잠재들의 해석(사회화된 개인들의 독특한 이해구조들을 관련지으면서도 도달하지 못하며 그 점에 있어서 또한 인지적으로 중요한, 내적 실재의 고정)의 두 가지를 동시에 수행해낸다.[130]

이렇게 체계와 환경 사이에 상징적으로 구조화된 세계라는 또 다른 환경을 상정함으로써 하버마스는 의미를 전前 언어적 체계의 속성으로 여기는 루만의 입장을 비판한다. 의미를 체험의 선택성 형식으로 보는 루만은 체험하는 주체들의 비동일성을 전제로 소통을 참여자 중 최소 한 사람에게 정보를 전달하는 공통된 의미의 현재화로 규정한다. 하버마스는 루만도 인정하듯이 모든 정보 교환은 기본적으로 공동의 기초를 형성하는 의미 구조를 전제한다는 사실을 강조한다. 따라서 의미의 분석은 체험의 형식이 아니라 의미 생성의 공통성을 우선 고려해야한다. 하버마스가 보기에 의사소통을 위한 상호주관적 타당성이 없는전 언어적 의미란 애당초 존재하지 않는다. 의미는 원천적으로 루만의생각처럼 체험의 영역에 묶여 있는 것이 아니라 의사소통적 행위 체계의 영역에 있는 것이다. "의미는 서로를 인정하는 주체들의 기대의 상호 재귀성에서 동일한 의의로서 형성된다. 주체들이 어떤 것에 관해 상호 이해할 수 있기 위해 서로를 만나야 하는 상호 주관성 층위는 가능

---

130 루만·하버마스, 2018, 184-185쪽.

한 대화 구조에 묶여 있다. 의미는 상호주관적 타당성 없이는 생각할 수 없다. 그래서 의미는 언제나 상징들로 표현되어야 한다."[131]

하버마스는 루만의 자기생산적 체계의 작동을 통한 경계 형성이 사회적 체계에서는 성공하지 못하는 이유를 사회적 체계의 작동에서 산출되는 의미 경계들이 근본적으로 해석학적 여지를 내포하고 있기 때문이라고 본다. 따라서 사회적 체계이론에 선행해서 세계의 해석으로 동일성을 보증할 수 있는 해석 체계가 필요하다. 즉 세계관과 문화의 생성 및 구조적 변화를 체계적으로 설명할 수 있는 이론이 사회적 체계이론에 선행해야 한다. 하버마스는 언어와 일상 언어적 소통에 대한 일반 이론을 통해서만 해석 체계의 생성과 구조 변동을 이해할 수 있다고 생각한다. 하지만 하버마스는 의미를 언어와 의사소통적 합리성의 영역에서만 다룸으로써 의미의 보다 넓은 보편성과 일반성에 대한 이해를 제약할 뿐만 아니라 상징적으로 구조화된 체계의 근본 원리를 언어의 의사소통적 합리성으로 귀속시키는 문제를 드러낸다.

의미 문제와 관련해서 루만에 대한 하버마스의 비판은 카시러의 문화철학적 이론으로 뒷받침될 수 있다. 카시러는 정신의 형태화 작용이라는 정신의 일반 원리와 상징형식이라는 보편적 형식을 기반으로 지각 수준에서부터 문화의 생성 및 구조적 변화 전체를 체계적으로 이해할 수 있는 이론을 제시한다. 카시러는 '상징적 수태'라는 개념을 통해 지각 수준에서부터 이미 인간은 의미로 충만한 세계를 살아간다는 측면을 강조한다. 수태라는 표현에서 알 수 있듯이, 지각은 사후에 의

---

131 루만·하버마스, 2018, 216쪽.

미 영역으로 포섭되는 것이 아니라 그 속에서 출현한다. 지각은 충만한 현실성과 함께 특정한 의미 질서 속에 현존한다. 이런 지각 세계는 풍부하고 다채로운 의미 기능으로 가득 찬 내용을 의식에 제공하고 이를 통해 인간은 경험 세계 전체를 구성할 수 있게 된다. 결론적으로, 체계이론을 적극적으로 수용한 학자들의 논의는 의미 생성의 문제를 적절히 설명하지 못하는 한 테크놀로지를 포함한 문화 세계 전체에 대한 총체적 이해에 도달할 수 없을 것이다.

지체된 문명 전환의 위기

전체적으로 문명의 발전을 일별해보면, 우리는 아주 느리고 완만한 진보의 추이를 발견할 수 있을지 모른다. 그렇지만 개별 문명의 생멸 부침에서 나타나는 일반적인 패턴을 통해 문명이 철저한 해체와 재구성의 과정이라는 사실을 어렵지 않게 알 수 있다. 지금도 사막 한가운데서 흔적을 찾아볼 수 있는 고대 문명이나 한때 지중해 전체를 장악했던 로마의 역사를 통해서 말이다. 문명의 전환은 결코 누적적이거나 단선적인 진화나 진보의 과정이 아니라 해체된 기존 문명의 잔해 속에서 새로운 관념들을 중심으로 새로운 질서를 역동적으로 창출하는 단속평형적 진화와 닮았다. 그리고 이런 전환 과정에서 기존 관념과 습관의 패턴이 사라지고 그 빈자리를 새로운 관념과 습관의 패턴이 대체하기 전 시기, 즉 소위 이행기에는 온갖 무질서와 혼란이 만연하기 마련이다. 20세기 이후를 돌아볼 때 현재 인류는 기계문명의 끝자락 어디쯤이나 무질서와 혼란이 난무하는 이행기를 거치고 있는지도 모른다. 이런 맥락에서 현대 문명의 위기는 지체된 전환의 위기라는 성격을 띤다.

근대 이후 서구 유럽의 문명은 두 차례 거대한 불연속을 겪었다.

첫째 불연속은 17세기 천재들이 만들어낸 새로운 관념들을 바탕으로 19세기에 정점에 이른 기계문명의 형성 자체였다. 이 전체 과정은 과학적 자연관, 자본주의 경제 시스템, 민주주의 정치체계, 개인을 중심으로 한 윤리관, 예술과 기술의 분리라는 근대를 구성하는 일반적 특징들이 전 세계로 확산되는 흐름과 궤를 같이했다. 특히 1차 산업혁명은 전례를 찾아볼 수 없는 풍요의 경제를 실현한 일등공신이었다. 그렇지만 이런 근대적 프로젝트는 물질적 풍요만큼이나 수많은 문제점을 양산했다. 그중에서도 가장 큰 문제는 두 가지다. 하나는 인간이 만든 기계에 의해서 되레 인간이 통제되고 종속되는 상황이었으며, 다른 하나는 전 지구적 차원에서 되돌릴 수 없는 환경파괴의 위험을 초래한 것이었다.

둘째 불연속은 기계문명의 파산선고가 내려진 2차 세계대전 이후에 본격화하기 시작했다. 20세기부터 시작된 학문적 패러다임의 전환은 근대의 기계적 세계관을 탈피한 새로운 세계관을 우리 앞에 펼쳐 보이고 있다. 이제 우리는 계산 가능성, 선형성, 결정성, 시간 가역성이 특징인 근대적 세계가 아니라 예측 불가능성, 비선형성, 비결정성, 시간 불가역성이 특징인 세계에 살고 있다. 이 새로운 세계관이 문명이 전환되는 현재의 위기를 극복하기 위한 적절한 대안이 될 수 있을까? 아직 알 수 없다. 이런 상황에서 자본권력과 정치권력이 하나로 통합된 테크놀로지가 또 다른 위험한 변수로 떠오르고 있다.

기술철학의 임무는 인간의 문화와 테크놀로지의 관계 방식을 다각도로 파악함으로써 다가올 미래에 요구되는 청사진을 그려보는 것이다. 이때 기술철학은 절대 근시안적 접근법에 안주해서는 안 되고 거시적이고 통합적인 접근법으로 현상을 구성하는 다양한 계기들을 꼼꼼하게 살펴봐야 한다. 테크놀로지는 문화와 괴리된 자족적이고 독립적인 영역이 아닐뿐더러 인간의 다양한 사유와 노력의 역사적 결과물이기 때문이다. 이는 현대의 위기의 중심에 있는 테크놀로지를 단지 응용과학이나 물질적 실천이 아니라 하나의 의미체계로 볼 것을 요구한다. 따라서 기술철학의 일차 목표는 의미체계의 변동이라는 역사적, 문화적 통일성 속에서 현대 테크놀로지의 본질적인 의미와 특성을 파악하는 것이다. 이 과정에서 우리는 다양한 기술의 공존 가능성과 기술 이해의 다수성을 확인함으로써 문화 세계 전체에 테크놀로지를 재통합할 수 있는 새로운 가능성을 열게 될 것이다.

이러한 기술철학의 본령은 예술과 기술의 새로운 통합을 통해 기계적 세계관에서 유기체적 세계관으로의 전환을 주장했던 멈퍼드의 철학적 사유, 그동안 문화에서 배제된 기술의 존재론적 지위를 복원함으로써 기술을 다시 문화 세계에 통합해야 한다고 주장했던 시몽동의 철학적 사유, 그리고 기술의 우위성을 인정하면서도 기술의 근본 형식과 가능성을 통해 기술을 체계적으로 문화에 통합해야 한다고 주장했던 카시러의 철학적 사유와 공명한다. 테크놀로지의 폭주로 나타나는 현대 위기의 본질은 지체된 문명 전환의 위기라는 성격을 띤다. 이는 지난날 우리 삶의 중심에 자리 잡고 있었던 자본, 권력, 기계, 테크놀로지에서 탈피해 새로운 질서를 구성할 새로운 관념들의 창출을 긴급히 요청하고 있다. 새로운 정신은 새로운 과학이나 새로운 테크놀로지보다 훨씬 더 중요하다. 이제 우리 앞에는 근본적인 불확실성 속에서 새로운 질서와 동적 균형을 창출해야 하는 긴급한 과제가 놓여 있다. 이는 과거의 기계문명에서 의도적으로 배제됐던 인간, 생명, 생태, 공존의 가치를 문화라는 전체 틀에서 재구성하고 테크놀로지를 이 관계망의 일부로 다시 포섭하는 일이 될 것이다.

참고문헌

국내 문헌

강성화, 「자크 엘륄의 '자율적' 기술 개념」, 『철학연구』 54, 2001, 273-293쪽.

강철웅 외, 『서양고대철학 1』, 도서출판 길, 2013.

거스리, W. K. C., 『희랍 철학 입문』, 박종현 옮김, 서광사, 2000.

고피, 장 이브, 『기술철학: 테크노월드 속의 도구적 인간』, 황수영 옮김, 한길사, 2003.

굴드, 스티븐 제이, 『시간의 화살, 시간의 순환』, 이철우 옮김, 아카넷, 2012.

그랜트, 에드워드, 『중세의 과학』, 홍성욱·김영식 옮김, 지식을만드는지식, 2014.

그린, 브라이언, 『우주의 구조』, 박병철 옮김, 승산, 2005.

김덕영, 『게오르그 짐멜의 모더니티 풍경 11가지』, 도서출판 길, 2007.

김상환, 「데리다의 텍스트」, 『철학사상』 제27권, 2008, 91-121쪽.

———, 「상징과 철학」, 『철학사상』 제16권, 별책 1권 제4호, 2003, 480-511쪽.

김율, 『서양 고대 미학사 강의』, 한길사, 2010.

———, 『중세의 아름다움』, 한길사, 2017.

김인곤 외 옮김, 『소크라테스 이전 철학자들의 단편 선집』, 아카넷, 2005.

김형수, 「지성적 신비주의의 요체로서 쿠자누스의 intellectus 개념」, 『神學展望』 197호, 2017, 39-70쪽.

나카무라 유지로, 『토포스』, 박철은 옮김, 그린비, 2012.

노에 게이치, 『과학 인문학으로의 초대』, 이인호 옮김, 오아시스, 2017.

노영덕, 『플로티노스의 미학과 예술의 존재론적 지위』, 한국학술정보(주), 2008.

니체, 프리드리히, 『권력의지』, 김세영·정명진 옮김, 부글북스, 2018.

———, 『바그너의 경우·우상의 황혼·안티크리스트·이 사람을 보라·디오니소스 송가·니체 대 바그너』, 백승영 옮김, 책세상, 2002.

———, 『즐거운 학문·메시나에서의 전원시·유고(1881년 봄~1882년 여름)』, 안성찬·홍사현 옮김, 책세상, 2005.

──────, 『차라투스트라는 이렇게 말했다』, 정동호 옮김, 책세상, 2009.

다나카 준, 『아비 바르부르크 평전』, 김정복 옮김, 휴먼아트, 2013.

단치히, 토비아스, 『수, 과학의 언어』, 권혜승 옮김, 한승, 2008.

데만트, 알렉산더, 『시간의 탄생』, 이덕임 옮김, 북라이프, 2018.

데카르트, 르네, 『방법서설/정신지도규칙』, 이현복 옮김, 문예출판사, 2019.

──────, 『철학의 원리』, 원석영 옮김, 아카넷, 2002.

뒤르켐, 에밀, 『종교생활의 원초적 형태』, 노치준·민혜숙 옮김, 민영사, 1992.

라이헨바흐, 한스, 『양자역학의 철학적 기초』, 강형구 옮김, 지식을만드는지식, 2014.

랭거, 수잔, 『예술이란 무엇인가』, 박용숙 옮김, 문예출판사, 1984.

로스, W. D., 『아리스토텔레스』, 김진성 옮김, 세창출판사, 2016.

로크, 존, 『통치론』, 권혁 옮김, 돋을새김, 2019.

루만, 니클라스, 『사회의 사회 1』, 장춘익 옮김, 새물결, 2014a.

──────, 『체계이론 입문』, 윤재왕 옮김, 새물결, 2014b.

루만, 니클라스·하버마스, 위르겐, 『사회이론인가, 사회공학인가? 체계이론은 무엇을 수행하는가?』, 이철 옮김, 이론출판, 2018.

르 고프, 자크, 『서양 중세 문명』, 유희수 옮김, 문학과지성사, 2008.

리오타르, 장 프랑수아, 『포스트모던의 조건』, 유정완·이삼출·민승기 옮김, 민음사, 1992.

리케르트, 하인리히, 『문화과학과 자연과학』, 이상엽 옮김, 책세상, 2004.

리프킨, 제러미, 『엔트로피』, 이창희 옮김, 세종연구원, 2000.

린드버그, 데이비드, 『서양과학의 기원들』, 이종흡 옮김, 나남, 2009.

린들리, 데이비드, 『볼츠만의 원자』, 이덕환 옮김, 승산, 2003.

마르크스, 칼, 『경제학 철학 수고』, 김태경 옮김, 이론과실천, 1987.

마이어, 에른스트, 『이것이 생물학이다』, 최재천 외 옮김, 바다출판사, 2016.

마인처, 클라우스, 『시간이란 무엇인가』, 두행숙 옮김, 들녘, 2005.

마흐, 에른스트, 『역학의 원리』, 고인석 옮김, 한길사, 2014.

멈퍼드, 루이스, 『기술과 문명』, 문종만 옮김, 책세상, 2013.

──────, 『유토피아 이야기』, 박홍규 옮김, 텍스트, 2010.

──────, 『인간의 전환』, 박홍규 옮김, 텍스트, 2011.

모노, 자크, 『우연과 필연』, 조현수 옮김, 궁리, 2010.

문창옥 외, 『현대철학의 모험: 20세기에는 무엇을 사유했는가』, 도서출판 길, 2007.

바움가르텐, 알렉산더 고틀리프, 『미학』, 김동훈 옮김, 마티, 2019.

박영도, 『비판의 변증법』, 새물결, 2011.

박종현, 『적도(適度) 또는 중용의 사상』, 아카넷, 2014.

———, 「플라톤에 있어서의 만듦(創造)의 문제」, 『인문과학』 6권, 1977.

———, 「플라톤 철학의 기본 구조」, 『학술원논문집』(인문·사회과학편) 제56집 2호, 2017, 1-50쪽.

———, 『헬라스 사상의 심층』, 서광사, 2001.

박희영, 「종교란 무엇인가?-고대 신화와 의식에 대한 분석을 중심으로」, 『서양고전학연구』 13, 1999, 301-332쪽.

박희영 외, 『플라톤 철학과 그 영향』, 서광사, 2001.

발레리, 폴, 『레오나르도 다빈치 방법 입문』, 김동의 옮김, 이모션북스, 2016.

발리바르, 프랑수아즈 외, 『물질이란 무엇인가』, 박수현 옮김, 알마, 2009.

백종현, 『인간이란 무엇인가』, 아카넷, 2018.

———, 「칸트철학에서 '선험적'과 '초월적'의 개념 그리고 번역어 문제」, 『칸트연구』 제25집, 2010.

베르그송, 앙리, 『의식에 직접 주어진 것들에 관한 시론』, 최화 옮김, 아카넷, 2001.

베르낭, 장 피에르, 『그리스인들의 신화와 사유』, 박희영 옮김, 아카넷, 2005.

베르탈란피, 루트비히 폰, 『일반체계이론』, 현승일 옮김, 민음사, 1990.

브라이도티, 로지, 『포스트휴먼』, 이경란 옮김, 아카넷, 2015.

브루노, 조르다노, 『무한자와 우주와 세계/원인과 원리와 일자』, 강영계 옮김, 한길사, 2000.

브린욜프슨, 에릭 외, 『제2의 기계시대』, 이한음 옮김, 청림출판, 2014.

베이컨, 프랜시스, 『새로운 아틀란티스』, 김종갑 옮김, 에코리브르, 2002a.

———, 『신기관』, 김홍표 옮김, 지식을만드는지식, 2014.

———, 『학문의 진보』, 이종흡 옮김, 아카넷, 2002b.

베버, 막스, 『경제와 사회』, 박성환 옮김, 문학과지성사, 1997.

베블런, 소스타인, 『자본의 본성에 관하여 외』, 홍기빈 옮김, 책세상, 2009.

———, 『장인본능-그리고 산업 기술의 상태』, 양소연·유승호 옮김, 지식을만드는지식, 2020.

섀넌, 클로드·위버, 워런, 『수학적 커뮤니케이션 이론』, 백영민 옮김, 케뮤니케이션북스, 2016.

서양근대철학회, 『서양근대미학』, 창비, 2012.

세넷, 리차드, 『장인』, 김홍식 옮김, 21세기북스, 2010.

세르, 미셸 외, 『인간이란 무엇인가』, 배영란 옮김, 알마, 2009.

셸링, 프리드리히 W. J.,『신화철학 1』, 김윤상·심철민·이신철 옮김, 나남, 2009.

소포클레스,『그리스 비극』, 조우현 옮김, 현암사, 2006.

손화철,「자끄 엘륄의 기술철학과 기독교 사상: '변증법' 개념을 중심으로」,『신앙과
　　　학문』19권 3호, 2013, 35-57쪽.

─── ,『호모 파베르의 미래』, 아카넷, 2020.

슘페터, 조지프,『경제분석의 역사 1』, 김균 외 옮김, 한길사, 2013.

쉬너, 래리,『예술의 탄생』, 김정란 옮김, 들녘, 2007.

스넬, 브루노,『정신의 발견: 서구적 사유의 그리스적 기원』, 김재홍 옮김, 까치,
　　　1994.

시몽동, 질베르,『기술적 대상들의 존재 양식에 대하여』, 김재희 옮김, 그린비, 2011.

─── ,『형태와 정보 개념에 비추어 본 개체화』, 황수영 옮김, 그린비, 2017.

신상규,『호모 사피엔스의 미래』, 아카넷, 2014.

신응철,「두 문화-문화과학과 자연과학 그리고 인간: 카시러와 부버의 논의를 중심
　　　으로」,『Trans-Humanities』8권 2호, 2015, 41-66쪽.

신호재,『정신과학의 철학』, 이학사, 2018.

아리스토텔레스,『니코마코스 윤리학』, 천병희 옮김, 도서출판 숲, 2013.

─── ,『범주론·명제론』, 김진성 역주, 이제이북스, 2005.

─── ,『수사학/시학』, 천병희 옮김, 도서출판 숲, 2017a.

─── ,『시학』, 손명현 옮김, 고려대학교출판부, 2009a.

─── ,『정치학』, 김재홍 옮김, 도서출판 길, 2017b.

─── ,『정치학』, 천병희 옮김, 도서출판 숲, 2009b.

─── ,『형이상학 1』, 조대호 옮김, 나남, 2012a.

─── ,『형이상학 2』, 조대호 옮김, 나남, 2012b.

아우구스티누스,『고백론』, 김평옥 옮김, 범우사, 1987.

─── ,『신국론』, 추인해 옮김, 동서문화사, 2013.

─── ,『질서론』, 성염 역주, 분도출판사, 2017.

─── ,『참된 종교』, 성염 역주, 분도출판사, 2011.

아스만, 알라이다,『기억의 공간』, 변학수·백설자·채연숙 옮김, 경북대학교 출판
　　　부, 2003.

아이디, 돈,『기술철학』, 김성동 옮김, 철학과현실사, 1998.

아이글러, 군터,『시간과 시간의식』, 백훈승 옮김, 간디서원, 2006.

아퀴나스, 토마스,『신학대전 1』, 정의채 옮김, 바오로딸, 2002.

─── ,『신학대전 5』, 정의채 옮김, 바오로딸, 1998.

――――, 『신학요강』, 박승찬 옮김, 나남, 2008.

야머 막스, 『공간 개념』, 이경직 옮김, 나남, 2008.

알버트, 칼, 『플라톤 철학과 헬라스 종교』, 이강서 옮김, 아카넷, 2011.

암스트롱, 카렌, 『축의 시대』, 정영목 옮김, 교양인, 2010.

야마모토 요시타카, 『과학의 탄생』, 이영기 옮김, 동아시아, 2005.

――――, 『16세기 문화혁명』, 남윤호 옮김, 동아시아, 2010.

에코, 움베르토 외, 『중세 I』, 김효정·최병진 옮김, 시공사, 2015a.

――――, 『중세 II』, 윤종태 옮김, 시공사, 2015b.

――――, 『중세 IV』, 김효정·주효숙 옮김, 시공사, 2018.

에코, 움베르토, 『미의 역사』, 이현경 옮김, 열린책들, 2005.

――――, 『중세의 미와 예술』, 손효주 옮김, 열린책들, 1998.

――――, 『중세의 미학』, 손효주 옮김, 열린책들, 2009.

에픽테토스, 『왕보다 더 자유로운 삶』, 김재홍 옮김, 서광사, 2013.

엘리아데, 미르체아, 『성과 속』, 이은봉 옮김, 한길사, 1998.

――――, 『신화와 현실』, 이은봉 옮김, 한길사, 2011.

――――, 『이미지와 상징』, 이재실 옮김, 까치, 1998.

엘륄, 자크, 『기술의 역사』, 박광덕 옮김, 한울, 1996.

――――, 『기술 체계』, 이상민 옮김, 대장간, 2013.

엘틱, 리처드, 『빅토리아 시대의 사람들과 사상』, 이미애 옮김, 아카넷, 2011.

오미라, 도미니크, 『플로티노스 엔네아데스 입문』, 안수철 옮김, 탐구사, 2009.

옹, 월터, 『구술문화와 문자문화』, 임명진 옮김, 문예출판사, 2018.

요나스, 한스, 『기술 의학 윤리』, 이유택 옮김, 도서출판 솔, 2005.

――――, 『책임의 원칙』, 이진우 옮김, 서광사, 1994.

――――, 『희망의 혁명』, 김성훈 옮김, 문예출판사, 2023.

위너, 랭던, 『길을 묻는 테크놀로지』, 손화철 옮김, 도서출판 CIR, 2010.

――――, 『자율적 테크놀로지와 정치철학』, 강정인 옮김, 아카넷, 2000.

위너, 노버트, 『인간의 인간적 활용: 사이버네틱스와 사회』, 이희은·김재영 옮김, 텍스트, 2011.

윅스퀼, 야콥 폰, 『동물들의 세계와 인간의 세계』, 정지은 옮김, 도서출판b, 2012.

이브 고피, 장, 『기술철학』, 황수영 옮김, 한길사, 2003.

이기상, 「존재 역운으로서의 기술」, 『존재론연구』 6권, 2001, 308-355쪽.

이와우치 쇼타로, 『새로운 철학 교과서』, 이신철 옮김, 도서출판b, 2020.

이종관, 『포스트휴먼이 온다』, 사월의책, 2017.

일리치, 이반, 『텍스트의 포도밭』, 정영목 옮김, 현암사, 2016.

일리치, 이반·샌더스, 배리, 『ABC, 민중의 마음이 문자가 되다』, 권루시안 옮김, 문학동네, 2016.

전헌상, 「플라톤의 『고르기아스』에서의 technē와 dynamis」, 『철학사상』 제44권, 2012, 111-143쪽.

첼러, E., 『희랍철학사』, 이창대 옮김, 이론과실천, 1993.

질송, 에티엔느, 『중세철학사』, 김기찬 옮김, 현대지성사, 1997.

최종고, 『서양법제사』, 박영사, 1984.

카스텔, 마누엘, 『네트워크 사회의 도래』, 김묵한·박행웅·오은주 옮김, 한울아카데미, 2003.

카시러, 에른스트, 『계몽주의 철학』, 박완규 옮김, 민음사, 1995.

———, 『괴테와 플라톤』, 추정희 옮김, 부북스, 2016.

———, 『국가의 신화』, 최명관 옮김, 도서출판 창, 2013.

———, 『르네상스 철학에서의 개체와 우주』, 박지형 옮김, 민음사, 1996.

———, 『문화과학의 논리』, 박완규 옮김, 도서출판 길, 2007.

———, 『상징 신화 문화』, 심철민 옮김, 아카넷, 2012.

———, 『상징형식의 철학 1: 언어』, 박찬국 옮김, 아카넷, 2011.

———, 『상징형식의 철학 2: 신화적 사유』, 박찬국 옮김, 아카넷, 2014.

———, 『상징형식의 철학 3: 인식의 현상학』, 박찬국 옮김, 아카넷, 2019.

———, 『언어와 신화』, 신응철 옮김, 지식을만드는지식, 2015.

———, 『인간이란 무엇인가』, 최명관 옮김, 도서출판 창, 2008.

———, 『인문학의 구조 내에서 상징형식 개념 외』, 오향미 옮김, 책세상, 2002.

칸트, 임마누엘, 『순수이성비판 1』, 백종현 옮김, 아카넷, 2006.

———, 『실용적 관점에서의 인간학』, 백종현 옮김, 아카넷, 2014.

———, 『판단력비판』, 백종현 옮김, 아카넷, 2010.

캠벨, 조지프, 『원시 신화』, 이진구 옮김, 까치, 2003.

케이시, 에드워드, 『장소의 운명』, 박성관 옮김, 에코리브르, 2016.

켈리, 케빈, 『통제 불능』, 이충호·임지원 옮김, 김영사, 2015.

코페르니쿠스, 니콜라우스, 『천체의 회전에 관하여』, 민영기·최원재 옮김, 서해문집, 1998.

쿠자누스, 니콜라우스, 『박학한 무지』, 조규홍 옮김, 지식을만드는지식, 2013.

———, 『신의 바라봄』, 김형수 옮김, 가톨릭출판사, 2014.

쿤, 토머스, 『코페르니쿠스 혁명』, 정동욱 옮김, 지식을만드는지식, 2016.

쿨랑주, 퓌스텔 드,『고대도시』, 김응종 옮김, 아카넷, 2000.

코올즈, 피터,『우주론이란 무엇인가』, 송형석 옮김, 동문선, 2003.

코젤렉, 라인하르트,『코젤렉의 개념사 사전 11: 위기』, 원석영 옮김, 푸른역사, 2019.

키케로, 마르쿠스 툴리우스,『법률론』, 성염 옮김, 한길사, 2007.

─── ,『투스쿨룸 대화』, 김남우 옮김, 아카넷, 2014.

타타르키비츠, W.,『미학사 2』, 손효주 옮김, 미술문화, 2006.

─── ,『미학의 기본 개념사』, 손효주 옮김, 미술문화, 2017.

파노프스키, 에르빈,『고딕건축과 스콜라철학』, 김율 옮김, 한길사, 2016.

─── ,『상징형식으로서의 원근법』, 도서출판b, 2014.

─── ,『파노프스키의 이데아』, 마순자 옮김, 예경, 2005.

페란도, 프란체스카,『철학적 포스트휴머니즘』, 이지선 옮김, 아카넷, 2021.

페트로스키, 헨리,『공학을 생각한다』, 박중서 옮김, 반니, 2017.

포스트먼, 닐,『테크노폴리』, 김균 옮김, 궁리, 2005.

포퍼, 칼,『추측과 논박 I』, 이한구 옮김, 민음사, 2001.

폴라니, 마이클,『개인적 지식』, 표재명 · 김봉미 옮김, 아카넷, 2001.

푸앵카레, 앙리,『과학과 가설』, 이정우 · 이규원 옮김, 에피스테메, 2014.

푸코, 미셸,『말과 사물』, 이규현 옮김, 민음사, 2012.

─── ,『비판이란 무엇인가?/자기 수양』, 심세광 · 전혜리 옮김, 동녘, 2016.

─── ,『칸트의 인간학에 관하여』, 김광철 옮김, 문학과지성사, 2008.

프리고진, 일리야,『확실성의 종말』, 이덕환 옮김, 사이언스북스, 1996.

─── ,『혼돈으로부터의 질서』, 신국조 옮김, 자유아카데미, 2011.

플라톤,『고르기아스/메넥세노스/이온』, 박종현 역주, 서광사, 2018.

─── ,『국가』, 박종현 역주, 서광사, 1997.

─── ,『법률』, 박종현 역주, 서광사, 2009.

─── ,『소피스테스』, 김태경 옮김, 한길사, 2000a.

─── ,『에우티프론, 소크라테스의 변론, 크리톤, 파이돈』, 박종현 역주, 서광사, 2003.

─── ,『정치가』, 김태경 옮김, 한길사, 2000b.

─── ,『크라튈로스』, 천병희 옮김, 도서출판 숲, 2014.

─── ,『테아이테토스』, 정준영 옮김, 아카넷, 2022.

─── ,『티마이오스』, 박종현 · 김영균 역주, 서광사, 2000c.

─── ,『파이드로스』, 박종현 역주, 서광사, 2016.

─── ,『프로타고라스/라케스/메논』, 박종현 역주, 서광사, 2010.

────,『필레보스』, 박종현 역주, 서광사, 2004.

────,『향연/파이드로스/리시스』, 박종현 역주, 서광사, 2016.

플로티노스,『엔네아데스』, 조규홍 옮김, 지만지, 2009.

────,『영혼-정신-하나』, 조규홍 옮김, 나남, 2008.

피퍼, 요셉,『중세 스콜라 철학』, 김진태 옮김, 가톨릭대학교출판부, 2007.

핀버그, 앤드류,『기술을 의심하다』, 김병윤 옮김, 당대, 2018.

하이데거, 마르틴,『강연과 논문』, 이기상·신상희·박찬국 옮김, 이학사, 2008.

────,『기술과 전향』, 이기상 옮김, 서광사, 1993.

────,『니체와 니힐리즘』, 박찬국 옮김, 지성의샘, 1996.

────,『숲길』, 신상희 옮김, 나남, 2008.

────,『존재와 시간』, 전양범 옮김, 동서문화사, 1992.

────,『철학에의 기여』, 이선일 옮김, 새물결, 2015.

────,『형이상학이란 무엇인가』, 이기상 옮김, 서광사, 1994.

하라리, 유발,『사피엔스』, 조현욱 옮김, 김영사, 2015.

하버마스, 위르겐,『의사소통의 철학』, 홍윤기 옮김, 민음사, 2004.

하위징아, 요한,『중세의 가을』, 이종인 옮김, 연암서가, 2012.

화이트, 린 주니어,『중세의 기술과 사회변화』, 강일휴 옮김, 지식의풍경, 2005.

화이트헤드, 앨프레드,『과정과 실재』, 오영환 옮김, 민음사, 1991.

────,『과학과 근대세계』, 오영환 옮김, 서광사, 1989.

『철학의 거장들 1』, 이강서·한석환·김태경·신창석 옮김, 한길사, 2001.

한경자, 「초기 스토아 자연학에서 우주적 프네우마(Pneuma) 연구」, 서울대학교 철학 박사논문, 2016.

해블록, 에릭,『플라톤 서설』, 이명훈 옮김, 글항아리, 2011.

허욱,『중국에서의 기술에 관한 물음』, 조형준·이철규 옮김, 새물결, 2019.

헤시오도스,『신통기』, 천병희 옮김, 한길사, 2004a.

────,『일과 나날』, 천병희 옮김, 한길사, 2004b.

호센펠더, 말테,『헬레니즘 철학사』, 조규홍 옮김, 한길사, 2011.

후설, 에드문트,『사물과 공간』, 김태희 옮김, 아카넷, 2018.

────,『유럽학문의 위기와 선험적 현상학』, 이종훈 옮김, 한길사, 2007.

────,『현상학의 이념: 엄밀한 학으로서의 철학』, 이영호·이종훈 옮김, 서광사, 1988.

흄, 데이비드,『취미의 기준에 대하여/비극에 대하여 외』, 이종훈 옮김, 마티, 2005.

히포크라테스,『의학이야기』, 윤임중 옮김, 서해문집, 1998.

외국 문헌

Achterhius, Hans (ed.), *American Philosophy of Technology: The Empirical Turn*, Robert P. Crease (trans.), Indiana University Press, 1999.

Alexander, Samuel, *Space, Time, and Deity*, Vol. 1 of 2, Macmillan and co., 1928.

Angier, Tom, *Technē in Aristotle's Ethics: Crafting the Moral Life*, Continuum International Publishing Group, 2010.

Aristotle, *Physics*, W. D. Ross (trans.), Oxford University Press, 1936.

——, *Physics*, Edward Hussey (trans.), Oxford University Press, 1983.

Barash, Jeffrey Andrew (ed.), *The Symbolic Construction of Reality: The Legacy of Ernst Cassirer*, The University of Chicago Press, 2008.

Batteux, Charles, *The Fine Arts Reduced to a Single Principle*, James. O. Young (trans.), Oxford University Press, 2015.

Biagioli, Francesca, *Space, Number, and Geometry from Helmholtz to Cassirer*, Springer, 2016.

Bunge, Mario, "Technology as Applied Science", *Technology and Culture*, Vol. 7, No. 3, 1966, pp. 329-347.

Cassirer, Ernst, *An Essay on Man*, Yale University Press, 1944.

——, *Determinism and indeterminism*, O. Theodor Benfey (trans.), Yale University Press, 1956.

——, *The Metaphysics of Symbolic Forms*, Yale University Press, 1996.

——, *The Philosophy of Symbolic Forms, Vol. 3: The Phenomenology of Knowledge*, Yale University Press, 1965.

——, *The Problem of Knowledge*, William H. Woglom · Charles W. Hendel (trans.), Yale University Press, 1950.

——, *Symbol, Technik, Sprache: Aufsätze aus den Jahren 1927-1933*, Hamburg Meiner, 1985.

——, *Substanzbegriff und Funktionsbegriff*, Darmstadt: Wiss. Buchges, 1994.

Castoriandis, Cornelius, *Crossroads in the Labyrinth*, Kate Soper · Martin H. Ryle (trans.), MIT press, 1984.

da Vinci, Leonardo, *Leonardo da Vinci: Notebooks*, Irma A. Richter (compiler), Oxford University Press, 2008.

————, *Treatise on Painting*, John Francis Rigaud (trans.), 1835.

Drummond, John, *Phenomenology of Natural Science*, Lee Hardy (ed.), Springer Science+Business Media, 1992.

Duhem, Pierre, *Medieval Cosmology*, Roger Ariew (trans.), The University of Chicago press, 1984.

Ellul, Jacuques, *The Technological society*, John Wilkinson (trans.), Vintage Books, 1964.

Feenberg, Andrew, *Between Reason and Experience*, The MIT Press, 2010.

Feibleman, James, "Pure Science, Applied Science, Technology, Engineering: An Attempt at Definitions", *Technology and Culture*, Vol. 2, No. 4, 1961, pp. 305-317.

Forman, Paul, "The Primacy of Science in Modernity, of Technology in Postmodernity, and of Ideology in the History of Technology", *History and Technology*, Vol. 23, No. 1/2, 2007, pp. 1-15.

Foucault, Michel, *Technologies of the Self*, The University of Massachusetts Press, 1988.

Frankfort, Henri et al., *The Intellectual Adventure of Ancient Man: An Essay of Speculative Thought in the Ancient Near East*, The University of Chicago Press, 1977.

Frison, Gianluca, "Some German and Austrian Ideas on Technologie and Technki Between the end of The Eighteenth Century and the Beginning of the Twentieth", *History of Economic Ideas*, 6(1), 1998, pp. 107-133.

Galilei, Galileo, *The Assayer*, Stillman Drake (trans.), https://web.stanford.edu.

Gerrie, Jim, "Was foucault a philosopher of technology?", *Technē: Research in Philosophy and Technology*, 7(2), 2003, pp. 66-73.

Gideon, Siegfried, *Mechanization takes command*, Oxford University Press, 1948

Harvey, Georgy, "Technē and the Good in Plato's Statesman and Philebus", *Journal of the History of Philosophy*, Vol. 47, No. 1, 2009.

Hellenistic Philosophy, Brad Inwood · L. P. Gerson (trans.), Hackett Publishing Group, 1997.

Hertz, Heinrich, *The Principles of mechanics*, D. E. Johns · J. T. Walley (trans.), Dover Publication Inc., 1956.

Hugh of St. Victor, *Didascalicon*, Jerome Taylor (trans.), Columbia University Press, 1961.

Ihde, Don et al., *Chasing Technoscience*, Indiana University Press, 2003.

Jaspers, Karl, *The Origin and Goal of History*, Yale University Press, 1953.

Kant, Immanuel, *Introduction of Logic*, Thomas Kingsmill Abbott (trans.), Barnes & Noble, 2005.

――, *Metaphysical Foundations of Natural Science*, Michael Friedman (trans.), Cambridge University Press, 2004.

Kapp, Ernst, *Elements of A Philosophy of Technology*, Lauren K. Wolfe (trans.), The University of Minnesota Press, 2018.

Kauffman, Staurt, *The Origins of Order*, Oxford University Press, 1993.

Langer, Susan, *Philosophy in a New Key*, A Mentor Book, 1948.

Lloyd, Geoffrey, *Polarity and Analogy*, Cambridge University Press, 1966.

Marx, Leo, "Technology: The Emergence of a Hazardous Concept", *Technology and Culture*, Vol. 51, No. 3, 2010, pp. 561-577.

Malinowski, Bronislaw, *A Scientific Theory of Culture*, Oxford University Press, 1960.

Matthewman, Steve, "Michel Foucault, Technology, and Actor-Network Theory", *Technē: Research in Philosophy and Technology*, Vol. 17, Issue 2, 2013, pp. 274-292.

Mills, Simon, *Gilbert Simondon: Information, Technology and Media*, Rowman & Littlefield international, 2016.

Mitcham, Carl, *Thinking through., Thinking through Technology*, The University of Chicago Press, 1994.

Mitcham, Carl et al., *Jacques Ellul and the Technological Society in the 21st Century*, Springer, 2013.

Mitcham, Carl · Robert, Mackey, *Philosophy and Technology: Readings in the Philosophical Problems of Technology*, Free Press, 1972.

Moon, Francis, T*he machines of Leonardo Da Vinci and Franz Reuleaux*, Springer, 2007.

Mumford, Lewis, *Art and Technics*, Columbia University Press, 1952.

――, "Authoritarian and Democratic Technics", *Technology and Culture*, Vol. 5, No. 1(Winter, 1964).

———, *Findings and Keepings*, Harcourt Brace Jovanovich, 1975.

———, *The Condition of Man*, A Harvest/HBJ Book, 1944.

———, *The Myth of the Machine I*, A Harvest/HBJ Book, 1966.

———, *The Myth of The Machine II*, A Harvest/HBJ Book, 1970.

Newton, Issac, *The Principia*, Andrew Motte (trans.), Prometheus Books, 1995.

Nussbaum, Martha, *The Therapy of Desire*, Princeton University Press, 1994.

Pamela, Long, *Openness, Secrecy, Authorship*, The Johns Hopkins University Press, 2001.

Parson, Talcot, "Some Reflections on The Nature and Significance of Economics", *The Quarterly Journal of Economics*, Vol. 48, Issue 3, 1934, pp. 511-545.

Reuleaux, Franz, *The Kinematics of Machinery*, Alexander B. W. Kennedy (trans.), Macmillan and co., 1876.

Romer, Paul, "Endogenous Technological Change", *The Journal of Political Economy*, Vol. 98, No. 5, 1990.

Roochnik, David, *Of Art and Wisdom: Plato's Understanding of Techne*, The Pennsylvania State University Press, 1996.

Rorem, Paul, *Pseudo-Dionysius: A Commentary on the Texts and an Introduction to Their Influence*, Oxford University Press, 1993.

Rossi, Paolo, *Birth of Modern Science*, Blackwell Publishing, 2000.

———, *Francis Bacon: From Magic to Science*, Sacha Rabinovitch (trans.), Routledge & Paul, 1968.

Schatzberg, Eric, *Technology: Critical History of a Concept*, The University of Chicago Press, 2018.

Schadewaldt, Wolfgang, et al., *Philosophy of Technology*, Robert C. Scharff · Val Dusek (eds.), Wiley Blackwell, 2014.

Sellars, John, *The art of Living, The Stoics on the Nature and Function of Philosophy*, Bristol Classical Press, 2003.

Skolimowski, Henryk, "The Structure of Thinking in Technology", *Technology and Culture*, Vol. 7, No. 3, 1966, pp. 371-383.

Simondon, Gilbert, *Sur la technique*, Presses Universitaires de France, 2014.

Tulley, Ronald, "Is There Techne in My Logos?", *The International Journal of Tech-*

nology, Vol. 4, 2008.

Uexküll, Jakob von, *Theoretical Biology*, D. L. Mackinnon (trans.), Edinburgh Press, 1926.

Veblen, Thorstein, *The Theory of Business Enterprise*, Augustus M. Kelley Publishers, 1904.

Whitehead, A. N., *Science and the Modern World*, Simon & Schuster Inc., 1997.

Wiener, Norbert, *Cybernetics or Control and Communication in the Animal and the Machine*, MIT Press, 1965.

———, *God and Golem*, MIT Press, 1964.

테크놀로지
고대에서 현대까지 철학적 답변의 역사

1판 1쇄 발행 2023년 11월 30일

지은이 문종만
펴낸이 김미정

펴낸곳 마농지
등록 2019년 3월 5일 제2022-000014호
주소 (10904) 경기도 파주시 미래로 310번길 46, 103동 402호
전화 070-8223-0109
팩스 0504-036-4309
이메일 shbird2@empas.com

ISBN 979-11-978701-8-7 93100

* 이 도서는 한국출판문화산업진흥원의 '2023년 우수출판콘텐츠 제작 지원'
  사업 선정작입니다.